百年雙鳥

公司简介 About Shuangniao Machinery

浙江双鸟机械有限公司创办于1984年，是中国重型机械工业协会起重葫芦分会副理事长单位，全国起重葫芦行业重点骨干企业。专业生产“双鸟”牌手动葫芦、电动葫芦等起重产品，远销欧美等100多个国家及国内大部分地区。公司已成为全球五大起重工具品牌公司的OEM工厂，是国内核电、电力、风电、隧道、海底输油等行业的主要起重设备供应商，轻小型起重机械行业的标杆企业。手动产品产销量连续十三年稳居全国同行业前茅。

公司荣获国家重点高新技术企业、工信部门专精特新小巨人企业、国家自主创新先进企业、浙江省文明单位、浙江省“隐形冠军”企业、浙江省著名商标、浙江名牌产品、浙江出口名牌、浙江省创新型示范企业、浙江省专利示范企业、浙江省企业技术中心、浙江省劳动关系和谐企业、浙江省AAA级守合同重信用单位、浙江省AAA级纳税信用企业等称号。公司通过ISO9001质量管理体系、ISO14001环境管理体系、OHSAS职业健康安全管理体系认证以及德国GS、欧洲CE认证。2014年和2018年，公司两次从德国引进全球领先的起重链条生产线，为生产一流产品提供了有力保障。

“百年双鸟，葫芦经典”是我们的梦想和追求，“不断创新，为顾客提供满意的产品和服务”是我们永远不变的承诺。我们将与海内外客户一道，携手同行，合作共赢，共创美好未来！

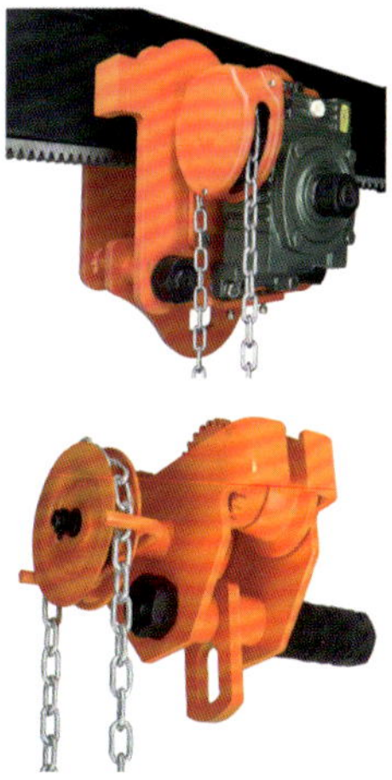

Company Profile
企业简介

二重（德阳）重型装备有限公司（简称二重装备）隶属于国机重型装备集团股份有限公司，是国家重大技术装备制造基地。二重装备具备提供900t钢液、700t钢锭、500t铸件、400t锻件的能力，是世界重大技术装备领域少数具备极限制造能力的企业。60余年来，二重装备先后为国内外市场提供了近三百万吨的重大技术装备，在国民经济和国防建设中发挥着战略性和基础性重要作用。

公司注册资本30亿元，现有在岗职工6 300余人，拥有一个国家企业技术中心，大型铸锻件数值模拟国家工程实验室和国家能源极端装备虚拟制造重点实验室两个国家实验室，是国家技术创新示范企业、两化融合管理体系贯标试点企业，是全国大型铸锻件标准化技术委员会秘书处承担单位，中国重型机械工业协会大型铸锻件分会和重型锻压机械分会理事长单位。

二重装备国家企业技术中心

公司主业涵盖成台（套）装备、高端大型铸锻件、核电设备、石化装备、物流与服务以及新兴领域装备，可为冶金、矿山、能源、交通、汽车、石油化工、航空航天等重要行业提供系统的装备研发、制造与服务。在成台（套）装备制造领域，公司是冶金成台（套）装备和智能化锻造装备工程总包的核心供应（服务）商，是大型冶金、水利传动件装备制造的优势企业和中国主要的大型风电增速机、风机主轴制造基地；在高端大型铸锻件领域，公司是AP1000、华龙一号、CAP1400为代表的第三代核电机型全套铸锻件材料供应商，是中国能够提供“三峡级”70万 ～ 100万kW水电机组全套铸锻件和批量生产百万千瓦级超超临界火电机组关键成套铸锻件的供应商；在核电设备领域，公司具备AP1000、华龙一号、CAP1400为代表的第三代核电机型核电设备供应能力，是我国具备ASME核级设备和材料设计和制造资质的供应商；在石化装备领域，公司具备制造单台2 500吨级以上超大尺寸重型压力容器整体装备制造能力，是化工重型压力容器的骨干供应商；在物流与服务领域，公司拥有丰富的重大技术装备多式联运、包装仓储等业绩，是具有一体化优势的综合物流服务商。在新兴装备领域，公司凭借高端装备及材料研发、制造的深厚技术底蕴，积极融入国家高端装备产业战略布局，正发展成为先进化工、储能与分布式能源、节能环保、军民融合、能源开发等多个新兴领域高端装备系统解决方案商和系统服务商。

Product Equipment
产品装备

宝钢5000mm宽厚板轧机

中国率先出口欧洲的大型成台冶金设备——波兰2250mm热连轧机

燕山钢铁1580mm热连轧机生产线

800MN模锻压机

蒂森克虏伯发动机零部件(中国)有限公司125MN热模锻压力机生产线

5m轧机主传动万向接轴

新型矿渣立磨

160MN水压机

620℃1000MW超高温超超临界汽轮机中压内缸铸件（CB2材料）

轴流式转轮体

三峡700MW混流式叶片

三峡升船机螺母柱

5m轧机支承辊

CAP1400核电半速转轴

CAP1400主管道

中石化镇海项目260万t/a沸腾床渣油锻焊加氢反应器

年产60万t粉煤热解回转反应炉

飞轮储能不间断电源系统

Contact Us

地址：四川省德阳市珠江西路460号　邮编：618000
冶金工程电话：028-62338587
传动设备电话：0838-2340973
核电类产品电话：0838-2340757
物流与服务电话：0838-2239613

公司网址：www.erzhongheavy.com
通用工程电话：028-62338601
铸锻件产品电话：0838-2341644,2341455,2341359
容器类产品电话：0838-2341616
新兴领域电话：0838-2341638

国产核级锆复合板轧制生产线，2017年投产

在印度尼西亚完成的第4台不锈钢板坯连铸机，苏拉威西矿业200mm×1600mm不锈钢板坯连铸机，2018年投产

120t转炉煤气干法除尘回收系统，2018投产

150tVOD钢液真空精炼炉，2018年投产

荣誉成就

60多年来，公司研发的200多项国产大型成套技术装备填补了国内空白；近400余项科技成果荣获国家和省部级科技进步奖；取得1100余项科研成果，向国内外数百家企业提供2200余台（套）先进设备和大型成套装备，广泛应用于黑色、有色金属冶金和压延加工，航空航天，船舶，能源，交通，电力及国防军工等国民经济支柱领域，为我国钢铁、有色金属行业科技进步、转型升级、产品提升做出了重要贡献。

展望未来

进入新的历史时期，公司加快高质量发展步伐，提出以“国内一流的高端冶金重型设备供应商与客户整体解决方案提供商，攻克面向航空航天、轨道交通、军工核能材料生产行业‘卡脖子’技术与装备的先锋队”为战略定位。整合自身科研优势，加强产业链协同创新，完善创新体系建设，以创新驱动高质量发展；深耕装备研发核心主业，做精做强优势产品，向智能化、绿色化、高端化迈进；完善营销、技术服务体系建设，优化国内市场布局，夯实国际化发展基础，加速开展国际市场板块业务。从科研、经营、市场、管理等多方面布局未来，成为钢铁有色冶金高端装备制造业和现代服务业融合发展的领军者，引领行业技术进步与发展，实现开发创新，装备中国，走向世界的愿景使命。

地址：陕西省西安市未央区东元路209号　　邮政编码：710032
电话：029-86322399　传真：029-86713965
http://www.sino-heavymach.com　　E-mail：office@sino-heavymach.com

中国机械工业年鉴系列

中国重型机械工业年鉴

2019

中国机械工业年鉴编辑委员会
中国重型机械工业协会 编

《中国重型机械工业年鉴》2019年版设置综述、大事记、行业与市场篇、企业篇、统计资料、标准与质量、改革开放40年和附录8个栏目，集中反映了中国2018年重型机械行业的发展情况，详细记录了19个分行业的生产发展、产品产量、市场销售、科技成果及新产品、标准与质量、基本建设及技术改造等情况，公布了重型机械行业权威统计数据。改革开放40年专栏记录了改革开放40年重型机械行业取得的重大成就及新开发的杰出产品。企业大事记专栏梳理了行业重点企业2019年的重大事件，记录了企业的发展历程。

《中国重型机械工业年鉴》主要发行对象为政府决策机构、机械工业相关企业决策者，从事市场分析、企业规划的中高层管理人员以及国内外投资机构、贸易公司、银行、证券、咨询服务部门和科研单位的机电项目管理人员等。

图书在版编目（CIP）数据

中国重型机械工业年鉴. 2019 / 中国机械工业年鉴编辑委员会，中国重型机械工业协会编. —北京：机械工业出版社，2020.5

（中国机械工业年鉴系列）

ISBN 978-7-111-65416-2

Ⅰ. ①中… Ⅱ. ①中… ②中… Ⅲ. ①重工业—机械工业—中国—2019—年鉴 Ⅳ. ①F426.42-54

中国版本图书馆CIP数据核字（2020）第065358号

机械工业出版社（北京市西城区百万庄大街22号　邮政编码 100037）

责任编辑：赵　敏

责任校对：李　伟

责任印制：王　良

北京宝昌彩色印刷有限公司印制

2020年5月第1版第1次印刷

210mm×285mm · 16印张 · 28插页 · 622千字

定价：380.00元

中国机械工业年鉴系列

作为『工业发展报告』

记录企业成长的每一阶段

中国机械工业年鉴

编辑委员会

中国重型机械工业年鉴

鉴证行业发展足迹

振兴重型装备工业

中国重型机械工业年鉴
执行编辑委员会

中国重型机械工业年鉴

鉴证行业发展足迹

振兴重型装备工业

中国重型机械工业年鉴
编辑出版工作人员

总　编　辑　石　勇

主　　　编　李卫玲

副　主　编　刘世博

责 任 编 辑　赵　敏

编　　　辑　江道芝　万鲁信

地　　　址　北京市西城区百万庄大街22号（邮编100037）

编　辑　部　电话（010）88379812　传真（010）68997968

发　行　部　电话（010）68326643　传真（010）88379825

E-mail:cmiy@vip.163.com

http://www.cmiy.com

中国重型机械工业年鉴

鉴证行业发展足迹
振兴重型装备工业

中国重型机械工业年鉴
特约顾问单位特约顾问

特约顾问单位	特约顾问
二重（德阳）重型装备有限公司	李骏骋
中国重型机械研究院股份公司	王社昌
北京起重运输机械设计研究院有限公司	唐　超
华电重工股份有限公司	赵胜国
河南省矿山起重机有限公司	任海涛
山东山矿机械有限公司	孙善金
株洲天桥起重机股份有限公司	肖建平
山起重型机械股份公司	徐新民
浙江双鸟机械有限公司	张文忠
山东华特磁电科技股份有限公司	王兆连
济南重工集团有限公司	卢庆亮
河南东风起重机械有限公司	李伟娟
八达机电有限公司	何国胜
江西华伍制动器股份有限公司	谢徐洲
北京伍强科技有限公司	尹军琪
浙江浙矿重工股份有限公司	陈利华
广东永通起重机械股份有限公司	叶宏洪
常州市常欣电子衡器有限公司	袁黎萍
淮北矿山机器制造有限公司	胡善宏
无锡新大力电机有限公司	徐　敏
武汉雄驰机电设备有限公司	周尤利

中国重型机械工业年鉴

鉴证行业发展足迹

振兴重型装备工业

中国重型机械工业年鉴
特约顾问单位特约编辑

特约顾问单位	特约编辑
二重（德阳）重型装备有限公司	董　涛
中国重型机械研究院股份公司	屈薛勇
北京起重运输机械设计研究院有限公司	聂索夫
华电重工股份有限公司	王旭锋
河南省矿山起重机有限公司	冯孝贝
山东山矿机械有限公司	胡秀万
株洲天桥起重机股份有限公司	范洪泉
山起重型机械股份公司	刘永庆
浙江双鸟机械有限公司	韩　剑
山东华特磁电科技股份有限公司	王成业
济南重工集团有限公司	房延文
河南东风起重机械有限公司	赵　辉
八达机电有限公司	杜左海
江西华伍制动器股份有限公司	杜军华
北京伍强科技有限公司	刘　崇
浙江浙矿重工股份有限公司	林为民
广东永通起重机械股份有限公司	罗永杰
常州市常欣电子衡器有限公司	包鸿霞
淮北矿山机器制造有限公司	彭爱民
无锡新大力电机有限公司	诸美红
武汉雄驰机电设备有限公司	汤胜华

前　言

重型机械行业（包括冶金机械、矿山机械、起重运输机械、重型锻压机械和大型铸锻件）是我国装备制造业的重要组成部分，也是关系到国民经济命脉和国家安全的重要产业，主要服务于钢铁、有色、矿山、煤炭、建材、电力、水利、交通、石化、物料搬运和国防建设等国民经济各领域，部分产品进入了民众生活服务领域（城市停车、物流与仓储设备等）。

2019年是新中国成立70周年，是全面建成小康社会的关键之年。中央经济工作会议明确了2019年的首要任务是推动制造业高质量发展，推动先进制造业和现代服务业深度融合，坚定不移地建设制造强国。2019年，重型机械行业生产经营继续保持上行态势，生产任务充足，原材料价格适中，行业运行质量好转，给创新发展带来了较好的内在条件。同时，国家在政策上给予了工业特别是装备制造业很大的支持和便利，在实施绿色、节能、环保的大政方针下，能源、原材料、交通等领域广泛开展技术升级，促使需求市场活跃，为企业发展创造了良好的外部条件。2019年全行业共实现营业收入约9 792.2 亿元，同比增长9.3%；行业实现利润总额约559.2亿元，同比增长21.7%；完成进出口总额248.5亿美元，进出口贸易整体平稳，进口金额较上年有所减少，出口金额较上年略有增长。

2020年是全面建成小康社会和“十三五”规划收官之年。但是自1月下旬，快速蔓延的新型冠状病毒肺炎疫情，对我国社会运行与经济发展产生了较大影响，重型机械行业的生产运行也面临巨大挑战。面对突如其来的疫情影响，中国重型机械工业协会充分发挥行业组织的桥梁纽带作用，积极开展防控疫情工作。一是开展重点企业疫情影响专题调查，建立企业复工复产情况日报制度，积极了解企业在生产经营、复工复产中遇到的问题与困难；二是及时向政府有关部门上报有关疫情防控动态、疫情对机械企业的影响以及提出相关的意见和建议。行业各企业发挥自身优势，通过各种形式积极投入到抗击疫情的战斗中。

面对当前的困难与挑战，让我们坚定信心、振奋精神、主动作为，以实际行动参与到有效抗击疫情与有序恢复生产的工作之中，为实现行业平稳健康发展、保证全年任务目标按期完成做出应有的贡献。

《中国重型机械工业年鉴》作为行业的宣传窗口，已连续出版15年。《中国重型机械工业年鉴》2019年版记载了2018年中国重型机械行业和企业在技术升级、创新发展、提升企业核心竞争力中取得的经验和成绩，与广大用户和关心重型机械行业发展的读者一起，共同见证了中国重型机械行业改革成长的发展历程。

在《中国重型机械工业年鉴》的编纂过程中，得到了各有关企业和用户的大力支持，也得到了许多行业专家的指导，在此表示诚挚的感谢。中国重型机械工业协会希望通过《中国重型机械工业年鉴》记录和展示行业的整体面貌，加强与各界同仁的交流与沟通，共同努力推动我国重型机械行业在新时代的创新发展。中国重型机械工业协会将一如既往地为行业企业提供完善周到的服务。

中国重型机械工业协会常务副理事长　李镜

2020年2月

广告索引

新中国成立70周年

优秀企业展示

专栏索引

企业大事记

新中国成立70周年

新中国成立70周年

物料输送工程

钢结构工程

海洋风电工程

空冷工程

热能工程

山起重型机械股份公司
SHANQI HEAVYMACHINERY CO.,LTD.

山起重型机械股份公司前身是山东起重机厂有限公司，始建于1968年，2002年1月8日设立有限公司，2009年12月31日改制成立股份有限公司。是山东省重点企业、省机械行业五十强和高新技术企业，于2008年取得省级企业技术中心资格，先后荣获“山东名牌”“山东省著名商标”等荣誉称号。

公司主要业务是起重机及其零部件的设计、生产、安装和销售，主导产品是桥式起重机和门式起重机。现已发展成为华东地区大型的桥式、门式起重设备制造商，是中国重型机械工业协会常务理事单位，桥式起重机专业委员会副理事长单位。公司先后被山东省企业信誉评价委员会授予“特级信誉企业”；被中国技术监督情报协会评定为“3.15质量无投诉、服务无投诉诚信企业”；被山东省工商行政管理部门、山东省企业信用协会授予省级守合同重信用企业；被消费日报社和中国企业信用协会评为中国起重机质量放心用户满意十佳诚信企业。

公司2010年成立立体车库事业部，充分利用公司原有大型起重机械设计、制作经验，自主研发了升降横移式、垂直升降式、巷道堆垛式、平面移动式、垂直循环式、水平循环式、简易升降式、停车转盘等十几类二十多个品种的停车设备，目前已具备年产3000个车位的生产能力。海洋能作为传统能源的补充，其市场广阔，前景被看好，已经越来越被国家和社会重视。2012年公司开发了潮流能发电、海油装备、临港机械项目。目前潮流发电样机已试制完成，海油装备、临港机械等国家鼓励类项目正在启动。公司和知名高校如中国海洋大学等开展的校企合作，成为对该项目有力的技术支持。

公司秉承“品质领先，发展致胜，打造一流，产业报国”的经营理念，不断提高产品的技术含量、制造水平和制造能力，以打造世界一流起重机械企业为目标，加快建设资源节约型、环境友好型企业，努力使公司发展成为技术先进、效益突出、管理一流的国际性机械制造企业。

新中国成立70周年

山起力量
不负重托

地址：山东省青州市昭德北路2198号
电话：0536-3203038　　传真：0536-3203037
E-mail：sqgf@sdqz.com　　http://www.sdqz.com

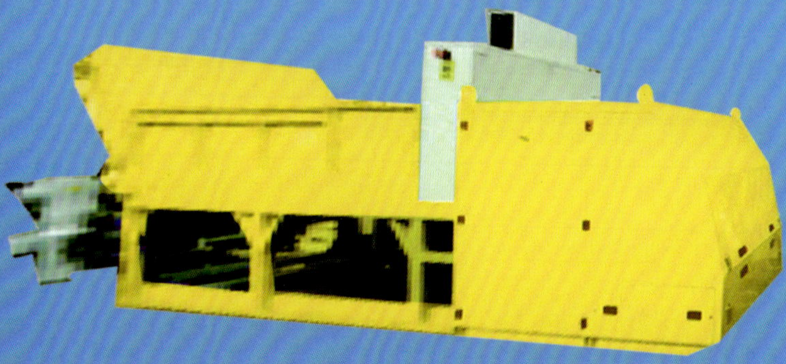

智能传感分选系统

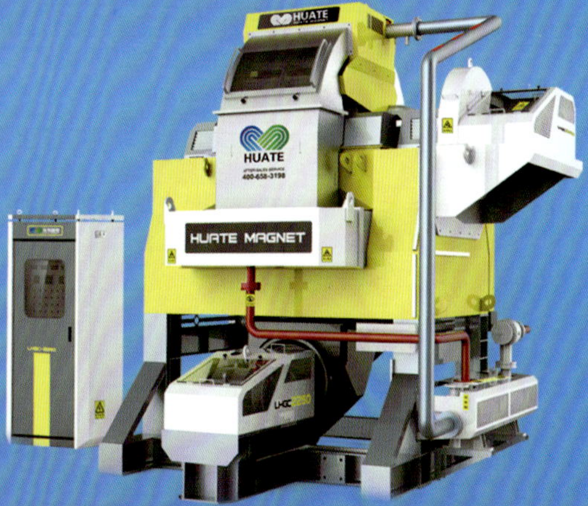

油水复合冷却立环高梯度磁选机

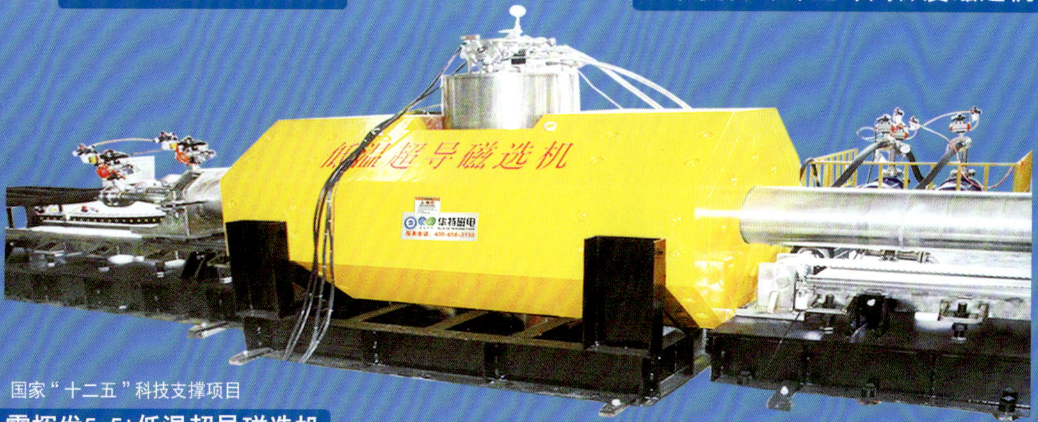

国家“十二五”科技支撑项目

零挥发5.5t低温超导磁选机

发明专利号:ZL201210065971.5

专利号：ZL201220044035.1　ZL201220063987.2　ZL201220093063.2

成果鉴定证书编号：鲁科成鉴字[2012]第311号

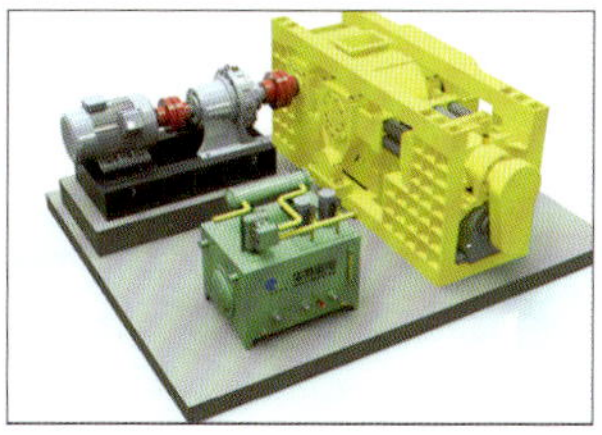

单传动高压辊磨机

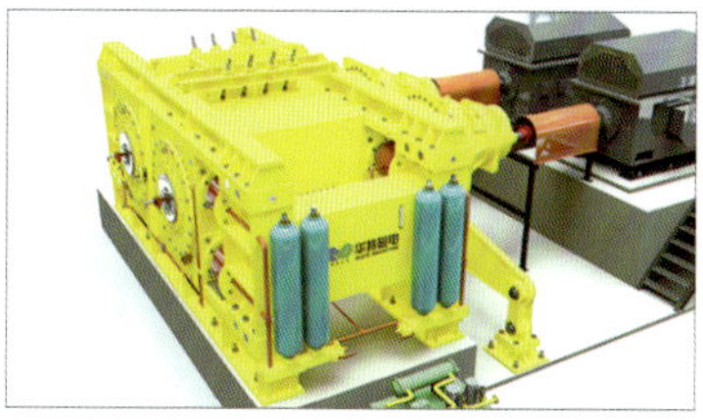

双传动高压辊磨机

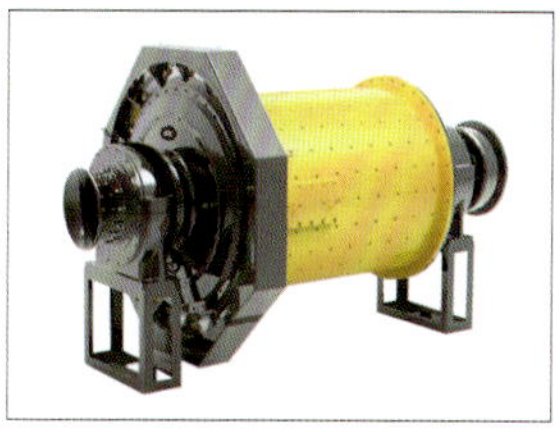

球磨机、棒磨机

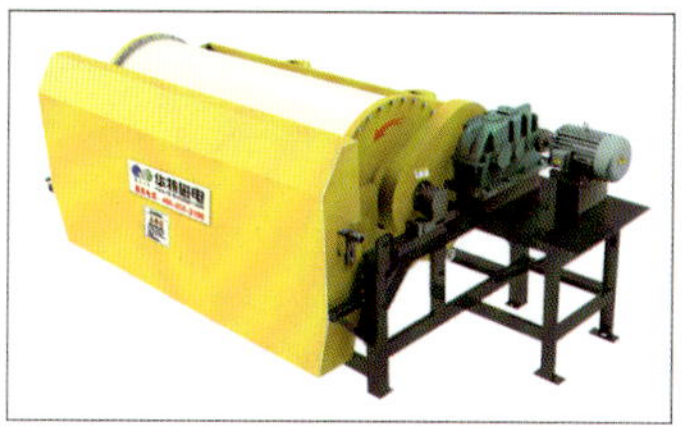

提精降渣磁选机

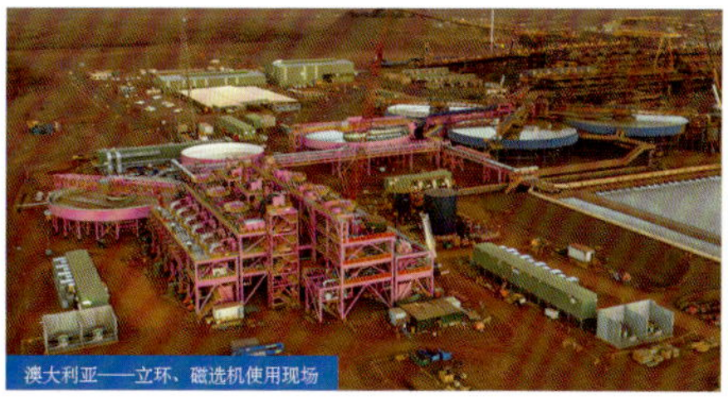

澳大利亚——立环、磁选机使用现场

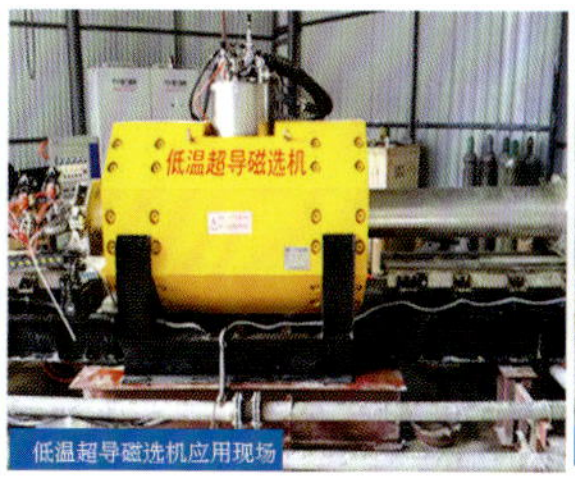

低温超导磁选机应用现场

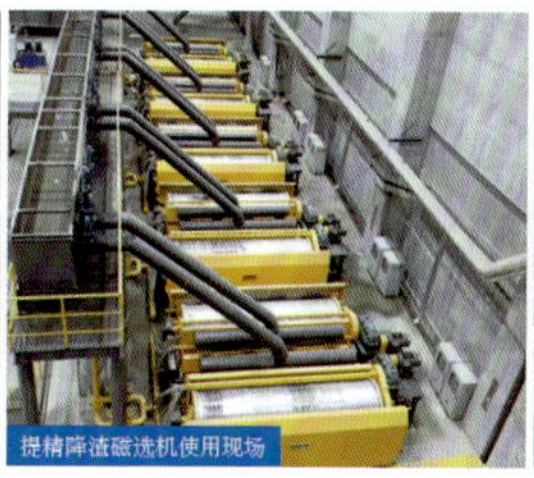

提精降渣磁选机使用现场

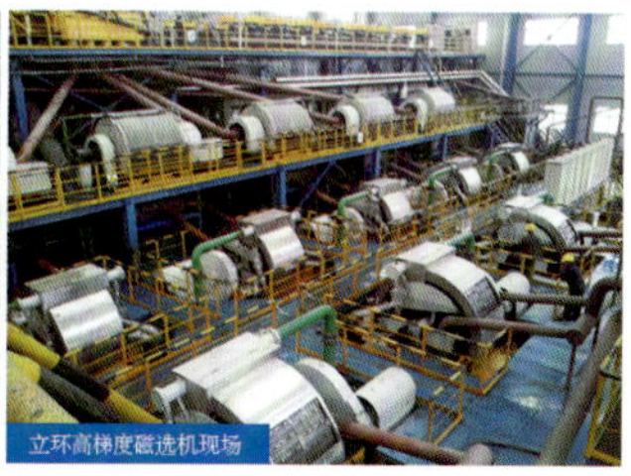

立环高梯度磁选机现场

优秀企业展示

治金矿山机械优秀企业

NZT-53中心传动浓缩机

公司产品内蒙古使用现场

公司产品内蒙古使用现场

云南产品使用现场

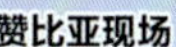

国内大型深锥江锂现场

云铜大红山铜矿NTD-60S浓缩机使用现场

赞比亚现场

淮北矿山机器制造有限公司

淮北矿山机器制造有限公司成立于2004年，注册资金1700万元，为淮北矿山机器厂改制的股份制企业。是原机械工业部门在华东地区生产洗选设备的定点厂，中国重型机械工业协会洗选专业委员会副理事长单位、全国矿山机械标准化委员会委员单位、国家高新技术企业；安徽省高科技民营企业、安徽省经信委“专、精、特、新”企业、安徽省装备制造业重点企业；淮北市50强企业、淮北市科技创新10强企业。拥有安徽省高效浓缩机重点实验室、淮北市洗选设备暨高效浓缩机工程技术研发中心。

公司设有铸造、铆焊、金工、装配、机电等生产车间，拥有大型立式数控车床等各类机械加工设备300余台。主要生产选矿、选煤和环保设备，产品主要有浓缩机、浮选机、带式压滤机、跳汰机、振动筛、真空过滤机、矿浆准备器、斗提机、皮带机等，可为2000万t以下选矿厂设计和生产全套设备。

公司产品通过国家矿山机械检测中心和安徽省检测中心检测。先后获得濉溪县县长质量奖、安徽省质量奖、安徽省卓越绩效奖、安徽省著名商标和安徽省名牌产品等荣誉。

董事长：胡善宏13965876158　副总经理：李从军13909618508
销售总经理：杨勇13965898976
公司地址：安徽省淮北市濉溪经济开发区白杨路15号

广告

浙矿重工
ZHEKUANG
HEAVY INDUSTRIES

浙江浙矿重工股份有限公司

ZHEJIANG ZHEKUANG HEAVY INDUSTRIES CO., LTD.

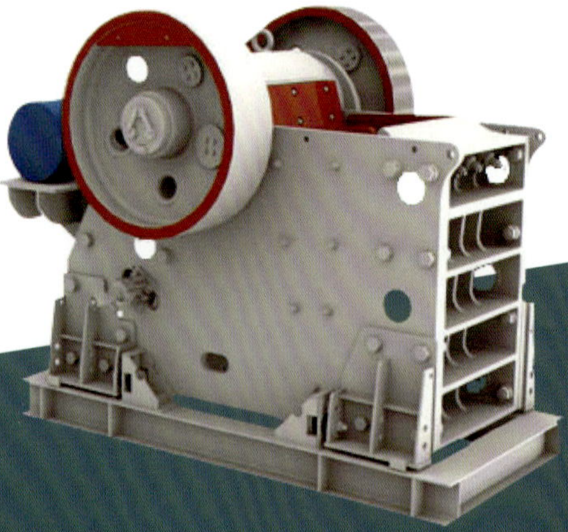

CJ系列颚式破碎机

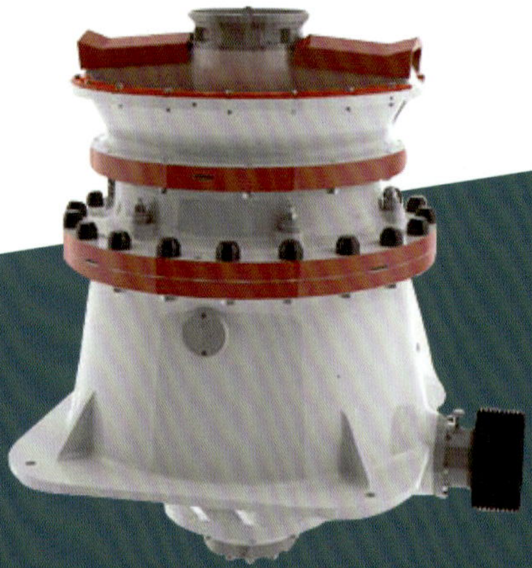

RC系列单缸液压滚动轴承圆锥破碎机

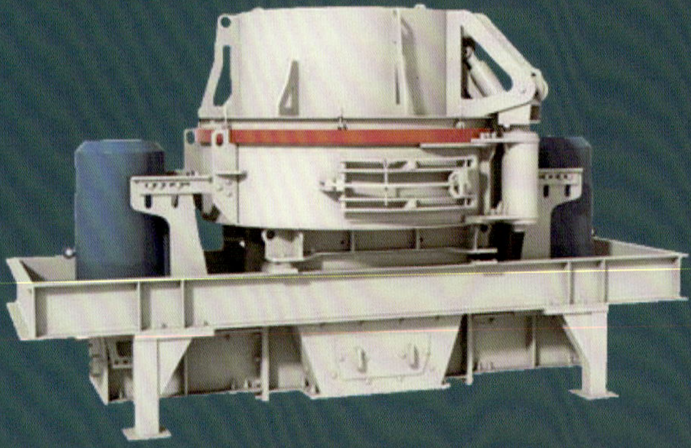

CH-PL系列立轴式冲击破碎机

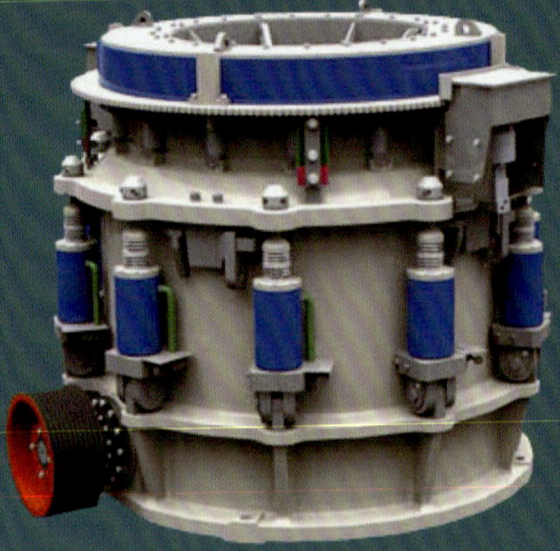

MRC系列多缸液压滚动轴承圆锥破碎机

地址：浙江省长兴县城南工业功能区　邮编：313103
电话：0572-6955888　传真：0572-6959977
http://www.cnzkzg.com　E-mail:zkzg@cnzkzg.com

中国·八达机电有限公司

BADA MECHANICAL & ELECTRICAL CO.,LTD. · CHINA

公司创建于1993年，是一家集研发、生产、销售为一体的国家高新技术、国家无区域性企业，主要生产“BADA”牌微型电动葫芦、电动绞盘等系列产品。公司资产总额超亿元，员工380余名，技术管理人员100人，厂区建筑面积4.9万㎡，2008年出口交货值2 500万美元。公司系瑞安市50强企业、瑞安市活力和谐企业、温州市大集团培育企业和温州市“五个一批”重点企业、浙江省清洁生产企业；浙江省纳税AAA级信誉企业、经营AAA级诚信企业、银行资信AAA级企业、安全生产标准化企业；全国创名牌重点企业。

公司是全球大型的“单相电动葫芦”制造商，属国家钢丝绳电动葫芦行业标准起草单位之一，设有“浙江省单相电动葫芦技术研发中心”“浙江省企业技术中心”和“国家教育相关部门计算机辅助产品创新设计工程中心八达产业基地”。公司生产的“BADA”牌单相微型电动葫芦PA系列产品，填补了国家微型起重设备的空白，获得13项国家专利，同时被列入“国家重点新产品”和“国家星火计划项目”。产品分别通过了欧盟“CE”“EMC”，德国“GS”“PAHS”，美国“UL”，加拿大“CUL”认证，欧盟“WEEE”“RoHS”绿色双指令认证，多款产品通过TüV的FFU测试。公司通过了ISO9001:2000、ISO14001和GB/T18000认证。产品远销欧美50多个国家和地区，国内外市场占有率均在60%以上，并在欧美16个国家和地区以及中国香港、中国台湾注册了“BADA”牌商标。先后获得“温州名牌产品”“温州知名商标”“浙江名牌产品”“浙江知名商号”和“浙江著名商标”等荣誉。

务实的团队精神、优秀的员工队伍、扎实的管理基础、灵活的经营机制、先进的企业理念、一流的工艺装备、过硬的产品质量、良好的售后服务有效保证了企业的稳定和可持续发展。

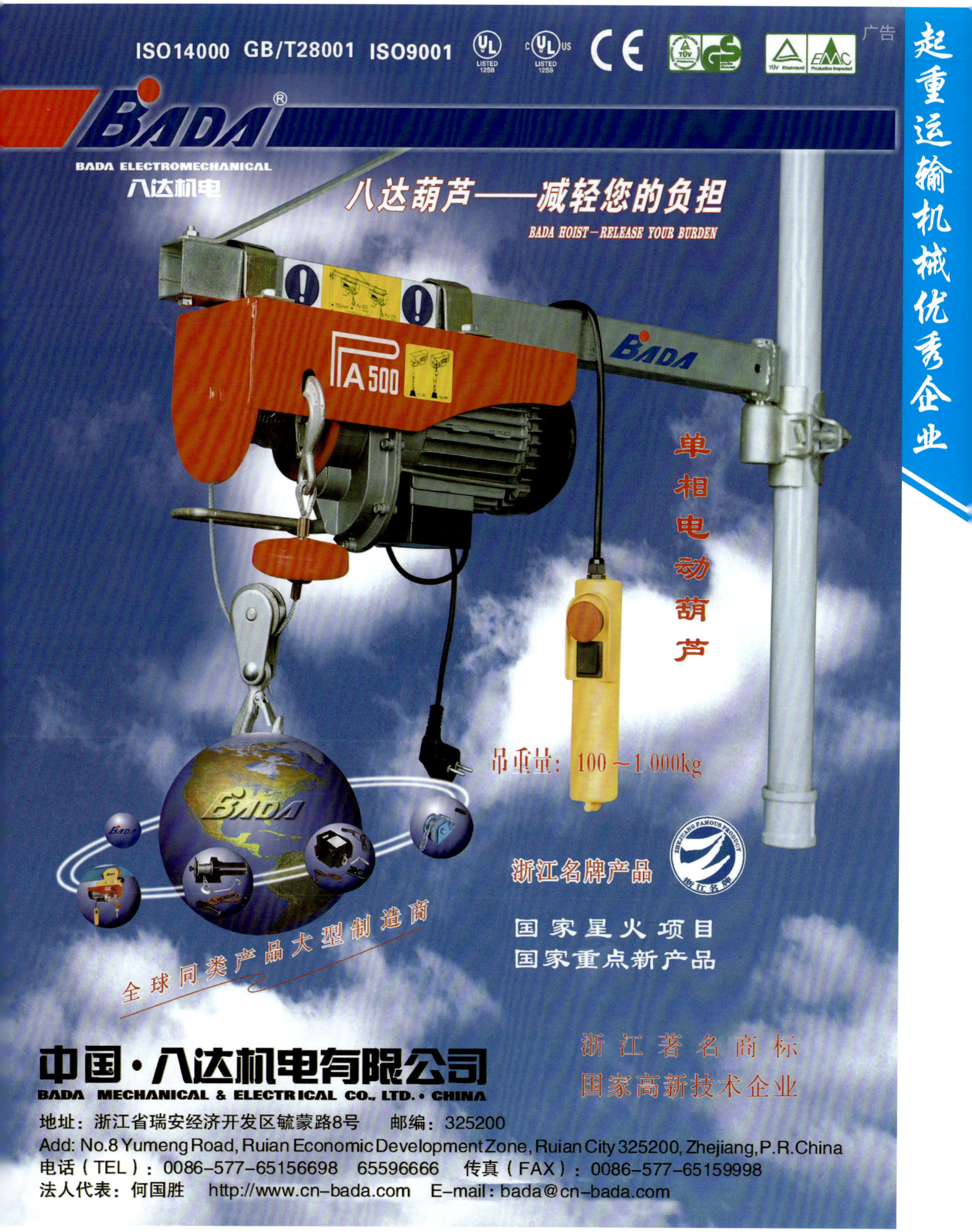
广告
起重运输机械优秀企业
ISO14000 GB/T28001 ISO9001
BADA®
BADA ELECTROMECHANICAL
八达机电
八达葫芦——减轻您的负担
BADA HOIST-RELEASE YOUR BURDEN
PA500
单相电动葫芦
吊重量：100～1 000kg
浙江名牌产品
国家星火项目
国家重点新产品
全球同类产品大型制造商
浙江著名商标
国家高新技术企业
中国·八达机电有限公司
BADA MECHANICAL & ELECTRICAL CO., LTD. • CHINA
地址：浙江省瑞安经济开发区毓蒙路8号 邮编：325200
Add: No.8 Yumeng Road, Ruian Economic Development Zone, Ruian City 325200, Zhejiang, P.R.China
电话（TEL）：0086-577-65156698 65596666 传真（FAX）：0086-577-65159998
法人代表：何国胜 http://www.cn-bada.com E-mail: bada@cn-bada.com

广告

北京起重运输机械设计研究院有限公司

BEIJING MATERIALS HANDLING RESEARCH INSTITUTE CO., LTD.

客运索道

自动化物流仓储

起重机械

散料运输

北京起重运输机械设计研究院有限公司，成立于1958年，经过半个多世纪的发展，由原机械工业部门直属的国家起重运输机械行业技术归口研究所发展成为集科研、设计、生产制造、安装调试、工程承包、检验检测、咨询监理服务为一体的国有科技型企业，隶属于世界500强企业中国机械工业集团有限公司。

公司现有职工500余人。具有起重运输机械、索道、矿用机械三个特种设备检验检测资质证书，具有ISO9001、14001、18001体系认证证书，具有索道前期咨询、项目管理咨询证书，还拥有国内索道工程甲级设计资质证书。

“一份” 行业技术期刊 《起重运输机械》杂志

“两个” 国际标准化组织的主席职务

ISO/TC96 起重机技术委员会 主席

ISO/TC110/SC5 工业车辆可持续性分技术委员会 主席

“三个” 国家检测中心

国家起重运输机械质量监督检验中心

国家客运架空索道安全监督检验中心

国家安全生产北京矿用起重运输设备检测检验中心

“四个”工程业务板块

客运索道　自动化物流仓储　起重机械　散料运输

“五个”国家一级、二级学会协会秘书长

中国索道协会　中国机械工程学会物流工程分会

中国工程机械工业协会工业车辆分会

中国重型机械工业协会物流与仓储机械分会

中国重型机械工业协会桥式起重机专业委员会

“六个” 全国标准化技术委员会秘书处

全国起重机械标准化技术委员会（SAC/TC227）

全国连续搬运机械标准化技术委员会（SAC/TC331）

全国工业车辆标准化技术委员会（SAC/TC332）

全国物流仓储设备标准化技术委员会（SAC/TC499）

全国起重机械标委会桥式和门式起重机分技术委员会（SAC/TC227/SC3）

全国起重机械标委会停车设备分技术委员会（SAC/TC227/SC5）

“七个”科研与服务类平台

博士后科研工作站　北京市设计创新中心

北京市自动化物流装备工程技术研究中心　机械工业物料搬运工程技术研究中心

起重机械轻量化技术重点实验室　起重机械减量化产业技术创新战略联盟

国家中小企业公共服务示范平台

Web: www.bmhri.com　E-mail: admin@bmhri.com　Tel: +86 010-64031206　Fax: +86 010-64052584

广告

车轮组

吊钩组

卷筒组

联轴器

台车组

轧制滑轮

河南省东风起重机械有限公司是集研发、生产、销售于一体的高水平企业。公司地处中原，交通便利，区域位置优越。“东起”牌产品主要是起重机与其配套的起重配件。产品有单、双梁桥式、门式起重机，绝缘、防爆桥式起重机，单梁悬挂起重机，定柱式旋臂起重机，钢丝绳电动葫芦等。配件产品主要有车轮组、卷筒组、吊钩组、滑轮组、联轴器五大类六百余种。公司具有设计各种非标起重机的技术水平和过硬的安装维修能力。“东起”产品，目前销往全国各地，并得到用户的好评。

公司以“质量第一、跟踪服务”的诚实信念，健全的质量管理体系，完善的质量检测手段，严格的控制程序，灵活的经营机制，为企业的发展奠定了基础，为产品质量提供了保证。公司顺利通过了ISO9001质量管理体系认证，取得了ISO14001环境管理体系认证，通过GB/T 28001职业健康安全管理体系认证。

峥嵘岁月，硕果累累。奋进中的东风公司先后获得了“中国制造业1000家最具成长性中小企业”“河南省技术创新十佳单位”“河南省科技企业”“计量合格确认企业”“重合同守信用企业”“中国行业十大影响力品牌”“信用AAA企业”等荣誉。产品被评为河南省名牌产品、河南省著名商标，企业被评为河南省质量管理先进企业。

与时俱进的东起人，正以昂扬的姿态，迈着矫健的步伐，求实创新，奋发进取，努力把公司建设成为“企业建设一流，产品质量一流，管理水平一流，社会信誉一流”的企业。

河南省东风起重机械有限公司

销售电话：0373-2156667 2156668 2156669 2156882
传 真：0373-2156886 E-mail：dfcrane@vip.163.com
http://www.dfcrane.net

起重运输机械优秀企业

广东永通起重机械股份有限公司
Guangdong Yongtong Crane Machinery Co.,Ltd.

这是一个22年不断创新的历程！
Since 1996……
创新，无时无刻。

广东永通起重机械股份有限公司是中国重型机械工业协会会员单位、中国重型机械工业协会桥式起重机分会理事单位、中国工程机械工业协会港口机械分会理事单位，是全球起重机龙头企业——德国德马格公司在中国地区的战略合作伙伴，具有国家A级起重机制造和安装资质，是广东省起重机行业中同时具备生产桥式、门式起重机、欧式起重机、自动化起重机、港口起重机以及新型港口起重装卸机械能力的专业化企业，是广东省起重机行业中规模大、品种齐全、产销量大的企业之一。

公司在顺德区拥有陈村和杏坛两个制造基地，总建筑面积达13万m^2。公司生产设备先进、检测手段齐全。有高精度数控龙门镗铣床、落地镗铣床、加工中心、数控车床、大型卧式车床、数控等离子水下切割机、数控等离子圆管切割机、数控火焰切割机、机器人自动对接焊机、门式自动焊、先进主梁成形设备、主梁翻转设备等精密生产设备，以及整机试验台和各种理化、计量、探伤设备、激光全站仪、激光标线仪等高精度检测设备。公司在行业中率先通过了ISO9001质量管理体系、ISO14001环境管理体系、OHSAS18001职业健康管理体系认证，目前正在大力推行企业规范化管理，建立健全法人治理和内控管理，全面启用ERP系统、PDM系统、OA系统以及现场6S管理和精益制造，使企业管理水平不断提升。

公司先后获得广东省名牌产品、广东省著名商标、高新技术企业、产品质量信誉AAA+企业及创新产业化基地等荣誉。

电话：0757-23357118（营销中心）
E-mail:118@gd-yt.cn

无锡新大力电机有限公司

WUXI NEW GREAT POWER ELECTROMOTOR CO ., LTD.

无锡新大力电机有限公司（无锡市大力电机厂）坐落于美丽的太湖之滨—无锡惠山经济开发区内，始建于1992年，具有二十多年的电机设计、制造经验，是国内起重及冶金用三相异步电动机和起重用隔爆型三相异步电动机行业的资深企业、全国旋转电机标准化技术委员会起重冶金电机分标委员会副主任委员，参与了36项行业标准的起草和制定。是中国重型机械工业协会起重机专业分会理事单位。

公司占地面积39 000m²，建筑面积36 000m²，现有员工258人，公司专业技术人员占员工总数的20%以上，并拥有多名专业设计制造专家，年生产电动机120万 kW 。先进的专业生产设备及检测仪器、较强的工艺保障能力和检测水平，确保了产品质量的稳定性。依靠雄厚的技术力量和科学的管理模式，使企业在行业内位居前列。

公司所有产品均按最新国家标准，消化吸收国内外领先技术、持续研发、精心制造。目前拥有有效专利127项，其中发明专利22项；与湖南大学联合成立了“湖南大学—无锡新大力电气工程博士后流动站科研基地”“无锡新大力电机技术研究所”，壮大了企业高技能人才队伍，为企业的技术创新不断提供新动力。近几年已为很多客户提供进口电机国产化产品，目前在线运行都非常稳定。随着国家绿色发展的推进，客户对绿色节能产品的需求迫切，公司研发的低压大功率变频电动机、一级能效永磁同步电动机已应用于很多节能改造项目，为很多客户持续节电10%～15%。

公司主导产品有起重及冶金用三相异步电动机、起重用隔爆型三相异步电动机、船用电动机、稀土永磁变频调速电动机和车辆用蓄电池交流三相异步电动机5个大类，共60多个系列。其产品结构合理、性能可靠、品质优良、规格齐全，并已形成企业的产品优势和较强的生产能力。产品广泛应用于起重、冶金、化工、车辆、通用机械、矿山机械、压缩机等行业，用户遍布全国大部分省、市及自治区，并远销欧洲、东南亚等国家和地区，公司生产的起重用隔爆型三相异步电动机已成功地运用于军工领域。

公司先后荣获全国质量稳定合格产品、无锡市名牌产品、江苏省名牌产品、江苏省著名商标、江苏省首届百名诚信之星、无锡市质量信得过企业、劳动保障诚信单位、高新技术企业、无锡市蓄电池用交流电机技术研发中心、生产蓄电池交流车用电动机列入国家火炬计划并获得项目证书、江苏省工程技术研究中心，中国优秀民营企业、重型机械桥式起重机专业委员会优秀配套件供应商、水利部门工程启闭机合格供应商、国内多家知名起重机制造商授予的“优秀供应商”和“最佳供应商”的荣誉称号，资信等级AAA级企业。

公司追求的目标是:紧跟世界先进技术，专注做好现有产品，不断推出一流精品，最大限度地满足客户的要求。

TYCP 系列
稀土永磁变频调速电动机

YZR 系列绕线转子
三相异步电动机

YZP 系列变频调速
三相异步电动机

YZPE 系列电磁制动变频
调速三相异步电动机

YBZ、YBZS 系列
隔爆型三相异步电动机

YBZPE 系列起重用隔爆型
电磁制动变频调速三相异步电动机

YBZE、YBZSE 系列隔爆型
电磁制动三相异步电动机

YBZR 系列隔爆型绕线
转子三相异步电动机

地址：江苏省无锡市惠山经济开发区长安惠畅路19号
电话：0510-8376 0111　8376 0666　8376 0999
传真：0510-8376 2288　8362 1022
邮箱：ngp@wuxingp.com

机械传媒 公益传递

坚定信心 同舟共济
科学防治 精准施策

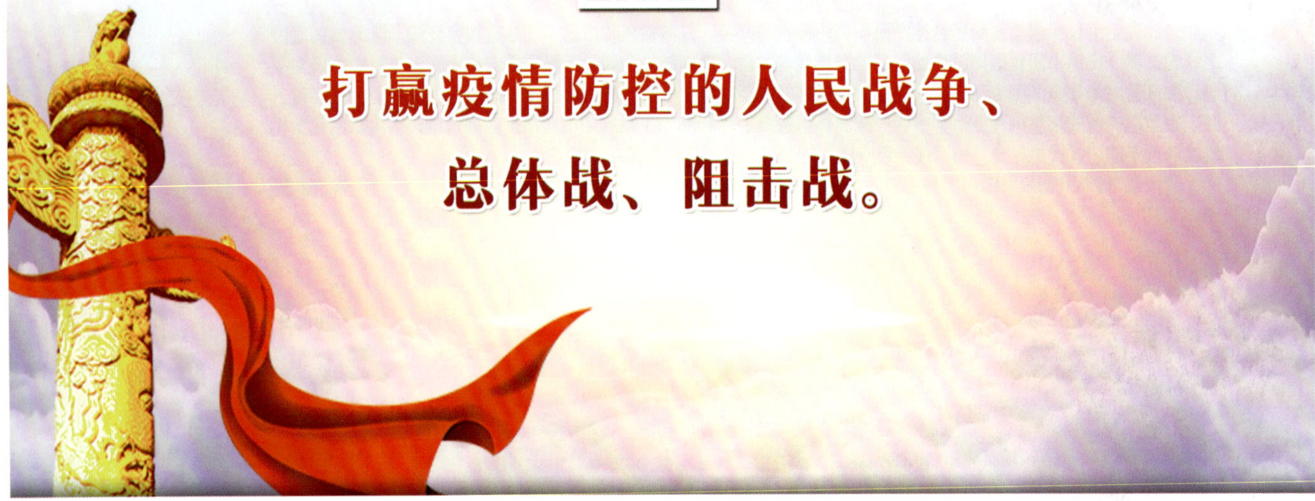

综合索引

中国重型机械工业年鉴二维码

鉴证行业发展足迹
振兴重型装备工业

中国机械工业年鉴系列

《中国机械工业年鉴》
《中国电器工业年鉴》
《中国工程机械工业年鉴》
《中国机床工具工业年鉴》
《中国通用机械工业年鉴》
《中国机械通用零部件工业年鉴》
《中国模具工业年鉴》
《中国液压气动密封工业年鉴》
《中国重型机械工业年鉴》
《中国农业机械工业年鉴》
《中国石油石化设备工业年鉴》
《中国塑料机械工业年鉴》
《中国热处理行业年鉴》
《中国齿轮工业年鉴》
《中国磨料磨具工业年鉴》
《中国机电产品市场年鉴》
《中国机械工业集团年鉴》
《中国电池工业年鉴》

中国工业年鉴出版基地

编辑说明

一、《中国机械工业年鉴》是由中国机械工业联合会主管、机械工业信息研究院主办的大型资料性、工具性年刊，创刊于 1984 年。

二、根据行业需要，1998 年中国机械工业年鉴编辑委员会开始出版分行业年鉴，逐步形成了中国机械工业年鉴系列。该系列现已出版了《中国电器工业年鉴》《中国工程机械工业年鉴》《中国机床工具工业年鉴》《中国通用机械工业年鉴》《中国机械通用零部件工业年鉴》《中国模具工业年鉴》《中国液压气动密封工业年鉴》《中国重型机械工业年鉴》《中国农业机械工业年鉴》《中国石油石化设备工业年鉴》《中国塑料机械工业年鉴》《中国热处理行业年鉴》《中国齿轮工业年鉴》《中国磨料磨具工业年鉴》《中国机械工业集团年鉴》《中国电池工业年鉴》和《中国机电产品市场年鉴》。

三、《中国重型机械工业年鉴》作为该年鉴系列之一，于 2005 年创办，每年连续出版，2019 年为第 15 版。本年鉴集中反映了重型机械行业的发展情况，全面系统地提供了重型机械行业及其企业的主要经济技术指标。

四、2018 年是我国改革开放 40 周年，《中国重型机械工业年鉴》2019 年版特增设“改革开放 40 年”专栏。由综述、大事记、行业与市场篇、企业篇、统计资料、改革开放 40 年、标准与质量和附录 8 部分构成。统计资料中的数据为快报数据，由中国重型机械工业协会提供，数据截至 2018 年 12 月 31 日。

五、本年鉴在编纂过程中得到了中国重型机械工业协会及所属分会、研究院所和企业的大力支持和帮助，在此深表谢意。

七、由于水平有限，难免出现错误及疏漏，敬请批评指正。

中国机械工业年鉴编辑部

2020 年 2 月

目　录

综　述

大 事 记

行业与市场篇

企 业 篇

统计资料

标准与质量

改革开放40年

附　录

Contents

Summary

Chronicle of Events

About Products and Market

About Companies

Statistics

Standards and Quality

Forty years of reform and opening up

Appendix

综述

回顾 2018 年重型机械行业发展状况，指出当前行业发展中存在的问题，并提出措施建议。公布 2018 年中国重型机械行业获得中国机械工业科学技术奖项目情况。

Look back on the development of the heavy machinery industry in 2018, point out problems existing in its current development, and propose measures and suggestions. Publicize projects from the heavy machinery industry which won the China Machinery Industry Science and Technology Awards in 2018.

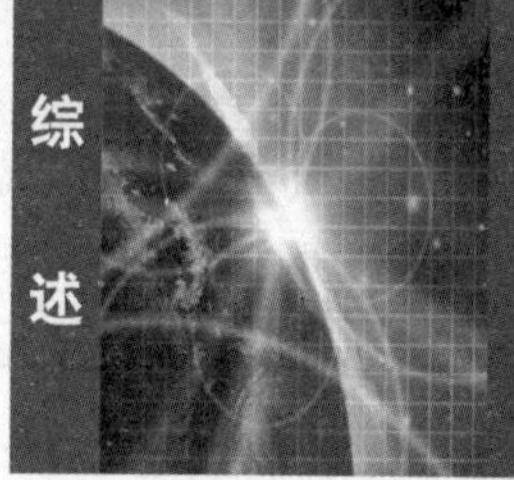

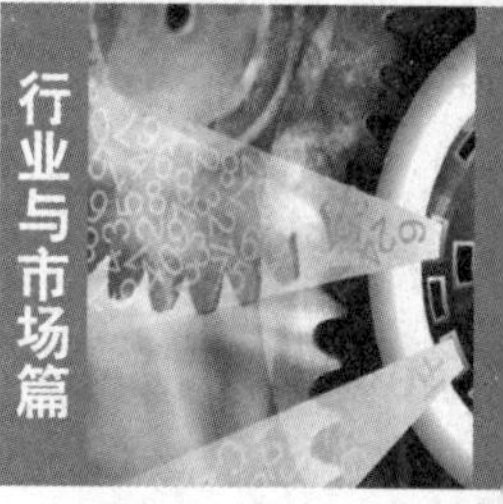

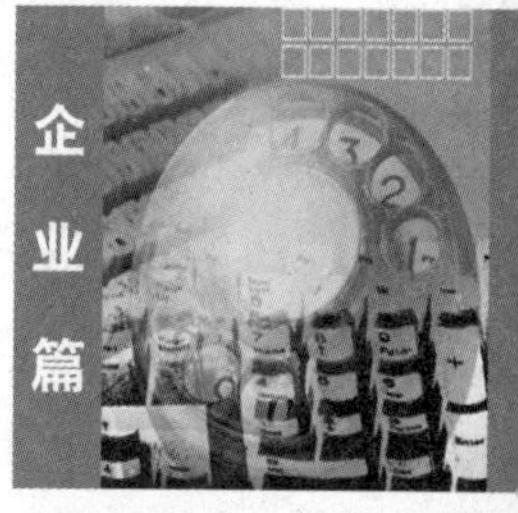

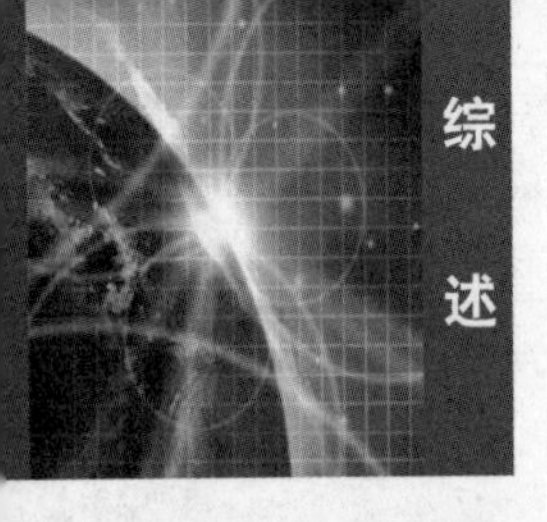

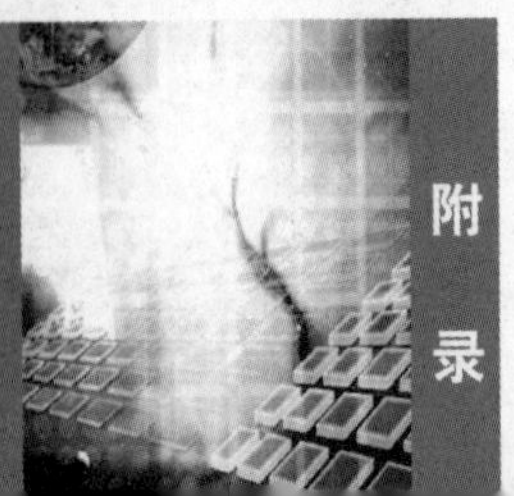

综述

居安思危、创新升级，努力促进重型机械行业高质量持续发展

一、2018年行业发展状况

（一）行业发展概况

2018年是全面贯彻落实党的十九大精神的开局之年，重型机械行业正处于新一轮经济周期的上升阶段，市场形势见好。需求方新动能转换持续加快，产能置换活跃，冶金工业升级改造需求凸显，矿山开采技术设备升级、资源综合利用加快，物流业中物料搬运、仓储设施和城市改造项目等对行业产品需求持续增长，绿色发展的潜在市场逐渐浮出。重型机械行业运行保持稳中有升态势，主营业务收入和利润增速实现了两位数增长，为近年来新高。

2018年重型机械行业累计实现主营业务收入8 970亿元，同口径（注：下同）同比增长11.6%。行业利润总额477.9亿元，同比增长10.3%；利润率5.33%，较上年下降0.06个百分点；亏损企业亏损额62.23亿元，同比下降16.3%。进出口总额250亿美元，进出口贸易整体平稳。产成品、应收账款增长较快，资产负债率有所上升。

（二）运行的特点及存在的问题

1. 运行特点

（1）稳中有升。2018年我国GDP同比增长6.6%，机械工业增加值同比增长6.3%，主营业务收入同比增长6.05%；重型机械行业主营业务收入同比增长11.6%，较上年高出3个百分点。市场需求持续向好，销向变化不大。

（2）利润率保持上年水平。行业企业克服了原材料涨价的因素，加之国家利好政策的效应，与上年相比利润率略有降低；亏损面、亏损额下降。

（3）一批重要产品研制成功。如中国第一重型机械集团和国机重型装备集团股份有限公司相继制造出世界最大的2 400t加氢反应器、北方重工生产出22km长的水泥熟料输送机、太原重工研制出首台9 000t/h排土机、大连重工研制出首支对接型特大曲轴、振华重工研制出智能化港口集装箱装卸成套设备、中信重工增加了特种机器人的品种，卫华集团、河南矿山在桥式、门式起重机制造工艺及装备创新改造方面取得的重大成果，对推动行业生产技术进步做出了突出贡献。

（4）努力应对产品生产许可制度的改革。2018年国家取消了行业中千斤顶、手动葫芦、散料堆取料机、胶带运输机产品生产许可证。桥式、门式等起重机，机械式停车设备等特种设备质量监督检验的监管办法也发生了变化。有关企业着手探索在新的环境下，维护自身权益的措施。

（5）中美贸易摩擦的影响。重型机械产品出口美国本土的贸易额虽然不大，但仍影响了行业在中美贸易稳定发展的基础，间接影响整个出口形势。一年中，重型机械企业利用自身产品的优势，积极应对美国外贸政策的变化，除极少数产品外，尚未出现大的波动。

（6）企业改革持续。2018年经营环境较好，企业抓住机遇，开展结构调整、完善经营策略、扩大服务领域和改革用人制度等方面的改革。

2. 存在问题

（1）重型机械行业重点服务的传统工业领域对节能、环保、自动化和无人化产品需求迫切，但是行业整体创新能力相对较弱，基础技术和新动能培育周期长，很难在短期内推进新产品的研制进程，跟不上市场快速升级的需求。

（2）国家近期大力采取措施，投资高铁、城市基建（地铁、综合管廊、生活垃圾和污水处理等）和扩大居民消费等，由于多数重型机械企业习惯于服务传统用户，进入新的服务领域、服务新兴市场较少。

（3）产品质量稳定性和品牌知名度不高的现状还没有从根本上得到改变。

（4）大部分企业尚未实现年人均产值100万元、利润5万元的指标。

二、居安思危、创新升级、努力促进行业高质量持续发展

近3年来，重型机械行业处在新一轮经济循环的上升阶段，生产任务充足，原材料价格适中，企业运行质量好转，给创新发展创造了较好的内在条件；国家重视工业特别是装备制造业的发展，在政策上给予了很大的支持和便利；在国家倡导实施绿色、节能、环保的大政方针中，能源、原材料、交通等领域开展了技术升级，使需求市场活跃，为企业发展创造了良好的外部条件。2019年行业生产经营还将处于上行阶段，利用行业内外良好的营商环境，从行业、企业发展的角度，一方面要注重当前的运行质量，搞好生产经营；另一方面要居安思危，找出影响发展的短板，克服潜在危机，近期与长远结合，通过创新升级促进企业持续发展。

一是注意市场变化规律和特征。2019年行业运行仍处于上行阶段，一些业内外企业又在扩大生产规模；部分行业企业还扩大了在制品和配套件库存规模；为了达到更高的增长速度，不注重经济效益的培养，继续采用低价格竞争获取市场份额等。应当注意到，按照行业运行的周期，下半年市场需求的势头将逐步回落，简单复制生产规模，盲目增加库存，不注意效益，企业将再次背上资金包袱，为今后高质量运行埋下隐患。

二是国家持续对钢铁、煤炭、水泥、有色等工业采取总量调控措施，生产总规模不可能进一步扩大，但是技术升级、绿色改造所需的环保节能、安全高效的技术产品已经成为上述工业行业发展大趋势，老的产品将被新一代产品替代。国外同行开发的升级产品正在国内销售，国内从事自动化、信息化研发的企业已经从另一个侧面介入重型机械产品升级换代活动；如果行业企业不抓紧在人力、物力、资金上的投入，布局研发满足下一轮经济循环所需要的数字化、信息化、智能化的，绿色、安全、可靠的产品，将会被市场淘汰。

三是国家今后将更加重视知识产权保护，以往单纯靠抢挖同行人才来降低成本，获得先进成熟技术的方式，越来越难。在重型机械行业中就曾有将原所在企业具有产权的图样资料带到新单位使用，而受到法律严厉处置的案例。

四是贸易保护主义抬头，出口、关税及贸易壁垒、清关行政措施，对于依托全球市场谋求发展的重型机械制造业带来的不确定因素增多，将影响行业的近、远期“走出去”战略。

面对近忧远虑，行业企业需要通过改革、创新升级来促进高质量的发展。

（1）技术创新升级。针对产品的短板、卡脖子技术，按照问题导向和需求导向，开展传统产品完善和升级换代、两化融合产品的开发。通过产学研结合，知识产权交易，开发具有企业文化特点的核心技术，开拓制造服务业新局面，培育新动能，为持续发展打下基础。

（2）管理创新升级。利用二维码等标识、大数据等信息化手段，分析市场形势，减少投资风险；通过对设计、工艺、采购、生产等全过程各环节的分析，找到降低生产成本、提高运行质量、提升效益效率的薄弱环节；实现管理模式的创新升级。

（3）注重加工工艺和工艺装备创新升级。利用国家减税减费，企业财务状况好转的时机，在产品质量的卡脖子关键工序，在低效能、高消耗的工艺环节加大技术改造和创新力度。每年安排一定的技改资金，逐年增加数控加工机床比例，开发专用设备，通过持续的数字化技术改造和工艺创新，实现产品质量一致性，形成自己的品牌产品；提高工效，获得效益，使企业走向良性循环。

（4）“一带一路”倡议为行业提供了良好机遇，利用大集团项目出海、展览会自我介绍结识新客户、上下游产品抱团成套出口，行业企业都有实践。参照成功企业的经验，注重行业企业间的交流合作，创新“走出去”的方式，扎实参与“一带一路”建设，推进国际化经营，弥补国内市场需求的不足。

〔撰稿人：中国重型机械工业协会李镜　审稿人：中国重型机械工业协会张艳君〕

2018 年重型机械行业总体发展情况

重型机械行业是机械工业中冶金机械制造业、重型锻压机械制造业、矿山机械制造业和物料搬运机械制造业以及大型铸锻件制造业的合称。根据国民经济行业分类新标准的规定，重型机械行业归口的行业类别为以下类别：冶金机械、重型锻压机械、矿山机械、小型起重设备、起重机、生产专用车辆、连续搬运设备、电梯自动扶梯及升降机、客运索道、机械式停车设备、其他物料搬运设备，以及专用配置零部件和设备。

为反映行业实际运行情况，本文根据行业特点，按冶金机械、矿山机械、物料搬运机械三个行业大类进行分述。其中物料搬运机械包含：轻小型起重设备、起重机、生产专用车辆、连续搬运设备、电梯自动扶梯及升降机、客运索道、机械式停车设备、其他物料搬运设备 8 个产品类别。

一、总体运行情况

2018 年，我国机械工业实现主营业务收入为 21.38 万亿元，同比增长 6.05%；利润为 1.45 万亿元，同比增长 2.18%。在机械工业重点监测的 134 个产品产量中，同比增长的有 59 个品种，占 44%；同比下降的有 75 个品种，占 56%。全行业增加值增速为 6.3%，其中，专用设备制造 10.9%、通用设备制造 7.2%、汽车制造 4.9%、电气及器材制造 4.7%。

2018 年，是我国重型机械工业行业主要产品市场持续增长的一年，行业企业积极贯彻中央“以进促稳，以稳应变”的要求，充分利用国内外有利条件，积极主动地化解诸多复杂矛盾的影响，稳定经营生产，全行业主营业务收入重回两位数增长区间，各月累计增速均稳定在 10% 以上。其中，有 2 个月增幅在 13% 以上、4 个月在 11% ～ 13%，至 12 月底，全年主营业务收入增速定格为 11.64%。2014—2018 年重型机械行业发展趋势见图 1。2018 年重型机械行业主要经济指标见表 1。2017—2018 年重型机械行业累计主营业务收入增速同期对比见图 2。

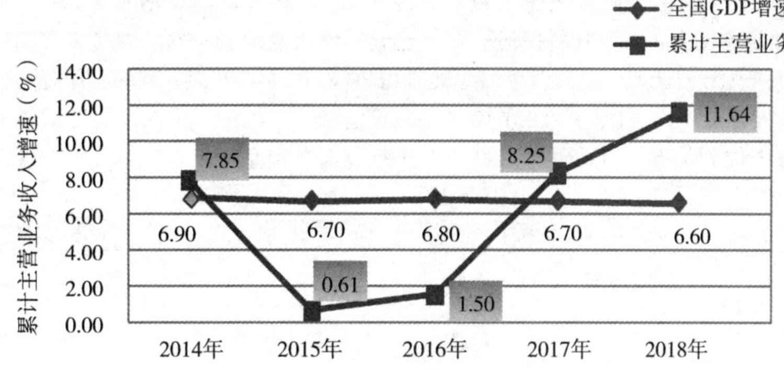

图 1　2014—2018 年重型机械行业发展趋势

表 1　2018 年重型机械行业主要经济指标

名称	主营业务收入		主营业务成本		利润总额		利润率	
	金额（亿元）	同比增长（%）	金额（亿元）	同比增长（%）	金额（亿元）	同比增长（%）	当年（%）	上年同期（%）
重型机械行业合计	8 968.62	11.64	74 88.98	11.84	477.88	10.34	5.33	5.39
1. 冶金机械行业	1 110.09	27.99	946.64	28.50	43.40	99.82	3.91	2.50
2. 矿山机械行业	2 414.15	9.42	2 024.61	8.64	114.91	30.03	4.76	4.01
3. 物料搬运机械行业	5 444.38	9.77	4 517.72	10.30	319.57	−1.07	5.87	6.51

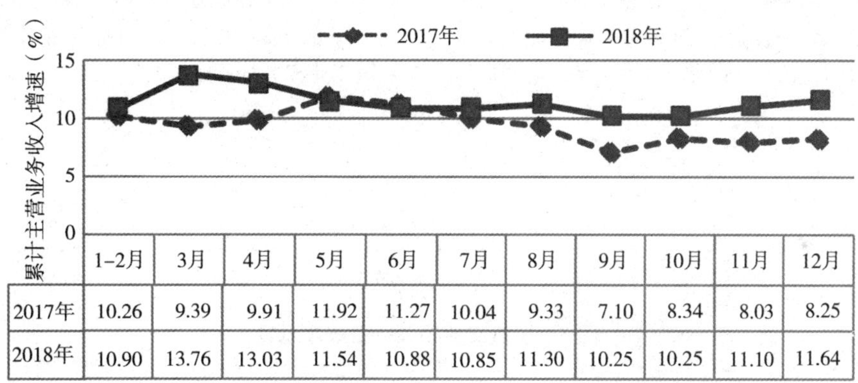

	1–2月	3月	4月	5月	6月	7月	8月	9月	10月	11月	12月
2017年	10.26	9.39	9.91	11.92	11.27	10.04	9.33	7.10	8.34	8.03	8.25
2018年	10.90	13.76	13.03	11.54	10.88	10.85	11.30	10.25	10.25	11.10	11.64

图 2　2017—2018 重型机械行业累计主营业务收入增速同期对比

1. 行业主要产品完成情况

随着机械工业上下游产业链波动的影响逐步减弱，重型机械行业运行质量有所改善，合同订单持续向信誉度高、产品质量好、价格合理的企业集中，其主要特征：一是部分原材料行业所需的产品增长较快。钢铁、煤炭等行业，需求增加，价格上行，为其服务的矿山专用设备、金属冶炼设备、金属轧制设备、起重机等同比增长 10% 以上。二是与环境保护和污染治理相关的产品延续了销量上升的势头，促进了行业产品需求上升。

（1）主要产品产量情况。

1）冶金设备。446 家冶金设备制造企业完成金属冶炼产品产量 62.57 万 t，同比增长 28.32%；完成金属轧制产品产量 54.60 万 t，同比增长 7.94%。

2）矿山专用设备。1 628 家矿山设备制造企业完成产量 504.88 万 t，同比增长 6.26%。

3）起重机。618 家起重机制造企业完成产量 777.11 万 t，同比增长 33.98%。

4）连续搬运设备。300 家输送、提升设备制造企业完成产量 177.27 万 t，同比下降 11.56%。

（2）相关产品产量情况。

1）减速机。790 家减速机制造企业完成产量 563.03 万台，同比下降 1.39%。

2）铸钢件。规模以上企业完成产量 943.78 万 t，同比增长 4.68%。

3）锻件。规模以上企业完成产量 725.77 万 t，同比增长 7.81%。

2. 主要经济指标完成情况

2018 年，重型机械行业主营业务收入同比增长 11.64%，在机械工业 14 个行业中增速位列第二。

全行业供给侧结构性改革持续深入，规模以上企业

4 418 家，比上年减少 129 家。其中，冶金机械企业数量占比为 10%，矿山机械企业数量占比为 37%，物料搬运机械企业数量占比为 53%。

（1）资产指标。重型机械行业资产总额为 12 291.10 亿元，在机械工业 14 个行业中位列第五。流动资产总额为 8 103.95 亿元，同比增长 8.94%。应收账款为 2 591.59 亿元，同比增长 13.75%。存货为 2 151.78 亿元，同比增长 11.68%，其中：产成品为 644.01 亿元，同比增长 9.75%。负债总额为 7 328.64 亿元，同比增长 8.55%。机械工业相关行业资产状况见表 2。

表 2　机械工业相关行业资产状况

行业类别	企业数（家）	资产总额（亿元）	负债总额（亿元）
汽车行业	16 447	81 117.76	47 876.94
电工电器行业	21 158	58 638.85	33 056.04
石化通用行业	10 915	21 484.89	11 807.41
重型矿山行业	4 418	12 291.10	7 328.64
机床工具行业	6 411	9 353.82	4 931.34
工程机械行业	1 485	7 975.48	4 824.76

（2）成本费用指标。重型机械行业主营业务成本为 7 488.98 亿元，同比增长 11.84%，其中，增速高于行业平均水平的是客运索道制造、其他物料搬运设备制造、连续搬运设备制造和专用车辆制造；低于行业平均水平的是轻小型起重设备制造、起重机制造、机械式停车设备制造。

销售费用为 316.66 亿元，同比增长 9.57%，增速最高的是客运索道制造为 42.74%，最低的是连续搬运设备制造为 -0.29%；管理费用为 589.06 亿元，同比增长 7.40%，增速最高的是其他物料搬运设备制造为 21.45%、最低的是机械式停车设备制造为 -0.05%；财务费用为 92.26 亿元，同比下降 8.37%，增速最高的是客运索道制造为 148.58%。机械工业相关行业成本增幅见图 3。

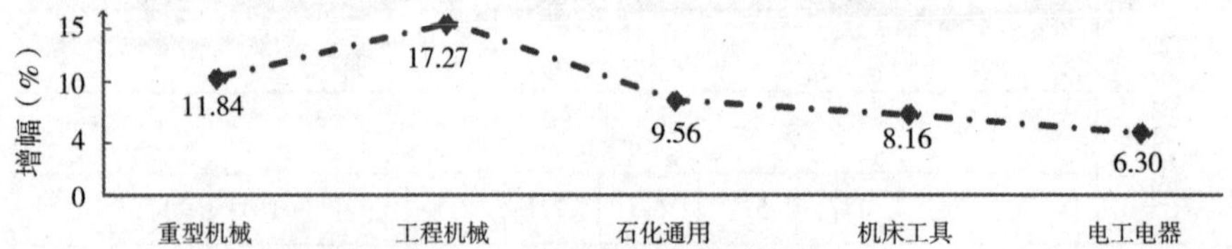

图 3　机械工业相关行业成本增幅

（3）盈亏指标。重型机械行业实现利润总额为 477.88 亿元，同比增长 10.34%。行业亏损企业为 679 家（上年同期为 742 家），其中：冶金设备制造企业 68 家，矿山设备制造企业 212 家，轻小型起重设备制造企业 37 家，起重机制造企业 112 家，专用车辆制造企业 29 家，连续搬运设备制造企业 49 家，客运索道制造企业 1 家，机械式停车设备制造企业 12 家，电梯及自动扶梯制造企业 146 家，其他物料搬运设备制造企业 13 家。行业亏损面为 15.84%，同比下降 0.95 个百分点。机械工业相关行业亏损面比较见图 4。

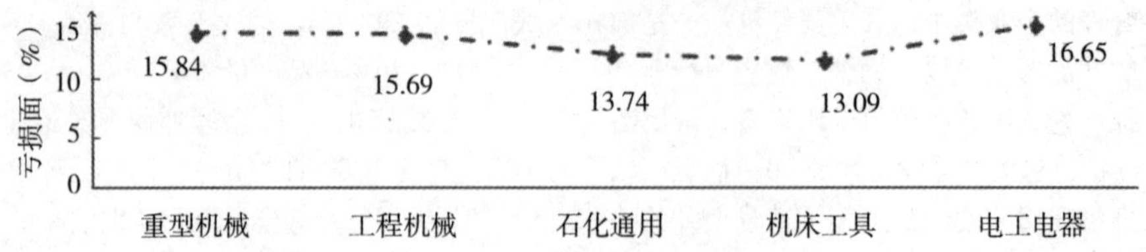

图 4　机械工业相关行业亏损面比较

（4）综合效益指标。重型机械行业主要综合效益指标多有增幅，未出现明显波动。其中：资产负债率 59.63%，比上年增加 0.42 个百分点；流动资产周转率 1.12 次，比上年增加 0.04 次；成本费用利润率 5.63%，比上年减少 0.04 个百分点；总资产贡献率 3.87%，比上年增加 0.08 个百分点。与重型机械行业相关的设备制造行业综合效益指标见表 3。重型机械行业各类型企业流动资产周转率对比见图5。重型机械行业各类型企业资产负债率对比见图6。

表 3 与重型机械行业相关的设备制造行业综合效益指标

行业分类	企业数（家）	资产负债率（%）		流动资产周转率（次）		成本费用利润率（%）		利润率（%）	
		2018 年	2017 年	2018 年	2017 年	2018 年	2017 年	2018 年	2017 年
建筑工程用机械制造	763	61.59	59.12	1.15	1.08	7.90	7.29	7.27	6.88
金属压力容器制造	477	60.72	61.72	1.28	1.15	4.30	4.00	4.15	3.87
炼油、化工专用设备制造	425	60.09	58.44	1.13	1.16	6.04	5.39	5.70	5.11

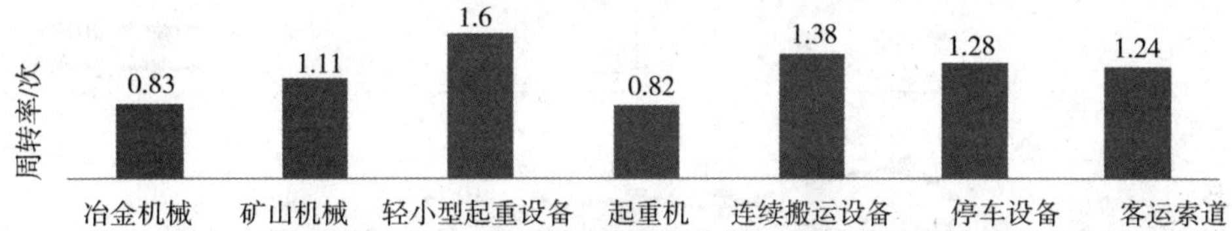

图 5 重型机械行业各类型企业流动资产周转率对比

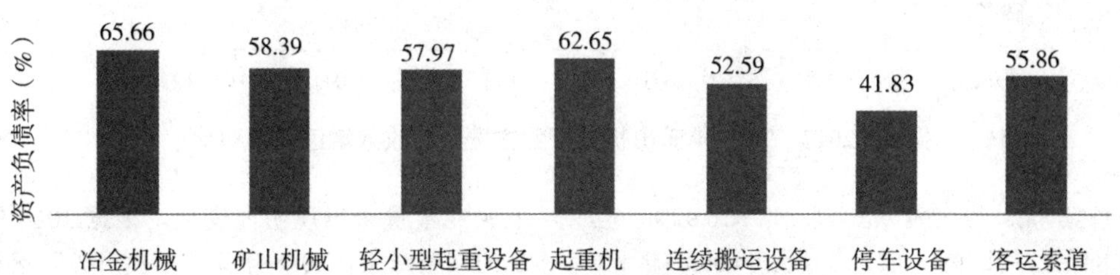

图 6 重型机械行业各类型企业资产负债率对比

二、冶金机械行业运行情况

冶金机械行业是以提供炼焦、烧结、冶炼、轧制、重型锻压等大型成套设备及相关产品，并为能源、原材料、化工、造船、军工、机械等部门提供大型铸锻件产品的机械制造行业。

1. 基本运行情况

2018 年，冶金机械行业运行质量改善明显。行业重点骨干企业，仍处于领军地位，其中，排名前 5 位的企业共完成冶炼产品 17.93 万 t、轧制设备 24.50 万 t，分别是行业企业平均产量的 26 倍和 40 倍，分别占全国总产量的 31.53% 和 44.87%。

行业规模以上企业 446 家，比上年减少 19 家。主营业务收入为 1 110.09 亿元，增速为 27.99%，比 2017 年增加了 16.92 个百分点。2017—2018 年冶金机械行业主营业务收入增速同期对比见图 7。

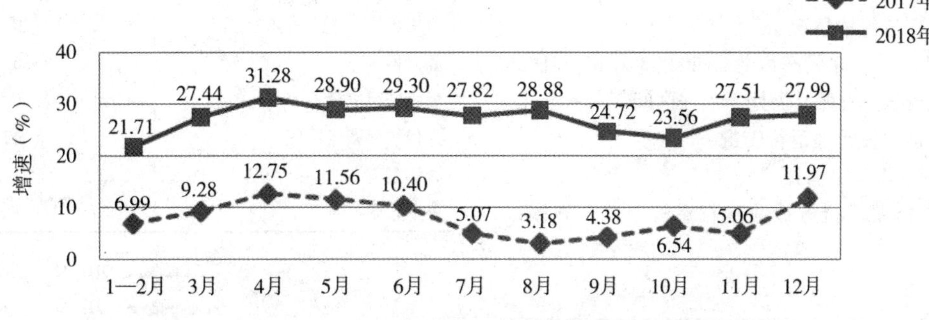

图 7 2017—2018 年冶金机械行业主营业务收入增速同期对比

冶金机械行业流动资产总额为 1 407.44 亿元，同比增长 17.39%。应收账款为 384.76 亿元，同比增长 13.44%。存货为 304.93 亿元，同比增长 16.57%。销售费用为 28.15 亿元，同比增长 12.78%。管理费用为 75.28 亿元，同比增长 9.99%。财务费用为 14.72 亿元，同比下降 16.74%。

2. 综合效益指标情况

报告期内，行业经济效益状况明显改善，特别是大型骨干企业均摆脱了亏损。全年行业实现利润总额 43.40 亿元，同比增长 99.82%。亏损面 15.25%，比上年下降。资产负债率 65.66%，比上年减少 2.45 个百分点。流动资产周转率 0.83 次，比上年增加 0.08 次。成本费用利润率 4.08%，比上年增加 1.52 个百分点。

3. 主要产品产量完成情况

冶金设备制造行业主要产品产量的完成情况，均处于上涨区间，其中，金属冶炼产品涨幅较多，为 28.32%，金属轧制设备为 7.94%。

三、矿山机械行业运行情况

矿山机械行业是以提供矿山开采、矿井提升、破碎粉磨、煤矿采掘、筛分洗选、竖井及隧道挖掘、水泥生产等大型成套设备及相关产品的机械制造行业。

1. 基本运行情况

2018 年，上下游产业链波动对矿山机械行业影响呈现逐步减弱趋势，行业运行质量有所改善。行业重点骨干企业完成矿山专用设备 23.39 万 t，是行业企业平均产量的 15 倍，占全国总产量的 4.6%。

行业规模以上企业有 1 628 家，比上年减少 105 家；主营业务收入为 2 414.15 亿元，增速为 9.42%，比 2017 年增加 2.17 个百分点。2017—2018 年矿山机械行业主营业务收入增速同期对比见图 8。

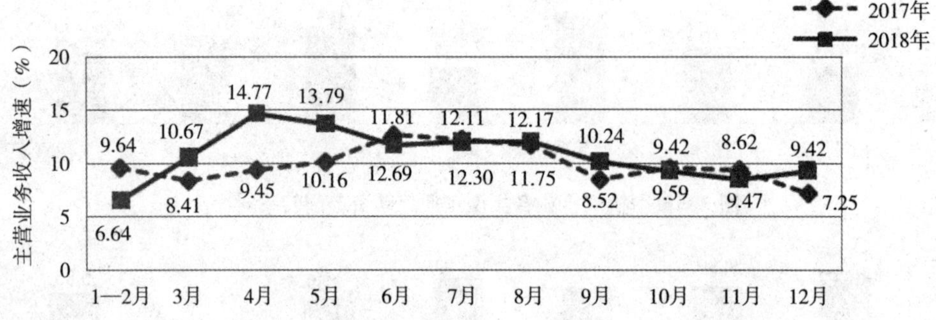

图 8　2017—2018 年矿山机械行业主营业务收入增速同期对比

流动资产总额为 2 262.97 亿元，同比增长 6.92%。应收账款为 748.48 亿元，同比增长 3.27%。存货为 696.09 亿元，同比增长 11.36%。主营业务成本为 2 024.61 亿元，同比增长 8.64%。销售费用为 81.64 亿元，同比增长 12.68%。管理费用为 147.91 亿元，同比增长 9.91%。财务费用为 39.86 亿元，同比下降 9.78%。

2. 综合效益情况

行业经济效益明显改善，重点骨干企业均摆脱了亏损。行业实现利润 114.91 亿元，同比增长 30.03%。亏损面 13.02%，比上年有所改善。资产负债率 58.39%，比上年减少 1.02 个百分点。流动资产周转率 1.11 次，比上年增加 0.05 次。成本费用利润率 5.01%，比上年增加 0.83 个百分点。

3. 主要产品产量完成情况

矿山机械行业全年完成产量总计 504.88 万 t，同比增长 6.26%。产品产量完成情况仍处于上涨区间。

四、物料搬运机械行业运行情况

1. 基本运行情况

2018 年，物料搬运机械行业运行态势平稳，规模以上企业数量未出现明显变化。根据 2018 年国家产品名录的调整结果，2018 年第 3 季度开始，客运索道制造和机械式停车设备制造由其他物料搬运设备调入上一级产品目录。2018 年，物料搬运机械行业实现主营业收入 5444.38 亿元，同比增长 9.77%，比 2017 年上升了 1.73 个百分点。物料搬运机械行业各类型产品销售额占比见表 4。2017—2018 年物料搬运机械行业主营业务收入增速同期对比见图 9。

表 4　物料搬运机械行业各类型产品销售额占比

产品分类	销售额占比（%）
电梯	47
连续搬运设备	7
专用车辆	10
起重机	25
轻小型起重设备	5
其他物料搬运设备	4
客运索道	1
停车设备	1

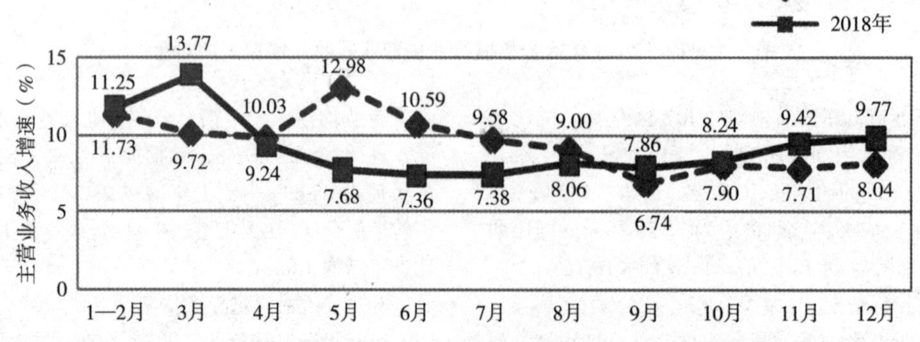

图 9　2017—2018 年物料搬运机械行业主营业务收入增速同期对比

2. 经济指标完成情况

（1）资产指标。2018 年，物料搬运机械行业流动资产总额为 4 433.18 亿元，同比增长 7.51 %；应收账款为 1 458.35 亿元，同比增长 20.08%；存货为 1 150.77 亿元，同比增长 10.64%。

（2）成本费用指标。2018 年，主营业务成本为 45 17.72 亿元，同比增长 10.30%；销售费用为 206.86 亿元，同比增长 7.97%；管理费用为 365.88 亿元，同比增长 5.91%；财务费用为 37.71 亿元，同比下降 2.88%。

（3）盈亏指标。2018 年，行业经济效益状况有一定改善，实现利润总额 319.57 亿元，同比下降 1.07%，其主要是由于受电梯及自动扶梯和停车设备行业亏损比率上升的影响，行业亏损企业数 420 家，亏损面 17.92%。与物料搬运机械行业相关的产品制造行业综合效益指标情况见表 5。

表 5 与物料搬运机械行业相关的产品制造行业综合效益指标情况

分类名称	企业数（家）	资产负债率（%）		流动资产周转率（次）		成本费用利润率（%）		利润率（%）	
		2018 年	2017 年	2018 年	2017 年	2018 年	2017 年	2018 年	2017 年
锻件及粉末冶金制品制造	1 353	51.02	48.98	1.76	1.61	5.94	5.73	5.62	5.39
齿轮及齿轮减、变速箱制造	790	49.05	48.74	1.69	1.73	8.02	8.45	7.44	7.79
模具制造	2 360	51.90	51.74	1.63	1.66	6.95	6.73	6.51	6.32
工业机器人制造	186	49.26	51.05	1.11	1.19	11.95	12.85	10.82	11.47
特殊作业机器人制造	13	40.09	47.71	1.25	1.14	20.23	17.63	17.74	15.14

3. 产品产量指标情况

2018 年，物料搬运机械行业主要产品产量的完成情况，有增有减。从实物量指标来看，起重机、生产专用车辆等同比实现了增长，输送机和提升机等同比出现了下降。从价值量指标来看，物料搬运机械行业所属的各个行业分支均处于增长区间。2018 年物料搬运机械行业主要产品产量见表 6。

表 6 2018 年物料搬运机械行业主要产品产量

产品名称	企业数（家）	产量单位	产量	同比增长（%）
起重机	618	万 t	777.11	33.98
输送机和提升机	300	万 t	177.27	-11.56
生产专用车辆	152			
电动叉车		万台	23.29	17.20
内燃叉车		万台	31.07	4.13

4. 各分行业运行情况

（1）轻小型起重设备制造。主要产品领域包括：电动葫芦、手动葫芦及滑车、卷扬机及绞盘、千斤顶、汽车举升机等搬运设备。

1）基本运行情况。2018 年，轻小型起重设备制造规模以上企业 219 家，比上年减少 20 家。主营业务收入 249.51 亿元，同比增长 6.62%；流动资产总额为 141.47 亿元，同比下降 0.78%；应收账款为 52.66 亿元，同比增长 10.72%；存货为 38.26 亿元，同比下降 7.27%；主营业务成本为 213.11 亿元，同比增长 6.54%；销售费用为 6.99 亿元，同比增长 4.17%；管理费用为 17.17 亿元，同比增长 4.19%；财务费用为 1.86 亿元，同比下降 6.53%。

2）综合效益情况。2018 年，行业实现利润总额 12.21 亿元，同比增长 15.84%；亏损企业 37 家，行业亏损面 16.89%，比上年略有改善。主要综合效益指标有增有减，其中：资产负债率 57.97%，比上年下降 0.17 个百分点；流动资产周转率 1.6 次，比上年增加 0.11 次；成本费用利润率 5.11%，比上年增加 0.43 个百分点。

3）重点企业情况。2018 年，轻小型起重设备制造骨干企业差异较大，排头兵企业产值产量均遥遥领先，以电动葫芦为例，排名第一、第二名的企业完成的产量分别为第三名的 14 倍和 11 倍。

（2）起重机制造。主要产品包括：桥式起重机、门式起重机、桥架类起重机、塔式起重机、门座起重机、未列名起重机等起重设备。

1）基本运行情况。2018 年，起重机制造规模以上企业 618 家，比上年减少 36 家。实现主营业务收入 1 292.27 亿元，同比增长 9.86%；流动资产总额为 1 345.93 亿元，同比增长 15.38%；应收账款为 418.42 亿元，同比增长 41.85%；存货为 451.78 亿元，同比增长 13.90%；主营业务成本为 1 095.67 亿元，同比增长 7.73%；销售费用为 32.27 亿元，同比增长 18.55%；管理费用为 74.55 亿元，同比增长 10.20%；财务费用为 29.61 亿元，同比增长 18.77%。

2）综合效益情况。2018 年，行业实现利润总额 60.39 亿元，同比增长 44.13%；亏损企业 112 家，行业亏损面 18.12%，比上年略有改善。主要综合效益指标有增有减，其中：资产负债率 62.65%，比上年下降 3.51 个百分点；流动资产周转率 0.82 次，比上年下降 0.01 次；成本费用利润率 4.90%，比上年增加 1.21 个百分点。

3）重点企业情况。2018 年，起重机设备制造骨干企业发展不够均衡，行业统计排名的前 10 位企业有 7 家同比下降。全年平均产量100万t以上的企业有2家，10万～100万t（不含）的企业有1家，1万～10万t（不含）以上的企业有8家，前10家企业的产量占全国产量的70%以上。

（3）连续搬运设备制造。主要产品包括：输送机、提升机、装卸机械等机械设备。

1）基本运行情况。2018年，连续搬运设备制造规模以上企业300家，比上年增加3家。实现主营业务收入385.70亿元，同比增长15.28%；流动资产总额为295.61亿元，同比增长12.26 %；应收账款为111.64亿元，同比增长19.34%；存货为80.89亿元，同比增长19.25%；主营业务成本为319.42亿元，同比增长14.69%；销售费用为15.10亿元，同比下降0.26%；管理费用为26.79亿元，同比增长12.09%；财务费用为3.16亿元、同比增长3.27%。

2）综合效益情况。2018年，行业实现利润总额21.40亿元，同比增长27.68%；亏损企业49家，行业亏损面16.33%，略高于上年。主要综合效益指标有增有减，其中：资产负债率52.59%，比上年下降6.21个百分点；流动资产周转率1.38次，比上年减少0.02次；成本费用利润率5.87%，比上年增加0.64个百分点。

3）重点企业情况。2018年，输送机和提升机制造企业实物量指标多表现为下降态势，在总量排名前5位的企业中，仅有1家企业实现了增长。装卸机械制造企业实物量指标完成情况与此接近，在总量排名前5位的企业中，有两家企业增长。

（4）机械式停车设备制造。

1）基本运行情况。2018年，规模以上企业38家。实现主营业务收入37.52亿元，同比增长6.65%；流动资产总额为36.74亿元，同比增长10.43 %；应收账款为11.98亿元，同比增长4.08%；存货为12.20亿元，同比增长20.20%；主营业务成本为29.87亿元，同比增长8.30%；销售费用为2.94亿元，同比增长10.94%；管理费用为3.07亿元，与上年持平；财务费用为0.64亿元，同比增长12.28%。

2）综合效益情况。2018年，行业实现利润总额1.01亿元，同比下降39.88%；亏损企业12家，行业亏损面31.58%，比上年扩大了13.16个百分点。除资产指标外，其他运行指标均与上年有一定差距，盈利水平降幅较大。资产负债率41.83%，比上年下降6.03个百分点；流动资产周转率1.28次，比上年下降0.08次；成本费用利润率2.76%，比上年下降2.19个百分点。

3）重点企业情况。2018年，机械式停车设备制造首次统计全国数据，不具备对比条件。据中国重型机械工业协会停车设备工作委员会发布的信息，2018年行业主要企业新增车库项目数2 630个，同比增长3.5%；新增泊位865 542个，同比增长6.7%；实现销售收入161.83亿元，同比增长9.4%。

（5）客运索道制造。

1）基本运行情况。2018年，规模以上企业8家。实现主营业务收入34.77亿元，同比增长33.22%；流动资产总额为27.13亿元，同比增长2.42%；应收账款为13.53亿元，同比增长3.05%；存货为6.75亿元，同比下降11.30%；主营业务成本为27.76亿元，同比增长32.06%；销售费用为1.19亿元，同比增长43.37%；管理费用为2.57亿元，同比增长18.98%；财务费用为0.18亿元，同比增长157.14%。

2）综合效益情况。2018年，行业实现利润总额3.21亿元，同比增长36.60%；亏损企业1家，行业亏损面12.50%，与上年持平。主要综合效益指标有升有降，其中：资产负债率55.86%，比上年下降1.24个百分点；流动资产周转率1.24次，比上年增加0.2次；成本费用利润率10.12%，比上年增加0.36个百分点。

（6）专用车辆制造，主要包括：电动叉车、内燃叉车、短距离牵引车、固定平台搬运车等搬运设备。

1）基本运行情况。2018年，专业车辆制造规模以上企业152家，比上年减少10家。实现主营业务收入543.96亿元，同比增长12.84%；流动资产总额为252.27亿元，同比增长0.80%；应收账款为68.18亿元，同比增长13.88%；存货为70.80亿元，同比增长4.70%；主营业务成本为467.86亿元，同比增长13.73%；销售费用为19.07元，同比增长0.47%；管理费用为29.53亿元，同比增长11.06%；财务费用为1.06亿元，同比增长12.77%。

2）综合效益情况。2018年，行业实现利润总额30.51亿元，同比增长6.45%；亏损企业29家，行业亏损面19.08%，略高于上年。主要综合效益指标有增有减，其中：资产负债率为48.37%，比上年增长0.93个百分点；流动资产周转率为2.11次，比上年增加0.19次；成本费用利润率为5.89%，比上年下降0.37个百分点。

（7）其他物料搬运设备制造。

其他物料搬运设备制造主要产品包括：立体化仓库设备制造、机场专用搬运设备制造、矿用推进车制造、搬运机器人制造及未列名的提升、搬运、装卸机械设备制造等。

1）基本运行情况。2018年，规模以上企业105家，比上年减少13家。实现主营业务收入198.39亿元，同比增长20.42%；流动资产总额为148.01亿元，同比增长3.50%；应收账款为48.44亿元，同比增长1.94%；存货为43.05亿元，同比增长23.71%；主营业务成本为165.90亿元，同比增长21.34%；销售费用为7.36亿元，同比增长13.04%；管理费用为13.71亿元，同比增长21.43%；财务费用为0.97亿元，同比下降49.48%。

2）综合效益指标。2018年，行业实现利润总额11.34亿元，同比增长32.38%；亏损企业13家，行业亏损面12.38%，比上年有所改善。主要综合效益指标有增有减，其中：资产负债率51.03%，比上年增长1.15个百分点；流动资产周转率1.42次，比上年增加0.09次；成本费用利润率6.03%，比上年增加0.55百分点。

〔撰稿人：中国重型机械工业协会严祥文　审稿人：中国重型机械工业协会李镜〕

2018 年中国重型机械行业荣获中国机械工业科学技术奖项目

2018 年 8 月 23—25 日，中国重型机械工业协会在西安市组织召开了 2018 年中国重型机械科学技术奖评审会议，24 名行业评审专家参加了评审会。2018 年重型机械企业共申报 53 个项目，涉及冶金、矿山、起重运输和重型锻压等专业，这些项目是重型机械行业近几年完成的科研成果，代表了行业科技创新的总体水平。与会专家严格按照《中国机械工业科学技术奖励条例》的规定，本着实事求是、公开、公平和公正的原则，对每个项目进行认真、负责的评审，经专业小组讨论和初评、专业组全体评委评审和无记名电子投票，评出获奖项目 28 项。

经中国机械工业科学技术奖评委会审核批准，2018 年重型机械行业荣获中国机械工业科学技术奖 28 项，其中：一等奖 4 项，二等奖 12 项，三等奖 12 项。2018 年重型机械行业荣获中国机械工业科学技术奖项目见表 1。

表 1　2018 年重型机械行业荣获中国机械工业科学技术奖项目

一等奖（4 项）

项目编号	项目名称	完成单位	完成人
1804009	核能发电机超大型转子锻件制造关键技术及应用	二重（德阳）重型装备有限公司	王　平　蒋新亮　孙　嫘　李　波　王　涛　沈国劬　周　雯　向前波　苟罗成　罗玉立　孟相利　李浩然　毛　闯　邱斌税　远　强
1804040	煤矿大型高端综采成套装备及其智能制造关键技术	天地科技股份有限公司、兖矿集团有限公司、宁夏天地奔牛实业集团有限公司、西安煤矿机械有限公司、山东科技大学、兖矿东华重工有限公司、山东能源重型装备制造集团有限责任公司、北京天地玛珂电液控制系统有限公司	任怀伟　孟祥军　马　英　王国法　张　林　李圣文　王成龙　亓玉浩　李明忠　赵友军　王进军　赵国瑞　刘胜香　赵　峰　杜毅博
1804041	3 000kN/7 500kN·m 大型锻造操作机关键技术及应用	中国重型机械研究院股份公司、江苏国光重型机械有限公司、燕山大学、西安交通大学、重庆大学	张营杰　张国方　胡　洪　权晓惠　卫凌云　范玉林　赵永生　李靖祥　罗远新　房志远　许文娟　冯东晓　牛　勇　王勇勤　张高亮
1804045	镀锡板高速精整机组关键工艺及装备研发与应用	中国重型机械研究院股份公司、武钢新日铁（武汉）镀锡板有限公司	张康武　张江安　任予昌　李　剑　孙亚波　刘渭苗　江　欣　徐长安　冯　沙　岳国富　靳恩辉　邓良丰　孙延葳　贾海亮　马兰松

二等奖（12 项）

项目编号	项目名称	完成单位	完成人
1804012	冷轧硅钢边降及同板差控制技术及工程应用	中国第一重型机械股份公司、鞍钢未来钢铁研究院有限公司、鞍钢股份有限公司	姒伟华　张晓伟　袁国明　宋　君　孙剑亭　张国强　蒋兴华　康　明　董伟明　曹忠华
1804014	MG900/2400-WD 型高速高可靠性电牵引采煤机	天地科技股份有限公司上海分公司、天地上海采掘装备科技有限公司	宋相坤　邱锦波　郭　岱　胡　俊　庒德玉　钱立全　史春祥　葛红兵　陈　虎　黄秋来
1804016	新型滑雪索道关键技术及工程应用	北京起重运输机械设计研究院有限公司	黄越峰　闫登华　刘旭升　杜俊明　姜红旗　虞丽芳　里　鑫　刘　琳　温新婕　李　刚
1804019	QLK14400.60 型斗轮取料机	大连华锐重工集团股份有限公司	任重远　任　鹏　王同辉　常春影　马世勇　王　鹏　武文平　王晓斌　李春亭　朱绚文
1804021	特种有色金属板材辊式矫直技术与装备开发及其应用	太原科技大学、太原重工股份有限公司、中色科技股份有限公司、江苏江海机床集团有限公司、太原理工大学	王效岗　曹益忠　张京诚　郝建军　王　涛　韩贺永　陈友华　桂海莲　李玉贵　赵富强
1804028	冷带轧制规程、工艺润滑制度及非常态板形控制技术的研究	燕山大学、山东冠洲股份有限公司、江苏九天光电科技有限公司	白振华　崔亚亚　刘亚星　钱　承　张　昭　李国忠　李学通　宋章峰　徐　岩　任予昌
1804035	楼式骨料制备成套设备	河南黎明重工科技股份有限公司、郑州机械研究所有限公司、洛阳理工学院	白英辉　丁天然　赵大力　吉宏志　翟言忠　吕登峰　王赞斌　黄建安　刘建寿　李胜男
1804036	大升程水力驱动式垂直升船机核心装备研制与工程应用	中信重工机械股份有限公司、洛阳矿山机械工程设计研究院有限责任公司、华能澜沧江水电股份有限公司、洛阳中重自动化工程有限责任公司、矿山重型装备国家重点实验室	张步斌　王继生　杜　波　王春民　刘同欣　黄　群　高文君　朱建国　杨红军　胡晓林

（续）

项目编号	项目名称	完成单位	完成人
1804038	TZT1200履带式伸缩臂起重机研制	太原重工股份有限公司、大连理工大学	申昌宏 刘海波 高顺德 米 勇 闫俊慧 陈晓敏 朱补平 郝建光 范江波 宋 帅
1804042	超薄镀锡原板平整及二次冷轧高效精密工艺与装备	中国重型机械研究院股份公司、海南海协镀锡原板有限责任公司、燕山大学	计 江 高林林 赵晓辉 魏维刚 彭五湖 赵 伟 尤 磊 徐利璞 刘云飞 王东城
1804044	板坯连铸装备设计理论研究与应用	中国重型机械研究院股份公司、河北钢铁集团唐山燕山钢铁有限公司、大连华锐重工集团股份有限公司	刘彩玲 刘赵卫 曾 晶 杨超武 仝清秀 解通护 王 鲁 丘铭军 黄进春 夏春祥
1804051	现代舞台艺术呈现成套装备关键技术研发与应用	甘肃工大舞台技术工程有限公司、兰州理工大学	周厚金 陈 伟 刘建国 张 瑾 龚建兴 张子毅 王宏武 牛占海 高耀祖 沈建国

三等奖（12项）

项目编号	项目名称	完成单位	完成人
1804001	特大型铸件全自动翻转起重机关键结构及应用技术研究	纽科伦（新乡）起重机有限公司	龙宏欣 崔 鹏 金庆好 冯梦想 吴海召
1804002	起重机专用轻量化新型点线啮合减速机	河南蒲瑞精密机械有限公司、武汉理工大学	李成宝 黄 海 罗齐汉 赵建森 李计全
1804005	基于伺服控制的超高精定位数控起重机	河南卫华重型机械股份有限公司	聂福全 申长兰 张东绯 周 强 李 永
1804011	高效高可靠性智能化筛分技术装备的研究	天地（唐山）矿业科技有限公司	孙 旖 梁金钢 张 雁 吕高常 马志好
1804015	双向输送物料的圆管带式输送机技术	北京起重运输机械设计研究院有限公司	杨永田 刘春晖 张 强 王增晖 王引生
1804017	瓶装水大容量产储配系统解决方案	北京起重运输机械设计研究院有限公司	陈涤新 滕旭辉 梁 睿 杨黎明 闫文猛
1804020	新型条形料场堆取系统关键技术及装备产业化应用	华电郑州机械设计研究院有限公司、华北水利水电大学	岳新喜 杨学锋 曹云改 邵翠荣 韩林山
1804037	立式搅拌磨关键技术研究及产业化	中信重工机械股份有限公司、洛阳矿山机械工程设计研究院有限责任公司、矿山重型装备国家重点实验室	张廷龙 瞿 铁 张路明 韩春阳 宋现洲
1804039	XHB-300S型360°液压回转变桨大型风电叶片山地运输装备	徐州华邦专用汽车有限公司	石 勇 郭 超 刘尚高 郭 臣 杨志波
1804048	WC55E铲板式搬运车	中国煤炭科工集团太原研究院有限公司、山西天地煤机装备有限公司、山西中煤华晋能源有限责任公司	丁仁政 张 超 吉 强 殷东平 常 凯
1804049	EBZ260W型小断面岩巷掘进机	中国煤炭科工集团太原研究院有限公司、四川省煤炭产业集团有限责任公司、山西天地煤机装备有限公司、广旺能源发展（集团）有限责任公司	张彦禄 刘万波 王政宏 王寿全 白雪峰
1804052	室内高速过山车关键技术应用与研究	北京中冶设备研究设计总院有限公司	王国平 张金利 师学斌 黄 羽 孟 洁

〔撰稿人：中国重型机械工业协会王建乐　审稿人：中国重型机械工业协会张维新〕

2019年1—6月重型机械行业运行简况

一、基本运行情况

截至2019年6月月末，全国机械工业实现营业收入105 251.48亿元，同比增长1.29%，在机械工业14个分类行业中，增长超过10%的行业有：工程机械、重型机械、食品包装机械、机器人与智能制造4个行业，增长在10%以下的有：内燃机、石化通用、电工电器、机械基础件、仪器仪表、其他民用设备和文化办公7个行业，负增长的有：汽车、机床工具和农业机械3个行业。

2019年1—6月，重型机械行业累计实现营业收入4 573亿元，同比增长10.45%；利润总额258.57亿元，同比增长35.78%；行业亏损面20.85%，比上年同期减少0.55个百分点；应收票据及账款3 007.83亿元，同比增长7.98%；存货2 243.36亿元，同比增长7.33%。2019年1—6月重型机械行业主要经济指标完成情况见表1。2019年1—6月重型机械行业营业收入增速同期对比见图1。

表1 2019年1—6月重型机械行业主要经济指标完成情况

名称	营业收入（亿元）	同比增长（%）	营业成本（亿元）	同比增长（%）	利润总额（亿元）	同比增长（%）	利润率（%）	2018年同期（%）
机械工业	105 251.48	1.29	88 855.82	1.53	6 195.37	-8.58	5.89	6.52
重型机械行业	4 573	10.45	3 812.59	9.54	258.58	35.78	5.65	4.60
1. 矿山机械行业	1 190.25	7.87	995.44	6.45	62.89	45.08	5.28	3.93
2. 冶金机械行业	576.08	19.49	499.09	19.56	21.51	56.22	3.73	2.86
3. 物料搬运机械行业	2 806.67	9.86	2 318.06	8.93	174.18	30.65	6.21	5.22

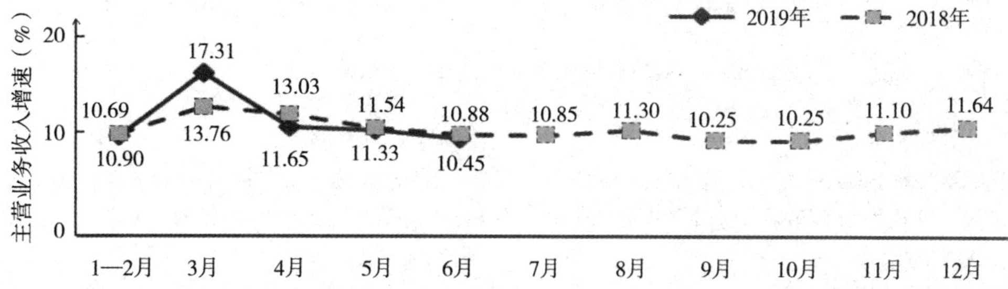

图1 2019年1—6月重机行业营业收入增速同期对比

1. 冶金机械行业

2019年1—6月，冶金机械行业实现营业收入576.08亿元，同比增长19.49%。冶金机械行业营业收入增速对比见图2。

统计的企业数量457家，实现利润总额21.51亿元，同比增长56.22%；应收票据及账款520.22亿元，同比增长10.94%；存货294.29亿元，同比增长8.34%；流动资产周转率0.89次，上年同期为0.85次；出口交货值20.17亿元，同比增长46.97%。

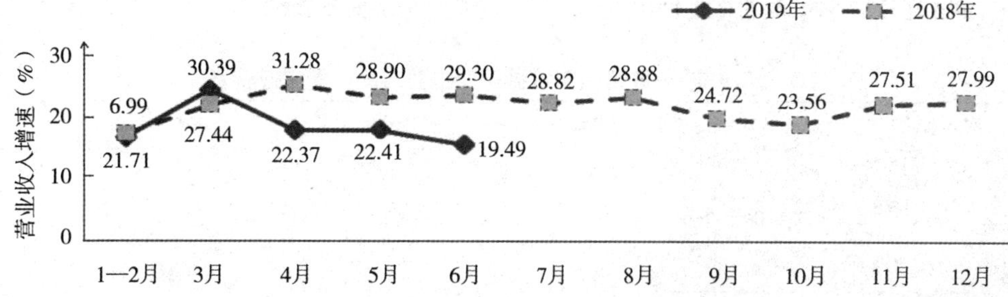

图2 冶金机械行业营业收入增速对比

2. 矿山机械行业

2019年1—6月，矿山机械行业累计实现营业收入1 190.25亿元，同比增长7.87%。矿山机械行业营业收入增速对比见图3。

1 457家企业实现利润总额62.89亿元，同比增长45.08%；应收票据及账款875.01亿元，同比增长6.41%；存货699.48亿元，同比增长4.73%；流动资产周转率1.05次，2018年同期为1.06次；出口交货值31.51亿元，同比增长1.62%。

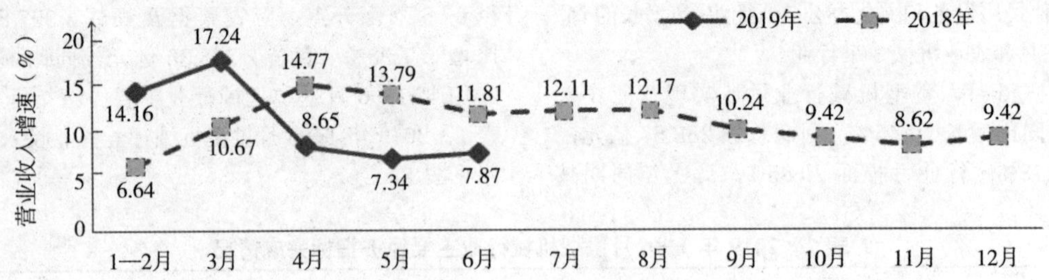

图3　矿山机械行业营业收入增速对比

3．物料搬运机械行业

2019年1—6月，行业实现营业收入2 806.67亿元，同比增长9.86%。物料搬运机械行业营业收入增速对比见图4。

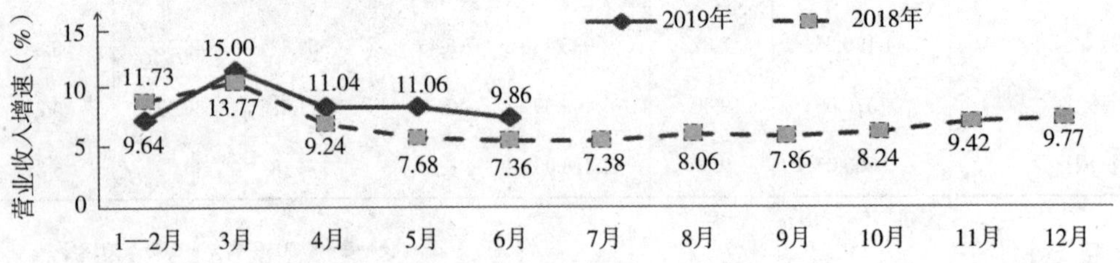

图4　物料搬运机械行业营业收入增速对比

2 282家企业实现利润总额174.18亿元，同比增长30.65%；应收票据及账款1 612.60亿元，同比增长7.92%；存货1 149.58亿元，同比增长8.59%；出口交货值291.03亿元，同比增长0.87%。

在物料搬运机械分类设备制造行业中：

轻小型起重设备制造，统计企业201家，累计实现营业收入116.29亿元，同比下降0.70%；利润总额5.40亿元，同比增长1.26%。

起重机制造，统计企业535家，累计实现营业收入643.33亿元，同比增长10.47%；利润总额27.72亿元，同比增长29.88%。

连续搬运设备制造，统计企业314家，累计实现营业收入182.25亿元，同比增长8.95%；利润总额11.04亿元，同期增长44.98%。

客运索道制造，统计企业6家，累计实现营业收入12.94亿元，同比增长24.14%；利润总额1.45亿元，同比增长23.60%。

机械式停车设备制造，统计企业49家，累计实现营业收入26.45亿元，同比增长24.58%；利润总额0.79亿元，同比增长44.36%。

二、主要产品产量完成情况

从2019年1—6月行业主要产品产量的完成情况看，冶金机械设备、矿山机械设备均保持了适度的增长，物料搬运机械设备中的起重机、输送机械也有一定增长；搬运车辆为负增长。2019年1—6月重型机械行业主要产品产量完成情况见表2。

表2　2019年1—6月重型机械行业主要产品产量完成情况

产品名称	企业数（家）	产量单位	产量	同比增长（%）
一、冶金机械行业	454			
1. 金属冶炼设备		万t	31.90	4.60
2. 金属轧制设备		万t	29.47	6.85
二、矿山机械行业	1 460	万t	272.04	4.80
三、物料搬运机械行业				
1. 起重机	535	万t	453.52	28.10
2. 输送机械（输送机和提升机）	313	万t	87.43	1.82
3. 电动叉车		万台	12.06	−0.52
4. 内燃叉车		万台	18.54	−3.84

（续）

产品名称	企业数（家）	产量单位	产量	同比增长（%）
四、其他				
1. 炼油化工生产专用设备	412	万 t	62.54	20.75
2. 减速机		万台	344.83	-3.62
3. 水泥设备		万 t	21.21	-0.49
4. 锻件		万 t	373.96	2.42
5. 铸钢件		万 t	471.17	-1.96

三、主要产品进出口情况

根据国家海关总署统计，2019 年 1—6 月重型机械行业进出口总额 121.15 亿美元，同比增长 14.79%，其中：出口额 96.09 亿美元，同比增长 14.46%；进口额 25.06 亿美元，同比增长 16.08%；进出口顺差 71.03 美元，同比增长 13.90%。重型机械行业各分行业主要产品进出口总额同期对比见图 5。

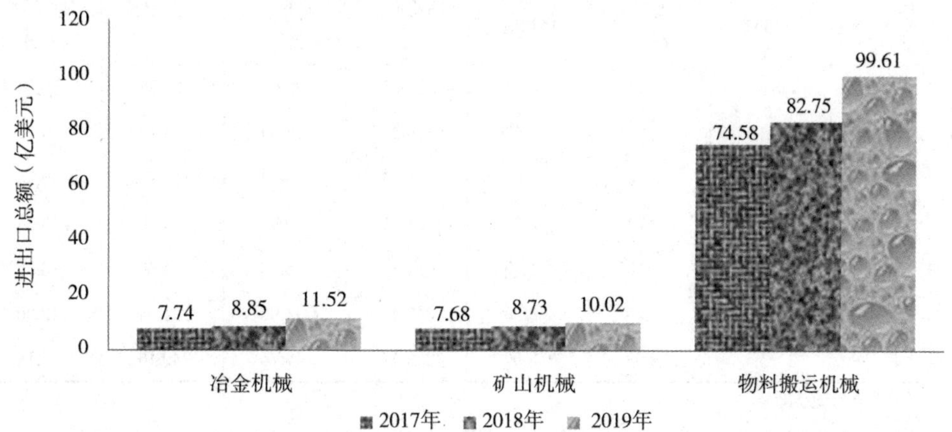

图 5 重型机械行业各分行业主要产品进出口总额同期对比

1. 冶金机械行业

进出口总额 11.52 亿美元，同比增长 30.18%。其中，出口额 9.07 亿美元，同比增长 30.98%；进口额 2.45 亿美元，同比增长 27.29%；进出口顺差 6.62 亿美元，同比增长 32.4%。2019 年 1—6 月冶金机械行业部分产品进出口情况见表 3。

表 3 2019 年 1—6 月冶金机械行业部分产品进出口情况 （单位：亿美元）

产品名称	出口额	同比增长（%）	进口额	同比增长（%）	进出口总额	同比增长（%）	进出口顺差	同比增长（%）
冶金设备	9.07	30.98	2.45	27.29	11.52	30.18	6.62	32.40
1. 金属冶炼设备	0.16	50.98	0.04	13.46	0.20	41.63	0.12	69.64
2. 连续铸钢设备	0.14	−19.84	0.03		0.17	−2.73	0.11	−36.94
3. 金属轧制设备	1.88	14.67	0.66	2.61	2.54	11.26	1.22	22.50
4. 冶金设备零件	6.89	37.72	1.72	38.02	8.61	37.78	5.18	37.62

2. 矿山机械行业

进出口总额 10.02 亿美元，同比增长 14.76%，其中，出口额 8.04 亿美元，同比增长 13.59%；进口额 1.98 亿美元，同比增长 19.79%；进出口顺差 6.06 亿美元，同比增长 11.70%。2019 年 1—6 月矿山机械行业部分产品进出口情况见表 4。

表4　2019年1—6月矿山机械行业部分产品进出口情况　　（单位：亿美元）

货物名称	出口额	同比增长（%）	进口额	同比增长（%）	进出口总额	同比增长（%）	进出口顺差	同比增长（%）
矿山机械	8.04	13.59	1.98	19.79	10.02	14.76	6.06	11.70
1. 采掘、凿岩设备及钻机	2.86	40.89	0.36	-40.89	3.22	22.17	2.51	75.41
2. 破碎、粉磨设备	2.93	0.47	0.94	43.62	3.86	8.35	1.99	-11.96
3. 筛分、洗选设备	1.84	7.40	0.62	62.30	2.46	17.34	1.23	-8.17
4. 矿山提升设备	0.05	88.48	0.04	1 224.42	0.09	195.18	0.01	-42.89
5. 矿山机械零件	0.36	-8.78	0.03	111.31	0.39	-4.29	0.33	-13.64

3．物料搬运机械行业

进出口总额99.61亿美元，同比增长20.38%，其中：出口额78.97亿美元，同比增长9.13%；进口额20.63亿美元，同比增长98.76%；进出口顺差58.34亿美元，同比下降5.88%。2019年1—6月物料搬运机械行业主要产品进出口情况见表5。

表5　2019年1—6月物料搬运机械行业主要产品进出口情况　　（单位：亿美元）

海关货物名称	出口额	同比增长（%）	进口额	同比增长（%）	进出口总额	同比增长（%）	进出口顺差	同比增长（%）
物料搬运机械	78.97	9.13	20.63	98.76	99.61	20.38	58.34	-5.88
1. 轻小型起重设备	11.10	-2.23	1.49	-16.22	12.59	-4.12	9.61	0.36
2. 起重机	17.37	-20.16	1.02	68.96	18.39	-17.75	16.35	-22.71
3. 工业车辆	17.93	-3.74	2.05	-11.51	19.99	-4.60	15.88	-2.63
4. 电梯、自动梯	14.75	-4.10	1.19	-11.34	15.93	-4.68	13.56	-3.41
5. 连续搬运设备	8.58	221.29	6.38	247.43	14.96	231.94	2.20	163.70
6. 其他物料搬运设备	9.24	258.58	8.50	239.47	17.75	249.16	0.74	912.70

注：因四舍五入，合计数有微小出入。

〔撰稿人：中国重型机械工业协会严祥文　审稿人：中国重型机械工业协会李镜〕

企业大事记

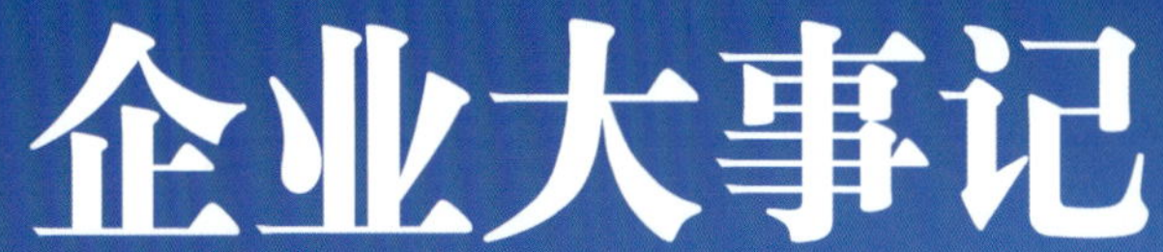

记载企业成长的每一个阶段，解读年度重大活动

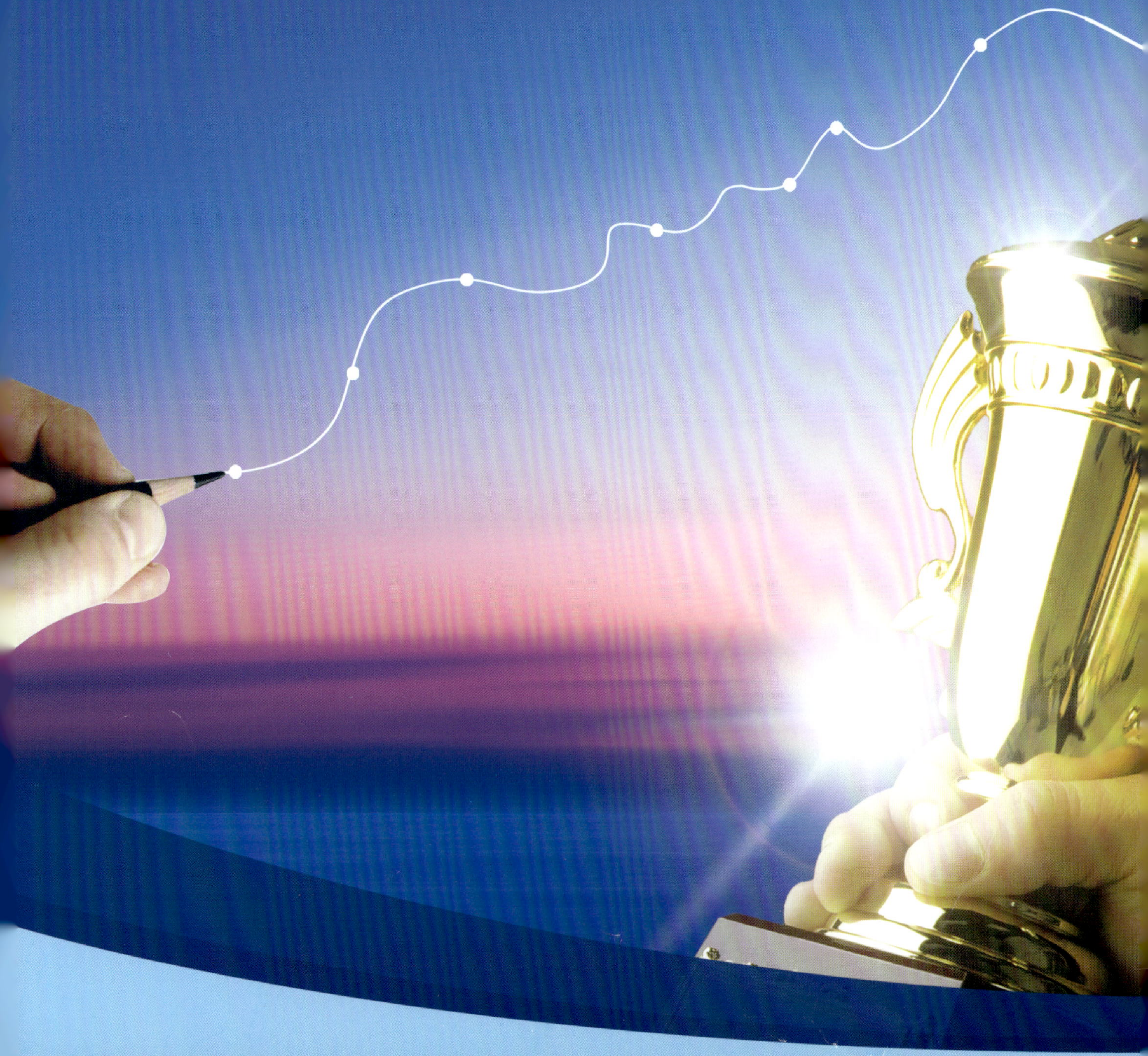

北京起重运输机械设计研究院有限公司 2019年大事记

3月

●公司荣获北京市科学技术委员会颁发的“北京市设计创新中心”证书。

4月

● 15日，与大连理工机械工程学院签署全面合作协议，按照突出重点、分步实施的原则，共同组建新型校企合作平台。

● 16日，与燕山大学签署战略合作协议，双方在达成共识的领域内，建立信息共享、沟通会商、联动协作的合作发展机制。

● 17日上午，中央第十五巡视组副组长张本平、副局级巡视专员李晓刚、正处级巡视专员周广、副处级巡视专员张长亮等领导到北起院调研了解国机集团所属科研院所发展状况，并进行座谈。

6月

● 25—28日，主办首届中国起重机械安全、绿色、智能高质量发展大会。

7月

● 10日上午，国机集团市场总监、中工国际董事长罗艳莅临北起院开展工作调研，中国中元党委书记、总经理刘小虎，中工国际战略规划部总经理付勇生陪同参加。

8月

●公司邀请中国科学院院士、我国空天信息安全和区块链技术专家、原北京航空航天大学副校长郑志明到企业交流，开展“院士进北起”活动，并组织召开“区块链技术与发展”的学术报告会。

10月

●公司积极开展 “不忘初心、牢记使命”主题教育活动，先后开展了“不忘初心、牢记使命”主题教育工作推进会、党支部工作指导交流会、主题教育集中学习会、主题教育调研成果交流会。

● 29日，国机集团“不忘初心、牢记使命”主题教育第一巡回指导组来北起院指导工作。

●北起院与军队某科研机构签定技术服务协议。此次合作，将为北起院主动融入军民协同领域提供契机。

● 11日上午，中国中元党委书记、总经理刘小虎同志来公司就贯彻落实党中央决策部署情况、生产经营和党建工作推进情况、主题教育开展情况开展调研座谈工作。

●根据国家标准化管理委员会2019年第9号公告，全国起重机械标准化技术委员会停车设备分技术委员会（SAC/TC227/SC5）由国家批准成立，成立大会28—31日在深圳召开。

11月

● 1日上午，国机集团党委书记、董事长张晓仑率队到公司调研。国机集团党委工作部部长从容、科技发展部部长宋志明、国机集团主题教育第一巡回指导组组长黄广春、科技发展部综合处处长周斌参加调研。中工国际党委书记、总经理丁建，中工国际主题教育第一指导组组长陈育芳，中国中元党委书记、总经理刘小虎陪同调研。

12月

● 3日，公司党委副书记、纪委书记张朝臣，中国中元国际工程有限公司顾问张宇，公司项目建设工作组成员、河南分院副院长张毅一行8人，赴河南省长垣市进行分院建设工程移交工作。此次建设工程的顺利移交，标志着河南分院院址建设工作全部完成，正式投入使用。

● 5日，工业和信息化部正式发布《2019年国家中小企业公共服务示范平台名单的通告》，北起院被认定为2019年度国家中小企业公共服务示范平台。

华电重工股份有限公司 2019年大事记

1月

● 9日，公司首个设备成套供货的河北华电石家庄热电有限公司九期燃机主机岛设备EP项目第一套机组顺利通过168h试运。

● 26日，公司承建的唐山乐亭菩提岛300MW示范项目单桩基础标段顺利完成浅水区全部27根单桩的施工作业，为实现年内全容量并网发电目标打下坚实基础。

2月

● 1日，公司承建的天津华电军粮城六期650MW燃气+350MW燃煤热电联产输煤系统总承包（EPC）项目大跨度高空输煤栈桥桁架吊装成功，该项目为华电集团系统内第一个拉锁式栈桥。

3月

● 19日，公司总承包的河北华电曹妃甸储运有限公司唐山港曹妃甸港区煤码头三期工程先期翻车机检测及翻堆线重载一次试车成功。

4月

● 12日，日本（市原市）ICHIHARA生物质发电厂2×25MW机组炉外管道项目从河南华电金源顺利实现首批发货。

● 18日，公司承建的天津国投津能发电有限公司北疆电厂项目一号圆形堆取料机完成重载调试。

6月

● 公司总承包的“华电内蒙古能源有限公司包头发电分公司煤场封闭钢结构工程”荣获中国钢结构行业最高奖—“中国钢结构金奖工程”。

7月

● 河南华电金源管道有限公司成功签订巴西Bracell STAR RB纸浆碱回收炉高压管道预制项目合同。

● 19日，公司承建的华电莱州发电有限公司一期工程圆形料场堆取料机智能化无人值守项目，成功实现圆形堆取料机的智能化堆煤、取煤重载运行，完全满足两台1000MW超超临界机组的用煤需求。

● 公司与深能（河源）电力有限公司签订了“深能（河源）电力2×1000MW燃煤发电机组工程六大管道管材采购合同”。

● 公司与滨海智慧风力发电有限公司签署了“国家电投滨海南区H3#300MW海上风电工程主体施工一标段施工合同”“国家电投滨海南区H3#300MW海上风电工程主体施工二标段施工合同”，总合同金额16.56亿元。

8月

● 2号，由公司承建的新疆华电哈密热电有限公司四期扩建（2×350MW）热电联产工程#2机组钢结构空冷塔EPC项目第一单位顺利吊装完成。

9月

● 9日，公司承建的京唐港煤炭储运堆场东扩EPC项目，继西线实现重载试车后，开始重载堆料试车，顺利接卸火车大列。

● 26日，公司承建的唐山乐亭菩提岛海上风电场300MW示范工程合同范围内的21台风机完成全部吊装工作。

10月

● 24、25日，公司在中国钢结构协会锅炉钢结构分会第二十次年会暨2019年技术交流会会上，荣获“锅炉钢结构行业突出贡献单位”奖。

11月

● 12日，公司正式签订了“国家电投揭阳神泉一400MW海上风电场项目EPC总承包一标段合同”，合同金额13.8亿元。

● 13日，公司参建的天津华电军粮城六期650MW燃气+350MW燃煤热电联产工程11号燃煤机组主控室顺利完成168h试运。

● 13日，公司牵头申报的“海上风电超大直径单桩基础施工关键技术与应用”项目荣获中国电力科学技术进步奖一等奖。

12月

● 公司负责勘察及设计的渭北煤化工业园区180万t甲醇70万t聚烯烃圆形料场项目获得国家优质工程金奖。

● 29日，公司总承包建设的国家电投滨海南H3#300MW海上风电项目首根单桩基础沉桩工作顺利完成。

● 公司申报的“新型高效集装箱装卸设备及其配套系统关键技术研究与应用”项目获批2019年集团十大重点项目。

河南省矿山起重机有限公司 2019年大事记

2月

● 11日，新春伊始，公司迎来了销售“开门红”，仅正月初六一天，销售业绩就突破了亿元大关。

4月

● 26—28日，以“智能制造、创新驱动”为主题，由中国重型机械工业协会、长垣县起重装备制造行业协会、河南省矿山起重机有限公司主办、由河南矿山承办的2019长垣国际起重装备博览交易会，在长垣国际会展中心隆重举办。国家工业和信息化部信软司副司长王建伟、中国工程院院士顾国彪、中国重型机械工业协会常务理事长李镜等有关部门领导、专家学者出席开幕式。长垣县委书记秦保建、河南矿山党委书记崔培军分别致辞。来自国内外的622家制造企业展示产品技术创新成果，现场战略合作签约金额突破12亿。

6月

●公司聘任须雷博士为高级经理。聘任哈尔滨工业大学陆念力教授、兰朋教授为技术专家，聘任西南交通大学机械工厂学院院长程文明为高级顾问。

● 3日，中国重型机械工业协会授予公司“优秀桥、门式起重机生产企业”荣誉称号。

8月

● 23日，第十六届捐资助学大会隆重召开，本届捐资助学共帮助贫困学生275余人，总金额达110万元。

9月

● 3日，公司荣获2019河南民营企业100强、2019河南民营企业制造业100强、2019河南民营企业社会责任100强。

● 8—12日，第八届中秋孝文化节隆重举办，员工父母、全国各地客商和各界朋友7000余人活动。

10月

● 22日，16万㎡的智能化起重机生产车间封顶，标志着公司智能制造产业园项目一期基础建设已初步完成。该项目位于长垣市产业集聚区，规划用地80万㎡，总建筑面积74万㎡，计划总投资26亿元，致力于打造成为一个管理信息化、生产自动化、产品智能化和服务个性化起重装备智能制造基地。

11月

● 26日，公司被河南省工信厅评为2019年河南省智能工厂。

12月

● 28日，在人民大会堂举行的2019质量之光颁奖典礼上，公司被评为“质量标杆”企业。

株洲天桥起重机股份有限公司 2019年大事记

1月

●公司与华新机电、初始技术团队共同发起设立浙江天新智能研究院有限公司，以环保型装卸设备和智能制造技术为核心，对新技术、新行业进行战略研究和前期孵化，实现物料搬运行业等领域的成功拓展。

2月

●公司党委召开2018年度民主生活会，深入查摆剖析问题，认真开展批评与自我批评，扎实推进党中央、省委和市委决策部署在公司落地生根、开花结果。

3月

●为弘扬雷锋精神，公司共青团委员会组织了以环保为主题的学雷锋志愿服务活动“湘江环保行”。

5月

● 顺利完成意大利项目签约，该项目为出口12台铝电解多功能机组，共计1200万美元，并于5月召开项目启动会。该项目是公司转型升级目标落地迈出的关键一步，是公司产品出口海外的里程碑。

● 株洲市副市长黄芳莅临公司调研，主要考察公司产品对外出口情况。她表示市委市政府十分关心公司发展，特别鼓励产品走出去开拓国际市场。

7月

● 湖南省副省长何报翔莅临公司调研，对公司取得的成绩给予充分肯定，勉励公司在当前制造业不景气的大环境下，要苦练内功，优化管理，将企业做优做强。

8月

●由公司牵头组织，并联合中国科学院沈阳自动化研究所、中南大学、南开大学、株洲冶炼集团股份有限公司、沈阳新松机器人自动化股份有限公司、温州大学、兰州理工大学、河南豫光金铅股份有限公司、泉州市微柏工业机器人研究院有限公司申报的“面向有色金属浇铸过程的机器人作业系统”项目获得国家项目立项批准。

9月

● 在湖南华菱湘钢5G智慧工厂签约仪式上展示的5G智慧天车示范项目，是由公司和控股子公司天桥嘉成共同研发制作天车和远程集中控制系统+华为5G技术共同打造，是5G技术在钢铁工业远程系统的首次应用，为公司未来探索5G、人工智能等技术与信息工业领域的深度融合打下基础。

10月

●公司携“电解铅铜起重机模型”“200t冶金起重机模型”亮相2019年中国国际轨道交通和装备制造产业博览会，借此对外宣传树立公司形象，推广公司产品。

11月

●子公司天桥奥悦参与第二届中国国际进口博览会冰雪项目，VIM100真空造雪机在进博会上备受瞩目，极大地提升了公司真空造雪产品的知名度，助力公司打开我国冰雪市场。

12月

●公司20周年庆典暨年度总结表彰大会顺利召开。此次大会共分为“忆往昔峥嵘岁月”“看今朝天道酬勤”“展未来扬帆起航”三个篇章。弘扬企业文化，让员工了解公司的昨天、今天和明天，提升员工的归属感、荣誉感、向心力。

山东山矿机械有限公司 2019年大事记

1月

● 10日，济宁市机械行业协会常务副会长、公司孙善金董事长主持济宁市机械行业协会二届二次会员大会。

● 30日，公司收到山东电力工程咨询院有限公司巴西PAMPA电站项目发来的感谢信。

3月

● 18日，“环保智能回转式输送装船系统”项目荣获2017年度任城区科学技术奖一等奖。

4月

● 19日，孙善金董事长应邀参加中国重型机械工业协会七届四次会员代表大会暨七届五次理事会议，公司岳治军同志获得中国重型机械行业工匠荣誉称号。

6月

● 3日，召开2019年安全生产工作暨“安全生产月”启动会议。

● 20日，参与建设的巴西PAMPA燃煤电站项目可靠性试验一次成功。

● 29日，召开庆祝中国共产党成立98周年纪念大会暨“不忘初心、牢记使命”主题教育党课。

7月

● 4日，入选山东省高端装备制造业领军（培育）企业名单。

● 16日，出口印尼德信项目顺利完工发运。

● 22日，“一带一路”出口项目再传喜讯，公司参与承建的印尼爪哇7号电厂煤码头工程正式投入运营。

8月

● 5日，中钢设备有限公司副总经理裘喆一行到公司考察。

● 21日，举办2019年金秋助学活动。

10月

● 7日，济宁市工信局机关一支部“结对帮扶”专题会议暨支部联建活动在公司召开。

● 22日，央视《新闻联播》报道公司参与的“中电胡布燃煤电站项目”举行商业运行典礼。

11月

● 23日，公司第九次党员大会胜利召开。

12月

● 12日，公司供货的神华国华印尼爪哇7号2×1050MW燃煤发电工程1号机组正式投产。

山东华特磁电科技股份有限公司 2019年大事记

1月

● 2日，公司荣获2018年度“山东省制造业单项冠军”称号。

● 17日，公司董事长王兆连参加潍坊市企业家座谈会。

2月

● 13日，山东省政协常委、华特公司董事长王兆连出席省政协十二届二次会议。

3月

● 27日，潍坊市卫健系统调研新力超导磁共振应用座谈会隆重召开。

4月

● 10日，公司“提精降渣磁选机”荣获山东省科技进步奖二等奖。

● 17日，公司荣获“2018年度优秀新三板公司”。

● 19日，公司王建磊、尹瑞涛、王常磊等三人荣获“中国重型机械行业工匠”。

● 22日，董事长王兆连喜获“人才潍坊伯乐”奖。

● 27日，山东省政协常委、公司董事长王兆连出席省政协十二届常委会第七次会议。

● 29日，公司技术中心工程师刘茂堂被评为“潍坊市劳动模范”。

● 29日，省政协原副主席许立全一行莅临公司调研指导工作。

5月

● 1日，华特磁电—澳大利亚罗伊山尾矿项目第一批模块安装完成仪式隆重举行。

● 24日，公司“电磁淘洗精选机”产品入围“2019山东制造硬科技Top50品牌榜”。

6月

● 19日，董事长王兆连获评“风筝都最美科技工作者”。

7月

● 1日，山东省科技厅厅长唐波一行莅临新力超导子公司调研指导工作。

8月

● 2日，董事长王兆连参加省中小企业座谈会。

● 9日，公司被认定为2019年度潍坊市隐形冠军企业。

● 21日，董事长兼总裁王兆连代表公司出席城关街道党工委举办的“天灾无情人间有爱”抗港救灾捐款活动，并捐款10万元。

● 30日，新力超导1.5t超导磁共振在潍坊市人民医院寒亭院区正式投入临床应用。

9月

● 10日，董事长王兆连荣获2019年度潍坊市科学技术最高奖。公司“双PWM交直交电磁搅拌器”荣获2019年度潍坊市科技进步奖一等奖。

● 14日，临朐县委书记杜建华一行莅临公司调研指导工作

● 30日，公司举办庆祝新中国成立70周年暨“不忘初心、牢记使命”主题教育活动。

10月

● 11日，潍坊市委书记、市人大常委会主任惠新安一行莅临华特调研指导工作。

● 23日，潍坊市工商联扶贫工作督查调研座谈会在公司隆重召开。

11月

● 29日，董事长王兆连当选山东省儒商研究会副会长。

12月

● 12日，董事长王兆连参加潍坊市企业家代表座谈会。

● 20日，董事长王兆连荣获2019年度山东省国防机械电子工会“五一劳动奖章”。

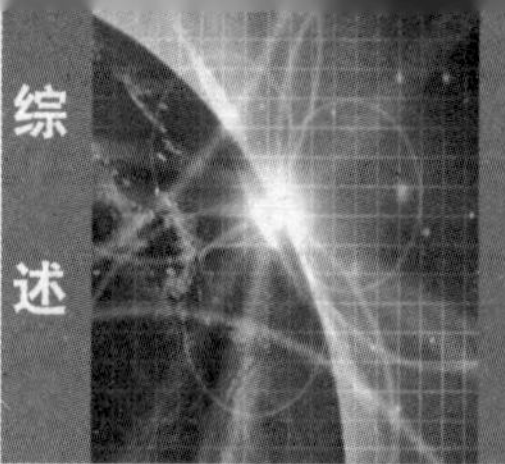

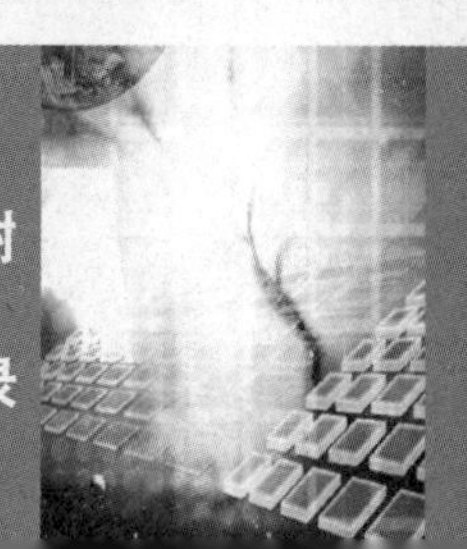

大事记

记载2018年重型机械行业发生的重大事件

Record major events of the heavy machinery industry in 2018

大事记

2018 年重型机械行业十大新闻

1. 习近平总书记勉励中国第一重型机械集团有限公司要肩负起历史重任

2018 年 9 月 26 日上午，习近平总书记来到中国第一重型机械集团有限公司，走进轧电制造厂车间、水压机锻造厂车间，察看企业生产情况。

习近平说，中国是有着近 14 亿人口、960 万 km^2 土地的大国，粮食要靠自己，实体经济要靠自己，制造业要靠自己。行百里路半九十，我们实现“两个一百年”目标，没有任何时期比现在更接近，也没有任何时期遇到现在这么多的挑战和困难。国际上，先进技术、关键技术越来越难以获得，单边主义、贸易保护主义上升，逼着我们走自力更生的道路，这不是坏事，中国最终还是要靠自己。

他勉励大家，要肩负起历史重任，制订好发展路线图，加强党的领导、班子建设，提高管理水平，调动各类人才创新创业的积极性，把我们的事业越办越好。

2. 国机重型装备集团有限公司挂牌运行

2018 年 4 月 28 日，隶属于中国机械工业集团有限公司的国机重型装备集团股份有限公司在四川德阳正式成立，公司由二重（德阳）重型装备有限公司、中国重型机械有限公司、中国重型机械研究院有限公司、国机重装成都重型机械有限公司组成。国机重型装备集团有限公司将成为具备极限制造能力的大型装备工业集团。

3. 国家工业大奖行业企业榜上有名

2018 年 12 月 9 日，第五届国家工业大奖发布会在人民大会堂举行。中国重型机械研究院有限公司的“金属挤压与锻造装备技术研发和推广应用”项目、二重（德阳）重型装备有限公司的“800MN 大型模锻压机研制”项目获得 2018 年中国工业大奖表彰奖。

4. 重型机械行业“一带一路”国际合作论坛在京举行

2018 年 6 月 20 日，“中国重型机械行业‘一带一路’国际合作论坛”在京举行。此次国际化合作论坛旨在引领企业提升国际化营销能力和水平，真正实现重型装备行业由“中国制造向中国创造、中国产品向中国品牌、中国速度向中国质量”的重大转变。

5. 第四届中国长垣国际起重装备博览交易会举行

2018 年 5 月 24 日，由河南省长垣县政府和中国重型机械工业协会共同举办的第四届中国长垣国际起重装备博览交易会在河南省长垣国际会展中心隆重举行。

此届展会分室内和室外两大展区，室内展区主要是起重机装备的整机制造商、起重机配件制造商和电气控制制造商，面积 2 万 m^2。室外展区主要展示了卫华集团有限公司的特种车辆和高架升降平台。此次展会参展商有 365 家，观众人数超过 4 万人次。

6. 中国第一重型机械集团有限公司，国机重装二重（德阳）重型装备有限公司相继制造成功世界最大加氢反应器

2018 年 4 月，中国第一重型机械集团有限公司，国机重装二重（德阳）重型装备有限公司分别制造出总重达 2 400t 的锻焊结构加氢反应器，其重量和制造工艺复杂性均有重大突破，为目前世界最大的加氢反应器。

7. 大连重工超大型船用曲轴研制再获突破

2018 年 5 月，经过 MAN 专利公司、中国船级社、英国劳氏船级社的联合检验，大连重工华锐曲轴公司承制的国内首支特大对接型曲轴 12S90ME-C 成功下线。继韩国斗山重工、现代重工后，大连重工成为世界第三家能够生产此类曲轴的企业。

8. 北方重工集团有限公司研制成功国内最长水泥熟料输送机

2018 年 9 月，由北方重工集团有限公司设计制造的国内最长的湖州南方物流码头“空中运输走廊”输送机建成，全长 22km，年运输能力 1 050 万 t。该输送机穿过群山、航道与水运码头无缝衔接，使水泥熟料运输实现了“空水联运”模式。

9. 我国首套 9 000t/h 排土机在太原重型机械集团公司诞生

2018 年 4 月，由太原重型机械集团公司自主设计、制造、安装、调试的我国首台套 9 000t/h 排土机（含卸料车）设备在太钢岚县袁家村铁矿正式交付使用。这台具有自主知识产权及核心技术的设备，工作能力和效率达到了国际水平，填补了国内同类型产品空白。

10. 行业企业亮相“进博会”和“国家博物馆”

2018 年 11 月，中国第一重型机械集团、国机重装二重（德阳）重型装备有限公司、太原重型机械集团公司、中信重工机械股份有限公司、大连重工·起重集团有限公司、上海振华重工（集团）股份有限公司等企业分别参加了在上海举办的“首届中国国际进口博览会”。

中国第一重型机械集团、国机重装二重（德阳）重型装备有限公司、上海振华重工（集团）股份有限公司等企业制造的国之重器分别进入国家博物馆参加了“伟大的变革——庆祝改革开放 40 周年”大型展览。

2018 年重型机械行业大事记

1—2 月

1 月 11 日，国家国防科工局发布 2017 年度国防科技工业十大创新人物（团队），中国二重万航大型航空模锻件研制团队入选。

1 月 27 日，中信重工机械股份有限公司与中国有色矿业集团签署了刚果（金）迪兹瓦铜钴矿项目主机供货合同。设备包括：直径 8.8m×4.8m 半自磨机、直径 6.4m×11.15m 球磨机、PSZ2000-B 半固定旋回破碎站各 1 台。

1 月，中国二重研制成功目前世界上尺寸最大的超低碳奥氏体不锈钢核岛 CAP1400 主管道和特厚异型蒸汽发生器上封头。

2 月，太原重工集团股份有限公司与中国电力国际发展有限公司签署了阳曲县杨兴乡 99.9MW 风力发电项目；同月，又与苏尼特右旗人民政府签订 30 万 kW 的风力发电项目。

3—4 月

3 月 9 日，潍坊新力超导磁电科技有限公司与中国科学院高能物理研究所联合研制的 5 特斯拉（5T）500 型低温超导磁选机走向市场。该项目具有超导磁选、超低温制冷、高节能、高产量和高自动化优势。

4 月 2 日，上海振华重工（集团）股份有限公司中标广东粤电湛江外罗海上风电项目的风机基础与海上升压站基础工程总承包。项目装机容量 198MW，共布置 36 台 5.5MW 及 1 座 220kV 海上升压站，是广东省首个使用大直径单桩的海上风电项目。

4 月 6 日，中信重工机械股份有限公司特种机器人生产基地正式落户新疆甘泉堡经济开发区，首批生产的 50 台消防灭火侦察机器人于当日投入使用。

4 月 10 日，国内首台超大型 1 900kJ 双作用式全液压海上打桩锤在太原重工天津滨海重装基地成功完成了打桩试验。该打桩锤自重 430t，高 22m，打桩直径 3 ～ 6.5m，单次打击产生的能量达到 1 900kJ。

4 月 11 日，由中国第一重型集团公司承制的世界最大石化技术装备——2 400t 镇海沸腾床渣油锻焊加氢反应器在大连完工发运。该装备的成功制造，标志着我国超大吨位石化装备制造技术再次领跑国际水平。

4 月 20 日，卫华集团有限公司承制的乌克兰安赛乐米塔尔钢铁集团 14 台起重机陆续发运到天津港集结，以发往乌克兰。

4 月 23 日，由中国一重集团有限公司承制的红沿河 5 号机组首台（套）百万千瓦级核电蒸汽发生器在核电石化公司列装发运。

4 月 25 日，二重（德阳）重型装备有限公司自主研发制造的“华龙一号”巴基斯坦卡拉奇核电站 3 号机组核电主管道和波动管共 15 种 52 件产品发往巴基斯坦，对于响应国家“一带一路”倡议和具有自主知识产权的“华龙一号”核电品牌走出去具有重要意义。

4 月 28 日，二重（德阳）重型装备有限公司为中石化镇海炼化公司承制的 2 400t 重的 260 万 t/a 沸腾床渣油锻焊加氢反应器成功发运。这台加氢反应器总长超过 70m、外径 5.4m，其制造工艺和复杂性均突破了世界加氢反应器制造记录。

4 月 28 日，隶属于中国机械工业集团有限公司的国机重型装备集团股份有限公司在四川德阳正式成立，公司由二重（德阳）重型装备有限公司、中国重型机械有限公司、中国重型机械研究院有限公司和国机重装成都重型机械有限公司组成。

4 月，由太重集团自主设计、制造、安装和调试的我国首台（套）9 000t/h 排土机（含卸料车）设备在太钢岚县袁家村铁矿正式交付使用。这台具有自主知识产权及核心技术的设备，工作能力和效率均达到了国际水平，填补了国内同类型产品空白。

5—6 月

5 月 14 日，由上海振华重工（集团）股份有限公司设计制造的嵌岩单桩竖直掘进机驱动系统完成装配，该系统具备国内最大功率、最大起吊力和最大加压钻井压力，为我国硬岩海底风电基座施工再添新利器。

5 月 15 日，上海振华重工（集团）股份有限公司与德国 HHLA 集团签订德国汉堡 CTB 码头 5 台双起升岸桥项目合同。本次签订的岸桥外伸距更长，起重高度更高。

5 月 22 日，由中国一重集团有限公司承制的又一台“华龙一号”卡拉奇 3 号机组核反应堆压力容器在核电石化公司完成所有工序，经中核（上海）供应链管理有限公司验收合格，完成交付和出海运航。

5 月 24 日，由河南省长垣县政府和中国重型机械工业协会共同举办的第四届中国长垣国际起重装备博览交易会在河南省长垣国际会展中心隆重举行。本届展会分室内和室外两大展区，室内展区主要是起重机装备的整机制造商、起重机配件和电气控制制造商，面积 2 万 m^2；室外展区主要展示了卫华集团有限公司的特种车辆和高架升降平台。本届展会有参展商 365 家，观众人数超过 4 万人次。

5 月，由太原重型机械集团有限公司自主设计并具有完全自主知识产权的 TZϕ1800 三辊连轧管机组生产线通过了用户验收。该项目的数据快速采集系统使数据采集周期达到 10ms；首次应用了设备运行监控系统和故障诊断系统。

5 月，经过 MAN 专利公司、中国船级社和英国劳氏船级社的联合检验，大连重工华锐曲轴公司承制的国内首支特大对接型曲轴 12S90ME-C 成功下线。继韩国斗山重工、现代重工后，大连重工成为世界第三家能够生产此类曲轴的企业。

6 月 20 日，由中国重型机械研究院有限公司总包的印度尼西亚苏拉威西矿业 200mm×1 600mm 不锈钢板坯连铸机一次热负荷试车成功。

6 月 20 日，二重（德阳）重型装备有限公司承制的浙江石化 4 000 万 t/a 炼化一体化项目一期工程 300 万 t/a 渣油加氢装置 5 台加氢反应器顺利交付。该批反应器最大内径 5.8m，最大壁厚 352mm，是目前国内已完工的内径最大、壁厚最厚的反应器。

6 月 20 日，“中国重型机械行业‘一带一路’国际合作论坛”在京举行。本次论坛旨在引领企业提升国际化营销能力和水平，真正实现重型装备行业由“中国制造向中国创造、中国产品向中国品牌、中国速度向中国质量”的重大转变。

6 月 27 日，上海振华重工（集团）股份有限公司研制的首台新一代智能跨运车成功下线。该机型是全球第一台带有无人驾驶导航系统的集装箱跨运车产品。

7—8 月

7 月 6 日，由中国重型机械研究院有限公司总承包的福建青拓实业股份有限公司 400 系列不锈钢板坯连铸机一次热负荷试车成功。该产品是生产 409、410、420、430 高端不锈钢的重要设备。

8 月 1 日，首支国产化调相机转轴在中国第一重型机械集团公司发运。调相机转轴是调相机中系统的关键部件，产品重量大、长度长、整体锻造和性能热处理难度大。

8 月 9 日，华电重工股份有限公司与三峡新能源阳江发电有限公司签订了三峡新能源广东省阳江市阳西沙扒 300MW 海上风电项目第一批次风电基础及安装工程合同，合同金额约 10.2 亿元，包括了海上升压站基础施工设计的全部项目。

9—10 月

9 月 8 日，上海振华重工（集团）股份有限公司与青岛港集团签订青岛港全自动码头装卸系统总承包合同。项目包括自动化双小车岸桥、L-AGV、自动化轨道起重机等设备。

9 月 21 日，由中国重型机械研究院有限公司成套供货广青金属科技有限公司的方坯改板坯 200mm×1 600mm 不锈钢连铸机一次热负荷试车成功。

9 月 26 日，习近平总书记来到中国一重集团有限公司，观看产品展示，视察生产车间，了解企业推进新旧动能转换、促进优质产业提质增效、研发生产重型技术装备等情况。

9 月，由北方重工设计制造的国内最长的湖州南方物流码头“空中输送走廊”输送机建成，这是一条全长 22km，年运输能力 1 050 万 t 的输送机，它穿过群山、航道与水运码头无缝衔接，实现了水泥熟料运输“空水联运”模式。

9 月，由太原重型机械集团有限公司研制的 20m^3 矿用机械式挖掘机再次发往俄罗斯马加丹。太原重型机械集团有限公司生产的大型矿用挖掘机不仅满足了国内市场的需要，而且出口到俄罗斯、巴基斯坦、秘鲁、哈萨克斯坦、印度、缅甸、蒙古、智利、南非、伊朗和利比里亚等国家和地区。

10 月 11 日，紫金矿业多宝山铜矿二期铜（钼）矿扩建项目正式投产。该项目采用了中信重工机械股份有限公司生产的 7 台大型设备：两台 PXZ62-75 破碎机；1 台 GM140-100 高压辊磨机；1 台直径 11m×6.4m 半自磨机；1 台直径 7.9m×13.6m 球磨机；两台 CSM-1120 立式搅拌磨。其中半磨机、球磨机的装机功率达到 18 000kW。

10 月 15 日，国家市场监督管理局、国家标准化管理委员会公布了 2018 年中国标准创新贡献奖的获奖名单，北京起重运输机械设计研究院有限公司获中国标准创新贡献奖组织奖。

10 月 28 日，国家市场监督管理总局下达文件（国市监质监 190 号），取消包括轻小型起重运输设备、港口装卸机械等 14 类工业产品生产许可证管理，涉及重型机械行业的有手动葫芦、电动葫芦、胶带输送机、翻车机和港口装卸机械等产品。

11—12 月

11 月 2 日，上海振华重工（集团）股份有限公司与美国南卡州港务局签订 4 台岸桥设备合同。这是继 2018 年初签订 8 台岸桥设备合同订单后，南卡州用户再次直接与上海振华重工（集团）股份有限公司的合作。

11 月 9 日，在首届中国国际进口博览会上，上海振华重工（集团）股份有限公司与瑞士 ABB 集团、德国 BUBENZER 公司、瑞典 BROMMA 公司、美国 Phoenix 公司、瑞典 SKF 公司、德国 Igus 公司 6 家供应商签订近 15 亿元人民币的采购合同，涉及电控系统、制动器及联轴器部件、港口起重吊具、港口起重投光灯、轴承、拖链等商品。

11 月 15 日，由二重（德阳）重型装备有限公司所属二重德阳储能科技有限公司研制的 100kW 飞轮储能装置通过中国机械工业联合会组织的新产品鉴定。该装置设计先进、具有自主知识产权并填补了国内空白，综合性能指标达到了同类产品国际先进水平。

11 月 23 日，山西省智能制造产业发展现场推进会在中国电子科技集团召开。会上山西省政府公布了试点企业名单，平遥减速机有限公司被评为智能制造试点单位。

11 月 29 日，由中国第一重型机械集团公司承制的中广核“华龙一号”防城港核电二期工程首台反应堆压力容器在大连核电石化公司完成制造任务，为防城港核电二期工程建设稳步推进奠定了基础。

11 月，中国第一重型机械集团公司、国机重型装备集团股份有限公司二重装备、太原重工集团股份有限公司、中信重工机械股份有限公司、大连重工集团、上海振华重工（集团）股份有限公司等企业参加了在上海举办的“首届中国国际进口博览会”。

11 月，中国第一重型机械集团公司、二重（德阳）重型装备有限公司、上海振华重工（集团）股份有限公司等企业制造的国之重器分别进入国家博物馆参加了“伟大的变革——庆祝改革开放 40 周年”大型展览。

12 月 9 日，中国重型机械研究院股份公司的“金属挤压与锻造装备技术研发和推广应用项目”、二重（德阳）重型装备有限公司的“800MN 大型模锻压机研制”获得 2018 年第五届中国工业大奖表彰奖。

12 月 9 日，在 2018 中国创新设计大会暨好设计颁奖仪式上，二重（德阳）重型装备有限公司的“大型核转子锻件制造技术”荣获 2018 年度好设计奖金奖。

12 月 15 日，由大连重工·起重集团有限公司举行的全球首支、世界在建最大 22 000 标箱集装箱船用曲轴（W12×92）出产发布会在泉水基地隆重举行。W12×92 型曲轴的成功出产彻底改变了我国造船行业“船等机、机等轴”的状况。

年内

· 我国重型机械行业继续保持稳定发展，行业主营业务收入 8 968.62 亿元，同比增长 11.64%，其中：冶金机械行业主营业务收入同比增长 27.99%；矿山机械行业主营业务收入同比增长 9.42%；物料搬运（起重运输）机械行业主营业务收入同比增长 9.77%。

· 重型机械行业 28 项获得 2018 年度中国机械工业科学技术奖，其中：一等奖 4 个，分别为二重（德阳）重型装备有限公司完成的“核能发电机大型转子锻件制造关键技术及应用”；天地科技股份有限公司等 8 家单位完成的“煤矿大型高端综采成套装备及其智能制造关键技术”；中国重型机械研究院股份公司等 5 家单位完成的“3 000kN/7 500kN·m 大型锻造操作机关键技术及应用”；中国重型机械研究院股份公司等 2 家单位完成的“镀锡板高速精整机组关键工艺及装备研发与应用”。二等奖 12 个，三等奖 12 个。

· 二重（德阳）重型装备有限公司获省部级以上科技进步奖 6 项。牵头和参与制（修）订行业标准 28 项；申请专利 60 项，年度申请量创历史新高，获得国家专利授权 36 项。

· 大连重工·起重集团有限公司成功中标宝钢湛钢国内取料能力最大的 2 500t/h C 型料场半门架式刮板取料机项目。该项目是国内首台地面配置双路带式半门式刮板取料机。

· 中信重工机械股份有限公司成功浇注出 486t 特大型钢锭，这是国内生产的最大规格海工装备替打环锻件。

· 上海振华重工(集团)股份有限公司研制的国内首台(套)大梁机器人焊接站成功投入运行。该站主要针对长、深且窄，内部结构复杂的岸桥大梁类构件的焊接。

· 中国重型机械有限公司与尼泊尔耶蒂蓝塘水电公司签订 201MW 水电站项目合同。该水电站建成后将是亚洲最高水头（1 300m）的水电站。

· 国机重装成都重机承接的日本 JFE 仓敷制铁所 E4 立辊轧机改造设备在日本 JFE 仓敷制铁所完成安装并投产，整个轧制过程运行平稳。

· 中国重型机械研究院有限公司环保所总承包的河北鑫达钢铁有限公司第二炼钢厂二号 120t 转炉煤气干法除尘及回收系统工程，一次热试成功并顺利投入生产。

· 由北京起重运输机械设计研究院有限公司承接的吉林庙香山索道正式通过国家索道检测中心验收。庙香山索道单向运量达到 2 600 人 /h，为历来最大运量。

· 中信重工机械股份有限公司与美国 WM 公司签订的垃圾发酵分解窑设备供货合同生效。根据合同，中信重工将为美国 WM 公司设计制造两个 ϕ4.2m×56.4m 垃圾发酵分解窑，处理能力为 2×140t/d，设备将用于美国 WM 公司新建的垃圾处理厂。

· 二重（德阳）重型装备有限公司与新疆金波尔工贸有限公司正式签署 JBE-RZ950+ 热连轧项目合同。该项目为二重（德阳）重型装备有限公司传统热轧升级产品应用到“一带一路”沿线国家。

· 中国第一重型机械集团公司与浙江石化签订了二期渣油石化装备 3 000 吨级浆态床锻焊加氢反应器制造合同。该项目用于浙江石化 4 000 万 t/a 炼化一体化的核心设备。采用浆态床加氢工艺技术的 600 万 t/a 双系列渣油加氢装置将是迄今世界单台重量最大的锻焊结构加氢反应器。

• 河南豫飞重工集团有限公司中标中国第二个大型中微子实验项目起重装备部分。河南豫飞重工集团有限公司将提供江门中微子实验项目用的地面装配厅、绞车房、地下安装间、实验室、液闪存储及处理间等起重装备。

• 由中国第一重型机械集团公司承揽的沃莱迪金属材料有限公司 1 780mm 炉卷轧机总承包项目在云南省曲靖市正式开工奠基。本次承制的 1 780mm 炉卷轧机项目技术更先进，市场针对性更强。

• 中建交通建设集团有限公司盾构机扩径改造项目在北方重工集团有限公司成功完成工厂最终验收。盾构机直径从 6.28m 扩大到 6.48m, 对盾构机刀盘、盾体、连接桥、一次和二次管片进行了重新设计。

• 由太原重型机械集团有限公司自行设计制造的我国首台 250t 智能铸造起重机在宝钢上海梅山钢铁有限公司进行钢水吊运作业。智能化铸造起重机实现了自动巡航、超精准定位、电气防摇、智能诊断、远程监控等功能，是我国首台具有独立自主知识产权并达到世界领先水平的智能化铸造起重机。

• 湖南长重机器股份有限公司中标印度 BHEL 巴哈特重型电力有限公司孟加拉火电厂堆料机项目。该项目有 2 种 5 台大型堆取料机，输送物料性质为石灰石和煤矿。

• 大连重工・起重集团有限公司中标中核集团福建霞浦 600MW 示范快堆工程项目的乏燃料厂房热室吊车及屏蔽室转运吊两个设备项目。两台设备所在工作环境均为高辐射区，对设备的性能和质量要求很高。

• 由国家电投上海核工院、东方电气（广州）重型机器有限公司、上海电气核电设备有限公司、中国第一重型机械集团股份公司、二重（德阳）重型装备股份有限公司、上海重型机器厂有限公司等单位联合实施的大型先进压水堆重大专项“CAP1400 蒸汽发生器研制”项目顺利通过国家能源局组织的正式验收。

• 中国第二重型机械集团有限公司万航公司承担的 C919 大飞机主起落架外筒锻件成功通过中国商飞、德国利勃海尔公司技术和质量专家为期 10 天的联合现场审核，标志着 C919 大飞机主起落架关键锻件全部实现国产化。

• 北方重工集团有限公司研制的国内最大的立式螺旋磨机试车成功。该磨机装机功率达到 1 200kW，高度达 15m。

• 二重装备万信公司完成了印度 950 二十辊不锈钢可逆冷轧机组的装配试车和发运。该机组工作辊直径小、轧制压下率大，具有辊缝及板型控制系统等优点。

• 由二重装备重机公司承制的上海三江精密锻造有限公司的 50MN 热模锻压力机在用户现场通过空载试车，压力机整体动作平稳可靠，运行良好。

• 由太原重型机械集团有限公司牵头起草的起重机报废标准《铸造起重机报废技术条件》，填补了国内外起重机缺乏整机报废技术标准的空白。

• 中国重型机械研究院有限公司与浙江久立特材科技股份有限公司签订两套高速冷轧管机供货合同。其中 LG-110-GHLL 机型是目前国内自主研发的最大规格的高速冷轧管机，也是世界范围首次研制的高速连续上料伺服控制机型，可实现不停机连续上料、连续高速轧制。

• 由大连重工・起重集团有限公司承担的辽宁省重大专项—CAP1400 核主泵铸造壳体研制项目顺利通过验收。各项指标均满足技术标准以及项目合同书要求。

• 北方重工装备公司为广东广业云硫矿业公司生产的 PEF1521 颚式破碎机，填补了国内空白，其最大产能达到 1 400t/h 以上，打破了国外企业在大型颚式破碎机市场的垄断。

•由中国重型机械研究院有限公司总体设计的中国（广东）乌干达国际产能合作工业园区开发项目一期工程投产仪式隆重举行。乌干达总统穆塞韦尼出席投产仪式。该项目整体投资 6.2 亿美元，是迄今为止我国对乌干达最大的投资项目。

• 在中国机械工业联合会组织的机械工业改革开放 40 周年系列庆祝活动中，评选出改革开放 40 周年机械工业杰出产品 194 项，其中，11 项重型机械产品入选。

• 河南省矿山起重机有限公司自 2002—2018 年，共向上合组织成员国提供了 8 000 余台（套）起重设备。如：向巴基斯坦提供多台 40t 双梁桥式起重机；向吉尔吉斯斯坦提供 50t 电动双梁桥式起重机；向塔吉克斯坦的发电机组定子转子提供检修专用起重机；向俄罗斯提供多台起重机；向哈萨克斯坦提供包箱式双梁门式起重机。

〔撰稿人：中国重型机械工业协会梁锐　审稿人：中国重型机械工业协会李镜〕

行业与市场篇

从生产发展情况、市场及销售、产品进出口、科技成果及新产品等方面阐述重型机械各分行业 2018 年的发展情况及冶金机械国内外市场情况

Elaborate on development in 2018 of various sectors in the heavy machinery industry regarding aspects such as development of production, market and sales, product import and export, technological achievements, and new products, domestic and international markets of metallurgical machinery

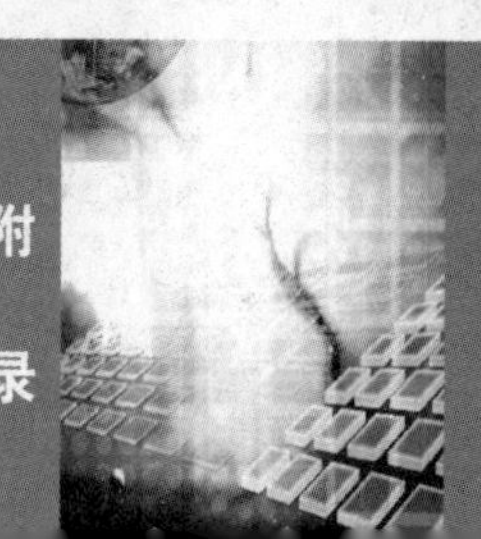

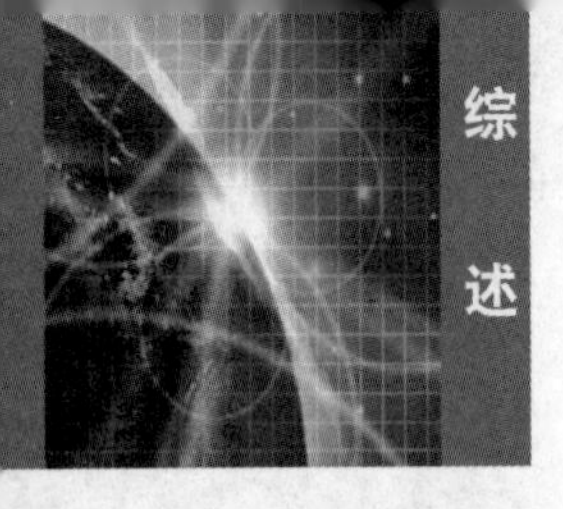
综述

大事记

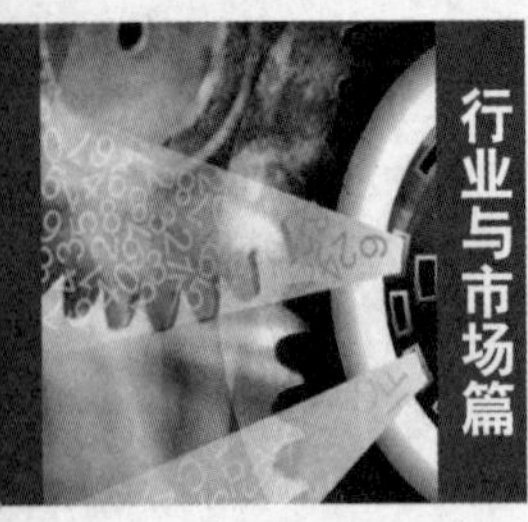
行业与市场篇

企业篇

统计资料

标准与质量

改革开放40年

附录

中国重型机械工业年鉴 2019

行业与市场篇

冶金矿山机械

行业简况 冶金矿山机械行业是以提供炼焦、烧结、冶炼、轧制、矿山开采、矿井提升、破碎粉磨、煤矿采掘、筛分洗选、竖井及隧道挖掘、水泥制备、重型锻压等大型成套设备及相关产品，并为能源、原材料、化工、造船、军工、机械等部门提供所需大型铸锻件为主导产品的机械制造行业。该行业的主要产品多为重大基本建设项目所需的核心设备，因此不仅在国民经济建设中占有十分重要的地位，而且是体现国家制造实力的重要表征。2014—2018 年冶金矿山机械行业主要经济指标完成情况比较见表 1。

1. 主要经济指标完成情况

2018 年行业主要经济指标完成情况见表 2。

表 1　2014—2018 年冶金矿山机械行业主要经济指标完成情况比较

年份	行业名称	企业数（家）	占比（%）	资产总值（亿元）	占比（%）	主营收入（亿元）	占比（%）	利润总额（亿元）	占比（%）
2014	重型机械	4 657	100.00	12 029	100.00	12 331	100.00	697.67	100.00
	冶金矿山机械	2 414	51.84	5 767	48.00	5 425	44.00	166.37	23.85
2015	重型机械	4 669	100.00	12 184	100.00	12 226	100.00	764.60	100.00
	冶金矿山机械	2 449	52.45	5 527	45.36	5 370	43.92	226.72	29.65
2016	重型机械	4 556	100.00	12 981	100.00	12 326	100.00	645.85	100.00
	冶金矿山机械	2 340	51.36	5 852	45.08	5 360	43.49	132.36	20.49
2017	重型机械	4 547	100.00	13 239	100.00	12 100	100.00	654.01	100.00
	冶金矿山机械	2 198	48.34	5 979	45.16	5 198	42.96	228.57	34.95
2018	重型机械	4 418	100.00	12 291	100.00	8 968	100.00	477.88	100.00
	冶金矿山机械	2 074	46.94	5 691	46.29	3 524.24	39.30	158.31	33.13

表 2　2018 年行业主要经济指标完成情况

行业名称	企业数（家）	主营业务收入（亿元）			主营业务成本（亿元）		
		2018 年	2017 年	同比增长（%）	2018 年	2017 年	同比增长（%）
冶金矿山机械	2 074	3 524.24	3 073.71	14.66	2 971.25	2 600.23	14.27
矿山机械制造	1 628	2 414.15	2 206.39	9.42	2 024.61	1 863.56	8.64
冶金专用设备制造	446	1 110.09	867.32	27.99	946.64	736.67	28.50

行业名称	企业数（家）	流动资产（亿元）			应收账款（亿元）		
		2018 年	2017 年	同比增长（%）	2018 年	2017 年	同比增长（%）
冶金矿山机械行业	2 074	3 670.41	3 315.49	10.71	1 133.24	1 063.91	6.52
矿山机械制造	1 628	2 262.97	2 116.57	6.92	748.48	724.75	3.27
冶金专用设备制造	446	1407.44	1 198.92	17.39	384.76	339.16	13.44

（续）

行业名称	企业数（家）	存货（亿元）			产成品（亿元）		
		2018 年	2017 年	同比增长（%）	2018 年	2017 年	同比增长（%）
冶金矿山机械行业	2 074	1 001.02	886.67	12.90	287.44	258.29	11.29
矿山机械制造	1 628	696.09	625.09	11.36	210.74	188.04	12.07
冶金专用设备制造	446	304.93	261.58	16.57	76.70	70.25	9.19

行业名称	企业数（家）	资产总额（亿元）			负债总计（亿元）		
		2018 年	2017 年	同比增长（%）	2018 年	2017 年	同比增长（%）
冶金矿山机械行业	2 074	5 690.90	5 214.46	9.14	3 473.88	3 252.11	6.82
矿山机械制造	1 628	3 614.96	3 440.59	5.07	2 110.83	2 043.99	3.27
冶金专用设备制造	446	2 075.94	1 773.87	17.03	1 363.05	1 208.12	12.82

行业名称	企业数（家）	销售费用（亿元）			管理费用（亿元）		
		2018 年	2017 年	同比增长（%）	2018 年	2017 年	同比增长（%）
冶金矿山机械行业	2 074	109.79	97.41	12.71	223.19	203.01	9.94
矿山机械制造	1 628	81.64	72.45	12.69	147.91	134.57	9.91
冶金专用设备制造	446	28.15	24.96	12.81	75.28	68.44	10.00

行业名称	企业数（个）	财务费用（亿元）			利息支出（亿元）		
		2018 年	2017 年	同比增长（%）	2018 年	2017 年	同比增长（%）
冶金矿山机械行业	2 074	54.58	61.86	-11.77	56.06	59.76	-6.19
矿山机械制造	1 628	39.86	44.18	-9.78	40.12	42.12	-4.75
冶金专用设备制造	446	14.72	17.68	-16.75	15.94	17.64	-9.63

行业名称	企业数（家）	利润总额（亿元）			亏损额（亿元）		
		2018 年	2017 年	同比增长（%）	2018 年	2017 年	同比增长（%）
冶金矿山机械行业	2 074	158.31	110.09	43.80	32.57	42.67	-23.67
矿山机械制造	1 628	114.91	88.37	30.03	20.54	21.58	-4.83
冶金专用设备制造	446	43.40	21.72	99.86	12.03	21.09	-42.95

行业名称	企业数（家）	亏损企业数（家）		亏损面（%）		利润率（%）	
		2018 年	2017 年	2018 年	2017 年	2018 年	2017 年
冶金矿山机械行业	2 074	280	335	13.50	15.24	4.49	3.58
矿山机械制造	1 628	212	245	13.02	15.05	4.76	4.01
冶金专用设备制造	446	68	90	15.25	20.18	3.91	2.50

行业名称	企业数（家）	资产负债率（%）		流动资产周转率（次）		成本费用利润率（%）	
		2018 年	2017 年	2018 年	2017 年	2018 年	2017 年
冶金矿山机械行业	2 074	60.29	59.93	1.45	1.08	4.62	2.06
矿山机械制造	1 628	58.39	59.41	1.11	1.06	5.01	4.18
冶金专用设备制造	446	65.66	68.11	0.83	0.75	4.08	2.56

注：因四舍五入，合计数有微小出入。

2. 主要产品产量完成情况

从 2018 年行业出产情况看，冶金矿山机械行业主要产品均保持了一定的增长，其中：冶金机械产品产量 117.17 万 t，同比增长 17.90%；矿山机械产品产量 504.88 万 t，同比增长 6.26%。

2018 年行业重点产品产量完成情况见表 3。

表 3　2018 年行业重点产品产量完成情况

产品名称	企业数（家）	产量（万 t）	同比增长（%）
一、冶金机械	446	117.17	17.90
金属冶炼设备		62.57	28.32
金属轧制设备		54.60	7.94
二、矿山机械	1 628	504.88	6.26
水泥设备		54.92	10.06

3. 行业主要产品进出口情况

2018 年，冶金矿山机械行业进出口总额 39.75 亿美元，其中：出口金额 31.88 亿美元，进口金额 7.87 亿美元。冶金机械进出口总额 20.52 亿美元，其中：出口金额 16.26 亿美元，进口金额 4.27 亿美元。矿山机械进出口总额 19.23 亿美元，其中：出口金额 15.62 亿美元，进口金额 3.61 亿美元。2018 年行业主要产品进出口情况见表 4。

冶金矿山机械行业产品进出口额变化趋势见图 1。

表 4　2018 年行业主要产品进出口情况

产品名称	出口额（亿美元）	同比增长（%）	进口额（亿美元）	同比增长（%）	进出口总额（亿美元）	同比增长（%）	进出口差额（亿美元）	同比增长（%）
冶金矿山机械	31.88	14.18	7.87	35.59	39.75	17.87	24.01	8.57
冶金机械	16.26	20.12	4.27	15.78	20.52	19.19	11.99	21.74
1. 金属冶炼设备	0.29	-48.93	0.06	-40.14	0.35	-47.65	0.23	-50.76
2. 连铸设备	0.30	-17.49	0.07	238.64	0.37	-3.82	0.23	-32.80
3. 金属轧制设备	3.86	4.75	1.24	-3.57	5.10	2.59	2.61	9.25
4. 冶金设备零件	11.82	32.35	2.89	27.16	14.71	31.30	8.92	34.13
矿山机械	15.62	8.60	3.61	70.01	19.23	16.49	12.02	-2.01
1. 采掘设备及钻机	5.12	19.77	1.13	136.70	6.25	31.51	3.99	5.07
2. 破碎粉磨设备	6.11	-5.19	1.56	74.17	7.67	4.47	4.56	-17.95
3. 筛分洗选设备	3.60	18.63	0.86	20.72	4.46	19.03	2.73	17.99
4. 矿山卷扬设备	0.06	-1.19	0.01	-42.18	0.07	-7.83	0.05	8.63
5. 矿山机械零件	0.73	28.53	0.05	120.07	0.78	31.91	0.69	24.87

注：因四舍五入，合计数有微小出入。

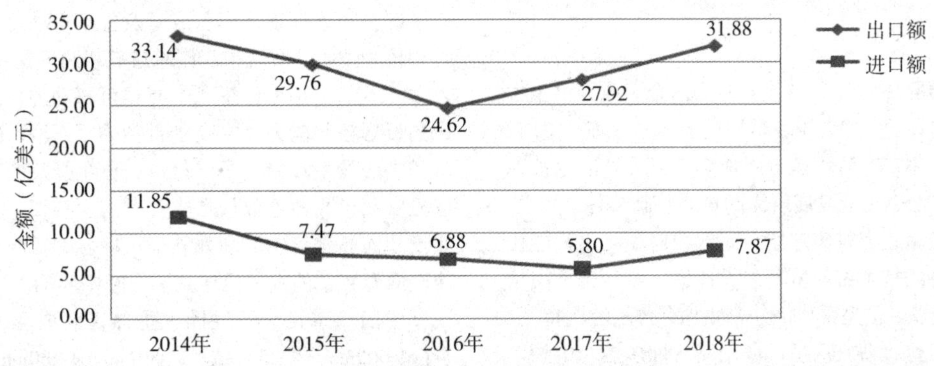

图 1　冶金矿山机械行业产品进出口额变化趋势

4. 2018 年行业运行的基本特征

2018 年，冶金和矿山机械行业上下游产业链波动对行业的影响呈现逐步减弱趋势，运行质量有所改善。合同订单持续向产品质量好、交货期有保证的企业集中。从行业重点骨干企业的运行情况看，企业运行质量得到了明显改善和提高，从企业类型看，大型企业增速稳定、小型企业略有波动。

行业规模以上企业由 2 198 家减为 2 074 家。其中：冶金设备制造企业 446 家，比 2017 年减少 19 家，矿山设备制造企业 1 628 家，比 2017 年减少 105 家。

行业主要产品完成情况：金属冶炼产品涨幅为 28.32%，金属轧制设备涨幅为 7.94%。矿山专用设备涨幅为 6.26%。

行业营业收入完成情况：冶金设备制造行业营业收入 1 110.09 亿元，增速为 27.99%，比 2017 年增加了 16.92 个百分点；矿山设备制造 2 414.15 亿元，增速为 9.42%，比 2017 年增加 2.17 个百分点。

2018 年，行业经济效益状况有所改善，大型骨干企业均摆脱了亏损。冶金设备制造业实现利润 43.40 亿元，同比增长 99.82%。亏损面 15.25%，比 2017 年缩小。资产负债率 65.66%，比 2017 年减少 2.45 个百分点；流动资产周转率 0.83 次，比 2017 年增加 0.08 次；成本费用利润率 4.08%，比 2017 年增加 1.52 个百分点。矿山设备制造实现利润 114.91 亿元，同比增长 30.03%。亏损面 13.02%，比 2017 年有所改善。资产负债率 58.39%，比 2017 年减少 1.02 个百分点；流动资产周转率 1.11 次，比 2017 年增加 0.05 次；成本费用利润率 5.01%，比 2017 年增加 0.83 个百分点。

〔撰稿人：中国重型机械工业协会严祥文　审稿人：中国重型机械工业协会李镜〕

冶金设备

生产发展情况　冶金设备行业是为冶金工业提供重大成套技术装备的行业。冶金设备是指用于金属冶炼、铸造、轧制和深加工等生产流程中的专用成套工艺设备，也被称作工业母机，是冶金工业发展所需的重要基础装备。

大型冶金成套设备是集连续、高效和自动化、智能化控制技术于一身的技术密集型工艺设备集合，多属于高精尖的重型成套设备，已呈系列化分布并具有传统经典特征。主要包括金属冶炼设备（高炉，烧结机，炼焦炉，电炉，转炉，炉外精炼，矿渣钢渣处理）、金属铸造设备（方、圆坯连铸机，板坯连铸机，铸造机）、金属轧制设备（板带材热、冷轧机，管轧机，型钢轧机，线材轧机，有色金属轧机）、金属精整及后处理设备（酸洗机组，热镀锌机组，热镀锡机组，热镀铝机组，冷、热平整机组，连续退火机组）等。

冶金设备制造业与冶金工业关系密切、互为市场，冶金设备制造业通过技术创新和提升服务来不断满足钢铁和非铁金属等原材料工业“创生”的新需求。当前，国内外钢铁和非铁金属冶金市场已呈产能过剩、供大于求的状况，已由增量需求减速下滑转为存量需求，淘汰落后生产工艺及设备，加快节能降耗、自动化、信息化、智能化技术改造升级已成为企业发展的主动力。与此同时，冶金设备制造业已步入由单一的冶金设备制造向冶金设备制造与技术改造服务双管齐下的转型期，企业只有通过结构调整和技术创新，适时推出新技术、新产品，才能使中高端国产冶金成套设备在国内市场的占有率不断提高。

作为冶金成套设备核心供应商的中国第一重型机械集团公司（简称中国一重）、国机重装二重（德阳）重型装备有限公司（简称二重装备）、太原重型机械集团有限公司（简称太重集团）和上海电气上重碾磨特装设备有限公司（简称上重）等，在重大冶金成套设备自动化和智能化高端技术研发方面取得了新成果。

1. 大型热、冷带钢连轧机工艺设备及自动化、智能化技术

大型热、冷带钢连轧机工艺设备及控制已基本达到了二、三级自动化，智能化控制水平，自主设计、集成、制造的成套设备已实现系列化，能满足我国钢铁冶金行业的需要。

中国一重设计开发的大型冷连轧机的工艺设备和自动化、智能化技术产品有：750mm、900mm、950mm、1 050mm、1 100mm、1 250mm、1 320mm、1 420mm、1 450mm、1500mm、1 550mm、1 780mm 及 2130mm 五机架（酸洗）冷连轧机组，已广泛应用于鞍钢、宝钢、梅钢、武钢、安钢、新钢、柳钢、河北中金、诚钢、马钢及沙钢、黄石山力、山东远大、河北中铁、海宁联鑫、尼日利亚董氏集团、河北兆建、霸州天利、天津宇润德、印尼新亚洲等公司。特别是梅钢 1 420mm 冷连轧机组的技术升级，山力和远大 1 420mm 冷轧工程总承包项目的开发应用及推广，突破了国产冷连轧工艺设备成套及生产自动化、智能化控制两大核心技术，实现了我国冷连轧机组的更新换代。其中，自主开发的大型工作辊和中间辊可移动的六辊轧机具有卓越的板形控制能力，提高了带钢的平直度，减少了边部减薄和裂边发生，提高了成材率。自主开发的转盘式双筒卷取机实现了高效卷取，自主开发的十八辊、廿辊冷轧机可实现超薄高强度钢的高效轧制，标志着我国自主设计制造冷轧成套装备的水平已达到了国际中高端水平。

中国一重设计开发的大型热连轧成套工艺设备产品有：1 000mm、1 250mm、1 380mm、1 450mm、1 580mm、1 680mm、1 780mm、2 150mm 及 2 250mm 热带钢连轧机，已成功应用于鞍钢、武钢、首钢、新钢、安钢、日钢、马钢、

涟钢、柳钢、诚钢、敬业、重庆万达薄板及鼎信等钢铁公司。特别是开发的北海诚德“1+8”1 680mm 不锈钢热连轧工艺设备和自动化、智能化技术在鼎信 1 780mm 不锈钢热连轧项目上的应用，实现了国产不锈钢热连轧机工艺设备及自动化、智能化技术的总集成，实现了不锈钢热连轧生产线的更新换代。自主设计的世界最宽的 2 550mm 不锈钢热连轧机生产线在节能降耗、产品规格及各项技术指标方面均处于世界领先水平。在热轧装备中不断升级技术，其中，新一代的串辊技术提高了产品的精度和生产效率，降低了设备的故障率；高压水除鳞技术保证了产品的表面质量；立辊轧机具有宽度自动控制和短行程自动控制功能；粗轧机采用电动加液压压下后，保证了位置、速度和精度；定宽压力机实现了大压力下减宽和成材率的改善；热卷取箱实现了多钢种节能轧制并缩短了轧线长度；超强转鼓式飞剪进一步提高了剪切能力和头尾剪切优化功能；高刚度四辊全液压精轧机的液压自动厚度和板形控制技术，保证了产品板形及尺寸精度；空冷控制技术保证了中高牌号带钢的性能要求；全液压三助卷辊式地下卷取机采用了自动踏步控制技术，保证了钢卷的卷形质量等。

近年来，国产大型冷、热轧机成套设备出口的项目有：尼日利亚 900mm 酸洗冷连轧机组；尼日利亚 1 450mm 单机架冷轧机组；印度尼西亚“1+7”1 780mm 不锈钢热连轧机组；印度 1 800mm 和波兰 2 250mm 热连轧机组成套设备各 1 套（合作制造）；墨西哥 3 500mm 和伊朗 1 725mm 炉卷轧机各 1 套（合作制造）；意大利阿维迪 1 700mm 短流程 ESP 热轧生产线（合作制造）、乌克兰 METINVEST 钢厂热连轧改造（合作制造）等。这些项目标志着我国冶金板带轧制工艺装备技术已步入世界先进行列。

2. 大型多辊冷轧机工艺设备及自动化技术

我国大型多辊高强超薄带轧制成套设备已实现了自主设计，其中，北海诚德、江苏德龙的 1 450mm 十八辊双机架不锈钢冷轧机组，山东远大的不锈钢 1 250mm、北海诚德的不锈钢 1 450mm 廿辊等大型多辊冷轧机组已投入使用，标志着国产大型多辊冷轧机工艺设备及自动化技术向国际先进行列迈出了一步。

3. 短流程节能轧制及绿色节能工艺设备

近年来，我国冶金设备领域在节能减排工艺设备的开发应用方面取得了长足的进步。中国一重继鞍山钢铁公司“1+6”2 150mm 短流程热连轧机研制成功后，又与意大利阿维迪公司合作研发了一套 1 700mm 连铸连轧短流程试验生产线，其后，相继承担了 4 套西门子日照 1 700mm 短流程热轧生产线设备的合作制造；自主设计制造了唐山全丰 1 500mm 薄板无头轧制生产线，福建吴航 2 250mm 不锈钢多功能板卷热轧机组，山东泰钢 1 780mm 炉卷轧机 +3 机架热连轧机生产线，云南师宗 1 780mm 不锈钢炉卷轧机。自主开发研制的 3 700mm“自由锻造 + 筒节成形轧制”大型筒件锻轧工艺设备已成功应用并获得了黑龙江省科技进步奖一等奖。

4. 宽厚板轧机工艺设备及自动化技术

国内自主设计制造的宽厚板轧机成套设备集成已实现了二级自动化控制，基本满足国内用户需求，呈现出合作制造与自主设计制造兼容的局面。

合作制造的宽厚板轧机有：鞍钢的 5 500mm 和 5 000mm，宝钢的 5 000mm，湘钢的 5 000mm 以及包钢的 4 100mm 轧机。

自主设计制造的宽厚板轧机有：建龙的 4 300mm，济钢的 4 300mm，沙钢的 3 500mm，汉冶的 4 300mm 和 3 800mm。

中国一重自主设计制造的 3 300mm 宽厚板轧机出口到越南、泰国各 1 套；合作制造并出口的宽厚板轧机有：韩国浦项的 5 500mm，韩国现代的 5 000mm，泰国钢铁公司的 5 000mm。

5. 大型成套有色板带轧机工艺设备

国内有色金属行业对大型铝板带轧机生产线成套设备的需求有所上升，中国一重、中国二重等冶金设备企业都承担了一批大型铝板带轧制成套设备的合作制造项目，并已形成自主设计、制造能力。

中国一重承担的项目有：东北轻合金 3 950mm 和 2 100mm（1+1）铝板热轧机组，赣州铝业 2 300mm（1+1）铝板热轧机组，青海鲁丰 2 400mm 单机架铝板热轧机组、2 350mm 单机架铝板六辊冷轧机组、2 350mm 双机架铝板四辊冷轧机组，天津忠旺 2 650mm（1+5）和 3 350mm（1+1+3）铝板带热连轧机组，南山铝业 4 100mm+3 000mm（1+5）铝板热连轧机组，宝武铝业 4 500mm+3 300mm（1+3）铝板热轧机组，山东魏桥 2 350mm（1+4）铝板热连轧机组，南南铝业 4 100mm+3 100mm（1+1）铝板热轧机组、泰国古河 2 500mm（1+4）铝板热连轧机组，吉林麦达斯 2 350mm 单机架铝板冷轧机组，营口忠旺 2 400mm（1+1+5）铝板热连轧机组和 4 套 2 300mm 单机架铝板冷轧机组，南山铝业 4 500mm 热轧机组，西南铝业 2 800mm 铝板冷轧机组，重庆金世利 2 600mm 钛合金四辊热轧机组。

中国二重承担的项目：巨科锦宁和浙江永杰 1 850mm（1+4）铝板带热连轧机组、柳州银海 3 300mm+2 850mm（1+4）铝板热连轧机组。

6. 大型连铸机成套工艺设备

我国大型连铸机成套设备已经全面实现了自主化设计、制造和技术集成，基本能满足冶金行业用户的需求。目前，以中国重型机械研究院为代表的冶金设备企业仍在进行工艺设备技术提升方面的研发，近年来投产的重大成套设备有：舞阳钢铁公司的 2 500mm 大型板坯连铸成套设备，诚德钢铁公司的 1 600mm 大型板坯连铸成套设备，敬业钢铁公司的 1 100mm 板坯连铸机，攀枝花钢铁公司的五流 360mm×450mm、邢台钢铁公司的六流 380mm×450mm 两个大型方坯连铸成套设备，700mm 特厚板连铸机和垂直铸造机等。

7. 大型平整机成套设备及精整设备

我国大型先进的冷、热平整工艺设备已经实现了自主设计和集成的国产化，中国一重、中国重型院等企业自主设计和集成的大型平整机成套设备已被广泛应用。冷轧板平整机成套设备有：宝钢的 2 030mm、1 850mm 连退在线单机架六辊平整机，宝钢的 2 030mm 热镀锌在线单机架四辊光整机，柳钢的 1 450mm、1 250mm 单机架四辊平整机组，邯郸日鑫的 1 450mm 单机架六辊平整机组，烟台东海网格的 1 250mm 连退在线双机架平整机；鞍钢的 1 780mm、1 450mm 单机架四辊平整机组，河钢衡水的 1 250mm 双机架六辊平整兼二次冷轧机组，邯郸卓立的 1 250mm 双机架六辊平整兼二次冷轧机组（升级版机型），首钢京唐的 1 380mm 双机架四辊平整机组（合作制造），鹤山华美的 1 250mm 双机架六辊平整兼二次冷轧机组。其中，河钢衡水、邯郸卓立、鹤山华美的 1 250mm 双机架平整兼二次冷轧机组具有干、湿平整和二次冷轧等多种功能，是深受钢铁用户青睐的一种机型。热轧板平整机成套设备有：鞍钢的 1 780mm、本溪北营的 1 780mm、河钢承德的 1 780mm、首钢京唐的 1 580mm、河北纵横的 1 780mm、河钢乐亭的 2 050mm 和柳钢的 1 780mm 平整机组。

8. 大型冶金环保设备开发应用

钢铁冶金行业用户加大了对绿色生产、节能减排的技改投入，促进了我国冶金环保技术和工艺装备的开发和应用提速。一些国内冶金设备企业建立了环保板块，完成了资源整合，并适时开展环保工艺技术和设备研制。继热轧生产线烟尘抑制技术应用和连铸生产线排气排烟工艺技术应用后，正在全面开展冶炼焦化环节的脱硫、脱硝、除二噁英等工艺技术和设备的研发和应用，烟尘和余热处理与利用技术装备的进步，促进了冶金企业的绿色发展。中信重工机械股份有限公司的 5 700mm 和 4 000mm 立式磨机已在兴澄特钢、新冶金和安徽贵航特钢矿渣和钢渣粉磨中应用。中国一重为新宝泰公司研制的 3 800mm 卧式辊磨机应用于钢渣、水渣微粉处理生产线，将打开环保和微粉利用市场的新局面。一些企业继续推进新研发的垃圾处理技术和工艺设备的市场应用。

目前，我国自主设计、集成制造并投产运行的中高端大型冷热连轧成套设备已突破 170 套。在改善产品性能质量、降低能耗、改善环境，以及工艺、高速、自动化、智能化方面的技术稳步提升后，以近终形连铸连轧为基本特征的直接轧制与无头轧制、冷轧无头轧制、酸轧联合高速轧制为标志的短流程和绿色轧制工艺技术，正成为未来发展的主流；不锈钢、高强度钢的轧制和非铁金属板带轧制工艺装备的自主研发能力也在持续提升。

2018 年冶金设备行业主要经济指标完成情况见表 1。

表 1　2018 年冶金设备行业主要经济指标完成情况

指标名称	完成情况（亿元）	同比增长（%）
主营业务收入	1 110.19	27.99
利润总额	43.40	99.86

市场与销售　为适当扩大内需国家采取了积极的财政政策，冶金、化工、能源等行业接受国家贴息贷款，在一定程度上维持了技术升级改造的规模。但连年来，受国内外经济新常态的影响，冶金设备行业市场低价无序竞争激烈，冶金设备订单满足不了企业生产需要，冶金设备企业形势不容乐观，冶金设备市场仍将长期处在小幅波动下行状态。

2018 年冶金设备行业主要产品产量见表 2。2018 年冶金设备行业产品进出口额见表 3。

表 2　2018 年冶金设备行业主要产品产量

产品名称	产量（万 t）	同比增长（%）
冶炼设备	62.57	28.32
金属轧制设备	54.60	7.97

表 3　2018 年冶金设备行业产品进出口额

（单位：亿美元）

产品名称	进口额	出口额	进出口差额
冶金设备	4.27	16.26	11.99
金属冶炼设备	0.06	0.29	0.23
连续铸钢设备	0.07	0.30	0.23
金属轧制设备	1.24	3.86	2.61
冶金设备零件	2.89	11.82	8.92

注：因 4 舍 5 入，合计数有微小出入。

2018 年冶金压延设备主要生产企业有：中国一重集团有限公司、国机重装二重（德阳）重型装备有限公司、太原重型机械集团有限公司、上海电气上重碾磨特装设备有限公司、中钢集团邢台机械轧辊有限公司、衡阳有色冶金机械总厂、中信重工机械股份有限公司、常州宝钢冶金机械有限公司、陕压重工装备有限公司等。

科技成果、新产品与标准　冶金设备行业主要生产企业在引进、消化、吸收世界同类产品先进技术的基础上，围绕冶金市场新需求持续进行开拓创新，设计开发出了多项具有自主知识产权的重大装备，使我国冶金装备的多项新产品和工艺技术水平接近或达到国际先进水平。

2018 年冶金设备行业科技成果获中国机械工业科学技术奖的情况见表 4。

表 4　2018 年冶金设备行业科技成果获中国机械工业科学技术奖的情况

项目名称	完成单位	获奖等级
镀锡板高速精整机组关键工艺及装备研发与应用	中国重型机械研究院股份公司、武钢新日铁（武汉）镀锡板有限公司	一等奖
冷轧硅钢边降及同板差控制技术及工程应用	中国第一重型机械股份公司、鞍钢未来钢铁研究院有限公司、鞍钢股份有限公司	二等奖
特种有色金属板材辊式矫直技术与装备开发及其应用	太原科技大学、太原重工股份有限公司、中色科技股份有限公司、江苏江海机床集团有限公司、太原理工大学	二等奖
冷带轧制规程、工艺润滑制度及非常态板形控制技术的研究	燕山大学、山东冠州股份有限公司、江苏九天光电科技有限公司	二等奖
超薄镀锡原板平整及二次冷轧高效精密工艺与装备	中国重型机械研究院股份公司、海南海协镀锡原板有限责任公司、燕山大学	二等奖
板坯连铸设备设计理论研究与应用	中国重型机械研究院股份公司、河北钢铁集团唐山燕山钢铁有限公司、大连华锐重工集团股份有限公司	二等奖
钢轨热轧生产的工艺理论及质量控制技术研究	燕山大学	三等奖

冶金行业标准在行业企业的生产经营活动中越来越受到重视，国内一些主要冶金设备企业积极参加行业标准的编制和宣传贯彻工作。现行冶金机械的国家与行业标准有 86 项，由机械工业冶金设备标准化技术委员会归口管理、组织编制和实施。另外，联合企业标准已由中国重型机械工业协会批准发布和执行。

《重型机械标准》共 4 卷，该标准已经 4 次修订，并全面公开发行。其中，产品标准 85% 以上等效采用了国外先进标准（主要是德国西马克公司标准）。

中国重型院正在组织大型冶金设备制造骨干企业继续开展新一轮冶金设备行业标准的编制工作，已完成了多项新行业标准的编制评审工作，几十项新增冶金设备标准正在编制中。

〔撰稿人：中国重型机械工业协会冶金压延机械分会孟文华　审稿人：中国重型机械工业协会李镜〕

矿山机械

矿山机械行业是为矿物固体原料、材料和燃料的开采和加工提供装备的重要基础行业，也是国家建立独立工业体系的基础。除服务于黑色和有色冶金、煤炭、建材、化工、核工业等重要基础工业部门，其产品也被广泛应用于交通、铁道、建筑、水利水电等基础部门的基本建设中。

矿山机械的先进性决定了矿山资源科学开发和综合利用的水平，从而成为衡量一个国家工业实力的重要标志。本文所述的矿山机械包括采掘、凿岩设备及钻机，破碎、粉磨设备，筛分、洗选设备，矿山提升设备和矿山机械零件等。

近年来，随着国家去产能政策的持续推进，矿山机械行业长期服务的煤炭、冶金、有色建材等传统行业受到较大影响，其固定资产投资增速下降、放缓。虽然释放出部分技术改造需求，但相对于矿山机械行业前期所积累的产能而言，市场需求依然低迷。国家推行采用人工建筑砂石和资源再利用的政策，扩大了矿山机械的市场需求。

2018 年，矿山机械行业积极推进供给侧结构性改革，部分企业依托自身优势，借助创新发展的机遇，积极向自动化、智能制造、绿色制造升级，向制造服务业转型。一些行业内优秀企业，在积极服务老用户的基础上，主动适应国内外市场变化，利用产品优势，拓宽产品服务领域，先后开发出 9 000t/h 排土机（含卸料车）、MG1000/2550—GWD 特大采高采煤机、MLL1200 螺旋立式磨机、制砂楼、建筑垃圾破碎机等新品，在技术创新和品牌建设上取得了丰硕成果。

行业运行情况　根据中国重型机械工业协会统计，2018 年我国矿山机械行业主营业务收入达 2 414.15 亿元，比上年增长 9.42%，占当年重型机械行业主营业务收入的 26.92%，占当年冶金矿山机械行业主营业务收入的 68.50%；实现利润 114.91 亿元，比上年增长 30.03%；利润率为 4.76%，上年同期为 4.01%。2018 年矿山机械行业主要经济指标完成情况见表 1。

表 1　2018 年矿山机械行业主要经济指标完成情况

行业名称	主营业务收入（亿元）	同比增长（%）	主营业务成本（亿元）	同比增长（%）	利润总额（亿元）	同比增长（%）	利润率（%）	上年同期（%）
重型机械	8 968.62	11.64	7 488.98	11.84	477.88	10.34	5.33	5.39
矿山机械	2 414.15	9.42	2 024.61	8.64	114.91	30.03	4.76	4.01

注：数据来源于中国重型机械工业协会《2018 年重型机械行业运行报告》（2019 年 3 月）。

1. 基本运行情况

2018 年，矿山机械行业上下游产业链对行业的影响呈现逐步减弱趋势，行业运行质量有所改善。行业规模以上企业（指年主营业务收入在 2 000 万元及以上的法人工业企业）1 628 家，比上年减少 105 家。主营业务收入比上年增加 2.17 个百分点；流动资产总额为 2 262.97 亿元，同比增长 6.92%；应收账款为 748.48 亿元，同比增长 3.27%；存货为 696.09 亿元，同比增长 11.36%；主营业务成本为 2 024.61 亿元，同比增长 8.64%；销售费用为 81.64 亿元，同比增长 12.68%；管理费用为 147.91 亿元，同比增长 9.91%；财务费用为 39.86 亿元，同比下降 9.78%。

2. 综合效益情况

2018 年，行业经济效益状况明显改善，特别是重点骨干企业均摆脱了亏损。实现利润 114.91 亿元，同比增长 30.03%。亏损面 13.02%，比上年有所下降。

资产负债率 58.39%，比上年减少 1.02 个百分点；流动资产周转率 1.11 次，比上年增加 0.05；成本费用利润率 5.01%，比上年增加 0.83 个百分点。

3. 主要产品产量完成情况

2018 年，矿山专用设备主要产品产量完成情况处于上涨区间，行业规模以上企业全年完成产量 504.88 万 t，同比增长 6.26%。其中，行业重点骨干企业完成 23.39 万 t，是行业企业平均产量的 15 倍，占全国总产量的 4.6%。

科技成果及新产品　2018 年，行业各主要制造企业坚持技术先导和技术引领，加大科研开发和人才培养力度，不断提高科技创新能力，通过自主研发、产学研用结合等多种方式，相继研制出一大批技术先进、具有自主知识产权的重大技术装备，部分产品填补了领域空白。

1. 科技成果及获奖情况

针对我国建筑固体废物成分复杂、没有预分类的难题，由同济大学、北京建筑大学、青岛理工大学、北京联绿技术集团有限公司、昆明理工大学、上海山美重型矿山机械有限公司、许昌金科资源再生股份有限公司共同参与完成的“建筑固体废物资源化共性关键技术及产业化应用”项目，提出“先筛再分后破”资源化工艺，可显著降低能耗并提高资源化效率；研发制备了分离、分选、破碎、筛分与强化等国产化核心装备，打破了国际垄断，并实现出口；同时完成了工艺装备在建筑装潢垃圾、渣土以及尾矿等资源化处置领域的扩展。该项目成果在国内 25 个省市进行了推广，并在境外建成资源化生产线。在许昌等地实现了建筑固体废物资源化率 95% 以上，应用单位经济效益明显。该项目拓宽了我国建筑固体废物资源化、精细化利用途径，为改善再生建材利用模式、规范管理和行业发展提供了技术保障。

由中国矿业大学、唐山市神州机械有限公司和神华新疆能源有限责任公司等单位完成的“煤炭高效干法分选关键技术及应用”项目，在国际上首次创立了气固流态化干法分选理论，发明了大型复合式干法分选技术和干法重介质流化床分选技术，开发了世界上首套模块式高效干法选煤工艺系统，实现了我国西部干旱缺水地区煤炭的高效干法分选。该项目技术水平国际领先，是世界选煤技术的重大突破，对节约能源、促进煤炭清洁利用和减轻环境污染具有重大意义。该项目已在我国 29 个省（市）、自治区推广应用，年分选煤炭 2 亿 t。同时，出口至美国等 21 个国家。

煤炭一直是我国国民经济和社会发展的主体能源。随着我国煤炭开发重心向西部转移，赋存稳定、厚度大、硬度高的浅埋深煤层成为主采煤层，迫切需要大型化、高端化、智能化的综采成套装备。为此，由天地科技股份有限公司、兖矿集团有限公司、宁夏天地奔牛实业集团有限公司、西安煤矿机械有限公司、山东科技大学、兖矿东华重工有限公司、山东能源重型装备制造集团有限责任公司、北京天地玛珂电液控制系统有限公司等单位通过“煤矿大型高端综采成套装备及其智能制造关键技术”的研究，研制出 8.2m 超大采高液压支架、2 400kW 大功率电牵引采煤机、SGZ1400/3×1 600kW 智能刮板机等一系列大型高端装备，并实现成功应用。同时，该项目在国内率先建设的高端液压支架、大型刮板输送机和高压大流量液压阀数字化生产线构成的成套装备智能制造车间，使我国高端煤机装备制造达到国际领先水平。

随着全球资源和能源的日益紧缺以及经济社会发展对矿物资源的需求快速上升，向地球更深处寻找矿物资源、在更大范围内展开地球深部矿物的勘探开发，已成为包括我国在内的许多国家发展的重要战略选择。由于我国在使用深度超过 1 000m 的超深井大型提升装备领域的研究起步较晚，严重制约着我国深部资源开发利用战略的实施。由国内矿山重型装备制造骨干重点企业中信重工机械股份有限公司主持，重庆大学、中国矿业大学和中南大学等高校参与完成的国家“973”计划“超深井大型提升装备设计制造及安全运行的基础研究”项目，直面超深井、高效率、高安全等科学挑战，突破矿井提升装备的理论和技术制约，对超深矿井多绳多层缠绕提升机设计理论及关键技术开展了系统深入的研究。经过 5 年的科研攻关，取得了一系列重要突破，包括：建立了多绳多层缠绕提升系统动力学耦合模型，形成了时变柔性提升系统冲击与抑制方法；掌握了多层缠绕变形失谐机理，建立了缠绕空间运动耦合稳定理论等。项目研究成果为超深井提升系统设计和安全运行提供了基础理论，具有重要的工程应用价值。

大型立式搅拌磨作为一种细粉体生产设备，凭借节能、细出料的特点提高了金属矿物的品质和回收率，同时，其低转速的优点不仅大幅度提升了机械可靠性，而且降低了磨耗、噪声、振动和发热。由中信重工机械股份有限公司、洛阳矿山机械工程设计研究院有限责任公司和矿山重型装备国家重点实验室等单位合作承担的“立式搅拌磨关键技术研究及产业化”项目，一举打破了国外企业长期以来对大型立式搅拌磨的市场垄断，标志着我国高端细磨矿设备取得了自主研发和“走出去”的双重突破。项目研发的新型高效绿色节能立式搅拌磨，使物料细度由 200 目通过率 50% ～ 70% 提高到 400 目通过率 85% ～ 98%，提高精矿品位 3% ～ 8%，提高资源回收率 0.5% ～ 2%，同时降低有害元素含量约 0.1% ～ 1%。立式搅拌磨的研制成功和产业化，不仅推动了我国选矿工业和材料工业细粉体制备的技术进步，而且对节约资源和循环经济建设具有重大意义。此外，由中信重工机械股份有限公司、洛阳矿山机械工程设计研究院有限责任公司等单位合作完成的“大型矿山提升设备齿轮传动装置轻量化及降噪技术研究”和“大型辊压机减速器关键技术研究”等项目通过了中国机械工程学会组织的科技成果鉴定。

由太原重工股份有限公司（简称太重）自主设计、制造、运输、安装及调试的我国首台（套）9 000t/h 排土机（含卸料车）设备，适用于千万吨级以上的大型露天矿山，配合破碎站及排料皮带组成的破碎及排料系统，具有生产成本低、使用效率高、维护成本低等多种优点，可满足国内外现代化大型露天矿山高效、低能耗、智能化和绿色开采的需求。该设备不仅工作能力和工作效率国际领先，其核心技术更是代表了当前国际的最高水平，实现了太重在矿山设备产业上的突破，对太重由挖掘设备制造企业向半连续开采成套系统开发企业转型，具有重要战略意义。

伴随着国家环保战略的实施，未来绿色矿山建设已成必然发展趋势，目前传统机制砂生产线存在占地面积大、污染、砂石级配不合理、石粉含量高等问题，已无法满足当前环境需求，针对以上问题，河南黎明重工科技股份有限公司、郑州机械研究所有限公司和洛阳理工学院合作完成的“楼式骨料制备成套设备项目”，实现了传统骨料破磨技术的新突破。它采用高度集约的塔楼式全封闭布置，集制砂、粒型优化、石粉控制、级配调整、含水率控制、环保处理于一体，不仅提高了生产效率，更实现了机制砂粒型、级配、含粉量等各项指标的提升，使机制砂性能媲美天然砂，为砂石、水泥、混凝土产业链的发展创造了新的机会和价值。

采掘技术、工艺及其装备水平直接关系到煤矿生产的能力和安全。我国西南地区煤矿普遍存在可开采煤层较薄，所需巷道断面小（约 10 ～ $15m^2$），岩石硬度大，大多数为砂岩。目前，国内外还没有适合此类小断面全岩巷道掘进的机械设备。由中国煤炭科工集团太原研究院有限公司、四川省煤炭产业集团有限责任公司、山西天地煤机装备有限公司和广旺能源发展（集团）有限责任公司等单位合作研制的“EBZ260W 型小断面岩巷掘进机”，解决了小断面岩巷掘进机总体设计技术，突破了硬岩掘进机无法应用于小断面截割的技术难题，结束了小断面岩巷和瓦斯抽放巷道无法进行机械化掘进的局面，促进了煤机装备制造业的发展。同时，对使用单位降低施工费用，缩短巷道掘进时间，提高综掘工作面安全性，提高劳动生产率起到推动作用，推广应用前景广阔。

中厚煤层是最适合高效长壁综采的煤层，但我国的中厚煤层长壁开采技术与国外的先进水平相比，无论在产品的可靠性、设备生产能力还是在自动化水平等方面仍存在较大差距。目前国内中厚煤层工作面开采的较好水平在 300 万～ 500 万 t/a，不足国外先进水平的 50%。在采高有限的工作面条件下，提高设备可靠性和运行速度是提高产能的最直接有效的途径。为此，天地科技股份有限公司上海分公司和天地上海采掘装备科技有限公司等单位围绕中厚煤层高效开采设备的高可靠性、高速牵引、智能化及自动化等关键技术进行攻关，联合制造的“MG900/2400-WD 型高速高可靠性电牵引采煤机”满足了我国煤炭工业生产升级改造、提高效率和一井一面集约化生产的需要。

中煤张家口煤矿机械有限责任公司研制的“7m 超大采高综放成套智能输送设备”，总装机功率达 12 000kW，为世界之最。该装备在单机功率传动、后部三驱交叉侧卸、转载机辅助驱动、大功率破碎机阀控耦合器传动、大块煤多级预破碎、转载机煤流控制、数字智能马达紧链等多个方面实现了技术突破，而且在监测、感知、控制等智能化技术方面实现了深度应用，能够满足单一综放工作面年产 2 000 万 t 的开采需求。

天津美腾科技有限公司自主研发的“井下 TDS 智能干选系统”，是选煤史上第一台分选精度超过水洗的干选设备。该设备主要由给料、识别、执行、供风、除尘、配电、控制七大部分组成，全封闭设计，全过程无人值守，可处理粒级 300 ～ 50mm 和 100 ～ 25mm 的原煤，矸石带煤率为 1% ～ 3%，煤中带矸率为 3% ～ 5%，最大处理能力 145t/h。该系统减轻了工人的劳动强度，改善了作业环境，有效地改善和稳定了原煤煤质，具有显著的经济效益和社会效益。

北方重工集团有限公司自主研制的“MLL1200 螺旋立式磨机”和“ϕ6.4m×12m 球磨机”填补了国内螺旋立磨和球磨机等装备领域的空白。“MLL1200 螺旋立式磨机”是国内首台最大规格的螺旋立式磨机，装机功率达 1 200kW，具有提升物料能力强、研磨效率高、产品粒度细、螺旋衬板使用寿命长和具备带载及满载起动等优点，比传统磨矿设备节能 30% ～ 50%。该装备对我国螺旋立式磨机的普及和细磨技术的发展产生了积极的推动作用。ϕ6.4m×12m 球磨机的装机功率达 8 500kW，是国内首台单驱粉磨设备。该装备的成功研制不仅有利于加快矿山设备规模大型化、流程简约化和操作自动化的改造升级，更将对大规模矿山选矿工程的建设起到极大的推动作用。此外，北方重工还研制成功了全长 22km、年运输能力达 1 050 万 t 的国内最长的水泥熟料输送机，使水泥熟料运输实现了“空水联运”。

浙江双金机械集团股份有限公司在圆锥制砂机技术领域不断取得突破，其自主研发的“直线振动筛下置式除尘系统及除尘方法”“由高锰钢和高碳铬钢构成的圆锥制砂机轧臼壁及制作方法”“直径小于 2 000mm 圆锥制砂机碾压制砂腔总成及方法”“直径小于 2 000mm 的圆锥制砂机双组份轧臼壁及方法”“直径小于 2 000mm 的圆锥制砂机破碎壁及制作方法”“直径小于 2 000mm 的圆锥制砂机分体卡接轧臼壁及方法”“由双组份材料构成的圆锥制砂机轧臼壁及制作方法”和“直径小于 2 000mm 圆锥制砂机碾压制砂腔总成及方法”8 项技术，获 2018 年国家知识产权局发明专利授权。

针对我国城市化进程大跨步迈进，城乡建筑垃圾数量与日俱增，建筑垃圾污染问题日益凸显这一环保领域亟需解决的难题，唐山冀东装备工程股份有限公司不断致力于对移动破碎设备，特别是对移动破碎筛分设备的技术引进、自主研发和转化吸收工作，取得了一系列重大突破。公司研发制造的 MCI1313 履带式移动反击式破碎机和履带式移动筛分机对建筑垃圾破碎和筛分后，产出的粗骨料、细骨料既可直接利用，也可以再深加工生产透水砖、水工砖、透水混凝土、干粉砂浆和墙体材料等，能广泛应用于公路、市政道路、水系治理和房屋建设等领域，真正做到了变废为宝，呈现出“资源—产品—再生资源”的特征。

2018 年矿山机械行业获奖情况见表 2。

表 2　2018 年矿山机械行业获奖情况

序号	项目名称	奖励类别	等级	主要完成单位
1	建筑固体废物资源化共性关键技术及产业化应用	国家科学技术进步奖	二等奖	同济大学、北京建筑大学、青岛理工大学、北京联绿技术集团有限公司、昆明理工大学、上海山美重型矿山机械有限公司、许昌金科资源再生股份有限公司
2	煤炭高效干法分选关键技术及应用	国家科学技术进步奖	二等奖	中国矿业大学、唐山市神州机械有限公司、神华新疆能源有限责任公司
3	煤矿大型高端综采成套装备及其智能制造关键技术	中国机械工业科学技术奖	一等奖	天地科技股份有限公司、兖矿集团有限公司、宁夏天地奔牛实业集团有限公司、西安煤矿机械有限公司、山东科技大学、兖矿东华重工有限公司、山东能源重型装备制造集团有限责任公司、北京天地玛珂电液控制系统有限公司
4	MG900/2400-WD 型高速高可靠性电牵引采煤机	中国机械工业科学技术奖	二等奖	天地科技股份有限公司上海分公司、天地上海采掘装备科技有限公司
5	大升程水力驱动式垂直升船机核心装备研制与工程应用	中国机械工业科学技术奖	二等奖	中信重工机械股份有限公司、洛阳矿山机械工程设计研究院有限责任公司、华能澜沧江水电股份有限公司 、洛阳中重自动化工程有限责任公司、矿山重型装备国家重点实验室
6	QJSYT-094 硬岩土压双模式掘进机	中国机械工业科学技术奖	二等奖	北方重工集团有限公司
7	大型智能成套矿业机械关键技术研究及产业化	中国机械工业科学技术奖	二等奖	徐州徐工矿山机械有限公司
8	楼式骨料制备成套设备	中国机械工业科学技术奖	二等奖	河南黎明重工科技股份有限公司、郑州机械研究所有限公司、洛阳理工学院
9	WC55E 铲板式搬运车	中国机械工业科学技术奖	三等奖	中国煤炭科工集团太原研究院有限公司、山西天地煤机装备有限公司、山西中煤华晋能源有限责任公司
10	高效高可靠性智能化筛分技术装备的研究	中国机械工业科学技术奖	三等奖	天地（唐山）矿业科技有限公司
11	EBZ260W 型小断面岩巷掘进机	中国机械工业科学技术奖	三等奖	中国煤炭科工集团太原研究院有限公司、四川省煤炭产业集团有限责任公司、山西天地煤机装备有限公司 、广旺能源发展（集团）有限责任公司
12	立式搅拌磨关键技术研究及产业化	中国机械工业科学技术奖	三等奖	中信重工机械股份有限公司、洛阳矿山机械工程设计研究院有限责任公司、矿山重型装备国家重点实验室
13	《兰炭尾气余热回收利用成套装置技术条件》(JB/T 12488—2015)	中国机械工业科学技术奖	三等奖	陕西省电力设计院有限公司、中信重工机械股份有限公司、重庆大学
14	集约式砂石料制备成套装备研制与应用	河南省科技进步奖	二等奖	河南黎明重工科技股份有限公司、郑州机械研究所有限公司、自贡硬质合金有限责任公司
15	盾构刀具破岩试验平台与刀盘选型设计技术	河南省科技进步奖	二等奖	中铁隧道局集团有限公司、盾构及掘进技术国家重点实验室、中铁隧道股份有限公司、洛阳理工学院、中信重工机械股份有限公司、洛阳九久科技股份有限公司

（续）

序号	项目名称	奖励类别	等级	主要完成单位
16	大型整体结构件可制造性设计与工艺优化关键技术及其应用	河南省科技进步奖	二等奖	郑州轻工业学院、中信重工机械股份有限公司
17	大型磨机关键加工工艺研究与制造	河南省科技进步奖	三等奖	洛阳矿山机械工程设计研究院有限责任公司、中信重工机械股份有限公司
18	GPYT 系列石膏专用过滤机	河南省科技进步奖	三等奖	洛阳矿山机械工程设计研究院有限责任公司、中信重工机械股份有限公司
19	提精降渣磁选机	山东省科技进步奖	二等奖	山东华特磁电科技股份有限公司
20	EBZ320 悬臂式掘进机	陕西省科技进步奖	三等奖	西安煤矿机械有限公司、西安科技大学、陕西陕煤铜川矿业有限公司

注：数据来源于 2018 年度国家科学技术进步奖获奖项目目录、2018 年度中国机械工业科学技术奖授奖项目目录、2018 年度河南省科学技术奖获奖项目目录、2018 年度山东省科学技术奖获奖项目目录、2018 年度陕西省科学技术奖获奖项目目录。

2. 主要新产品

2018 年，矿山机械行业开发的主要新产品有：

中信重工机械股份有限公司研制的 φ8.8m×4.8m 半自磨机、φ6.4m×11.15m 球磨机、PSZ2000-B 半固定式旋回破碎站。

北方重工集团有限公司研发的全长 22km、年运输能力达 1 050 万 t 的水泥熟料输送机、φ6.4m×12m 球磨机、MLL1200 螺旋立式磨机及 1 500×2 100 复摆颚式破碎机。

太原重工股份有限公司研制的 9 000t/h 排土机（含卸料车）设备。

中煤张家口煤矿机械有限责任公司研制的 7m 超大采高综放成套智能输送设备以及综采工作面输送机出口段预破碎装置。

陕煤重装西安煤矿机械有限公司开发的 MG1000/2550-GWD 特大采高采煤机。

冀中能源机械装备集团石家庄煤矿机械有限责任公司生产的窄机身 EBZ135 型掘进机。

上海山美重型矿山机械有限公司研制的 SSL 系列制砂楼。

浙江双金机械集团股份有限公司制造的 SK1800 单缸液压圆锥破碎机。

山东华特磁电公司生产的油水复合冷却立环高梯度磁选机。

山东山矿机械有限公司开发的 φ3.6m×8.5m 湿式脱硫球磨机。

洛阳大华重型机械有限公司研发的 2PGC 建筑垃圾破碎机。

杭州山虎集团制造的 SZ 双振幅圆振动筛。

义乌市黑白矿山机械有限公司生产的滚动抛料冲击破。

河南红星矿山机器制造的 500t/h 反击式碎石机。

郑州一帆机械设备有限公司制造的建筑垃圾处理系统。

产品进出口贸易 2018 年，我国矿山机械产品对外贸易增速呈回稳向好态势，同时也是自 2008 年结束的我国矿山机械进出口逆差的第 11 个顺差年。2014—2018 年我国矿山机械进出口贸易额见表 3。

表 3 2014—2018 年我国矿山机械进出口贸易额

（单位：亿美元）

年份	出口额	进口额	进出口总额	进出口差额
2014	16.77	5.15	21.92	11.62
2015	14.69	3.20	17.88	11.50
2016	12.68	2.24	14.92	10.44
2017	14.38	2.12	16.51	12.26
2018	15.62	3.61	19.23	12.02

注：数据来源于《中国重型机械工业年鉴》和中国重型机械工业协会提供的重型机械行业 2018 年 12 月进出口数据。由于 4 舍 5 入，数据有微小出入。

1. 产品进出口情况

2018 年，我国矿山机械出口总额为 15.62 亿美元，比上年增长 8.60%。进口总额为 3.61 亿美元，比上年增长 70.01%；进出口总额 19.23 亿美元，比上年增长 16.49%；进出口顺差为 12.02 亿美元，比上年下降 2.01%。2018 年我国矿山机械各类产品进出口情况见表 4。

表 4　2018 年我国矿山机械各类产品进出口情况　　（单位：万美元）

商品名称	进口金额	出口金额	进出口总额	进出口差额
矿山机械合计	36 052.32	156 224.24	192 276.56	120 171.92
1. 采掘、凿岩设备及钻机	11 292.05	51 165.34	62 457.39	39 873.29
（1）采煤、凿岩机及隧道掘进机	10 073.73	40 872.46	50 946.19	30 798.73
自推进的采（截）煤机	1 589.17	529.86	2 119.03	−1 059.31
自推进的凿岩机	605.61	1 727.47	2 333.08	1 121.86
自推进的隧道掘进机	2 081.04	36 873.83	38 954.87	34 792.79
非自推进的截煤机、凿岩机及隧道掘进机	5 797.89	1 741.29	7 539.18	−4 056.60
（2）矿用电铲	0	5 767.70	5 767.70	5 767.70
（3）采矿钻机	1 218.33	4 525.18	5 744.51	3 306.85
牙轮直径在 380mm 及以上的采矿钻机	0	209.29	209.29	209.29
其他采矿钻机	204.01	876.20	1 080.21	672.19
钻筒直径在 3m 以上的非自推进工程钻机	458.44	7.06	466.50	-451.38
其他非自推进工程钻机	555.87	3 432.63	3 988.50	2 876.76
2. 破碎、粉磨设备	15 563.87	61 129.96	76 693.83	45 566.09
齿辊式固体矿物质的破碎或磨粉机器	1 936.28	5 724.89	7 661.17	3 788.61
球磨式固体矿物质的破碎或磨粉机器	971.40	13 226.31	14 197.71	12 254.91
其他固体矿物质的破碎或磨粉机器	12 656.19	42 178.76	54 834.95	29 522.57
3. 筛分、洗选设备	8 646.56	35 991.35	44 637.91	27 344.79
固体矿物质的分类、筛选、分离或洗涤机	8 646.56	35 991.35	44 637.91	27 344.79
4. 矿山提升设备	67.95	600.98	668.93	533.03
（1）电动矿山提升设备	30.56	577.63	608.19	547.07
（2）非电动矿山提升设备	37.39	23.36	60.75	-14.03
5. 矿山机械零件	481.90	7 336.61	7 818.51	6 854.71
矿用电铲用零件	481.90	7 336.61	7 818.51	6 854.71

注：数据来源于中国重型机械工业协会提供的重机行业 2018 年 12 月进出口数据。

分析表 4，可以发现，2018 年破碎、粉磨设备，采掘、凿岩设备及钻机和筛分、洗选设备三类装备仍然是我国矿山机械产品出口的重点，同时，也是进口的重点，三者占当年矿山机械全部产品进口贸易额的 98.47%，占当年矿山机械全部产品出口贸易额的 94.92%。

其中，破碎、粉磨设备更是进口、出口的重中之重，其出口贸易额占当年矿山机械全部产品出口贸易额的 39.13%，而进口贸易额则占当年矿山机械全部产品进口贸易额的 43.17%。

2. 典型装备进出口情况分析

多年以来，破碎、粉磨设备中的其他固体矿物质的破碎或磨粉机器（所属税号：84742090）和采掘、凿岩设备及钻机中的采煤、凿岩机及隧道掘进机一直是我国矿山机械产品中出口的重点，同时也是进口的重点。2014—2018 年采煤、凿岩机及隧道掘进机进出口情况见表 5。2014—2018 年其他固体矿物质的破碎或磨粉机器进出口情况见表 6。

表 5　2014—2018 年采煤、凿岩机及隧道掘进机进出口情况

年份	出口			进口		
	数量（台）	金额（万美元）	平均单价（万美元）	数量（台）	金额（万美元）	平均单价（万美元）
2014	27 423	25 428	0.93	126	16 801	133.34
2015	29 842	33 821	1.13	1 121	11 128	9.93
2016	20 279	28 189	1.39	216	5 157	23.88
2017	22 423	31 868	1.42	336	4 289	12.76
2018	36 854	40 872	1.11	408	10 074	24.69

注：数据来源于《中国重型机械工业年鉴》和中国重型机械工业协会提供的重型机械行业 2018 年 12 月进出口数据。由于 4 舍 5 入，数据有微小出入。

表 6　2014—2018 年其他固体矿物质的破碎或磨粉机器进出口情况

年份	出口			进口		
	数量（台）	金额（万美元）	平均单价（万美元）	数量（台）	金额（万美元）	平均单价（万美元）
2014	25 234	50 900	2.02	865	11 216	12.97
2015	41 443	46 730	1.13	490	5 806	11.85
2016	31 723	40 005	1.26	857	6 051	7.06
2017	32 136	39 872	1.24	1 047	6 421	6.13
2018	36 942	42 179	1.14	1 087	12 656	11.64

注：数据来源于《中国重型机械工业年鉴》和中国重型机械工业协会提供的重型机械行业 2018 年 12 月进出口数据。由于 4 舍 5 入，数据有微小出入。

综合分析表 5、表 6，可以看出，自 2014 年以来，采煤、凿岩机及隧道掘进机和其他固体矿物质的破碎或磨粉机器的年出口数量和出口额均远远超过了当年的进口数量和进口额，实现进出口顺差；同时，以上两类装备的进口平均单价呈下降趋势。但这两类国产装备的出口平均单价多年来一直处于低位，远远低于进口平均单价。

根据《中华人民共和国海关统计商品名录》的分类方法，采煤、凿岩机及隧道掘进机又被细分为自推进的采（截）煤机（所属税号：84303110）、自推进的凿岩机（所属税号：84303120）、自推进的隧道掘进机（所属税号：84303130）和非自推进的采煤、凿岩机及隧道掘进机（所属税号：84303900）4 类装备。下面仍以表 4 中的采煤、凿岩机及隧道掘进机为例，对其名录下所含的自推进的隧道掘进机（所属税号：84303130）和非自推进的采煤、凿岩机及隧道掘进机（所属税号：84303900）等装备近几年来的进出口情况做进一步的分析。

根据中国重型机械工业协会提供的 2014—2018 年矿山机械行业进出口相关统计数据，2014—2018 年自推进的隧道掘进机进出口情况见表 7。2014—2018 年非自推进的采煤、凿岩机及隧道掘进机进出口情况见表 8。进行分析，可以看出：

表 7　2014—2018 年自推进的隧道掘进机进出口情况

年份	进出口差额（万美元）	出口			进口		
		数量（台）	金额（万美元）	平均单价（万美元）	数量（台）	金额（万美元）	平均单价（万美元）
2014	16 829	59	21 942	371.90	13	5 113	393.31
2015	26 538	58	30 390	523.97	11	3 852	350.18
2016	23 126	66	24 468	370.73	4	1 342	335.5
2017	29 513	133	29 694	223.26	5	180	36.00
2018	34 793	127	36 874	290.35	9	2 081	231.22

注：数据来源于中国重型机械工业协会《全国冶金矿山机械行业进出口统计年报 2017》《全国冶金矿山机械行业进出口统计年报 2016》《全国冶金矿山机械行业进出口统计年报 2015》和中国重型机械工业协会提供的重型机械行业 2018 年 12 月进出口数据。由于 4 舍 5 入，数据有微小出入。

表 8　2014—2018 年非自推进的采煤、凿岩机及隧道掘进机进出口情况

年份	进出口差额（万美元）	出口			进口		
		数量（台）	金额（万美元）	平均单价（万美元）	数量（台）	金额（万美元）	平均单价（万美元）
2014	−3 678	24 998	2 476	0.10	69	6 154	81.19
2015	−1 857	27 617	1 810	0.07	1 059	3 667	3.46
2016	−1 017	18 302	1 178	0.06	173	2 195	12.69
2017	−1 939	19 983	853	0.04	313	2 792	8.92
2018	−4 057	34 538	1 741	0.05	382	5 798	15.18

注：数据来源于中国重型机械工业协会《全国冶金矿山机械行业进出口统计年报 2017》《全国冶金矿山机械行业进出口统计年报 2016》《全国冶金矿山机械行业进出口统计年报 2015》和中国重型机械工业协会提供的重型机械行业 2018 年 12 月进出口数据。由于 4 舍 5 入，数据有微小出入。

（1）自 2014 年以来，国产自推进的隧道掘进机年平均出口数量虽然不过百台，甚至还不到采煤、凿岩机及隧道掘进机年出口总量的 1%，但出口平均单价始终处于高位，其年出口贸易额对采煤、凿岩机及隧道掘进机年出口贸易额的贡献率高达 85% 以上，是采煤、凿岩机及隧道掘进机实现年进出口贸易顺差的重要保证。

（2）国产非自推进的采煤、凿岩机及隧道掘进机自 2014 年以来每年出口量巨大，占采煤、凿岩机及隧道掘进机年出口总量的 90% 以上，远远超过了同类装备当年的进口量，仅以 2018 年为例，非自推进的采煤、凿岩机及隧道掘进机年出口数量达到 34 538 台，是同类装备进口数量的 90.41 倍。但非自推进的采煤、凿岩机及隧道掘进机历年来的进出口贸易额却始终处于逆差，究其原因，装备的出口价格和进口价格差距太大。进口装备的平均单价虽然呈明显下降趋势，但国产出口装备的平均单价多年来一直处于超低价状态，远远低于进口平均单价，价格差距不仅相当明显，而且有拉大的趋势。2016 年非自推进的采煤、凿岩机及隧道掘进机进口装备平均单价约是国产装备出口平均单价的 211.5 倍，2017 年则达到 223 倍，2018 年更是高达 303.6 倍。

自推进的采（截）煤机、自推进的凿岩机等其他两类装备与非自推进的采煤、凿岩机及隧道掘进机情况类似，不再逐一分析。

这说明，一方面，我国矿山机械行业近年来进步明显，国产装备替代进口产品的速度加快，进口装备整体价格呈现明显下降态势。同时，在自推进的隧道掘进机等局部产品领域，国产装备具备了一定的市场竞争能力。另一方面，从整体上看，与国外高端装备相比，国产装备的市场认可度和品牌影响力仍然较低，质量水平不高且不稳定，在功能、生命周期、环保、效率、可靠性和安全性等方面还存在着相当大的差距，还不具备与国际标杆企业同台竞争的实力，在全球市场竞争中仍然只能靠低价策略和亏损性服务去占有一席之地。所以，我国矿山机械行业在科技创新方面急需奋起直追。

固定资产投资　据国家统计局相关数据显示，2018 年，全国固定资产投资（不含农户）635 636 亿元，比上年增长 5.9%。工业投资比上年增长 6.5%。其中，采矿业投资增长 4.1%。2015—2018 年全国采矿业固定资产投资同比增长情况见表 9。

表 9　2015—2018 年全国采矿业固定资产投资同比增长情况

年份	全国采矿业固定资产投资同比增长情况（%）
2018	4.1
2017	−10.0
2016	−20.4
2015	−8.8

注：数据来源于国家统计局官方网站。

分析表 9，可以看出，自 2015 年以来，全国采矿业固定资产投资始终处于收缩、低迷状态，2018 年略有起色。可以预见，随着我国去产能工作的进一步推进，煤炭、冶金、水泥等产能过剩行业固定资产投资的放缓和低迷将会对矿山机械行业未来几年的固定资产投资前景产生较大的影响。

行业管理

1. 行业标准工作

2018 年，全国矿山机械标准化技术委员会（SAC/TC88）组织完成了 4 项国家标准计划项目和 34 项行业标准计划项目的制（修）订工作。

2018 年，全国矿山机械标准化技术委员会组织行业单位参与了《采矿—地下移动式机械—机械安全》《采矿—术语—第 1 部分：规划和测量》和《采矿—术语—第 2 部分：地质特征》3 项国际标准的制定工作；参加了由国家标准化管理委员会在上海主办的 ISO/TC 82 工作组会议及 2018 年会。

2018 年，《矿山机械　图形符号　第 1 部分：矿物开采设备》（GB/T 36231.1—2018）、《矿山机械　图形符号　第 2 部分：矿物选别加工处理设备》（GB/T 36231.2—2018）等 3 项国家标准经国家标准化管理委员会公告发布；

《矿井提升机和矿用提升绞车　变频传动电控设备　检验规范》（JB/T 13434—2018）、《地下服务车》（JB/T 13429—2018）等 30 项行业标准经工业和信息化部公告发布。

2. 行业检测工作

2018 年，国家矿山机械质量监督检测中心完成了 47 台（套）大型煤炭装卸设备检验和 3 台大型矿用自卸汽车产品性能测试；完成相关矿山在用设备检验工作，包括煤矿提升系统检验 296 台（套）、钢丝绳检验 125 条、提升系统主轴及连接装置探伤95套，罐笼检验10台（套），防坠器检验 45 台（套）、摩擦衬垫检验 16 份；完成生产许可证检验 2 家 3 台；完成安全标准检验 35 家 230 台产品；国家发改委项目“矿山提升设备安全准入分析验证实验室”按照计划建设、验收。

3. 行业学术期刊

2018 年，《矿山机械》杂志社完成了全年 12 期杂志的编辑、出版工作，刊登论文 228 篇，210 万余字；杂志网站点击率达 37 万余次；依托中国知网的系统平台和技术支持建立的稿件网络采编平台（http: //ksjx.cbpt.cnki.net/wkd/webpublication/index.aspx?mid=ksjx）极大地方便了作者、专家及编辑进行投稿、查询、审阅、修改、编辑等活动，提高了工作效率，缩短了出刊周期；杂志社微信公众号（ksjxbjb）及时向广大读者推送杂志最新内容和行业前沿动态，分享优秀科技文章；受到作者、读者的广泛好评。

4. 行业交流工作

为进一步提高和规范矿井提升设备的设计制造、管理维护及检测水平，推动行业技术进步，提高矿山企业生产效率，降低操作维护成本，交流使用维护经验，2018 年 7 月，由矿山重型装备国家重点实验室、国家矿山机械质量监督检验中心、全国矿山机械标准化技术委员会和国家安全生产洛阳矿山机械检测检验中心等单位主办，中国重型机械工业协会矿山机械分会和《矿山机械》杂志社等单位承办的“2018年矿井提升设备技术研修班”在河南省洛阳市举办。来自山东黄金、临矿集团、招金矿业、冀中能源、锡林郭勒阿尔哈达矿业、南京梅山矿业、中铝中州矿业公司、铜陵有色、山西沁城煤矿、甘肃金徽矿业、山东天承矿业、山东金洲矿业集团、太原科技大学、呼伦贝尔学院、河南省煤炭科学研究院等矿山企业、高校和科研院所的 60 余家单位的 160 余名代表参加了本次会议。参会人员围绕国内外提升设备技术及行业发展现状，单、多绳矿井提升机结构、安装、维护及常见故障处理，矿井提升机液压控制系统及高性能智能闸控系统的使用与维护，矿井提升机油品的选择与检测，矿井提升容器的选型、使用及维护，工程塑料在矿井提升机上的研究及应用以及工业物联网体系架构及矿用重大设备的监测与服务等议题进行了深入交流。

年度综述　采矿是一个非常古老的行业，随着采矿技术的发展，其内涵和外延正发生着巨变。当前，大数据、云计算、移动互联网等新一代信息技术同机器人、人工智能相互融合，给全球采矿业带来了一场前所未有的革命，智能化矿山正成为未来矿山行业发展的主题，即采用现代高新技术和全套矿山自动化设备等来提高矿山生产率和经济效益，通过对生产过程的动态实时监控，将矿山生产维持在最佳状态和最优水平。

实际上，矿业智能化发展并不是从今天才开始的。自 20 世纪 90 年代开始，加拿大、瑞典、芬兰等西方发达国家为取得在采矿工业中的竞争优势，就着手研究自动化、数字化、智能化开采技术，曾先后制定了“智能化矿山”和“无人化矿山”的发展规划。

比如加拿大，已经完成论证并开始实施采矿自动化项目五年计划——基于国际镍公司研发的地下高频宽带通信系统，研发遥控操作、自主操作和自调整系统等核心技术。这个五年计划使加拿大在采矿自动化技术方面处于国际领先地位，保持了采矿工业的竞争优势，并形成新的支柱技术产业。加拿大还制定出一项拟在 2050 年实现的远景规划，即在加拿大北部边远地区建设一个无人化矿山，通过卫星操控矿山的所有设备，实现机械破碎和自动采矿。近 10 年来，瑞典的山特维克公司、阿特拉斯科普柯公司等国际著名的采矿设备公司均在大力发展智能采矿装备及相关技术。他们研制的大量采矿设备都具有很好的自动化或智能化功能，同时还开发了多种智能矿山的技术与装备系统，如 AotoMine 系统、OptiMine 系统和 MineLan 系统等。利用这些技术，所有设备实现机械破碎和自动采矿，而他们正逐步完成由原来单一的设备供应商向技术解决方案供应商的转变。芬兰早在 1992 年就开始了智能矿山技术计划，开展自动采矿技术研究，涉及采矿实时过程控制、资源实时管理、高速通信网络、新机械应用和自动采矿与设备遥控等 28 个专题。美国则开展了对地下煤矿的自动定位与导航技术研究，也获得了商业化的研究成果。

根据国际采矿业的发展趋势，我国先后出台了一系列政策和措施，加快推进国内智能矿山的建设。2016 年 11 月，国土资源部发布了《全国矿产资源规划（2016—2020 年）》，明确提出未来 5 年要大力推进矿业领域科技创新，加快建设数字化、智能化、信息化和自动化矿山。2017 年 1 月，国务院发布了《安全生产“十三五”规划》，要求在矿山领域实施“机械化换人、自动化减人”，推广应用工业机器人、智能装备等；同年 7 月，国务院发布了《新一代人工智能发展规划》，进一步提出将人工智能作为新一轮产业变革的核心驱动力，推动人工智能与各行业融合创新，全面提升产业发展智能化水平。2018 年 5 月，国家标准《智慧矿山信息系统通用技术规范》（GB/T 34679—2017）正式颁布实施，标志着我国智能化矿山建设已开始真正落地；同年 10 月开始实施的《非金属行业绿色矿山建设规范》等 9 项推荐性行业标准分别从科技创新与数字化矿山、矿区环境、资源开发方式、资源综合利用、节能减排、企业管理与企业形象 6 个方面对绿色矿山建设做出规范要求，提出采用计算机和智能控制等技术建设智能化矿山，实现信息化和工业化的深度融合。国家还通过实施“863”计划项目，支持矿山数字化、智能化方面的研究工作。近年来，相继立项开展了“数字化采矿关键技术与软件开发”“地下无人采矿设备高精度定位技术和智能化无人操纵铲运机的模型技术研究”“井下（无人工作面）采矿遥控关键技术与装备的开发”等多项与智能化采矿相关的重点或专项科技攻关项目，为全面开展智能矿山建设奠定了良好基础。

矿山机械的发展与矿产资源开发以及基础设施建设息息相关。随着国家对矿山机械的重视和扶持，近年来，我国矿山机械行业科技创新水平不断提升，国产装备与进口机械之间的差距正在逐渐缩小，并在一定程度上取代了进口。

例如，在综采能力建设方面，我国煤矿综合机械化开采能力有了显著的提高，高端综采成套装备的国产化率超过80%，大型液压支架、采煤机、刮板运输机等装备达到了国际先进水平，可满足年产1 200万t现代化综采线的建设需要；而在探矿机械、选矿机械、矿物运输机械等领域，大型竖井钻机、4 000t/h大型破碎站、大型自磨机和球磨机、大型矿井提升机、大型浮选机和系列磁选机等国产装备的规格和性能指标已接近甚至达到国际先进水平。

但从总体上看，与国外先进技术相比，我国矿山机械行业的自主创新能力仍然较弱，科技创新水平依然不高，关键核心技术仍受制于人，不少企业的制造能力还处于矿山机械制造的初级阶段。

以国产大型提升机为例，当前所面临的困境包括：①大功率电控技术欠缺，不得不依赖进口；②配套的国产电动机最大功率为6 300kW（尚未运行），遇到大功率项目时，竞争力不足；③用户对国产智能闸控技术认可度不高，还需进一步加强市场宣传力度；④在整机的价格构成中，主体机械部分（主轴、天轮和卷筒等）曾经的价格优势现在已没有很大的吸引力，而电控系统和闸控系统的价格占比超过2/3，其经济效益远远超出主体机械部分。表10是葫芦素煤矿副井JKM—4×6多绳摩擦式提升机各系统价格构成。

表10　葫芦素煤矿副井JKM—4×6多绳摩擦式提升机各系统价格构成

组成部分	价格占比（%）
电控系统	36
闸控系统	34
电动机	11
机械部分	19

注：数据来源于2018年中国重型机械行业“一带一路”国际化合作论坛论文集。

有业内人士认为，我国矿山机械总体水平与国际先进水平相比要落后15～20年。究其根源，我国矿山机械领域多年以来一直将“以市场换技术”作为提高产品技术水平的主要途径，行业发展过多依赖国外技术，致使行业在新品研发理念、制造技术和管理模式等方面的创新经验严重不足。

目前，我国矿山机械行业主要存在着以下三个问题：一是矿山机械行业企业综合实力仍然不强，大多数企业在科研、新产品开发、技术改造和企业管理等方面的精力和资金投入都处于滞后状态，无法形成对行业更高水平发展的技术支撑，制约着行业的发展和整体水平的提升；二是由于基础技术和新动能培育周期长，因此很难在短期内推进新产品的研制进程，使得行业跟不上市场快速升级的需求，国产矿山机械的品种尤其是国家建设急需的关键设备无法满足要求。再加上国产装备在品牌知名度、关键技术、质量稳定性、服务保障等方面的问题还没有从根本上得到改变，导致产品对矿山行业的实际贡献率低；三是在国外产品进入国内市场的同时，国外竞争者又相继在国内投资办厂，联合建立生产基地，进而大大降低了产品制造成本，使得国内矿山机械制造企业无论在技术、品牌还是在产品价格上都面临着严峻挑战，竞争压力不断加大。

当前，智能矿山为矿业和中国制造搭建起了良好的纽带，为国内各矿山机械制造企业提供了新的舞台和新的动能。随着矿业的现代化进程，各类矿山设备不断升级，对机械、材料、光学、电子、自动化等各个领域不断提出更高的要求，看似笨重的矿山机械装备实际上蕴含着大量的高新技术。

面对矿山装备智能转型的发展需求，各矿山机械制造企业在把握机遇、加速发展的同时，更需要保持理性、脚踏实地、扎扎实实地在智能矿业装备设计、智能制造工艺升级、选矿工艺流程改造及优化、矿业产品全生命周期服务等领域开展研究，踏踏实实地在科研、新品开发、技改、企业管理等方面苦下功夫。核心技术是要不来、买不来也换不来的，需沉下心来，练好内功，才能真正拥有自主创新能力。

（撰稿人：洛阳矿山机械工程设计研究院有限责任公司沈剑峰　审稿人：洛阳矿山机械工程设计研究院有限责任公司杜波）

破碎粉磨设备

随着我国破碎粉磨设备行业的飞速发展，行业竞争越演越烈。从近几年的矿山机械设备的销售情况看，自2008年开始，我国破碎粉磨设备的生产销售，就已经超过北美市场，跃居矿山机械销售榜首；到2010年，我国自有的矿山机械就占了世界总产量的一半，产品销售达到空前规模，破碎机、球磨机更是矿山机械销售中的佼佼者。在这样的环境下，生产厂家争相进入，行业产能过剩呈现出持续加剧的势头，并由区域性产能过剩演变为全局性过剩和长期性过剩。2018 年，在供需端因素和环境保护影响的交互作用下，上述形势比 2017 年更加明显，过去 10 年以量带动经济增长的模式，已差不多走到尽头。行业主要生产企业经营情况如下：

四川矿山机器（集团）有限责任公司（简称川矿集团）创建于 1958 年，最初为四川矿山机器厂，是我国装备制造业大型骨干企业。由于行业产能过剩导致市场竞争日益加剧，企业经营理念随之发生根本性转变，从只看重生产规模，转而更加注重对生产成本的控制，通过降低成本来扩大经济效益、提升盈利的空间。在交货期越来越短、用户要求越来越高的情况下，川矿集团以市场为导向，从客户的实际需求出发，以最大限度地提高企业生产效率为目的，针对存在的问题、矛盾，采取切实可行的解决对策，不断加强和改进企业生产管理模式，通过有计划、有组织的生产管控，逐步形成了一套符合企业自身条件，精简、高效、切实可行的企业生产管理模式，有效地提高了企业的管理效率和生产效率。

山东山矿机械有限公司（简称山东山矿）始建于 1970 年，最初为济宁矿山机械厂。2001 年 3 月由国有企业改制为民营企业。企业现拥有总资产 7 亿元，注册资金 2 亿元。2018 年生产完成了 4PG1200*1000、PCFK1825、PCFK1612、HCSC10、HCSC12 等 62 台大型破碎机。完成了太钢、太原重工、山西灵石启光、蚌埠电厂、郑州豫能电厂和寿光美伦等国内大型皮带机项目。每月完成 40 项左右配件项目。另外，陆续完成了巴西 PAMP 电站，巴基斯坦胡布电厂、码头，印度尼西亚卡尔滕、中爪哇、鲁电爪哇电站，阿联酋迪拜哈斯彦电站等出口项目的生产。这些出口项目，大多是“一带一路”建设项目，都具有较强的影响力和项目技术难度大、质量要求高、执行欧美标准以及多方监造等特点。特别是胡布、迪拜项目要求更严、难度更大，山东山矿通过 7 个多月的奋战，完成了迪拜这个“硬骨头”项目，2018 年 12 月 28 日顺利通过了（FAT）项目出厂验收。中央电视台《焦点访谈》栏目“一带一路共赢之道”专题节目对项目进行了报道。迪拜哈斯彦清洁燃煤电站项目是中东地区首个清洁燃煤电站，也是“一带一路”建设中中东地区第一个中资企业深度参与的项目，在质量管理上，执行的是全球最高标准。该项目从产品设计、原材料采购、生产制造、质量检验和试验等全过程均采用欧美标准。在项目执行过程中，山东山矿规范相关业务流程，提升操作者业务技能，购置检验设备设施，组织设备鉴定、人员培训等，促进了公司管理工作的提升，积累了执行国际标准项目的经验和国际项目管理经验。

南昌矿山机械有限公司成立于 1970 年，前身为南昌矿山机械厂，是国内技术领先，江西省唯一一家能自主研发、生产、销售及提供破碎筛分成套系统解决方案的高新技术企业。这些年来，公司在技术研发、新产品开发方面投入了大量人力、物力，取得了很好的经济效益和社会效益。其中，2016—2018 年三年间，公司共投入研发资金 3 041.34 万元，开发新产品 21 个，新产品订单超过 8 000 万元。公司产品已由过去的筛分给料设备发展为旋回、颚式、圆锥、反击式、立轴冲击破碎机及履带、轮胎移动站和工程等成套设备。公司正从单一的矿山机械设备提供商转型为包括矿山处理耐磨件、矿山机械成套设备及矿山处理总承包的全产业链运营商。公司响应“一带一路”倡议，实施企业“走出去”战略，抢占海外市场份额。2017 年破碎机等产品远销非洲加纳、中钢设备有限公司南非分公司、海德堡水泥等地，销售额总计 234 万美元。2018 年公司加大海外市场投放力度，破碎机等产品出口南非、海德堡水泥、恩迪矿业公司等，销售额总计 317 万美元。公司现已成为巴西淡水河谷公司、南非安格鲁阿山帝黄金公司、智利国家铜业公司等国际知名大公司的战略合作伙伴，并在美国凤凰城、南非约翰内斯堡以及马来西亚吉隆坡等国家和地区设立海外销售子（合资）公司，将产品销售辐射到南美、北美、非洲以及东南亚市场，努力将企业打造成为国际知名企业。2018 年，公司主要设备销量为 633 台（套），其中，给料筛分设备 491 台（套），破碎设备 142 台（套）。

河南省群英机械制造有限责任公司始建于 1961 年，2003 年改制为股份制企业。公司积极开拓市场、产品服务各领域，把粉磨机和回转窑烘干机等产品拓展到化工和石油支撑剂陶粒行业应用上。公司抓住冶金矿山及钢厂技改扩建等市场需求的节能环保、钢渣废弃料处理回收项目，开发了液压颚式破碎机、液压四辊破碎机、钢渣磨机和陶粒窑等新产品，并成功投入运行。

浙江双金机械集团股份有限公司（简称双金公司）成立于 1987 年，为“浙江制造”品牌重点培育企业。为进一步加快转型升级、做优做强，增强企业自主创新能力，公司围绕生产管理、技术研发、销售管理、品牌建设等方面不断进行创新。SK 系列旋回破碎机是公司结合国内外先进技术自主研发生产的大型矿山破碎设备，是粗碎矿石或岩石的主要设备之一，产量 2 000t/h。该产品不仅产量高，还具有破碎比大、运行稳定、产品粒度均匀、电耗低等优势。SK 系列液压旋回破碎机正式进入客户生产现场，使双金公司在助力国家大型矿山建设方面又上新台阶。

上海电气上重碾磨特装设备有限公司（简称上重碾磨公司）成立于 2015 年 10 月，由上海电气集团股份有限公司出资，整合上海重型机器厂有限公司原有碾磨、特装和通用业务优势资源组建的新公司。2018 年，上重碾磨公司加大了科技投入，在新产品、新材料和新工艺的研究方面取得了一定的成果。上重碾磨公司与上海电气中央研究院进行产学研合作，进行了 HP 磨煤机远程监控应用研究，旨在研究磨煤机远程监控的可行性，并最终建立一套完整的磨煤机远程监控系统。该系统可实现基于上海电气远程诊断平台的 HP 磨煤机远程状态检测，并通过设计加装新的传感器和开发预判分析模块实现磨煤机易损件使用寿命的智能诊断功能。截至2018年，项目已完成全部研究工作。2018年，上重碾磨公司承担的上海市军民融合专项项目通过了上海市经济和信息化委员会的中期审计工作，计划2019年完成项目验收。

河北万矿机械厂始建于1965年3月，属国有集体企业。系河北省重点生产矿山破碎设备的专业厂家，生产规模及产品品种量在省内居领先地位，并被中国市场监测中心评为“中国矿山机械工业50强企业”。2018年3月份以来，业务订单量较上年有明显增加，创造了近年来较好的销售业绩。90%以上的订单来自于较大的矿山石料企业。目前客户对设备的需求，均倾向于破碎量大、破碎率高和工艺简单的大型设备。这也证明了近几年河北万矿机械厂制定的产品向成套化、大型化、特殊定制化发展的战略定位是正确的。2019年6月企业配套生产的张家口建筑垃圾设备投入运行，生活垃圾处理设备中的破碎设备，按合作单位的定制要求陆续生产；邹家庄村污水处理厂已完成地下设备的安装施工，待水电具备后进行设备安装调试。2018年破碎粉磨设备行业部分企业经济指标见表1。2018年破碎粉磨设备行业主要企业产品出口情况见表2。2018年破碎粉磨设备行业新产品和新技术开发项目见表3。2018年破碎粉磨设备行业主要企业产品国内销售情况见表4。

表1　2018年破碎粉磨设备行业部分企业经济指标

序号	企业名称	工业总产值		工业增加值（万元）	产品销售收入（万元）	产品销售税金及附加（万元）	利润总额（万元）
		当年价（万元）	比上年增长（%）				
1	四川矿山机器（集团）有限责任公司	31 609	3.60	3 250	30 652	139	-514
2	山东山矿机械有限公司	38 532	5.00	10 156	36 167	1 208	1 533
3	浙江矿山机械有限公司	8 750	3.00	1 685	8 733	100	554
4	河南省群英机械制造有限责任公司	4 717	3.00	200	5 300	96	54
5	上海电气上重碾磨特装设备有限公司	61 064	-2.20	-1 381	83 289	240	836
6	河北万矿机械厂	3 856		1 100	4 304	76	11
7	浙江双金机械集团股份有限公司	36 238	57.28	2 429	32 263	1 046	1 374
8	山东大通机械科技有限公司	7 700	0.27	200	7 100	355	320
9	江油国鼎机械制造有限公司	3 281	18.00	500	2 953	85	29
10	成都市双流金石机械制造有限公司	2 500	20.00	500	2 000	70	250

表2　2018年破碎粉磨设备行业主要企业产品出口情况

序号	企业名称	出口国家和地区	出口量（台）	出口额（万美元）
1	四川矿山机器（集团）有限责任公司	印度　刚果	10	307
2	山东山矿机械有限公司	印度尼西亚　俄罗斯　巴西　越南　中国台湾	26	187
3	浙江矿山机械有限公司	印度尼西亚　柬埔寨　安哥拉　尼日利亚　喀麦隆　蒙古	79	255
4	江油国鼎机械制造有限公司	越南　缅甸　老挝	49	95.33

表3　2018年破碎粉磨设备行业新产品和新技术开发项目

序号	企业名称	项目名称	主要技术性能	专利情况
1	四川矿山机器（集团）有限责任公司	球磨机传动装置	球磨机新型传动结构	ZL201721721703.9
2	上海电气上重碾磨特装设备有限公司	HP磨煤机远程监控应用研究	①可实现基于上海电气远程诊断平台的HP磨煤机远程状态检测；②可实现磨煤机智能诊断	一种磨煤机磨辊智能机械加载系统（ZL201721387163.5）

（续）

序号	企业名称	项目名称	主要技术性能	专利情况
3	江油国鼎机械制造有限公司	一种具有减震机构的复摆颚式破碎机	能够有效减少设备起动和工作时产生的振动，进而改善起动过程，同时避免过载损坏，减小运行时的冲击和振动，进而提高设备性能	ZL201620099980.X
4	江油国鼎机械制造有限公司	一种立式反击破碎机	具有节能、破碎效果好，易拆换，便于维修，板锤的结构设计布局合理，能实现在筒体内正转、反转，板锤利用率高，节约成本的效果	ZL201620100010.0
5	成都市双流金石机械制造有限公司	高效圆锥破	①结构优化；②操控方便可靠；③一体化设备控制自动化；④层压破碎出料粒形好	
6	浙江双金机械集团股份有限公司	SK 系列液压旋回破碎机	该设备利用了液压系统，将更高的转速与冲程结合，提高了破碎比和生产效率，比传统的圆锥式破碎机在产量上提高了 40% ～ 60%。设备耐磨件使用周期长，大大降低了维修与保养费用，将使用寿命提高了 30% 以上。其独特的设计，特殊的破碎腔与转速相匹配，使成品料粒度更均匀	

表 4　2018 年破碎粉磨设备行业主要企业产品国内销售情况　（单位：万元）

序号	企业名称	国内销售总收入	其中：破碎机械销售收入	其中：粉磨机类销售收入
1	四川矿山机器（集团）有限责任公司	30 652.2	3 192	14 411
2	山东山矿机械有限公司	25 560	4 050	3 951
3	浙江矿山机械有限公司	7 039	7 039	0
4	河南省群英机械制造有限责任公司	5 300	1 100	1 000
5	上海电气上重碾磨特装设备有限公司	83 288.6	0	30 051.40
6	河北万矿机械厂	5 500	5 500	
7	浙江双金机械集团股份有限公司	32 263	31 009	0
8	山东大通机械科技有限公司	7 100	6 600	500
9	江油国鼎机械制造有限公司	2 598.18	15 58.9	1 039.28
10	成都市双流金石机械制造有限公司	2 000	1 400	600

〔撰稿人：中国重型机械工业协会破碎粉磨设备专业委员会王斌　审稿人：中国重型机械工业协会破碎粉磨设备专业委员会李志〕

洗选设备

2018 年，国际、国内经济开始稳步调整，洗选设备行业步入下降通道。行业企业的业绩小幅振荡，高附加值品牌产品在市场上的占有率进一步提升，技术创新产品在市场竞争中彰显优势。2018 年行业企业完成工业总产值 929 987 万元，工业增加值 185 478 万元。2018 年洗选设备行业主要企业经济指标见表 1。行业骨干企业积极响应“一带一路”倡议，着力推进从产品制造向服务制造转型。坚持走市场化、专业化、品牌化、国际化道路。充分发挥科研、标准、检测、认证等先发优势，大力发展“一体化”全面式服务。以换位思考方式，务实解决客户的需求和存在的问题，提倡供需双方共赢的理念。同时，企业加快国际化标准的进程，使企业管理得到进一步提升。行业企业紧紧围绕“可靠、增值、便利”的经营方针，按照“国际化、精益化、补短板、可持续”的经营理念，抓住行业复苏契机，抢先布局，占领制高点。快速适应市场需求变化，抢抓机遇，严控风险。以科技创新、市场导向、管理提升和员工发展为基础，关注客户价值，承担社会责任，致力于为客户提供一流的设备，一流的服务和先进、优质并有竞争力的全面系统工艺方案。

表 1　2018 年洗选设备行业主要企业经济指标

序号	企业名称	所有制	工业总产值		工业增加值（万元）	产品销售收入（万元）	产品销售税金及附加（万元）	年末固定资产	
			当年价（万元）	比上年增长（%）				原价（万元）	净值（万元）
1	北方重工集团有限公司	国有	530 750	-50	93 943	402 270	2 265	164 330	98 952
2	中信重工机械股份有限公司矿山机器厂	股份制	86 000	-1	9 500	74 500	2 300	12 500	72 000
3	沈阳隆基电磁科技股份有限公司	股份制	37 400	48	8 200	35 130	675	14675	7 987
4	山东华特磁电科技股份有限公司	股份制	26 774	25	7 687	23 408	1 641	16 904	11 037
5	鞍山重型矿山机器股份有限公司	股份制	16 524	-2	5 707	18 013	393	21 898	12 073
6	淮北矿山机器制造有限公司	股份制	8 750	1	100	7 800	125	3 450	2 900
7	镇江电磁设备厂有限责任公司	股份制	6 600	-1	1 485	6 595	230	6 500	4 800
8	南昌矿山机械有限公司	民营	30 367	5	6 540	23 626	260	10 872	6 911
9	河南威猛振动设备股份有限公司	股份制	47 250	-2	9879	40 229	2198	12 352	8 972
10	河南群英机械制造有限责任公司	民营	5 038	10	220	4 750	15	7 450	1 580
11	赣州金环磁选设备有限公司	国有	12 285	-9	9 000	13 567	290	20 221	13 556
12	海安县万力振动机械有限公司	民营	20 800	1	5 000	19 800	180	6 000	1 200
13	淮北市中芬矿山机械有限责任公司	民营	18 406	-4	2 012	16 105	2 665	3 102	1 741
14	山东科力华电磁设备有限公司	民营	2 750	10	450	2 200	102	1 125	744
15	北矿机电科技有限责任公司	国有控股	24 210	2	11 000	22 000	202	6 300	3 784
16	上海盾牌矿筛有限公司	民营	5 310	1	1310	5 284	50	500	865
17	唐山陆凯科技有限公司	民营	16 293	2	2 045	15 528	170	13 566	7 012
18	唐山汇力工程技术有限公司	民营	4 500	-10	1 800	4 100	5	690	602
19	上海山美环保装备股份有限公司	股份有限	18 930	-10	6 100	17 812	700	13 785	8 675
20	钟祥新宇机电制造股份有限公司	股份制	11 050	13	3 500	8 795	85	6 512	3 485

序号	企业名称	所有制	流动资产（万元）		流动负债（万元）		利润总额（万元）	所有者权益（万元）	全员劳动生产率（万元／人）
			合计	平均余额	合计	平均余额			
1	北方重工集团有限公司	国有	2 028 822	1 944 435	1 610 182	1 641 411	4 491	212 391	14
2	中信重工机械股份有限公司矿山机器厂	股份制	56 522	50125	129 551	101 705	750	—	16
3	沈阳隆基电磁科技股份有限公司	股份制	47 876	44 976	12 179	11 867	4 330	46 765	56.75
4	山东华特磁电科技股份有限公司	股份制	26 893	33 094	15001	13 488	2 942	35 664	12.50
5	鞍山重型矿山机器股份有限公司	股份制	62 905	62 393	13 567	11 689	1 784	77 204	29
6	淮北矿山机器制造有限公司	股份制	6 048	5 430	4 138	3 810	478	1 153	13
7	镇江电磁设备厂有限责任公司	股份制	4 197	4 183	3 392	3 281	44	3 358	30
8	南昌矿山机械有限公司	民营	34 152	29 400	20 796	18 325	512	15 025	17
9	河南威猛振动设备股份有限公司	股份制	21 552	21 032	9 363	8 857	4 120	26 965	65
10	河南群英机械制造有限责任公司	民营	13 500	12 560	8 853	8 400	102	5 752	20
11	赣州金环磁选设备有限公司	国有	21 252	19 652	9 692	8 125	1 222	28 125	24
12	海安县万力振动机械有限公司	股份制	4 850	4 120	3 985	3 745	400	1 100	60
13	淮北市中芬矿山机械有限责任公司	民营	16 852	17 452	10 365	11 875	2 000	8 542	55
14	山东科力华电磁设备有限公司	民营	2 451	2 352	2 252	2 015	110	1 414	25
15	北矿机电科技有限责任公司	国有控股	30 125	34 121	12 152	12 015	5 285	22 658	48
16	上海盾牌矿筛有限公司	民营	4 850	4 200	1 509	1 305	1 616	3 852	38
17	唐山陆凯科技有限公司	民营	21 193	21 452	14 838	13 852	500	9 215	15
18	唐山汇力工程技术有限公司	民营	1 703	1 652	800	790	587	1 250	45
19	上海山美环保装备股份有限公司	股份有限	22 121	19 885	21 875	20 442	333	10 850	44
20	钟祥新宇机电制造股份有限公司	股份制	11 201	9 452	7 985	7 741	150	6 995	10

生产发展情况 通过行业内企业间、企业与科研院校间的合作，行业企业生产技术、产品的市场竞争力得到明显提升，企业逐步向良性轨道发展。2018 年洗选设备行业主要企业设备产量、产值及其产值增长情况见表 2。

产品出口情况 2018 年我国洗选设备出口有小幅下降，2018 年洗选设备行业部分企业设备出口情况见表 3。

表 2 2018 年洗选设备行业主要企业设备产量、产值及其产值增长情况

序号	企业及产品名称	产量（台）	产值（万元）	产值比上年增长（%）
1	北方重工集团有限公司			
	分级机械	10	1 893	-50
	磁选机械	27	531	-49
	过滤设备	30	938	-10
	浓缩机械	12	2 038	-39
2	沈阳隆基电磁科技股份有限公司			
	磁选机械	2 780	27 270	100
3	山东华特磁电科技股份有限公司			
	磁选机械	306	20 145	53
	除铁器	825	4 554	14
	有色设备	61	1 000	11
	立环高梯度磁选机	73	1 075	-8
4	鞍山重型矿山机器股份有限公司			
	筛分机械	390	9 253	8
5	淮北矿山机器制造有限公司			
	浓缩机械	75	7500	-17
6	镇江电磁设备厂有限责任公司			
	磁选机械	1 200	6 670	-1
7	南昌矿山机械有限公司			
	棒条给料机	20	33	40
	筛分机械	190	177	-13
8	河南威猛振动设备股份有限公司			
	筛分机械	6 814	39 940	-8
9	河南群英机械制造有限责任公司			
	分级机械	6	179	-1
	浓缩机械	4	110	10
	筛分机械	4	39	-1
10	赣州金环磁选设备有限公司			
	磁选机械	110	12 870	-10
11	海安县万力振动机械有限公司			
	筛分机械	6 000	20 000	1
12	淮北市中芬矿山机械有限责任公司			
	浓缩机械	140	19 000	-1
13	山东科力华电磁设备有限公司			
	磁选机械	50	800	4

（续）

序号	企业及产品名称	产量（台）	产值（万元）	产值比上年增长（%）
14	北矿机电科技有限责任公司			
	浮选机械	665	17 500	2
	磁选机械	110	3 643	-10
15	唐山陆凯科技有限公司			
	筛分机械	600	1 150	-5
16	上海盾牌矿筛有限公司			
	筛分机械	2 400	5 035	-5
17	上海山美环保装备股份有限公司			
	回收设备	20	380	-1
18	钟祥新宇机电制造股份有限公司			
	振动机械	2 500	4 300	10
	合计	25 422	207 568	

表 3　2018 年洗选设备行业部分企业设备出口情况

序号	企业及产品名称	出口量（台）	出口额（万美元）
1	北方重工集团有限公司		
	浓缩机械	4	99
	磁选机械	8	30
2	沈阳隆基电磁科技股份有限公司		
	磁选机	29	1 353
	除铁器	17	15
	磁力起重设备	1	1
	非铁分选提纯设备	7	76
	其他磁力设备	15	37
3	山东华特磁电科技股份有限公司		
	除铁器	88	75
	磁选机	39	221
	有色设备	4	9
	立环高梯度磁选机	22	861
4	淮北矿山机器制造有限公司		
	浓缩机械	6	451
5	镇江电磁设备厂有限责任公司		
	除铁器	461	180
6	赣州金环磁选设备有限公司		
	磁选机械	22	263
7	河南威猛振动设备股份有限公司		
	振动筛	78	478

（续）

序号	企业及产品名称	出口量（台）	出口额（万美元）
8	南昌矿山机械有限公司		
	振动筛	15	90
	给料机械	40	77
9	海安县万力振动机械有限公司		
	振动筛	50	420
	振动给料机	320	720
10	淮北市中芬矿山机械有限责任公司		
	浓缩机械	3	220
11	山东科力华电磁设备有限公司		
	磁选机械	4	24
12	北矿机电科技有限责任公司		
	浮选机械	35	150
13	上海山美环保装备股份有限公司		
	破碎筛分设备	145	950
	合计	1 413	6 800

科研成果与新产品研制　洗选行业企业坚持走科技创新之路，共研发或改进了6项产品，其中，鞍山重型矿山机器股份有限公司研发的两项新产品，都达到国际领先水平。山东华特磁电科技股份有限公司研发的两项产品，分别荣获潍坊市专利一等奖、山东省科技进步奖二等奖，山东省节能奖、中国专利优秀奖。

2018年洗选设备行业部分企业新产品新技术开发项目见表4。

表4　2018年洗选设备行业部分企业新产品新技术开发项目

序号	项目名称	主要技术性能	研制单位
1	大型、高效、弹性圆振动筛	该项目研发的筛面二次振动筛分方法和阻尼可调减振弹簧的大型圆振动筛，实现了大型圆振动筛高效率筛分及起停“共振区”快速平稳通过；提出了“筛面二次振动筛分方法”和“振动筛阻尼可调的减振弹簧”新技术，筛分效率达88%以上；振动强度超过4g，实现了大型化和高效筛分。该项目具有自主知识产权，获授权发明专利1项，实用新型专利1项。经过第三方评价，该项目成果达到国际先进水平	鞍山重型矿山机器股份有限公司
2	高效自清分级筛	该项目研发的高效自清分级筛新技术，实现了振动筛的自清理功能，解决了粘湿细颗粒煤炭（含水量7%～14%；分级粒度3～13mm）干法深度筛分作业中物料堵孔、糊孔、透筛率低的国际性难题；提出了“弹性悬臂杆筛板”和“可张紧式线性筛板”新技术，筛板随主机筛框振动的同时，产生二次振动，实现了自清理功能，筛分效率达88%以上；筛机振动强度（5.2～6.3g），提高了运行的可靠性和单位面积处理能力。该成果具有自主知识产权，获授权发明专利1项，实用新型专利2项，制定企业标准1项。经过第三方评价，该项目成果达到国际先进水平	鞍山重型矿山机器股份有限公司
3	提精降渣磁选机	该产品具有①精矿品位提升幅度大。与传统选矿设备相比，该产品可提高精矿品位2～15个百分点；②耗水量少。磁选柱、淘洗机吨矿耗水量为5～8m^3，提精降渣磁选机吨矿耗水量为1～2m^3；③适应能力强。矿物给矿量、浓度、品位的波动对磁选柱、淘洗机的选矿工艺指标影响较大，需不断停机进行调整，影响作业率；而提精降渣磁选机自适应能力强，选矿工艺指标稳定。该产品荣获潍坊市专利一等奖、山东省科技进步奖二等奖、山东省节能奖、中国专利优秀奖	山东华特磁电科技股份有限公司

（续）

序号	项目名称	主要技术性能	研制单位
4	双PWM交直交电磁搅拌器	产品主要技术指标如下：①提高功率因数，实现绿色电能变换。采用双PWM变换器后，整个电磁搅拌器相对电网而言，等效为一个电阻性负载，功率因数接近1，而现有的交－交电磁搅拌器，功率因数仅在0.4左右；②降低网侧电流谐波含量，实现网侧电流正弦化。传统交－直－交结构的电磁搅拌器，其网侧电流中含有大量谐波，其THD值大于10%。而采用双PWM变换器的电磁搅拌器，其THD值小于5%；③直流电压可控。在不更换网侧进线变压器的前提下，实现直流母线电压的连续可调，大大提高设备带负载能力和安全性；④有效降低电能损耗。采用双PWM变换器的电磁搅拌器，能够实现能量的双向流动，可将负载中的能量回馈电网，实现系统整体节能，与传统电磁搅拌器相比，有望节能10%左右；⑤降低设备体积，提高负载容量。由于采用双PWM变换器的协调控制策略，使得在采用较小直流电容的条件下，可获得稳定的直流母线电压，相对于直流电容解耦控制方式，可将直流电容容量减小50%以上，有效降低设备体积。此外，采用双PWM变换器的电磁搅拌器，由于其具有更高的功率因数，因而，可用于更大容量的熔铝炉的电磁搅拌中	山东华特磁电科技股份有限公司
5	立式转环感应式湿法强磁选机改进	适用于赤铁矿、假象赤铁矿、褐铁矿、钒钛磁铁矿、锰矿、黑钨矿等弱磁性矿物的湿法富集及石英、长石、高岭土、萤石、硅线石等非磁性矿物的除杂铁提纯	沈阳隆基电磁科技股份有限公司
6	全自动磁悬浮精选机改进	大幅度提高精矿品位的同时使尾矿品位最低，具有自动化程度高、可靠性高、处理量大、节能节水等优点	沈阳隆基电磁科技股份有限公司

固定资产投资情况 2018年行业内18家主要企业固定资产投资总额为17 273万元。2018年洗选设备行业部分企业固定资产投资情况见表5。

表5 2018年洗选设备行业部分企业固定资产投资情况

序号	企业名称	固定资产投资（万元）		
		总额	基本建设投资	技术更新改造投资
1	北方重工集团有限公司	1 650	350	1 300
2	中信重工机械股份有限公司矿山机械厂	1 200	400	800
3	沈阳隆基电磁科技股份有限公司	4 675	—	—
4	山东华特磁电科技股份有限公司	608	306	302
5	鞍山重型矿山机器股份有限公司	3 255	2 916	339
6	淮北矿山机器制造有限公司	220	180	40
7	镇江电磁设备厂有限责任公司	30	15	15
8	南昌矿山机械有限公司	1 100	920	180
9	河南威猛振动设备股份有限公司	1 000	620	380
10	河南群英机械制造有限责任公司	—	—	—
11	赣州金环磁选设备有限公司	120	40	80
12	海安县万力振动机械有限公司	500	300	200
13	淮北市中芬矿山机械有限责任公司	1 900	1 528	372
14	山东科力华电磁设备有限公司	355	115	240
15	上海盾牌矿筛有限公司	200	120	80
16	唐山陆凯科技有限公司	300	—	300
17	唐山汇力工程技术有限公司	120	100	20
18	上海山美环保装备股份有限公司	40	20	20

行业标准化工作情况 2018年洗选行业坚持“品质至上”的质量目标，基于ISO9001、ISO14001、OHSAS18001管理体系，组织行业内骨干企业制（修）订了JB/T 4042—2018《振动筛 试验方法》等4项标准，引导行业有序化、规范化、标准化与创新化。这些标准的制定，使整个行业从产品质量到服务质量都提升到一个新水平。2018年制（修）订的行业标准见表6。

表6 2018年制（修）订的行业标准

序号	标准名称	标准编号	制（修）订情况
1	振动筛 试验方法	JB/T 4042—2018	2018-12-01 实施
2	大型自同步箱式振动器直线振动筛	JB/T 10728—2018	2018-12-01 实施
3	大型强迫同步圆振动筛	JB/T 10729—2007	2018年完成修订稿正在报批中
4	振动筛制造通用技术条件	JB/T 5496—2004	现行有效

〔撰稿人：中国重型机械工协业会洗选设备专业委员会陆鹏 审稿人：中国重型机械工业协会洗选设备专业委员会张斌〕

物料搬运（起重运输）机械

物料搬运（起重运输）机械行业包含8个分行业：轻小型起重设备、起重机、生产专用车辆、连续搬运设备、电梯自动扶梯及升降机、机械式停车设备、客运索道和其他物料搬运设备。

行业运行情况 2016—2018年物料搬运（起重运输）机械行业主要经济指标完成情况见表1。2018年物料搬运（起重运输）机械行业主要财务指标完成情况见表2。2018年物料搬运（起重运输）机械行业主要资产指标完成情况见表3。2018年物料搬运（起重运输）机械行业成本费用指标见表4。2018年物料搬运（起重运输）机械行业主要产品产量见表5。2018年物料搬运（起重运输）机械产品进出口情况见表6。

表1 2016—2018年物料搬运（起重运输）机械行业主要经济指标完成情况

指标名称	2016年	2017年	2018年
主营业务收入（亿元）	6 965.74	6 685.79	5 444.38
利润总额（亿元）	513.49	416.55	319.57
主营业务利润率（%）	7.37	6.23	5.87

注：1. 表中数据来源于《中国重型机械工业协会统计简报》。

2. 表中2018年数据基于企业数量为2 344家。

表2 2018年物料搬运（起重运输）机械行业主要财务指标完成情况

行业分类	主营业务收入		利润总额		资产负债率		流动资产周转率		成本费用利润率		企业数（家）
	金额（亿元）	同比增长（%）	金额（亿元）	同比增加（%	数量（%）	同比增加（百分点）	次数（次）	同比增长（次）	数量（%）	同比增加（百分点）	
物料搬运（起重运输）机械	5 444.38	9.77	319.57	-1.07							2 344
其中：轻小型起重设备	249.51	6.62	12.21	15.92	57.97	-0.17	1.6	0.11	5.11	0.43	219
起重机	1 292.27	9.86	60.39	44.13	62.65	-3.51	0.82	0.01	4.90	1.21	618
连续搬运设备	385.70	15.28	21.40	27.64	52.59	-6.21	1.38	-0.02	5.87	0.64	300

（续）

行业分类	主营业务收入		利润总额		资产负债率		流动资产周转率		成本费用利润率		企业数（家）
	金额（亿元）	同比增长（%）	金额（亿元）	同比增加（%	数量（%）	同比增加（百分点）	次数（次）	同比增长（次）	数量（%）	同比增加（百分点）	
客运索道	34.77	33.20	3.21	36.50	55.86	1.14	1.24	0.2	10.12	0.36	8
机械式停车设备	37.52	6.66	1.01	−39.99	41.83	−6.03	1.28	−0.08	2.76	−2.19	38
生产专用车辆	243.96	12.84	30.51	6.43	48.37	−0.93	2.11	0.19	5.89	0.37	152
其他物料搬运设备	198.39	20.42	11.34	32.38	51.03	−1.15	1.42	0.09	6.03	0.55	105

注：表中数据来源于中国重型机械工业协会《2018 年重型机械行业运行报告》。利润率来自于中国重型机械工业协会第 12 期统计简报。

表 3　2018 年物料搬运（起重运输）机械行业主要资产指标完成情况

行业分类	流动资产总额（亿元）	同比增长（%）	应收账款（亿元）	同比增长（%）	存货（亿元）	同比增长（%）
物料搬运（起重运输）机械	4 433.18	7.51	1 458.35	20.08	1 150.77	10.64
其中：轻小型起重设备	141.47	−0.77	52.66	10.73	38.26	−7.27
起重机	1 345.93	15.38	418.42	41.85	451.78	13.90
连续搬运设备	295.61	12.26	111.64	19.34	80.89	19.25
客运索道	27.13	2.43	13.53	6.75	6.75	−11.30
机械式停车设备	33.27	10.43	11.98	4.02	12.20	20.30
生产专用车辆	252.27	0.79	68.18	13.88	70.80	4.69
其他物料搬运设备	148.01	3.50	48.44	1.92	43.05	23.70

注：表中数据来源于中国重型机械工业协会《2018 年重型机械行业运行报告》。

表 4　2018 年物料搬运（起重运输）机械行业成本费用指标

行业分类	主营业务成本（亿元）	同比增长（%）	销售费用（亿元）	同比增长（%）	管理费用（亿元）	同比增长（%）	财务费用（亿元）	同比增长（%）
物料搬运（起重运输）机械	4 517.72	10.30	206.86	4.87	365.88	5.91	37.71	−2.90
其中：轻小型起重设备	213.11	6.54	6.99	4.21	17.17	4.14	1.86	−6.69
起重机	1 095.67	7.73	32.27	18.57	74.55	10.19	29.61	18.74
连续搬运设备	319.42	14.69	15.10	−0.29	26.79	12.09	3.16	3.31
客运索道	27.76	32.07	1.19	42.74	2.57	19.19	0.18	148.58
机械式停车设备	29.87	8.30	2.94	10.64	3.07	0.05	0.64	12.71
生产专用车辆	467.86	13.73	19.07	0.48	29.53	11.06	1.06	12.68
其他物料搬运设备	165.90	21.34	7.36	13.04	13.71	21.45	0.97	−49.62

注：表中数据来源于中国重型机械工业协会《2018 年重型机械行业运行报告》。

表 5　2018 年物料搬运（起重运输）机械行业主要产品产量

产品名称	企业数（家）	产量	同比增长（%）
起重机	618	777.11 万 t	33.98
输送机械和提升机	300	177.27 万 t	−11.56
生产专用车辆	152		
内燃叉车		23.29 万台	17.20
电动叉车		31.07 万台	4.13

注：表中数据来源于中国重型机械工业协会《2018 年重型机械行业运行报告》。

表 6　2018 年物料搬运（起重运输）机械产品进出口情况

产品名称	出口额（亿美元）	同比增长（%）	进口额（亿美元）	同比增长（%）	进出口总额（亿美元）	同比增长（%）	进出口差额（亿美元）	同比增长（%）
物料搬运（起重运输）机械	167.34	14.28	42.91	11.64	210.25	13.73	124.43	15.22
轻小型起重设备	23.98	12.17	3.87	−5.84	27.85	9.26	20.10	16.46
起重机	39.70	9.57	2.58	61.55	42.28	11.77	37.13	7.18
生产专用车辆	38.29	25.79	4.44	11.71	42.72	24.16	33.85	27.90
电梯、自动扶梯及升降机	31.46	7.50	2.66	−9.56	34.11	5.95	28.80	9.41
连续搬运设备	16.79	8.36	12.25	6.17	29.03	7.42	4.54	14.73
其他物料搬运设备	17.13	25.71	17.12	19.87	34.25	22.72	0.01	−100.96

注：表中数据来源于中国重型机械工业协会，因四舍五入，可能会有微小的误差。

1．行业运行情况分析

2018 年，物料搬运（起重运输）机械行业统计企业数量为 2 344 家，实现利润总额 319.57 亿元，同比下降 1.07%。主要是受电梯自动扶梯和停车设备行业亏损比率上升的影响。行业利润率为 5.33%，上年同期为 5.39%。行业亏损企业数为 420 家，亏损面 17.92%。其中，轻小型起重设备行业统计企业 219 家，亏损企业 37 家，亏损面为 16.89%，比上年有所改善；起重机行业统计企业 618 家，亏损企业 112 家，亏损面为 18.12%，比上年有所改善；连续搬运设备行业统计企业 300 家，亏损企业 49 家，亏损面 16.33%，略高于上年；客运索道行业统计企业 8 家，亏损企业 1 家，亏损面 12.50%，与上年持平；机械式停车设备行业统计企业 38 家，亏损企业 12 家，亏损面 31.58%，比上年扩大了 23.16 个百分点；生产专用车辆行业统计企业 152 家（比上年减少 10 家），亏损企业 29 家，亏损面 19.08%，略高于上年；其他物料搬运设备行业统计企业 105 家（比上年减少 13 家），亏损企业 13 家，亏损面 12.38%，比下年下降 1.15 个百分点。

2．进出口情况

2018 年，物料搬运（起重运输）机械行业进出口总额为 210.25 亿美元，比上年同期增长 13.73%。其中，生产专用车辆的进出口总额占整个行业的比重最大，为 20.32%；其他产品所占比重依次为：起重机占 20.11%，其他物料搬运设备占 16.29%，电梯、自动梯及升降机占 16.22%，连续搬运设备占 13.81%，轻小型起重设备占 13.25%。

物料搬运（起重运输）机械的出口总额为 167.34 亿美元，其中，起重机出口额占整个行业出口额的比重最大，达到 23.72%；生产专用车辆占比为 22.88%；电梯自动梯及升降机占比为 18.80%；轻小型起重设备占比为 14.33%；其他物料搬运设备占比为 10.24%；连续搬运设备占比为 10.03%。

物料搬运（起重运输）机械的进口总额为 42.91 亿美元，比上年同期增长了 11.64%；其中，其他物料搬运设备进口额占整个行业的比重最大，为 39.90%；其他产品占比依次为：连续搬运设备 28.55%，工业车辆 10.35%，轻小型起重设备 9.02%，电梯自动梯及升降机 6.20%，起重机 6.01%。

2018 年，物料搬运（起重运输）机械进出口顺差为 124.43 亿美元，2017 年同期为 108.85 亿美元，同比增长 15.22%。其中，起重机的进出口差额占整个行业的比重最大，为 29.84%；其他依次为：工业车辆占比为 27.20%，电梯、自动梯及升降机占比为 23.15%，轻小型起重设备占比为 16.15%，连续搬运设备占比为 3.65%。

3．科技成果

2018 年，物料搬运（起重运输）机械行业共有 8 个项目获得中国机械工业科学技术奖，其中，二等奖 3 个，三等奖 5 个。

二等奖项目：北京起重运输机械设计研究院有限公司的“新型滑雪索道关键技术及工程应用”项目；大连华锐重工集团股份有限公司的“QLK14400.60 型斗轮取料机”项目；太原重工股份有限公司、大连理工大学共同承担的“TZT1200 履带式伸缩臂起重机研制”项目。

三等奖项目：纽科伦（新乡）起重机有限公司承担的“特大型铸件全自动翻转起重机关键结构及应用技术研究”项目；河南蒲瑞精密机械有限公司、武汉理工大学共同承担的“起重机专用轻量化新型点线啮合减速机”项目；河南卫华重型机械股份有限公司承担的“基于伺服控制的超高精定位数控起重机”项目；北京起重运输机械设计研究院有限公司承担的“双向输送物料的圆管带式输送机技术”项目以及“瓶装水大容量产储配系统解决方案”项目。

轻小型起重设备行业　轻小型起重设备行业主要产品包括：电动葫芦、手动葫芦及滑车、卷扬机及绞盘、千斤顶、汽车举升机等搬运设备。2018 年轻小型起重设备行业规模以上企业 219 家，比上年减少了 20 家。2018 年轻小型起重设备行业部分企业主要经济指标见表 7。

表7　2018年轻小型起重设备行业部分企业主要经济指标

序号	企业名称	工业总产值（亿元）	同比增长（%）
1	常熟通润汽车零部件股份有限公司	26.89	1.03
2	科尼起重机设备制造（江苏）有限公司	5.19	17.03
3	凯澄起重机械有限公司	3.73	27.58
4	浙江双鸟机械有限公司	2.66	10.99
5	八达机电有限公司	1.61	15.31
6	南阳市起重机械厂	1.01	1.29
7	广东超宇起重设备有限公司	0.03	-19.60

注：数据来源于中国重型机械工业协会2018年12月统计简报。

2018年轻小型起重设备出口额为23.98亿美元，比上年增长12.17%，进口额3.87亿美元，比上年下降5.84%；进出口总额27.85亿美元，比上年增长9.26%；进出口差额20.10亿美元，比上年增长16.46%。2018年轻小型起重设备分类产品进出口情况见表8。

表8　2018年轻小型起重设备分类产品进出口情况

产品名称	出口额（亿美元）	同比增长（%）	进口额（亿美元）	同比增长（%）	进出口总额（亿美元）	同比增长（%）	进出口差额（亿美元）	同比增长（%）
轻小型起重设备	23.98	12.17	3.87	-5.84	27.85	9.26	20.10	16.46
电动葫芦	1.59	3.39	0.55	5.72	2.15	3.98	1.04	2.19
滑车及手动葫芦	1.66	8.05	0.16	3.21	1.82	7.60	1.50	8.59
卷扬机及绞盘	5.87	11.45	2.50	-10.62	8.38	3.79	3.37	36.50
千斤顶	8.13	15.11	0.26	-17.26	8.39	13.75	7.88	16.60
汽车举升机	4.92	13.50	0.09	-7.38	5.01	13.06	4.83	13.97
轻小型起重设备零件	1.80	10.37	0.31	36.07	2.11	13.54	1.49	6.15

注：表中数据来源于中国重型机械工业协会2018年进出口统计数据。由于四舍五入，表中数据会有微小出入。

起重机制造行业　起重机制造行业主要产品包括：桥式起重机、门式起重机、桥架类起重机、塔式起重机、门座起重机、未列名起重机等起重设备。2018年，起重机制造行业规模以上企业618家，比上年减少36家。实现利润总额60.39亿元，同比增长44.13%；亏损企业112家，行业亏损面18.12%，比上年略有改善。2018年起重机制造行业部分企业工业总产值见表9。

表9　2018年起重机制造行业部分企业工业总产值

序号	企业名称	工业总产值（亿元）	同比增长（%）	序号	企业名称	工业总产值（亿元）	同比增长（%）
1	卫华集团有限公司	124.78	10.00	7	山起重型机械股份有限公司	4.84	0.67
2	河南省矿山起重机有限公司	82.08	23.25	8	广州起重机械有限公司	2.48	-11.40
3	山东光明起重机械集团有限公司	37.24	8.46	9	重庆起重机厂有限责任公司	1.99	22.86
4	江西起重机械总厂	9.32	11.60	10	辽宁恒泰重机有限公司	0.69	77.08
5	湖北三六重工有限公司	6.71	-88.20	11	新疆通用机械有限公司	0.17	1.51
6	株洲天桥起重机股份有限公司	6.02	3.29	12	湖北银轮起重机械股份有限公司	0.07	-64.90

注：数据来源于中国重型机械工业协会2018年12月统计简报。

2018 年，起重机制造行业产品的出口额为 39.70 亿美元，比上年增长 9.57%；进口额 2.58 亿美元，比上年增长 61.55%。

出口金额最大的产品是装卸桥及其他桥架类起重机，为 13.88 亿美元；其余依次为：流动式起重机 9.48 亿美元，门式起重机 5.25 亿美元，塔式起重机 3.21 亿美元，桥式起重机 2.84 亿美元，门座起重机 2.68 亿美元，起重机零件 1.75 亿美元，未列名起重机 0.61 亿美元。

进口额最大的产品是门座起重机，为 1.25 亿美元；其余依次为：未列名起重机 0.42 亿美元，流动式起重机 0.38 亿美元，起重机零件 0.21 亿美元，桥式起重机 0.20 亿美元，门式起重机 0.08 亿美元，装卸桥及其他桥架类起重机 0.02 亿美元，塔式起重机 0.01 亿美元。2018 年起重机分类产品进出口情况见表 10。

表 10　2018 年起重机分类产品进出口情况表

产品名称	出口额（亿美元）	同比增长（%）	进口额（亿美元）	同比增长（%）	进出口总额（亿美元）	同比增长（%）	进出口差额（亿美元）	同比增长（%）
起重机	39.70	9.57	2.58	61.55	42.28	11.77	37.13	7.18
桥式起重机	2.84	40.93	0.20	-6.70	3.04	36.39	2.65	46.52
门式起重机	5.25	-20.68	0.08	129.65	5.33	-19.87	5.17	-21.50
装卸桥及其他桥架类起重机	13.88	2.41	0.02	-68.08	13.90	2.07	13.86	2.77
塔式起重机	3.21	-2.12	0.01	-22.06	3.22	-2.19	3.20	-2.04
门座起重机	2.68	93.74	1.25	129.89	3.93	103.94	1.43	70.30
流动式起重机	9.48	23.11	0.38	91.50	9.86	24.83	9.09	21.29
未列名起重机	0.61	38.84	0.42	31.40	1.04	35.71	0.19	58.61
起重机零件	1.75	40.82	0.21	3.73	1.96	35.63	1.54	48.03

注：表中数据来源于中国重型机械工业协会 2018 年进出口统计数据，因四舍五入，表中数据会有微小出入。

连续搬运设备行业　连续搬运设备行业主要产品包括：输送机、提升机、装卸机械等机械设备。2018 年，连续搬运设备行业有规模以上企业 300 家，比上年增加了 3 家。2018 年连续搬运设备行业部分企业工业总产值完成情况见表 11。

表 11　2018 年连续搬运设备行业部分企业工业总产值完成情况

序号	企业名称	工业总产值（亿元）	同比增长（%）	序号	企业名称	工业总产值（亿元）	同比增长（%）
1	衡阳起重运输机械有限公司	8.26	33.24	7	铜陵天奇蓝天机械设备有限公司	2.31	48.46
2	安徽攀登重工股份有限公司	7.68	-56.10	8	湖州电动滚筒有限公司	1.72	49.18
3	自贡运输机械集团股份有限公司	7.18	29.66	9	吉林省佳信通用机械股份有限公司	1.04	33.06
4	上海科大重工集团有限公司	6.31	7.41	10	芜湖起重运输机器股份有限公司	0.89	-4.46
5	焦作科瑞森重装股份有限公司	6.00	9.70	11	上海电力环保设备总厂有限公司	0.76	-61.30
6	中国电建集团武汉重工装备有限公司	3.75	6.81	12	包头市万里机械有限责任公司	0.55	-35.80

注：数据来源于中国重型机械工业协会 2018 年 12 月统计简报。

2018 年，连续搬运设备行业产品的出口额为 16.79 亿美元，比上年增长 8.36%，进口额为 12.25 亿美元，比上年增长 6.17%。出口金额最大的产品是输送机械，为 15.45 亿美元；其次为装卸机械，为 1.33 亿美元。进口金额最大的产品是输送机械，为 11.32 亿美元，其次是装卸机械，为 0.93 亿美元。2018 年连续搬运设备行业部分产品进出口情况见表 12。

表12　2018年连续搬运设备行业部分产品进出口情况

产品名称	出口额（亿美元）	同比增长（%）	进口额（亿美元）	同比增长（%）	进出口总额（亿美元）	同比增长（%）	进出口差额（亿美元）	同比增长（%）
连续搬运设备	16.79	8.36	12.25	6.17	29.03	7.42	4.54	14.73
输送机械	15.45	19.44	11.32	6.38	26.77	13.54	4.13	79.92
装卸机械	1.33	-47.75	0.93	3.71	2.26	-34.39	0.41	-75.56

注：表中数据来源于中国重型机械工业协会2018年进出口统计数据，因四舍五入，表中数据会有微小出入。

机械式停车设备行业　2018年机械式停车设备行业在统计规模以上企业38家，主要企业新增车库项目2 630个，同比增长3.5%；新增泊位865 542个，同比增长6.7%。实现销销售收入161.83亿元，同比增长9.40%

电梯、自动扶梯及升降机行业　电梯、自动扶梯及升降机主要产品包括：载客电梯、自动扶梯及自动人行道和其他升降机。

2018年，电梯、自动扶梯及升降机产品的出口额为31.46亿美元，比上年增长7.50%，进口额为2.66亿美元，比上年下降9.56%。

出口金额最大的产品是载客电梯，为14.28亿美元；其他依次为：电梯、自动扶梯及升降机零件，自动扶梯及自动人行道和其他升降机。

进口金额最大的产品是电梯、自动扶梯及升降机零件，为1.28亿美元，其他依次为：载客电梯，其他升降机，自动扶梯及自动人行道。2018年电梯、自动扶梯及升降机分类产品进出口情况见表13。

表13　2018年电梯、自动扶梯及升降机分类产品进出口情况

产品名称	出口额（亿美元）	同比增长（%）	进口额（亿美元）	同比增长（%）	进出口总额（亿美元）	同比增长（%）	进出口差额（亿美元）	同比增长（%）
电梯、自动扶梯及升降机	31.46	7.50	2.66	-9.56	34.11	5.94	28.80	9.41
载客电梯	14.28	8.74	1.04	-25.82	15.33	5.48	13.24	12.86
其他升降机及倒卸式起重机	0.98	-0.20	0.32	-32.49	1.30	-10.78	0.66	29.92
自动扶梯及自动人行道	6.03	-4.50	0.01	-50.00	6.04	-4.63	6.02	-4.35
电梯、自动扶梯及升降机零件	10.16	15.02	1.28	22.84	11.44	15.85	8.88	13.98

注：表中数据来源于中国重型机械工业协会2018年进出口统计数据，由于四舍五入，表中数据会有微小出入。

生产专用车辆制造行业　生产专用车辆行业主要产品包括：电动叉车、内燃叉车、短距离牵引车和固定平台搬运车等搬运设备。

2018年，生产专用车辆行业产品的出口额为38.29亿美元，比上年增长25.79%；进口额为4.44亿美元，比上年增长11.71%。

出口金额最大的产品是内燃叉车，为15.80亿美元；其余依次为：工业车辆零部件，电动叉车，手动起升搬运车辆，短距离牵引车和固定平台搬运车。进口金额最大的产品是工业车辆零部件，为1.85亿美元；其余依次为：电动叉车，内燃叉车，手动起升搬运车，短距离牵引车和固定平台搬运车。2018年生产专用车辆行业分类产品进出口情况见表14。

表14　2018年生产专用车辆行业分类产品进出口情况

产品名称	出口额（亿美元）	同比增长（%）	进口额（亿美元）	同比增长（%）	进出口总额（亿美元）	同比增长（%）	进出口差额（亿美元）	同比增长（%）
生产专用车辆	38.29	25.79	4.44	11.71	42.72	24.16	33.85	27.89
电动叉车	8.70	27.45	1.61	19.33	10.31	26.09	7.09	29.38
内燃叉车	15.80	26.13	0.53	-21.80	16.33	23.69	15.28	28.89
短距离牵引车	0.48	27.46	0.19	37.57	0.66	30.18	0.29	21.85
固定平台搬运车	0.37	44.72	0.05	-7.09	0.42	35.94	0.32	60.80

（续）

产品名称	出口额（亿美元）	同比增长（%）	进口额（亿美元）	同比增长（%）	进出口总额（亿美元）	同比增长（%）	进出口差额（亿美元）	同比增长（%）
手动起升搬运车辆	3.78	16.08	0.21	108.90	3.99	18.84	3.57	12.97
工业车辆零部件	9.16	27.23	1.85	11.69	11.01	24.34	7.30	31.84

注：表中数据来源于中国重型机械工业协会 2018 年进出口统计年报，由于四舍五入，表中数据会有微小出入。

其他物料搬运设备制造行业　其他物料搬运设备制造行业主要产品包括：立体仓库设备，机场专用搬运设备，矿用推进机，搬运机器人及未列名的提升、搬运、装卸机械设备。

2018 年，其他物料搬运设备制造行业产品的出口额为 17.13 亿美元，比上年增长 25.71%，进口额为 17.12 亿美元，比上年增长 19.87%。

出口金额最大的产品是税号 84.28 所列其他机械零件，为 7.87 亿美元；其余依次为：未列名提升、搬运、装卸机械，搬运机器人，机场专用搬运设备，机械停车设备，自动化立体仓储设备和矿用推进机、转车台、货车倾卸机。进口金额最大的产品是未列名提升、搬运、装卸机械，为 11.82 亿美元；其余依次为：税号 84.28 所列其他机械零件，搬运机器人，自动化立体仓储设备，机械停车设备和机场专用搬运设备。2018 年其他物料搬运设备分类产品进出口情况见表 15。

表 15　2018 年其他物料搬运设备分类产品进出口情况

产品名称	出口额（亿美元）	同比增长（%）	进口额（亿美元）	同比增长（%）	进出口总额（亿美元）	同比增长（%）	进出口差额（亿美元）	上年同期差额（亿美元）
其他物料搬运设备	17.13	25.71	17.12	19.87	34.25	11.36	0.01	-2.80
自动化立体仓储设备	0.29	938.88	1.34	207.42	1.63	251.81	-1.05	156.90
机械停车设备	0.52	48.08	0.02	-8.89	0.54	43.96	0.49	0.32
机场专用搬运设备	0.56	3.44	0.02	12.03	0.57	3.69	0.54	0.52
矿车推进机、转车台、货车倾卸机	0.14	50.28	0.00	-99.07	0.14	32.88	0.14	0.08
搬运机器人	0.80	127.19	2.26	-9.44	3.07	7.50	-1.46	-2.15
未列名提升、搬运、装卸机械	7.75	28.47	11.82	13.44	19.56	18.95	-4.07	-4.39
税号 84.28 所列其他机械零件	7.87	19.57	3.92	16.27	11.79	18.46	3.95	3.21

注：表中数据来源于中国重型机械工业协会 2018 年进出口统计数据，由于四舍五入，表中数据会有微小出入。

1998—2018 年物料搬运（起重运输）机械行业经济增长走势　1998—2018 年行业主营业务收入及增长率走势见图 1。1998—2018 年行业利润总额及其增长率走势见图 2。1998—2018 年物料搬运（起重运输）机械进出口走势见图 3。1998—2018 年物料搬运（起重运输）机械进出口增长率走势见图 4。

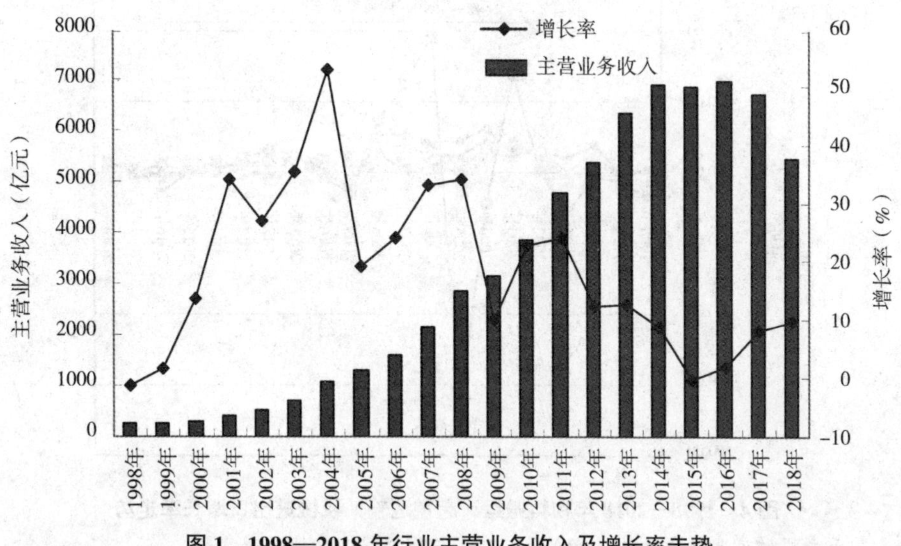

图 1　1998—2018 年行业主营业务收入及增长率走势

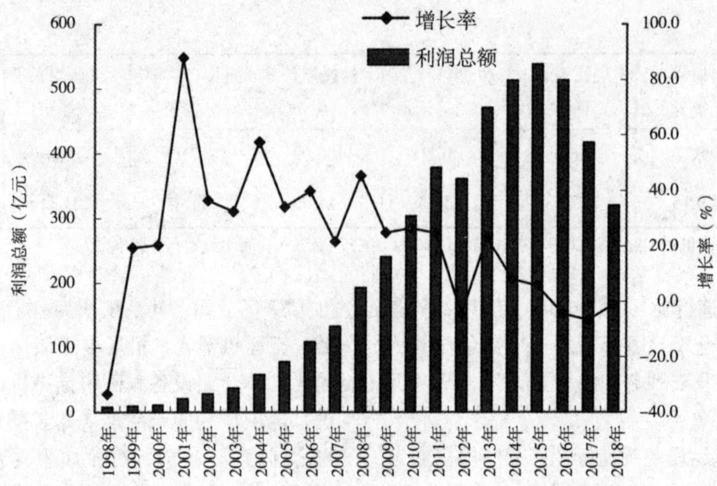

图 2　1998—2018 年行业利润总额及其增长率走势

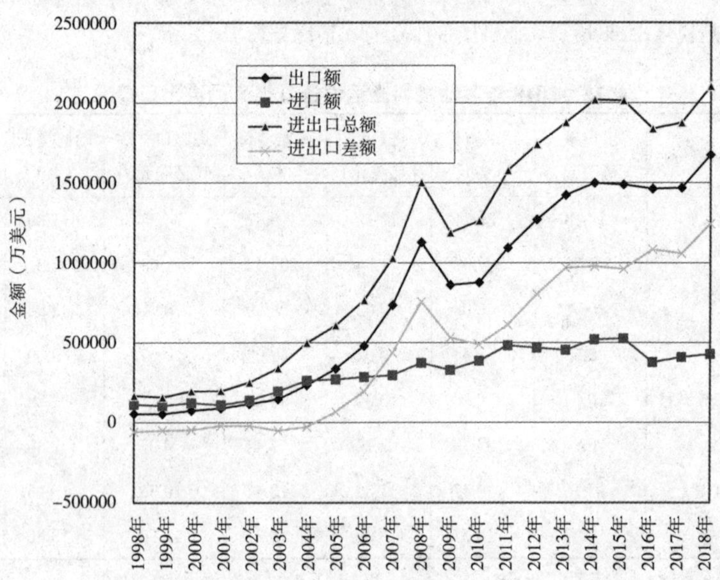

图 3　1998—2018 年物料搬运（起重运输）机械进出口走势

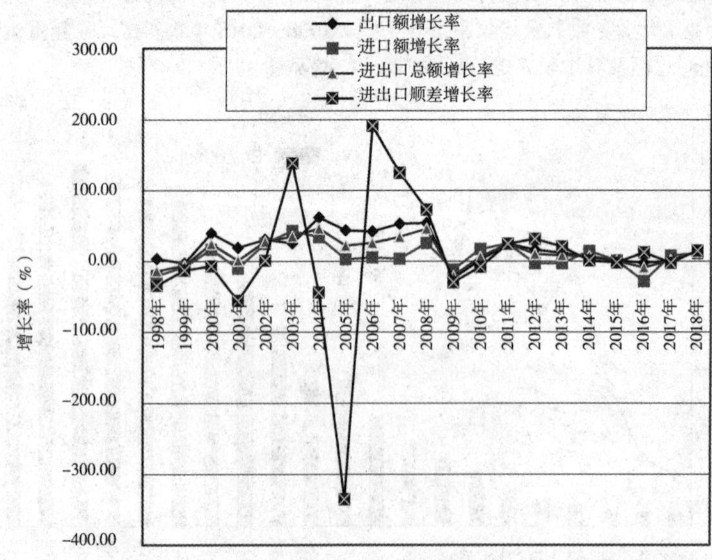

图 4　1998—2018 年物料搬运（起重运输）机械进出口增长率走势

〔撰稿人：中国重型机械工业协会梁锐　审稿人：中国重型机械工业协会李镜〕

轻小型起重设备

千 斤 顶

生产发展情况 千斤顶产品按工作原理主要分为液压千斤顶和机械千斤顶。

改革开放之前，我国千斤顶的需求主要以工业为主。改革开放后，国民经济的快速发展，人民生活水平的显著提高，汽车逐步进入家庭，拉动了千斤顶的需求。20世纪八九十年代，外资不断注入国内千斤顶行业，部分境外千斤顶生产企业转移到国内，我国千斤顶产业进入快速发展期，千斤顶需求的增速远高于全球平均水平，千斤顶产业得到快速持续发展，成为全球千斤顶生产和消耗量最大的国家之一。

为了满足不断增长的新的需求，生产企业特别是行业内的骨干企业投入较大的人力、财力、物力开发设计出大量新产品，改变了原来比较单一的产品结构，改进了加工工艺，提高了产品安全性和操作的便利性。目前超过500种不同规格、不同型号的千斤顶产品极大地丰富了市场，满足了顾客需求。特种千斤顶是传统千斤顶产品的扩展和延伸，在道路桥梁建设、应急救援等方面应用较广，为千斤顶行业创造了新的发展空间。

市场及销售 千斤顶产品以其科学的设计、可靠的结构性、较大的起重能量、小巧便携等特点，被广泛地应用于国民经济的各个领域，特别是流动性起重作业和汽车行业把它作为随车与维修场所必备的起重装备，用于起重、支撑、调整水平等作业，千斤顶制造行业在我国国民经济中有着重要的作用。在大型救援设备无法到达灾难现场的救援工作中，千斤顶特别是分离式千斤顶可发挥积极的作用。

国内较具规模的千斤顶生产企业有70多家，主要分布在浙江、江苏、上海、安徽、山东等沿海地区，这5个省（市）的千斤顶产量占国内千斤顶总产量的90%左右。

千斤顶行业继续在向产品质量高、规模效益好、管理成本低、国际竞争能力强的东南沿海经济发达地区的大中型企业集中。这些地区行业内专业化分工更加细化，千斤顶绝大部分零部件由配套企业生产，因此千斤顶质量的提升与配套企业密切相关，配套企业更应该提高生产和质量保证能力，提高规模化协作能力。但随着这些地区劳动力成本和土地成本的持续推高，以及与千斤顶生产相关的铸造、电镀加工受逐渐趋紧的能源、环保政策制约，这种集中的趋势有可能延缓，甚至产业区域结构有可能发生变化，中西部等相对欠发达地区业内企业应看到承接千斤顶产业转移的机会。

千斤顶产品按市场可大致分为商用千斤顶、汽车配套千斤顶、汽车维修保养用千斤顶及特种用途千斤顶。其中国内汽车配套千斤顶增幅20多年来首次出现下降，主要是源于2018年度我国汽车产销量首次出现下降导致。2018年常熟通润汽车零部件股份有限公司生产销售汽车配套千斤顶1 686多万台，占汽车配套市场的21.5%。另外随着国内汽车保有量的快速上升，截至2018年年底，我国的汽车保有量已经达到2.4亿辆，浙江杭州、嘉兴地区汽车维修保养设备增速明显，浙江省成为国内千斤顶生产、出口最大省份。当前的美国对华贸易政策对我国的千斤顶出口造成重要影响，千斤顶产品包含在2 000亿美元加征关税清单之内，2018年千斤顶对美国的出口量已经出现下滑趋势。

国内千斤顶生产企业同时也面临风险和挑战：①发达国家对千斤顶产品的知识产权保护已经出现，应引起国内生产企业的重视。②千斤顶行业是劳动密集型行业，随着工资成本、财务成本等上升，千斤顶产品在国际市场的价格竞争力将逐步减弱，利润空间被不断压缩。

技术、质量及标准 JB/T 5315—2017《卧式油压千斤顶》及JB/T 2592—2017《螺旋千斤顶》两项行业标准修订版已于2018年4月1日实施。千斤顶标准工作组将着力研究国外先进国家的千斤顶标准体系，并不断进行我国千斤顶行业调查，同时与上级标委会密切联系，充分及时地了解国内外本行业和相关行业的标准制（修）订和技术发展情况，并进行分析研究消化，研究我国千斤顶行业的标准结构，结合实际情况，适时开展标准的制（修）订工作，逐步完善我国的千斤顶标准体系，从而提高整个千斤顶行业的整体水平，促进千斤顶行业的健康发展。

千斤顶的发展与汽车行业的发展是最密切相关的，所以千斤顶的产品设计需紧紧跟随汽车行业的动态，未来3—5年，新能源汽车将成为主流，千斤顶产品及标准也须为之作出改变。

〔撰稿人：中国重型机械工业协会千斤顶分会陈江 审稿人：中国重型机械工业协会李镜〕

起 重 葫 芦

起重葫芦产品主要包括：钢丝绳电动葫芦、环链电动葫芦、微型电动葫芦、气动葫芦、手拉葫芦、手扳葫芦和滑车等提升机械设备，是比较常用的起重工具。广泛用于工厂、矿山、农业、电力、建筑、码头、船舶、仓库的机器安装和货物起吊等方面，是量大面广的通用起重产品。

国内市场与销售 我国起重葫芦行业经过几十年的发展，产业规模和制造能力已经成为全球最大，基本能满足国内市场的需求，正在努力扩大国际市场份额和提升产品品牌。

2018 年是起重葫芦行业产品市场逐渐复苏的一年，行业企业发展进入了新一轮上升周期，各项行业经济指标较 2017 年稳中有升。

根据中国重型机械工业协会统计网的统计数据，2018 年协会网员企业（企业数量比 2017 年多两家）年产 20.8 万台电动葫芦（不包括单相电动葫芦），同比增长 21.64%。

电动葫芦产量排在前 5 位的企业分别是卫华集团有限公司、河南省矿山起重机有限公司、凯澄起重机械有限公司、浙江冠林机械有限公司和浙江双鸟机械有限公司，5 家企业总产量同比增长 19.86%。

单相微型电动葫芦主要供应国际市场。其中，浙江八达机电有限公司 2018 年的产量同比增长 0.2%。

手动葫芦产量最大的国内 3 家企业分别是浙江双鸟机械有限公司、杭州冠林机械有限公司和浙江五一机械有限公司，3 家公司的总产量同比增长 5.43%。

进出口情况 根据海关进出口统计数据，2018 年我国起重葫芦进出口总量为 556.97 万台，同比增长 7.48%。

电动葫芦（海关税号 84251100），进出口总量为 102.57 万台，同比减少 3.05%，其中，进口 2.1 万台，同比增长 26%，出口 100.47 万台，同比下降 3.4%。

手动葫芦及滑车（海关税号 84251900），进出口总量为 454.4 万台，同比增长 10.2%，其中，进口 2.3 万台，同比下降 15.4%，出口 452.1 万台，同比增长 10.3%。

根据海关对进出口交易金额的统计，2018 年我国起重葫芦进出口总额 3.97 亿美元，同比增长 5.87%。

电动葫芦，进出口总额为 2.15 亿美元，同比增长 3.98%，其中，进口额 0.55 亿美元，同比增长 5.72%，出口额 1.6 亿美元，同比增长 3.39%，贸易顺差 1.05 亿美元，同比增长 2.19%。

手动葫芦及滑车，进出口总额为 1.82 亿美元，同比增长 7.6%，其中，进口额 0.16 亿美元，同比增长 3.21%，出口额 1.66 亿美元，同比增长 8.05%，贸易顺差 1.5 亿美元，同比增长 8.59%。

主要企业主要经济指标 2018 年起重葫芦行业主要企业主要经济指标完成情况见表 1。

表 1 2018 年起重葫芦行业主要企业主要经济指标完成情况 （单位：万元）

企业名称	起重葫芦销售收入	其他产品销售收入	工业总产值	利税总额	人均产值
凯澄起重机械有限公司	—	—	29 300	—	—
纽科伦（新乡）起重机有限公司	50 043	123678	173 722	7 168	96
浙江双鸟机械有限公司	30 766	13186	44 515	5 535	68
浙江冠林机械有限公司	25 191	75.8	25 622.6	3 326	146.61
浙江五一机械有限公司	11 858	172	11 240	558	70
八达机电有限公司	11 273	2142	15 723	1 284	81
南阳市起重机械厂	2 250	3812	11 133	698	—
广州超宇起重设备有限公司	88	118	309	32	14.05
湖北银轮起重机械股份有限公司	2 100	—	2 100	—	—
华德起重机（天津）股份有限公司	10 126	5 238	15 364	1 081	91
铜陵市神雕机械制造有限公司	3 750	190	3 940	360	105
湖南泰尔汀起重科技有限公司	1 800	—	1 800	100	80
维多利科技（江苏）有限公司	8 882	43	8 925	266	29

主要企业产品产量产值完成情况 2018 年起重葫芦行业主要企业产品产量、产值完成情况见表 2。2018 年起重葫芦行业主要企业配件产品产量、产值完成情况见表 3。

表 2 2018 年起重葫芦行业主要企业产品产量、产值完成情况

企业名称	主营产品	产量（台）	产值（万元）
凯澄起重机械有限公司	钢丝绳电动葫芦	32 220	—
卫华集团有限公司	电动葫芦	62 242	—
河南省矿山起重机有限公司	电动葫芦	58 530	—

（续）

企业名称	主营产品	产量（台）	产值（万元）
浙江双鸟机械有限公司	钢丝绳电动葫芦	1 234	2 999
	环链电动葫芦	8 390	4 502
	手动葫芦	436 766	15 218
浙江冠林机械有限公司	环链电动葫芦	29 159	8 910.17
	手动葫芦	304 359	16 669.57
浙江五一机械有限公司	环链提升机	3 545	646
	电动葫芦	2 251	565
	手板葫芦	30 251	1 165
	手拉葫芦	220 060	8 692
八达机电有限公司	单相电动葫芦	215 000	—
	绞盘	28 000	—
	手动卷扬机	4 600	—
南阳市起重机械厂	手动葫芦	45 922	—
铜陵市神雕机械制造有限公司	环链电动葫芦	7 600	1 920
	手动葫芦	45 000	1 830
华德起重机（天津）股份有限公司	钢丝绳电动葫芦	3 267	10 126
湖南泰尔汀起重科技有限公司	钢丝绳电动葫芦	350	1 800
广东超宇起重设备有限公司	钢丝绳电动葫芦	135	116
维多利科技（江苏）有限公司	钢丝绳电动葫芦	157	133
	环链电动葫芦	2 942	2 502
	手动葫芦	6 270	5 330
	单相电动葫芦	50	42

表 3　2018 年起重葫芦行业主要企业配件产品产量、产值完成情况

企业名称	配件产品名称	产量	产值（万元）
浙江双鸟机械有限公司	单轨小车	74 726（台）	2 735
	链条	12 250（t）	9 800
	葫芦配件	1 200（t）	953
浙江冠林机械有限公司	单轨小车	906（台）	42.87
浙江五一机械有限公司	单轨小车	2 015（台）	91
	吊索具	—	29
	起重链条	—	52
维多利科技（江苏）有限公司	搬运车	10 000（辆）	918

主要企业产品出口情况　2018 年起重葫芦行业主要企业产品出口情况见表 4。

表 4　2018 年起重葫芦行业主要企业产品出口情况

企业名称	出口国家（地区）	出口数量（台）	出口金额（万美元）
纽科伦（新乡）起重机有限公司	亚洲	1 252	1 026
	欧洲	437	401
	北美洲	441	410
	南美洲	615	561
	非洲	544	442
北京起重工具厂	美国	33 000	200
浙江双鸟机械有限公司	德国	29 825	162
	美国	27 562	123
	南非	23 560	115
	荷兰	19 660	98
	土耳其	16 872	78
浙江冠林机械有限公司	美国	14 897	1 420.58
	加拿大	1 081	108.21
	法国	805	75.17
	意大利	452	28.49
浙江五一机械有限公司	印度尼西亚	21 000	188
	越南	21 000	166
	土耳其	4 900	44
	德国	5 015	42
	泰国	5 250	41
八达机电有限公司	欧洲	100 000	650
	美洲	70 000	450
	其他	30 000	200
南阳起重机械厂有限公司	印度	2 500	10
	日本	1 200	4
	马来西亚	3 000	9
华德起重机（天津）股份有限公司	巴西	42	51
	立陶宛	23	28
	智利	13	121
铜陵市神雕机械制造有限公司	印度	5 300	32
	俄罗斯	4 900	31
	新加坡	5 600	33
	土耳其	3 400	23
	匈牙利	2 700	19
湖南泰尔汀起重科技有限公司	阿联酋	30	29
	几内亚	25	23
	菲律宾	15	14

行业年会 2018年11月28—29日在安徽省芜湖市召开了中国重型机械工业协会起重葫芦分会三届二次会员大会，128家会员单位的179名代表出席会议。

9家单位加入分会，分别是浙江杰特工贸股份有限公司、河南锐思特科技有限公司、浙江劼力起重机械设备有限公司、维多利科技（江苏）有限公司、如东宏信机械制造有限公司、上海托菲机电科技有限公司、苏州中州安勃起重设备有限公司、安徽创新电磁离合器有限公司和慈溪市坎墩沈南五金配件厂。

质量和标准

（1）由河南省起重机械标准化技术委员会提出并归口管理的DB41/T 1534—2018《钢丝绳电动葫芦轻量化设计通用技术条件》于2018年1月3日发布，4月3日实施。该标准起草单位有：纽科伦（新乡）起重机有限公司、长垣县质量技术监督局、河南省起重设备配件产品质量监督检验中心、河南卫华重型机械股份有限公司、卫华集团有限公司、河南卫华机械工程研究院有限公司、河南大方重型机器有限公司、河南蒲瑞精密机械有限公司、长垣县质量技术监督检验测试中心和河南省建筑科学研究院有限公司。

（2）由河南省起重机械标准化技术委员会提出并归口管理的DB41/T 1674—2018《冶金钢丝绳电动葫芦技术要求》于2018年9月29日发布，12月29日实施。该标准起草单位有：纽科伦（新乡）起重机有限公司、长垣县质量技术监督局、河南省起重设备配件产品质量监督检验中心、河南卫华重型机械股份有限公司、卫华集团有限公司、河南卫华机械工程研究院有限公司、河南大方重型机器有限公司、河南蒲瑞精密机械有限公司、长垣县质量技术监督检验测试中心、河南省特种设备安全检测研究院、河南省计量科学研究院和河南省质量技术监督培训中心。

（3）由河南省起重机械标准化技术委员会提出并归口的DB41/T 1725—2018《钢丝绳电动葫芦振动检测和评价》于2018年11月26日发布，并于2019年2月26日实施。该标准起草单位有：河南省特种设备安全检测研究院、国家桥架类及轻小型起重机械质量监督检验中心（河南）、郑州大学、华电郑州机械设计研究院有限公司、河南新科起重机股份有限公司、河南矿山起重机有限公司和河南省特种设备产业计量测试中心。

（4）由长垣县起重装备制造行业协会提出并归口的T/CPARK 2—2018《绝缘钢丝绳电动葫芦通用技术要求》于2018年10月10日发布，并于2019年1月10日实施。该标准起草单位有：纽科伦（新乡）起重机有限公司、河南省特种设备安全检测研究院、北京起重运输设计研究院河南分院、河南省特种设备检测研究院长垣分院、河南省起重设备配件产品质量监督检验中心、河南卫华机械工程研究院有限公司、卫华集团有限公司、河南卫华重型机械股份有限公司、辽宁华原重型装备有限公司、长垣县质量技术监督局和长垣县质量技术监督检验测试中心。

（5）湖南泰尔汀起重科技有限公司申请了1个（双制动锥形电机）发明专利和8个（同步控制双电动葫芦、星轮联轴器、开式齿轮葫芦小车、双绝缘吊钩组、滚轮导向导绳器、滚针轴承保持架及其卷筒结构、浮动式行星传动减速器、电动葫芦限位开关）实用新型专利。参加了中国—东盟博览会、第四届中国·长垣国际起重装备博览交易会和2018亚洲国际物流技术与运输系统展览会3个展览会。

〔撰稿人：中国重型机械工业协会起重葫芦分会张敏 审稿人：中国重型机械工业协会起重葫芦分会张维新〕

桥式、门式起重机

生产发展现状 随着制造业不断转型升级，国内装备制造、轨道交通和能源等诸多行业设备技术水平的提升，对起重机械的可靠性、安全性和节能性提出了更高要求。

2018年，供需矛盾、结构性矛盾等困扰行业发展的深层次问题尚未明显改善，全年实现平稳运行的压力依然存在。劳动力成本迅速攀升、环保压力加剧、产能过剩、竞争激烈、客户个性化需求日益增长等因素，迫使行业内很多企业从低成本竞争策略转向建立差异化竞争优势。我国起重机制造企业的转型迫在眉睫。企业需要从以下两个方面进行：

一方面是发展智能制造。这不仅是企业转型升级的突破口，也是重塑制造企业竞争优势的新引擎，是制造业的未来方向。

另一方面是推动创新发展，突破一批关键核心技术。加快建立以企业为主体、以市场为导向、产学研用深度融合的技术创新体系，突破关键核心技术，增强装备制造业创新能力，真正掌握核心技术。

市场与销售 随着推动深挖国内市场潜力、拓展扩大最终消费、稳定制造业投资以及提升产业基础能力和产业链水平等政策措施的实施，国家“一带一路”倡议打开的国际窗口，以及减税降费政策的落实，2018年行业经济运行环境有所改善、企业发展活力得到进一步释放，2018年产品销售额比上年略有增长。2014—2018年桥式、门式起重机销售量和销售产值完成情况见表1。

表1　2014—2018年桥式、门式起重机销售量和销售产值完成情况

年份	2014年	2015年	2016年	2017年	2018年
销售量（万台）	8.2	8.0	8.0	8.6	8.9
销售产值（亿元）	350	315	305	360	393

随着“一带一路”建设的持续推进，国内企业不断创新优化起重机产品，加快了起重机出口的步伐。但是中美贸易摩擦的加剧，使得美国已不再是我国起重机第一出口国，出口量与上年同期相比下降80%。2018年主要起重机出口国占比情况见表2。

表2　2018年主要起重机出口国占比情况

序号	国家（地区）	出口比例（与上年同期比较）
1	美国	下降80%
2	印度	上升20%
3	越南	持平

中美贸易摩擦的产生给我国敲响一记警钟，行业企业应及时调整战略部署，充分把握国际经济局势，适时调整出口方向，拓展更稳定可靠的国外市场。

（1）基本运行情况。2018年度，行业企业618家，实现主营业务收入1 292.27亿元，同比增长9.86%；流动资产总额为1 345.93亿元，同比增长15.38%；应收账款为418.42亿元，同比增长41.85%；存货为451.78亿元，同比增长13.90%；主营业务成本为1 095.67亿元，同比增长7.73%；实现产品产量777.11万t，同比增长33.98%。

（2）综合效益情况。2018年度，行业实现利润总额60.39亿元，同比增长44.13%；亏损企业112家，行业亏损面18.12%，比上年略有改善。主要综合效益指标有增有减，其中：资产负债率62.65%，比上年减少3.51个百分点；流动资产周转率0.82次，比上年增加0.01次；成本费用利润率4.90%，比上年增加1.21个百分点。

（3）桥机专委会会员企业情况。2018年会员企业整体经济运行平稳，较2017年度略有增长，但是骨干企业发展不够均衡。桥式、门式起重机产值排名前11位企业的起重机产品销售总额达250.75亿元，约占整个国内市场份额的73.28%。他们是卫华集团有限公司94.33亿元，河南省矿山起重机有限公司62.73亿元，河南豫飞重工集团有限公司47.25亿元，太原重工股份有限公司10.48亿元，江西起重机械总厂8.62亿元，大连华锐重工集团股份有限公司6.74亿元，株洲天桥起重机股份有限公司6.57亿元，法兰泰克重工股份有限公司4.19亿元，山起重型机械股份公司4.01亿元，河南圣起机械集团有限公司3.56亿元，广州起重机械有限公司2.27亿元。2018年度桥式起重机专业委员会部分会员企业主要经济指标见表3。

表3　2018年桥式起重机专业委员会部分会员企业主要经济指标

序号	企业名称	工业总产值（亿元）	起重机销售额（亿元）
1	卫华集团有限公司	124.78	94.33
2	河南省矿山起重机有限公司	82.07	62.73
3	河南豫飞重工集团有限公司	52.82	47.25
4	太原重工股份有限公司	64.28	10.48
5	江西起重机械总厂	9.31	8.62
6	大连华锐重工集团股份有限公司	65.71	6.74
7	株洲天桥起重机股份有限公司	14.06	6.57
8	法兰泰克重工股份有限公司	7.64	4.19
9	山起重型机械股份公司	5.31	4.01
10	河南圣起机械集团有限公司	4.95	3.56
11	广州起重机械有限公司	2.48	2.27
	合计	433.41	250.75

注：按起重机销售产值排序。

新产品和科技成果　2018年度桥机专委会会员单位加大自主研发投入，取得了丰硕的成果。

大连华锐重工起重机有限公司。2018年度公司的传统主导产品（如起重机械、散料装卸机械等）具有领先的优势，并参与部分行业标准的制定。同时，公司按照“绿色、节能、环保、高效”的发展方向和原则，努力拓展新的利润增长点，积极开拓新能源、节能环保、海工装备和仓储物流等新兴业务，打造以传统主导产品为发展基础，以成长型产品和资本运营为增长拉动点，以新兴产品和现代服务为新增长点，优势互补、战略协同的新型产品结构。公司未来将加速推进“产融结合”，借助金融资本助力新产业拓展，加快推进金融创新工具，促进传统产品升级发展。公司面对市场高端化、绿色化需求，加大科技创新力度，坚持智能化升级提升产品核心竞争力，完成科技研发55项，集中优势攻关5个核心控制系统，取得发明专利4项，软件著作权3项。目前，公司拥有有效专利476项，其中，发明专利282项，创下234项“中国第一”。

卫华集团有限公司。

（1）创新政策。卫华集团实施1 000万元/期的创新基金、500万元/期的“容错基金”制度，建立卫华集团的创新基金管理制度。创新基金用于卫华集团重大科研专项的研发，奖励实现重大技术突破、技术水平行业领先的科研项目；“容错基金”用于弥补创新项目执行过程中因非主观原因造成的损失，减少或免于处罚员工个人，充分调动研发人员的创新积极性。为员工营造“勇于创新、包容失败、团队合作、技术领先”的创新文化和创新氛围。

（2）专利情况。截至2018年年底，卫华集团共计申报专利874项，已获证书651项，受理发明专利187项，

获得授权74项。目前有效发明专利69项。其中，2018年申请专利141项，其中，发明专利33项。

（3）获奖情况。截至2018年卫华集团先后获得省部级科技进步奖项60项，省、市级科技进步奖项60项，其中，一等奖15项，二等奖19项，三等奖24项，优秀奖2项。2018年度卫华集团有限公司荣获国家“2018年制造业与互联网融合发展试点示范企业”，国家“2018年工业互联网试点示范企业”“国家第二批制造业单项冠军企业”“河南省工业互联网平台培育单位”“河南省新型研发机构”“河南省制造业创新中心”等多项荣誉。

（4）科技成果。为使科技创新成果“落地”，正确判别科技成果的质量和水平，促进科技成果的完善和科技水平的提高，加速科技成果推广应用，卫华集团积极开展成果鉴定工作。目前，经鉴定的科技成果共73项，其中，国际领先1项，国际先进5项，国内领先68项，国内先进2项，完成科技成果鉴定15项。

株洲天桥起重机股份有限公司（简称株洲天桥）。2018年，株洲天桥立足高端智能装备行业，不断升级转变。现有的传统产品是公司安身立命的产品，公司借助“品质提升年”活动契机，不断提高技术水平，改进产品质量，向智能化、信息化提升，继续保持在行业内的领先地位。2018年11月，国内冶金行业首台散碎料原料库智能起重机交付豫光金铅使用，实现无人操作自动化加料；华菱湘钢的废钢转运智能起重机经过改造后，成功实现自动吊运装车及散落料的自动定位清理。这些都标志着株洲天桥正式向高端物料搬运智能化解决方案供应商升级转变。

2018年株洲天桥以科研项目为发力点，科技研发投入7 159.17万元，以推进产品技术自动化、信息化、智能化等多方面转型升级。联合南开大学、中南大学等高等院校开发的“面向有色金属浇铸机器人作业系统”获得国家科技部立项支持；完成物料搬运、风电等多个关键技术科技创新项目立项工作；有色金属精炼搬运装备智能化关键技术研发通过了湖南省战略性新兴产业验收；新设天新智能，作为集团的技术研发、人才培养、产业孵化平台，为集团的技术创新提供新动力。

太原重工股份有限公司（简称太原重工）。2018年，太原重工技术创新工作紧紧围绕“诚信、创新、精益、卓越”核心价值观，不断提升精细化管理水平，完善企业创新体系。

（1）科技项目管理。组织编制了公司科技发展计划，按照要求开展项目管理工作。全年科技立项394项，考核287项，完成310项。

2018年，共申请各级科技专项81项，批复立项40项，获批额度2 672万元，到账1 670万元。同时，加强项目执行过程的管理，保障项目顺利完成、验收合格。组织完成国家科技支撑计划项目“桥式起重机械轻量化关键技术研究与应用”、山西省煤基重点科技攻关“高可靠性采煤机及其关键技术开发项目”等10项科技项目的验收，基本完成到期项目的验收工作。

（2）标准化管理。2018年，共完成标准制（修）订37项，其中，国家标准3项，行业标准7项，公司标准27项。

（3）知识产权管理。2018年，共申请国家专利151项，其中，发明专利90项；授权专利93项，其中，发明专利47项。加强了专利申请审查，降低了专利数量要求，重点提高专利申请质量和授权率。针对专利撰写技术，组织专业培训1次，提高了技术人员的专利撰写水平。开展专利检索工作，每周对公司两百余家主要竞争对手专利进行跟踪检索。共登记科技论文83篇。

（4）科技成果管理。2018年，共计申报科技奖励13项，获奖8项，其中“高性能重载行星齿轮传动装置关键技术与应用”获中国机械工业科学技术奖一等奖，“TZT1200履带式伸缩臂起重机”“特种有色金属板材辊式矫直技术与装备开发及其应用”获中国机械工业科学技术奖二等奖，“复杂载荷下重载齿轮传动装置关键技术与应用”获山西省科技进步奖一等奖，“TZT1200履带式伸缩臂起重机”获山西省科技进步奖二等奖。

（5）平台建设。公司牵头成立了山西省高端重型装备智能制造产业技术创新战略联盟。公司牵头成立的山西省重型装备智能制造创新中心，获得山西省经信委批复。组织召开国家重点实验室学术委员会会议，开展重点实验室对外开放活动，邀请谭建荣院士做了智能制造专题讲座。与中北大学签订了军民融合战略合作协议，共建军民融合技术研究中心。太原市院士工作站、山西省重型装备智能制造院士工作站获批成立。

法兰泰克重工股份有限公司。2018年，公司继续贯彻“以产带投，以投促产，产投融合，协同发展”的双轮驱动发展战略。在产业驱动方面，公司以市场需求为导向，以技术创新为根本，围绕客户需求不断提升公司技术研发能力和市场开拓能力，向标准化、智能化和国际化方向发展；在投资驱动方面，公司将继续在全球范围内并购差异化明显、拥有独特竞争优势的物料搬运和智能制造企业，快速获取技术、人才、市场和品牌。

借助产业和投资双轮驱动，加强公司的技术核心优势，完善公司销售服务网络体系，进一步加强公司的智能物料搬运市场品牌优势和专业化优势，努力使公司成为产品领先、技术先进、管理一流、效益突出的全球化智能物料搬运方案供应商和服务商。

同时，公司积极开展产学研合作，更深入地与上海交通大学、哈尔滨工业大学、太原科技大学等科研院所展开项目合作，结合双方优势，推动产业升级。截至2018年年末，公司及子公司拥有专利总数157项，其中，发明专利14项，实用新型131项，外观设计12项。

宁波市凹凸重工有限公司。2018年度，公司加大对研发、科技创新方面的投入，取得了丰硕的成果。

（1）产品与技术开发。自主研发“起重机斜拉及松绳监测控制技术开发”“一种新型制动器安全检测装置的研发”“大吨位垃圾抓斗桥式起重机研发”“变频防摇技术在垃圾抓斗起重机中的应用”“采用新型驱动装置的双梁小车研发”“一种新型防脱钩装置的开发”6 个项目，参与 2017 国家重点研发计划“机电类特种设备风险防控与治理关键技术研究及装备研制的子任务”课题。

（2）知识产权。2018 年，公司共获得专利 27 项，其中，发明专利 10 项，实用新型 17 项。“桥式起重机制造数字化运维管理系统软件”获得软件著作权。

河南省矿山起重机有限公司（简称河南矿山）。河南矿山一直秉持“质量铸就品牌，诚信编织未来”的理念，完善质量管理体系，开展产业质量提升活动，抓住了促进企业发展的牛鼻子，增强了产品研发的针对性，激发了提升企业产品质量的内在动力。公司继续推行卓越绩效管理模式，始终把产品质量放在企业发展的首要地位，2018 年荣获“河南省省长质量奖”。公司内部设立了“公司创始人质量奖”“董事长质量奖”“总经理质量奖”“工匠精神奖”，对获奖单位和个人予以隆重表彰。公司管理、厂区建设、工艺装备逐步实现了标椎化。2018 年，河南矿山参与制（修）订的国家、行业、地方和团体标准共发布 8 项。

河南矿山与西门子公司签订“战略合作协议”，建立了全面战略合作伙伴关系，共同研发高智能、自动化、无人值守和精准定位等的高端起重设备。与太原科技大学、华北水利水电大学实行校企及技术研发战略合作。2018 年 7 月承办了“第 15 届中日韩亚洲起重机安全论坛”，河南矿山发表“冷轧工程无人起重机设计与应用探讨”学术演讲；8 月承办了“2018 中国大学生机械工程‘矿源杯’第三届中国大学生起重机创新创意大赛”。

北京起重运输机械设计研究院（简称北起院）。2018年，北起院稳步推进各项科研工作，积极组织国家科技支撑计划课题的实施和验收，开展行业前瞻性或共性技术研发；积极组织申报上级科研课题，加强科研平台的申报和建设，进一步加强北起院的行业地位和技术支撑。通过依托科研项目或重大工程项目，逐步构建协同创新机制，不断强化研发人员的创新能力建设。

在重大技术项目攻关方面：北起院组织完成了 7 个项目验收，其中，组织完成国家项目验收 1 项，协助完成国家项目验收 3 项，北京市东城区科技课题验收 1 项，博士后项目验收 1 项，公司级科研项目验收 1 项。组织实施重点科研项目 2 项，其中，北京市重大专项 1 项，集团技术开发专项 1 项；组织完成 1 个国家重点研发计划和 3 个集团专项基金课题的申报工作。

2018 年度北起院完成的重大科技成果和获得的荣誉：

1）荣获中国重型机械行业自主创新领军企业。结合北起院技术开发工作进展与科研平台建设情况，成功申报中国重型机械行业自主创新领军企业，并顺利通过评审，获得自主创新领军企业的称号。

2）获得“北京市设计创新中心”认定。2018 年，北起院通过了北京市科委文科处、北京市科技金融促进会的答辩审核，获得了“北京市设计创新中心”的称号，提升了公司科研实力和行业影响力。

3）知识产权工作稳步提升。北起院高度重视知识产权工作，通过相关管理办法、激励措施，引导、鼓励广大科技人员注重专利、软件著作权的申请，特别是发明专利的申报。

2018 年度，北起院专利总申请量为 30 项，其中，发明专利 14 项，实用新型 15 项，外观设计 1 项，比上年申请数量略有增长。获得专利 19 项，其中，发明专利 1 项，实用新型 17 项，外观设计 1 项。软件著作权 2 项。

桥机行业在 2018 年度共获得授权专利和实用新型专利 260 余项。2018 年桥式、门式起重机行业获奖科研项目见表 4。

表 4　2018 年桥式 、门式起重机行业获奖科研项目

序号	项目名称	获奖类别	获奖等级	主要完成单位
1	高性能重载行星齿轮传动装置关键技术与应用	中国机械工业科学技术奖	一等奖	太原重工股份有限公司
2	复杂载荷下重载齿轮传动装置关键技术与应用	山西省科技进步奖	一等奖	太原重工股份有限公司
3	特种有色金属板材辊式矫直技术与装备开发及其应用	中国机械工业科学技术奖	二等奖	太原重工股份有限公司
4	TZT1200 履带式伸缩臂起重机研制	中国机械工业科学技术奖	二等奖	太原重工股份有限公司
5	特大型铸件全自动翻转起重机关键结构及应用技术研究	中国机械工业科学技术奖	三等奖	纽科伦（新乡）起重机有限公司
6	基于伺服控制的超高精定位数控起重机	中国机械工业科学技术奖	三等奖	河南卫华重型机械股份有限公司
7	特大型铸件全自动翻转起重机关键结构及应用技术研究	中国机械工业科学技术奖	三等奖	河南卫华重型机械股份有限公司
8	起重机专用轻量化新型点线啮合减速机	中国机械工业科学技术奖	三等奖	河南蒲瑞精密机械有限公司

质量与标准　桥机专委会组织会员单位积极参加标准的制（修）订，根据《中华人民共和国特种设备安全法》《特种设备安全监察条例》《中华人民共和国标准化法》的规定，依据中华人民共和国国家标准公告，2018 年批准发布的与桥式、门式起重机相关的部分标准见表 5。

表 5　与桥式、门式起重机相关的部分标准

序号	标准编号	标准名称	发布日期	实施日期
1	GB/T 35975—2018	起重吊具　分类	2018-02-06	2018-09-01
2	GB/T 10183.1—2018	起重机　车轮及大车和小车轨道公差　第 1 部分：总则	2018-05-14	2018-12-01
3	GB/T 22437.1—2018	起重机　载荷与载荷组合的设计原则　第 1 部分：总则	2018-05-14	2018-12-01
4	GB/T 36697—2018	铸造起重机报废条件	2018-09-17	2019-04-01
5	GB/T 18874.3—2018	起重机　供需双方应提供的资料　第 3 部分：塔式起重机	2018-12-28	2019-07-01
6	GB/T 24813—2018	带安全闭锁装置的 8 级钢制锻造起重吊钩	2018-12-28	2019-07-01
7	GB/T 25196—2018	起重机　设计工作周期的监控	2018-12-28	2019-07-01
8	JB/T 13312—2018	工业制动器　能效限额	2018-03-06	2018-10-01
9	JB/T 13357—2018	起重机械用制动电动机　能效限额	2018-03-06	2018-10-01
10	JB/T 8905—2018	起重机用三支点减速器	2018-04-30	2018-12-01
11	JB/T 12477—2018	起重机用底座式减速器	2018-04-30	2018-12-01
12	JB/T 12478—2018	起重机用立式减速器	2018-04-30	2018-12-01
13	JB/T 12479—2018	起重机用套装式减速器	2018-04-30	2018-12-01
14	JB/T 10559—2018	起重机械无损检测　钢焊缝超声检测	2018-04-30	2018-12-01
15	JB/T 13479—2018	工业制动器　制动衬垫	2018-04-30	2018-12-01
16	JB/T 13480—2018	起重机用主令控制器	2018-04-30	2018-12-01
17	JB/T 13481—2018	起重机用抓斗	2018-04-30	2018-12-01
18	JB/T 9007—2018	起重滑车	2018-12-21	2019-10-01

行业发展中存在的问题及对策建议

1．现阶段存在的主要问题

（1）脱离企业自身实际，盲目效仿。现阶段，国内相当一部分起重机企业喜欢模仿优势企业的技术和经营模式，但在借鉴过程中，盲目抄袭，引进龙头企业所采用的技术或设备，而没有充分考虑自身需求，积极开展关键技术研究，也没有进行系统规划和设计，造成生产工艺或设备与实际需求严重不符。

（2）为了智能制造而智能制造。由于智能制造“大热”，行业内一些企业盲目跟风，存在为了“智能制造”而智能制造的现象。导致大量人力和物力的投入得不到回报。

企业应首先明确要达到的经济目标——提升质量、提高效率、降低成本、缩短周期、降低能耗。再根据自身的实际情况，针对不同的目标，不同的技术手段实施智能制造要解决的问题。

（3）盲目购买自动化设备和自动化产线。很多制造企业认为推进智能工厂就是自动化和机器人化，盲目追求“黑灯工厂”，只注重购买高端数控设备，却没有配备相应的软件系统。智能工厂建设涉及智能装备、自动化控制、传感器、工业软件等领域的供应商，集成难度很大。智能制造和智能工厂涵盖领域很多，系统极其复杂，企业还缺乏深刻理解。在这种状况下，制造企业如果贸然推进，搞“大跃进”，必将造成企业的投资打水漂。

企业在购买设备时没有要求开放数据接口，大部分设备还不能自动采集数据，没有实现车间联网。在工厂运营方面还缺乏信息系统支撑，车间仍然是一个“黑箱”，生产过程还难以实现全程追溯。

生产设备没有得到充分利用，设备的健康状态未进行有效管理，常常由于设备故障造成非计划性停机，影响生产。

（4）应收账款拖欠严重。企业不得不用有限的流动资金来垫付各种税金和费用，加速了企业的现金流出，造成企业资金周转困难，对企业的经营和财务状况产生不良影响。小部分会员企业因为资金收入回笼不畅而无法购买生产用料，导致破产。

（5）固守传统经营方式。面对经济全球化浪潮所带来的机遇与挑战，行业内的小部分企业，依然固守传统的经营模式，墨守成规，导致跟不上时代的节奏。

（6）核心人才严重短缺。行业部分企业缺乏竞争优势，高层次人才严重短缺，科研基础十分薄弱。因此，企业必须舍得在研发上持续投入，必须拥有一支国内领先的研发团队。

2．建议

针对上述问题，桥机专委会通过实地调研企业，邀请相关专家召开研讨会，提出以下建议：

（1）智能制造应“因企而异”。全球数字经济时代，制造业转型升级势在必行，走智能制造之路是传统制造业企业面对变革挑战能做的唯一选择。我国制造业企业已纷

纷对原有工厂 / 车间进行自动化、数字化和网络化升级改造，通过实现标准化生产，提高生产效率和产品品质，降低人工成本，提升企业效益及市场竞争力。

智能制造的实现不可能一蹴而就，需要循序渐进，补齐短板，并行发力。因此，行业内企业在实施智能制造过程中应“因企而异”，避免盲目跟风和片面认识。

（2）加快结构性改革。快速响应市场，在研发和制造环节并行实现；打破组织、地域及时间壁垒进行资源的集成；顺应当下网络和信息时代，及时把海量信息转变为知识体系；针对日益增长的环保压力，应追求绿色可持续发展；加大技术创新的投入，开创全新制造工艺及产品工艺。

（3）发挥龙头企业优势，引领行业发展方向。近几年随着国内对安全、环保要求的进一步提高，从业人员薪资及福利的持续提升，规模较小的中小企业没有能力参与市场竞争，而行业内主要生产低端起重机的区域性厂商，自然被淘汰。

同时，国内龙头企业由于在批量采购、研发设计、规模生产、售后服务等方面具备综合优势，积极抢占市场份额，行业地位进一步巩固。

协会应进一步发挥龙头企业优势，引领全行业向良性、健康、可持续道路上发展。

（4）强化风险防控。行业内企业可完善用户信用评价体系，严格审核用户资信情况，强化合同评审机制，从合同源头有效防范风险。杜绝坏账、拖欠货款情况的发生。

（5）借助“一带一路”倡议东风，大力开拓海外市场。“一带一路”为起重装备行业提供了良好机遇，企业可以利用大集团项目出海、国内外展览会等方式结识新客户。

加强行业企业间的交流合作，上下游产品抱团成套出口，创新“走出去”的方式，实施国际化经营的战略，弥补国内市场需求的不足。

（6）构建高品质自主研发新理念。不断升级的贸易摩擦，提醒我们必须不断研发出一系列高品质的产品，拥有完全的自主核心技术，才能在竞争中立于不败之地。

这种高品质不仅体现在性能、参数、智能化、轻量化等产品自然属性和外在形式上，而且体现在满足个性化需要、有助于提高生活质量等产品社会属性和人文内涵方面；不仅体现在符合和满足用户的现实需求方面，而且体现在洞悉和引领用户的未来偏好方面。唯有这样，行业内企业才能赢得用户的长久青睐，保持自身经济效益的稳定增长。

〔撰稿人：中国重型机械工业协会桥式起重机专业委员会夏雯　审稿人：中国重型机械工业协会李镜〕

带式输送机

生产发展情况　通过对带式输送机行业 51 家骨干企业的数据统计，全部产品工业总产值为 135 亿元，同比增长 2%；利润总额为 10.5 亿元，利润率同比增长了 1.3 个百分点。从带式输送机行业的数据分析可见，国内市场需求持续增长，工业总产值稳中有升，产品利润率有所提高。2018 年行业主要骨干企业带式输送机产品生产情况见表 1。

表 1　2018 年行业主要骨干企业带式输送机产品生产情况

序号	企业名称	产值（万元）	利润（万元）	出口产值（万元）	产量	
					以吨计（t）	以米计（m）
1	衡阳运输机械有限公司	82 573	882	5 977	68 420	235 000
2	四川省自贡运输机械集团股份有限公司	82 189	9 717	35 211	77 615	161 589
3	安徽攀登重工股份有限公司	69 170	5 025	3 084	5 595	14 208
4	上海科大重工集团有限公司	46 029	1 506	3 479	50 610	47 781
5	日照港机工程有限公司	34 064	510	64		
6	安徽盛运重工机械有限责任公司	32 352	1 487	0	13 473	
7	山东山矿机械有限公司	27 823	1 107	11 053	38 106	50 865
8	西安重装韩城煤矿机械有限公司	26 000	−396	0		
9	铜陵天奇蓝天机械设备有限公司	23 132	−197	0	22 506	92 023
10	衡水金太阳输送机械工程有限公司	21 395	551	4 279	18 500	
11	中平能化集团机械制造有限公司	20 474	−2 529	0	4 766	
12	四川东林矿山运输机械有限公司	17 796	1 027	102	16 492	45 641
13	唐山德伯特机械有限公司	16 000	1 000	800	8 000	

（续）

序号	企业名称	产值（万元）	利润（万元）	出口产值（万元）	产量	
					以吨计（t）	以米计（m）
14	安徽永生机械股份有限公司	14 680	462	3 245	19 800	
15	江苏环宇起重运输机械有限责任公司	13 827	1 032	0		30 665
16	吉林省佳信通用机械股份有限公司	12 423	844	0	4 221	
17	宝鸡杭叉工程机械有限责任公司	12 150	860	0	10 560	69 550
18	原平市兴胜机械制造有限公司	12 013	2 151	0	6 000	
19	长治市潞安合力机械有限公司	9 238	231	0		
20	东莞大马输送设备有限公司	9 195	865	5 464	6 500	0
21	芜湖起重运输机器股份有限公司	9 000	407	370	8 440	30 412
22	宁波甬港起重运输设备有限公司	8 900	325	450		
23	天津成科传动机电技术股份有限公司	7 274	199	34	7 920	
24	南京飞达机械有限公司	7 015	691	436	9 970	0
25	江阴市鹏锦机械制造有限公司	6 428	362	680		
26	江苏山鑫重工有限公司	6 050	150	0	4 500	
27	宝科机械股份有限公司	5 660	0	1 271		
28	杭州雄鹰机械有限公司	5 600	320	0		
29	原平市宇峰起重运输机械有限公司	5 468	172	0	14 596	10 947
	合计	643 918	28 761	75 999	416 590	788 681

科技成果与新产品 2018年，带式输送机行业企业坚持创新驱动发展战略，推进产品升级，科技成果和新产品层出不穷。

北方重工集团有限公司（简称北方重工）设计制造的国内最长的湖州南方物流码头“空中运输走廊”输送机建成，这是一条全长22km，运输能力1 050万t/a，穿过群山、航道与水运码头，无缝衔接，使水泥熟料运输实现了“空水联运”模式。北方重工申报17项专利，其中，发明专利12项，实用新型专利5项；取得国家授权专利26项，其中，发明专利8项，实用新型专利18项。获得辽宁省科技进步奖一等奖1项，中国机械工业科技进步奖二等奖1项。

四川省自贡运输机械集团股份有限公司申报1项实用新型专利；取得国家授权专利6项，其中，发明专利1项，实用新型专利5项。“曲线带式输送机五托辊组”获得自贡市专利奖二等奖；“管状带式输送机滑架式压带装置”获得自贡市科技创新成果改进奖一等奖；“超大运量管状带式输送机在港口—钢厂直通联运中的研究应用”获得日照市科技进步奖一等奖。

山东山矿机械有限公司通过持续深化技术创新，在产品开发、设计改进方面不断推进，进一步优化了产品结构，开发了多种新产品、新机型。重点开发了自动控制硅石破碎筛分系统、JIS标准密闭式煤仓输送系统、环保智能回转式码头装卸系统、带式输送机用多滚筒温度及振动集中监控装置等29项新产品；申报7项实用新型专利；参与2项行业标准的制定；完成1项企业标准编制；申报3项山东省经信委创新项目和1项任城区新旧动能转换项目。

衡阳运输机械有限公司申报了4项发明专利。“大倾角深槽带式输送机”获得湖南省首台（套）重大装备二等奖；“长距离隧道掘进输送机”获得湖南省创新创业大赛优秀新产品奖三等奖。

中平能化集团机械制造有限公司获得国家授权实用新型专利6项。“煤矿大功率永磁直驱芳纶胶带输送系统研究与应用”获得中国煤炭工业科学技术奖一等奖。

四川东林矿山运输机械有限公司获得国家授权专利5项，其中，发明专利1项，实用新型专利4项。“无堵塞安全矿仓智能高效放矿装车集控系统”获得内江市科技进步奖二等奖。

上海科大重工集团有限公司申报13项专利，其中，发明专利2项，实用新型专利11项；获得国家授权实用新型专利6项。

衡水金太阳输送机械工程有限公司获得国家授权专利6项，其中，发明专利1项，实用新型专利5项。

安徽攀登重工股份有限公司申报9项实用新型专利；获得国家授权发明专利1项。

芜湖起重运输机器股份有限公司申报5项实用新型专利。

西安重装韩城煤矿机械有限公司获得国家授权实用新型专利7项。

浙江双箭橡胶股份有限公司充分利用研发优势、加大技术创新力度，广泛开展与同行企业、科研院校的合作与交流，加大科技开发和技改投入，提升企业的技术装备水平。通过采用新技术、新工艺，改变传统生产工艺和方法，加快科学技术应用和科技成果转化，提高产品科技含量，完成了4个技术改造项目。轮式输送带、超高分子聚乙烯纤维输送带和耐高温耐磨输送带3个产品获得省级新产品荣誉。取得国家授权专利10项，其中发明专利2项，实用新型专利8项；多呗玛雅项目的轮式输送带、陶瓷输送带顺利投产。

日照港机工程有限公司2018年取得国家授权实用新型专利2项。“铣床超短定位架改造”获得日照市职工技术创新成果奖三等奖。

南京飞达机械有限公司2018年取得国家授权实用新型专利3项。

沈阳制动电磁铁厂有限公司2018年取得国家授权实用新型专利9项。

质量与标准　行业内企业通过树立质量意识、强化质量管理，不断提高产品质量，加快推进品牌建设和制度建设。部分出口项目较多的企业，组织相关人员学习国际标准的相关质量要求，通过对焊工、油漆工、热处理人员、装配人员以及工艺人员、检验人员进行专业培训，提高其分析和解决产品质量问题的能力，把强化工艺过程管理作为质量控制的重点，推行质量分析追溯、质量通报和质量总结等制度，以产品外观“零缺陷”为控制目标，使产品实物质量有了新的提升和突破。

2018年新发布标准6项：

(1)GB/T 35017—2018《连续搬运设备散状物料分类、符号、性能及测试方法》。本标准规定了连续搬运设备散状物料分类、符号、特性及测试方法，提供了对连续搬运设备输送物料温度的现场测试、极限剪应力试验的测试方法及三轴剪应力试验方法，该试验方法不适用于低温物料温度的测试。

(2) GB/T 36698—2018《带式输送机设计计算方法》。本标准按照GB/T1.1—2009给出的规则起草。本标准规定了带式输送机的设计计算方法，用于确定带式输送机主要部件（如驱动装置、制动装置、拉紧装置、滚筒、托辊和输送带等）的基本参数与布置设计，适用于输送散状物料的带式输送机；不适用于钢丝绳牵引带式输送机、管状带式输送机、气垫带式输送机等特种带式输送机的设计计算，但其通用部分的设计计算可参照使用本标准。

(3) JB/T 4235—2018《普通型、限矩型液力偶合器易熔塞》。本标准规定了液力偶合器易熔塞的型式、基本参数及技术要求等，适用于GB/T 5837中普通型、限矩型液力偶合器的易熔塞。

(4) JB/T 7330—2018《电动滚筒》。本标准规定了电动滚筒的术语和定义、型式和基本参数、技术要求、试验方法、检验规则、标志、包装、运输和贮存，适用于将电动机和减速装置置于同一个滚筒体内，或将减速装置置于滚筒体内、电动机置于滚筒体外的滚筒。

(5) JB/T 9000—2018《液力偶合器通用技术条件》。本标准规定了液力偶合器的技术要求、试验方法、标志、包装、运输与贮存等，适用于GB/T 5837中以矿物油、清水或难燃液为工作介质的各种类型液力偶合器。

(6) JB/T 13365—2018《带式输送机用盘式制动器》。本标准规定了带式输送机用盘式制动器的术语和定义、型式与基本参数、技术要求、试验方法、检验规则及标志、包装、运输和贮存，适用于以液压推动器为驱动装置的盘式制动器。

〔撰稿人：中国重型机械工业协会带式输送机分会杨俊　审稿人：北方重工集团有限公司张翼飞〕

散料装卸机械

散料装卸机械是用于将煤炭、矿石、水泥等大宗散状固体原料、燃料和材料进行转运、储运、存放、混匀、取样的重大关键设备，主要包括各式堆取料机、装船机、卸船机，以及翻车机卸车系统，广泛应用于交通、冶金、电力、建材、化工、水利等国民经济重要基础工业行业，是我国重型机械行业的主要组成部分。散料装卸机械产品分类及主要生产企业见表1。

表1　散料装卸机械产品分类及主要生产企业

产品分类	主要生产企业名称
门式、混匀式、圆形料场、侧式刮板（刮斗）、桥式刮板式堆取料机	大连华锐重工集团股份有限公司、华电重工股份有限公司、北方重工集团有限公司装卸设备分公司、哈尔滨重型机器有限责任公司、长春发电设备有限责任公司、湖南长重机器股份有限公司、上海电力环保设备总厂有限公司、大连通达矿冶机械有限公司、大连重工机电动力有限公司和泰富重装集团有限公司
斗轮堆取料机、斗轮取料机、堆料机	大连华锐重工集团股份有限公司、哈尔滨重型机器有限责任公司、长春发电设备有限责任公司、湖南长重机器股份有限公司、华电重工股份有限公司、上海电力环保设备总厂有限公司、北方重工集团有限公司装卸设备分公司、上海振华重工集团股份有限公司、大连通达矿冶机械有限公司、大连重工机电动力有限公司、哈尔滨龙鑫重型机器有限公司、大连天重散装机械设备有限公司、上海工茂起重设备有限公司和泰富重装集团有限公司

（续）

产品分类	主要生产企业名称
翻车机	大连华锐重工集团股份有限公司、武汉电力设备厂、华电重工股份有限公司、大连通达矿冶机械有限公司、大连重工机电动力有限公司、上海振华重工集团股份有限公司和大连天重散装机械设备有限公司
装船机、卸船机	上海振华重工集团股份有限公司、大连华锐重工集团股份有限公司、华电重工股份有限公司、长春发电设备有限责任公司、武汉电力设备厂、哈尔滨重型机器有限责任公司和泰富重装集团有限公司

生产发展情况 2018年随着国家环保政策和供给侧结构调整的持续推进，钢铁、煤炭、港口等行业和领域逐步回暖，行业散料装卸机械存量市场改造和增量市场需求增加，同时经过多年的积累和发展，智能化产品和环保设备得到了市场高度认可，进入应用推广时期。另外，2018年国际市场铝土矿项目激增，这些都为行业发展提供了积极的环境。根据对14家主要企业的统计（部分数据参考上市企业年度财务报表），2018年行业实现工业总产值480.99亿元，产品销售收入444.17亿元，利税总额16.93亿元，是近5年来首次实现了正增长。2018年散料装卸机械行业主要经济指标完成情况见表2。

表2 2018年散料装卸机械行业主要经济指标完成情况

指标名称	实际完成
企业数（家）	14
工业总产值（万元）	4 809 869
比上年增长（%）	20.16
产品销售收入（万元）	4 441 748
比上年增长（%）	11.42
利税总额（万元）	169 276
比上年增长（%）	-4.08

刮板取料机凭借优越的环保性能成为市场的“宠儿”；翻车机受“公改铁”政策影响，市场需求尤其是民营企业业主的需求大幅增加，三车翻车机逐步成为市场主流，集装箱翻卸系统由于“散改集”策略的实施成为新的发展趋势，同时满足专用和通用敞车的多功能翻车机市场也有所增加；在卸船机方面，链斗式连续卸船机和螺旋式连续卸船机市场需求有所增大。但由于国内厂家核心技术不成熟，推广缓慢，抓斗卸船机仍是目前市场的主流机型。另外，料场整体的智能化和环保性逐渐成为市场的主要需求。

外部市场环境是行业向好发展的前提，而企业前期技术投入和创新是首次实现正增长的根本保障。“十三五”以来，行业企业面对严峻的经济形势不断加大研发投入，针对上述新的行业趋势和市场需求，积极通过技术创新提高产品技术水平和市场竞争力，使得结构调整和转型升级初见成效。

大连华锐重工集团依托智能装备研究院，成功开发出我国第一套具有自主知识产权的取料机智能化控制系统，并在用户现场成功应用，设备取料标准偏差降低15%，节省2/3人力，实现了我国大型散料设备智能化的重大技术突破；凭借独有专利技术，使三车翻车机作业效率高达45～48节/小时并实现订货，创造了国内翻车机作业效率新纪录；依靠原有世界首套“C”形三翻专利技术和新开发的高效折返式翻车机系统专利技术，解决了狭小场地内的系统布置问题，最终以议标形式拿下EPC总包合同，开发出国内领先的半门式刮板取料机，“14 400t/h取料机”荣获中国机械工业科学技术奖二等奖。

上海振华重工成功研制出国内首台环保型螺旋卸船机，首个海外散货系统总承包项目——马来西亚关丹港装船系统总包项目成功交付使用，“岸边集装箱产品”被工信部认定为第三批制造业单项冠军产品。

北方重工集团有限公司（简称北方重工）打造的国内首个重型装备智能云服务专家管理系统2018年正式上线，提升了企业的智能制造水平，促进了传统工业企业向服务经济的战略转型。其研制的世界单机最长水泥熟料带式输送机（11.747km）在浙江省湖州市试运行成功，并通过“空中运输走廊”模式实现水泥熟料运输“空水联运”。

北京起重运输机械设计研究院“双向输送物料的圆管带式输送机技术”荣获中国机械工业科学技术奖三等奖，“大跨径柔性吊装技术”荣获2018年中国“好设计”金奖。

泰富重装集团有限公司荣获“2018年民营企业制造业500强”“2018年度国家技术创新示范企业”其“基于圆管带式输送的散料储运系统及成套装备”荣获中国机械工业科学技术奖三等奖，承担的国家重点研发计划“面向港口机械超大型构件的机器人制造技术与系统集成及应用示范”项目正式启动。

电建重工开展了知识产权贯标工作，2018年12月通过了知识产权管理体系认证，凭借“翻车机自适应压车系统”专利技术，成功中标国内首台翻卸焦炭车翻车机项目——迁安燕山钢铁双车翻车机，以及新余钢铁公司综合料场智能环保易地改造项目。

长春发电设备股份有限公司成功中标中兴电力蓬莱2×1 000MW机组工程项目3 500t圆形料场堆取料机设备，为以后的市场开发奠定了基础；公司还成功中标柳钢集团防城港项目，为公司继续开拓斗轮机市场奠定了坚实的基础。

华电重工股份有限公司的“新一代四卷筒抓斗卸船机研发及应用”项目获得北京市科学技术奖三等奖。

哈尔滨重型机器有限责任公司承揽设计制造的阿尔及利亚综合钢厂250万t DRI工程项目投产使用，获得国家高新技术企业认定。

大连通达矿冶机械有限公司开拓了大型堆取料机市场，研究开发履带式堆取料机系统。

产品分类产量 2018 年，全行业生产的臂式、门式、混匀式、圆形、侧式刮板（刮斗）、桥式刮板堆取料机，斗轮取料机，堆料机，翻车机，装船机，卸船机等散料装卸机械产品实现产量 528 台（套），其中，堆取料机 356 台（套），翻车机 92 台（套），装卸船机 80 台（套），三大类产品中圆形料场刮板取料机、连续卸船机、螺旋取料机因其环保性能好，使产量大幅增加，其余产品变化不大。2018 年散料装卸机械行业主要产品产量和销量见表 3。

表 3 2018 年散料装卸机械行业主要产品产量和销量

产品名称	单位	产量	销量
堆料机、取料机、堆取料机	台	356	351
翻车机	套	92	87
装、卸船机	台	80	80

产品进出口贸易 2018 年，全球经济与贸易形势是近几年来最复杂多变的一年。一方面，随着“一带一路”倡议的落地开花，沿线亚洲、非洲、欧洲中的 65 个国家与我国之间的经贸往来大幅增加。大连华锐重工集团与多米尼加 Haina 港签订了 2 台 55t 岸桥合同，这是我国与多米尼加建交后的第一大单外贸合同，标志着大连华锐重工集团出口扩大到 90 个国家和地区；同时，依靠智能化技术带动高端订货，大连华锐重工集团成功与迪拜签订全球首个数字化料场成套设备合同；继出口澳大利亚 9 台万吨级堆取料机后，大连华锐重工集团再与罗伊山公司签订后期维保服务合同，为项目提供全生命周期管理和服务。另一方面，美国继续实施单边贸易保护主义，中美贸易摩擦持续升级，给行业进出口贸易带来不利影响，如大连重工投标的印尼 TTJB 电厂 2 台 2 500t/h 连续卸船机，因美国等一些公司干预而丢标。

目前，我国散料装卸机械产品的生产和销售完全可以满足国内市场需求，随着技术水平和产品质量的提高，国际竞争力也逐步增强，出口额逐步增加。根据对部分规模以上企业的统计，2018 年出口产品 49 台，出口额 15 042 万美元。2018 年散料装卸机械产品出口情况见表 4。

表 4 2018 年散料装卸机械产品出口情况

产品名称	出口量（台）	出口额（万美元）
堆料机、取料机、堆取料机	39	4 854
翻车机	2	800
装、卸船机	8	1 867

质量及标准 2018 年随着出口订单要求的高标准化以及国内产业政策和优质客户需求的倒逼，行业企业加强产品提质增效和技术攻关，整体技术水平和产品质量大幅提升。重点体现在三个方面：一是智能高效。国内第一台智能化取料机在华能曹妃甸现场投产运行，宝钢集团在行业首次提出无人化连续卸船机需求；澳大利亚罗伊山项目、巴西淡水河谷、马来西亚矿石码头和迪拜哈斯彦电厂等国外新上马重大工程智能化已成为标配。二是绿色环保。振华重工推出螺旋式新型卸船机，圆形料场、连续卸船机等环保性能高的工程设备需求继续增大，斗轮堆取料机、翻车机等常规机型则通过采取干雾抑尘系统、风幕系统、喷雾装置等新技术、新措施提高了环保性能。河北黄骅港煤码头因优良的环保性能已成为行业标杆。三是安全可靠。随着行业执行欧盟、澳大利亚等发达地区产品标准的经验越来越丰富，行业企业掌握了“fail-safe”核心理念，逐渐增加了安全可靠意识，引入了风险评估机制，推行“先人员安全、再环境安全、最后设备安全”的设计理念，制定了国标 GB/T 35016—2018《连续搬运机械 装卸机械 安全规范》，从标准层面保障了产品质量，规定了可利用率和可靠性的计算方法。

目前，行业产品执行的技术标准主要有：GB/T 14695—2011《臂式斗轮堆取料机 型式和基本参数》、GB/T 33079—2016《散状物料连续装船机 型式和基本参数》、GB/T 26475—2011《桥式抓斗卸船机》、JB/T 4149—2010《臂式斗轮堆取料机技术条件》、JB/T 7329—2008《斗轮堆取料机械 术语》、JB/T7015—2010《回转式翻车机、装卸船机执行用户技术规格书》；除专业产品行业标准以外，还执行 GB、JB、JC、SD 等相关技术标准。2018 年大连华锐重工集团牵头起草制定了国标 GB/T 35016—2018《连续搬运机械 装卸机械 安全规范》，进一步补充完善了我国散料装卸机械国家标准体系，提高了行业整体质量和标准水平。

对外合作 行业骨干企业面对行业经济下行的局面，采取“以外补内”的措施，借助国家“一带一路”倡议的实施，自主出口，使订货占比逐步增加，尤其是随着产品设计水平和质量的提高，出口澳大利亚、欧盟等发达地区的份额逐步增加，对接渠道越来越多，合作伙伴越来越多。2018 年相关企业的斗轮取料机、堆料机、翻车机、装卸船机产品出口澳大利亚、克罗地亚、加拿大、新西兰、日本、新加坡、秘鲁、智利、马来西亚、巴西、韩国、波兰、土耳其、菲律宾、泰国、越南、缅甸、南非和伊朗等国家。

［撰稿人：大连华锐重工集团股份有限公司韩成军 审稿人：大连华锐重工集团股份有限公司邹胜］

仓储机械

据统计，2018 年全年国内生产总值 900 309 亿元，比上年增长 6.6%。其中与物流技术装备业密切相关的行业：制造业增长6.5%；实物商品网上零售额70 198亿元，增长25.4%。在实物商品网上零售额中，吃、穿和用的商品分别增长33.8%、22.0%和25.9%。根据国家邮政局监测数据显示，2018年“双11”当天，主要电商企业全天共产生快递物流订单13.52亿件，比上年增长25.12%。从全年来看，我国物流技术装备业发展仍处于一个良好的发展环境中。

在经济政策方面，2018年国家出台了一系列关于物流仓储装备发展的重要政策文件：国务院常务会议部署国家物流枢纽布局建设，国务院办公厅印发了《调整运输结构三年行动计划》和《关于推进电子商务与快递物流协同发展的意见》等重要文件；国家发改委与交通运输部联合发布了《国家物流枢纽布局和建设规划》；财政部办公厅与商务部办公厅联合发布了《关于开展2018年流通领域现代供应链体系建设的通知》；商务部等10部门联合发布《关于推广标准托盘发展单元化物流的意见》，商务部等5部门联合印发《关于组织实施城乡高效配送重点工程的通知》和《城乡配送绩效评价指标体系》；交通运输部等多部门联合发布《关于公布城市绿色货运配送示范工程创建城市的通知》；公安部发布了《关于进一步规范和优化城市配送车辆通行管理的通知》；商务部等8部门推动开展供应链创新与应用试点等。各项政策的密集出台，对物流技术装备行业的影响总体上是正面的，有利于中国物流技术装备快速发展。

随着大数据、人工智能、物联网及虚拟现实技术（VR）等先进技术的发展，以及智能感知、识别定位等技术在仓储中心、物流集散中心的成功应用，过程追溯、信息采集、物品分类拣选等业务流程逐渐覆盖至产品全生命周期管理中，自动化物流装备制造行业也逐渐由自动化向智能化方向发展。工信部2017年年底下发的《促进新一代人工智能产业发展三年行动计划》中明确指出，要提升高速分拣机、多层穿梭车、高密度存储穿梭板等物流装备的智能化水平，实现精准、柔性、高效的物料配送和无人化智能仓储。整个2018年，仓储机械行业围绕运输、仓储、装卸、加工、整理、配送等环节，各企业自主研发的智能物流设备越来越多，与消费者的紧密度也越来越高，比如无人仓、无人车、无人机、无人中转站、智能快递柜、智能快递盒等等，不断推陈出新。

综合来看，虽然2018年电商行业物流项目大幅减少，但服装、生鲜、家居、新能源等众多领域对物流装备的需求仍然旺盛。在服装行业，商业模式的变革倒逼服装企业加速改善流通领域的物流系统；制造业物流升级优化，加快了从仓储物流领域向产业线物流领域的延伸；汽车企业积极探索智能制造，供应链上下游物流升级；家居卖场和家具制造企业加快向物流自动化、信息化、智能化升级。

2018年2月25日在平昌冬奥会的闭幕式上，沈阳新松机器人自动化股份有限公司的24台移动机器人出现在“北京8分钟”表演中，带着“冰屏”与演员、地面投影完成了一系列曼妙而复杂的舞美动作，给全世界带来了一场融合科技与文化的视听盛宴。世界范围内首次出现的大规模移动机器人的成功演出，向全球展示了我国移动机器人的技术和能力。

2018年12月由中国机械工程学会组织，中国机械工程学会物流工程分会、中国重型机械工业协会物流与仓储机械分会、同济大学共同编写的《2016—2017年度中国物流仓储装备产业发展研究报告》正式出版发行。该报告收集了国内物流仓储装备企业的有关数据，揭示了我国物流仓储装备行业的发展现状及趋势，为物流仓储装备企业的创新驱动、转型升级提供科学的理论支持。

2018年12月26日，全国自动化系统与集成标准化技术委员会机器人与机器人装备分技术委员会物流机器人工作组（SAC/TC159/SC2/WG15）（简称物流机器人工作组）正式成立。物流机器人工作组由19个成员单位组成，秘书处设在杭州海康机器人技术有限公司，该工作组主要负责物流机器人国家标准的制修订，范围包含国际机器人联合会（IFR）规定的：快递/邮件系统用机器人，工厂物流用机器人（包括自动导引车），货物搬运用机器人，户外物流用机器人及其他机器人。

尽管2018年中国物流仓储装备行业持续稳定发展，但还存在着技术创新能力薄弱，合同项目交付能力不强等问题。主要体现在生产组织方式落后、现场安装进度滞后、售后服务不够及时，研发资金投入不足，领军技术人才缺乏等方面，这些问题需要各方引起高度重视。

自动化立体库

1．总体发展状况

2018年由于我国宏观经济增速放缓，部分行业经济下行压力加大，以质换量、以管理水平提升获取利润的市场适应性改革成为企业关注的焦点。随着客户对物流效率要求的不断提升，物流中心从局部自动化（自动化立体仓库）向全面自动化（自动仓储系统）和无人化方向发展，托盘式自动仓库、自动输送分拣系统等自动化物流系统的市场需求进一步加大，穿梭车系统、AGV机器人等更加柔性化的自动化物流设备得到越来越多的应用。

2018年，受益于烟草、医药、电商、汽车、家电、新能源、商品超市、快消品以及部分制造业投资拉动的影响，自动仓储系统的市场需求依旧强烈。自动仓储系统的运行效率及优势获得了市场的充分认可，特别是在高价值产品行业、劳动密集型行业和存放环境苛刻等仓储领域得到了成功应用。

政策利好、物流行业的持续升温和庞大的潜在消费市场，是自动仓储系统市场快速发展的推动因素。面对复杂多变的市场竞争环境，技术实力雄厚的国内一流系统集成商由于价格因素难以将产品覆盖至低端市场；而中小型系统集成商虽有低成本的优势，却难以取得性能上的突破，无法进入高端市场。部分企业借助资本的力量，通过资源整合，跨越系统集成障碍，利用低价抢占优质市场；劳动密集型制造企业则采取以量换市场的高强度价格竞争策略。

综合分析，2018 年我国物流系统集成领域的销售额增长率约为 27%，截至 2018 年年底，全国自动化立体库保有量估计超过 5 000 座。

2. 技术研发情况

市场竞争倒逼国内一线系统集成商更加重视技术研发，投入更多的精力推动技术创新。因此，无论是技术开发力度，还是创新驱动强度，科技创新成果的数量和质量，都始终集中在少数的一线系统集成商身上；中小企业受经营规模限制，很难触及资源消耗较大的技术研发层次。物流仓储设备的技术性能依然围绕精准、快速、高效、节能、可靠等指标提升。如，Miniload 堆垛机的技术已完成相应的超高运行速度研究，正朝着增加提升高度的方向延展；普通标准托盘载荷堆垛机的垂直高度已达到 45m，为密集型存储提供了更高的扩展空间。输送设备已实现模块化、标准化生产，在缩短项目交付周期的同时，进一步提高了系统的经济效益。自动搬运设备，通过搭载先进的传感器，运行更加节能，更具柔性，更能突出系统效率。在人机交互层面，系统采用可视化全景三维图像，显示更直观，易识别、易操作，界面更友好。为应对人机混杂作业的搬运情形，AGV 可实现对托盘叉孔的自动检测识别校正，弱化了操作人员对托盘定位的精度要求，从而提升了搬运效率。

输送分拣设备

1. 市场需求变化

随着物流业快速发展，特别是近几年电商、快递等行业的业务爆发，以及人力成本的不断上升，自动化输送分拣装备市场出现爆炸式增长。输送分拣设备应用的主要领域除电商、快递行业外，还包括烟草、医药、流通、食品和汽车等行业。这些领域的输送分拣设备市场需求量占总需求的大部分，对输送分拣设备需求的增长起到较稳定的支撑作用。此外，随着智能制造的不断推进，制造企业的生产环节和仓储环节对输送分拣系统的需求不断上升，越来越多的物流装备企业研发和提供了相应的输送分拣解决方案。另外，随着家电、家具等行业物流服务的升级，大件物流的自动化输送分拣技术升级也提上日程，已有一些企业在此领域展开探索。

2018 年输送分拣设备市场的特点是传统行业如仓储、快递等继续火热；新的需求热点行业主要包括新零售和智能制造等方面，新的市场需求促进了设备更加智能化，悬挂输送系统明显增多。根据监测，2018 年行业增长估计在 35% 以上，市场规模超过 100 亿元以上。

2. 行业发展

2018 年输送分拣设备更加强调模块化生产，以实现高效生产和快速安装调试，同时，通过标准化达到低成本、低维修的目的。国内输送分拣领域的技术发展，如机场行李处理系统，是国内目前成长最快的细分市场，如快递和电商的市场，由于输送分拣的应用环境恶劣，业务利润不高，国内企业产品在性价比上具有明显的优势，因此这部分市场几乎被国内企业占据。

自动导引车（AGV）

1. 总体发展状况

2018 年我国移动机器人行业因国内市场需求强劲，AGV 的新应用领域、新模式及旧模式改造等创新点众多，市场销售额继续扩大。据不完全统计，2012 年国内生产 AGV 本体的企业在 20 家以内，2015 年 12 月达到 60 家左右，2018 年则超过了 120 家。2018 年国内销售收入过亿元的 AGV 企业已经超过了 10 家，2018 年我国 AGV 市场容量超过 40 亿元，AGV 叉车的出货量首次超过了 1 000 台。

从区域的市场集中度来看，珠三角和长三角仍然是 AGV 的主要聚集地，我国 AGV 市场仍将处于加强集中状态。

2. 行业发展的特点

同质化严重，竞争激烈。生产厂家增多、行业标准缺失、最低价中标以及资本对赌 / 并购，使得近年来我国移动机器人行业竞争日趋白热化，直接导致激烈的价格战。在汽车物流 AGV 以及电商分拣 AGV 两个领域，大部分 AGV 企业都是微利或者是赔钱做项目，因此，难免出现产品低质低价、售后服务高价等问题，市场出现了一系列劣质工程，客户抱怨增加，直接影响到 AGV 行业健康发展，以及企业对应用 AGV 的信心。当前依靠低价去开拓市场的现象，在行业内还是非常普遍，低价策略直接导致企业前期技术投入热情降低，不利于行业发展。

AGV 市场投融资火热。从整体来看，目前 AGV 行业的融资大部分来自于纯投资机构。2018 年有近十家的 AGV 整机生产企业获得了融资。其中，最大的一笔 1.5 亿美元的融资刷新了全球物流机器人领域的融资记录，充分表明了资本市场对于移动机器人的看好。

此外，越来越多的电商领军企业开始探索物流自动化、智能化升级，并投入一定资本于 AGV 领域，以实现跨界发展。一部分物流企业加大了在 AGV 领域的投资力度，还有一些科技创新型企业也纷纷将触角伸向 AGV 领域，希望在这一领域分得一杯羹。

尝试自营第三方仓储、融资租赁新商业模式。由于国内移动机器人市场竞争激烈，许多 AGV 厂家为了扩大行业影响，保障出货量，并为提高产品应用的可靠性提供测试机会，开始尝试新的商业模式，如为电商企业组建仓储运营团队，配套自营仓库，按单提成收回投资；效仿国内叉车企业开展了 AGV 的融资租赁业务。这些新模式是否成功，需要时间来验证。

3. 技术创新

2018 年移动机器人在智能导航技术领域取得重大进展，新型导航技术得到应用；机器人视觉、环境感知、传感器、芯片和通信等技术全面发展，机器人不仅能和服务器通信，还能实现机器人之间、机器人与其他设备等之间的通信，并朝着更加自动化、低功耗等方向发展。

货架行业

1. 货架市场总体情况

2018 年我国货架市场需求旺盛，货架出口增长较快，货架企业尝试扩展新领域，开拓了以穿梭车 + 密集型货架为主的仓储自动化集成新业务，货架产品已形成标准化和系列化。2018年，电商行业虽仍有较多项目，但与2017年相比，货架需求锐减。从发展方向上看，重型自动库货架、大型平台阁楼式货架以及智能密集化存储货架，是市场发展的重点。

总体上，整个货架行业保持了较好的发展态势。估计市场总体增幅在20%以上，总体规模在100亿元左右。

2. 货架类型分析

除电商外，其他行业对货架的市场需求与2017年基本一样。传统电商货架在2018年的需求锐减，部分电商开始转型探索新的仓储发展之路，与2017年形成了鲜明对比。

穿梭板式智能密集式货架在2018年也保持了平稳增长，并向更智能、更自动化的方向发展，高层四向穿梭车项目、多层穿梭车项目及穿梭车+堆垛机项目等不断涌现，并展现出较强的发展潜力。

3. 货架市场的行业分布状况

2018年，货架市场在应用行业上的分布与往年基本一致：商业物流、医药化工、机械制造及第三方物流，位列前四。此外，食品饮料、新能源及与汽车相关的行业也保持了较好发展，占有一定的市场份额。

4. 货架市场的地域分布情况

2018年，货架市场在地域上的分布与往年也是基本一致的，西南、华中地区近年来的高速发展带来货架需求的快速增长。海外市场情况良好，随着我国货架企业知名度的不断提高，海外市场开始主动在我国找寻合作伙伴，目前东南亚地区的项目较多且以大项目为主。

5. 货架企业发展情况

2018年，货架企业两极分化，部分企业追求项目质量，强调利润；部分企业仍然集中力量搞“价格战”，体现出了不同的市场侧重点。此外，各大货架企业更加重视发挥自己的优势，重点打造关键产品，通过大力推广，以期在细分市场中获得竞争优势，在一定程度上促进了行业良性发展。

6. 货架行业新技术新产品应用亮点

越来越多的货架企业介入到自动化仓储设备的研发与制造领域，驶入式、重力式等货架已逐渐被穿梭车货架取代；以双向托盘式穿梭车、箱式穿梭车为代表的密集存储技术日益成熟，应用在多个项目；以四向箱式穿梭车为代表的密集存储系统技术近年来发展迅速，项目增幅巨大，市场认可度增强；四向托盘穿梭车的研发和应用具有一定的市场空间。总之，以各种形式穿梭车为代表的密集存储系统与Miniload系统一样，为用户提供了精准、快速、高效的物流解决方案，同时开拓了货架应用的新领域，增强了货架企业的竞争力。

工业车辆

1. 行业总体情况

2018年，我国工业车辆行业再次经历了一个高速增长的年份。我国继续成为全球排名第一的叉车超级生产大国和销售大国，实现了国内、国际市场的双增长，而且出口的增幅明显大于国内销售，超出了大部分人的预期。

根据中国工程机械工业协会工业车辆分会统计，2018年国内共销售机动工业车辆431 207台，与上年的371 617台相比，增长了16.04%，占亚洲销售量630 310台的68.41%，比上年增长了1.53个百分点，仍列亚洲第一位；占世界销售量1 489 523台的28.95%，比上年增长了1.09个百分点，连续第十年位列世界第一位。2018年工业车辆的出口销售量是166 923台，同比增长32.77%。

总的来看，2018年我国工业车辆的整体产量、国内销量和对外出口量、电动叉车的比重、锂电池叉车销售量、叉车租赁数量、进入叉车制造领域的企业数量都在增加。

2. 2018年各类机动工业车辆销售情况

（1）内燃叉车销售情况（含出口）。2018年国内共销售内燃平衡重乘驾式叉车316 056台，与上年同期的293 087台相比，增长了7.84%。其中，柴油叉车的销售量为297 120台，占全部内燃平衡重乘驾式叉车销售量的94.01%，其余为汽油叉车（含双燃料）。

（2）电动叉车销售情况（含出口）。2018年电动叉车（包括电动平衡重乘驾式叉车、电动乘驾式仓储叉车、电动步行式仓储叉车等）的销售量为281 096台，与上年同期的203 651台相比，增长了38.03%。其中，锂电池叉车（1～3类）的总销售量为26 181台（国内销售量为11 868台，出口销售量为14 313台），比上年同期的8 681台，增长了201.59%。

综合来看，在环保政策的推动下，全民环保的意识不断提高，促进了工业车辆的电动化比例逐年递增；电动叉车、新能源叉车和仓储类叉车的国内市场增长空间较大。

托盘行业　2018年托盘行业是艰难前行的一年。一方面国家加大环保力度，促使行业产业升级，以及企业增加对固定资产的投入、原材料上涨等，都对企业的管理提出了更高的要求。另一方面，国家持续加大物流标准化的推进力度，各地政府也纷纷成立专门的工作协调部门，有针对性地开展相关工作，对托盘行业发展起到了促进作用。随着人力成本和土地成本的上升，各类企业对托盘需求的持续增加，也成为托盘行业发展的利好。2018年我国托盘市场产销平稳增长，托盘保有量始终保持快速增长；木托盘价格指数持续上涨，免熏蒸托盘表现抢眼，金属托盘价格上涨明显，塑料托盘价格则出现下跌。

2018年1月，商务部会同9部门联合发布《关于推广标准托盘发展单元化物流的意见》并提出工作目标，力争到2020年，标准托盘占全国托盘保有量和适用领域比例分别达到32%和70%以上。各地政府将托盘标准化工作作为年度的重点工作推进，促进了标准化托盘在全国的普及。

2018年4月，商务部等8部门发布《关于开展供应链创新与应用试点的通知》（商建函〔2018〕142号），在通知中的试点城市重点任务里明确提出了推动完善重点产业供应链体系，一是建立健全农业供应链，二是积极发展工业供应链，三是创新发展流通供应链，这些体系中托盘及物流器具都是必不可少的。该文件的发布，对各地推进托盘及物流器具的普及起到了促进作用。

2018 年共有 3 项与托盘相关的行业标准颁布，2 项立项国家标准通过专家评委会审查，3 项国家标准申请立项在研。截至目前，我国现行托盘标准达 33 项，其中，国家标准 20 项，行业标准 12 项，团体标准 1 项。

2018 年 5 月在广州召开了“第十三届亚洲托盘系统联盟会议”，会议以亚洲托盘发展方向、目标及战略为主线，讨论研究亚洲托盘统一标识和互通互联问题。2018 年是我国作为轮值主席国召开的最后一次会议，圆满完成了轮值主席国的任务。

我国托盘行业属于新兴产业，正处于上升期，企业发展离不开高端人才的培养。2018 年中国物流与采购联合会托盘专业委员会在华北和华东开展了两期校企交流活动，有力地推动了托盘行业产学研结合。

2018 年在中国托盘国际会议暨全球托盘企业家年会上，来自美国、德国、丹麦等 10 多个国家和地区的托盘生产企业、用户企业、托盘租赁企业、托盘机械制造企业的决策者以及政府官员、专家学者聚在一起交换信息、交流经验，为全球托盘事业的发展献计献策。

2018 年中物联托盘专业委员会与芜湖绿色木质包装商会合作，进行了“中国物流托盘指数”调查。目前，以安徽省芜湖县托盘产业数据为主要依据进行计算，以综合反映我国托盘产品的价格、托盘产业景气指数和托盘产业对物流产业的贡献程度。

近几年，托盘的主要原材料，如木材、塑料等的价格都在持续上升，因此国内对绿色环保、低成本、高标准、可循环利用的新型材料的研发也越来越深入，如利用玻璃纤维与塑料用模压工艺、注塑工艺制作的新材料托盘；用玻璃纤维与树脂材料拉挤成型制作的新材料托盘；金属托盘中，除钢制托盘外还出现了铝制或铝合金、不锈钢托盘等。

〔撰稿人：中国重型机械工业协会物流与仓储机械分会纪凯　审稿人：中国重型机械工业协会李镜〕

机械式停车设备

生产发展情况　2018 年，国内新增车库项目 2 603 个（包括汽车专用升降机），同比增长 3.5%；新增泊位 865 542 个，同比增长 6.7%；国内销售总额（包括汽车专用升降机）1 618 336.99 万元，同比增长 9.4%；出口泊位 26 024 个，同比增长 6.5%；出口总额（包括汽车专用升降机）88 228.89 万元，同比增长 19.0%。

产品分类产量　2018 年全国建设机械式停车库的城市（包括县级市）共有 328 个，比 2017 年增加 27 个；在 328 个城市中，有 69 个是首次建设机械式停车库。

首次建设的机械式停车泊位达到 27 855 个，占全国新增泊位总数的 3.2%。新增泊位建设量排名前 10 位的省（自治区、直辖市），泊位数共 649 020 个，占新增泊位总数的 75%。建设量排名前 10 位的城市泊位数共 381 349 个，占新增泊位总数的 44%。

2018 年机械式停车泊位排名前 10 位的省（自治区、直辖市）分布情况见表 1。2018 年新增机械式停车泊位排名前 10 位的城市分布情况见表 2。2018 年新增机械式停车设备类别比较见表 3。

表 1　2018 年机械式停车泊位排名前 10 位的省（自治区、直辖市）分布情况

省（自治区、直辖市）	新增泊位（个）	占全部新增泊位比例（%）
江苏	161 448	18.7
陕西	71 089	8.2
河南	64 835	7.5
浙江	62 923	7.3
广东	60 906	7.0
湖北	56 076	6.5
上海	53 139	6.1
山东	48 816	5.6
河北	44 877	5.2
安徽	24 911	2.9
合计	649 020	75.0

表 2　2018 年新增机械式停车泊位排名前 10 位的城市分布情况

城市	新增泊位（个）	占全部新增泊位比例（%）
南京	84 788	9.8
西安	58 863	6.8
上海	53 139	6.1
郑州	47 863	5.5
武汉	39 016	4.5
杭州	27 784	3.2
北京	23 418	2.7
广州	16 974	2.0
贵阳	14 943	1.7
天津	14 561	1.7
合计	381 349	44.0

表 3 2018 年新增机械式停车设备类别比较

设备类别	新增泊位（个）	占全部新增泊位比例（%）
升降横移（PSH）	672 021	77.6
简易升降（PJS）	86 882	10.0
平面移动（PPY）	53 500	6.2
垂直升降（PCS）	30 592	3.5
巷道堆垛（PXD）	10 724	1.3
垂直循环（PCX）	10 231	1.2
多层循环（PDX）	1 592	0.2
合计	865 542	100

市场及销售 机械式停车设备用户分为三大类：住宅小区、公共配套和单位自用。在国内新增的全部泊位中：

住宅小区配建车库新建泊位 524 677 个，同比增长 7.3%，占新增泊位总数的 60.6%。住宅小区配建车库采用最多的设备类型是升降横移类，共有 436 998 个泊位，占住宅小区新增泊位总数的 83.3%；其次是简易升降类，共有 63 845 个泊位，占新增总数的 12.2%。

公共配套车库新建泊位 199 419 个，同比增长 7.0%，占新增泊位总数的 23.0%。公共配套车库采用最多的设备类型是升降横移类，共有 133 786 个泊位，占公共配套新增泊位总数的 67.1%；其次是平面移动类，共有 23 527 个泊位，占公共配套新增泊位总数的 11.8%。

单位自用车库新建泊位 141 446 个，同比增长 4.3%，占新增泊位总数的 16.4%。单位自用车库采用最多的设备类型是升降横移类，共有 101 237 个泊位，占单位自用车库新增泊位总数的 71.6%；其次是平面移动类，共有 15 776 个泊位，占单位自用车库新增泊位总数的 11.2%。2018 年机械式停车设备用户新增泊位情况见表 4。

表 4 2018 年机械式停车设备用户新增泊位情况

用户类型	新增泊位（个）	占全部新增泊位比例（%）
住宅小区	524 677	60.6
公共配套	199 419	23.0
单位自用	141 446	16.4
合计	865 542	100

1. 国内生产情况

2018 年，国内销售额排名前 30 位企业的销售总额为 1 251 751.34 万元，占上报企业销售总额的 77.6%，其安装泊位 660 588 个，占国内新增泊位的 76.3%。

排名前 30 位的企业（按企业名称字母排序）是：安徽华星智能停车设备有限公司、北京大兆新元停车设备有限公司、北京航天汇信科技有限公司、北京鑫华源机械制造有限责任公司、大洋泊车股份有限公司、广东明和智能设备有限公司、广东三浦车库股份有限公司、杭州大中泊奥科技股份有限公司、杭州西子智能停车股份有限公司、杭州友佳精密机械有限公司、河南省盛茂永代机械制造有限责任公司、江苏金冠停车产业股份有限公司、江苏润邦智能车库股份有限公司、江苏中泰停车产业有限公司、青岛德盛利立体停车设备有限公司、青岛茂源停车设备制造有限公司、青岛齐星车库有限公司、山东莱钢泰达车库有限公司、山东天辰智能停车有限公司、山西东杰智能物流装备股份有限公司、陕西隆翔停车设备集团有限公司、上海赐宝停车设备制造有限公司、上海禾通涌源停车设备有限公司、上海天地岛川停车设备制造有限公司、深圳精智机器有限公司、深圳市伟创自动化设备有限公司、深圳怡丰自动化科技有限公司、深圳中集天达空港设备有限公司、唐山通宝停车设备有限公司、浙江子华停车设备科技股份有限公司。

2. 产品出口情况

2018 年，机械式停车设备共出口到 37 个国家和地区，出口项目 135 个，出口泊位 26 024 个，出口额（包括汽车专用升降机 180 万元）88 228.89 万元。2018 年设备出口情况见表 5。

表 5 2018 年设备出口情况

设备类别	出口项目（个）	出口泊位（个）
升降横移（PSH）	46	8 759
简易升降（PJS）	24	2 719
平面移动（PPY）	30	9 055
垂直升降（PCS）	13	2 915
巷道堆垛（PXD）	2	642
垂直循环（PCX）	18	1 632
多层循环（PDX）	1	302
汽车专用升降机（PQS）	1	2（台）

2018 年设备出口区域见表 6。2018 年各类型设备出口情况见表 7。

表 6 2018 年设备出口区域

区域	出口泊位（个）	占全部出口泊位的比例（%）
亚洲	16 084	61.8
美洲	5 900	22.7
大洋洲	2 568	9.9
欧洲	1 412	5.4
非洲	60	0.2
总计	26 024	100

表 7　2018 年各类型设备出口情况

设备类制	出口泊位（个）	占全部出口泊位的比例（%）	设备类制	出口泊位（个）	占全部出口泊位的比例（%）
PPY	9 055	34.8	PCX	1 632	6.3
PSH	8 759	33.6	PXD	642	2.5
PCS	2 915	11.2	PDX	302	1.2
PJS	2 719	10.4	总计	26 024	100

〔撰稿人：中国重型机械工业协会停车设备工作委员会李仲军　审稿人：中国重型机械工业协会停车设备工作委员会明艳华〕

大型铸锻件

生产发展情况　2018 年我国高端大型铸锻件、火电锻件、船用锻件、水电锻件及冶金锻件国内需求呈下降趋势，而风电锻件、核电锻件、石化锻件及航空锻件需求呈增长趋势。

2018 年，七大重型机械企业的营业收入、利润总额和新增订货额情况分别见表 1、表 2、表 3。主要企业的营业收入、利润总额呈恢复性增长趋势，但新增订货情况依然严峻。

表 1　2018 年七大重型机械企业营业收入

序号	公司名称	2018 年（亿元）	2017 年（亿元）	同比增长（%）
1	中国第一重型机械集团有限公司	139.32	102.95	35.3
2	太原重型机械集团有限公司	130	158	-17.7
3	大连华锐重工集团股份有限公司	65.71	64.33	2.14
4	北方重工集团有限公司	—	95.16	—
5	中信重工机械股份有限公司	52.01	46.21	12.55
6	二重（德阳）重型装备有限公司	38.20	—	—
7	上海电气上重铸锻有限公司	7.5	6.5	15.38

注：二重（德阳）重型装备有限公司 2017 年统计口径为中国第二重型机械集团公司，因企业改制，不做比较。

表 2　2018 年七大重型机械企业利润总额

序号	公司名称	2018 年（万元）	2017 年（万元）	同比增长（%）
1	中国第一重型机械集团有限公司	30 800	10 800	185.2
2	中信重工机械股份有限公司	20 200	11 160	81.0
3	二重（德阳）重型装备有限公司	20 973	—	—
4	太原重型机械集团有限公司	5 013	3 562	40.7
5	北方重工集团有限公司	—	4 520	—
6	大连华锐重工集团股份有限公司	1 349	10 064	-86.6
7	上海电气上重铸锻有限公司	103	15	586.7

表 3　2018 年七大重型机械企业新增订货额

序号	公司名称	2018 年（亿元）	2017 年（亿元）	同比增长（%）
1	太原重型机械集团有限公司	171.6	197.1	-12.9
2	中国第一重型机械集团有限公司	130.3	122.5	6.4
3	中信重工机械股份有限公司	95.23	65.54	45.3
4	大连华锐重工集团股份有限公司	86	88.3	-2.6
5	北方重工集团有限公司	—	75.50	—
6	二重（德阳）重型装备有限公司	48.91	—	—
7	上海电气上重铸锻有限公司	6.3	8	-21.3

产品分类产量　2018 年我国铸锻件产品产量见表 4。从表中可以看出，铸钢件保持平稳增长，而锻件产量出现微小增长。

表 4　2018 年我国铸锻件产品产量　（单位：万 t）

	2018 年	2017 年	同比增长（%）
锻件	1 208.11	1 203.04	1.1
铸钢件	575	555	3.6

数据来源：中国锻压协会、中国铸造协会

2018 年，中国第一重型机械集团有限公司完成锻钢支承辊 714 件、2.65 万 t；石化锻件 166 件、1.65 万 t；完成汽轮机转子 202 件，水电锻件 43 件，核岛锻件 108 件，锻钢轧辊 161 件，船舶海工锻件 67 件，大型锻件批量化成效显著。二重（德阳）重型装备有限公司锻件发出量 6.55 万 t，与上年基本持平，铸件发出量 1.97 万 t，同比增长 55.1%；支承辊产品的订货额突破 1 亿元，是上年同期的近 20 倍；中小铸锻件实现批量化订货 8 800 万元。大连华锐重工集团股份有限公司完成铸钢件 0.87 万 t，比上年减少 21%，铸件以火电和水电铸件为主。太原重型机械集团有限公司完成火车轮对营业收入 13.55 亿元，铸锻件 9 484t、营业收入 2.43 亿元。中信重工机械股份有限公司完成铸件 25 541t，产值 2.36 亿元；锻件 59 480t，产值 8.10 亿元。上海电气上重铸锻有限公司完成铸钢件 0.62 万 t，同比增长 6%，主要为火电和船舶海工铸件；完成锻件 1.08 万 t，同比增长 14.36%，主要为火电和核岛锻件。

科技成果及新产品　2018 年大型铸锻件行业部分项目获奖情况见表 5。2018 年结构调整持续推进，产品结构设计图谱向高端流动，重点企业竞争力明显提升，科技创新体系进一步完善和创新机制更加灵活，科技进步全面提速，产业自主创新能力进一步增强，信息化和工业化融合进一步加强，转型已经成为企业的新常态。

表 5　2018 年大型铸锻件行业部分项目获奖情况

项目名称	奖项名称	获奖等级	主要完成单位
某项目	国家科学技术进步奖	特等奖	中国第一重型机械股份公司（排名第 3）
核能发电机超大型转子锻件制造关键技术及应用	中国机械工业科学技术奖	一等奖	二重集团（德阳）重型装备股份有限公司
高性能重载行星齿轮传动装置关键技术与应用	中国机械工业科学技术奖	一等奖	重庆大学、太原重工股份有限公司
常规岛低压转子加工的产业化研究	中国机械工业科学技术奖	二等奖	中国第一重型机械股份公司
大升程水利驱动式垂直升船机核心装备研制与工程应用	中国机械工业科学技术奖	二等奖	中信重工机械股份有限公司
大型核电机组汽轮机整锻低压转子锻件技术条件（JB/T 12139—2015）	中国机械工业科学技术奖	二等奖	哈尔滨汽轮机厂有限责任公司、二重（德阳）重型装备有限公司、中国第一重型机械股份公司
立式搅拌磨关键技术研究及产业化	中国机械工业科学技术奖	三等奖	中信重工机械股份有限公司
汽轮机转子加工提质提效	中国机械工业科学技术奖	三等奖	哈尔滨汽轮机厂有限责任公司
高温气冷堆压力容器先进制造技术	中国机械工业科学技术奖	三等奖	上海电气核电设备有限公司
大型核电转子锻件制造技术	中国好设计	金奖	二重（德阳）重型装备有限公司
百万千瓦级核电堆芯构件用钢锭的制造方法	中国专利奖	优秀奖	上海电气上重铸锻有限公司

中国第一重型机械集团有限公司实施创新驱动战略，开展科技创新体系改革，初步搭建了“企业为主体、市场为导向、产学研相结合”的开放式科技创新体系，建立“3+2”科技创新管理模式，即面向国家战略需求的重大专项研究

管理、公司发展战略所需的技术和新产品开发管理、公司内部二级单位相互委托开发管理的“三个”管理维度，结合工程化研究和产业化研究两个研发层面，组织推进科研市场调研、科研项目责任制、项目负责人竞聘等机制建设，改革薪酬分配机制。2018 年承担省部级以上科研项目 9 项，完成国家核电重大专项“CAP1400 反应堆压力容器研制”“CAP1400 蒸发器锻件研制”等 4 个项目验收；成功申报 2018 年工业强基工程项目“基于大型铸锻件洁净钢平台的第三代核电一回路均质化封头锻件制造技术”等课题。成功研制出国内首支调相机转子，打破国外企业垄断；新型宽厚板支承辊——湘钢 3800 支承辊已交付用户；世界最大石化装备镇海沸腾床渣油锻焊加氢反应器完工发运；承制世界最大 3 000 吨级浆态床渣油加氢反应器、国内首条马钢重型 H 型钢轧钢生产线开坯机区域设备、国内可轧制棒材直径最大的东北特钢集团短应力线轧机；核电站中低放固体废物超压线在台山核电取得首台（套）突破；我国首台示范快堆项目堆容器设备开工建造。全年获省部级以上科技成果奖 3 项，其中，国家特等奖 1 项；共申报专利 27 项，其中，发明专利 20 项；获授权专利 49 项，其中，授权发明专利 14 项；主持和参与制（修）订国家、行业标准 18 项，其中，主持制定行业标准 16 项，参与国家标准制定 1 项、行业标准 1 项。

二重（德阳）重型装备有限公司对科研管理、知识产权管理等制度进行梳理，建立和完善了相关科技创新管理体系和制度，完成 28 项制度的制（修）订。加强科技管理工作的统筹管理及协调指导，实施公司科技工作季度例会、各业务单元研发工作月度例会制度。组织修订“科技创新项目奖励实施办法”，形成科技创新长效激励机制。完成数控机床专项“核电大型复杂管件关键制造工艺及应用研究”等 5 个课题的财务最终验收，完成压水堆专项“蒸汽发生器长直段锥形筒体研制”课题的技术和财务最终验收；成功申报科技部重点研发计划项目“航空、核电及石化等领域超大构件高效率低成本制造技术的应用示范”等课题。紧紧围绕“传统领域转型升级，新兴领域开拓创新”的总体思路，扎实推进科技创新工作。在传统领域，加大产品升级研究和新产品开发力度：自主设计并成功试制公司首台新一代快冷设备，拓宽了冶金市场领域；完成国核压水堆示范工程 1 号机组 CAP1400 主管道研制，完成国内最大的核岛锻件——接管段筒体 530t 钢锭投料、锻造，成功制造出世界最大、总长超过 70m、外径 5.4m、重量 2 400t 的 260 万 t/a 的沸腾床渣油锻焊加氢反应器，核电机组常规岛汽轮机焊接转子、“华龙一号”反应堆压力容器全套锻件、AP 系列稳压器成套装置、600 ～ 620℃超超临界汽轮机组高、中压转子锻件等研制项目进展顺利，取得世界上单机容量最大的白鹤滩电站 80% 的水电锻件份额。在新兴领域，多个新兴领域装备取得阶段性进展：飞轮储能装置研制项目突破多项关键技术，成功研制 50kW、100kW、200kW 系列飞轮储能装置，100kW 飞轮储能装置经中国机械工业联合会鉴定，综合性能指标达到同类产品国际先进水平，具有自主知识产权并填补国内空白。60 万 t/a 粉煤热解回转反应炉攻克多项技术难关，属国内首创，整体技术达到国际先进水平，已进入用户现场组焊阶段。成功申报国防科工局项目“高放废液玻璃固化容器的研发、评价和应用”，完成国内首套 ACPR50S 实验堆全套反应堆压力容器锻件锻制。为加快公司专利布局，2018 年共申请专利 60 项，获得国家专利授权 36 项；制（修）订行业标准 28 项，承担在研的国家、行业和团体标准 31 项，申报国家、行业标准项目 15 项。

大连华锐重工集团股份有限公司坚持以创新驱动智能升级为引领，深入推动科技创新和管理改革，坚持以智能化升级提升产品核心竞争力。产品升级定位于技术含量高、附加值高、产业链竞争力强三大方向，重点突破长期依赖进口的专用装备及核心零部件，实现“核心技术自主化、重大装备国产化”。把向服务型制造升级做为战略转型目标，推动冶金机械、港口机械、起重机械、散料机械等传统主导产品转型升级。以加速电气控制向智能化升级为战略增长目标，推动电控产品向多领域延伸拓展。以整机产品智能化为目标，依托智能装备研究院，重点对装卸机械、港口机械、起重机械、焦炉机械等传统主导产品以及 AGV 重载运输车的智能控制、远程诊断技术进行攻关。产品智能化升级取得较大突破，凭借智能电石炉控制技术，中标国内首个电石智能化技术改造 EPC 工程；研制出首支世界最大 22000 标箱集装箱船用曲轴；完成国内最大 100 吨级无人驾驶 AGV 智能运输车，并在宝钢现场重载运行。全年申报专利近百项，6 项科技成果荣获省市科技奖励。

太原重型机械集团有限公司的新领域产品研发有序推进，完成 70 项新产品开发，60 项新产品试制：5MW 海上风电机组完成主体结构优化；8MW 海上风电机组完成主体设计，TZ-3600 液压打桩锤完成方案设计，时速 250km 标准动车组轮轴完成用户首检并开始供货，和谐号动车组 CRH3 型车轮完成试制，完成水泥泵车成套液压元件新产品开发。轨道交通单月车轮产出 4.1 万片，车轴 1 万根，均创历史新高，首批 840 副火车轮对搭乘“一带一路”中欧班列抵达德国；滨海港机液压打桩锤等顺利交付。2018 年，太原重型机械集团有限公司获省部级以上奖项 6 项，其中，“高性能重载行星齿轮传动装置关键技术与应用”获得中国机械工业科学技术奖一等奖；获授权专利 93 项，其中，发明专利 47 项；制（修）订国家及行业标准 10 项。

中信重工机械股份有限公司深入贯彻“两个一切”的技术研发理念，初步建成“五院一中心”技术体系，技术创新驱动产业升级的效果开始显现，国家企业技术中心及矿山重型装备国家重点实验室通过评估。为加快“数字重工”建设，成立了信息技术管理中心（大数据中心），落实信息化建设三年规划，明确了全面提升公司信息化、智能化水平，打造智能制造和工业互联网平台的核心任务。持续强化传统领域基础研究，提高工艺水平，加速推进产品升级开发。新兴领域推进新项目开放式研发机制，物联网、脱硫脱硝、竖井掘进机、智能工厂、重载机械臂等研发项目顺利推进。发力石化加氢等高附加值铸锻件，批量签订卡特彼勒公司铲斗铸件合同；成功锻造国内最大规格的海工装备特大型替打环锻件；开拓加氢核电不锈钢锻件、电渣重熔钢锻件、铸钢阀门等新市场。国家科技支撑计划项目“基于有机介质低温余热发电关键技术及能源合同管理”通过了科技部整体结题验收。“大升程水力驱动式垂直升船机核心装备研制与工程应用”获得中国机械工业科技进步奖二等奖。公司全年新获授权专利134项，其中，发明专利75项；参与制定GB/T 36239—2018《特种机器人术语》和GB/T 36321—2018《特种机器人分类、符号、标志》两项特种机器人国家标准。

北方重工集团有限公司狠抓产品研发，构建新的技术体系，按照专业化和公共共享原则，将北方重工技术体系确定为企业技术研发中心（新产品研发、智能制造研发、技术综合管理）和事业部技术层，并对工程设计研究院进行机构、职能调整，保留新产品开发等职能，加强标准、情报、CAE等科研共享平台能力建设。主持和参与制定T/CCMA 0065—2018《全断面隧道掘进机检验与验收通用规范》等3项掘进机械团体标准。

上海电气上重铸锻有限公司承担省部级以上科研项目5项，完成验收2项，完成“十二五”国家科技重大专项大型先进压水堆及高温气冷堆核电站子课题“蒸汽发生器椭圆形封头研制”“蒸汽发生器长直段锥形筒体研制”项目验收工作，掌握CAP1400蒸汽发生器用椭圆形锻件、锥体锻件的制造技术，形成第三代核电设备国产化能力。成CAP1400核电反应堆冷却剂主管道直管锻坯研发工作；完完成华龙一号（宁德6号）压力容器整套锻件的评定工作；完成军工产品低噪声转子锻件研制，并通过首件鉴定。申报发明专利15项；获授权发明专利3项；主持和参与制（修）订国家行业标准6项，其中，主持制（修）订国家标准2项，行业标准2项，参与制（修）订国家标准2项。

行业工作　行业会议和交流。2018年9月，举办大型铸锻件行业和热处理技术交流会。12月份，举办2018年第六届大型铸锻件产业发展国际峰会。

标准工作。2018年，申报立项6项行业标准，执行国标项目7项，执行行业标准24项，其中15项已获批发布；执行外文版翻译项目5项。9月召开了标准审查会，审查5项行业标准，并举办标准宣贯会，宣贯轧辊和铸件基础材料标准6项。高度重视团体标准的制订工作，分会秘书处结合大型铸锻件行业情况，编制了《团体标准工作手册》，制定了《大型铸锻件行业团体标准体系框架》，执行中国重型机械工业协会团体标准4项，并已获批发布。

行业学术期刊工作。2018年《大型铸锻件》杂志和《中国重型装备》杂志分别完成全年6期和4期的出版工作，共刊登发布技术论文176篇，约100万字，受到作者和读者的广泛好评。

对外合作与企业发展　中国一重集团有限公司（简称中国一重）被列入驻东北地区中央企业综合改革试点单位。推进三项制度改革，构建形成全员签订劳动合同和岗位合同“两个合同”，搭建营销、技术、技能、经营管理和党务“五个通道”的人才晋升体系，深化薪酬分配向营销、高科技研发、苦险脏累差、高级管理、高技能倾斜的“五个倾斜”原则的“255”干部职工管理激励体系。截至2018年年底，中国一重及各级子公司共计控股企业23家，其中2018年设立一重博兴新材料科技发展有限公司、印尼德龙镍业有限公司等6个公司。出资近30亿元与江苏德龙镍业有限公司在新加坡合资设立了中品圣德国际发展有限公司，并通过该公司增资控股了印尼德龙镍业有限公司。印尼德龙镍业有限公司主要从事镍铁生产业务，设计产能为60万t/a，2018年实现主营业各收入近14亿元。加快对外合作步伐，采用共同合作研发的模式，与核九院合作研发“高速土工离心机臂架锻件研制”项目；与728院合作研发“海洋核动力紧凑式直连结构小堆接管段锻件研制”项目；与哈理工合作研发“乏燃料贮运容器球墨铸铁罐体”；与哈工大和杭州盈铭公司联合投标“铝合金球瓣”项目，目前已经中标；与北科大、抚顺特钢联合研发“航空发动机高温合金涡轮盘细晶棒料开发”项目。当年完成固定资产投资4.85亿元，继续建设核电主设备升级改造项目，新建快中子反应堆主设备产业化制造能力建设项目，新增部分关键生产设备如自动焊接设备、自动物流设备等，利用最新信息化技术，对现有工艺设备、厂房进行升级改造；实施大型铸锻件洁净钢平台项目建设，系统地优化提升炼钢系统的工艺技术，实现装备现代化、操作自动化、工艺智能化、管理信息化，加快提升工艺和技术能力，实现超纯净均质化（低偏析）钢锭的冶炼、铸造，成分达到窄规格控制水平。实现了专项产品合格率99%以上，轴类锻件钢锭利用率65%以上，筒类锻件钢锭利用率70%以上。

二重（德阳）重型装备有限公司（简称二重装备）于2018年2月5日设立，注册资本30亿元，继承了原二重集团（德阳）重型装备股份有限公司的资质、人员和能力。以二重重装为平台，整合国机集团所属的中国重型机械有限公司、中国重型机械研究院股份公司，打造科工贸一体化、具有国际竞争力的高端重型装备旗舰平台——国机重型装备集团股份有限公司（简称国机重装），二重装备是国机重装的高端装备研发制造核心板块。二重装备成立后，着力理顺管理渠道，通过制定200余项管理制度健全工作机制，组织机构调整涉及的变动人员迅速到位；按照“精简高效、细致周密以及组织机构设置与公司发展战略相适应”的原则，对公司各二级单位的内部机构进行了精简合并；建立完善生产运行总体协调、管控机制，加强对重点项目的日常监控检查及紧缺生产资源的调控。组织开展全员、全过程的“人人降本做贡献、点滴节约增效益”成本年活动，取得明显成效。有效地开展“突出重点，升级管控；分级推进，补强短板”升级版质量提升活动，启动“铸件线质量100工程”等21个管理提升项目。以“两机一炉”为代表的重点技改项目有序推进，160MN水压机配套750t·m操作机试生产运行效果良好，大幅提升了锻造生产率和毛坯质量；7 500t筒节轧机成功完成两件加氢筒体锻件的试生产，进入设备生产验证阶段；国内首台125t大型电渣重熔炉已全面进入现场安装阶段；推进矿卡铸件、耐磨锻件等中小铸锻件批量化能力建设；完成工业炉窑全面节能改造项目。开展“两化融合”管理体系贯标工作，基于私有云平台的企业研发创新与供应链管理信息化项目进展快速。采用合资方式搭建二重德阳特种装备有限公司和二重德阳储能科技有限公司两家研发项目产业化平台公司，推进飞轮储能装置等科技成果落地。公司检测中心顺利通过法国赛峰（SAFRAN）起落架系统公司及美国Nadcap材料测试实验室认证，填补了公司体系认证的空白。

大连华锐重工集团股份有限公司加快推进管理改革，进一步发挥任期制经营业绩考核引领作用，铸钢公司、车辆服务中心推行“阿米巴”管理试点，物流、检测职能市场化取得进展，投资设立全资子公司大连大重检测技术服务有限公司，注册资本1 000万元，电子采购平台成功上线应用，实现所有经营单位采购业务全覆盖，曲轴公司生产经营全业务流程实现上线运行，冶电事业部MES管理系统成功应用于实际生产。市场结构调整不断深化，国际市场增长显著。成功签订多米尼加岸桥项目，企业出口国家和地区扩大到90个；向供应链前端和上游领域延伸，签订哈电国际胶带机、罗伊山尾矿处理等设备成套、区域总包订单。质量品牌建设初见成效，开展5类核心产品质量品牌建设工程，解决了114项质量细节难点问题；质量观念进一步转变，将重温“条田先生一封信”管理改善工作落实到基层，16家单位的800余人达到质量免检要求，12家单位实行工序自检及质量确认制，铸业公司等6个单位班组质量自主管理能力明显增强；质量基础管理进一步夯实，突出落实质量责任制，细化完善34项管理制度和流程，顺利通过新版质量管理体系换版。2018年公司通过ISO 9001质量体系认证，通过DNV、GL船级社工厂认可证书换证审核；完善质量评价体系，13家单位建立35项质量评价指标，推动公司质量管理有效运行。2018年公司实施铸钢件生产信息化和采购MES系统，进行生产信息化技术改造。

太原重型机械集团有限公司以“持续深化改革，全面提质增效，推动公司高质量发展再上新台阶”为主线，实现了由“追求规模、追求速度”向“追求高质量发展”的转变。经销工作亮点突出，转型产品支撑作用日益显著。全年公司转型产品实现订货61亿元，占产品订货总量的40%。其中，轨道交通产品的各项指标均超额完成，新能源板块相继签订了阳兴乡、五寨李家坪、平鲁掌柜窑等一批重大成套合同，并与三峡集团签订了8MW海上风机研发与工程应用协议，工程机械1ZM1200机型首台（套）投入市场，海上液压打桩锤实现订货4台，中标了3 600t海上风电施工船项目。公司持续加大国际市场开发力度，实现海外业务收入18.7亿元，占公司总收入的14.4%。轨道交通840副轮对搭乘中欧班列首次成批出口到德国，55MN挤压机成功进入印度市场，油膜轴承打开印度、中亚市场，港务分公司开通韩国、南美两条国际航线；太原重工轨道交通、矿山油膜轴承等出口订货明显增长。风电新园区项目完成联合厂房、园区道路建设；完成轮箱搬迁项目，齿轮箱项目车间布局形成了齿轮、齿轮轴、弧齿锥齿轮、箱体4个加工单元、1条热处理生产线、1条装配线、1条试验线，实现了生产流程再造。完成质量管理体系认证、压力容器特种设备制造许可证、起重机械安装改造维修许可证、韩国制造者认证、英国RISAS认证的换证复评，取得海洋核动力平台反应堆压力容器准入许可，获批筹建山西重型装备产业计量测试中心。

中信重工机械股份有限公司相继推出“三项改革”，全面启动“三大工程”。通过重装板块一体化管理、打造备件服务产业、职能部门“放监服”三项改革，进一步完善事业部设置，成立重型装备事业部和关键基础件事业部；以新设立的备件技术服务公司为核心，强力打造备件服务产业；优化职能部门结构，形成更加聚焦的“小总部、强总部”核心职能。全面启动创新工程、人才工程、机制创新“三大工程”，这是公司近年来持续推进深化改革的重要举措，是公司在全面深化改革领域作出的长期性、制度性、系统性安排部署。以打造“核心制造+综合服务”的商业模式为目标，围绕先进装备制造、机器人及智能装备、军民融合三大领域，着力打造“5+1”产业板块，各板块的运营和盈利能力有效提升，初步形成多产业齐头并进的格局。2018年，公司设立中信重工国际公司，在打造“核心制造”方面，在把矿业领域的主机装备做精的同时，将其他领域的主机设备推向国际市场；在打造“综合服务”方面，有效整合公司各海外机构的综合服务、备件服务和基地建设能力，进一步打造公司服务产业，深化公司“核心制造+综合服务”的商业模式。

北方重工集团有限公司（简称北方重工）于2018年8月22日实施重整，由沈阳市国资委作为管理人依法组织重整工作。重整以来，北方重工大力开展企业管理改革，建立起一套严格的激励约束机制，考核细分到月份、季度、半年、全年；原有的四大事业部重新开展竞聘上岗，精简机构，精干队伍。用收入、利润、回款和新增订单四项指标考核各级员工，员工每月的收入水平是绩效考核的直接体现。对标国内先进企业，建立完善立体的营销模式，动态地将多维度的营销策略和资源进行一元化的整合，从单纯的设备制造商，转变成为“产品+服务+咨询+投融资”模式的大型成套工程装备供应商和大型工程项目综合服务提供商。顺利通过新版质量、环境管理体系换证审核，获得新的集团公司认证证书和四家子公司的认证分证书。

上海电气上重铸锻有限公司2018年实施并完成技改投资28个项目，共计投资784万元。完成上海市节能改造项目“工业炉窑蓄热式节能改造项目”的验收工作。与改造前的2015年加热炉平均单耗563 m^3/t相比，改造后锻件的平均单耗下降了约177 m^3/t，单耗下降率达31.56%。改造炉窑的实际单耗下降到235.68 m^3/t，炉窑热效率达51.55%。完成GB/T 19001—2016、GJB 9001C—2017质量体系换版工作，被上海市核电办评为“2018年度上海市核电质量先进单位”。

伊莱特能源装备股份有限公司对公司内部机构进行改革，五个锻造工厂实行事业部管理制度，独立运营，自主管理，极大地激发了各单位的自主能动性，2018 年产量较 2017 年增长 19%；业务板块划分为特高压输变电管塔及管道锻件板块、新能源锻件板块、核电及炼化锻件板块、钢球板块四个板块，四大主营业务划分至各事业部。投资 6 亿元建设的大锻件项目全线投产，该生产线配备了当今世界最大的径轴向轧环机、国际首台金属构筑成形示范线及 13 500t 液压机、规格全面的热处理炉群，能够生产直径 16m，高度 3m 以内的超大型环件和筒体锻件。2018 年投入 4 000 万元对小规格环锻件生产线进行升级改造，与北京机电研究所合作开发两条自动化锻造生产线；建成一条自动化热处理生产线。实现出口 7 336 万美元，约占公司营业收入的 35%。

〔撰稿人：中国重型机械工业协会大型铸锻件分会董涛、徐文金、杜敏　审稿人：中国重型机械工业协会大型铸锻件分会蒋新亮〕

锻压机械

行业现状　随着市场经济的高速发展，设备快速化、智能化的要求越来越高。国内用户企业规模扩大，资本实力逐渐增强，对锻压机械产品的性能、质量要求越来越高，更多地选择定购国外高端锻压设备，国内知名锻压机械生产企业受到巨大的市场冲击，同时一批民营中、小型锻压机械企业也迅速成长，使得国有锻压机械企业的市场份额被逐渐削减，处境尴尬。

据不完全统计，二重集团（德阳）重型装备股份有限公司（简称二重装备）2018 年共签订并生产机械压力机 4 台（套），其中，热模锻压力机 3 台（套）（40MN，31.5MN，16MN 各 1 台），平锻机生产线 1 条。中国一重 2018 年锻压设备实现营业收入 4.35 亿元，全年共生产机械压力机 30 台（其中 10MN 及以下 20 台，10 ～ 20MN 共计 5 台，20MN 以上 5 台），水压机 1 台（DN1600-2200）。太重集团 2018 年轧锻设备实现营业收入 13.97 亿元，共生产油压机 18 台。

科技成果及新产品　二重装备 2018 年首台新型 40MN 热模锻压力机研制成功，该压力机采用了湿式离合器和湿式制动器结构，以及集成控制等多项新技术。并且该技术成果成功应运于 31.5MN 新型热模锻压力机上，新型热模锻压力机的升级换代是二重装备顺应市场需求的结果，代表着国内锻压设备行业的新水平。2018 年二重装备签订的 EPD900 平锻机自动化生产线合同是二重装备自主设计的一条成套自动化锻造生产线。该项目标志着公司从单一锻压设备销售模式向提供成套定制自动化生产线及服务模式转变。770MN 橡皮囊液压成形机在贵飞用户现场成功完成安装调试，为目前国内该类型最大的成形压力机，填补了国内空白。该设备是一种典型的薄板成形压力机，具有重量轻、投资小、可靠性高和自动化程度高的特点，应用于航空领域钣金件特别是钛合金钣金件的成型。二重装备 2018 年度申请专利 60 项，获得国家专利授权 36 项；制（修）订行业标准 28 项，承担在研的国家、行业、团体标准 31 项，申报国家、行业标准项目 15 项。在锻压机械方面 2018 年共申报专利 5 项，其中发明专利 2 项；获授权专利 2 项；主持和参与制（修）订行业标准 2 项。

燕山大学 2018 年度在锻压机械相关学科方面共承担省部级以上科研项目 21 项，其中，国家级项目 11 项。完成项目验收 5 项，其中“型材辊式连续矫直机理及矫直参数优化方法”项目在理论研究和工艺应用上达到了国际先进水平。另外与企业合作进行技术改进或技术服务类的在研项目 12 项，内容涵盖锻压设备、模具和工艺方面的改进和技术提升。2018 年共申请专利 16 项，其中，发明专利 11 项；授权专利 7 项，其中发明专利 5 项；专利转化 2 项。

太重集团开展了单双动、正反向系列挤压机成套技术开发、快速精密双柱式锻造液压机与操作机系列成套技术装备成果转化等技术工作。2018 年获授权专利 93 项，其中发明专利 47 项；制（修）订国家及行业标准 10 项，其中，在锻压机械方面共申报专利 6 项，其中发明专利 4 项；获授权专利 5 项，其中，授权发明专利 5 项；主持制（修）订国家标准 1 项。

中国一重全年获省部级以上科技成果奖励 3 项，其中，国家特级 1 项；共申报专利 27 项，其中，发明专利 20 项；获授权专利 49 项，其中，授权发明专利 14 项；主持和参与制（修）订国家标准 1 项，行业标准 16 项，参与制（修）订国家标准 1 项，行业标准 1 项。

行业工作　2018 年，完成《中国重型装备》杂志全年 4 期的出版工作，受到作者和读者的广泛好评。

企业发展及对外合作　二重装备继续深入推进转型升级。一方面做好重点领域、重点项目的产品研发和传统产品的升级工作；另一方面，进一步完善研发激励机制，新产品研发成效初现。进一步推进体制改革。2018 年年底，成立了热模锻公司，推动锻压设备资源集中化和快速响应市场。面向市场推动传统领域转型升级，仅用 10 个月完成了襄阳新东特 EMY16MN 热模锻压力机从订货到交付使用。在首台（套）创新方面，新型热模锻压力机系列产品研发取得实质性突破，新型 40MN 热模锻压力机实现首台（套）产品订货。这台压力机的诞生，填补了国内湿式离合器在大吨位压力机上使用的技术空白，是二重装备科研和生产相结合的代表性成果，代表着国内锻压设备行业的新水平。此后，二重装备将此项技术推广应用到山东金马新型 31.5MN 热模锻压力机上。在自动化生产线生产方面取得了新成果，签订了中地装 EPD900 平锻机自动化生产线合同，标志着二重装备在自动化连线领域有了实质性突破。在保证产品质量的同时，提高生产效率；在缩短生产周期方面，完成了上海三江 EMY50MN 热模锻压力机在用户现场的装配和试车。首次实现锻压设备直接在用户现场进行预装和空负荷试车，并一次性取得成功。

北方重工对内重新进行机构设置，对外积极寻求战略投资伙伴。2018 年 6 月 22 日正式进入司法重整，2019 年 4 月 30 日完成司法重整。重整后，北方重工由国有控股公司变为由方大集团和金融普通债权人共同持股的公司。企业全面引入方大集团市场化体制机制，植入精细化管理理念。2018 年，北方重工有计划地开始质量及服务工作提升，加强质量体系全过程管控，持续改进各项工作质量；根据 GB/T 19000—2016《质量管理体系　基础和术语》、GB/T 19001—2016《质量管理体系　要求》和 GB/T 24001—2016《环境管理体系要求及使用指南》等管理体系标准，成功完成新版质量管理体系换版工作。

中国一重被列入东北地区中央企业综合改革试点单位，公司所属大连工程技术有限公司、大连核电石化公司被列为“双百企业”，2018 年新设立公司 6 家。在制度改革方面，继续完善“255”干部职工管理激励体系。在对外合作方面，与核九院合作研发“高速土工离心机臂架锻件研制”项目；与 728 院合作研发“海洋核动力紧凑式直连结构小堆接管段锻件研制”项目；与哈理工合作研发“乏燃料贮运容器球墨铸铁罐体”；与哈工大和杭州盈铭公司联合投标“铝合金球瓣”项目；与北科大、抚顺特钢联合研发“航空发动机高温合金涡轮盘细晶棒料开发”项目。境外控股的印尼德龙镍业有限公司，设计年产能 60 万 t，2018 年实现主营业收入近 14 亿元。在技术改造方面，2018 年，公司固定资产投资 48 524.36 万元。

太重集团锻压设备在印度、科威特市场实现出口新突破。继续坚持实施质量强企战略，完成了质量管理体系认证、压力容器特种设备制造许可证、起重机械安装改造维修许可证、韩国制造者认证和英国 RISAS 认证的换证复评。

发展趋势　随着全球科技和工业的发展，国际制造强国都在积极加大智能制造高速化、工业绿色制造、物联网等领域的战略布局。我国的《中国制造 2025》和“十三五”规划等一系列国家重大规划，为重型锻压装备创造了良好的发展机遇，将推动高端智能成形装备的快速发展，未来重型锻压装备将呈现以下发展趋势：

（1）智能化。智能化是信息网络与制造技术高度融合的结果，锻压设备在局域网内生产管理、自动控制、远程故障诊断与维修服务是必然的发展趋势。在现有技术水平和制造能力的基础上，通过网络通信技术、大数据、新型传感技术、数字测量诊断技术、物联网技术及人工智能技术的综合集成应用，可实现重型锻压设备的智能化升级。

（2）高速化。提高生产率是企业永恒的目标，各锻压企业均致力于锻压机械的高速化研究。企业一方面致力于生产更高节拍的设备，另一方面追求多工位宽台面的锻压设备以减少搬运、转移等中间工序，实现高速化。当然，更优的工艺技术及设备、更先进可靠的辅助设备、更好的自动控制技术都对高速化起到很好的助推作用。

（3）集成化。现代重型锻压设备的需求趋于集成化。多数用户都是先有锻件订单再来定制设备，通常都希望调研时间少、设备投产快且可靠。这就要求重型装备供应商实现集成化总包，即用户提出零件图，集成总包商能快速确定工艺、设备、模具等一整条生产线可靠且合理的配置，节省用户调研时间；也要求集成总包商能够实现工艺、设备和模具等厂家的及时反馈与配合，成线成套设备供应成为重型锻压设备的一个重要发展方向。

〔撰稿人：中国重型机械工业协会重型锻压机械分会徐源琳、李韦萤、杜俊雷　审稿人：中国重型机械工业协会锻压机械分会漆小虎〕

基 础 件

减 速 机

行业发展的政策环境　减速机行业是国民经济的基础性行业之一，其发展与国民经济走势密切相关。近年来，随着我国经济稳步发展，减速机的市场规模持续增长，5 大类减速机产品产量有望继续攀升。

目前，我国正加大对基础设施建设的投资力度，运输设备、水泥机械、矿山机械和电力机械等行业受益显著。这些行业都是减速机产品的消费大户，它们的发展将给减速机行业带来广阔的市场空间。

近年来，受益于国内经济快速发展，重型机械行业产销两旺，作为基础机械的减速机行业亦得以快速发展。从产量来看，2018 年在统计的 790 家企业，减速机累计产量达到 563.03 万台，同比下降 1.39%。

工业机器人是当下最受瞩目的行业之一，精密减速机作为工业机器人中最关键的功能部件，对机器人产业至关重要，未来对精密减速机的需求将随着工业机器人的增长而增长。

据国家有关部门测算，2015—2018 年，我国工业机器人对减速机的新增需求量依次为 23.6 万套、29.6 万套、36.9 万套和 46.2 万套。此外，对于国内市场保有的工业机器人按使用寿命 8 ～ 10 年计算，未来国内对于精密减速机的市场需求将超过 100 万台，年市场销售额将突破 100 亿元。

目前，世界 75% 的精密减速机市场被日本的哈默纳科和纳博特斯克占领，其中，纳博特斯克生产 RV 减速机，约占 60% 的市场份额；哈默纳科生产的谐波减速机，约占 15% 的市场份额。日本的减速机技术一直都遥遥领先，多年稳居行业霸主地位。

反观国内，尽管近年来我国机器人用减速机的生产企业加大了投入，但距离量产仍有一段距离，国产化发展任重道远。未来生产和研发可适当向谐波减速机倾斜，以实现弯道超车，打破日本企业的垄断。

从整体来看，我国减速机行业前景可期，潜在需求规模巨大。为此，南通振康、双环传动和大族激光等国内厂商正加大布局力度，在减速机国产化道路上奋起直追。

行业内上市公司业绩　中国高速传动设备集团有限公司（简称中国高速传动）。2018 年实现收入 82.03 亿元，同比增长 2.7%；股东应占利润 2.08 亿元，同比下滑 53.9%。公司收入增长是由于风电与工业齿轮传动设备产品交付量增加所致。公司实现毛利 15.3 亿元，下滑了 33.5%，毛利率由 28.8% 下降至 18.7%，主要原因是原材料价格上升导致销售成本上升。

杭州前进齿轮箱集团股份有限公司（简称杭州前进）。2018 年，公司实现营业收入 163 497.48 万元，同比下降 1.42%；归属于母公司所有者的净利润 1 450.58 万元，同比增长 36.71%；归属于上市公司股东的、扣除非经常性损益的净利润 -2 171.65 万元，同比增长 21.77%。

秦川机床工具集团股份公司（简称秦川机床），2018 年实现营业收入 31.88 亿元，比上年同期的 30 亿元增长 6.28%；净利润 -27 968.90 万元，归属于母公司净利润 -27 977.52 万元，亏损额比上年同期 1 645.50 万元增加 29 623.02 万元。2018 年年末估计资产总额为 90.56 亿元，负债总额为 57.54 亿元，所有者权益为 33.01 亿元，资产负债率为 63.54%。

浙江双环传动机械股份有限公司（简称浙江双环）。2018 年，实现营业总收入 315 340.92 万元，同比增长 19.49%；营业利润为 21 558.22 万元，同比下降 18.94%；利润总额为 21 845.15 万元，同比下降 18.07%；归属于上市公司股东的净利润为 19 576.41 万元，同比下降了 19.31%；基本每股收益 0.29 元，同比下降了 19.44%。

重庆蓝黛动力传动机械股份有限公司（简称重庆蓝黛），2018 年实现营业收入 86 722.08 万元，同比下降 28.63%；营业利润 1 080.72 万元，同比下降 92.53%；利润总额 915.55 万元，同比下降 93.82%；实现归属于母公司股东的净利润 276.45 万元，同比下降 97.80%。

宁波东力股份有限公司（简称宁波东力）。2018 年实现营业收入 1 176 064.46 万元，归属于上市公司股东的净利润 -280 064.19 万元，总资产 170 063.65 万元，归属于上市公司股东的净资产 57 630.28 万元。

行业发展与技术创新　2018 年我国紧紧围绕高质量发展，坚持供给侧结构性改革，加快转变经济发展方式，促进经济结构优化，经济运行保持了总体平稳发展态势。

中国高速传动做为我国风力发电传动设备的领先供应者，凭借强大的研究、设计和开发能力，已覆盖 750kW、1.5MW、2MW 及 3MW 风电传动设备。同时，各类产品已大批量供应国内及国外客户，产品技术达到国际先进水平，并得到广大客户的好评。中国高速传动不仅为客户提供多元化大型风力发电齿轮箱，而且亦成功研发和积累了生产 5MW 和 6MW 风力发电齿轮箱的能力和技术，产品技术水准已达到国际竞争对手水平。目前，中国高速传动客户包括国内的主要风机成套商以及国际知名的风机成套商，例如 GE Renewable Energy、Gemesa、Unison 及 Suzlon 等。中国高速传动以优质的产品及良好的服务受到了海内外客户的广泛认可及信赖，通过美国、德国、新加坡、加拿大和印度的全资子公司，配合集团可持续发展的策略，寻求与潜在海外客户更紧密的沟通和讨论，为全球客户提供多元化服务。风力发电齿轮传动设备作为中国高速传动主要发展的产品，其 2018 年的销售收入达到 689 696.60 万元，较 2017 年增长约 1.4%。

在工业齿轮传动设备领域，通过改变生产模式及销售策略来提升市场竞争力。

中国高速传动的传统齿轮传动设备产品，主要服务于冶金、建材、交通、运输、化工、航天及采矿等行业企业。目前，中国高速传动调整了传统工业齿轮传动设备的发展策略：首先以节能环保为主线，自主开发研制出具有国际竞争力的标准化及模块化产品，以此大力开发新市场，拓展新行业；同时，加强向客户提供及出售相关产品零部件和系统解决方案，协助客户在不增加费用的同时提升现有的生产效率，以保持公司在传统工业传动市场上的主要供货商地位。在高铁、地铁、市域列车及有轨电车的传动设备业务方面，中国高速传动轨道交通产品已获得国际铁路行业质量管理体系 ISO/TS 22163 认证证书，为轨道交通产品进一步拓展国际铁路高端市场奠定了坚实的基础。目前，产品已成功应用在北京、上海、深圳、南京和香港等城市的轨道交通传动设备上，同时也成功应用在新加坡、巴西、荷兰、印度、墨西哥、突尼斯、澳大利亚及加拿大等多个国家和地区的轨道交通传动设备上。中国高速传动将继续积极拓展高铁、地铁、市域列车及有轨电车的传动设备业务，提升轨道交通齿轮设备的研发速度。应用在上海、香港及墨尔本地铁上的 PDM385 型双级地铁齿轮箱，是公司在消化国内外标准及客户规范基础上，结合多年设计生产制造经验，成功研制开发的地铁用齿轮箱。该型齿轮箱具有结构紧密、噪声低、易维护等特点，其无检修寿命达120万km或10年，关键件设计寿命约为35年。2018年，工业齿轮板块实现销售收入129 856.70万元，比2017年上升了29.7%。

受三北地区弃风改善、风电竞价政策以及海上风电提速影响，2018年风电新增并网装机容量大幅回升。全国新增装机容量2 059万kW，同比增长37%；海上风电装机容量明显提速，累计并网装机容量达到1.84亿kW，占全部发电装机容量的9.7%。同时，国家积极推进能源改革，在配额制和竞争配置引导下，弃风限电状况不断改善，全国风电弃风电量277亿kW·h，同比减少142亿kW·h，全国平均弃风率为7%，同比下降5个百分点，继续实现弃风电量和弃风率双降。作为全球传动领域的领军企业，中国高速传动积极推动企业升级转型，谋求高品质发展，风电产品市场占有率稳居全球行业前列。此外，随着全球风电齿轮箱呈现低风速、大功率的发展趋势，中国高速传动积极顺应发展趋势，持续进行技术创新，推出的新一代3.8MW大功率风机齿轮箱，具有高可靠性、高效率、低成本等优势，通过智能化系统升级，保证了齿轮箱全生命周期的安全、平稳运行，提高了风力发电经济效益。同时，中国高速传动还推出了风电齿轮箱在线状态监测与健康管理系统Gear-Sight 3000系列产品，可准确评估齿轮箱的运行状态以及健康状况。

除了集中精力提升风电设备业务以外，中国高速传动优化和理顺亏损及非风电设备业务，从而强化整体利润模式。2018年，中国高速传动自主研发的380km/h“和谐号”CRH380B型动车组齿轮箱顺利获得CRCC铁路产品认证试用证书；与此同时，由中国高速传动研制的250km/h复兴号动车组齿轮箱成功通过专家技术评审，获得了来自主机厂、高校和科研机构专家的一致好评。目前，由中国高速传动研制的立式双行星磨机减速机从3 300～6 000kW各功率级减速机已在我国及东南亚等地良好运行，2018年又成功研制出功率为6 800 kW的双行星立磨减速机MLXSS700M，这是集团目前制造的功率最大的M系列立磨减速机，现已顺利交付使用。

杭齿前进2018年企业面对错综复杂的经济环境和日益激烈的市场竞争格局，公司围绕效益优先，坚持创新驱动和改革发展，实现了平稳发展。2018年，实现营业收入163 497.48万元，归属于母公司所有者的净利润1 450.58万元。

2018年，公司以提高市场占有率为核心目标，通过多种途径加大市场开拓的力度、强度和广度，注重提升有效销售。在船机内销市场总体呈下降趋势的情况下，公司抓住远洋运输船需求回升的市场机遇，积极拓展大功率齿轮箱市场，确保公司船机内销产品销售总体保持基本稳定。公司积极发挥工程机械品牌优势，主动满足国内外优质用户的增产需求，实现工程机械产品销售较大幅度增长，在巩固拓展现有市场的同时，不断开拓新产品、新市场，为后续市场奠定基础。风电产品板块受弃风电量和弃风率“双降”的影响，新机需求后延，公司采取多种措施积极面对，产品销售继续增长。2018年，面对复杂的国际贸易环境，在巩固稳定传统市场的基础上，开拓刚果、厄瓜多尔等新市场，出口收入实现微增；高端粉末冶金摩擦产品的销售继续保持高速增长，军用摩擦片市场及特种车辆传动产品市场继续扩大。

（1）推进企业改革工作，再增转型升级动力。公司研究制定了多个二级单位体制机制改革方案；引进外部咨询机构，研究适应未来公司发展模式的组织机构及战略规划，提升企业整体运行效能；积极谋划公司智能制造升级工作。

（2）推进创新驱动，提升科技创新能力。公司技术中心顺利通过国家级企业技术中心年度评价，国家工业强基工程“大功率工程机械电液控制自动换档变速器项目”顺利通过验收。“500吨级近岸海洋环境监测船主推进系统”等7个2018年省级工业新产品项目通过鉴定验收。2018年，公司申报专利和软件著作权共53件，授权专利和软件著作权共35件（其中发明专利4件，实用新型专利29件，软件著作权2项）。截至2018年年底，公司共拥有有效专利308件（其中发明专利38件，实用新型专利270件），另有软件著作权4项。

（3）推进管理创效工作，提升企业运作效率。公司加快推进全面信息化，顺利实施办公信息化系统升级，有效提升了工作效率和企业运作效率。公司通过加强内部管理、优化工艺、改良设备等，有效提升了生产计划的准确率、成套率及部分瓶颈产品的产能。公司继续深挖降本增效潜能、持续推进精益管理、提升财务管控能力，有效提升了企业管理运营水平。

（4）推进人才建设工作，夯实企业基础保障。加大智能制造技工队伍、中层管理人员及后备队伍等多层次人才培养和培训工作；完善人才“引、留、用”三位一体培养管理体系；启动并完成人才盘点工作，建立企业核心人才库；完成公司专家评聘工作，有效打通公司工程技术类岗位的职业发展通道；优化薪酬分配体系，进一步完善绩效考核体系；为公司进一步发展提供坚实的人力资本保障。

秦川机床工具受机床装备行业市场需求下滑，以及原材料价格上涨、人工成本增加等因素影响，公司主营业务利润空间减小；公司基于零部件成本上升因素，对期末存货按照预计可收回金额谨慎计提了存货跌价准备；公司积极参与国家专项的研制，研发费用同比有大幅增长；本期投资收益和计入其他收益的政府补助同比有较大下降。

以上因素对2018年的经营业绩产生重大影响，公司估计亏损27 978万元。秦川机床（股票代码：000837）拥有宝鸡机床、汉江机床、汉江工具、关中工具、秦川格兰德、美国拉削系统公司等多家子公司，是中国机床工具行业的龙头企业，规模位列前3；是中国精密数控机床与复杂工具研发制造基地，国家级高新技术企业和创新型试点企业，建有国家级企业技术中心，院士专家工作站，博士后科研工作站，美国研发机构及3个省级技术研发中心。先后获得国家科技进步奖一等奖1项，国家科技进步奖二等奖4项，中国工业大奖项目表彰奖1项等荣誉。

重庆蓝黛，主营业务为乘用车变速器总成、乘用车变速器齿轮及壳体等零部件、汽车发动机缸体及摩托车主副轴组件的研发、生产与销售，公司主要产品为乘用车手动变速器总成、乘用车手动变速器齿轮、乘用车自动变速器零部件及壳体等零部件、汽车发动机缸体等，其中乘用车变速器总成装配所需的主要零部件齿轮、轴、同步器及壳体等均由公司自主研发与生产。公司产品主要应用于各汽车主机行业。经过多年发展，公司在汽车动力传动产品方面拥有较强的核心竞争力，已经确立了在乘用车变速器行业中的市场地位。公司是吉利汽车、众泰汽车、小康股份、力帆股份、赛帕汽车、南京邦奇、哈尔滨东安等多家国内外知名汽车企业动力传动部件供应商，部分产品出口到中东地区，形成了内外销同步发展的业务格局。2018年，在汽车行业销售出现拐点的情况下，公司持续推进乘用车变速器齿轮等零部件和乘用车变速器总成同步发展，通过不断开展技术创新、推进产品转型升级，夯实产品质量，严控生产成本，继续加快乘用车自动变速器总成和新能源变速器新产品的研发和市场拓展力度，完善产品布局，赢得了主要客户的信赖，提高了公司的可持续发展能力。

2018年，国际宏观经济形势动荡复杂，随着国内供给侧结构性改革的深入，我国经济已由高速增长阶段转向高质量发展阶段。作为我国经济支柱产业之一的汽车产业，在经历了前几年的稳定增长后，产销量增速逐步放缓。面对汽车行业增速下降压力及行业发展环境的新变化，公司紧紧围绕发展战略规划，积极主动应对市场变化，在继续强化传统市场领域的同时，积极拓展动力传动新领域，开发中高端新客户。加快促进产品转型升级，持续加大乘用车自动变速器、混合动力传动系统、电动车传动系统项目的研发和市场开拓，并取得阶段性成果；同时，持续推进各项经营、管理业务建设，实现公司持续稳健发展。为顺应乘用车智能化发展方向，公司积极寻求与触控屏行业领先企业合作，通过参股触控屏行业企业、设立子公司、推进重大资产重组事项开展，公司积极开拓显示模组、触控显示屏业务板块，走软硬件一体化的发展道路，促进公司可持续发展。

（1）加快新产品技术研发。在报告期内，一方面，基于在乘用车变速器零部件研发、工艺、生产等方面的技术沉淀及积累的丰富经验，公司重点加大乘用车自动变速器零部件、发动机零部件、现有手动挡变速器总成改型升级的研发力度和市场拓展，不断提升传统领域产品的技术水平。另一方面，瞄准前沿技术、市场需求及行业发展趋势，与重庆大学、重庆理工大学等高校和科研院所以及国际知名技术咨询公司开展合作，加快推进对多款具有自主知识产权、技术领先优势的乘用车自动变速器总成、混合动力变速器总成、纯电动减速箱等产品的研发工作；在混合动力变速器总成方面，与国内一流自主品牌合作启动新能源混合动力总成预研项目；在新能源纯电动车传动系统方面，开发集电机+控制器+减速机为一体的“三合一”减速机总成及其他减速机总成项目；在自动变速器总成方面，公司自主研发的6AT自动变速器项目的试验验证、路试及生产线设备等相关工作按计划推进，若进展顺利有望在2019年具备量产能力。公司技术中心试验室一、二期试验设备投资基本完成安装、调试验收，并稳定运行，大大增强了公司产品技术设计研发能力及核心试验验证能力。在现有主营业务基础上，公司将动力传动产品的研发从汽车行业向纺织机械、通用机械等领域延伸，目前根据客户要求各项产品处于技术对接、预研、客户验证、小批样件送样和装机搭载等不同阶段。公司对多项技术创新成果进行专利申请，强化知识产权保护；截至2018年年末，公司获得有效授权专利125项，其中，发明专利25项，为公司后续工艺优化、自主创新和产品升级做好技术储备。

（2）推进市场拓展和营销管理。公司深度挖掘、开发、培育中高端客户，积极推进市场拓展工作。通过提升产品品质、精细化的营销管理和优质服务，满足客户多样化需求，深化与现有客户的战略合作。同时，顺应行业发展变化趋势及客户产品升级需求导向，持续推进市场拓展工作。2018年，公司进入丰田配套体系，为丰田发动机轴齿轮建成生产线并通过小批量生产验收，计划在2019年逐步释放产能、实现量产；在纯电动车减速箱领域，与客户进入量产准备阶段。公司及子公司与广西玉林达业机械、昆明云内动力和卓郎（江苏）纺织机械等企业签订了战略合作协议、样件试制协议，重型汽车发动机冷却器压铸件、纺织机械关键零部件等产品正在开发或者已经在小批量供货，部分产品有望于2019年逐步实现量产。随着研发实力的增强，公司不断提升公司齿轮、轴、变速器总成、压铸件等产品的市场竞争力和公司的可持续发展能力，目标客户群也逐步向中高端客户战略转移。

（3）加强生产管理和产品质量控制。公司坚持以客户需求为导向，持续深化精益生产管理，建立、健全“后工程拉动式”生产管理模式，推进日计划排产管理、现场点检、物流目视化、异常联络机制落地，结合制造执行系统（MES）、仓库管理信息系统（WMS）智能制造上线运行进展情况，规范生产计划的编制和下达流程，保证工作计划日清日结，形成适应客户需求的快速反应机制，不断提升产品品种和数量完成率，确保生产任务保质、保量和及时完成；施行全面成本管控，减少产品在制、存货库存，提高库存周转率，降低单件产品生产制造、工时工效浪费、检测检验等各项成本。2018年公司“轻量化乘用车变速器齿轮制造数字化车间”项目推进顺利，完成了管理信息系统流程开发、程序编制、数据采集、资料录入等前期工作，为进一步提升公司变速器齿轮产品设计制造水平、缩短产品升级周期、提高产品质量奠定了基础。

公司严格按照IATF16949质量体系要求全面开展质量

管控工作，从研发、采购、生产、物流等各环节加强质量管控力度，严把每个业务环节的关键控制点；加强对各类供应商质量体系贯标建设、品质承诺与监督、过程帮扶力度，从源头提升公司产品质量；在新品开发过程中加强各环节质量管控，确保量产产品的质量稳定性；在过程质量管控中，强化全员“工序内造就品质”的意识，建立质量持续改善机制，不断提高产品质量的可靠性、稳定性，提高产品的市场竞争力。

（4）积极推进重大专项项目建设。2018 年，公司首次公开发行股票募集资金，投资“年产 600 万件乘用车手动变速器齿轮扩产项目”“年产 160 万件乘用车自动变速器零部件扩产项目”“年产 10 万台乘用车手动变速器总成扩产项目”，建设厂房、配套设施及设备购置已全部完成，项目建设均已达到预定可使用状态，并已实际交付使用，为提升产品质量水平、降低规模化生产制造成本、满足中高端客户需求奠定了坚实基础。2017 年申报立项的工业和信息化部“智能制造综合标准化与新模式应用”“轻量化乘用车变速器齿轮制造数字化车间”项目建设进展顺利。由重庆大学、蓝黛传动等 7 家单位联合申报的“复杂修形齿轮精密数控加工关键技术与装备”项目获国家科学技术进步奖二等奖。该项目的实施将对公司核心竞争力提升、中长期技术储备、专业技术人才培养等方面产生积极影响。

（5）加强人才储备和人才梯队建设。公司加快实施绩效考核牵引、薪酬激励机制落地，推进战略性人才储备和人才梯队系统工程建设。通过细化、实施《绩效考核管理办法》，将公司发展战略目标、经营计划等层面关注的组织绩效与个人绩效相结合，推进绩效管理落地；通过加强与猎头公司合作、校园招聘、不定期网络招聘等多种途径，不断引进各类技术研发、市场营销、品质管理等专业技术、管理人才，增强公司管理团队实力，为公司发展做好人才储备。结合国军标体系认证、IATF16949 体系换版审核、智能制造与信息化、在职基层骨干人员成人教育学历提升、班组长及工段长再教育培训方案、生产一线培训课程落地计划等项目全面推进各项工作；结合丰田示范线的运行，关注人员技能和岗位有效匹配，培养员工遵循标准的自觉性、主动性。

（6）立足主业的同时，开拓触控屏业务，走软硬件一体化道路。公司经营管理层在坚定稳定乘用车变速器主营业务的同时，根据公司长期战略发展规划，顺应汽车产业智能化和功能多样化发展方向，通过投资参股台冠科技、新设子公司黛信科技，积极与触控屏行业领先企业合作，拟开拓显示模组、触控屏相关业务，实现显示模组、触摸屏及触控显示一体化模组的全产品生产模式，新增业务板块符合国家“十三五”规划要求，符合公司的发展战略及长远规划，能增强公司盈利能力，促进公司可持续发展。

宁波东力。2018 年公司实现营业收入 117.61 亿元，比上年同期下降 8.62%，实现归属于上市公司股东的净利润亏损 28.01 亿元， 比上年同期下降 1 857.90%。剔除供应链业务，2018 年，公司实现营业收入 9.7 亿元，同比增长 29.76%。

子公司东力传动抓住“一带一路”建设的机遇，积极开拓市场，全年累计完成销售订单 10.22 亿元，同比增长 29.6%；入选 2017 年度宁波市两化深度融合示范企业。子公司欧尼克的市场工作稳中求进，核心客户不断扩大，全年累计完成销售订单 1.42 亿元， 同比增长 18%；荣获 2018 年浙江省“隐形冠军”培育企业称号。

公司新获授权专利 8 项，其中，发明专利 1 项。东力传动技术中心被认定为浙江省高新技术企业研究开发中心，子公司东力传动通过高新技术企业复评认定；模块化高精减速机、四大系列减速电机、重载齿轮箱、DM 系列高效三相异步电动机获 2018 年度宁波市自主创新产品和优质产品；浙江制造团体标准《F/K/R/S 系列模块化减速机》通过专家评审；宁波市重大科技专项“大功率智能高效模块化齿轮箱关键技术研发与产业化”项目通过验收。子公司欧尼克参与编写国家技术标准 4 项；主编浙江制造标准《医用气密平移自动门》并颁布实施；参与编写《医院建设指南》。欧尼克加快智能制造和数字化工厂建设，全力推进 SAP、D-WORK、PLM 等重大信息化建设项目，推行阿米巴经营管理模式，以改善质量，提升效率，降低成本。

泰尔重工股份有限公司（简称泰尔重工），2018 年度主要经营工作：

（1）推行价值模式、提升管理能力。为实现由制造向创造转变、由速度向质量转变、由产品向品牌转变，泰尔重工深入推进价值管理模式，旨在打造公司的创造能力、竞争能力和发展能力，打造员工的经营能力、管理能力和发展能力，实现收入与岗位关联、收入与效率关联、收入与质量关联、收入与利润关联。

（2）延伸产业布局、构建全球市场。在国内市场上，泰尔重工不论规模还是实力都成为细分行业内的龙头企业。在持续做强核心备件、核心设备业务的同时，加快成套设备、再制造、表面技术及总包服务业务的培育和发展，实现从备件到修复，从修复到技改，从技改到总包，从提供产品到提供产品加服务的商业模式转型。在钢铁行业集中化、国际化的大趋势背景下，此举不仅牢牢抓住了市场高质量发展的机遇，而且进一步巩固了泰尔重工在细分市场的领先地位和推动了其国际化进程，进而实现了收入大幅度增长。

在国际市场上，泰尔重工积极开拓国际市场，与意大利达涅利、美国普锐特签署战略合作协议，与印尼 PT Tunggal Jaya 钢厂签署合作协议；泰尔重工组织参加中国国际冶金工业展览会、土耳其国际冶金展、俄罗斯 2018 冶金展、巴西 2018 国际冶金展等行业展会。泰尔重工的海外客户已覆盖 17 个国家和地区，国际合同同比增长 220%。

（3）引领行业技术进步、推进行业发展。2018 年，泰尔重工紧紧抓住战略机遇，加快向科技型企业转型。泰尔重工承担了工信部绿色集成项目——高端装备零部件绿色设计平台建设及示范；科技部“固废资源化”重点专项“废旧重型装备损伤检测与再制造形性调控技术”项目的子项目“废旧重型装备表面无损激光清洗与主动柔性控制”；省科技重大专项——先进轨道交通关键零部件动车组联轴器和高速列车制动盘研发及产业化通过验收。

2018年，泰尔重工荣膺“钢铁行业改革开放40周年功勋企业”和安徽省制造业“单打冠军”荣誉称号。公司与中国冶金报联合发起“改革开放40周年万里行”活动。与北京科技大学合作成立金属成形技术与装备研究院，在金属成形理论、工艺装备、控制系统、成套、智能制造等领域进行合作，形成产学研合作共赢的创新机制。2018年，完成CSP镍基合金摆式剪、安全联轴器、渗碳淬火件再制造修复、强力热轧卷取机卷筒的研发。公司自主研发的“液压式热轧精密卷筒”入选安徽省首台（套）重大技术装备，“一种新型的可调相位联轴器”获中国专利优秀奖。2018年新发布行业标准2项，申报专利37项（其中发明专利13项），获授权专利35项（其中发明专利7项）。2018年累计发布国家或行业标准16项，累计获授权专利120项（其中发明专利28项）。

（4）坚持扶贫救助、勇于责任担当。泰尔重工在市委市政府的领导下，积极投入“百企帮百村”的精准扶贫行动，在马鞍山市和县周集村设立泰尔股份周集村扶贫基金、重大疾病救助站、大学生人才培养基地，践行公司的四个价值观，为贫困村民早日脱贫，过上美好幸福生活贡献力量。

标准化与科技奖励　2018年通过审查并发布的减速机行业标准见表1。

表1　2018年通过审查并发布的减速机行业标准

序号	标准号	标准名称
1	GB/T 35089—2018	机器人用精密齿轮传动装置试验方法
2	GB/T 36491—2018	机器人用摆线针轮行星齿轮传动装置通用技术条件
3	GB/T 10088—2018	圆柱蜗杆模数和直径
4	GB/T 12760—2018	圆柱蜗杆、蜗轮图样上应注明的尺寸数据
5	GB/T 10085—2018	圆柱蜗杆传动基本参数
6	GB/T 10089—2018	圆柱蜗杆、蜗轮精度
7	GB/T 10087—2018	圆柱蜗杆基本齿廓
8	GB/T 10086—2018	圆柱蜗杆、蜗轮术语及代号
9	GB/T 19073—2018	风力发电机组　齿轮箱设计要求
10	GB/T 36152—2018	齿轮齿条式人货两用施工升降机安全评估规程
11	T/ZZB 0599—2018	倾角传动船用齿轮箱

2018年获得的奖励科研项目：

由北京航空航天大学、中国航发哈尔滨东安发动机有限公司、中国北方车辆研究所共同完成的“新型传动面齿轮设计制造关键技术及成套装备”荣获2018年国家技术发明奖二等奖。

由重庆大学、重庆机床（集团）有限责任公司、重庆齿轮箱有限责任公司共同完成的“复杂修形齿轮精密数控加工关键技术与装备”获国家科学技术进步奖二等奖。

由重庆大学、太原重工股份有限公司、大连理工大学共同完成的“高性能重载行星齿轮传动装置关键技术与应用”荣获2018度中国机械工业科学技术奖一等奖。

由河南科技大学、人本集团有限公司、台州科锦轴承有限公司、浙江陀曼精密机械有限公司、中国航发哈尔滨轴承有限公司共同完成的“高精低摩轴承的设计制造与评价关键技术及产业化”荣获2018度中国机械工业科学技术奖一等奖。

由盐城工学院、江苏泰隆减速机公司共同完成的“核电等特殊行业5 000kW以上减振齿轮箱机组关键技术研究及产业化”荣获2018度中国机械工业科学技术奖二等奖。

由杭州前进齿轮箱有限公司、上海联合滚动轴承有限公司共同完成的“大型工程机械YB310液力变矩器的研发与应用”荣获2018度中国机械工业科学技术奖二等奖。

由重庆齿轮箱有限责任公司完成的“联合动力传动装置关键技术研究及产业化”，获得2018年中国造船工程学会科学技术奖一等奖。

〔撰稿人：中国重型机械研究院股份公司王宇航　审稿人：中国重型机械研究院股份公司赵玉良〕

制 动 器

市场分析 制动器是起重运输机械、冶金钢铁、矿山机械、风力发电机械、港口机械等行业的重要基础部件。2018 年随着国家产业结构的调整逐步到位，钢铁、煤炭等传统行业回暖，行业发展日趋好转。经过几年的优胜劣汰，行业洗牌明显。行业整体呈现重视品牌、重视质量、重视创新发展、重视企业运行安全的正能量。部分企业订单逐步增加，价格稳定，回款速度加快。回款较好的企业，融资成本低、流动资金充裕，迎来了良好的发展机遇，传统产品销售数量、生产产值、货款回收较上年同期有所增长。但是市场总需求仍维持在低位，市场结构组合发生较大的变化。

骨干企业现状 焦作金箍制动器股份有限公司，搬迁以后，新增贷款利息、班车费用、员工误餐补助、设备折旧、土地税费等减利因素大幅度上升。产品销售下降，费用上升，导致企业利润急剧下滑。品牌效应随着时间的延续逐步淡化，搬迁改造、设备升级换代优势随着时间的延续逐步失去，产业升级受到了严重制约。2018 年经营业绩与 2017 年同期基本持平，在低位徘徊，流动资金极度紧张。公司正在积极寻找资金渠道，增加流动资金，保证企业稳步发展。在稳定传统市场的同时，大力培育发展新兴市场，带式制动器等五类产品取得了中国船级社认证。在做好风电制动器配套供货的同时，努力开发风电制动器维修和服务的后市场。近两年焦作金箍制动器股份有限公司还加大在军工产品的开发力度，目前产品开发和市场销售均取得了良好的效果。

江西华伍制动器股份有限公司。2018 年度面对复杂多变的市场环境和依然严峻的宏观形式，公司管理层紧紧围绕聚焦工业制动器主业、重点发展军工第二产业的行动方针，以“高端制造、智能制造”为行动纲领，坚持创新驱动和质量为先，实施绿色发展，优化产业链布局。公司始终把制动产业作为企业基础产业，正在打造从港口机械、风电设备到轨道交通设备等多层次、多梯度的市场分布格局，努力成为全球最具竞争力的、跨越多领域的制动行业龙头企业。主要产品情况如下： 风电产品行业发展趋势依然较好，公司风电产品销售同比增长。公司重点客户金风科技、远景新能源等的订单均有所增加。通过对风电产品的技术改造和产品升级，进一步增强了产品的市场竞争力，提升了客户认可度，巩固和提升了市场地位。

传统行业持续回暖，对上游零部件配套市场的需求旺盛。公司抓住良好机遇，加大市场营销力度，发挥品牌优势，抢夺市场份额，实现了常规产品的快速增长。

2018 年公司加速智能化港机产品的推广，提升产品智能化水平，增加产品附加值。公司具有自主知识产权的带 BMS 智能制动器在港机市场取得较大增长，为以振华重工为代表的港口客户提供全新、一流的配套服务。除智能制动器外，港口用电动夹轮器也取得了较大幅度增长。公司积极拓展轨道交通制动系统市场，加快产品研发进度，提高自主知识产权水平，通过自主开发、与高校合作增强技术实力，积极参加行业展会，多方面寻求合作伙伴，提高品牌知名度和客户认可度。公司轨道交通团队抓住行业发展机遇，积极开拓市场，签署了大连 202 路 5 列有轨电车项目、中铁磁浮制动系统项目、长沙通号跨坐式单轨样车等项目，重点跟踪唐山清远磁浮项目、重庆马来西亚跨坐式单轨项目、澳大利亚悬挂工程车项目和上海地铁架大修等项目。

江西华伍制动器股份有限公司抓住行业发展的良好机遇，充分发挥华伍品牌影响力，不仅实现了传统产品的快速增长，产值也同比上升了 19%。加强海工市场的开拓力度，做好海工重点项目跟踪服务，实现了 2 000t 海上施工平台、洋山自动化码头制动器产品的配套。研发了 6MW、4MW、3MW 风电制动器产品的开发，实现了 1.5MW、2MW 风电制动器技术升级和大批量供货。

天水长城控制电器有限责任公司，抓住国家政策性破产的机遇期，使破产工作得以顺利推进。为从根本上解决企业的历史遗留问题，甘肃省国资委和甘肃省长城电工集团公司采取“置换、破产、重组”的模式，将原天水长城控制电器厂改制成为具有现代企业制度的公司制企业，“产权清晰、政企分开、责权明确、管理科学”的现代企业制度初步形成。公司深入推进人事、劳动、分配改革，优化人员结构，强化竞争意识，建立了精简、高效的管理和组织体系，修订完善了管理制度，职工通过全员竞聘上岗，规范管理体制机制工作有序推进。公司按照长城电工专业化分工要求，依托天水市工业“出城入园”的契机，围绕“打造西北地区母线槽产品最大生产基地和智能化控制电器生产基地”目标，实现公司管理、装备、技术、产业四个转型升级目标，努力成为国内输配电行业主流供应商和特种电器知名服务商。

青岛星轮实业有限公司，主要生产经营摩擦制动产品，刹车带、刹车块和制动衬片，2018 年营业收入较 2017 年有所降低，但是降低幅度并不太大。刹车带和刹车块的出口主要以东南亚国家为主，制动衬片主要是出口欧洲。受价格影响，东南亚的出口并没有太大起色。出口欧洲的制动衬片，由于是刚刚起步，双方还处于初期的磨合阶段，出口规模正在逐步推进。目前公司销售仍然以国内为主，出口为辅。公司 2017 年申请的专利产品——制动衬片在 2018 年与客户开始了正式的合作，该产品解决了橡胶衬片耐温度不高的技术问题，使得定速试验机的实验温度由国家标准中的 200℃，提升到了 300℃，甚至可以做到 350℃。公司依旧坚持质量第一的理念，严格控制产品质量，全年无重大质量事故。2018 年，公司通过了 ISO9001—

2015 换版之后的审核。随着科技的发展，该公司不断地进行技术改造，以提高设备的效率，减少人工的使用成为公司技术改造的重点。2018 年公司总体运行平稳，虽然中美贸易战和国家政策因素对各行业有所影响，但该产品目前以售后市场为主，市场相对稳定。

石家庄五龙制动器股份有限公司（称五龙），是一家以生产电梯用电磁制动器为主业的公司，致力于研发推广更加高效、环保、节能的产品。“五龙”商标为河北省著名商标；2014 年 1 月 24 日五龙成功在新三板挂牌，成为全国扩容后首批新三板挂牌上市企业；同年被评为河北省科技型中小企业，并获河北省知识产权优势培育工程专利一等奖。2016 年陆续新购制动器生产流水线等先进设备，生产能力得以大幅度提升，实现了产品加工设备的升级改造；近三年来与燕山大学、河北工业大学等高校开展技术合作，实现校企联合、优势互取，在市场不景气的大环境下，订单数量仍然保持了 20% 的增长。

焦作市长江制动器有限公司，在做好传统制动器产品的同时，也积极寻找新的发展空间，并取得了较大进展。上海伯瑞制动器有限公司的新产品产值已经超出原传统制动器产品。

整个行业目前收入和利润的下滑趋势得到有效控制，部分企业已经有所回升，但制动器行业整体还处在调整期。一些小微企业，由于抗冲击能力差，已经在这次产品结构调整中关停、歇业或艰难挣扎。2018 年全行业传统制动器产品结构发生了微小变化，制动器系统和制动系统控制产品销售量有所增加。批量化产品产量基本稳定，非标准产品和个性化产品产量有所增加。电力液压块式制动器仍占制动器行业的主导市场，盘式制动器、带式制动器、钳盘式等个性化制动器产品市场逐步扩大。块式制动器与盘式制动器的比例正在逐步发生变化，盘式制动器比例正在扩大，块式制动器比例逐步缩小。

行业发展和技术进步 行业企业坚持深化改革，调整产品结构，加强内部管理，产品向多品种小批量方向发展。具有变频变力技术、惯性技术、叠加技术的制动器产品，制动器控制系统的使用范围逐渐扩大，使用量逐渐提高。

制动器行业排名前 10 位企业基本占据了制动器产品市场 60% ～ 70% 的份额，其中前 5 位企业占 50% ～ 60%。排名前 5 位的企业，在产品的技术水平、研发能力、市场占有率方面有明显优势。

近两年焦作金箍制动器股份有限公司还加大军工产品的开发力度，加速装甲车用液压盘式制动器研发，并与相关研究所建立了现场办公制度，保证了产品开发进度。在做好新产品、新市场开发的同时，重点开发了港口使用的 DZ-2500 型大力矩带式制动器的、制动器远程无线监控系统的技术升级。

江西华伍制动器股份有限公司研发的重点依然是以客户需求为导向，从技术角度确保公司在行业的优势地位，形成自己的核心竞争力。

（1）重点进行了 380km 动车组闸片、中铁 200km/h 磁浮样车制动系统、长客 120km/h 清远磁浮车制动系统、地铁电控制动系统、长客阿尔斯通 CITADIS 平台有轨电车液压制动系统等项目的研发。

（2）重点发展 BMS 智能制动器、DLZ 电动轮边制动器、塔机安全制动器、高端液压系统等产品，突出产品的智能化，增加产品附加值。

（3）紧跟风电行业发展趋势，研发大兆瓦机型制动产品，为客户新机型的推出提供制动系统方面的技术支持，加强海上风电产品的研发力度，提升海上风电用制动器的技术水平。

（4）重视对摩擦材料的研发，尤其是加大轨道交通领域的摩擦材料的研发力度，重点对低地板合成闸片的技术升级。

〔撰稿人：中国重型机械工业协会传动部件专委会邢德文　审稿人：中国重型机械工业协会李镜〕

油膜轴承

油膜轴承，是以油为润滑介质的全液体润滑轴承，广泛应用于电力、冶金、矿山等领域。轧机油膜轴承，应用于各类热轧带钢、冷轧带钢、中厚板轧机上，承受轧制压力，保证轧机的高精度、低能耗运行。

生产发展情况 2018 年，我国钢铁行业持续推进供给侧结构性改革，产业结构不断优化，市场秩序明显改善，全行业经济效益创历史最好水平，粗钢产量再创历史新高。基于现有钢铁企业产能大量释放及新增多条热轧板带生产线等利好因素的推动，轧机油膜轴承的需求大幅增加，产量增长近 50%，其中，新建项目占 60%，运行消耗件备件占 40%。截至 2018 年年底，全国已建成的使用油膜轴承的轧机机架数达到 731 个，其中热轧宽带轧机 533 个机架，中宽厚板轧机 131 个机架，冷轧带钢轧机 67 个机架。2018 年我国在建轧线油膜轴承规格参数见表 1。2018 年我国新建投产轧线油膜轴承规格参数见表 2。

表 1　2018 年我国在建轧线油膜轴承规格参数

项目名称	主要技术性能
广东广青科技 1450 热连轧机油膜轴承	直径 1 065mm 额定载荷为 44 300kN

（续）

项目名称	主要技术性能
河北钢铁乐亭 2050 热连轧机油膜轴承	直径 955mm、1 127mm 额定载荷为 38 080kN、53 320kN
江苏响水德力 2550 热连轧机油膜轴承	直径 1 166mm 额定载荷为 57 160kN
江苏扬州恒润 1780 热连轧机油膜轴承	直径 1 065mm 额定载荷为 44 300kN
辽宁鞍钢 2150 热连轧机 F7 机架油膜轴承	直径 1 195mm 额定载荷为 52 500kN
辽宁鞍钢 1700 热连轧机 R2 机架油膜轴承	直径 1 115mm 额定载荷为 45 720kN、
河南舞钢 4300 宽厚板轧机 F 机架油膜轴承	直径 1 520mm 额定载荷为 109 160kN
云南师宗沃莱迪 1780 炉卷轧机油膜轴承	直径 1 127mm 额定载荷为 53 320kN
广西盛隆 1780 热连轧机油膜轴承	直径 875mm、1 090mm 额定载荷为 31 960kN、49 600kN
营口 3500 中板轧机	直径 1 520mm 额定载荷为 109 160kN
新疆湘晟 2450 中板轧机	直径 1 340mm 额定载荷为 70 000kN

表 2　2018 年我国新建投产轧线油膜轴承规格参数

项目名称	主要技术性能
山东钢铁日照 4300 宽厚板轧机	直径 1 520mm 额定载荷为 109 160 kN
河南南阳汉冶 3500 中厚板轧机	直径 1 450mm 额定载荷为 84 100 kN
山东钢铁日照 3500 中厚板轧机	直径 1 520mm 额定载荷为 109 160 kN
河北全丰薄板坯热连轧机	直径 1 065mm 额定载荷为 44 300 kN
山东莱钢 1550 热连轧 F7 轧机	直径 953mm 额定载荷为 38 080kN
河北裕华 1380 热连轧机	直径 875mm 额定载荷为 31 960 kN
河北东海 1450 热连轧机	直径 955mm 额定载荷为 38 080kN
河北敬业 1780 热连轧机	直径 1 115mm、1 090mm 额定载荷为 45 720 kN、49 600 kN
河北纵横丰南 1780 热连轧机	直径 985mm、1 115mm 额定载荷为 35 720 kN 、45 720 kN
河北纵横丰南 1450 热连轧机	直径 945mm、1 030mm 额定载荷为 32 920 kN 、44 300 kN

市场及销售　国内制造轧机油膜轴承的专业企业有：太重集团、沈冶机械、普瑞特（上海公司）和达涅利（常熟公司）4 家。太重集团产品的国内市场占有率超过 90%，其他 3 家企业市场占有率不到 10%。

太重集团是我国唯一一家从事轧机油膜轴承研究开发、设计制造、销售和服务的企业，拥有专业化生产车间，具有年生产 1 000 套油膜轴承的生产能力，产品规格涵盖 ϕ160 ～ 2 000mm，能满足从高速线材轧机轴承到宽厚板轧机轴承的需求。太重集团能够独立完成油膜轴承从冶炼、铸造、锻造、焊接到加工成品、包装、港口运输等所有环节的工作，设立有油膜轴承研究所，专业从事油膜轴承理论研究和新产品开发。针对各类轧机的不同轧制工况，为用户提供相应解决方案：为新建轧机设计制造成套油膜轴承，为轧机进行油膜轴承升级改造，为在全球服役的轧机提供完全互换的油膜轴承备件，为油膜轴承配套设计制造动压润滑系统、静 - 动压润滑系统。2018 年，太重集团通过不断的技术创新、优化生产工艺，产品性能质量进一步提高，取得了国内新建项目油膜轴承的全部订单以及绝大多数备件订单。同时在国际市场的出口数量及出口国家数也稳步增长。太重集团围绕“一带一路”沿线重点布局了印度、俄语区和东南亚等三个国际市场，并提出了 1∶1 长期发展目标，即国内市场订货和国际市场订货比例 1∶1。为此安排专职销售与服务人员，为国外各钢厂服务。经过多年的努力，先后与印度 JSW、JSL、艾萨钢厂，哈萨克斯坦安赛乐米塔尔钢厂，俄罗斯 MMK、SEVERSTA、NLMK、OMK 等钢厂，乌克兰阿左夫、MMKI、扎布罗热等钢厂，越南大天禄钢厂，伊朗穆巴拉克钢厂，墨西哥蒙克罗瓦 AHMSA 钢厂，以及中国台湾中钢等企业建立了业务关系。太重集团在开发新产品市场的同时，对现有油膜轴承结构进行升级优化，2018 年太重集团共取得 3 项发明专利：两半瓦薄壁衬套的精加工方法及其装置、油膜轴承拆装工具、油膜轴承及其辊径密封装置。2018 年太重集团轧机油膜轴承主要产品产量和出口额见表 3。

表 3　2018 年太重集团轧机油膜轴承主要产品产量和出口额

产品名称	产量		出口额	
	数量（t）	比上年增长（%）	金额（万元）	比上年增长（%）
轧机油膜轴承	2 731	31.17	2 027	94.8

2018 年 10 月国产首套 15MN 快速径锻机一次热负荷试车成功，标志着太重集团在径锻机用油膜轴承方面取得新进展。15MN 快速径锻机的内部结构紧凑，轴承负载高。在采用滚动轴承无法满足空间要求，而滑动轴承则需保证持续稀滑润滑的情况下，太重集团针对特殊工况，配套采用油膜轴承进行结构优化及润滑优化，满足了工况要求。

行业创新及技术发展

1.GB/T 13345—1992 油膜轴承标准修订

板带轧机轧辊油膜轴承是国内大型板材、带材轧机核心零部件，曾长期受制于美国摩根、德国西马克等少数几家国外企业。太重集团自 1958 年开始研制轧机油膜轴承，通过不断自主研发和技术突破，成功突破欧美发达国家垄断，为国内各类轧机提供近万套轴承，并远销欧、美、亚、非各大洲的 10 多个国家和地区。然而现行 GB/T 13345—1992 标准中无成系列轴承的负荷参数、型式与结构参数，不利于成套装备设计人员设计选用，且技术要求已远远落后于我国目前轧机油膜轴承的技术条件（我国油膜轴承运行稳定性已大幅领先于国外，关键部件疲劳使用寿命达到 20 000 ～ 30 000h），制约了我国优势轧机油膜轴承的进一步市场开拓和出口，亟需重新修订。在全国滑动轴承标委会的组织下，2018 年，由太重集团牵头，邀请一重、二重、宝钢、太钢、西安交通大学、太原科技大学、中南大学等企业及科研院校专家就修订标准召开了工作会议；2019 年 1 月，在杭州滑动轴承年会上，该标准通过了技术审查。

2. 油膜轴承智能化研究

国家对钢铁行业提出“高效率、低能耗、零污染”等环保要求，这使得钢铁生产向大型化、生产工艺向节能化、设备管理向高效化、环保措施向生态化方向发展，传统的设备运维模式难以满足要求。基于对设备可靠性、低故障率、经济运维等方面考虑，设备科学管理、智能化管理的要求越来越高。轧机是钢铁生产过程中非常重要的设备，轧机油膜轴承作为轧钢机械的核心部件，其质量关系到轧机的安全运行并影响着板材质量。对轧机油膜轴承的实时运行状态进行监测，可及时发现和处理不良状态，保证轧机的连续安全运行和加工板材的质量品质。

现阶段，油膜轴承的智能化研究首先通过在轴承和管路上放置传感器，采集轴承的运行温度、进油温度、回油温度、轴向窜动、内腔压力等信号，远程传输到维护人员及制造商终端，以便相关人员实时掌握轴承的运行状态，对数据进行分析、处理。通过对进油温度、回油温度、运行温度进行检测，建立入口——工作区——出口温度的监测链，可以直观反应出轴承的运行情况，有助于现场工作人员对轴承烧损、偏载等作出预警。通过对轴承轴向位移的监测，间接反映出轧辊的轴向位置，结合通过对轴承内部气压的监测，从而可以推断出密封状态以及轴向力的大小。借助互联网平台，可实现现场数据与计算机 / 手机互联，使用者可随时随地直观地查询轴承的使用状况。加之长期对轧线的监测，在大数据的支撑下，通过轴承运行趋势曲线，可为轴承的保养维护及维修更换做出预判断，降低轴承备件的库存量。

〔撰稿人：中国重型机械工业协会油膜轴承分会孙鹏程
审稿人：中国重型机械工业协会油膜轴承分会杨汇荣〕

润滑液压设备

生产发展情况 2018年，从润滑液压设备行业总体情况看，行业继续受到冶金行业国家限产能、去库存的政策影响，行业内会员单位之间竞争加剧，所签订的合同价格逐年下降，企业利润下降，生产成本上涨，应收账款增加。但各企业均采取了有力的措施，稳定了职工队伍，保持了企业的正常运行和健康稳定的快速发展，使企业整体效益下滑趋势得到遏制，企业的盈利能力有一定的回升。

润滑液压设备行业各会员单位积极响应“一带一路”倡议，在国外销售方面积极开拓马来西亚、印度尼西亚、伊朗和越南市场；在国内加强新的行业开发力度，以市场为导向，在原有市场的基础上积极细分现有市场，对非冶金市场加大开拓力度。在技术方面，增强企业内部科技创新能力的建设，提升核心竞争力，加大了科技和新产品开发的投入力度，加快产业结构调整和产品转型升级的步伐，扩大润滑产品的应用领域，提高产品的技术含量，提高产品的市场占有率。润滑液压设备行业各生产企业依据企业自身发展、产品发展和行业发展的情况，加大基本建设和技术改造投入，使润滑液压设备行业的整体技术水平、装备水平有明显的提高，使企业创新能力，抗市场风险能力有所加强。

润滑液压产品经过多年的发展，现在已成为机械设备，特别是大型机械设备不可缺少的主要配套产品。主机对润滑效果和润滑液压功能要求的不断提高，促进了各主要润滑液压设备生产企业的技术进步，生产企业增加必要的精密加工设备、检测设备、试验设备和辅助设备，使得润滑液压产品向智能控制、数字控制、专业化生产方向快速发展，其应用领域和需求量不断增长。

2018年，润滑液压设备行业完成工业总产值22.56亿元，较2017年增长6.12%，完成产品销售收入21.19亿元，较2017年增长6.22%，产品出口1 068万美元，较2017年下降9.54%。2018年36家主要生产企业经济指标完成情况见表1。

表1　2018年36家主要生产企业经济指标完成情况

指标名称	单位	完成情况	指标名称	单位	完成情况
企业数	家	36	年末固定资产净值	万元	65 706
工业总产值（当年价）	万元	225 632	流动资产合计	万元	152 177
同比增长	%	6.12	流动资产平均余额	万元	141 123
工业增加值	万元	53 466	流动负债合计	万元	123 761
产品销售收入	万元	211 947	流动负债平均余额	万元	113 834
产品销售税金及附加	万元	13 056	所有者权益	万元	96 757
利润总额	万元	9 315	全员劳动生产率	元 / 人	130 119
年末固定资产原价	万元	82 239			

注：表中全员劳动生产率（元 / 人）是按当年工业增加值和企业人数计算的。

润滑液压设备行业主要生产企业有：太原矿山机器润滑液压设备有限公司、四川川润液压润滑设备有限公司、常州市华立液压润滑设备有限公司、启东润滑设备有限公司、上海澳瑞特润滑设备有限公司、南通市南方润滑液压设备有限公司、江苏南方润滑股份有限公司、上海润滑设备厂有限公司、四平维克斯换热设备有限公司、启东中冶润滑设备有限公司、启东安升润滑设备有限公司、启东丰汇润滑设备有限公司、温州市三丰润滑设备制造有限公司、江苏澳瑞思液压润滑设备有限公司、沈阳市北方润华冷却设备有限公司、温州市龙湾润滑液压设备厂、北京中冶华润科技发展有限公司、大连华锐股份有限公司液压装备厂、沈阳市北方润滑设备制造有限公司、淄博九洲润滑科技有限公司、温州中合润滑设备制造有限公司、沈阳市大金润滑设备厂、苏州宝宇液压设备制造有限公司、四平市隆百洲机电科技有限公司、沈阳三丰液压润滑设备有限公司、江苏恒泰自动化润滑设备有限公司、美润思（北京）科技有限公司、浙江镇南精工机械有限公司、宁波盛发液压有限公司、黄山工业泵制造有限公司、陕西中润液压设备有限公司、淄博市博山润丰油泵厂、南通市博南润滑液压设备有限公司、泰州市远望换热设备有限公司、重庆安特瑞润滑设备有限公司、新乡市胜达过滤净化技术有限公司。2018年，润滑液压设备行业36家主要生产企业，按企业所有制性质划分，国有企业有2家，占行业企业总数的5.55%；上市公司1家，占行业企业总数的2.78%；外资控股企业1家，占行业企业总数的2.78%，私人控股企业32家，占行业企业总数的88.89%。

产品分类产量 按照使用领域的不同，润滑液压设备分为润滑产品和液压产品两大类。润滑产品又根据使用介质的不同和润滑部位的不同分为稀油润滑、干油润滑、油气润滑、工艺润滑和喷射润滑五大类。液压产品主要有斜轴式轴向柱塞泵、径向柱塞马达、乳化液泵装置、冶金设备液压系统、综合采煤机液压元件和系统、液压油缸等。

各主要生产企业积极提高核心竞争力，增强科技创新能力，以市场为导向，积极开拓市场，主导产品产量较2017年有一定幅度的增长，少部分产品类型有一定幅度的下滑。2018年润滑液压设备主要产品产量及销量见表2。

表2　2018年润滑液压设备主要产品产量及销量

产品名称	单位	产量	同比增长（%）	销量	同比增长（%）
稀油站（系统）	台、套	5 357	5.14	5 090	4.89
干油站（系统）	台、套	14 920	5.44	12 940	5.76
冷却器	台	12 875	10.35	12 136	10.37
干油分配器	块	157 517	5.86	144 503	5.58
油气润滑系统	台、套	382	-3.36	372	-4.27
工艺润滑站（系统）	台、套	41	-6.82	34	-12.82
液压站（系统）	台、套	1 089	2.21	1 063	2.65
液压柱塞泵	台	8 404	8.66	6 192	8.24
其他润滑液压产品	台、套	11 247	-1.16	10 990	1.23
液压缸	套	2 231	4.33	2 042	3.78
风电润滑	套	1 794	7.86	1 560	9.21
合计		216 157		196 922	

市场及销售　2018年，润滑液压设备生产企业，积极主动迎接市场的挑战，加大新产品的开发力度，加快产品结构调整，扩大产品的应用领域，主营业务向相关产业延伸。积极开拓国外市场，使企业转型升级能力进一步加强。2018年润滑液压产品的订货量较2017年有一定增长，生产量较2017年增长6.09%，销售量较2017年增长5.65%，大部分润滑产品较上年都有一定幅度的增长，基本保证了润滑液压设备行业的健康发展。2018年润滑液压设备行业生产集中度较2017年进一步提高，生产过亿元的单位有7家，较2017年增加了2家，销售收入总计155 199万元，占整个行业销售收入的73.22%，2018年生产过亿元的单位销售收入占比较2017年增加19.34%。2018年润滑液压设备行业销售收入超亿元企业见表3。

表3　2018年润滑液压设备行业销售收入超亿元企业

序号	企业名称	销售收入（万元）	序号	企业名称	销售收入（万元）
1	四川川润液压润滑设备有限公司	40 870	5	江苏南方润滑股份有限公司	13 045
2	常州市华立液压润滑设备有限公司	34 120	6	新乡市胜达过滤净化技术有限公司	12 600
3	南通市南方润滑液压设备有限公司	24 410	7	黄山工业泵制造有限公司	10 136
4	启东润滑设备有限公司	20 018		合　计	155 199

润滑液压设备进出口　2018年国际市场整体疲软，润滑液压设备随主机配套的出口量减少，零部件出口量也有所下降，总体出口量较2017年下降了9.54%。2018年设备进口额比2017年增加了4.28%，进出口贸易呈逆差。2018年润滑液压设备进出口情况见表4。

表4　2018年润滑液压设备进出口情况

产品名称	进口			产品名称	出口		
	单位	数量	金额（万美元）		单位	数量	金额（万美元）
过滤器、净油机	件	168	172.2	稀油站	套	78	692.5
各类冷却器	台	48	117.6	液压系统	套	16	144.2
各类润滑泵	台	165	196.6	干油系统	套	34	31.7
各类控制阀	台	2 533	534.5	冷却器	台	43	29.7
各类仪器仪表	套	11 537	825.6	润滑泵	台	121	36.3
				其他	件	7 746	133.6
合计			1846.5	合计			1 068

基本建设和技术改造 2018 年，各生产企业依据自身发展、产品发展和行业发展的情况，加大基本建设和技术改造投入。这些固定资产项目投产后，润滑液压设备行业的整体技术水平、装备水平将有明显的提高。2018 年企业固定资产投资情况见表 5。

表 5 2018 年企业固定资产投资情况 （单位：万元）

企业名称	固定资产投资	其中：基本建设投资	其中：技术更新改造投资
江苏南方润滑	1 408	1 100	308
常州市华立	700	400	300
启东润滑	800	500	300
南通市南方	450	200	250
黄山泵业	100		100
陕西中润	150		150
重庆安特瑞	150		150
新乡市胜达	200		200
合计	3 958	2 200	1 758

〔撰稿人：中国重型机械工业协会润滑液压设备分会徐郁琳 审稿人：中国重型机械工业协会润滑液压设备分会郝尚清〕

冶金机械国内市场及进出口情况

上游钢铁行业基本情况

1. 钢铁行业经济效益创历史最好水平

2018 年，钢铁行业持续推进供给侧结构性改革，提前完成“十三五”规划要求的化解过剩产能任务，产业结构不断优化，受环保督查、市场需求旺盛、进口铁矿石价格基本稳定等因素共同作用，全行业经济效益创历史最好水平。

粗钢产量再创历史新高。2018 年我国生铁、粗钢和钢材（含重复材）产量分别为 7.71 亿 t、9.28 亿 t 和 11.06 亿 t，同比分别增长 3.0%、6.6% 和 8.5%。2018 年国内粗钢表观消费量为 8.7 亿 t，同比增长 14.8%，达到历史最高水平，其中，国产自给率超过 98%。

行业经济效益创历史最好水平。2018 年，我国钢铁行业主营业务收入 7.65 万亿元，同比增长 13.8%；实现利润 4 704 亿元，同比增长 39.3%。其中，重点大中型钢铁企业主营业务收入 4.13 万亿元，同比增长 13.8%；实现利润 2 863 亿元，同比增长 41.1%，利润率达到 6.93%。截至 2018 年年底，重点大中型钢铁企业资产负债率为 65.02%，同比下降 2.6 个百分点。

产能利润率持续提升。2018 年，钢铁行业去产能进入收尾阶段，产能利用率持续提升至 78%，较 2017 年上升 2.2 个百分点，创 2014 年以来年度最大增幅纪录。

固定资产投资稳步回升。2018 年钢铁行业超低排放改造等环保政策持续加码，迫使企业在环保设施上增加投入以维系生产，钢铁行业累计固定资产投资同比上升 13.8%。

2. 钢企合作模式多元化

2018 年，钢铁企业的绿色制造、智能制造和全产业链战略合作步伐进一步加快。

（1）以云为梯推进智能化转型。如，德龙钢铁有限公司与冶金工业规划研究院达成智能制造战略合作关系，全面推进双方在智能制造领域的战略合作；山钢集团与阿里巴巴旗下全资公司阿里云计算有限公司达成合作关系，探索智能化转型新模式；攀钢集团与阿里云合作，引入 ET 工业大脑，“降低炼钢钢铁料消耗”“冷轧产品表面缺陷识别”两项钢铁大脑项目已正式启动；中国宝武与百度达成战略合作，打造“AI+ 钢铁”示范样本，双方在大数据基础平台技术、视觉识别技术以及基于相关性和决策优化的 AI 及大数据应用领域达成合作，加快钢铁产业数字化、智能化转型；鞍钢携手金山云打造钢铁工业智能制造云平台，运用“云 + 大数据 + 人工智能”技术，破解 IT“痛点”，面向钢铁行业打造工业智能制造的互联网平台；攀钢与浙大网新合作，加快打造攀成钢区域性数据中心服务商（IDC）相关合作项目，加速推进传统产业升级；韶钢和中冶赛迪启动钢铁智慧中心建设，为韶钢提供智能制造整体解决方案。

（2）密切全产业链战略合作。河钢集团与冶金工业规划研究院共同成立“河钢集团－冶金规划院协同创新研究中心”，定位于产业政策研究、商业模式研究、市场信息研究、营销业务协同、潜在客户开发、公共关系管理六大功能，力争推出一批有影响的研究成果；河北钢铁集团与上海电气签署全产业链战略合作框架协议，双方将以高端装备制造业为重点，建立基于全产业链融合发展的战略合作伙伴关系。

冶金机械行业国内市场基本情况　2018年，我国冶金装备市场颇有起色，冶金机械行业紧跟钢铁有色行业供给侧结构性改革的步伐，定位新形势下钢铁有色行业的发展方向，瞄准其在转型升级中对冶金工艺装备的需求，在产品结构调整、短流程炼钢比例、绿色友好发展和信息网络技术应用等方面挖掘市场潜力，实现与钢铁有色行业的共同发展。

1. 行业运行数据

2018年，冶金机械行业经济效益明显改善，实现主营业务收入1 110.09亿元，同比增长27.99%，比2017年增加了16.92个百分点；利润总额43.40亿元，同比增长99.82%；利润率3.91%，比2017年增加1.41个百分点；流动资产总额为1 407.44亿元，同比增长17.39%；应收账款384.76亿元，同比增长13.44%；资产负债率65.66%，比上年减少2.45个百分点。

2. 行业主要产品情况

2018年，冶金机械行业运行质量持续提高，行业内主要产品产量均处于上涨区间。行业规模以上企业446家，比上年减少19家。446家冶金设备制造企业完成金属冶炼产品产量62.57万t，同比增长28.32%；完成金属轧制产品产量54.60万t，同比增长7.94%。行业重点骨干企业，仍处于领军地位，其中排名前5位的企业共完成冶炼产品19.73万t、轧制设备24.50万t，分别是行业企业平均产量的26倍和40倍，分别占全国总产量的31.53%和44.87%。

冶金机械行业国内市场特点

1. 钢铁有色行业转型升级给冶金机械行业带来挑战和机遇

2016年以来，钢铁行业不断加大淘汰落后产能、化解过剩产能的力度，这对冶金机械行业来说，意味着冶金装备市场需求强度减弱，市场规模收缩，存量市场竞争更为激烈。伴随着钢铁行业去产能进程的加速，一批低档次、附加值低的冶金装备需求明显萎缩，甚至退出市场，行业内的这些企业面临极大挑战，环境迫使其转型，市场促使其升级，否则只能被淘汰出局。

在淘汰落后产能的同时，部分钢铁企业也在通过钢铁产能置换建设高新产能，新产能倾向于绿色环保、投资运营成本低的工艺流程。例如，中频炉被清除之后，一些钢铁企业发展电炉产能。据统计显示，2017年电炉产能1.13亿t，2018年新增产能2 044万t，达到1.33亿t。

2. 钢铁企业搬迁改造带来市场需求

我国钢铁工业布局具有明显的“北重南轻、沿海重内地轻”特征，某些区域钢铁生产强度较高、产能过于集中。在环保倒逼、市场资源要素配置和管理要素结合互补要求下，钢铁企业正加快搬迁改造进程，以实现自动化、快节奏、低成本和环境友好的现代钢铁基地要求。钢企的搬迁改造对于先进的冶金机械装备及节能环保新技术的需求显著增强。例如，河钢乐亭钢铁基地项目，该项目是唐山钢铁产业在沿海布局和产业升级的主要项目，采用130余项行业先进工艺及节能环保新技术，以汽车、机械、交通、制造用优特钢精品为主，产品结构和档次大幅度优化提升。

3. 智能化的冶金装备需求成为我国冶金机械行业新的商机

2018年，钢铁企业实施智能化取得新进展，促进了工业互联网、云计算、大数据在钢铁企业研发设计、生产制造、经营管理、销售服务等全流程和全产业链的综合集成应用，钢铁行业两化融合指数达到51.2，关键工序数控化率达到68.7%，应用电子商务的企业比例超过50%，这也是我国冶金机械行业在2018年新的市场空间。例如，全球首个大型高炉智慧控制中心启用，成功实现宝山基地4座高炉的集中操作控制和生产管理，并对其他基地高炉提供远程技术支撑；中国宝武宝山基地炼钢厂3号连铸机通过改造，成为全球首例采用4台机器人作业的连铸机——1台钢包受包侧机器人、1台中间包区域机器人、2台结晶器保护渣机器人协同作业的连铸机，实现了连铸工序保护渣添加、钢包浸入式水口液压缸拆装、钢包长水口拆装、中间包测温取样等的机器人自动化作业。

4. 国外企业占据国内部分高端市场

冶金机械行业国外企业仍占据着国内高端装备市场部分份额，国外产品机、电、液一体化水平高，高端产品技术附加值高，数字型的先进信息技术广泛应用于传统产业，以软件开发和应用替代大量的实物劳作，并提供全生命周期技术维护，竞争能力强。

这些国外冶金装备企业占据国内市场份额较多的项目大多是用于处理超大规格、特殊钢种、超高强度、精度和高韧性等产品的设备，在这些领域，国外企业具有技术、品牌和业绩优势。从项目供货范围可以看出，设备关键技术、核心部件等仍从国外进口，这也说明国内的设备在技术先进性、运行可靠性上仍存在差距。

（1）2018年，国外冶金企业在国内获得项目的主要实例：DNL完成鞍钢第一炼钢厂大方坯连铸机的改造，改造后将能够浇铸320mm×410mm矩形坯加ϕ280mm和ϕ350mm的圆坯，产品大纲包括大量高要求的高碳轴承钢和轮胎帘线钢，铸坯内部质量将通过LPC系统密切监测。

DNL为马钢提供的世界最大的双流异形坯连铸机投产，该设备可生产世界上最大的梁坯，在三种规格的梁坯中，最大断面尺寸为 1 300mm×510mm×140mm 和近 2 700kg/m 的单位长度重量。

桂林平钢钢铁集团从 DNL 购买高效、低环境影响的 ECR（无头连铸连轧）小轧钢厂成套设备，用于生产 120 万 t/a 的线材和钢筋。

山西建邦集团订购 DNL 无头铸轧成套设备，由机械设备和电气设备以及 DNL 自动化过程控制系统组成。

华菱湘潭订购 DNL 一台新的大方坯铸坯连铸机，该连铸机配备两个电磁搅拌系统、轻压下和硬压下技术包，并运行 DNL 自动化 L1 和 L2 系统。

衡阳华菱钢管订购 DNL “生态的强力结晶器”，以提高连铸机生产率，这种革命性的结晶器的采用将使衡阳华菱在不增加额外铸流的情况下扩大铸件截面，提高生产率。此外，该解决方案实现了较低的投资成本和短的停机时间。

桂林平钢订购的 PRT120tEAF Quantum 电弧炉和 120t 双工位钢包炉，是为满足螺纹钢市场增长的需求。

PRT 为鞍钢改造的板坯连铸机，提高了产品质量和生产能力，并且增大了浇铸不同钢种和铸坯规格的灵活性。

PRT 公司为日照钢铁有限公司提供的第 4 条 AVEDI ESP（无头带材生产）生产线投产，该生产线可生产 170 万 t 优质、超薄热轧带钢，厚度为 0.8mm，宽度可达 1 300mm，产品组合范围从碳钢到 HSLA（高强度低合金）等级。

山东省冶金设计院股份有限公司与 PRT（中国）有限公司签订烧结机选择性烟气循环（SWGR）技术合作协议，在山钢日照钢铁精品基地 1 号 550m^2 烧结机上成功应用选择性烟气循环技术，这是该技术在国内首次成功运用。

河南亚新钢铁集团有限公司向 PRT 公司订购阿尔维迪（Arvedi）ESP（无头带钢生产线），与传统的连铸—轧制工艺相比，能耗和相关成本降低了 45%，CO_2 和 NO_x 排放量大幅减少。PRT 负责 Arvedi ESP 生产线的设计，并提供机械设备、介质控制系统、技术包和自动化系统。整个生产线由一个完全集成的基础（1 级）和过程优化（2 级）自动化系统控制，它完全控制所有的连铸和轧制操作。

广西桂鑫钢铁集团有限公司向 PRT 公司订购一台 Quantum 电弧炉，PRT 公司将提供 Quantum 电弧炉的全套机械和电气工艺设备。这包括了自动废钢料场管理、自动装料工艺、自动氧枪和填沙操作以及二级自动化，新 Quantum 电弧炉首次采用定量出钢新工艺，出钢周期仅为 24 ～ 27min，生产成本约降低 20%，吨钢 CO_2 排放量比传统电弧炉减少 30% 多。

PRT 真空脱气设备和 5 流大方坯连铸机在常州东方特钢投入运行，PRT 设计了 VD 炉的所有机械和电气设备，并且提供关键部件，包括真空泵、过滤器和气体冷却器；真空泵本身在德国制造，购自莱宝公司；系统集成由设在天津的一家莱宝制造厂完成。

北满特殊钢有限责任公司从 PRT 购置一条高速线材生产线，轧线的供货范围包括预精轧机、摩根 No-Twist 轧机、摩根减定径机、摩根智能夹送辊和摩根高速吐丝机、摩根 Stelmor 冷却运输线、无级式集卷站（专利）和立式盘卷精整系统，该轧机将采用 RSM 技术生产高端钢种。

江苏沙钢集团有限公司订购 PRT 一座双工位钢包炉，PRT 负责双工位钢包炉的设计并提供关键部件，还包括配套的电气和自动化设备、Melt Expert 电极控制系统和相关 2 级模型。

XMK 向马钢提供 1 台 800 000t/a 的大型型钢轧机，用于生产重型大型钢梁，以迎合中国市场对重型梁钢和钢板桩的需求。

山东莱钢永丰钢铁公司向 XMK 公司订购两台 5 流直接轧制用方坯连铸机，通过采用康卡斯特开发的成熟的 INVEX® 结晶器，达到了非常高的铸流生产率，约 750kg/min。由于其特殊的管状几何形状和增强的水冷特性，结晶器能更有效地传热，从而使面上和角部区域能更均匀地凝固。因此，最大化的冷却对称性提供了较高的铸造速度和直接轧制钢筋等级钢的可能性。

联鑫钢铁公司与山东莱钢永丰钢铁公司订购 XMK TMBAR（热机械轧制钢筋的工艺）轧机，XMK 的 TMBAR 成形工艺，其技术的关键工艺装备是，带有控制冷却和均衡的水箱的活套和 MEER 驱动的精轧机组，除了其刚性设计特点外，允许的轧制力是迄今市场上最大的。

XMK 公司与南钢集团在江苏省南京签署第二炼钢厂 4# 连铸机改造项目合同。

山东瑞丰不锈钢订购 XMK 连续镀铝锌生产线，热镀锌线设计处理最大宽度 1 350mm、厚度 0.30 ～ 2.0mm 的带钢，镀锌流程中最大带钢速度为 180m/min，而入口和出口段最大速度可达 240m/min，产品中还包括商用钢种和深冲钢种。

南钢与韩国 POSCO ICT 签订“一炼钢厂板坯库自动化项目合作框架”智能制造合作协议。

（2）开拓新的商业合作模式。国外冶金装备企业与我国钢铁企业等建立全面战略合作伙伴关系，开拓新的商业合作模式，在产品和工艺开发、核心性能提升等方面进行深入合作，打造具有强大竞争力的战略联盟。

河钢集团与普锐特冶金技术有限公司成立技术公司，围绕推进钢铁产业链条向先进制造业延伸，以提供个性化冶金技术服务和整体打包技术解决方案为核心业务，致力向世界钢铁工业提供“河钢—普锐特解决方案”；与西门子公司的战略合作将为河钢集团产业转型升级重点项目提供引领性的数字化解决方案，共同打造河钢“工业 4.0”智能工厂样板；中冶京诚与西门子公司携手结为战略合作伙伴，就智能制造、数字工厂开展合作，共同打造钢铁工业国际先进水平的智能化和数字化解决方案；普锐特冶金技术有限公司与沙钢集团签署战略合作协议，打造客户和供应商之间全生命周期的双赢战略合作伙伴关系，实现共进双赢。

冶金机械进出口

1. 进出口情况

冶金机械行业全年进出口总额 20.52 亿美元，同比增长 19.19%，增速比 2017 年增加 15.4 个百分点；其中：出口金额 16.26 亿美元，同比增长 20.12%；进口金额 4.27 亿美元，同比增长 15.78%；进出口顺差 11.99 亿美元，同比扩大 21.74%。

出口产品分类：冶炼设备出口额为 0.29 亿美元，同比减少 48.93%；连续铸钢设备为 0.30 亿美元，同比减少 17.49%；轧制设备为 3.86 亿美元，同比增长 4.75%；冶金备件为 11.82 亿美元，同比增长 32.35%。

进口产品分类：冶炼设备进口额为 0.06 亿美元，同比减少 40.14%；连续铸钢设备为 0.07 亿美元，同比增长 238.64%；轧制设备为 1.24 亿美元，同比减少 3.57%；冶金备件为 2.89 亿美元，同比增长 27.16%。

2018 年冶金机械行业各类产品进出口情况见表 1。

表 1　2018 年冶金机械行业各类产品进出口情况

商品名称	数量单位	进口数量	进口金额（万美元）	出口数量	出口金额（万美元）	进出口总额（万美元）	进出口顺差（万美元）
冶金设备			42 650.71		162 585.83	205 237	119 935
1. 金属冶炼设备			583.38		2 897.16	3 481	2 314
炼焦炉	台	0.00	0.00	14	68.20	68	68
转炉	台	13	315.65	534	1 423.39	1 739	1 108
炉外精炼设备	台	10	267.73	432	1 405.57	1 673	1 138
2. 连续铸钢设备			687.85		2 971.88	3 660	2 284
方坯连铸机	台	1	94.76	339	878.01	973	783
板坯连铸机	台	0	0.00	74	1 224.20	1 224	1 224
其他钢坯连铸机	台	1	593.09	359	869.67	1 463	277
3. 金属轧制设备			12 446.61		38 555.13	51 002	26 109
（1）板材轧机	台	31	1 569.57	4246	11 490.04	13 060	9 920
板材热轧机	台	1	48.58	140	857.79	906	809
板材冷轧机	台	30	1 520.99	4 106	10 632.25	12 153	9 111
（2）管轧机			76.335 3		5 204.69	5 281	5 128
热轧管机	台	2	4.23	60	1 049.05	1 053	1 045
冷轧管机	台	6	71.46	574	2 845.66	2 917	2 774
定、减径轧管机	台	0	0.00	125	135.66	136	136
其他金属管轧机	台	1	0.64	452	1 174.32	1 175	1 174
（3）型材轧机	台	0	0.00	377	1 725.16	1 725	1 725
（4）线材轧机	台	11	911.49	622	3 961.91	4 873	3 050
（5）其他金属轧机		68	4 744.62	8 349	7 982.31	12 727	3 238
其他金属热轧机或冷热联合轧机	台	9	2 675.74	272	2 000.27	4 676	-675
其他金属冷轧机	台	59	2 068.88	8 077	5 982.05	8 051	3 913
（6）拉拔机			5 144.60		8 191.02	13 336	3 046
拉拔力为 300t 及以下的冷拔管机	台	9	75.79	79	184.18	260	108
其他冷拔管机	台	20	6.78	27	8.36	15	2
拔丝机	台	247	4 259.27	4 002	6 431.10	10 690	2172
其他金属杆、管、型材、异型材等的拉拔机	台	77	802.77	429	1 567.37	2 370	765
4. 冶金设备零件			28 932.8639		118 161.66	147 095	89 229
（1）金属冶炼设备零件		4 586	4 812	189 467	33 209	38 021	28 397
焦炉零件	t	6	20.83	13 286	2 896.80	2 918	2 876

（续）

商品名称	数量单位	进口数量	进口金额（万美元）	出口数量	出口金额（万美元）	进出口总额（万美元）	进出口顺差（万美元）
海绵铁回转窑的零件	t	0	0.00	2 095	477.73	478	478
其他锭模及浇包	台	3 307	755.72	82 164	5 455.42	6 211	4 700
炉外精炼设备的零件	t	37	150.04	4 003	1 874.97	2 025	1 725
其他转炉、浇包、锭模及铸造机的零件	t	1 236	3 885.50	87 919	22 503.91	26 389	18 618
（2）连铸机零件			2 356.75		16 563.29	18 920	14 207
钢坯连铸机用结晶器	t	80	251.53	1 941	3 440.16	3 692	3 189
钢坯连铸机用振动装置	t	37	87.19	951	365.57	453	278
其他钢坯连铸机用零件	t	290	2 018.03	25 544	12 757.56	14 776	10 740
（3）金属轧制设备零件			21 764.03		68 389.54	90 154	46 626
金属轧机用轧辊	个	14 863	9 860.94	279 450	37 203.91	47 065	27 343
其他金属轧机零件	t	4 580	11 903.09	79 767	31 185.63	43 089	19 283

数据来源：中国重型机械工业协会，因四舍五入，数据有微小出入。

冶金机械产品进出口总额和进出口顺差与上年相比都达到两位数的增长，出口增幅连续两年快于进口增幅；单台设备的出口单价仍然远低于进口单价；冶金备件相比于其余三类设备在进出口贸易中占比最高，其中，金属轧制设备零件进口额最多；冶金机械行业各类设备中只有“其他金属热轧机或冷热联合轧机”出现进出口逆差，其余各类设备均实现进出口顺差。

2．进出口特点

从出口方面来看，“一带一路”倡议的战略机遇和我国企业在海外投资建厂、建产业园区的机会，极大带动了冶金机械产品的出口。近年来冶金设备出口呈现出以下趋势：由出口中小型钢铁企业成套设备技术发展到出口大中型钢铁企业成套设备技术、大中型钢铁设备生产线、工程咨询及技术出口；形成自主知名品牌产品销往多国；开始向发达国家出口钢铁冶金设备技术等。虽然出口取得了较大进展，但是依然存在着规模不大且大型设备少，中小型设备多；先进设备少，普通设备多；创新设备少，知名产品企业少，一般产品多等情况。

从进口方面来看，关键零部件，尤其是金属轧制设备零件进口相对较多。虽然我国近年来专用设备零部件发展态势良好，但是我国行业整体基础技术薄弱，零部件产品以中低档为主，随着冶金机械设备向大型、重载、高效、绿色和智能方向发展，大批关键零部件、元器件仍然需要依靠进口。

从长远来看，冶金机械行业企业需要持续加强原始创新，努力开发高端、前沿工艺装备技术、系统集成技术、电气与自动化智能控制系统，强化“中国创造”，打破国外垄断，解决“卡脖子”专业关键技术。只有提高自主研发设计成套和制造能力，加速提高装备质量和自动化、数字化、信息化、智能化水平才是抢占国内冶金机械市场和技术出口的根本途径。

〔撰稿人：中国重型机械研究院股份公司宋晔　审稿人：中国重型机械研究院股份公司孟令忠〕

中国重型机械工业年鉴2019

企业篇

2018年重型机械行业主要企业运行情况，重点企业经营理念、文化建设及发展规划

Business operations of major enterprises in the heavy machinery industry in 2018 and business philosophies, cultural development and development planning of important enterprises

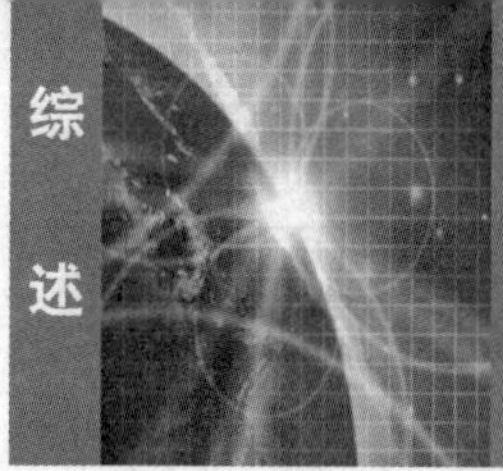

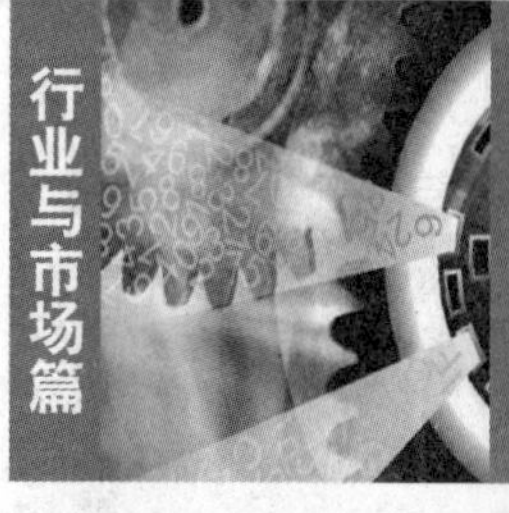

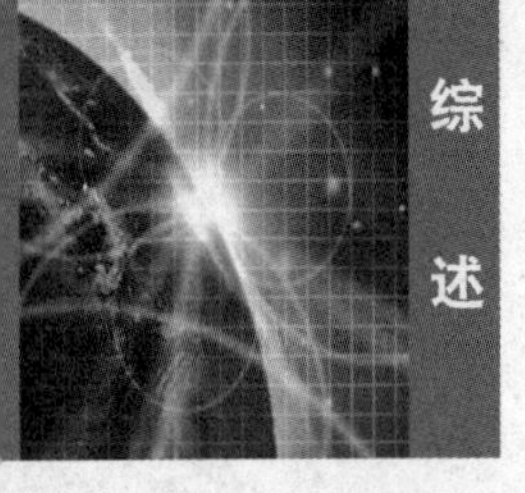

企业篇

企 业 介 绍

中国第一重型机械集团有限公司

一、改革改制

2018年，中国第一重型机械集团有限公司（简称中国一重）被列入驻东北地区中央企业综合改革试点单位。在“三项制度”改革方面，全员签订“两个合同”，搭建“五个通道”晋升体系，深化薪酬分配“五个倾斜”原则，在二、三级单位推行经理层3年任期制。在科技创新体系改革方面，初步形成了“企业为主体、市场为导向、产学研相结合”的开放式科技创新体系，建立了科研项目责任制、项目负责人竞聘等机制，实施“基本＋岗位考核＋绩效”薪酬分配办法。在混合所有制改革方面，制订了公司混合所有制改革总体方案，大连工程技术有限公司、大连核电石化公司被列为“双百企业”，齐齐哈尔精铸良装备制造有限公司项目等稳步推进，常州华冶在新三板上市。在瘦身健体提质增效方面，截至2018年年末，按照国务院国资委要求，完成了全部特困企业和“僵尸企业”处置工作；有效开展印度尼西亚镍铁项目等风险管控工作，成功实现项目再造；改制代用积压在制品、出售闲置资产7 041万元；通过盘活积压存货，取得外部融资10亿元；完成全部82家厂办大集体企业12 408名集体职工安置工作，家属区物业维修改造有序推进。

二、生产发展

1. 经营指标完成情况

2018年，中国一重实现营业收入137.8亿元，同比增长71.94%；利润总额2.86亿元，同比增长164.33%；新增订货130.3亿元；回款109.9亿元。完成工业总产值1 169 020万元，同比增长41.05%；工业增加值219 884万元，同比增长20.99%；实缴税费53 142万元，同比下降20.87%。2018年主要经济指标完成情况见表1。

表1　2018年主要经济指标完成情况（单位：万元）

指标名称	2018年	2017年	同比（%）
工业总产值	1 169 020	828 825	41.05
工业增加值	219 884	181 742	20.99
营业收入	1 377 978	801 424	71.94
利润总额	28 677	10 849	164.33
实缴税费	53 142	67 156	-20.87

2. 企业订单完成情况

2018年，中国一重共完成4台核电压力容器、3台核电蒸发器、9台主泵泵壳、57台石化反应器、152件轧机机架、108件核电锻件、1 350件轧电类产品及15台（套）专项产品。

新增订货130.3亿元，同比增加6.34%。其中：高端装备新签订单50.04亿元，同比增加26.25%；核电装备新签订单3.20亿元，同比减少31.73%；石化装备37.19亿元，同比增长28.81%；新材料新签订单16.39亿元，同比增长24.47%；专项装备新签订单7.3亿元，同比减少4.72%；现代服务业新签订货16.17亿元，同比减少43.24%。

3. 经济发展特点

（1）2018年，公司应收账款余额为115.74亿元，较年初增加5.66亿元，增幅为5.14%；存货净额为50.45亿元，较年初增加12.14亿元，增幅31.69%。“两金”占用不断增长，对资产结构优化产生不利影响。

（2）降杠杆减负债压力较大。重型装备行业存在自有资金不足的先天缺陷，受传统的销售模式影响，产品生产需要垫付大量资金，加之货款回收困难，造成应收账款逐年上升，必须靠外部融资来维持企业的正常运转，导致借款额度居高不下，截至12月月末，带息负债总额131.07亿元，占资产总额的30.65%，资产负债率为61.63%，带息负债总额的增加直接造成财务费用升高，公司财务费用每年在6亿元以上。

（3）主业过于集中在传统装备制造行业，受外部市场环境影响较大，收益波动大。宏观经济形势良好时，盈利较大，2008年利润最高时达14.07亿元；市场低迷时，经济效益明显下降，2016年发生54.7亿元巨额亏损。中国一重发展急需转型升级，拓宽业务范围，增强外部市场的抗风险能力。

三、市场经营及销售

2018年，中国一重实体收入完成83 625万元，中高端装备与石化产品两项收入占合计收入的比重达76%，两项分别比上年增长了22%、44%。专项产品所占比重较少，比上年降低58%。2018年各类产品销售收入及出口情况见表2。

表2　2018年各类产品销售收入及出口情况

产品类别	销售收入（万元）	占总收入的比重（%）	其中：出口收入（万元）
高端装备	372 223	45	9 311
石化装备	255 494	31	—
核电装备	97 031	12	1 021
新材料	70 735	8	2 770
专项装备	34 208	4	—
现代服务业	6 559	1	—
合计	836 250		13 102

四、科技成果及新产品

1．2018年度重点技术装备研制及重点技术攻关情况

（1）重点技术装备研制。一是感应淬火机床完成技术论证和项目规划，已开始设备招标采购工作；二是完成了承制的首台出口国外的成套装备——巴西2300电铲制造任务；三是完成了多项技术优化升级，承接了唐山丰南、一汽集团以及越南河发等的多条冷热连轧、机械压力机、二十辊冷轧机等高水平生产线研制，签订国内首条重型H型钢生产线供货合同。

（2）重点技术攻关。一是“专项关键焊接材料研制”项目，正在按合同任务书组织实施，低合金不锈钢系列焊接材料已完成研制工作并制造三批次样品，正在开展适应产品结构的焊接工艺研究，其中部分低合金钢模拟件和不锈钢堆焊腐蚀试验已交付进行辐照脆化、腐蚀等应用验证试验；二是“新一代核压力容器用钢工程化研究”项目，正在按合同任务书组织实施，已完成板坯中试件性能综合评价工作，为后续1∶1产品件制造工艺方案设计提供了理论依据；三是“压力容器带接管用高纯净化508-3钢大规格锻件研制”项目，正在按合同任务书组织实施，攻克了以核电接管段和接管一体化锻件为代表的大规格锻件仿形锻造技术，相关锻件基本实现近净成形制造；四是“700℃以上超超临界发电机组用镍基合金转子材料及制造技术研究”项目，已掌握7吨级镍基高温合金转子锻件均质化热处理和挤压锻造成形制造技术，锻件晶粒度和组织均匀性满足锻件国际化标准要求，整体应用研究水平处于国内领先；五是“CAP小堆水室封头整体模锻成形技术研究”项目，技术方案已通过专家评审，并完成中试件投料工作，正在对钢锭进行锻造。

2.2018年度完成的重点科技成果和新产品

（1）重点科技成果。2018年度通过自主创新、高度开放合作等方式，科技成果显著。2018年新技术成果见表3。

表3　2018年新技术成果

序号	新技术名称
1	一种复合钢板的感应加热热处理工艺方法
2	700°超超临界机组617镍基合金转子锻件锻造晶粒控制方法
3	超超临界马氏体耐热铸钢原始奥氏体晶粒度显示方法
4	一种自动研磨装置
5	模具扁钢连续可逆轧制机组及模具扁钢轧制方法
6	一种液压缸外置式工作辊横移装置及其装配方法
7	一种活动式打捆台架及其工作方法
8	基于RBF神经网络的层流冷却温度自适应控制方法

（2）新产品。2018年度，根据中国一重产品结构和用户需求，通过设计提升、自主创新等方式，开发多项新产品。2018年开发的新产品见表4。

表4　2018年开发的新产品

序号	新产品名称	开发方式
1	2 550mm不锈钢热连轧机	自主设计制造
2	重型H型钢开坯机	自主设计制造
3	MCCR带钢热轧生产线	合作制造
4	40MN旋转碳素电极挤压机	自主设计制造
5	2 400t镇海沸腾床渣油加氢反应器	转化设计自主制造
6	CAP1400反应堆压力容器	转化设计自主制造
7	CPR1000核电蒸汽发生器—红沿河5号	转化设计自主制造
8	福清5#华龙一号反应堆压力容器	转化设计自主制造
9	中国示范快中子反应堆（CFR）	自主设计制造
10	调相机转子	自主设计制造
11	华龙一号不锈钢主管道	自主设计制造
12	新型3 800mm中厚板及高性能5%Cr新材料支承辊	自主设计制造

3.获省市以上科技成果奖

2018科技成果获奖情况见表5

表5　2018科技成果获奖情况

序号	项目名称	获奖类别	获奖等级
1	某项目	国家科学技术进步奖	特等奖
2	常规岛低压转子加工的产业化研究	中国机械工业科学技术奖	二等奖
3	冷轧硅钢边降及同板差控制技术及工程应用	黑龙江省科技进步奖	二等奖

五、产品质量及标准工作

1．产品质量

2018年，中国一重进一步夯实质量管理基础，全面开展质量提升行动，着力提高产品和服务质量，主要质量指标均好于上年同期水平。

（1）不断强化质保体系建设。按新版标准修订《质量责任条例》，开展质量管理内审，对发现的101项问题、17个不符合项逐一进行整改，初步形成全覆盖式质量管理体系架构；完成了中国船级社船用铸锻件制造许可等取证换证工作，顺利通过民品质量管理体系监督和标准转换审核；扩大了高温气冷堆压力容器及堆内构件等4项制造资质。

（2）进一步严格质量管理。坚持“一次把事情做好”原则，严格执行一次交检合格质量考核标准，全面推行核电产品风险防范经验应用。强化质量责任追究制，对专项产品运输中P塔磕碰、防城港4#一次侧封头图样贯标错误、乌克兰项目机架报废等质量问题进行追责问责，全年处理4起较大以上质量责任事故，处理各级责任人员41人次。

（3）继续开展质量攻关。以提高实物质量为导向，继续开展质量专项治理技术攻关，坚持差错性事项“零容忍”，对81类质量问题进行了深入分析研究，强化质量督查和外协质量检验工作，专项、加氢、转子、轧辊和成套等主要产品质量，与上年同期相比稳中有升。全年厂内机械加工一次检验合格率达到99.79%，大型锻件废品率进一步下降至2.34%，核电、加氢产品主焊缝检验合格率为99.8%，三包损失同比降低37.6%。

2．国家有关质量监督部门抽查产品质量情况

国家有关质量监督部门对大连加氢反应器等石化产品实行监督检查，具体情况如下：

2018年，中国第一重型机械集团大连加氢反应器制造有限公司（中国一重大连核电石化公司）全年共出产执行容规石化容器48台，大连锅炉压力容器检验检测研究院有限公司代表国家质量监督部门，对每台产品的焊接试件分解、产品射线底片审查、产品最终热处理（含分段最终热处理）和水压试验等工序均进行了现场检验，完工产品100%接受检验，共计检验280余项（次），检验结果均一次合格。

六、技术改造

2018年，中国一重全年签订固定资产投资合同73 395.44万元，实际支付资金48 524.36万元，占总投资比例49.58%，投资方向主要是完善公司高端装备产品制造能力，解决生产瓶颈和转型升级等问题以及针对主业开展的业务延伸、公司规划发展的新业务领域。

为提升新产品研发能力，增强替代进口的能力，中国一重投资3 741.2万元新建大型铸锻件洁净钢平台，已完成总包合同签订，正进行钢屑场地南基础、控制室、供电及场地照明、龙门吊基础以及新设铁路线工程、高压供电安装施工，抓钢机设备已到货。

中国一重作为国家重要核电锻件供应商，肩负着国家核电大锻件国产化及“走出去”战略重任。为实现核电装备制造技术转型升级，继续投资建设中国一重大连加氢反应器制造有限公司核电主设备制造升级改造项目，2018年累计投资13 744.51万元，完成20%建设任务。

为推进四代核反应堆建设进程，促使中国快堆从实验堆阶段走向商业快堆阶段，投资新建快中子反应堆主设备产业化制造能力建设项目，2018年累计投资623.10万元，完成10%建设任务。

在设备与能源管理方面，制定了《设备管理推进行动方案（2018—2020）》，构建了“3+5”设备综合管控体系，科学合理安排设备计划检修，2018年A、B类设备完好率均高于94%，尤其是仅用15天完成了15 000t水压机抢修任务，刷新了历史纪录；稳步提升能源管理，保证能源稳定供应，2018年万元工业总产值综合能耗降为0.29t/标准煤，同比下降28.7%，通过直购电和实施变压器暂停容，节省电费支出5 600余万元。

七、对外合作

2018年，为进一步深化产学研合作，先后与中核集团、中国钢研、北京理工大学、哈尔滨工业大学等近30家大型企业、高等院校签署战略合作协议，与国内知名高校及科研院所进行了沟通合作，着力解决关键核心技术“卡脖子”问题。其中，与清华大学联合实施“超大型压力机”项目；与哈工大合作建立了黑龙江省高端核电装备智能制造重点实验室；与东北大学签订了“金属基陶瓷复合耐磨辊套试制”项目合作协议；与中国钢研合作成立了重大装备新材料产业技术研究院等；与上海核工程研究院签署了共建核电大型铸锻件联合研究中心协议，推进了中心建设等相关工作；调研了北方重工、中石化南化机、辽宁石化院、齐齐哈尔市北坤公司等企业。

〔撰稿人：中国第一重型机械集团有限公司程鑫　审稿人：中国一重集团有限公司梁志勇〕

国机重型装备集团股份有限公司

2018年，是国机重型装备集团股份有限公司（简称国机重装）开局起步元年。一年来，面对错综复杂的国际国内形势，面对国机重装平台筹备搭建和改革发展任务，国机重装全力开拓国内外市场，着力产品转型升级，推进协同融合发展，完善管控体系建设，激发各业务板块发展活力，实现了开局良好、平稳起步。

一、生产经营情况

2018年国机重装各项经济指标达到预期目标，主要

指标完成情况良好。全年实现营业收入 95.23 亿元，同比增长 32.6%；实现利润 6.2 亿元；合同签约额同比增长 41.4%。各业务板块通过系统谋划、精准施策、全力拓展国内外市场，取得了良好成效。

装备制造业务围绕全年工作目标，采取差异化、有针对性的营销策略，营业收入同比增长 27%，订货增长 30%。成功完成了 260 万 t/a 沸腾床渣油锻焊加氢反应器的交付，创造了加氢反应器单台重量最重，生产制造难度最大，焊接、装配工艺最复杂等多项世界第一。成功签订新疆金波尔 950 等一批成套装备项目，水电铸锻件订货同比增长 237%，取得了世界上单机容量最大的白鹤滩水电站 80% 以上的主机锻件合同；在近年来陷入低谷的支承辊产品市场也取得重大突破。全年出产机器产品产量 9.18 万 t，完成合格钢产量 13.1 万 t，出产合格锻件 6.9 万 t，产量保持在近年较高水平，为后续持续平稳的产出创造了良好条件。2017—2018 年主要产品产销量见表 1。

表 1　2017—2018 年主要产品产销量　（单位：万 t）

产品名称	2018 年		2017 年	
	生产量	销售量	生产量	销售量
冶金成套设备及备件	3.58	3.53	2.97	3.09
清洁能源发电设备	1.63	1.73	1.92	1.71
重型石油化工容器	2.17	2.31	0.53	0.54
锻压及其他设备	1.80	1.78	2.36	2.46
合计	9.18	9.34	7.76	7.79

国外工程承包业务以“重点国别开发战略”和“区域滚动开发战略”为引领，持续加强市场开发力度，强化合同生效率。全年合同签约同比增长 37.98%，一批在手项目实现了按节点推进。老挝 230kV 输变电 EPC 项目比计划工期提前 18 个月竣工交付；在巴基斯坦承建的第一个输变电 EPC 项目——500kV 输变电线路项目一次性完成全段通电实验，顺利通过验收；“一带一路”重大民生工程——老挝南俄 4 水电站项目正式开工，正常推进。

国内工程承包业务 2018 年合同签约同比增长 78.8%，实现轧机、精整、修形等业务领域新突破，签订河钢乐亭 200t RH 精炼炉 EPC、燕钢板坯连铸机、河南同人铝业 125MN 预拉伸机组等多个项目。我国首套自主集成的机械真空泵 RH 精炼炉、印尼苏拉威西矿业 200mm×1 600mm 不锈钢板坯连铸机等一大批项目实现一次性热负荷试车成功。

国机重装各所属企业按照优势互补、合力共赢的原则，开展内部协同合作。二重装备发挥制造优势，完成中国重型院挤压机制造任务；中国重型院发挥技术优势，完成二重装备 160MN 水压机操作机总承包项目，并启动了 80MN 快锻机操作机项目；中国重机发挥海外工程项目总包优势，向兄弟企业分包物流和工程安装业务；镇江公司与二重装备通力协作，打赢了三大石化容器项目生产攻坚战。同时，国机重装积极开展与国机集团内相关兄弟企业的业务协同，加大对外战略合作。

二、创新成果不断涌现

国机重装持续加大科研投入，强化核心技术攻关，加强创新能力建设，推进传统领域转型升级，新兴领域开拓创新。现已获得省部级科技进步奖 13 项、授权专利 160 项，软件著作权 8 项。获批国家、省、市科研项目 23 项，获得支持资金 1.4 亿元。接受标准制（修）订任务 42 项。中国重型院获得 2018 年国家技术创新示范企业称号，其金属挤压与锻造装备技术研发和推广应用项目荣获第五届中国工业大奖表彰奖。二重装备大型核电转子锻件制造技术荣获 2018 年度中国“好设计”金奖。

在传统领域方面，国机重装开发了新型 40MN 智能化热模锻压机，自主设计试制了新一代快冷设备，拓宽了冶金市场领域。在大型铸锻件领域，完成了核电机组常规岛汽轮机焊接转子、“华龙一号”反应堆压力容器全套锻件研制；AP 系列稳压器成套装备、超超临界汽轮机组高中压转子锻件研制进展顺利，尤其是 CAP1400 主管道研制的顺利完成，填补了国内技术空白。重型容器制造水平再上新台阶，完成了重量达 2 400 余吨的镇海炼化沸腾床渣油锻焊加氢反应器的研制，刷新全球同类产品重量纪录，提升了公司超大直径、超大壁厚重型容器制造技术，确保了产品按期完工交货；高端换热器模拟试验件已进入收尾阶段，为打开新的市场创造了条件。

在新兴产品领域方面。飞轮储能装置项目突破了轴承损耗、真空密封、电机效率等多项关键技术，100kW 飞轮通过了中国机械工业联合会组织的新产品鉴定，综合性能指标达到同类产品国际先进水平，产品具有自主知识产权并填补了国内空白，同时，200kW 飞轮放电成功。国机重装发挥制造资源优势，推进开放合作，成立二重特装、二重储能，加速研发成果的产业化进程。完成年产 60 万 t 粉煤热解装置的研制和年产 100 万 t 粉煤热解装置方案的设计，完成核废料后处理玻璃固化罐和油气污染物处理装备样机的研制，完成日处理 100t 垃圾热解反应炉方案的设计。积极开展热泵海水淡化装置、低温余热发电等新产品的研发。油气污染物处理装备的研制，已完成样机制造和装配。同时不断加强对外交流合作，跟踪开拓海水淡化项目、ORC 项目等新兴产品领域，做好项目储备。

三、投资助力企业竞争力提升

2018 年，国机重装完成固定资产投资 3.7 亿元。以中国重型院研发技术中心和检测中心等为代表的研发项目固定资产投资建设，将有效提升企业创新能力。以炉窑改造、“两机一炉”为代表的重点技改项目有序推进。为 160MN 水压机配套的 750t·m 操作机试生产运行效果良好，可大幅提升锻造生产率和毛坯质量；7 500 筒节轧机正式进入设备生产验证阶段；国内首台 125t 大型电渣重熔炉已全面进行现场安装。通过相关投资项目的推进实施，特别是在企业节能降耗、安全、环保、降成本方面的项目投资，以及新产品、新扶持产业的持续投入，将明显提升产品质量、提高加工效率，有力促进企业实现产品转型升级、工艺技术改进，持续提升企业竞争能力。

四、企业改革改制取得积极进展

在国务院国资委、中国证监会、国机集团的指导支持下，通过提前谋划、精心准备，不畏艰难、全力推进，2018 年年底完成了定向增发工作。通过定向增发，将部分债权转为股权，落实了国有资本权益；同步引入多个中央企业作为战略投资人，为提升重型装备业务的市场竞争力、开展进一步的资本运作创造了条件。截至 2018 年年末，国机重装资产负债率降至 57.1%，较年初下降 24.5 个百分点，进一步优化了资产结构。

国机重装通过提升经营能力、重组整合、业务转型、委托管理和清算注销等措施开展亏损企业治理和层级压减工作，有效提升了企业运行质量和效益。截至 2018 年年末，纳入公司合并报表的亏损企业 3 家，较年初减少 2 家；亏损面 12.5%，较年初下降 7.5 个百分点。同时，国机重装积极推进企业办社会职能分离移交，切实减轻企业负担。企业涉及“三供一业”移交户数 1 268 户，面积合计约 15 万 m^2。按照“先移交，后改造”原则制订的移交方案得到认可。

〔撰稿人：国机重装经营发展部杨毓银　审稿人：国机重装经营发展部倪德重〕

太原重型机械集团有限公司

一、企业发展情况

2018 年，太原重型机械集团有限公司（简称太重集团）广大干部职工紧紧围绕“提升运行质量”这一主题，针对国际贸易保护主义抬头、国内供给侧结构性调整持续、实体经济“融资难、融资贵”、国企国资改革任务重、生产交付周期短等诸多挑战，迎难而上，实现了由“追求规模、追求速度”向“追求高质量发展”的转变。

1. 改革改制

按照山西省国资委要求，全面细化分解了国企国资改革的 38 项重点工作任务，并按计划稳步推进落实。

在公司治理方面，修订完善了《董事会议事规则》《总经理办公会议事规则》，组织各子公司将党建工作写入企业章程，在整个集团范围内明确了党组织在公司治理结构中的法定地位，进一步夯实了现代国有企业治理结构的基础。

在“瘦身”减负方面，一是积极稳妥推进厂办大集体改革，制订了“内退职工安置办法”及“离岗人员参保续保办法”，已安置职工 50% 以上，完成 5 家小法人单位的整合、注销；太矿集团和榆液集团分别制订了各自的“厂办大集体改革职工安置办法”，其中，太矿集团已安置职工 30% 以上，关停了 12 家小法人单位；榆液集团已安置 24% 的职工。二是按剥离企业办社会职能的相关要求，签署了国有企业承担的“三供一业”正式移交协议，并已开始支付相关费用。三是制订并积极推进压减工作方案，已完成 3 家公司的注销手续。四是积极推进“处僵治困”工作，制订了“关于处置‘僵尸’企业总体工作方案”。五是按照绿色发展要求，小锻压实现关停并转，长锋公司进入清算程序。

在资本运作方面，一是整合盘活现有资源，以集约高效的原则对公司资源进行了重新规划，并对空置出来的资产进行盘活利用。二是对公司土地价值进行了重估，权益资产增加了 9 亿元，实现了资产增值，降低了公司的负债水平。

2. 生产发展

2018 年太重集团完成工业商品产值 117.7 亿元，工业销售产值 109.4 亿元，工业增加值 25.9 亿元。主要产品包括轨道交通设备、煤炭与矿山设备、风电设备、起重设备、轧钢设备、锻压设备、焦炉设备以及港口和海工装备等。2018 年太重集团主要产品产值产量完成情况见表 1。

表 1　2018 年太重集团主要产品产值产量完成情况

产品名称	产值（万元）	产量（t）
轮轴	328 289	185 000
煤炭与矿山设备	243 284	64 353
风电设备	107 497	20 745
起重设备	100 168	39 439
轧钢设备	86 379	26 383
锻压设备	81 046	9 672
液压产品	55 822	32 922
齿轮传动产品	37 091	14 506
煤化工设备	35 017	13 963
铸锻件产品	33 885	33 235
焦炉设备	26 165	13 893
港口和海工装备	18 770	6 092
其他	23 966	2 505
合计	1 177 379	462 709

3. 市场经营及销售

2018 年太重集团实现营业收入 129 亿元，海外收入 21.4 亿元，同比增长 4%，占营业收入的 17%，其中，产品出口收入 11.4 亿元，占海外收入的 53%，主要出口产品有轨道交通设备、矿山设备、轧钢设备、起重机和港机等。

产销及国内外市场情况分析：随着煤炭、冶金等下游行业回暖，起重、锻压、轧钢、焦化等传统产品生产任务比较饱满，已有订货和市场需求量有所增长，签订了台塑集团 480t 铸造起重机和 7 台碳素压机、俄罗斯 4 台 $20m^3$ 和 2 台 $35m^3$ 挖掘机、承德建龙 ϕ258mm 连轧机组等重大合同，中标了柳钢 7.5m 顶装焦炉项目等，传统产品市场地位进一步巩固；轨道交通、新能源、海工装备、工程机械和高端液压等转型板块稳步发展，转型产品的支撑作用日益显著。2018 年公司转型产品的订货量占产品订货总量的 40%，新能源领域相继签订了一批重大成套合同，并与三峡集团签订了 8MW 海上风机研制与工程应用协议，工程机械 TZM1200 机型首台（套）投入市场应用，海上液压打桩锤实现订货，中标了 3 600t 海上风电施工船项目；高压柱塞泵、马达、高压阀等新产品订货明显增长，为下一步规模、效益的双增长奠定了基础。轨道交通领域有小幅增长，但智奇的轮对产品因我国高铁新造量减少，而出现下降；同时，中美贸易摩擦对轨道产品的后续出口也造成了一定影响。

4. 科技成果及新产品

太重集团 2018 年完成新产品开发 70 项。其中，太原重工完成了 1 900kJ 液压打桩锤等 41 项新产品开发，太重煤机完成高可靠性采煤机等 24 项新产品开发，太重榆液完成水泥搅拌车、水泥泵车成套液压元件等 5 项新产品开发。

完成新产品试制 60 项。其中，太原重工完成了 CRH3 型车轮等 42 项产品试制，太重煤机完成智能化电牵引采煤机等 14 项产品试制，太重榆液完成高端重载变速箱润滑油泵等 4 项产品试制。

完成 10 项智能化提升工作。在国内率先实现了钢液起重机无人化操作，并在梅钢举办了“智能化起重装备推介会”，得到了市场的积极响应；签订了立恒 7m 顶装焦炉智能化成套设备合同并完成了施工设计；矿用挖掘机、大型挤压机、采煤机等也已实现了智能化应用。

设计手段进一步提升。太原重工完善了起重机计算选型与三维绘图功能集成，并实现了推广应用，风电、轧钢、焦化等完成部分产品的三维参数化设计工作，挤压机具备了三维管线设计的推广应用条件；太重煤机完成了 930kW 系列采煤机主机架的三维参数化设计；太重榆液完成了两种液压油缸的三维参数化设计工作。

2018 年，太重集团获省部级以上科技奖励 9 项，其中，“高性能重载行星齿轮传动装置关键技术与应用”获得中国机械工业科学技术奖一等奖，“复杂载荷下重载齿轮传动装置关键技术与应用”获山西省科技进步奖一等奖；制（修）定国家、行业标准 10 项，获授权专利 93 项，其中，发明 47 项。2018 年太重集团重大科技成果及获省市以上科技（进步）奖项目见表 2。

表 2　2018 年太重集团重大科技成果及获省市以上科技（进步）奖项目

序号	项目名称	完成时间	主要性能参数及技术内容	成果水平评价	负责单位、参与单位
1	TZT1200 履带式伸缩臂起重机研制	2015.12	主要技术内容：①国内首次开发四驱窄轨履带底盘加伸缩臂上车起重机，满足风电安装效率高，占地面积小的要求；②国际上首次研发三级拆分伸缩臂系统，不同工况伸缩臂长度可调；③国内首次实现超大吨位单缸插拔销式伸缩臂全自动伸缩，提高了工作效率；④国内首次开发等长控制的超起技术和液压带载微动的“V”形副臂系统，解决了伸缩臂旁弯问题，提高了起重性能；⑤研发了起重机智能控制系统，可大幅提高产品的智能化水平 主要性能参数：最大额定起重力矩 27 193kN·m；最长主臂臂长 100 000mm；最高升降速度 125m/min；伸缩时间 1 620s；最高行驶速度 1.2km/h；最大爬坡度 30%	国际先进水平 山西省科技进步奖二等奖 中国机械工业科学技术奖二等奖	太原重工股份有限公司、大连理工大学
2	复杂载荷下重载齿轮传动装置关键技术与应用	2015.11	主要技术内容：①针对复杂载荷下重载齿轮传动系统动态性能，在国际上首次建立了重载齿轮传动系统机电耦合动力学模型，构建了齿轮传动系统机电耦合设计与分析的理论及方法，解决了重载齿轮传动系统优化与可靠运行控制难题；②针对柔性支撑、大变形条件下重载齿轮传动动力学设计，在国际上首次提出了适用于重载行星齿轮传动动力学建模的结点有限元法，解决了复杂载荷下重载齿轮传动装置振动噪声抑制的技术难题；③针对重载齿轮传动装置抗疲劳性能差的问题，揭示了复杂载荷下重载齿轮传动装置行星轮内孔疲劳损伤机理，创新了“多段脉冲渗碳＋球化＋淬／回火热处理”新工艺和大型齿圈热处理变形控制的限形淬火控制法，解决了行业重大技术难题；④针对重载齿轮传动装置批量化装配工艺稳定性，发明了行星架深钻孔、行星包对齿等工艺装置；在国内大型风电增速器中率先研究应用双联结构齿圈驱动行星传动和滑动轴承装置，提高了产品功重比与寿命，实现了重载齿轮传动装置的结构创新	国际先进水平 山西省科技进步奖一等奖 中国机械工业科学技术奖一等奖	太原重工股份有限公司、重庆大学、大连理工大学

（续）

序号	项目名称	完成时间	主要性能参数及技术内容	成果水平评价	负责单位、参与单位
3	特种有色金属板材辊式矫直技术与装备开发及其应用	2016.5	主要技术内容：①建立了具有平直度和残余应力双重矫直质量评价指标模型，实现了高强度板材矫直后平直度和残余应力双重考核目标；②开发了一种改善矫直机力能参数预报的方法及系统，提高了矫直机模型的规程精度和计算效率；③基于平直度仪，建立了集成矫直数学模型和评价模型的在线反馈智能化矫直控制系统，实现了在线动态调整矫直策略，高效提高板型平直度、减小残余应力，提高矫直质量。 主要性能指标：矫直力 26 000kN；控制方式：闭环智能控制（根据矫直效果自主决策，自动调整矫直工艺与参数）；矫直模型：具备在线平直度与残余应力双重反馈；控制系统响应时间：0.3s；平直度：1.0I；残余应力 -80 ～ 80MPa	国际先进水平 中国机械工业科学技术奖二等奖	太原科技大学、太原重工股份有限公司
4	大断面新型冷剪机研制	2015.2	主要技术性能指标： 最大剪切力：1 000t；装机功率：200kW；剪切温度：0 ～ 300℃；剪切次数：9 ～ 22 次 / 分；剪刃长度：1 250 ～ 1 600mm；剪切断面：ϕ8 ～ 80mm 该冷剪机采用大断面剪切机构，克服了剪切小规格轧件效率低的缺点，保证了剪切大规格轧件的强度优势，提高了生产线效率；采用先进的三分箱面结构、齿轮与曲轴连接双涨套结构、锁紧缸进油系统加长型接头结构，使该冷剪机比国外设备更换备件时间节约 50% 以上，处理锁紧缸漏油更是只需要几分钟；采用新型的直压式制动器，提高了制动力矩，减少了制动时间，使用效果优于国外进口产品；采用直压式压辊结构，使压辊与抬高辊中心总在一条直线上，降低了剪切过程对轧件的损伤（压弯）；采用双向润滑结构，使冷剪机从外到内，从内到外两个方向一起润滑，提高了润滑效果，使冷剪机润滑得到保障	主要技术指标达到或优于国外同类产品，替代了进口，取得了显著的经济和社会效益 山西省科技进步奖三等奖	太重煤机有限公司
5	注塑机用先导式主动型带位置监测安全阀系列产品	2015.12	该产品是专为注塑机行业设计、制造的先导式主动型带位置监测安全阀，它利用电磁阀对先导油的通、断控制，向主阀下腔供油，实现主安全阀的强制打开，并通过位置监测开关的指示灯显示主阀通断关系，监控插装阀动作，为判断液压回路故障和执行元件安全保护提供信号。最高工作压力：31.5MPa；最大流量：220L/min	国内领先 山西省技术发明三等奖	太重集团榆次液压工业有限公司

5．产品质量及标准工作

太重集团产品基本属于非标产品，不在国家有关质量监督部门的监督范围内。太重集团制订的严格质量管理体系，确保出厂产品 100% 合格。各产品板块对标国际一流标准，制订并实施了包括产品内在质量、外观质量、软件质量、服务质量等质量提升计划，确保产品品质和品牌形象。

太重集团积极参与国家标准、行业标准的制（修）订，2018 年制（修）订国家标准 3 项、行业标准 7 项、团体标准 2 项、企业标准 27 项。荣获了全国起重机标准化技术委员会二十年标准化工作先进单位、全国起重机标准化工作二十年突出贡献奖等荣誉。

太重集团历来重视国际标准的搜集转化和采标。近年来，随着对“一带一路”沿线国家市场的大力开拓，太重集团加强了对相关国家技术标准的研究和转化。2018 年搜集转化了 ISO、IEC、EN、GOST、AS 等国际、国外标准 29 项。

6．技术改造

2018 年固定资产投资完成 80 126 万元。主要技改项目如下：

（1）风电新园区建设项目。完成了厂房、办公楼、生活楼、园区道路建设工作；年底前设备基础（除盘齿线外）完工，车间内部管网安装完成 50%；进口设备完成预验收，至年底陆续到货，国产设备年底陆续到货。

（2）轨道齿轮箱搬迁项目。6 月中旬完成了设备搬迁工作，并投入使用，实现了公司轨道园区全部产品统一、集约化经营的目标。

（3）滨海公司基地项目。4050 门机已于年底调试完成开始试运行。综合楼项目于年底完成室外装修。

（4）轨道公司试验中心二期项目。①实验设备：火花直读光谱仪、超声波探伤仪、热处理试验炉已签订合同开始制造；原位分析仪、夹杂物分析系统定标完成；②信息化：软件系统上线试运行，硬件已签订合同。

2018 年，太重集团超额完成了年节能计划。产品单耗目标为 315.79kg（标准煤）/t，实际完成 231.08kg（标准煤）/t，下降 26.8%；节能量目标为 13 030t（标准煤），实际完成 47 892t（标准煤），超过目标 267%。

7. 对外合作

2018年，太重集团与韩国洁宜特株式会社合作，共同开发车载式脱硫脱硝一体化旋风布袋除尘器关键核心技术。太重集团是国内自主研制焦炉装备的主要厂家，2004年以来，经过不断的技术创新，先后研制成功了6m顶装焦炉装备、7m顶装焦炉装备、4.3m和5.5m捣固焦炉装备，产品迅速占领国内大部分市场，并出口印度、伊朗和印度尼西亚市场，具备了开发更大规格的大型焦炉装备的所有必要条件。韩国洁宜特株式会社（J-E TECH）成立于1995年，是一家专门生产除尘、脱硫等大气环保设备的企业。近年来，通过技术研发获得国家级技术认证，如绿色技术认证、新技术认证和性能认证。双方以现有除烟降尘理论及炉口集尘技术为基础，以模拟计算为前提，以现场检验为标准，建立焦炉出焦过程烟尘综合治理基础理论体系，完成焦炉机侧出焦烟尘的车载脱硫脱硝一体化除尘器研制，实现机侧烟尘无逸散，排放烟尘达到或高于环保标准，同时达到或高于氮氧化物及硫化物排放的环保要求。

太重集团与英国Garrad Hassan and Partners Ltd（简称GH）公司在3.6MW风电机型上开展技术合作。GH公司在风电机组整机设计及控制系统软件开发领域，具备多年丰富的技术积累和实践经验，并在行业内处于领先地位。太重集团与GH公司有多年的合作基础，在风电载荷计算、控制策略等方面有着多年的技术合作。此次合作，太重集团将掌握3.6MW机组总体设计、载荷计算、电气控制等各方面的核心技术，提高产品的市场竞争力，应用前景广阔。

二、企业发展存在的主要问题

1. 资金紧张

一是金融机构监管严格，融资难融资贵的问题更加突出。二是公司应收账款、产成品库存、带息负债等指标在全力控制下仍处于比较高的水平，占用资金量较大。三是原材料采购付款条件更加苛刻，生产经营需要的资金增加。

2. 效益压力依然较大

当前企业融资成本不断攀升，产品价格仍处低位，原材料、配套件价格较高，加上重型机械行业具有单件小批量生产的特点，产品的利润空间非常有限。

〔撰稿人：太原重型机械集团有限公司陈鹏　审稿人：太原重型机械集团有限公司肖利民〕

大连重工·起重集团有限公司

2018年，面对外部形势变化更快，风险因素增多，经营压力加大的严峻局面，大连重工·起重集团有限公司（简称大连重工）紧紧围绕董事会确定的目标任务，团结依靠全体干部员工，狠抓产品销售、高质履约、现金流改善、风险管控和效益提升，坚持改革创新，深化结构调整，努力提质增效，较好地完成了年初既定的目标，企业经营在2017年筑底企稳基础上呈现出稳中有进、持续向好的发展态势；提质增效向纵深推进效果明显，运行质量进一步改善；科技创新力度明显加大，市场结构和产品结构进一步优化，为持续发展积蓄了新的动能。

一、改革改制情况

2018年大连重工继续加快推进管理改革。为健全完善研发体系，对设计研发管理资源进行有机配置，推进研发管理一体化，将科技发展部与设计研究总院合署办公。同时进一步发挥任期制经营业绩考核引领作用，经营单位总体经营业绩有所改善；围绕价值创造提高奖励力度，明确鼓励员工“多干活、多创效、多挣钱”，骨干人员收入同步有所增长；推行“阿米巴”管理试点，员工自己“算账”意识逐步形成；物流、检测职能市场化取得进展，并成功实现盈利；电子采购平台成功上线应用，实现所有经营单位采购业务全覆盖；曲轴公司生产经营全业务流程实现上线运行；MES管理系统成功应用于实际生产，为后续推广积累了经验。

二、生产发展情况

2018年，集团公司实现工业总产值908 239万元，工业销售产值970 268万元，工业增加值132 770万元。2018年大连重工分类产品产值产量完成情况见表1。

表1　2018年大连重工分类产品产值产量完成情况

序号	产品类别	产值（万元）	产量	
			按台计（台）	按重量计（t）
1	起重机械	85 485	281	40 744
2	装卸机械	67 683	73	20 010
3	港口机械	49 938	24	20 806
4	冶金机械	166 355	322	109 203
5	风电设备	53 327	–	34 746
6	船用设备	19 282	–	10 603
7	工程机械	1768	–	1 001
8	工矿配件	257 146	–	86 034
9	其他	207 255	–	4 073

2018年重点落实“合同履约”和“内配套管理”两项规定，合同平均履约率大幅提升，内配套履约率提升明显。充分发掘内部资源潜力，自制工时同比提升12%。供应商管理得到强化。进一步完善管控制度，推行绩效评价，实现采购供应商分级分类管理。明确41项审核要点，完成专项审核113家，外协供应商产品质量保证能力得到提升。

三、市场经营及销售情况

2018年，公司营业总收入65.71亿元。大连起重各类产品营业收入见表2。

表2　大连起重各类产品营业收入

序号	产品名称	营业收入（万元）
1	配件	157 174.99
2	冶金机械	200 875.39
3	港口机械	40 159.88
4	综合类机械	81 336.28
5	装卸机械	76 537.58
6	起重机械	67 385.70
7	船用设备	19 990.66
8	数控切割设备	1 563.42
9	其他	12 124.76
	合计	657 148.66

2018年大连重工成功签订多米尼加岸桥项目，企业出口国家和地区扩大到90个。产品向供应链前端和上游领域延伸，签订哈电国际带式机、罗伊山尾矿处理等设备成套、区域总包订单。存量服务市场拓展成效明显。安装公司继续向后服务市场发力，订货实现增长；核电事业部加大技术改造和备件市场拓展力度，订货同比实现增长。“三新”市场拓展不断巩固扩大。装卸事业部抢抓“公转铁”市场机遇，区域总包订货成倍增长；电控厂积极开拓外部市场，成功进入光伏发电和石化领域。

四、科技成果及新产品情况

面对市场高端化、绿色化需求，大连重工2018年继续加大科技创新力度，坚持以智能化升级提升产品核心竞争力，新产品研发和传统主导产品技术升级取得新进展，为企业未来发展积蓄了动能。

1. 产品智能化升级取得较大突破

集中优势资源攻关核心控制系统，凭借新技术优势助推市场开拓取得突破。远程焦炉机械控制等核心技术得到顾客认可，形成产品技术核心竞争优势，拉动了高端订货；自主研制的堆取料机单机无人化控制系统，成功实现某料场重载试运行，中标无人化智能取料机设备和封闭料场集群控制合同；依托仓储物流管理系统，中标智能平面库项目，为起重机集群智能控制系统提供了应用示范；凭借智能电石炉控制技术，中标国内首个电石智能化技术改造EPC工程，改变了依靠经验的传统操作模式。

2. 传统主导产品技术升级加速推进

超高效折返式三车翻车机系统，通过卸车工艺创新及系统优化设计，作业效率大幅提升；采用国际先进冶炼工艺研发的国内最大48MV·A镍铁炉成功投入运行，率先在国内实现低于国家标准的超低排放，产能较前代炉型提升明显。大力推进主辅同步、辅助结构精细化设计，港机产品辅件设计质量明显改善；对驾驶室、电气室设计规格进行梳理整合，为下步统一应用奠定基础。

3. 新产品研发取得积极进展

出产全球首支、世界最大22000标箱集装箱船用曲轴，彰显了大连重工在曲轴研制领域的技术实力，在世界低速曲轴第一梯队中脱颖而出；完成国内最大百吨级无人驾驶AGV智能运输车的宝钢现场重载运行，初步具备进入重型智能运输车辆的市场能力。

2018年企业重大科技成果及获省市以上科技进步奖项目见表3。

表3　2018年企业重大科技成果及获省市以上科技进步奖项目

序号	项目名称	完成时间	主要性能参数及技术内容简介	成果水平评价	负责单位、参与单位
1	500m口径球面射电望远镜用柔性六索并联系统技术及装备	2015年	“500m口径射电天文望远镜用柔性六索并联系统”用于目前世界上最大、综合精度最高的单口径射电望远镜。在空中通过6根钢索牵引30t重的馈源，在180m高空，207m口径、160m半径焦面空间内实现馈源接收系统的大跨距瞬时精确定位、定姿，实现望远镜聚焦观测，是望远镜的三大自主创新之一 该项目主要创新点包括：①提出大跨度、高冗余度的柔性六索并联系统取代国际现有的大口径望远镜刚性支撑方式；②研制出具有单一故障保护驱动机构的大高差、长距离、大拉力钢丝绳拖动系统；③研制出多学科融合的六索并联优化控制策略，满足空间位置偏差≤48mm，姿态偏差≤1°的性能指标；④研发出长行程（425m）、大倾角（43°）钢丝绳导轨的缆线入舱机构；⑤发明了新型转轴过壁电磁屏蔽装置，开发出基于动静结合的电磁屏蔽技术 该系统采用柔性六索并联系统，突破了传统射电望远镜中馈源与反射面相对固定的刚性支撑模式，极大地降低了馈源支撑结构的重量和尺寸，减少了对射电望远镜无线电波的遮挡，是世界大型射电望远镜建造技术的重大突破	2018年辽宁省科技进步奖一等奖 2018年中国好技术二等奖	大连华锐重工集团股份有限公司、中科院国家天文台、西安电子科技大学

（续）

序号	项目名称	完成时间	主要性能参数及技术内容简介	成果水平评价	负责单位、参与单位
2	QLK14400.60型斗轮取料机	2015年	该斗轮取料机通过采用全自动无人化操作及控制，使斗轮连续按要求曲线控制速度回转，将物料从料堆上剥离下来，转载至悬臂皮带，再由带式机系统及物料转载系统将物料泄至地面传送带；并由高精度卫星定位GPS系统实时向控制系统上传设备位置，控制系统控制设备在轨道上的移动，实现沿轨道方向的进给动作；由液压系统驱动俯仰部件俯仰，实现设备在不同料层的转换 该机主要性能指标：设备总重2 459t，平均取料能力为5 930m^3/h（约13 046t/h）铁矿石，额定取料能力为7 600m^3/h（约16 720t/h）铁矿石；回转半径60m，皮带宽度2m，最大带速5.5m/s；设备轨距14m，斗轮直径11.8m，斗数11个，单斗斗容2.88m 该机严格遵循澳大利亚标准及法规开展设计，应用国际前沿的EDEM料流模拟分析技术及软件，定量分析带式输送机性能指标及料流在三维空间的速度及转向趋势，指导物料转载模块化设计；整机采用了模块化、维修人性化结构设计；采用2D及3D料场扫描系统和高精度GPS及位置检测系统RFID等进行设备状态监控。创造性开发出取料机新结构，如双轨双车轮及具有补偿功能的自适应轨道偏差行走机构、超大型10m直径回转球轴承，整体组装、大模块发运技术；驱动及位置检测系统冗余保障设备可靠性及可利用率	2018年中国机械工业科技进步奖二等奖	大连华锐重工集团股份有限公司
3	AP1000核电站环行起重机	2015年	AP1000环行起重机是当前世界上最先进、最安全的三代百万千瓦核电技术——AP1000核电站十大核心设备之一，位于核岛反应堆厂房上部，主要吊运核主泵、蒸汽发生器、压力容器、堆内构件等核级设备，属于安全性最高的起重设备 大连重工作为国家发改委确定的三代核电关键设备研制基地，依托国家核电重大专项课题，突破并掌握了AP1000环行起重机国产化研制核心技术，成功研制国内首台AP1000环行起重机，形成了自主知识产权，达到国际先进水平，打破了国外技术垄断。同时获得专利授权4项（其中发明3项），主持制定国家标准1项	2018年大连市科学技术进步奖一等奖	大连华锐重工集团股份有限公司
4	12 700t/h装船机	2015年	12 700t/h矿石装船机用于澳大利亚Roy Hill铁矿项目。该装船机最大能力达15 300t/h，年装船矿石5 500万t，是世界最高效的超大型港口散料装船设备 该装船机采用最严苛的澳大利亚散料装卸设备规范，引入风险评估与HAZOP、RAMBO评估等先进设计理念和方法。以人的安全为第一宗旨，研制了驾驶室上部整体俯仰双冗余安全结构系统；研发出5.5～7.0m/s超高变速臂架带式输送机系统，利用带式输送机高速抛料以解决固定长度臂架在有限回转范围内同时满足装载最小7万t和最大32万t船型的难题，整机轻，节能10%；开发出不同区域等寿命耐磨衬板、模块化溜槽，可实现衬板及溜槽整体快速更换，保证装船机在95%的年日历时间内高效工作，且可靠度高于98%。该装船机具有超大型、安全性高、环保、高效和可维护性好等特点，整体技术水平国际领先	2018年大连市科学技术进步奖二等奖	大连华锐重工集团股份有限公司
5	60MV·A密闭电石炉及公辅系统	2014年	60MV·A密闭电石炉及公辅系统是在传统机型（40.5MV·A密闭电石炉）基础上研发的新一代电石冶炼成套装备系统。大连重工进行了“矿热炉电石冶炼工艺”“大型波纹管式电极把持系统”“大电流母线交流回路模型”等多项关键技术的研究，掌握了大型电石炉建模设计的核心技术，实现了更高的产能及更低的能耗，提出了“高可靠性电极”等核心理念，发明了防坠落电极锁、U型铰链护屏等多项核心技术，申报了5项专利并获授权 60MV·A密闭电石炉及公辅系统，工艺单耗电低于3 150kW·h，综合能耗低于890kgce/t，单套生产能力超过9.2万t/a，技术水平比传统产品大幅提升	2018年大连市科学技术进步奖二等奖	大连重工机电设备成套有限公司

（续）

序号	项目名称	完成时间	主要性能参数及技术内容简介	成果水平评价	负责单位、参与单位
6	全机械式双车翻车机卸车系统	2015 年	全机械式双车翻车机每次可翻卸 2 节单重 168t 矿车，利用 2 台定位车进行接力作业，完成对 4 万 t 大列铁路敞车的牵引及定位，是国内大型翻车机卸车系统设计的重大突破，主要创新点有： ①高利用率和高可靠性：以机械动力和电能动力代替液压动力，降低设备故障率；主要转动部件设置温度及振动在线监测；传动装置电控系统采取冗余配置方案等手段，保证 95% 的可利用率和 98% 的可靠性； ②高标准：国内首次应用国际散料设备公认的最严格的澳大利亚设计标准设计翻车机，同时 20 年使用寿命中疲劳循环次数达到 4×10^6 次，是同类产品最高的； ③高效率：翻车机单循环翻卸时间为 29s，通过双定位车接力作业，效率可达 82 节 / 小时，达到国际先进水平	2018 年大连市科学技术进步奖三等奖	大连华锐重工集团股份有限公司
7	120t AGV 框架运输车	2018 年	AGV 框架运输车是一种功能复杂的户外、潜入式、超重载 AGV 车辆。是大型钢铁企业钢坯运输转移的专用设备，配套标准尺寸载物框架可以高效率地运输各种冶金原料、半成品和成品。能主动、自序、有节拍地按最安全、快捷的路线执行作业。该产品是 AGV 技术在冶金行业重载物流运输领域的一次尝试，也是国内载重量最大的 AGV。通过采用大功率永磁电动机驱动、混动增程的动力方案，大大扩展了 AGV 的适用领域，满足了国内冶金行业对重型 AGV 需求，验证了户外混合动力重型 AGV 技术，其技术达到了国内先进水平	国内先进	大连华锐重工集团股份有限公司

五、产品质量及标准工作情况

2018 年大连重工不断改善产品质量，质量品牌建设初见成效。开展 5 类核心产品质量品牌建设工程，解决了 114 项质量细节难点问题；研磨机等产品质量得到国外顾客认可。将重温“条田先生一封信”管理改善工作落实到基层，16 家单位 800 余人达到质量免检要求，12 家单位实行工序自检及质量确认制，铸业公司等 6 个单位班组质量自主管理能力明显增强。突出落实质量责任制，细化完善 34 项管理制度，顺利通过新版质量管理体系换版。完善质量评价体系，13 家单位建立 35 项质量评价指标。全年产品出厂检验合格率为 100%，无重大质量事故发生，在国家有关质量监督部门的各项产品质量抽查中无不合格。持续保持名牌产品有效性，公司拥有 22 项省市名牌产品，并荣获第十六届大连市市长质量奖。

主持《重型机械通用技术条件　第 2 部分: 火焰切割件》《重型机械通用技术条件　第 12 部分：涂装》2 项国家标准和《焦炉起重机》等 4 项行业标准的制（修）订，进一步提高企业的话语权。同时制（修）订 21 项企业技术标准，进一步完善了企业标准化体系。

六、技术改造情况

2018 年大连重工在投资方面全面落实“四定原则”，严格执行年度固定资产投资计划，加强投资、降本增效等重点工作。全年固定资产投资 766.18 万元，主要为提升工艺更换设备、信息化管理以及安全环境措施等项目。受市场变化影响，部分投资计划被搁置或暂缓执行。

七、对外合作情况

集团公司坚持自主开发与合作开发相结合的创新战略，尤其是在智能化方面，与大连理工大学、九州创智、上海应用技术大学等高校院所联合开展了“智能仓储物流管理系统”等多项关键技术研发，全面开展智能化技术攻关，并与大连理工大学联合组建了辽宁省智能重型装备专业技术创新平台。同时与东北大学等高校院所联合开展“华龙一号核环吊抗振阻尼”和“直流炉冶炼仿真模拟”等多项前沿技术研发，为公司技术创新和高质量发展提供了强大的助力。

〔撰稿人：大连华锐重工集团股份有限公司韩成军　审核人：大连华锐重工集团股份有限公司孙大庆〕

中信重工机械股份有限公司

2018 年，面对国内外极为复杂而深刻的形势变化，中信重工机械股份有限公司（简称中信重工）保持发展定力，坚守做强、做优、做精先进装备制造业的战略定位，坚持“传统动能＋新动能”双轮驱动，坚持实施产业化经营，深入推进改革，全面启动“三大工程”，取得了新的突破，创造了新的业绩。

一、改革改制

2018年中信重工相继推出“三项改革”，全面启动“三大工程”。通过“重装板块一体化管理”“打造备件服务产业”“职能部门‘放监服’”三项改革，进一步完善了事业部设置，成立了重型装备事业部和关键基础件事业部；以新设立的备件技术服务公司为核心，强力打造备件服务产业；优化职能部门结构，形成更加聚焦的“小总部、强总部”核心职能。创新工程、人才工程、机制创新“三大工程”，是中信重工近年来持续推进全面深化改革中的重要举措，是公司在全面深化改革领域做出的长期性、制度性、系统性安排部署。通过上述改革举措，中信重工形成了较为系统的改革方案和路径，进一步坚定了战略自信、改革自信、发展自信和文化自信。

二、生产发展

2018年中信重工实现工业总产值153.2亿元，同比增长17.83%；销售总产值150.4亿元，同比增长17.75%；工业增加值18.0亿元，同比增长14.83%。

2018年主要行业小类产值完成情况见表1。2018年主要产品产量完成情况见表2。

表1　2018年主要行业小类产值完成情况

行业类别	产值（万元）	行业类别	产值（万元）
黑色金属铸造	5 519.20	建筑材料生产专用机械制造	58 298.13
锻件及粉末冶金制品制造	8 285.77	冶金专用设备制造	9 463.07
汽轮机及辅机制造	1 389.96	发电机及发电机组制造	522.54
齿轮及齿轮减、变速器制造	2 058.03	电阻电容电感元件制造	282.68
机械零部件加工	1 818.19	工业自动控制系统装置制造	7 109.51
特殊作业机器人制造	4 437.81	其他未列明的制造业	794.80
矿山机械制造	53 209.03	合计	153 188.72

表2　2018年主要产品产量完成情况

产品名称	产量		产品名称	产量	
	按台计（台）	按吨计（t）		按台计（台）	按吨计（t）
回转窑	18	18 508.7	破碎设备	9	2 536.4
大型磨机	65	19 947.8	减速机	42	554.3
提升机	54	3 857.6	冶金设备	21	9 410.4
辊压产品	16	3 805.2	工矿配件	/	65 204.0
矿辅设备	21	319.1	工业机器人	799	/

2018年，中信重工多项产品实现高速增长。传统产业提质增效，全年机器产品产量突破13万t，同比增长35.22%，保证了公司高质量发展，有效发挥了“稳定器”“压舱石”的作用；新兴产业蓬勃发展，市场份额持续扩大，开诚智能已成长为国内特种机器人龙头企业。总体来说2018年中信重工经济运行质量得到进一步改善，发展持续向好。

三、市场经营及销售

2018年，中信重工抓住订单总量不足与企业迫切需要发展之间的主要矛盾，聚焦突破营销天花板、开展“三去一降一补”专项工作、确保完成收入利润指标三大核心任务，统筹推进，精准施策，强化落实。2018年实现营业收入155.1亿元，同比增长17.14%；实现利润总额2.02亿元，同比增长80.43%。其他经营指标也实现大幅增长，保持了稳中有进、稳中向好的发展态势。

中信重工集中一切力量和资源支持市场营销，西部矿业玉龙磨机、洛阳地铁牡丹号系列盾构机和大型加氢锻件项目取得突破，全年新增订货额超过95亿元。中信重工设立的中信重工国际公司，在打造“核心制造”方面，有助于公司在把矿业领域的主机装备做精的同时，把其他领域的主机设备推向国际市场；在打造“综合服务”方面，有助于公司整合各海外综合服务机构、备件服务和基地建设资源，深化公司“核心制造＋综合服务”的商业模式。

四、科技成果及新产品情况

2018年，中信重工牵头申报的“液压重载机械臂关键技术研究与应用验证”项目获科技部立项，“重型装备工业大数据平台建设”获批工信部2018年大数据产业发展试点示范项目，作为项目参与单位申报了“大型复杂结构件力学性能全域微磁无损检测仪”“面向大型立面维护的作业机器人与应用示范”两项国家重点研发计划。“高温高压大型压力容器用主体锻件制造技术研究”“大型辊压机减速器关键技术研究”“大型矿山提升设备齿轮传动装置轻量化及降噪技术研究”三个项目通过了成果鉴定。多项成果获得国家、省、市科技奖项，2018年企业科研成果获奖情况见表3。

表3 2018年企业科研成果获奖情况

成果名称	所获奖项
水力式升船机成套技术创新与应用	云南省科技进步奖特等奖
立式搅拌磨关键技术研究及产业化	中国机械工业科学技术奖三等奖
大升程水力驱动式垂直升船机核心装备研制与工程应用	中国机械工业科学技术奖二等奖
大型磨机关键加工工艺研究与制造	河南省科技进步奖三等奖
GPYT系列石膏专用过滤机	河南省科技进步奖三等奖
盾构刀具破岩试验平台与刀盘选型设计技术	河南省科技进步奖二等奖
大型整体结构件可制造性设计与工艺优化关键技术及其应用	河南省科技进步奖二等奖

2018年公司入选工信部“第二批服务型制造示范企业”和“工业互联网平台试点示范项目”等名单，“基于云平台的矿山关键装备全生命周期服务能力（面向产品全生命周期创新与服务的新型能力建设）”项目入选工信部2018年制造业与互联网融合发展试点示范项目，承担的洛阳市重大专项“大型矿用磨机智能化关键技术研究”顺利通过专家评审验收。此外，公司生产的“特大型加氢反应器用整锻管板锻件”被认定为河南省十大标志性高端装备，大型矿用磨机荣膺“改革开放40周年——机械工业杰出产品”。

五、产品质量及标准工作

为确保质量管理体系的有效运行，2018年中信重工完成质量成本信息化建设，实现成本考核功能，通过质量成本申报、核算、统计等相关业务流程的网上运行，采集质量成本相关数据并进行统计，实现质量成本网上核算和统计业务功能。

2018年，中信重工组织各单位针对《中信重工核心产品提升实施计划》进行进一步的细化分析，列出117项具有可量化的实施计划，每月进行考核并在质量例会上进行通报。同时，梳理出核心产品关键件关键检验项目，统计了近3年关键检验项目合格率，制定了关键检验项目和外观合格率考核指标并纳入专项考核。

2018年，中信重工全面贯彻国际标准和国际规范，目前球磨机和矿井提升机等11种主导产品通过了国际标准认证，还制定了高于国际标准的企业标准。2018年主持、参加起草的国家和行业标准达8项，公司主导产品均符合国标或行业先进标准。建立了提升机等4个标准综合体，由河南省验收通过。连续通过4A级标准化良好行为的验收。

六、技术改造

2018年中信重工实施基本建设项目8项，投资17 897.01万元，基本建设项目正有序开展。完成技改投资4 584.77万元，技改项目已改造完成。

2018年完成的技术改造项目主要包括购置中频炉、落砂机除尘改造、雨污分流改造、购置一批焊接设备、车间监控系统改造，改造完成后有效提高了公司的生产加工水平，提高了生产的硬件条件。

2018年度重点开展的节能减排项目主要是为185MN油压机配套的3#、5#燃气加热炉改造，项目完成后，可大大节省能耗。

七、对外合作

2018年，中信重工加强社会多元化资本引入，寻求在技术、人才、市场等层面上的合作，联合发起设立先进制造产业基金，基金总规模达50亿元。充分利用募投资金，起动伊滨高端节能环保产业基地建设。加大科技创新投入，起动实施矿业、水泥、掘进装备、智能化、机器人和军民融合等重大创新专项。盘活资产挖潜增效，依托青年家园项目，与涧西区政府、洛阳国宏三方签约，共同打造先进装备及军民融合产业创新科技园。

八、问题及经验总结

2018年，中信重工经营状况持续向好，发展步伐明显加快，改革经营亮点频现。但是还存在一些问题和不足：一是企业发展速度不够快、收入利润偏低。二是机制体制创新有短板、有弱项。三是生产组织模式单一，管理不精细。四是国际化管理落后于国际化布局，国际市场开拓成效不佳。

〔供稿单位：中信重工机械股份有限公司〕

北方重工集团有限公司

一、改革改制

北方重工集团有限公司（简称北方重工）近年受全球经济低迷和国内重型机械行业运行波动，以及企业经营规模扩张、海外并购未取得预期效果等一系列因素影响，金融债务高，经营困难。

为走出困境，响应国家国有企业混合所有制改革的精神及沈阳市委市政府的混合所有制改革精神，北方重工重新进行了内部机构设置，设置了 3 个公司和 1 个园区；同时，积极寻求战略投资伙伴，与中建材、中铁、方大集团、中船重工等大型企业集团进行了洽谈。2018 年 6 月 22 日，经沈阳市中级人民法院批准正式进入司法重整，通过对债权人、债务人以及其他利益关系人的利益协调，进行债务清偿与营业、股权结构的调整，依法削减债务。

二、生产发展

北方重工积极采取各种有效措施促进市场订货，2018 年新增订单超过 15 亿元。相继签订了新疆天池能源带式输送机、中石油西部钻探项目、新巨龙全断面岩巷掘进机、九洲矿业骨料生产线、沈阳市西部垃圾焚烧发电项目和大沙河砂石料加工生产线等一批合同。

2018 年，北方重工认真梳理在手合同，综合分析评价合同履约情况，积极与客户沟通争取资金支持，强化执行过程管控，加大关键环节调度与协调力度，克服困难，保证了陕西榆能横山电厂中速磨及堆取料机、广西贺州铝电中速磨机、新疆天池能源带式输送机、湖州南方物流带式输送机、沈阳老虎冲垃圾焚烧炉、孟买地铁盾构机、印尼古龙烧结机、印尼古龙堆取料机、厄瓜多尔板式给料机、中建交通盾构机、巴东海螺重板和克州华维圆锥破碎机等重点项目顺利完成交货。

三、市场经营及销售

2018 年，为了彻底解决经营困局，在“经营不断、队伍不乱”的整体要求下，北方重工上下协同、积极策划，走访一批重点客户，赢得了客户的信任与支持，累计签订合同近 15 亿元，主要集中在矿业、冶金、环保、建材和散料 5 个行业，分别占比 22%、18%、16%、11% 和 9%。盾构机煤巷领域应用再见成效，成功签订山东新巨龙公司 ϕ6.33m 全断面岩巷掘进机；紧盯砂石骨料市场，成功中标大沙河砂石骨料生产线 EPC 项目；联合北方重工富勒合资公司开发出 C900 高端多缸圆锥破碎机，并成功应用于河北九洲矿业项目。

在出口方面，受司法重整期间保函等金融政策缺失影响，北方重工采取“以资金需求小、资金周转快的项目为主，对长线、成套重大项目高频跟踪为辅”的策略，签订了马来西亚装船机备件、秘鲁瓦拉斯多选矿厂圆锥破碎机等多个“短、平、快”项目。依托相关中央企业、贸易公司、工程公司和国际知名企业强大的海外市场拓展能力和成套工程融资组织能力，结合北方重工扎实深厚的研发制造实力，共同构建“联合、联盟、联动”的新型战略伙伴关系，产生“1+1 ＞ 2”的合力优势，借船出海，互利共赢，开启深层次、全方位的合作。

在市场方面，机制砂石骨料迎来高速发展期，低开采、高利用、低排放的先进成套工艺和高端设备渐成主流；随着政府投资性基建的增加，PC 构件市场需求将继续坚挺；散料搬运行业将向智能、节能、安全和可靠转变，产业与信息技术将深度融合；“绿色矿山”的要求，为矿山尾矿环保化处理、提高矿产利用率的新型工艺设备带来巨大发展空间；“一带一路”沿线国家对水泥成套和火电成套设备仍有较大需求；同时，环保压力、智能化升级等影响因素，也将为设备升级改造、运营维保和备件服务带来巨大的市场空间。随着市场复苏回暖，司法重整成功推进，北方重工已经迎来新的发展契机。

四、科技成果及新产品

1. 科技成果

（1）承担的“ϕ7.83m 敞开式岩石掘进机（TBM）研制”“大型港口码头散料搬运装备开发及研制”“大直径全断面掘进机协同制造关键技术研究”和“大型高效生活垃圾机械焚烧炉关键技术攻关”4 项沈阳市科技计划项目结题。

（2）申请专利 17 项，其中，发明专利 12 项。

（3）“QJSYT-094 硬岩土压双模式掘进机”项目获中国机械工业科技进步奖二等奖。

（4）“全断面岩石掘进机高新破岩刀盘设计制造关键技术与应用”获辽宁省科技进步奖一等奖。

（5）获国家科技进步特等奖 1 项。

（6）攻克全断面岩石掘进机高效破岩刀盘布置设计技术、刀盘抗振设计技术、盘体低应力设计技术等核心技术，并应用于工程项目中。

2. 新产品和新技术

（1）QJSYT-094 硬岩土压双模式掘进机。QJSYT-094 硬岩土压双模式掘进机的刀盘最大转矩 17 308kN·m，最高转速 3r/min，主机最大推进力 73 275kN，最大推进速度 80mm/min。2 台掘进机分别完成了马什哈德地铁 2 号线 7 000m 和 5 500m 的隧道掘进，取得了在伊朗当地大直径掘进机最高日进 33m，平均月进 360m 的良好应用记录。该产品是国内首台具有完全自主知识产权的硬岩土压双模式掘进机，在刀盘刀具的多地质适应性、刀盘驱动控制技术的多样化、开挖仓自动伸缩保压受料装置、开挖面膨润土保压系统和快速高效的管片储运技术等方面具有独特的技术创新。整机技术性能达到国际同类产品先进水平，部分功能与性能达到国际领先水平。

（2）开发了水泥熟料耐高温长距离输送系统，应用于湖州南方物流有限公司中转仓储及输送工程。

（3）全断面岩石掘进机高效破岩刀盘设计制造关键技术与应用。以传统岩石掘进机面临的“掘不快、掘不稳、掘不长”的常见工程难题为研究背景，以岩石掘进机刀盘的设计、制造、工艺性为研究关键点，完成了刀盘高效破岩创新机理、多学科参数关联机制、工艺对刀盘形状和性能影响规律等方面的机理创新研究。在刀盘布置设计技术、刀盘抗振设计技术、盘体低应力制造技术等方面取得了技术突破。

五、产品质量及标准工作

1. 进一步加强质量考核

2018 年，北方重工有计划地进行质量及服务提升工作，加强质量体系全过程管控，持续改进各项工作质量；通过完善质量和服务考核办法，加大质量考核力度，对厂内制造产品、外部的采购 / 外协产品的无损检测项目做出了相关要求，加强供货方提供产品的质量管控，持续提升供货方质量保证能力，强化质量风险管控措施。组织企业内部针对产品档案、装配现场、产品进货检验、产品实物质量等方面进行互检，通过互检工作的开展，使各子公司质量管控能力得到提升，稳步提升了产品质量。

根据 GB/T 19000—2016《质量管理体系　基础和术语》、GB/T 19001—2016《质量管理体系　要求》和 GB/T 24001—2016《环境管理体系　要求及使用指南》等管理体系标准，完成新版质量管理体系换版工作。

2. 标准管理工作

起草发布国家标准《全断面隧道掘进机　泥水平衡盾构机》《全断面隧道掘进机　单护盾 - 土压平衡双模式掘进机》；建立北方重工技术标准查询平台，形成《北方重工国际标准目录》，其中，国际标准化组织标准（ISO）695 项；国际标准化组织 / 国际电工委员会标准（ISO / IEC）6 项；国际电工委员会标准（IEC）240 项、国际计量组织标准（OIML）7 项；欧洲标准化委员会标准（EN）50 条；美国标准 213 项；英国标准学会标准（BS）58 项；加拿大标准协会标准（CSA）1 项；德国标准 117 项、俄罗斯标准（GOST）8 项；法国国家标准（NF）3 项；日本工业标准（JIS）42 项；澳大利亚国际标准公司标准 13 项。2018 年 7 月，参与编制《带式输送机　工程技术标准》GB50431 和《带式输送机　设计计算方法》。

六、对外合作情况

北方重工与艾法史密斯合作，于 2016 年成立了北方重工富勒（沈阳）矿业有限公司（简称富勒公司）。2018 年开始，富勒公司引进多项国外先进的破碎机技术，研发出新产品 7 项，OEM 产品 2 项。其中，5 项来源于国外的产品技术，经过转化吸收，开发出技术水平高于国内并达到国际领先的全新产品。富勒公司生产的产品已在 2 个项目进行应用，分别是秘鲁矿业项目和石家庄九州矿业 C900 圆锥破碎机项目，总计实现销售收入 3 000 余万元。未来富勒公司将根据大型化、高端化、成线化的思想进一步开发更大规格、更全系列的破碎产品，将破碎产品的国外先进技术全面转化吸收，以创造国内一流的破碎机品牌。

〔撰稿人：北方重工集团有限公司郎猛〕

卫华集团有限公司

卫华集团有限公司（简称卫华集团）始建于 1988 年，经过 30 年的不断努力，现已形成两大业务板块，一是以起重机械、矿用机械、港口机械、汽车起重机、减速机等产品为主的装备制造板块；二是以房屋建筑、市政工程、钢结构、工程建设、防腐施工以及工程总承包为主的建工板块。公司拥有总资产 70.24 亿元，占地面积 342 万 m^2，员工 4 500 余人。卫华桥（门）式起重机产销量蝉联全国第一，是全国制造业单项冠军示范企业，连续 5 年进入“中国机械工业百强”，连续 4 年进入“中国民营企业 500 强”。

一、改革改制

（1）为提升技术管理水平，整合技术资源，规范研发管理，2018 年卫华集团对技术专家委员会人员进行调整，制订了多元化版块的科技项目管理办法及相关规章制度。

（2）为满足河南省对创新中心股权多元化的要求，2018 年河南卫华机械工程研究院有限公司更名为河南卫华机械工程研究院股份有限公司，完成 10 家股东单位的股权入资，优化股权结构，顺利通过创新中心认定，通过对科技创新、成果转化、项目管理等进行整合，卫华集团集中行业优势资源进行重点产品研发制造，进一步提高了研发水平、壮大了科研队伍。

（3）整合桥（门）式起重机的科研、管理、财务资源，推进河南卫华重型机械股份有限公司的上市工作，优化了企业组织结构。

（4）推进智能产业园项目建设，成立智能产业园建设小组，预计 2022 年项目建成。建成后，卫华集团将整体搬迁，在新的产业园开启新的征程。

二、生产发展

卫华集团先后引入战略管理、绩效管理、精益管理和卓越绩效管理等先进管理工具，推进企业由大变强、由外延增长向内涵增长、由粗放管理到精益管理的转变。2018 年市场经济下行压力加大，面对复杂多变的外部环境和艰巨繁重的经营任务，在政府的大力支持下，全体卫华人攻坚克难，生产总值实现 1 247 765 万元、营业收入实现 1 224 171 万元、增速达 26%。2018 年卫华集团经济指标完成情况见表 1。

表 1　2018 年卫华集团经济指标完成情况

序号	指标名称	完成情况	同比增长（%）
1	营业收入（万元）	1 224 171	9.89
2	利润总额（万元）	55 529	9.47
3	缴税总额（万元）	25 898	17.06
4	研发费用（万元）	49 827	占营业收入比例 4.07%

卫华集团主要产品分为葫芦、单梁、桥机、门机、冶金、悬臂起重机等七大类别。2018 年卫华集团主要产品产量见表 2。

表 2　2018 年卫华集团主要产品产量

产品名称	产品产量	
	按台计（台）	按吨计（t）
起重葫芦	62 242	262 509
单梁起重机	54 559	1 310 701
桥式起重机	11 414	825 589
门式起重机	2 648	471 789
冶金起重机	840	241 936
门座式起重机	10	5 000
悬臂式起重机	140	1 697
合计	131 853	3 119 221

三、市场经营及销售

2018 年受国家"一带一路"倡议、"京津冀一体化"、长江经济带等政策刺激与影响，铁路、公路、仓储、水利、电力、港口等基建领域投资保持一定增速，为起重机行业带来潜在市场，在《中国制造 2025》政策的影响下，实体制造业发展迅速，我国起重机出口增速稳定，国际化竞争成主要趋势；虽然国内市场萧条，但是起重机出口形势良好，近几年国内桥式、门式起重机出口总额保持持续增长态势。

2018 年卫华集团出口额实现 41 886 万元，较上年增长 13.36%。产品远销英国、法国、澳大利亚和俄罗斯等 125 个国家和地区。

四、科技成果及新产品

（1）科技进步奖。2018 年卫华集团共有研发课题 32 个。获科技进步奖 5 项，其中，河南省科技进步奖三等奖 1 项；中国机械工业科学技术奖三等奖 4 项。

（2）专利方面。2018 年卫华集团申请相关专利 146 项，其中，发明专利 35 项；获专利授权 85 项，其中，发明专利 10 项。

（3）成果鉴定。2018 年卫华集团完成科技成果鉴定 15 项，其中，河南卫华 8 项，纽科伦 5 项、研究院 2 项，鉴定意见 1 项国际先进、14 项国内领先。

截至 2018 年，卫华集团先后获得省部级科技进步奖项 60 项，其中，一等奖 15 项、二等奖 19 项、三等奖 24 项、优秀奖 2 项。获政府鉴定科技成果 74 项，其中，国际领先 1 项、国际先进 5 项、国内领先 66 项、国内先进 2 项。目前集团共获得授权专利 660 项，其中，授权发明专利 76 项，卫华集团拥有的授权专利保持全国起重机行业第一。

2018 年卫华集团重大科技成果及获省市以上科技（进步）奖项目见表 3。

表 3　2018 年卫华集团重大科技成果及获省市以上科技（进步）奖项目

序号	项目名称	完成时间	主要性能参数及技术内容简介	成果水平评价及奖项	负责单位 / 参与单位
1	基于伺服控制的超高精定位数控起重机	2018.09	采用伺服控制技术、齿轮齿条运行精度分段补偿技术、自检测及自诊断技术、自学习路径存储及自动规划运行路线技术、信息化集成等技术，解决了起重机高精定位问题，起重机运行定位精度接近于数控机床运行精度，满足智能化工厂、车间对物料的超高精定位要求	中国机械工业科学技术奖三等奖	河南卫华
2	特大型铸件全自动翻转起重机关键结构及应用技术研究	2018.09	针对铸件起重机的大型化、自动化、精细化发展需要，研发了特大型铸件全自动翻转起重机，主要研发内容：①自主研发国内领先的多功能集成吊具技术及应用；②基于工业以太网技术的起重机远程自动化作业先进控制技术的应用；③基于有限元分析的起重机轻量化设计及机构优化设计；④基于 MES 制造执行系统和自动化生产线的先进制造工艺技术的应用	中国机械工业科学技术奖三等奖	纽科伦
3	全液压自举升移动式高空制瓦车	2018.09	①技术性能要求出瓦高度不低于 16m、出瓦长度误差率不超过 0.5%；②开发冗余的 PLC 变频电气控制系统，采用近端手动和远程遥控双系统操作，要求控制精度高、运行平稳、工作可靠，具有故障诊断、故障反馈及指示功能；③设计采用双动力的液压系统，分别控制举升机构和切刀液压缸工作，要求双动力系统互为备份，在紧急情况下可进行应急操作，系统发热低，节能环保，安全高效	中国机械工业科学技术奖三等奖	卫特公司
4	起重机专用轻量化新型点线啮合减速机	2018.09	驱动单元是带动具有挠性牵引构件的输送机的牵引构件和工作构件或者是无牵引构件输送机的工作构件。驱动单元模块中，使用驱动单元，把能源动力来源转化为需要的功能动作曲线连续或者间断输出，实现驱动	中国机械工业科学技术奖三等奖	蒲瑞公司
5	全液压轮胎式船艇搬运起重机关键技术研发及产业化	2018.09.27	拥有多项自主知识产权专利技术，具备安全、便捷、高效性能的船艇搬运起重机产品设计为国内创新产品，引领船艇吊装领域的前沿，能广泛应用到游艇俱乐部、水上训练中心、水上游乐场、船只维修基地、小吨位炮艇和鱼雷艇维修、填海造岛等需要水上水下相互转运的地方	河南省科学技术进步奖三等奖	纽科伦

（续）

序号	项目名称	完成时间	主要性能参数及技术内容简介	成果水平评价及奖项	负责单位 / 参与单位
6	基于多组同步抓取智能控制技术的轧辊换辊起重机研发	2018.12.28	起升机构采用双系统控制模式，通过检测拉绳编码器数值在 PLC 程序中进行分析，采用先进的纠偏控制算法，实现机构动态同步精度 2mm，静态同步精度及定位精度 1mm，实现了定位精度和吊具的平衡度精准控制，保证了多组轧辊同步性更换	国际先进	河南卫华
7	系列超大吨位三梁四轨锻造起重机研发	2018.12.28	①在定滑轮组部位首次采用涡卷弹簧装置，缓解释放了起重机工作时较大的冲击载荷，避免了起重机钢结构过早的疲劳破坏；②创新型机电耦合控制技术的应用，可根据载荷的不同，控制调节制动器的力矩及制动器的打开闭合，达到保护起重机本体及厂房的目的，同时该系统具有机械称重功能	国内领先	河南卫华
8	基于多机构同步控制技术的大吨位固定式码头起重机研发	2018.12.28	①该机为单钩起吊 330t，双钩抬吊 660t，最大工作幅度 54m，起升高度 48m，全幅度工作的固定式码头起重机，用于 22 000m^3 LPG 液压罐吊装工作；②具有位移补偿性盆式支撑的应用功能。底盘承受整机全部载荷，前后铰点距离 30m。前铰点设计成可以前后、左右移动的盆式结构，而后铰点是拉力点，设计成铰接点。4 个铰点这样设计，不仅可以调节起重机占地面积，还可以有效补偿底盘纵向位移，降低温度变化及制造误差产生的附加载荷	国内领先	河南卫华
9	PTM 电解铝多功能起重机	2018.12.28	PTM26t 电解铝多功能起重机的打壳机构采用四连杆结构，可深入电解槽内部打击炭块中缝，降低残极拔出时的阻力，提高换极效率；导向辊、阳极夹具、吊钩、抓斗等部件采用防磁材料，起重机全车采用绝缘和监测控制系统，实现了起重机在强磁场中的安全作业，提高了运行中的安全性和稳定性	国内领先	河南卫华
10	起重机箱型梁大筋板自动组装设备研究及应用	2018.12.28	针对起重机箱型梁，通用总结大筋板的组装工艺，开发一套自动化或半自动化的组装设备，旨在实现大筋板的快速、高效组焊，提高生产效率和组装质量，降低劳动强度	国内领先	河南卫华
11	起重机角箱柔性化加工技术研究及应用	2018.12.28	针对起重机角箱开发的柔性化加工技术及工艺装备，旨在实现起重机各类规格角箱的自动化、柔性化加工，以提高生产效率、降低劳动力成本及提高产品质量	国内领先	河南卫华
12	起重机箱型梁安全吊运关键工艺装备研究及应用	2018.12.28	本项目成果不仅可实现箱型梁的安全转运，以免传统剪刀钳挂倒箱型梁造成安全事故，还可以实现箱型梁的快速、高效翻转，提高生产效率	国内领先	河南卫华
13	系列过轨起重机及其关键技术研发	2018.12.28	该项目研究了新型挂板式过轨起重机，自动激光对位、锁定、微补偿；过轨起重机单主梁布置及防翘装置形式，适当选择过轨起重机主梁工字钢型号用单主梁布置替代双主梁形式；采用滚动式防翘装置形式代替固定式；过轨起重机大车自动定位连接及锁紧装置，该装置顶杆和顶杆用螺栓固定在起重机的端梁上，其他部件均固定在两个顶杆上；动力装置采用小型电磁铁；缓冲器采用硬质橡胶缓冲器	国内领先	研究院
14	一种高精定位起重小车	2018.12.28	在车间三维方向上建立坐标系统，每个定位点确立唯一的三维坐标。采用绝对值编码器作为定位测量工具，通过实时计算起重机各机构当前位置坐标与需要到达的定位目标之间坐标的差值来决定各机构的运动方向和运动速度	国内领先	研究院
15	100t 电动葫芦综合实验台	2018.9.15	该项目研究了 100t 电动葫芦综合试验台，该试验台结合 JB/T 9008.2—2015 最新试验标准设计，具备标准中所有要求的所有检测项目。具备的能效测试检测功能，填补了国内空白；新颖的承重梁结构，使其试验范围最大化，涵盖目前市场上的主流电动葫芦；砝码结构设计较为独特，不同规格砝码可随意组合	国内领先	纽科伦
16	大型盾构施工管片转运系统	2018.9.15	该项目研究出了国内首创的三管片起重机，工作效率较原单管片起重机提升三倍，极大地提高了转运效率。大车运行常闭式制动加液压夹轨器抱轨制动，双重制动保护，可保证整机在 50m/min 高速运行及 50‰坡度状态安全平稳运行，避免了产品因电动机制动失效而导致的安全隐患。研发钢丝绳导向装置实现箱涵件翻转，整机采用低净空结构，保证在盾构机内部狭小空间内安全运行。开发的电气控制系统，保证了各工位间的安全互锁，自动定位	国内领先	纽科伦
17	混凝土转运布料起重机	2018.9.15	该项目研究了混凝土转运布料起重机，采用双液压缸驱动链轮链条带动布料斗平稳升降；料斗卸料口装有减速电动机驱动的螺旋叶片，使料斗卸料顺畅；起重机小车与主梁之间加装翻滚轮，防止料斗与机架倾翻	国内领先	纽科伦

（续）

序号	项目名称	完成时间	主要性能参数及技术内容简介	成果水平评价及奖项	负责单位 / 参与单位
18	箱型结构件自动化生产线	2018.9.15	该项目研究了箱形结构件生产线，自动焊接操作机与U形翻转台配合作业，采用激光传感器检测筋板和焊缝位置，实现箱体内缝的自动跟踪与精确焊接。U形翻转台将箱型梁翻至平焊位，依次自动焊接，焊接质量稳定。U形翻转台有液压顶紧工件，在翻转过程中无振动和冲击，驱动装置安装于地坑，降低工件的工作高度	国内领先	纽科伦
19	移动翻转协同作业切割设备	2018.9.15	该项目研究了移动翻转协同作业切割设备，采用开放的C型夹紧和四连杆机构，实现矩形管360°翻转；增加了旋转限位，可保证旋转过程中90°、180°位置准确；工件（矩形管）端部定位和便携式等离子切割机轨道处增加机械定位，可根据矩形管型号进行切割，不会造成余料；采用伺服电动机驱动的翻转机构，配合便携式等离子切割机，可实现圆弧和直线切割	国内领先	纽科伦

（4）新产品。卫华集团在2018持续开展技术研发，把握市场需求，在冶金、港口、核电、航天等多领域定制生产智能化起重装备，满足了客户多样化需求。2018年主要研发的新产品见表4。

表4　2018年主要研发的新产品

序号	产品名称	供货单位
1	全自动换辊起重机	津西钢铁
2	25t龙门吊	卡塔尔
3	YD250t三梁四轨锻造起重机	河钢集团邯郸钢铁
4	40.5t轨道式集装箱门式起重机	周口港
5	新型木料搬运起重机	俄罗斯马里纸浆造纸厂
6	MG600/80t-24m A5门式起重机	二重集团（德国）
7	YXC15t叉式冶金桥式双梁起重机	江苏丹耐
8	1 500t/h堆料机	重庆港区乌杨公用码头
9	12t新型高空制瓦车	柬埔寨
10	60t智能浇注车	青岛华通集团德铸特钢

五、产品质量及标准工作

（1）质量提升。卫华集团推行全面质量管理和卓越绩效管理，始终把产品质量放在企业发展战略的优先地位，先后荣获“全国质量管理先进单位”“中国名牌产品”“全国机械工业质量奖”“河南省省长质量奖”等荣誉。子公司河南卫华获2018年全国质量标杆企业，2018年河南省质量诚信AAA级企业。卫华集团是我国起重机行业率先实施精益管理的企业，主导项目团队启动并完成73个精益项目，创造直接收益1亿多元，助推企业获“全国质量标杆”荣誉。

（2）标准化工作。2018年卫华集团主持制定国家标准1项，参与制（修）订行业标准1项，主持制定地方标准9项，主持制定团体标准3项。截至目前，卫华集团共主持或参与制定各类标准96项，其中，国际标准4项，国家标准31项，行业标准44项，地方标准14项，团体标准3项。

六、技术改造

卫华集团制定了绿色化、智能化、定制化的产品发展策略。2018年卫华集团承担1项河南省重大科技项目、1项河南省重大创新示范专项、5项长垣县创新应用专项，投入研发总经费4.98亿元。2018年卫华集团承担的科技项目见表5。

表5　2018年卫华集团承担的科技项目

序号	项目名称	起止时间	项目来源	项目类型	完成情况
1	核工业专用起重机关键技术研发及产业化	2017.01—2019.12	河南省重大科技专项	自主研发	正在进行
2	国家制造业与互联网融合发展试点示范	2015.05—2018.02	两化融合发展专项	自主研发	完成结题
3	国家工业互联网试点示范	2018.01—2018.12	工业互联网示范应用专项	自主研发	完成结题
4	河南省工业互联网平台	2018.05—2020.06	工业互联网平台专项	自主研发	正在进行
5	超大吨位陆上及海工装备起重机关键技术研发	2019.01—2020.12	河南省重大创新示范专项	自主研发	正在进行
6	面向智能物流工程的全自动起重机关键技术研究及产业化应用	2018.01—2019.12	河南省杰出人才	自主研发	正在进行
7	城市静态交通高效智能停车系统研发及产业化	2018.10—2019.10	长垣县创新应用专项	自主研发	正在进行

（续）

序号	项目名称	起止时间	项目来源	项目类型	完成情况
8	食品行业自动化物料搬运起重机研发及产业化应用	2018.10—2019.12	长垣县创新应用专项	自主研发	正在进行
9	绿色装备式建筑成套装备关键技术研究及产业化应用	2018.10—2019.12	长垣县创新应用专项	自主研发	正在进行
10	起重装备用高功率密度行星减速机	2018.10—2019.12	长垣县创新应用专项	自主研发	正在进行
11	复杂现场条件下基于立体视觉技术钢坯自动吊运系统关键技术研究	2018.01—2018.12	博士后科研项目	自主研发	完成结题

七、对外合作情况

卫华集团分别与上海福思达、河南省泊安机械、中铝国际、北京住宅房地产业商会、中国水利水电第六工程局、北京ABB传动、中建材国际阿联酋公司、沈阳卫德8家合作单位签订战略合作协议，2018年累计与战略合作单位完成15个项目的研究。

八、企业的主要问题

（1）在产品设计方面，缺乏产品数字化设计与验证，虚拟样机技术、虚拟试验技术在国外先进企业得到普遍推广应用，卫华集团尽管通过制造业信息化工程建设，加强了产品设计的计算机应用，但在虚拟样机技术、虚拟试验技术等方面仍几乎处于空白，因此在能力建设方面将继续以3D设计为中心，引进仿真分析和虚拟试验评价技术，为公司继续研发特大特重类别的重型起重运输装备提供可靠的设计技术支撑。

（2）在产品检测方面，缺乏起重机结构、电动葫芦等零部件疲劳试验设施，缺乏零部件试验手段，电气试验室比起国外先进企业还相差较远，现有质量控制检测装备明显落后于国外先进企业，关键零部件制造工艺的技术创新缺乏实验验证评定能力。因此此项创新能力建设拟在现有装备基础上，扩展建设“质量控制实验室”“材料与焊接实验室”“零部件轻量化研究试验室”和“电气试验室”。

（3）在起重机自动化水平和控制方面，在满足客户对起重机实现自动识别并搬运、自动避障、自动规划运行路线等功能的需求方面，尚需引进优秀博士后成立项目组，组建研发团队，通过校企合作方式攻克难关。

〔供稿单位：卫华集团有限公司〕

中国重型机械研究院股份公司

一、基本概况

中国重型机械研究院股份公司（简称中国重型院）创建于1956年，1999年转制为科技型企业，加入中国机械工业集团有限公司（简称国机集团），2018年3月，按照国务院国资委、国机集团安排，中国重型院加入国机重型装备集团股份有限公司（简称国机重装）成为其子公司。公司主营业务涵盖：钢铁、有色金属冶炼、二次精炼、连续铸造、板（带箔）管（棒）型材轧制、精整处理、金属锻造/挤压、拉伸塑性成形、工业烟气净化回收、页岩油开采与油气输送等所需各种大型、高端工艺装备研发设计、成套和工程承包，并承担规划、信息、质检和工程监理等行业技术工作。

2018年面对复杂的经济环境和激烈的市场竞争形势，中国重型院着力开拓国内外市场，致力完善创新机制，注重基础管理能力提升，大力度完善管理制度及流程化，各项工作均取得较好成绩。2018年，中国重型院上榜中国冶金报社品牌评选活动“钢铁装备技术品牌供应商”，荣获“钢铁行业改革开放40周年功勋企业”称号。

二、改革改制

按照国务院国资委、国机集团的要求，2018年3月，国机重装正式组建成立，投入运行，中国重型院成为其子公司，建成科工贸协同发展、产业链完善的新平台。此举将实现内部优势协同互补，增强整体竞争力，不断推进企业改革创新和转型升级。

三、市场经营状况

2018年，中国重型院紧抓钢铁、有色行业周期性复苏走强，全力以赴抓订单，在不同市场、不同领域均取得了显著成绩，开发了诸如中国能源、河南同人铝业等一些产业规模大的新用户，同时，深耕老客户，在原有合同的基础上，开拓新的合作领域。2018年共签订合同27.85亿元，同比增长78.5%，创历史新高。

1.大型成套装备签约

中国重型院以争取大型成套装备签约为市场经营核心，立足优势专业，先后与忠旺集团、河钢乐亭钢铁有限公司、唐山燕山钢铁有限公司、江苏镔鑫钢铁集团有限公司、河南同人铝业有限责任公司等客户签订重大技术装备合同。2018 年共签订合同额 3 000 万元以上的大型成套装备合同 17 项，合同额共计 21.78 亿元，同比增长 219.35%。

2．紧抓备件签约力度

在市场竞争更为激烈、利润率不断降低的不利形势下，中国重型院利用技术优势，突出后续服务，采用“备件 + 服务”的模式，积极进行备件国产化替代和本院产品备件的技术升级，推动设备供应及技术服务协同发展。2018 年共签订备件合同 281 项，合同额 14 558 万元，同比增长 79.5%。

3．重点项目投产情况

持续强化项目全生命周期管理，着重加强项目执行力度，采购管理及供应商维护，确保项目顺利履约。2018 年，中国重型院承担的一系列重大、重点工程项目顺利投产，包括二重（德阳）重型装备 3 000kN/7 500kN・m 大型锻造操作机、山东钢铁集团日照精品基地 210t RH 精炼炉 EPC 工程、河北敬业等多套转炉煤气干法除尘及回收系统工程、福建青拓多套不锈钢板坯连铸机、俄罗斯 UTP 公司 ϕ340mm 管端水压试验机等。

4．技术改造项目

随着国家环保政策的进一步收紧，制造业逐步向高质量发展，冶金装备中低效能、高消耗的工艺环节需加大技术改造和创新力度，中国重型院紧抓这一市场机遇，占领市场。2018 年承揽的西南铝 125MN 水压机改油压机项目顺利投产，改造后可提高设备的生产效率和运行的稳定性，并大幅降低能耗。总成套的广青金属科技有限公司方坯改板坯 200mm×1 600mm 不锈钢连铸机成功投产，在用户原有的连铸机部分设备、钢平台及基础设施等条件下，实现不锈钢宽坯的深加工，提升用户不锈钢产品的附加值。总成套的攀钢集团攀枝花钢钒有限公司 1# 连退机组改镀锌机组项目成功投产，使 20 年连续运转的国外“洋”设备满足新的生产要求。承担的昆钢炼钢厂 LF 精炼炉改造项目顺利完成，改造后，LF 精炼炉区域烟气外溢情况得到全面控制，除尘指标达到环保要求，吨钢电极消耗大大降低，节约炼钢成本。

5．优化设计降本增效

推进精细化设计，使设计与项目的全过程一一对应，设计全面优化。在试点项目中，从优化工艺方案入手，合理配置机械、电气和液压系统，精确计算优化机械设备结构和力能参数、优化液压和电气系统的参数和配置、进行合理选型，显著降低了制造成本和运行成本，提高了产品市场竞争力。

6．拓展国际市场

充分利用国机集团各种平台资源，发挥中国重型院在伊朗等地积累的业绩基础和影响力，拓展海外销售渠道；积极参加海外重点展会，扩大中国重型院在海外目标市场的影响力；海外项目的执行和管理能力持续提高，制订海外项目管理办法和激励制度，不断加强海外市场开发和项目管理人才培养。

四、科技创新

2018 年新设立国家、省（市）、集团、区科技计划项目 21 项，包括“高强轻质合金钣金成形关键装备研制与应用”科技重大专项等。全年承担国家、行业、地方及国机集团各类科研计划项目 60 余项。完成科技成果鉴定 7 项、科技计划项目验收 26 项，为历年之最，其中，中国重型院承担的国家创新方法工作专项“陕西省创新方法推广应用与示范”项目子课题“创新方法的实施与企业示范带动”通过验收；申请专利 148 件，其中，发明专利 70 件；授权专利 134 件，其中，发明专利 43 件；获得软件著作权 8 件。

1．获奖情况

2018 年，中国重型院获得各类科技成果奖励 13 项。其中：“金属挤压与锻造装备技术研发及产业化推广应用”项目荣获中国工业大奖，“3 000kN/7 500kN・m 超大型锻造操作机研制”和“镀锡板高速精整机组关键工艺及装备研发与应用”两个项目获中国机械工业科学技术奖一等奖，“高效节能耐腐蚀双金属复合管液胀成型关键技术装备研发及绿色制造产业化应用”获绿色制造科学技术进步奖二等奖。

2018 年，因技术创新能力强、创新业绩显著，公司、创新团队、个人均获得多项表彰和奖励。中国重型院荣获工信部“国家技术创新示范企业”称号、中国重型机械工业协会“重型机械行业自主创新领军企业”称号；“航空铝合金板张力拉伸装备技术研究创新团队”获“2017 年度科技部重点领域创新团队”荣誉，冶金装备研究所获“陕西省特支计划‘三秦学者’创新团队”荣誉，“高品质大型环锻件精确高效成形成性技术与装备研发创新团队”获“2018 年陕西省创新人才推进计划科技创新团队”；韩炳涛同志被评为“中华国际科学交流基金会杰出工程师”。2018 年企业重大科技成果及获省部以上科技（进步）奖项目见表 1。

表 1　2018 年企业重大科技成果及获省部以上科技（进步）奖项目

序号	项目名称	完成年月	主要性能参数及技术内容简介	成果水平评价	负责单位 参与单位
1	金属挤压与锻造装备技术研发及产业化推广应用	2016 年 12 月	该项目依托金属挤压与锻造装备技术国家重点实验室和金属挤压 / 模锻设备与工艺创新能力平台等国家和省部级科研创新平台，多年来承担了 10 余项国家重大项目的研发工作，成功开发出 22 个国内首台（套）大型装备。其中，100MN 油压双动铝挤压机生产的大型工业铝型材为我国高铁技术发展提供了坚强保障，荣获国家科技进步奖一等奖；全球最大的 19 500t 自由锻造油压机和 3 000kN/7 500kN · m 锻造操作机生产的大型船用曲轴和核电、火电大锻件保证了我国航海和电力事业的健康发展；大型数控轧环机生产的高品质环件满足了我国载人航天重型火箭和风电设备的关键零部件需求，该项目的研发已获得 200 多台（套）装备的成果转化及应用推广，创造了显著的经济效益	该项目拥有自主知识产权的核心技术，达到国内领先和国际先进水平。获得 2018 年中国工业大奖表彰奖	中国重型机械研究院股份公司
2	高效节能耐腐蚀双金属复合管液胀成型关键技术装备研发及绿色制造产业化应用	2016 年 10 月	该项目创造性地研发出双金属复合管水压复合成型工艺与技术；创新性地研制出钢管全长无间隙自动抱持复合管成形模具系统；采用设置有排气阀密封压环装置的基衬管间隙防水排气技术和双金属复合管管端密封位移自动追踪和补偿技术；开发出具有镁铝合金挡块的内胀大间隙超高压密封装置。该装备主要用于石油、天然气、化工、市政、能源与环保、核电、军工等领域，为我国高腐蚀性油气管线的建设等提供坚实的保障	该项目成果整体技术达到国际先进水平。获 2018 年度绿色制造科学技术进步奖二等奖	中国重型机械研究院股份公司、西安向阳航天材料股份有限公司
3	120MN 工业铝材高效节能挤压装备关键技术与应用	2017 年 4 月	该项目取得研究成果：①首次建立挤压成形能耗理论计算模型并实现挤压节能效果的量化计算；②通过 120 MN 高效节能铝挤压装备集成设计技术和固定非挤压时间的缩减技术，实现大型铝挤压机运行的高速化和高效化，缩短固定非挤压时间约 60%；③首次实现大型铝挤压机摆动式液压剪切，解决残料剪切不干净的技术难题；④实现挤压机工模具更换和维护的高效化，节约成本。该设备产品的平均成材率达 68.8%，比行业平均值高出 20%	该设备是采用前后梁整体锻件的世界最大的挤压机，各项指标均达世界领先水平。获 2018 年度陕西省科学技术奖二等奖	中国重型机械研究院股份公司、中铝萨帕特种铝材（重庆）有限公司、上海电气上重碾磨特装设备有限公司、重庆大学
4	连铸机结晶器恶劣服役工况下的振动液压缸研制及应用	2016 年 7 月	该项目以提高系统效率以及延长使用寿命为特征，创新性地提出回油自冷却润滑方法、活塞杆分段复合密封结构、内嵌滑动圈的双唇型密封圈结构、活塞杆表面氮化和喷陶相结合的表面处理技术、液压平衡结晶器重力负载的伺服液压系统及回油强制冷却方法。研制出使用寿命能达到 2 年以上的恶劣服役工况下的结晶器振动液压缸；两台结晶器振动液压缸同步运行振幅精度≤ 3%（全行程），相位差≤ 2°	该项目整体技术达到国际先进水平。获 2018 年度陕西省科学技术奖二等奖	中国重型机械研究院股份公司
5	核级锆材智能化挤压工艺及设备研究	2015 年 3 月	该项目主要研发内容为核级锆管挤压工艺技术、核级锆管挤压设备研发等。研发 7 项关键技术，包括石墨填充无压余挤压和基于活动针的两次扩孔工艺技术、核级锆管挤压用专用润滑剂和润滑工艺及设备、一种大流量高压油液双伸缩管供油方法等	该项目整体技术达到国际先进水平。填补了国内空白。获 2018 年度中国有色科学技术奖二等奖、中国机械工业集团科学技术奖二等奖	中国重型机械研究院股份公司、国核宝钛锆业股份公司
6	3 000kN/7 500 kN · m 超大型锻造操作机研制	2013 年 12 月	该项目研制出适合六自由度、巨型重载的高效并联形运动解耦吊挂机构，研发出大型操作机核心部件—缸动式、长杠杆钳口夹持结构的钳杆装置，提出超大运动惯量无隙传动技术及控制策略和大型操作机与压机的联动控制策略，实现大型锻件在工作空间位置的精确调整、在轻量化设计的基础上对具有超大载荷和大尺寸范围锻件的稳定夹持，提高生产效率 50% 以上	该项目总体技术达到国际先进水平，定位精度等核心控制技术处于国际领先水平。获 2018 年度中国机械工业科学技术奖一等奖	中国重型机械研究院股份公司、西安交通大学、燕山大学、重庆大学

（续）

序号	项目名称	完成年月	主要性能参数及技术内容简介	成果水平评价	负责单位 参与单位
7	镀锡板高速精整机组关键工艺及装备研发与应用	2017年3月	该项目创造性地将准备机组和重卷机组的功能合二为一，开发镀锡板高速精整机组运行参数及力能参数计算方法，高速精整机组振动计算方法，研发纠偏功能及纠偏方向在线快速切换机构，设计辅助镀锡板高速卷取的卷取机变轨迹随动压辊，提出正次品带钢分选卷取工艺，实现对冷轧带钢进行正次品分选、表面检查（包含高速倒卷复检）、切边、表面涂油、分卷生产等功能	该项目总体技术达到国际领先水平，打破该领域长期被国外厂商垄断的局面。获2018年度中国机械工业科学技术奖一等奖	中国重型机械研究院股份公司、武钢新日铁（武汉）镀锡板有限公司
8	超薄镀锡原板平整及二次冷轧高效精密工艺与装备	2016年10月	该项目自主研发了国内首套双机架四辊平整兼二次冷轧机组，采用新型辊系配置，实现超薄精密镀锡原板稳定轧制，确保板形精度与厚度精度；提出的超薄镀锡原板大延伸率湿平整新工艺，显著提高带钢延伸率；研发的超薄带钢高效自动送料穿带系统，实现超薄带钢一键式穿带，解决了带卷头尾穿带过程出现划伤褶皱等缺陷	该项目整体技术达到国际先进水平。获2018年度中国机械工业科学技术奖二等奖	中国重型机械研究院股份公司、海南海协镀锡原板有限责任公司、燕山大学
9	板坯连铸装备设计理论研究与应用	2016年12月	该项目规模大，涵盖板坯连铸生产线总体技术和核心区域设备，重大理论突破3项：建立7段函数组成的非正弦波振动理论和控制模型，优化结晶器振动系统；建立连铸机辊列设计中的连续弯曲连续矫直5次方曲线，优化辊子排列，提升铸流导向设备辊缝的冶金精度和动态控制水平；确立动态二冷水控制气水雾化冷却水量计算公式，优化二冷水动态控制；配套开发了现代化板坯连铸核心设备及智能化控制系统	该项目整体技术达到国际先进水平。连铸机结晶器振动模型与装置处于国际领先水平。获2018年度中国机械工业集团科学技术奖二等奖	中国重型机械研究院股份公司、唐山燕山钢铁有限公司、大连华锐重工集团股份有限公司

2．创新平台搭建

中国重型院深入贯彻公司科技创新发展规划，不断加大创新平台建设力度，截至2018年年底创新平台已覆盖钢液精炼、连铸、轧制、锻压、环保、煤化工等专业技术领域。2018年中国重型院根据西安市工程技术研究中心管理办法，组织建设“油气输送装备工程技术研究中心”。

中国重型院按照国家、省、市、国机集团和行业各创新平台管理办法，确保各创新平台协调有序良好运行，取得多项具有国际影响水平的成果。“中国重型机械研究院股份公司技术中心”获得国家发改委2018年（第25批）国家级企业技术中心认定；“金属挤压与锻造装备技术国家重点实验室”通过科技部评估并获得“良好”成绩；2015年获得“国家知识产权优势企业”称号，通过3年的建设培育期，于2018年完成复核，结果为“优秀”；2017年组建“高端钢板精整生产装备工程技术研究中心”已通过西安市工程技术研究中心批复验收；省级、市级“企业技术中心”通过评估。

3．创新体制机制，加大科技激励

为完善科研管理体系建设，起草《科研项目管理及奖惩办法》《中国重型院创新平台管理办法》《中国重型院科学技术成果鉴定及报奖管理办法》等一系列科研制度，以激发科研人员自主创新积极性，提高自主创新能力。贯彻执行《科研工作管理制度》《中国重型机械研究院股份公司专利奖励条例》《中国重型机械研究院股份公司青年科技创新奖奖励办法》等，使科研管理制度体系和组织体系步入决策科学化、管理制度化、操作规范化的良性轨道。

4．加大知识产权管理

依据GB/T 29490—2013《企业知识产权管理规范》《国家知识产权战略纲要》和中国重型院《知识产权管理手册》，结合院内实际情况编制程序文件，建立知识产权工作的规范体系，实现对知识产权的科学管理和战略运用，提高市场竞争能力。按照国家知识产权优势企业要求，梳理知识产权管理漏洞，提高中国重型院知识产权管理服务水平。2018年，中国重型院通过国家知识产权优势企业复核。

5．开展创新方法应用与推广

中国重型院围绕创新思维训练、创新方法推广以及创新工具使用三个环节，以建立组织、项目支持、整合资源、培养人才、加强宣传为保障，旨在提高整体科研实力和科研质量，逐步形成中国重型院特有的技术创新方法推广应用模式。2018年依据规定，对获得国家创新工程师二级证书者、应用创新方法解决相关技术难题形成的典型案例、专利及论文等进行奖励。

五、标准化工作

2018年，中国重型院依托冶金设备标准化委员会，积极参与国家标准、行业标准的制（修）订工作。主持制定并发布国家标准1项（GB/T 35981—2018《冶金设备　焊接吊耳　技术规范》），参与制订并发布国家标准1项（GB/T 35976—2018《板带精整与表面处理装备安全技术条件》），主持、参与制（修）定行业标准12项。

〔撰稿人：中国重型机械研究院股份公司装备信息研究所宋晔　审稿人：中国重型机械研究院股份公司装备信息研究所孟令忠〕

北京起重运输机械设计研究院有限公司

一、企业生产经营

北京起重运输机械设计研究院（简称北起院）现有客运索道、自动化物流仓储、起重机械、散料运输和第三方服务 5 大业务板块。

1. 生产经营情况

2018 年各业务板块新签合同及营业收入见表 1。

表 1　2018 年各业务板块新签合同及营业收入

（单位：万元）

业务板块	新签合同额	营业收入
自动化物流仓储	40 706.53	27 160.89
客运索道	67 198.23	22 497.06
起重机械	32 133.73	21 230.50
散料运输	165.63	446.79
第三方服务	6 589.67	11 819.73
合 计	146 793.79	83 154.97

2. 各业务板块市场情况

客运索道板块，主要产品为所有类型的索道缆车设备。2018 年北起院客运索道板块业务有较大增长，继续保持客运架空索道国内市场第一大总承包商地位。由北起院主办的第二届国产脱挂索道技术论坛，为国产脱挂索道用户提供了良好的交流平台，提升了企业的行业影响力。

自动化物流仓储板块，主要产品为各种自动化物流仓储设备及系统，产品应用行业包括医药工业、医药商业、服饰、纺织、物资、电商、电气、化工、快消品和航空等。2018 年北起院自动化物流仓储板块保持了良好的市场份额及发展势头。

起重机械板块，主要为生活垃圾处理、水泥窑协同垃圾处理、生物质秸秆发电、危废处理、餐厨处理等环保和新能源领域提供智能化起重设备。2018 年全自动、半自动抓斗起重机新增市场占有率仍保持在 60% 左右，为该细分市场的国内第一大供货商。

散料运输板块，主要产品为各类装卸搬运物流系统及控制系统，产品应用行业包括冶金、电力、建材、矿山等涵盖大宗原材料输送业务的行业。2018 年北起院散料运输板块稳步发展，强化了品牌影响力、拓宽了市场空间。

第三方服务板块，主要服务种类包括起重机械的型式试验和制造条件鉴定评审，场（厂）内机动车辆型式试验和制造条件鉴定评审等。2018 年北起院第三方服务板块与行业共同发展，业务稳步增长。

二、改革改制情况

（一）重大改革稳步推进

1. 重组工作有序进行

2018 年 4 月，按照国机集团安排，中国中元与中工国际拟进行重大资产重组。作为中国中元的二级企业，北起院及所属中起公司、科正平有限公司、北起装备也被纳入此次资产重组范围内。公司根据重组工作安排和时间要求，稳步推进重组专项工作，取得阶段性成果。

2. “三供一业”分离移交工作全面推进

根据国务院国资委和北京市相关政策，按照国机集团的工作要求，北起院于 2018 年全面推进“三供一业”工作。厘清了北起院及所属企业“三供一业”资产移交范围，确定了采取整体移交的方案，与相关单位签订协议，完成了“三供一业”资产移交审批备案等相关工作流程，为全面完成资产移交工作做好准备工作。

（二）内部改革及组织机构调整

2018 年初，北起院对组织机构进行了部分调整。经研究，从公司战略层面全局考虑，成立标准工作部，全面负责起重运输机械、物流仓储等专业领域的国内和国际标准化工作。科正平有限公司设综合管理部，此举使得科正平有限公司在业务开展和日常管理上，有了很大提升。

因公司制改革，根据现代企业法人治理结构要求，北起院对各部门（含二级机构）干部全部重新进行聘任，使更多有能力的年轻干部走上了领导岗位，为公司中层管理团队注入了新的活力和激情。

三、标准化工作情况

（一）标委会换届及筹建工作

2018 年标准工作部顺利组织完成全国物流仓储设备标委会、全国连续搬运机械标委会、全国工业车辆标委会、全国起重机械标委会桥式和门式起重机分技术委员会的换届工作。

（二）标准制（修）订工作

2018 年组织开展了 45 项标准的制（修）订工作。完成 8 项国家标准、13 项行业标准和 1 项团体标准共计 22 项标准的制（修）订工作，同时，组织完成了 6 项国家标准和 11 项机械行业标准计划项目的征集和上报工作。

（三）国际标准化工作

（1）国际文件投票率 100%。

（2）两次组团参加国际会议。顺利组团参加了在芬兰赫尔辛基召开的 ISO/TC96 起重机技术委员会 2018 年系列会议；组团参加了在德国不来梅召开的 ISO/TC110 工业车辆技术委员会 2018 年系列会议。

（3）提交 3 项国际标准提案。项目名称为《起重吊具　术语》、ISO 9928-3《起重机　起重机操作手册　第

3 部分：塔式起重机》及 ISO 12210-5《起重机　工作和非工作状态下的锚定装置　第 5 部分：桥式和门式起重机》。

北起院共组织行业提出了由中国牵头的 10 项国际标准提案。

（4）组织参与制（修）订 5 项国际标准。项目名称分别为《起重机　由用户进行风的安全管理原则　第 1 部分：总则》、ISO 4301-2：2009《起重机　分级　第 2 部分：流动式起重机》、ISO 7296-2：1996《起重机　图形符号　第 2 部分：流动式起重机》、ISO 11661：1998《流动式起重机　额定起重量图表》、ISO 10245-1《起重机　限制器和指示器　第 1 部分：总则》。

（四）组织召开两次大型标准化活动

（1）组织召开 2018 年物料搬运机械标准化综合知识培训。

（2）组织开展全国起重机械标准化技术委员会成立 20 周年纪念活动。

（五）标准宣贯培训工作

2018 年，标准工作部组织针对 GB/T 28264—2017《起重机械　安全监控管理系统》、GB/T 10595—2017《带式输送机》2 项标准在全国范围内召开了 3 期标准宣贯会。

（六）为特种设备提供标准化技术支撑工作

（1）受国家建筑城建机械质量监督检验中心委托，组织对"拟在垂直升降类机械式停车设备上采用道闸栏杆（或升降闸门）同时加光电感应装置，而不采用自动门，是否符合 GB 17907—2010《机械式停车设备　通用安全要求》、JB/T 10475—2015《垂直升降类机械式停车设备》的规定"进行了论证。

（2）受大洋泊车股份有限公司、奥托博科智能停车技术（武汉）有限公司、上海萨逸检验设备股份有限公司委托，对其生产的"一种"机械式停车设备在标准中的型式归类进行了论证。

（3）受中铁九桥工程有限公司委托，对其生产的 CQB1800t 产品是否属于 GB/T 20776—2006《起重机械分类》中所列的起重机给予了解释答复。

（七）完成上级主管部门下达的各项任务和标准化服务工作

（1）按时完成北起院承担的 4 个全国专业标准化技术委员会 2017 年度工作年报的上报工作。

（2）按时完成起重机械、连续搬运机械、物流仓储设备和工业车辆专业领域的"装备制造业标准化体系战略研究"的研究工作。

（3）按时完成起重机械和工业车辆专业领域的百城千业万企对标达标提升专项行动。

（4）参与了国标委关于巴西应用我国标准情况的研究课题。

（八）成功申报中关村国家自主创新示范区标准化试点单位。

（九）获得的荣誉和奖励

2018 年，北起院荣获我国标准化工作的最高荣誉——中国标准创新贡献奖组织奖，成为全国荣获中国标准创新贡献奖组织奖的 4 个单位之一。此外，北起院参与研究的"中国工程机械走出去标准需求"研究课题荣获中国机械工业科学技术奖二等奖。

四、科技成果及新产品情况

（一）2018 年度重大技术装备研制及重大技术攻关项目情况

在重大技术装备研制方面：根据课题实施和研发工作的开展需求，新增主要仪器设备 3 台（套），总额 275.8 万元。

在重大技术项目攻关方面：组织完成 7 个项目验收，组织实施重点科研项目 2 项，组织完成 1 个国家重点研发计划和 3 个集团专项基金课题的申报工作。

（二）持续提升行业影响力

（1）北起院荣获中国重型机械行业自主创新领军企业。

（2）北起院获得"北京市设计创新中心"认定。

（三）积极申报科技奖励

2018 年，组织申报科技奖励 8 项，其中，中国机械工业科学技术奖 4 项，中国机械工业集团科学技术奖 1 项，国机质量奖 1 项，中国好设计奖 1 项，领军企业 1 项。

（四）知识产权工作稳步提升

2018 年，北起院申请专利 30 项，其中，发明专利 14 项，实用新型 15 项，外观设计 1 项；相比 2017 年，申请数量略增。共获得专利 19 项，其中，发明专利 1 项，实用新型 17 项，外观设计 1 项；获得软件著作权 2 项。

〔供稿单位：北京起重运输机械设计研究院有限公司〕

洛阳矿山机械工程设计研究院有限责任公司

一、企业概况

洛阳矿山机械工程设计研究院有限责任公司（简称矿研院，原机械工业部洛阳矿山机械研究所）是以矿山、冶金、建材、环保、机械行业工程设计和重型与矿山机械产品设计及制造工艺研究为主的国内最大的综合性科研开发与设计单位，是国家认定的是首批企业技术中心，国家高新技术企业，是中信重工机械股份有限公司所属独立法人单位。矿研院在册职工 440 人，其中，具有中高级技术职称人员 299 人，博士、硕士研究生 397 人，市级以上各类专家 18 人。

全国矿山机械标准化技术委员会、国家矿山机械质量监督检验中心挂靠在矿研院；每年编辑出版国家一级刊物《矿山机械》。

二、市场经营情况

2018 年，矿研院破碎装备所积极开发设备成套新技术，签订了山西中阳 100t/h 石灰石粉磨成套项目；掘进装备团队紧盯城市地下空间开发利用技术，签订了近年来首个订单式研发项目合同，并通过中建地下空间有限公司组织的设计成果验收；技术改造类创效和行业服务类创效等能力持续提升。

三、科技研发

2018 年，矿研院坚持以市场需求为导向，持续强化核心产品的基础研究，技术攻关成效明显——矿磨领域（矿用磨机、衬板等）保持国内领先水平，破碎机领域（圆锥破、颚破等）取得技术突破，提升机、回转窑、辊压机、搅拌磨、立磨等核心产品对标开发能力、国际化竞争能力持续提高。RP200-180/RP180-160 辊压机、ϕ10.97m×5.4m 半自磨机、ϕ7.9m×13.6m 球磨机、CSM-1120 立式搅拌磨等一批重点产品被认定为河南省首台（套）重大技术装备。矿研院坚持以产业化项目为依托，积极布局了全新科研开发项目，技术创新活力彰显——狭窄空间用竖井掘进机、海上风电用嵌岩桩钻机、海上大型液压打桩锤、特大型水煤浆磨机、智能控制技术等一批重点科研开发项目快速推进，围绕客户需求和市场资源，集成创新、开放创新的优势得以显现。

矿用磨机，完成了矿用磨机 25 种规格主轴承和 14 种规格小齿轮轴组的标准化、通用化、系列化设计，完成了国内规格最大的 ϕ5.2m×8.5m 水煤浆磨机的开发设计。

破碎机，完成了新型旋回破碎机全系列机型设计，完成了国内最大复摆 PE1500×2000 颚式破碎机的设计开发，CCS870、CCS895 单缸圆锥破碎机完成安装调试运行，并取得市场认可。

提升机，完成了 JKM-4.5×6、JKMD-4×4 等部分规格产品的结构、降重优化设计，通用化水平持续提升。参与了白俄罗斯新型多绳缠绕提升机投标，提升了产品影响力。

立式搅拌磨，完成了 CSM-250、CSM-1120 两个常见规格的图样优化等工作。

立磨，LGMS5525 立磨拓展应用于不锈钢镍渣粉磨领域，巴基斯坦 GCL 项目 LGMC5725 水泥立磨实现达标验收。

掘进装备，完成了竖井掘进、嵌岩桩钻机等成套装备的技术开发，完成了 3 000kJ 打桩锤的参数计算、方案设计；完成了德国维尔特悬臂式掘进机的合作引进。

装备智能控制技术，完成了豫光金铅、紫金矿业等两个磨机现场试运行、汝阳金堆城破碎机现场调试，完成了立式搅拌磨、辊压机、过滤机等智能控制方案，新签订刚果金迪兹瓦磨机智能控制系统。依托智能控制技术和物联网技术，快速推进郑州国联 5 000t/h 智能骨料线（国内最大）生产示范项目。

高端加工制造技术，完成了 250MeV 超导回旋加速器主磁铁系统工艺设计，完成了 50MeV 回旋加速器主磁铁系统订货，积极推进质子治疗旋转机架的设计开发。

政府专项课题，河南省重大科技专项“千万吨级矿山粉磨装备智能控制技术开发及工程应用”、洛阳市重大科技专项“智能立式搅拌磨细磨粉磨工艺及装备开发”获得洛阳市政府资金 240 万元支持；科研工作有序推进。

四、科技成果和新产品

2018 年，矿研院积极开展项目申报。全年累计申报发明专利 23 项，实用新型专利 13 项，软件著作权 2 项；获授权发明专利 7 项，实用新型专利 3 项，软件著作权 2 项。申报河南省重大科技专项 1 项；自主研制的国内首台 GPYT40-8 型电厂专用过滤机，正式交付华能洛阳热电有限责任公司。完成“大型辊压机减速器关键技术研究”“大型矿山提升设备齿轮传动装置轻量化及降噪技术研究”两项科技成果鉴定。2018 年企业重大科技成果及获省市以上科技（进步）奖项目见表 1。

表 1　2018 年企业重大科技成果及获省市以上科技（进步）奖项目

序号	项目名称	完成时间	主要性能参数及技术内容简介	成果水平评价	负责单位
1	大升程水力驱动式垂直升船机核心装备研制与工程应用	2015 年	项目完成了大升程水力驱动式垂直升船机核心装备的研制，包括双螺旋超厚卷筒、微间隙同步轴系统、大规格动滑轮系统、浮筒等。项目研发了双螺旋绳槽厚壁卷筒的加工工艺方法，保证了绳槽位置精度，实现了多组钢丝绳同步；研发了键槽与骑缝销组合结构的卷筒与主轴的连接技术，连接可靠，装配精度高；采用了胀紧套、大型膜片联轴器连接卷筒同步轴系，实现了微间隙传动，提高了承船厢的抗倾斜能力和运行安全性；开发了低速、重载锥齿轮垂直换向技术；研发了卷筒钢丝绳防脱固定装置新结构，钢丝绳的固定安全、可靠，满足了升船机对卷筒宽度的要求	中国机械工业科学技术奖二等奖	洛阳矿山机械工程设计研究院有限责任公司
2	GPYT 系列石膏专用过滤机	2015 年	该项目研发的双分配头结构，解决了单分配头结构脱水和脱料分布不均、能耗高的问题，改善了设备运行性能；设计出中心轴特殊新型密封结构，使过滤机滤盘浸没率由 35% 提高到 50% 以上；改进了进料分配系统，使物料粒度有序排列，提高了产能；设计了具有滤布吸合和支撑装置的分配头，延长了滤布和分配头寿命；扇形板设计为小角度变截面和简单可靠的固定方式，保证了滤盘平面度，降低了维护难度	河南省科技进步奖三等奖	洛阳矿山机械工程设计研究院有限责任公司

（续）

序号	项目名称	完成时间	主要性能参数及技术内容简介	成果水平评价	负责单位
3	立式搅拌磨关键技术研究及产业化	2016 年	项目自主研发出新型立式搅拌磨机及其工艺系统，主要创新点如下：开发了适用于大型立式搅拌磨的流体场与颗粒场的耦合仿真、试验、选型技术方法，建立了立式搅拌磨试验装置，制定了立式搅拌磨研磨介质的选用原则；设计了大开门磨机筒体、溢流式上机体、预分级分选槽总成和螺旋衬板更换用机械手等关键结构；发明了高效变螺距衬板的螺旋搅拌器和立式搅拌磨湿法圈流粉磨工艺系统；提高了物料细度和设备运转率、降低了系统单产能耗和运行成本	中国机械工业科学技术奖三等奖	洛阳矿山机械工程设计研究院有限责任公司
4	大型磨机关键加工工艺研究与制造	2016 年	项目研发了大型磨机多瓣组合端盖和筒体的加工工艺技术，解决了多瓣端盖和筒体的加工制造中存在的多瓣角度不准、锥面壁厚不均匀、刚性弱易变形等技术难题，提出了大型磨机三瓣筒体结合面的加工方法，保证了大型磨机多瓣筒体组合加工精度；研发了大型磨机四瓣组合大齿圈的加工工艺技术，发明了大直径四瓣组合大齿圈的制造工艺方法，解决了壁厚一致性、变形、连接及齿形精度等技术难题；研发了 120° 薄壁铜瓦的加工工艺技术，有效降低了加工引起的变形；研发了大型磨机的同步顶升总装方法，解决了大型磨机超重起吊安装难题	河南省科技进步奖三等奖	洛阳矿山机械工程设计研究院有限责任公司
5	大型矿山提升设备齿轮传动装置轻量化及降噪技术研究	2016 年	项目以大型矿山提升机减速器、大型立磨减速器和 125t 桥式起重机减速器的轻量化和减振降噪为研究对象，开展了多分流齿轮传动的齿面拓扑修形技术研究和系统优化设计，对复杂箱体进行了三维分析及结构优化，完成了重型减速器齿轮传动动力学分析及减振降噪结构设计；将高强高韧洁净钢材料成功应用于重型减速器齿轮中，并采用齿面渗碳变形精益控制等关键技术，形成了大型装备齿轮传动装置轻量化及动态性能设计制造成套技术	通过中国机械工程学会进行的成果鉴定，鉴定水平为国内领先	洛阳矿山机械工程设计研究院有限责任公司
6	大型辊压机减速器关键技术研究	2016 年	项目针对辊压机减速器承载能力大、安装空间小、功率密度高、可靠性高的要求，开展了大功率行星齿轮减速器传动系统多因素耦合的动载分析；基于非线性变刚度系统耦合的齿轮拓扑修形技术，完成了辊压机减速器整机的可靠性分析、高精度齿轮加工、硬齿面热处理变形控制技术研究，保证了功率分流效果；将高强高韧洁净钢应用于辊压机减速器的齿轮，减小了减速器体积，提高了承载能力和可靠性	通过中国机械工程学会进行的成果鉴定，鉴定水平为国内领先	洛阳矿山机械工程设计研究院有限责任公司

五、矿山机械行业工作

2018 年，矿研院在国家矿山机械的行业标准化技术管理和质量的监督、检验检测方面的工作有序开展。为落实《“十三五”标准化发展规划》和《矿山机械专业领域“十三五”技术标准体系建设方案》，适时将矿山机械最新科研成果和先进技术转化为标准，按照国家标准化管理委员会《2018 年国家标准立项指南》的要求，组织申报了《破碎筛分系统运行状态智能监测技术规范》等 9 项国家标准计划项目（包括一项强制性国家标准）、4 项国家标准外文版计划项目和 37 项机械行业标准计划项目，目前 3 项国家标准外文版项目计划已下达，8 项国家标准计划项目已完成答辩（强制性国家标准还处于立项协调阶段）；行业标准计划项目正待工信部立项公示。完成协调的国家标准 3 项，行业标准 36 项；完成国标计划项目 4 项（包括以前结转的国家标准计划项目）、行标计划项目 34 项（包括以前遗留的项目 2 项）的审查和报批工作。目前，矿山机械行业共有 37 项标准处于待批阶段（国家标准 4 项和行业标准 33 项）。完成了对《露天矿用无轨运矿车　安全要求》等 18 项国家标准和行业标准计划项目的技术审查。

［供稿单位：洛阳矿山机械工程设计研究院有限责任公司］

中钢集团衡阳机械有限公司

一、企业概况

中钢集团衡阳机械有限公司（简称中钢衡机）是中钢股份公司全资子公司，成立于 2017 年 1 月 16 日，注册资本 7 000 万元。中钢衡机作为承接中钢集团衡阳重机有限公司优势业务和资产平台新成立的公司，经营范围包括大型矿山成套装备的研发、设计、制造和服务；钢铁生产关键核心设备的设计、制造和服务；大型选矿和有色冶炼设备的制造和服务；其他相关领域重大机械设备和大型关键基础件制造和服务；非标设备相关关键共性制造技术的咨询和系统集成技术服务等。

中钢衡机设有综合管理部、资产财务部、运营协调部、纪检监察部、法律审计部、安全环保部、技术中心7个职能部门，矿山装备公司和销售公司等两个业务单元，以及衡阳中钢衡重设备公司（控股）。曾获得7项国家科学技术进步奖，7162系列开卷机／卷取机卷筒是湖南省名牌产品。目前，拥有有效专利55件（其中发明专利24件）和多项制造技术秘密。近年公司起草和参与起草了12项国家和行业标准，出版了《露天和地下矿山机械装备》5部专著。

二、改革改制

（1）中钢衡机临时党委坚持以习近平新时代中国特色社会主义思想为指导，深入学习贯彻党的十九大精神，按照新时代党的建设总要求和集团党建工作部署，紧紧围绕公司改革创新发展中心工作。中钢衡机临时党委与班子成员、各二级单位党政主要负责人签订了《党风廉政建设责任书》，公司重点生产经营单位与内设机构负责人签订了责任书，相关部门与重点、关键岗位员工签订了《岗位廉洁承诺书》。

（2）加强以利润中心模式考核业务单元。公司以推进专业化运营为方向，以提高项目运作效率和效益为核心，进一步优化以业务项目管理为重点的生产经营流程，通过业务财务一体化的管理模式，完善业务公司的财务核算流程，提升了业务公司的核算体系，明晰了生产环节的消耗和占用，提升了项目整体盈利水平。

（3）中钢衡机不断强化技术管理工作和持续推动科技创新、技术创新工作的实施，为企业转型升级提供有力的支撑。一是结合企业发展实际，成立了技术委员会和技术专家委员会；二是以技术中心为主导，以“三新两制”项目为抓手，努力提升技术创新的引领作用，促进产品升级进步。2018年公司建立了校企合作机制，成立了校企合作委员会，加强了与南华大学、衡阳工学院等高校的有效互动；三是加强公司技术管理研发云桌面系统项目的建设步伐，打造覆盖公司产品的设计、分析、优化、制造、服务全生命周期领域的支撑服务平台，在有效提升公司技术人员的设计手段，强化核心技术数据的安全性，完善企业数据资源库，扩展公司智能制造与智能服务的IT集约化可持续发展等方面作了重要的准备。

三、生产完成情况

2018年中钢衡机主要产品生产完成情况见表1。

表1　2018年中钢衡机主要产品生产完成情况

产品名称	产值（万元）	同比增长（%）	产量（t）
冶金机械	11 707	39.94	2 976
矿山机械	8 207	286.94	1 985
其他	4 902	388.73	2 445

四、经营销售情况

2018年中钢衡机主要产品销售完成情况见表2。

表2　2018年中钢衡机主要产品销售完成情况

产品名称	主营业务收入（万元）	同比增长（%）	利润总额（万元）	同比增长（%）
冶金机械	10 020	23.22	906	38.63
矿山机械	7 065	289.75	1 037	335.09
其他	4 094	409.75	363	4 952.39

五、技术创新

（1）2018年度中钢衡机新产品开发与研制计划共23项，已完成20项；其中，长线项目3项。“三新推广应用”计划5项，完成4项。计划项目完成率达86%。

（2）电动挖掘机。中钢衡机近年对大型电动挖掘机进行了再次消化吸收，完善了机械结构设计，对电力驱动进行交流变频研究。2016年以来，公司积极开展了现场测绘、产品设计转化等创新工作，部分产品已交付客户使用，取得了用户认可。2018年，公司签订了1 500多万元“295B-495B电铲关键零件的国产化”订单，初步实现了大型电铲关键零部件国产化的稳步发展。

（3）牙轮钻机。对主导产品牙轮钻机持续进行改进，采用交流变频驱动，完成了牙轮钻机电气系统的设计与研制，实现了自动调平、自动检测和控制孔深、自动加压控制和自动配水；完成了牙轮钻机远程监控及数据传输、YZ35钻机司机室操作台改进及视频监控、YZ35钻机底盘改造等项目，使牙轮钻机自动控制技术达到国内先进水平。

六、产品质量和标准

公司高度重视质量管理体系建设，运营协调部根据“七项质量管理原则”，以实现公司质量方针和目标为中心，常态化推进“管理提升”“工作质量考核”等活动，不断完善质量管理体系和有效运行状态，产品质量基本稳定，质量损失得到有效控制。修订完成了公司《质量管理考核办法》《质量事故管理制度》《质量手册》和《程序文件》三级文件，对质量体系运行记录的表、卡、单进行清理规范，汇总全公司质量记录，使质量管理工作有了显著提升。

完成了“中钢衡机商标注册、中钢衡重的商标续展和转让资料”合同签订，开始办理8件产品的商标注册、6件产品的续展和7件产品转让的相关工作。

参与起草《地下矿用无轨轮胎式运人车　安全要求》国家标准和《地下服务车》行业标准。

七、技术改造

2018年，公司固定资产投资总额为374万元。主要进行：①老旧设备的更新、服务器配套、网络升级、原有设备配置专用磨头和提升产品检验精度的检测设备；②提高中、大型件的重量准确度的称重设备；③符合国家绿色制造中提出的开发先进激光制造应用技术和装备。

八、对外合作

（1）公司与恩菲、瑞林建立起长期的合作伙伴关系，使公司在国内有色冶炼炉市场中占有重要地位。

（2）冶金设备制造的重要合作伙伴有中冶赛迪、西重所等设计院；宝武钢铁集团、首钢股份、鞍钢股份和本钢股份等集团公司，从而使公司在卷取设备的设计与制造方面一直保持国内领先地位。

（3）与达涅利集团（DANIELI）合作制造鞍钢机总（中铝沈阳有色）的 1700 钛带地下卷取机卷筒。

（4）与西藏巨龙铜矿合作开发与研制，应用于海拔 5 000m 以上的高原型牙轮钻机。

（5）与鞍钢集团矿业公司签订了为期 5 年的牙轮钻机和大型电铲关键零部件国产化的战略合作框架协议。

（6）与南华大学签订了“激光熔覆耐磨不开裂涂层用合金材料在冶金关键零部件再制造中的应用研究”项目技术开发（合作）合同和工程实践教育中心合作协议；与湖南工学院签订了机械工程类专业校企合作创新创业教育基地合作协议。

〔撰稿人：中钢集团衡阳机械有限公司姜俊〕

河南省矿山起重机有限公司

河南省矿山起重机有限公司（简称河南矿山）成立于 2002 年。占地面积 68 万 m^2，拥有员工 3 100 余人，其中具有中、高级职称的工程技术人员 187 人，在国内外设有 420 家销售服务机构。专业从事“矿源”牌单（双）梁、桥（门）式起重机、电动葫芦等起重机及配件的研发、设计、制造、销售与服务，产品共 3 大系列 100 多个品种。

2018 年度河南矿山先后荣获 2016—2017 年度河南省省长质量奖、中国重型机械工业协会“自主创新领军企业”、工业和信息化部 “国家级绿色工厂”、国家“两化融合管理企业”“2018 河南民营企业 100 强”“2018 河南民营企业制造业 100 强”等荣誉。

河南矿山经过 17 年的高速发展，在初步完成“量的积累”的基础上，实现了“一无贷款、二无拖欠、三无融资”，进入可以轻装发展的大好时期，从 2013 年开始果断转型升级，加大科技投入，引进高精尖技术和设备，进入了以全面转型升级和质量提升为核心任务的高质量发展阶段。

一、生产发展情况

河南矿山是一家民营起重机制造企业，面对错综复杂的经营环境和艰巨的生产任务，2018 年继续保持了稳健快速的发展态势，实现营业收入 823 417 万元，上交各类税款 29 491 万元。2018 年企业主要经济指标完成情况见表 1。

表 1　2018 年企业主要经济指标完成情况

序号	指标名称	完成情况
1	营业收入（万元）	823 417
	同比增长（%）	25
2	利润总额（万元）	86 511
	同比增长（%）	270
3	缴税总额（万元）	29 491
	同比增长（%）	120
4	研发费用（万元）	26 349
	占营业收入的比重（%）	3.2

2018 年科技投入、转型升级取得成效。在产量基本稳定的同时，销售收入大幅度增加，这说明产品科技含量、产品质量和管理效率都得到明显提升。

二、市场经营及销售情况

2018 年，河南矿山完成起重机产量 82 762 台，与上年基本持平，双梁起重机、智能起重机产量增幅为 33.32%，因而保证了产值和效益的大幅增长。公司产品畅销全国 30 多个省、市、自治区，与 30 多家国企集团所属企业建立了良好的业务关系。部分产品出口到五大洲的 80 多个国家和地区，进入“一带一路”沿线国家。产品出口持续增长，直接或间接出口额达 82 454 万元，占产品总量的 10.01%。企业主要产品销售量见表 2。

表 2　企业主要产品销售量　　（单位：台 / 套）

序号	产品名称	销量
1	通用桥式起重机	6 468
2	单梁桥式起重机	73 697
3	冶金桥式起重机	655
4	门式起重机	1 942
	合计	82 762

三、技术改造与产品创新

起重机是一个非常传统的行业，公司战略明确要求长期专注于起重机领域，对起重机的技术进步、工艺优化、装备升级、质量提升、降低成本和优化服务进行系统攻关。

（1）调结构。公司以科技引领发展，运用高新技术形成独有的科技发展模式，“十三五”期间，实现由智能制造向节能环保人性化的智能制造转变。

近年来公司不断更新设备、改造工艺，全面提升装备能力，完善检测手段。目前企业所拥有的单梁箱体一次成形生产线、全功能数控车床、立式加工中心、重型数控落地铣镗床、双枪龙门焊和焊接机器人等设备是国内一流的机械加工装备，为制造高品质的产品奠定了坚实的基础。

2013 年以来，公司斥资 3 亿元，先后引进 200 余台（套）高精设备，进一步保证了产品质量的稳定性，使河南矿山真正走上了以质量为核心、以科技为先导的高科技跨越式发展道路。

2014 年河南矿山对电动葫芦梁式起重机实施“精益 + 创新”生产模式，导入先进制造理念，建立柔性组装生产线，实施精益化、标准化生产管理，引进先进设备、工艺装备，优化工艺。截至 2018 年，“精益 + 创新”的生产模式取得了显著成效。在实施精细化管理的过程中，引入精益生产理念，实现流水线作业，可以改善粗放式管理现状，向着精益化管理方向发展。同时通过实施精益生产模式可以培养人才、推进企业文化、培育理念、鼓励创新，提高基础管理水平，使河南矿山能够突破瓶颈，提升整体竞争力。

（2）上水平。实施专业化高端精品战略，以高端产品保持企业优势。近年来，河南矿山坚持“以科技促发展”，把“产品研发、工艺革新”放在首位，不断自主创新，完成了多项工艺改造和新工艺推广，产品研发呈现出前所未有的新局面。

河南矿山为江苏中能协鑫多晶硅项目制造的洁净防爆自动起重机，应用于无尘化车间（4 级空气洁净度）和爆炸性气体环境，可将还原炉和硅棒工具从还原炉平台、清洗平台、中转平台、拆棒工具等位置之间，根据设定工作路线自动运行。整机为洁净化设计，大量应用了耐磨耐腐蚀材料，配合粉尘收集装置，有效减少了起重机工作时因摩擦产生的粉尘颗粒。同时采用高端配置，激光条码技术，结合防摇摆系统，实现高精度定位，无人化操作，远程监控，提高了生产效率。通过研制生产此类型洁净防爆全自动型起重机，企业取得了 16 项专利，填补了国内半导体行业起重机应用的空白，是唯一一家拿到洁净防爆全自动型起重机生产资质的企业。

为宝钢湛江项目承制的 50 余台（套）大型起重机中，有 15 台冷轧生产线上的起重机采用无人化操作的新技术设计，不仅实现了起重机三维定位、自动装卸的功能控制，还实现了起重机的运行监视、诊断分析、设备预警与检修维护。同时实时记录起重机的运行参数、操作记录，当出现故障和达到预警值时，系统会及时提醒和记录各种事件信息，为起重机的操作人员和维护人员提供实时的、详尽的历史数据和分析报表。产品得到了宝钢集团的高度认可，公司荣获宝钢湛江钢铁有限公司“优秀供应商”称号。

2018 年，河南矿山为山东“蒜通天下”产业园无人化冷库仓储项目设计制造的智能仓储用起重机，正式投入使用。该起重机具备跨度大、运行距离长、起升高度高、运行速度快、运行平稳无波动、定位点多（1 400 多个高精度定位点），精度高（≤ ±5mm）和堆四过五等特点。采用手动（遥控）+ 半自动 + 全自动的控制系统，实现与后台的数据库进行对接，与智能终端相对接，可以实时监测储存商品的状态。该起重机还采用了自动化吊具抓放和码垛，具有自动定位、电气防摇、远程监控和智能管理等功能，使用过程综合成本下降 60%，效率提高 100 倍。

河南矿山一直保持着敏锐的市场洞察力，并随时做好顺势而变的准备。近年来，河南矿山不断加大高智能、远程监控全生命周期管理起重机等新产品的研发，推动产品由传统起重向新型起重机发展，通用起重机向定制智能装备转型。未来河南矿山还将通过互联网 + 工业制造，注入大数据、云计算等信息化技术，运用“远程监控”“黑匣子”“设备全生命周期监测系统”和“数据运行挖掘”等信息手段，打造起重机数字化工厂，将公司建成一个具有生产自动化、设备数字化、产品专业化和服务个性化的起重装备智能制造基地。

（3）国际化。建立和完善国际化经营体系，充分利用国际国内两种资源和两个市场，开拓市场。在国际市场上，河南矿山响应国家“一带一路”倡议，不断拓展国外市场，强化中国品牌形象。2018 年产品出口额稳中有增，出口额达 8.25 亿元，占销售收入的 10.01%，实现了民营企业走出国门。

河南矿山为“一带一路”重要枢纽兰州国际港务区承制的轨道式集装箱门式起重机，采用了先进的自动控制系统，实现了无人化操作。该起重机能够自动寻箱、自动定位，可远程监控、实现数据实时传输。肯尼亚蒙内铁路 480km 铁路沿线的内罗毕车站及蒙巴萨车站的车辆站、机务站，蒙巴萨货场、蒙巴萨港口的起重设备全部是河南矿山的产品。河南矿山参与承建了中塔两国重大合作项目——塔吉克斯坦杜尚别市 -2 号火电站；为俄罗斯克拉斯诺达尔港口承制的集装箱门式起重机，承受了 -50℃的考验。

四、企业文化及社会责任

河南矿山以“文化引领、精专主业，树百年‘矿源’，创一流企业，努力打造起重机领域综合竞争力世界领先的专业化大型企业”作为企业战略。

中原是中国孝道文化的发源地，河南矿山创立开始，就确立了独特的“孝文化”，长期坚持大力传承和弘扬诚信、孝道、进取和共享的中国优秀传统文化，近 5 年公司投入 5 000 余万元开展敬老、互助、凝心、聚力等活动，丰富了企业文化内涵，使员工、供应商和客户，形成了共促企业发展的合力。

独特的文化是企业发展的灵魂，是引领产品创新发展的动力源泉。河南矿山在长期的经营实践中，形成了以孝文化为核心的“三心”价值观（如图 1 所示）、以“六最”（如图 2 所示）为奋斗目标的独特企业文化，建立了一整套明确的价值体系和行为规范，进而推动了企业在创新研发、智能绿色等各方面的持续改进。

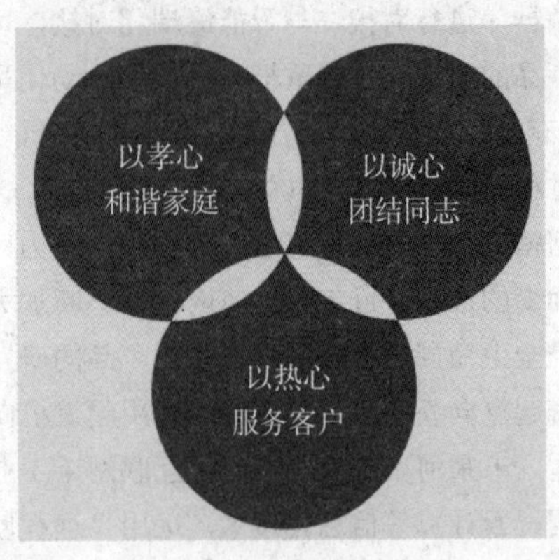

图 1　“三心”价值观

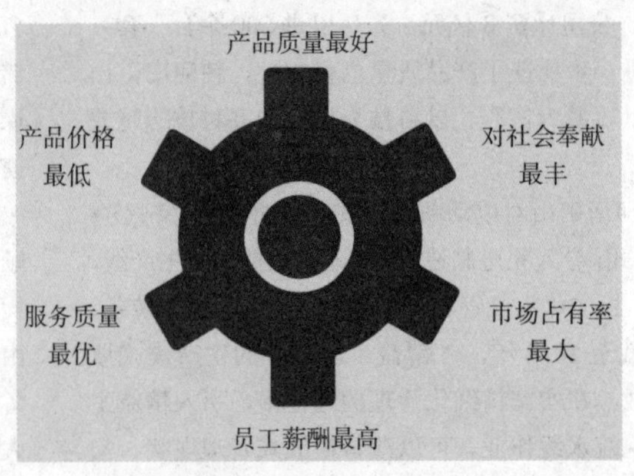

图 2　“六最”目标

（1）评比矿山孝星。公司严格遵循“孝敬长辈、夫妻恩爱、家庭和睦、邻里亲密、工友团结”的标准进行孝星评选。目前已进行了七届矿山孝星评比，评出矿山孝星 216 名，在公司取得了良好的效果，在社会引发了强烈反响。

（2）组织孝老爱亲旅游节。从 2011 年开始，每年组织职工父母 1 000 余人，到外地参观旅游。瞻仰革命圣地，游览大好河山，替员工尽孝，为父母增光，让老人愉悦身心，开阔眼界。目前已累计组织员工父母 10 000 多人次外出旅游，游览北京、大连、三亚、南京、苏州、无锡、延安、韶山等 20 多个城市，以及泰国和缅甸等国家。

（3）开展孝老爱亲中秋文化节。每年中秋期间，邀请近万名员工父母赴公司共度中秋，为老人敬献鲜花，赠送礼品，发放礼金，把孝老爱亲文化节办成了职工传统教育节。目前，已成功举办了七届孝老爱亲文化节。

（4）开展孝老爱亲同乐假日活动。员工父母年龄在 60 周岁以上的，每年生日时，公司都呈送生日贺信，赠送 300 元生日慰问金，定期举办员工父母生日宴会，公司还特批员工带薪休假一天，让员工给父母庆贺生日，使其家庭团聚，共享天伦之乐。

（5）开展孝老爱亲慰问活动。每逢春节，组织公司附近村庄 65 岁以上的老人，举办以“崇孝道，树美德，献爱心，敬老人”为主题的联欢活动，给予每人 500 元慰问金，累计 2 100 多人，110 多万元。

（6）坚持捐资助学活动。2004 年成立了“河南矿山助学基金会”，连续开展了十五届捐助贫困大学生活动，累计资助 2 506 名学生，捐资 1 150 多万元，其中，2018 年资助 174 人，捐资 80 多万元。

（7）情系桑梓，回报社会。公司以“造福桑梓、服务社会”为使命，倾心支持公益事业，勇于担当社会责任，公司把感恩共产党、报效国家、服务人民、扶贫济困、奉献社会作为自己义不容辞的责任和义务。建厂以来坚持为兴学建校、筑路修桥、支援灾区、精准扶贫、新农村建设等捐款、捐物，17 年来，累计为社会公益事业捐款达 2 000 余万元。

公司的孝文化深深地植根于企业的生命之中。十几年来，河南矿山始终把孝善作为企业的核心价值观，践行着孝善感恩思想，通过长期举办各种孝善感恩活动，凝人心而创和谐，结仁爱而共进取，形成了“家庭和睦、企业和谐、社会支持”的大好局面。

五、产品质量及标准工作情况

河南矿山一直秉持“质量铸就品牌，诚信编织未来”的理念，完善质量管理体系，开展产业质量提升活动，抓住了促进企业发展的牛鼻子，增强了产品研发的针对性，激发了提升企业产品质量的内在动力。公司继续推行卓越绩效管理模式，始终把产品质量放在企业发展首要地位，公司设立了“公司创始人质量奖”“董事长质量奖”“总经理质量奖”“工匠精神奖”，对获奖单位和个人予以隆重表彰。公司管理、厂区建设和工艺装备逐步实现了标准化。

作为全国起重机械标准化技术委员会会员单位，河南矿山积极参与国家、行业标准的制（修）订，为促进行业规范化发展做出了积极贡献。2018 年参与制（修）订的国家、行业、地方、团体标准共 8 项。

六、对外合作情况

河南矿山与西门子公司签订《战略合作协议》，建立了全面战略合作关系，共同研发高智能、自动化、无人值守、精准定位等高端起重设备。与太原科技大学、华北水利水电大学实行校企及技术研发战略合作。2018 年 7 月承办了“第 15 届中日韩亚洲起重机安全论坛”，河南矿山发表“冷轧工程无人起重机设计与应用探讨”学术演讲。8 月承办了“2018 中国大学生机械工程‘矿源杯’第三届中国大学生起重机创新创意大赛”。

〔供稿单位：河南省矿山起重机有限公司〕

云南冶金昆明重工有限公司

一、企业发展情况

1. 改革改制

2018 年 5 月底，云南省委省政府与中铝集团做出了共同做强做优做大云南有色金属产业的重大决策，并签署战略合作协议。2018 年 11 月中旬，云南冶金昆明重工有限公司（简称昆明重工）的第一大股东——云南冶金集团股份有限公司股权划转中国铜业有限公司，正式加入中铝集团，开启“央地合作”新时代。

2. 生产发展

昆明重工是集研发、制造为一体的大型装备制造企业，主要生产起重机械、冶金压延机械、铸造机械、化工机械、矿山机械、建材机械设备（破碎机、回转窑、干燥机、冷却机、包裹机、造粒机、磨机等）等几十种重型机械产品和成套成线设备及商品铸锻件。公司技术力量雄厚，生产能力强，检测手段先进完备，产品质量优良，集科研、开发、制造、服务于一体，是云南省提供大型成套设备综合能力最强的机械制造企业和铸锻件生产中心，产品行销全国，出口德国、日本、英国、美国、泰国、缅甸、巴西、沙特和喀麦隆等 20 多个国家和地区，先后为多个国内外重大项目提供技术装备。公司的技术中心为云南省省级企业技术中心，昆明市企业技术中心，昆明市重型装备制造工程技术研究中心。公司拥有“耿家盛国家工作室”“云南省职工技师工作站”与全国机械冶金建材系统“创新工作室”。“KH”牌精密轧机、起重机、拉丝机先后被评为“云南名牌产品”；“KH”牌回转圆筒设备、精密轧机、商品铸钢件、商品铸锻件、破碎机、塔式起重机 6 项产品被认定为“昆明名牌”产品。目前重点推广智能化铸造机组、精密轧制设备、轻量化行车、复合轧机、磷化工设备、矿山设备、非标设备和产品配件等产品。昆明重工现有在职员工 577 人，其中，大专以上学历人员 115 人，占企业职工总数的 19.93%；从事研究开发人员 24 人。公司产品和服务逐步向上下游延伸，以扩大市场占有率。通过设备技术服务发掘备品备件加工、设备维修保养等配套业务，加大非标件的制作，增强生存空间和生存能力。结合云南省的区域优势，注重产学研用相结合，加大与科研机构和业主的合作，开发具有自主知识产权、市场前景好、符合产业发展方向的新产品，进一步提升企业竞争力。

近年来由于重型机械行业形势不好，企业历史负担沉重，资金紧缺、设备厂房严重老化、产能落后、生产成本高、人员结构不合理、创新能力不足、管理粗放、风险管控能力不强等多种因素制约了企业的发展，产生亏损，公司正积极扩大业务渠道，力争在新的一年里扭亏为盈。2018 年昆明重工主要经济指标完成情况见表 1。2018 年昆明重工主要产品完成情况见表 2。

表 1 2018 年昆明重工主要经济指标完成情况

序号	指标名称	完成情况
1	工业销售产值（万元）	12 702.5
2	工业增加值（万元）	3 513.8
3	新产品产值（万元）	1 482.8
4	优质品产值（万元）	15.8
5	出口产品产值（万元）	1 226
6	机器产品产量（t）	11 068.39
7	新产品产量（t）	1 268.93
8	营业收入（万元）	19 245.4

表 2 2018 年昆明重工主要产品完成情况

序号	产品名称	工业总产值（万元）	产量（台 / 套）
1	破碎机	155.32	9
2	单梁起重机	129.37	15
3	桥式、门式起重机	2746.87	57
4	塔式起重机	566.77	17
5	轧机	941.14	7
6	铝锭铸造机	1 563.79	4
7	其他产品（配件、非标设备）	5 619.52	
合计		11 722.78	109

为了适应重型机械技术发展趋于规模化、效率化、电子化与信息化互动、节能与环保、制造和管理向智能化发展，昆明重工坚持“科研以生产为目的、生产以市场为导向”，围绕企业产业发展和项目建设，完善企校、企研协作机制，进一步加强新技术、新工艺、新装备的产业化应用创新，巩固已有优势、补齐技术短板、培育新的优势领域；注重和推动自主创新，从制度、机制和平台建设入手，大力培育有利于自主创新人才成长和自主创新成果涌现的氛围，在加强传统领域创新的同时，更加关注新材料、节能环保等领域的创新，力争再增加一批拥有自主知识产权的核心技术成果，再培养一批科技创新领军人才和创新团队；高度重视知识产权保护工作，采取切实有效措施，尽可能保持、延长自有知识产权发挥作用的时间，充分发挥先入和领先优势；完善制度、加强激励，充分激发职工的创新创造热情。

3. 市场经营及销售

2018 年，昆明重工实现订货 15 776.42 万元，营业收入 19 245.4 万元，完成产值 11 722.78 万元，完成产品产量 11 068.39t，实现工业增加值 3 513.8 万元，实现利润 75.4 万元。

4. 企业科技成果及新产品

（1）科技项目。公司多辊液压轧机成套设备、智能化连续铸造机组、智能化桥式起重机关键技术研究等 5 项新产品立项开发，并申请云南省研发投入补助。与中铝集团签订《2018 年科技创新工作目标任务书》，确定在研科技计划项目 3 个。3 件实用新型专利获授权，5 件实用新型专利获受理。精密轧机、破碎机、回转圆筒设备通过昆明市名牌产品现场审核。与北京理工大学联合申报的“智能机器人及人工智能制造装备关键技术研究与开发”被列为云南省重点研发项目，进入生产示范线研制建设中。

（2）新产品。强化优化传统主业，重点推广轻量化行车、轧机、磷化工设备、矿山设备、非标设备和产品配件等产品，逐步延伸上下游产品和服务，加快核心竞争力产品的技术升级。新产品“智能机器人及人工智能制造装备关键技术研究与开发”进行立项开发，建设基于环境先进技术的智能铸造机组示范应用。在高温、高尘和高辐射的极恶劣铸造机组生产线工作环境中，通过智能机器人与连续铸锭工艺技术结合，达到成品液表面形状、水平度和表面质量等指标要求，时时准确定位铸锭、铸模来保证机器人的稳定运行，完成智能控制、打捆、激光打码等，为智能铸造机组提供关键技术。

（3）专利申请及授权。昆明重工大力推进知识产权保护工作，建立健全知识产权管理制度，申请并获授权发明专利 5 项，实用新型专利 65 项，软件著作权 3 件。拥有中国驰名商标 1 项，云南省著名商标 1 项，云南省名牌产品 2 个，昆明市名牌产品 5 个。

5. 企业对外合作

昆明重工在立足自主创新的基础上，借助外部资源，助推自身发展，先后与太原科技大学、云南省机械研究设计院、昆明理工大学、昆明北理工产业技术研究院有限公司等单位签订了产学研伙伴合作协议，通过“平等互利、优势互补、各扬所长、注重实效”的原则，共建伙伴合作关系，推进人才培养、学术交流、科技研发、平台共建、资源共享等方面的合作，实现合作共赢和协同发展。作为昆明理工大学机电工程学院的企业实践基地（国家卓越工程师计划实践基地），每年都组织在校学生来公司实习、学习。

二、存在的主要问题

目前昆明重工订货量不足，资金紧缺。为了充分利用资源，增加营业收入，公司采取浓缩－配套－盘活－转型的管理机制，对主营产品进行浓缩，做精做强。将闲置厂房对外出租，盘活固定资产。加大新技术、新工艺、新装备的产业化应用，巩固已有优势、补齐技术短板、培育新的优势领域，开拓市场。昆明重工的精密轧机、塔式起重机 、铝锭铸造机在国内市场均具有相当的占有率，发展前景良好。

〔撰稿人：云南冶金昆明重工有限公司刘一莹〕

凯澄起重机械有限公司

凯澄起重机械有限公司（简称凯澄起重）是一家中外合资企业。公司占地面积 170 000m^2（255 亩），总投资 4 500 万美元，现有员工 500 多名，主要从事电动葫芦、起重机械及其零部件的制造、加工及销售。

一、生产发展

2018 年通过狠抓内部管理，与公安部门、市场监督部门联手打击假冒产品，进一步开拓国内、国外两个市场，凯澄起重的各项指标稳步上升，超额完成任务目标，特别是效益指标增长幅度较大。2017—2018 年产值完成情况见表 1。2018 年主要产品产量和产值完成情况见表 2。

表 1　2017—2018 年产值完成情况

序号	项目	2018 年	2017 年	同比增长（%）
1	工业销售产值（万元）	35 371	32 530	8.73
2	工业总产值（万元）	37 325	29 256	27.58

表 2　2018 年主要产品产量和产值完成情况

序号	产品名称	产量单位	产量	工业总产值（万元）
1	电动葫芦（含核电）	台	32 220	32 088
2	起重机（含核电）	台（套）	95	876
3	电机	台	6 960	1 157
4	出口环链葫芦零件	万件	368	1 290
5	其他			1 914
	合计			37 325

二、市场经营及销售

凯澄牌钢丝绳电动葫芦在国内起重行业享有很高的声誉，客户遍布钢铁、汽车、电力、新能源、机械和电子等行业，主要为国内中高档制造型企业。电动葫芦销售实行代理制，在江苏、浙江、上海、广东、福建、山东、河南、北京、河北和辽宁等省市设有销售服务网点，并通过各销售代理出口到印度、印度尼西亚、泰国和越南等国家及拉美地区。

凯澄起重为国内多家核电站提供40t以下轻小型起重设备，客户有中核集团（福清、田湾、方家山、秦山、昌江等核电站）、中广核集团（阳江、宁德、红沿河、防城港、台山、陆丰等核电站）。目前国内采用三代核电技术“华龙一号”的两家核电站（广西防城港3、4机组，福建福清5、6机组）所采用的轻小型起重机均由凯澄起重提供。GM电动机及机械零件出口到日本开道公司。新开发的欧式RY电动葫芦，主要出口日本、美国、东南亚和巴西等国家和地区。2018年主要产品销售情况见表3。

表3 2018年主要产品销售情况

序号	产品名称	数量单位	销售量	销售额（万元）
1	电动葫芦（含核电）	台	30 173	30 120.63
2	起重机（含核电）	台（套）	1 944	2 047.46
3	电机	台	7 239	1 320.85
4	出口环链葫芦零件	万件	368	1 480.96
5	其他			1 387.71
	合计			36 357.61

三、科技成果及新产品

1.2018年凯澄起重秉着“更加轻巧、绿色环保、安全可靠、智能化、价格适中”等设计理念开发了RY（中国型）3～5t电动葫芦。产品具有以下特点：

①整体结构设计更加合理，全系采用低净空型结构，外观轻巧、自重轻，即使在比较低矮的厂房也能适用，可以降低新建厂房房屋建造成本；

②主要技术参数高于市场现有的主要产品，工作级别达到M5，防护等级IP54，绝缘等级F级。产品寿命更长，可靠性更高，适用场合更广；

③清洁生产，节能环保。从设计、生产、包装、运输等各个环节贯彻环保要求、节能理念。不使用污染型原材料和零部件；模块化设计增加零部件的通用性；能效等级达到节能产品要求；静声设计改善作业环境和操作人员的使用体验；

④噪声≤80dB（A）。

2.开发设计了5～32t新型（欧式）电动葫芦桥式起重机。

采用模块化设计，小车为全新刚柔结合的三梁小车架结构，降低了小车高度，避免小车车轮“三条腿”、车轮打滑、啃轨现象；大车车轮采用月牙形车轮组，方便安装与更换；桥架采用偏轨箱形梁，主梁与端梁用可拆卸式螺栓连接。起重机自重轻、结构轻巧、体积小、成组性好、轮压小、经济耐用。大、小车运行机构采用变频调速，运行限位可根据用户需要采用光电限位开关。小车供电采用扁电缆。

四、产品质量及标准化工作

2018年凯澄起重产品质量稳中有升，通过质保体系的有效运转，保证产品质量的稳定性。通过工艺、设备水平的提高，提高了零部件的制造质量。特别是自动化设备的投入，如电机小齿轮的自动加工设备等，既提高了生产效率，降低了工人的劳动强度，同时确保了零部件的一致性。2018年江苏省电机产品质量监督检验中心对公司电机进行专项监督抽查，抽查结果为合格。

五、技术改造

大力推进公司内的各项技术改进项目，提升自动化水平，保证产品质量，降低劳动强度，提高生产效能、保证绿色环保。重点进行以下几种改造：

（1）提高生产一线的自动化生产水平，已将大部分一人一机一刀的传统加工模式变换为数控、自动化机器人操作系统。

（2）按照国家环保要求，改进、调整油漆、焊接等工序，优化防治污染的配套设施。

2018年，用电单耗为88.58kW·h／万元，2017年用电为91.84kW·h／万元，单耗下降3.55%。2018年用汽单耗为0.015t／万元，2017年用汽单耗为0.017t／万元，单耗下降11.76%。

六、打击假冒产品

（1）江阴市凯澄电机有限公司侵害凯澄起重商标权纠纷案经江阴市人民法院审理终结，法院判令对方停止侵权，并赔偿50万元。

（2）宋国利假冒公司注册商标一案在江苏省盐城市中级人民法院审理终结，考虑被告人自动投案，最终判处有期徒刑十个月，缓刑一年，并处罚金人民币50 000元。

七、对外合作

引进国外相关技术，不断拓展面向发达国家市场的RY钢丝绳电动葫芦的研发、生产，配套零部件国产化率达到了90%以上。2018年通过了OL认证，开始批量出口美国、巴西市场，并已在美国市场正式开始销售。

〔撰稿人：凯澄起重机械有限公司王鹏　审稿人：凯澄起重机械有限公司周民宪〕

山东山矿机械有限公司

2018年，是我国改革开放40周年，是山东省实施新旧动能转换重大工程的开局之年，也是公司实现转型升级、发展取得新突破的一年。一年来，公司广大干部职工积极践行新发展理念，面对新时代、新使命、新机遇，按照“创新、质量、效益”的六字方针，在生产任务繁重、交货压力巨大、环保形势严峻等情况下，凝心聚力、团结奋战、攻坚克难、持续掀起大干活动，各项工作取得了较好的成效，主要经济指标完成较好，基本达到了近几年来的最高水平。

1. 企业改制

山东山矿机械有限公司（简称山东山矿）始建于 1970 年，最初为济宁矿山机械厂，1992 年更名为山东矿山机械厂，1995 年 9 月组建成立山东矿山机械厂（集团），为国有大型二类企业。2001 年 3 月由国有企业改制为民营企业。企业现有总资产 7 亿元，注册资金 2 亿元，在同行业中具有较高的知名度和美誉度，是中国重型机械工业协会常务理事单位及其下属矿山机械分会、破碎粉磨分会、带式输送机分会和中国电器工业协会牵引电气分会副理事长单位，是山东省装备制造业协会副会长和济宁市机械行业协会常务副会长单位。

山东山矿下辖山东山矿重工有限公司、济宁山矿电机车有限公司、山矿托辊制造有限公司和宏山汽运有限公司 4 个全资子公司和 1 所技工学校，现有员工 1 000 余人，占地面积 30 万 m^2，各类主要设备 500 余台（套），具有从铸造、锻压、铆焊、机械加工、热处理到产品总装、试验等全过程的机械制造能力， 拥有托辊生产、铸胶、粘胶、钢材预处理等专用生产线。矿山机械产品年生产能力 6 万 t 以上。

2. 生产发展情况

2018 年是山东山矿集中交货的密集期，急供货项目额度大，并且出口项目多，产品质量要求高。为确保按时为用户供货，公司上下齐心协力、努力拼搏，以全面落实生产计划为目标，以保合同按时履约为要求，持续开展了大干活动，统筹安排各项资源，坚持通过经营生产协调会、协同计划等方式协同协调各项计划，在计划上做细，统一各生产单元的生产节奏，较好地保证了急供货任务的完成。全年完成了 4PG1200×1000、PCFK1825、PCFK1612、HCSC10、HCSC12 等 62 台大型破碎机。完成了太钢、太原重工、山西灵石启光、蚌埠电厂、郑州豫能电厂、寿光美伦等国内大型皮带机项目。对于配件项目，业务部门、生产车间都比较重视，每月完成 40 项左右。

陆续完成了巴西 PAMP 电站，巴基斯坦胡布电厂、码头，印尼卡尔滕、中爪哇、鲁电爪哇电站，阿联酋迪拜哈斯彦电站等多个出口项目的生产。这些出口项目，大多是“一带一路”沿线国家项目，都具有较强的影响力和项目技术难度大、质量要求高、执行欧美标准以及多方监造等特点。尤其是胡布和迪拜项目要求更严、难度更大，山东山矿通过 7 个多月的“折磨、煎熬”啃下了迪拜这个硬骨头项目，2018 年 12 月 28 日顺利通过了（FAT）项目出厂验收。该项目在中央电视台《焦点访谈》栏目“一带一路共赢之道”专题节目中进行报道，迪拜哈斯彦清洁燃煤电站项目是中东地区首个清洁燃煤电站，也是“一带一路”框架下中东地区第一个中资企业深度参与的项目，超高标准环保设计理念和要求，在质量管理上，执行的是全球最高标准。该项目从产品设计、原材料采购、生产制造、质量检验、试验等全过程均采用欧美标准。在项目执行过程中，山东山矿规范了相关业务流程，提升了操作者业务技能，购置了检验设备设施，组织了设备鉴定、人员培训等，促进了公司相关部门管理工作的提升，积累了执行国际标准要求项目的经验和国际项目的管理经验。

3. 市场经营及销售

2018 年面对低迷的市场形势和行业内无序的竞争，山东山矿组织营销人员认真分析市场，分析项目特点，分析竞争对手的情况，仔细研究每一个项目，从投标前开始紧抓项目各环节工作，公司分管领导、业务部门领导专项负责组织实施投标，认真处理报价方案，根据前期公关情况和竞标厂家情况合理报价争取提高中标率，对付款条件不好、罚款条例苛刻、价格偏低、业主资信不佳的项目，放弃投标，严格控制重点项目的签约价格，订货额提前两个月超额完成年度指标。

近年来，受国家政策调控的部分项目频繁地暂停、启动供货，风险加大，货款回收难，坏账呆账风险增高，潜在的隐患、不可预测的风险越来越难以预料和防范。营销中心将货款回收工作作为当前的首要工作来抓，各业务部长及分管领导分工协作紧靠各区域人员及各个项目，内勤管理人员紧靠各项目回款，全力配合合同进度程序，及时处理好每一笔可回收款项。公司财务、审计结合中心领导协调督促回款工作，及时解决处理项目执行中的问题反馈，切实抓好回款时机，争取尽快回收货款，保证了后续项目的顺利投入，保证了公司的正常运行。

4. 科技成果及新产品

自主创新是增强企业核心竞争力的强劲驱动力，山东山矿始终坚持走创新驱动发展战略之路，注重产学研相结合，以市场和用户需求为导向，持续深化技术创新，在产品开发、设计改进方面不断推进，进一步优化了产品结构，完成了年初确定的新产品开发项目，并根据项目合同需求，开发了多种新产品、新机型。2018 年，重点开发了自动控制硅石破碎筛分系统、JIS 标准密闭式煤仓输送系统、环保智能回转式码头装卸系统、带式输送机用多滚筒温度及振动集中监控装置、GSS2045 双层滚筒筛分机、PEY300×1300 液压颚式破碎机、HCSC1400 重型环锤破碎机等 29 项新产品。这些新产品大部分都已成功应用到公司签订的合同项目中去，有的正在组织试制和生产，个别新产品作为技术研究储备项目，基本做到了生产一代、研制一代和储备一代。公司全年申报了 7 项实用新型专利，申报了 3 项山东省经信委创新项目和 1 项任城区新旧动能转换项目。2018 年企业重大科技成果及获省市以上科技（进步）奖项目见表 1。

表1　2018年企业重大科技成果及获省市以上科技（进步）奖项目

序号	项目名称	完成时间	主要技术性能	成果水平及评价	负责单位
1	回转式散料输送装卸系统	2017.6—2018.12	①本项目是针对环保要求日益提高，港口码头设备需要进行升级改造。而开发的环保、智能型回转式输送装船系统。该系统具有适应化程度高、输送能力大、噪声小、智能性强、占用码头沿岸线短、成本低等优点； ②研发防倾翻大转矩盘式支撑轴承。把滚柱交叉排列，可以使背向力和进给力同时得到有效的分配利用，另外隐藏式油槽保证了滚柱的旋转用油，旋转阻力小、使用寿命长。滚柱经过严格的热处理及特殊加工，具有良好的力学性能，避免了原结构对滚柱的剪切现象发生，从而使其使用寿命远比滚柱大幅度地增长； ③研发轻型、密封、自动伸缩的堆管溜管装置。落料管随落料高度的变化而智能地伸长或缩短。物料流通和气流封闭采用具有独特空间的机构。物料下落形成的气流逐级断续地溢流到堆管外，避免了物料下落过程在溜管的最下部形成气流正压，在溜管的顶部形成气流负压，从而避免了扬尘发生。内堆管保证耐磨，内堆管之间采用钢丝绳吊挂，保证了溜管垂直度，同时避免了原结构出现的卡阻和摩擦现象。外布袋对浑浊气流二次封闭，保证了物料环保下落； ④折线型导料槽将侧板设计成折线型，侧板上段为铅直或喇叭口线型，下段为外折线并与槽型皮带机带面垂直，形成稳定的物料形状，减轻了物料对胶带的冲击和压力，同时提高了下落物料对胶带的对中性，减少了物料输送跑偏现象，避免了撒料现象，减少对环境的污染，且减小物料对导料槽防溢裙板的摩擦阻力，降低带式输送机的能耗 ⑤回转式码头输送机智能装船。该系统根据船的大小、船舱物料的高低，智能地旋转落料点和升降伸缩溜管。运行可靠、噪声低，密封效果好，可避免二次扬尘发生； ⑥密封连续给料、密封连续输送。生产能力大、噪声小、运行智能。达到真正的环保性能； ⑦适应场地复杂的环境。由给料点至码头可实现任意空间的输送路线	国内领先	山东山矿机械有限公司
2	硅矿石破碎筛分系统	2017.12—2019.3	①落地式振动给料机采用与平常吊挂不同的固定方式，通过加装弹簧底座的方式固定给料机，相比传统振动给料机空间更加自由，安装更加方便，同时稳定性及产量均有了保障； ②该系统所用带式输送机均采用桁架结构，同时头部漏斗均采用适合现场情况的非标设计，输送机整体结构紧凑，空间占用小，安装方便； ③滚筒式洗石机原理与滚筒搅拌机相同，安装基础简易，拆装转场简便，高度整体性好，所有系统都集成于一个整体框架内，既保证了设备的整体性又留有适度的维修保养和巡视空间，便利和安全，工作可靠性高，使用经济性也很高； ④格栅式振动给料机振动平稳、工作可靠、噪声低、耗能小、无冲料现象、寿命长、维护保养方便、重量轻、体积小、设备调节安装方便、综合性能好，采用封闭式结构机身时可有效防止粉尘污染	国内领先	山东山矿机械有限公司

5. 产品质量及标准

河南矿山完善了以关键控制点为核心的考核体系，认真贯彻预防为主、过程控制的管理思想。以产品外观“零缺陷”为控制目标，建立“带式输送机设备负面清单”，强调过程监控及程序化运作，开展以胡布、迪拜等出口项目为核心的质量攻关，组织员工学习国际标准，提高其分析和解决产品质量问题的能力。进一步规范了质量控制程序，编制、完善了10多项质量控制程序和6项内部检验标准，并严格贯彻落实，完善了各项检验检查记录。同时，进一步强化了工艺过程管理作为质量控制的重点，推行质量分析追溯、质量通报、质量总结等制度。在用户、外部检验公司的严格要求及企业自身努力下，质量管理水平和产品实物质量有了新的提升和突破。

公司通过了ISO9001质量体系认证、ISO14001环境管理体系和OHSMS18001职业健康安全体系认证，严格按要求抓好体系运行，保证了质量体系能充分、适宜和有效运行。通过了AAA级标准良好化行为认证，制定了管理、技术等相关的管理标准，建立了一套完整的标准化管理体系。2018年，公司积极参与全国矿山机械、全国起重运输机械标准化活动，参与了《煤用重型环锤式破碎机》和《四辊破碎机》两项行业标准的制定，完成了《滚筒用橡胶包覆层阻燃性试验方法和判定规则》企业标准的编制。

6. 技术改造

为响应国家环保政策，履行社会责任，改善职工工作环境，2018 年公司投入近 100 万元，进行了设备升级和环保设施改造。完成了行车制动器升级改造和龙门铣床铣头润滑系统改造等。为车间单台焊机场所配置了 20 余台移动焊烟除尘器；完成了数控等离子切割机除尘系统改造、铆焊车间焊烟集中除尘系统改造、喷砂房除尘系统改造；托辊公司双头焊机焊烟除尘系统改造，山矿重工实施了喷砂和喷漆厂房的搬迁工作等。上述改造项目均已通过环境检测公司的检测验收，各项排放均达到标准，提升了设备制造能力，改善了生产条件和相关工序的现场环境，提升了企业形象，履行了企业社会责任。

〔撰稿人：山东山矿机械有限公司商坛　审核人：山东山矿机械有限公司胡秀万〕

山起重型机械股份公司

一、企业概况

山起重型机械股份公司（原山东起重机厂有限公司，简称山起重型）始建于 1968 年。现为中国重型机械工业协会常务理事单位及其下属桥门式起重机专业委员会副理事长单位，起重机械减量化产业技术创新战略联盟副理事长单位，山东省企业技术中心、山东省桥门式起重机工程技术研究中心。主导产品为 500t 及以下电动双梁桥式起重机、100t 及以下电动门式起重机、240t 及以下铸造起重机、智能式立体停车设备等 20 个系列 1 000 多个规格品种。公司技术力量雄厚，设计、制造手段先进。共承担国家科技支撑计划课题 3 项，省级技术创新项目 13 项，3 个项目获省级科技进步奖，申请专利 47 项，负责及参与制（修）订国家及行业标准 9 项。

二、生产经营

2018 年在党委和董事会的领导下，山起重型认真贯彻年初制定的工作思路和工作方针，借公司 50 周年华诞的强劲东风，克服重重困难，努力奋斗，砥砺前行，取得了较好的成绩。各项管理进一步加强和完善，人才战略和创新能力进一步加强，顺利完成国家支撑计划项目和山东省潮流发电项目并通过验收。2018 年完成工业总产值 4.84 亿元，实现利润 1 869 万元。2018 年企业主要产品产量见表 1。

表 1　2018 年企业主要产品产量

产品名称	产量（台）	产量（t）
桥式起重机	283	17 185
其中：通用桥式起重机	225	15 594
电动梁式起重机	44	324
冶金起重机	14	1 267
门式起重机	5	298
合计	288	17 483

三、科技创新

创新和发展是企业永恒的主题。在领先的设计技术保证下，公司不断进行新产品的研发及制造工艺创新。

（1）2018 年 4 月，山起重型承担的国家科技支撑计划“大吨位桥式起重机轻量化技术推广应用与示范”项目通过中国机械工业联合会验收。

项目在关键配套件性能匹配、紧凑型变频电机、主梁组装、模块化端梁专用加工、小车轨道专用焊接、主梁腹板角钢自动焊接、小车架整体加工、卷筒绳槽等离子气刨、桥架组装、起重机生产技术准备信息系统、起重机精准协同设计系统等方面取得了创新成果， 并在轻量化起重机制造过程中进行了应用，轻量化桥式起重机生产技术准备时间缩短 41%、轻量化桥式起重机制造周期缩短 26.3%、产品一次交检合格率 99.42%。三年内推广应用 5 ～ 100t 轻量化桥式起重机 306 台，起重机总重平均降低 25.8%，整机高度降低 12.7%，节能 16.2%。该项目完成了主梁组装等 7 种工艺装备，制定工艺规范 6 项；申请发明专利 4 项，实用新型专利 9 项；获授权发明专利 2 项，实用新型专利 8 项；发表学术论文 6 篇。

（2）2018 年 3 月，山起重型参加的国家科技支撑计划“桥式起重机轻量化共性技术研究”项目通过中国机械工业联合会验收。

该项目针对桥式起重机轻量化设计需要，开展了 200t 以下桥式起重机相关共性技术研究，形成了起重机金属结构优化设计方法，提出了适合于轻量化桥式起重机起升减速器结构形式、高效电机及其驱动系统技术要求，对桥式起重机安全监测与寿命评价技术方法进行了研究，形成了相关行业标准和技术规范，指导轻量化桥式起重机及其关键部件的设计和制造，为开展起重机在线安全监测及寿命评价提供了技术方法和依据。

（3）2018 年申报专利 10 项，其中发明专利 4 项；获授权实用新型专利 6 项。

四、产品质量及标准工作

1. 质量工作

产品质量是企业的生命，山起重型从成立开始就十分重视产品质量。2018 年完成了质量、环境、安全管理体系的第一次监督审核及质量、环境管理体系的新证书换发；完成了质量、环境、安全管理体系的内审、管理评审工作；完成了两化融合管理体系的内审、管理评审、监督审核工作。

完成了 QDL 型 320t 型式试验、制造条件评审和发证工作；完成了 QB 型 75t、YZE 型 100t 制造条件评审和发证工作；完成了 MDZ 型 10t 增项申请、受理、型式试验、制造条件评审和发证工作；完成了 DLE 型 20t、MHE 型 10t 免评审增项申请、受理及 DLE 型 20t 型式试验工作；完成了 YZ 型 100t 增项申请、受理工作。

2018 年结构一分厂关键项目一次交检合格率达 95.2%；结构三分厂关键项目一次交检合格率 96.5%；结构四分厂关键项目一次交检合格率 95.1%；电气备料分厂关键项目一次交检合格率 96.5%；机械加工分厂加工件废品率 0.08%，关键项目一次交检合格率 95.3%；采供部采供物资合格率 97.1%。均达到公司要求。

2. 标准工作

山起重型作为全国起重机械标准化技术委员会桥式和门式起重机分技术委员会会员单位，积极参加标准的制（修）订工作。参加起草的国家标准 GB/T 36697—2018《铸造起重机报废条件》于 2018 年 9 月 17 日发布，2019 年 4 月 1 日实施。参加了《防爆门式起重机》《焦罐起重机》等行业标准征求意见稿、送审稿的意见回复及函审工作。

公司内部进行了标准化综合知识培训，对近几年颁布的起重机相关国家及行业标准执行情况进行了交流，统一了认识，制定了实施细则，为全面贯彻起重机设计制造相关标准打下了坚实的基础。

公司内部还对起重机端梁采用方管、电动单梁起重机电动葫芦在主梁下翼缘板上运行以及大车挡线架、电气控制柜底座、45 度剖分车轮组等设计进行了标准规范。

五、技术改造

山起重型投资 600 余万元，建成轻小型起重设备生产车间。配备数控等离子切割机、数控折弯机及轻量化电动单梁起重机主梁组装工艺装备、主梁腹板角钢自动焊接线、模块化端梁专用加工装备，生产公司自主研发的轻量化电动单梁起重机、轻量化电动葫芦桥式起重机、轻量化电动葫芦门式起重机等。提高了产品质量和生产效率，降低了制造成本，大大提高了市场竞争力。

投资 300 万元完成三维设计系统平台建设。三维设计系统包括 64 位无盘服务器、64 位图形无盘工作站、64 位应用软件系统三部分。无盘服务器硬件采用志强双 CPU 配置，64G 带校验 ECC 内存、SAS 硬盘，部署 RAIDL 软盘阵列。操作系统采用 Windows Server 2012 R2 系统，无盘系统采用网维大师 2250 版本，激活可永久使用。无盘网络采用全千兆配置，无盘工作站启动速度超过普通物理硬盘机器，目前系统运行稳定。64 位图形工作站采用 8 核处理器、16G 内存、专业图形加速显卡，运行三维软件流畅，满足大型装配图的设计要求。应用软件全部采用 64 位系统，对 KMCAD、KMPDM、开目资源管理器、检查工具、Oracle 客户端和宙斯盾加密系统等 32 位程序进行优化，使其全部能运行于 64 位系统，性能得到显著提升。

为提高产品制造质量，山起重型不断进行起重机制造工艺改进升级及工艺装备的研发。2018 年对模块化端梁专用加工装置、主梁组装工艺装备等进行了升级改造，提高了制造质量和生产效率，产品一次交检合格率达到 98% 以上。

六、对外合作

由山起重型承担，北京起重运输机械设计研究院、大连华锐重工起重机有限公司、太原重工股份有限公司和清华大学参加的国家科技支撑计划“大吨位桥式起重机轻量化技术推广应用与示范”项目已完成各项研究任务并通过中国机械工业联合会验收。

由北京起重运输机械设计研究院承担，山起重型参加的国家科技支撑计划“桥式起重机械轻量化共性技术研究”项目已完成各项研究任务并通过中国机械工业联合会验收。

山起重型与青岛理工大学联合申报了“起重机轨道自动清扫装置”“一种防止桥式起重机吊钩晃动的装置”“一种用于卷筒双层缠绕的导绳器”等三项实用新型（同时报发明）专利。其中三项实用新型已获授权，三项发明专利正在审查中。

山起重型与江苏良久电气设备有限公司联合研制的小车轨道专用焊接线等多种工艺装备，应用于起重机生产，大大提高了产品质量和生产效率。

〔撰稿人：山起重型机械股份公司王丰顺　审稿人：山起重型机械股份公司刘永庆〕

杭州西子智能停车股份有限公司

杭州西子智能停车股份有限公司（以下简称公司）自 2004 年开始从事停车事业，经过多年的发展，现已成为一个集销售、开发、设计、制造、调试、安装、维保和售后服务于一体的专业机械式立体停车设备企业，并拥有产品的自营出口权。与日本 IUK 和中国台湾东元合资成立杭州西子石川岛停车设备有限公司；引进立体车库并在华东地区建设第一座垂直升降式（PCS）塔库；自主研发 PCS 塔库并已建成投入运行；经过不断创新，成为中国唯一拥有九大类车库制造资质的企业；2013 年公司正式搬迁至杭州市余杭开发区。2016 年 4 月，西子电梯集团有限公司以股权转让方式，转让 100% 股份给杭州西子石川岛停车设备有限公司；2017 年 3 月，杭州西子停车设备有限公司注册资本由 2 500 万元增加至 12 420 万元人民币；同时，股东杭州西子石川岛停车设备有限公司进行股份制改制，变更为杭州西子智能停车股份有限公司。

公司生产的产品包括平面移动类（PPY）、垂直升降类（PCS）、升降横移类（PSH）、垂直循环类（PCX）、水平循环类(PSX)、多层循环类(PDX)、巷道堆垛类(PXD)、简易升降类（PJS）和汽车升降机（PQJ）九大类，囊括了目前停车设备的所有型号，25 种不同结构、100 余种不同类型的机械式立体停车设备和立体停车行业已知的容车密度极高的塔式立体车库、经济实用的多段式立体车库、高度智能化的花园平面移动式车库等所有种类。公司引用了日本石川岛运搬机械株式会社多年的停车设备制造先进技术，融合西子联合的强大实力背景，结合中国的具体国情，以国际化的视野，让技术成为引领市场发展的引擎，致力于带领中国立体停车行业的发展。公司专注细节，从设计研发到生产制造，力求技术与艺术的完美融合。公司拥有一支强大的技术支持团队，这支团队有着专业的技术涵养，注重实践经验的积累，通过自主创新，以超高层塔库、超薄型全浮动式机械手、AGV 设备等新产品，填补了国内行业的多项技术空白。

公司每年制定基础设施更新、改造计划。由生产、设备、安环、供应等专业人员组成评审小组，对设施性能指标、使用状况、维修价值以及对能耗、安全、环境等影响进行系统评审，从立项、选型到实施进行全程可行性论证。成立专项改造小组，负责基础设施更新改造的归口管理。在更新改造过程中，不断推广新技术、新工艺和新材料，使基础设施的技术水平得以不断提高。推进信息化与工业化深度融合，作为国家安全生产标准化二级企业，为打造全球顶级停车库研发和制造的花园式基地，以精益生产理念为核心，“一件流”的生产方式，零库存管理模式，以航空品质控制为准则，打造智能物联系统，使用数个信息化系统为纽带，融入条码 RFID 等物联网技术，将生产元素中所有人员、设备、物料，与产品、订单、服务进行有机结合，以达成物联互联新型制造模式。公司固定资产接近 1.2 亿元人民币，配备先进、专业的自动生产线 11 条，各生产线按照功能需求配置数控车床、数控铣床、数控精密等离子切割机、数控锯床、数控三维钻床、龙门加工中心、立式加工中心、国内首台悬挂式车库油漆生产线和机器人焊接工作站等各种大型精密设备 50 余台。同时通过改造设备、改善工艺提高资源综合利用率。公司的产品为大型、非标、定制化的成套设备，因各个客户对产品用途、性能等要求存在较大的差异，必须基于客户不同的工艺需求、投资概算、场地限制等对各产品以及相应的控制系统进行统筹设计、制造以及安装调试；同样基于客户的个性化定制化需求，公司需要根据个性化订单的实际需要进行有针对性的采购，“以产定购”。同时公司依托强大的制造实力，在提高产品品质，缩短制作周期，减少物流时间，提升服务品牌等方面持续改善，以满足各地用户需求。近三年，公司计划完成率、产品一次交验合格率、单位面积产量、年人均产量等指标完成情况良好，并呈现逐年上升趋势。目前公司可以达到年产 5 万个车位的生产能力。其中超薄机械手、AGV 设备小车的加工采用了航空工艺技术，通过采用机器人焊接以及龙门加工中心精加工智能化设备，使其质量、安全性、运行可靠性得到了有效的保障。

2018 年立体停车库国内销售总额达到 161.83 亿元，同比增长 9.4%；实现销售收入约 89 884 万元，利润总额 8 755.93 万元，纳税总额达 2 619.60 万元，连续多年位居停车行业效益十佳。作为中国智能停车领航企业、静态交通规划师，公司连续多年在停车库市场占有率居首位；作为中国重型机械工业协会停车设备工作委员会副理事长单位，连续多年获行业优秀企业、销售十强企业，产品遍布海内外；2004—2018 年连续 15 年销售额居行业前列。已在全国承接近 50 万个车位；并出口新加坡、越南、俄罗斯、希腊、日本、美国和中东等国家和地区。

公司经过传统设备向全智能化方向转型，加强自主创新，通过技术的标准化、通用化等手段来降低产品成本，提升市场竞争能力；从机器换人到机器人产业，打造一流的智能制造集成工厂。起动杭州西子停车技术研究院建设，强化国家企业技术中心建设。通过标准化体系建设，在研发设计过程中采用“模块化、并行化、标准化、系列化”设计，以及数值模拟技术等研发设计方法，并采用 PRO-E 软件设计、选型，以提高产品技术含量，缩短产品开发周期，从而大大提高了研发设计效率。通过组织“模块化、标准化”生产以及“销地外协、就近生产”等方式有效降低了生产成本。公司大力倡导“开源节流、降本增效”，对应用“四新”技术，改善工艺、改良设备、合理利用材料等为公司创造效益的单位予以重奖，第一年奖励利润的 100%，第二年奖励利润的 30%，第三年奖励利润的 10%。随着公司业务的发展和战略转型，结合公司文化建设，总经办对《品牌管理办法》进行了重新修订，提炼并确定了品牌的核心价值及定位，使品牌内涵和品牌形象不断得到丰富和提升。参与 PPY 标准的起草与制定，给企业和行业带来了可观的经济效益，提升了行业的标准化水平。作为中国重型机械工业协会停车设备工作委员会副理事长单位，主持了《垂直升降类机械式停车设备》《多层循环类机械式停车设备》等行业标准的制定；参与了《机械式停车设备通用安全要求》《机械式停车设备术语》《机械式停车设备分类》《水平循环类机械式停车设备》等国家标准及《机械式停车库工程技术规范》《巷道堆垛类机械式停车设备》《机械式停车设备类别、型式与基本参数》《平面移动类机械式停车设备》等行业标准的制定。公司拥有已授权专利 153 项，其中，发明专利 18 项，另有 22 项软件著作权。

公司在经营过程中严格贯彻执行各项法律法规，注重环境保护、职业健康安全、资源利用，采用先进的生产工艺和设备，不断降低能耗并减轻员工的劳动强度。通过了 ISO14001 环境体系和 OHSAS18001 安全体系认证。通过深入推行卓越绩效管理模式、精益生产管理、SHA 管理等现代化管理方法，整合、优化资源配置，实现管理创新。2015 年通过了 EHS 认证，获得了国家安全生产许可证、安全生产标准化二级证书及 5A 信用登记证书。为实现公司质量安全责任目标，公司建立健全质量安全领导机构，成立了由董事长兼任主任的产品质量安全领导委员会，各子公司设立分委员会，负责产品质量安全工作的监督考核。2012年建立了“首席质量官（CQO）”制度，明确了CQO的职责和权利，充分行使质量安全“一票否决权”。安全质量部跟各子公司、分厂、部门签订《产品质量安全责任书》，再分层落实到每个岗位，并实施考核。建立了消防逃生，应急演练，化学药品泄露等应急体系，通过每年五月的“品质月”活动宣贯质量安全知识，强化员工质量安全意识。通过质量、环境、职业健康安全三项体系审核，及时发现与消除质量安全隐患。2018年重伤及伤亡事故为零，未发生职业病事故，火灾和环保事故为零。

公司先后建立了省级企业研究院、省级院士工作站、省级博士后工作站，获得了国家级重点新产品、国家高新技术企业，浙江省优秀工业产品、杭州重大技术科技创新等荣誉，同时入选了“浙江省企业管理现代化创新成果”“杭州市企业管理现代化创新成果”，获得了中国重型机械行业自主创新领军企业和先进企业称号。

公司成功开发出具有自主知识产权的超薄型全浮动式机械手存取车装置、一种用于存取车辆的四臂联动式机械手、一种浮动式机械手存取车装置、机械手外观等技术，成为国内唯一拥有超薄型全浮动式机械手技术的企业，“缩短PCS项目设计周期”成果获一等奖。

自主研发的超薄型全浮动式机械手利用轿厢升降行程，作超高加（减）速，轿厢升降行程几十米，按照正常设计，电机加速度选用$0.25m/s^2$，极速3m/s，则从速度0加速到3m/s，需12s时间，同样减速过程也是需要12s，加上中间极速过程需22s，升降时间总共需要46s。经过改进电机及其他机械部件，使加速度提升到$0.5\ m/s^2$，缩短时间近一半，达到了减少用户存、取车时间的目的。

自主开发了智能控制多工位方式移动路径等关键技术，解决了大型车库内多辆车独立运动互不干扰的难题，通过路径优化，提高车辆快速停放效率，节约时间。较传统机械车库存取单车平均时间由优化前的117.8s降为77s，减少了40.8s，存取车高效便捷，驻车室设计更人性化。此外，采用世界领先的防水技术，很好地解决了地下车库渗水的问题。

自主研发的AGV设备小车，采用激光定位导航，停车速度快。物流机器人第一代智能泊车机器人，搬运重量可达2.6t，另外还有20%左右的弹性空间，也就是说最重可搬3t。泊车机器人共由4组卧式舵轮组成，可前进、后退，也能转弯、平移、原地旋转，使用非常灵活。只要把车辆停在车库的指定位置（交互区），接到指令的泊车机器人就会钻到车底，把车辆顶起，然后根据激光定位导航运到指定车位。因为能对车身周围360°进行安全激光扫描，如果检测到障碍物，机器人就会自动停止，所以不用担心车辆会被刮擦。泊车机器人连续工作时间可以超过6h，电量低或者空闲的时候，它会自动“跑”到充电桩充电，保证全天24h工作。公司建设的目前全国最深的杭州市密渡桥沉井式立体车库。密渡桥路地下停车库位于杭州市政府大楼北门、湖墅南路和密渡桥路交叉口西北侧的绿地下，占地面积$900m^2$，含机械式停车设备、路面停车位和生态公园。该项目为24h开放停车场，将缓解蓝天商务大厦、华浙广场等写字楼以及周边住宅小区的停车难。大华饭店坐落在西子湖畔，因为西湖景区对建筑物有严格的限高规定，2015年公司为其设计建造了地下停车库，车库的大部分延伸到西湖的底下，通过超薄型全浮动式机械手来存取车辆，成为西湖底下首个立体车库。为了提高存取效率，车库两个出入口采用了贯通式设计，并设置了出、入库优先模式来减少高峰时段存取车等待时间。为了与西湖景区环境协调，车库出入口外立面采用了覆绿设计。车库的建成，使饭店的停车位由原来的40个增加到132个。

公司遵循“自主创新、引进创新和集成创新”相结合的技术创新模式，分别与清华大学、中国科技大学、浙江大学和中国美术学院等在智能停车设备、智慧云平台、新能源（充电桩）一体化、智能物流系统等领域开展技术开发合作，进行应用基础研究和行业共性技术研究，作好未来3～10年的应用技术储备。

〔撰稿人：杭州西子智能停车股份有限公司李菁　审核人：杭州西子智能停车股份有限公司王洪艳〕

浙江双鸟机械有限公司

一、企业基本情况

浙江双鸟机械有限公司（简称浙江双鸟）是国家重点高新技术企业，先后获得浙江省文明单位、浙江省商标品牌示范企业、浙江省出口名牌、浙江省著名商标、浙江省知名商号、浙江省AAA级守合同重信用单位、浙江省AAA级纳税信用企业、浙江省劳动关系和谐企业、浙江省劳动保障诚信单位、浙江省创新型示范企业、浙江省专利示范企业、浙江省守法诚信进出口示范企业和浙江省安全生产标准化达标企业等荣誉称号。

2018年4月被中国重型机械工业协会评为“自主创新先进企业”，2018年10月被评为浙江省隐形冠军企业，2018年11月，公司向国家知识产权局提交中国驰名商标认定申请，2019年5月被评为工信部首批专精特新“小巨人”企业。

2018年浙江双鸟实现工业总产值44 515万元，利税5 535万元。2018年企业主要经济指标完成情况见表1。2018年起重葫芦产品及常规产品产量、产值完成情况见表2。2018年起重葫芦产品出口情况见表3。

表1　2018年企业主要经济指标完成情况

（单位：万元）

指标名称	完成情况	指标名称	完成情况
起重葫芦产品销售收入	30 766	利税总额	5 535
其他产品销售收入	13 186	人均产值	68
工业总产值	44 515		

表2　2018年起重葫芦产品及常规产品产量、产值完成情况

产品名称	产量单位	产量	产值（万元）
钢丝绳电动葫芦	台	1 234	2 999
环链电动葫芦	台	8 390	4 502
手动葫芦	台	436 766	15 218
单轨起重机	台	74 726	2 735
葫芦配件	台	1 200	953
链条	t	12 250	9 800

表3　2018年起重葫芦产品出口情况

国家和地区	出口量（台）	出口额（万美元）
德国	29 825	162
美国	27 562	123
南非	23 560	115
荷兰	19 660	98
土耳其	16 872	78

二、新产品研发、科技成果和专利情况

浙江双鸟技术中心被认定为“浙江省企业技术中心”和“浙江省高新技术研发中心”，列入省级以上新产品计划的项目有50项，其中，2018年列入省级新产品计划的项目6项。

公司累计获授权专利120项（有效专利85项），其中，发明专利11项，包括两项美国发明专利。2018年申请专利18项，其中，发明4项，获授权专利18项（其中发明2项）。

三、质量及标准

2018年度，TBM品牌被复评为“浙江出口名牌”。浙江双鸟主持了5项国家和行业标准的制（修）订，参与14项国家和行业标准的制（修）订。2018年参与1项行业标准的制（修）订和1项浙江省制造标准的制定。手拉葫芦、手扳葫芦、钢丝绳葫芦、环链葫芦、单轨起重机、起重链条等产品全部通过欧盟CE、GS认证。

四、对外合作和交流

浙江双鸟设有浙江省级外国专家工作站，定期组织国外行业专家来公司进行技术指导和培训，解决技术难题，参与研发工作。

五、重大投资和技改

2018年，从德国进口两条链条自动编焊生产线，以提高起重链条的产能和质量水平。

〔供稿单位：浙江双鸟机械有限公司〕

四川川润股份有限公司

一、公司主要业务

四川川润股份有限公司（简称川润股份，股票代码002272）创建于1992年，2008年在深交所上市，现拥有全资子公司川润液压、川润能源和川润动力。

公司的主营业务为流体机械与控制技术、节能环保动力装备的研发、生产和销售，以及清洁能源项目投资运营及EPC服务。主要产品包括润滑系统、液压系统、冷却系统、高端液压缸、智能控制元件、电站锅炉、压力容器和余热锅炉等，广泛应用于新能源、石油化工、电力、建材水泥、冶金矿山、工程机械以及军工等诸多行业

流体机械与控制技术业务的主要销售模式是直销，川润股份在获取客户订单后，根据客户的具体需求进行个性化、定制化设计，在与客户进行方案交流后确定技术解决方案并组织生产，同时，在实现产业化、标准化、规模化的应用过程中，为各应用领域提供专家服务和整体解决方案。

节能环保动力装备及EPC业务主要提供余热锅炉设计、制造、销售和电站技术服务，包括技术设计、技术升级改造、运维服务和能源技术整体解决方案等。公司拥有丰富的海内外清洁能源项目EPC服务经验，可根据客户需求，为客户提供能源技术整体解决方案，涉及领域包括风力发电、太阳能光伏发电、生物质发电、垃圾焚烧发电和余热发电等。

2018年子公司川润液压签订了光热项目液压控制系统设备合同。该项目为国家首批太阳能光热发电项目之一，是海西州多能互补集成优化光热电站示范工程，具有较强的行业示范效应。公司与工程机械行业优质客户开展前期试生产合作，相关产品将于2019年正式进行批量生产交付。未来川润股份将进一步加大核心产品在新能源、军工制造、石油化工和建材水泥等行业的应用。

二、公司经营情况

2018年，全球经济环境复杂多变，国内经济新旧动能转换，经济运行下行压力进一步加大，市场竞争更加激烈。公司管理层及时调整发展战略和业务规划，在立足主业的基础上，提出了“战略聚焦，业务归核”的核心经营指导思想，为公司中长期发展提出了明确的目标和方向。

2018年是公司五年规划的开局之年，也是产业升级发展的关键之年。在公司董事会的正确领导下，全体员工务实工作，成功迈出了升级发展的坚实步伐，取得了较好的成绩。

1. 加大对新行业、新产品的开拓力度，不断拓展营销新领域和新市场

子公司川润液压2018年实现销售收入5 742.35万元；签订的“青海海西州50MW塔式熔盐电站项目液压系统设备”合同项目进展顺利。军工行业产品实现突破；工程机械行业产品正在稳步开拓推进中。

（1）加大技术研发力度，持续推动技术创新。公司的研发费用投入同比增加。新增专利申请52项，其中，发明专利28项。通过对新产品、新技术研发的持续投入和川润液压百人研发与技术团队的逐步打造，为公司开拓新行业和新产品打下了坚实的基础。

川润液压院士（专家）工作站升级为四川省省级院士（专家）工作站，汇聚了国内顶级院士（专家），充分发挥院士（专家）的技术引领作用，帮助公司培育科技创新团队，集聚创新资源，突破关键技术制约，推动产学研紧密合作。川润股份拥有省级企业技术中心资质，建立了机械工业重大技术装备润滑液压技术设备工程实验室和金属材料研究所，具有完善的研究、开发、试验条件。

公司成功完成国内“50MW塔式光热发电定日镜液压驱动系统”示范项目研发。

润滑产品三项国家标准经全国冶金标委会审查通过；节能环保创新团队获中期考核优秀；完成重点军工项目的设计开发，成功进入军工行业；首次承接大型工程机械油缸项目，顺利进入工程机械行业。

中国重型机械工业协会授予四川川润液压公司“2018年中国重型机械行业自主创新先进企业”

（2）加强销售体系建设和品牌推广，打造具有竞争力的营销推广平台。2018年公司加大了营销人员、品牌宣传推广、市场开拓和客户服务等投入，销售费用比上年增加1 119.62万元。

2. 主营业务状况

2018年川润股份在产业升级过程中取得明显成效，新能源、工程机械、军工制造等重点行业的市场开拓取得实质性突破。

（1）实现主营业务收入65 192.09万元，同比增长8.23%，产品综合毛利率同比下降1.74个百分点。

（2）液压润滑设备与锅炉及配件产品毛利率和上年同期相比基本稳定，无重大波动；设备成套及总包业务毛利率比上年同期下降12.75个百分点，主要是因为国外项目已基本完工，发生了少量前期无法预计的消缺成本所致。液压润滑设备营业收入同比增长17.33%，主要原因是公司部分光热产品实现了收入。2018年主要产品经济指标完成情况见表1。

表1　2018年主要产品经济指标完成情况

产品名称	营业收入（万元）	同比增长（%）	营业成本（万元）	同比增长（%）	毛利率（%）	同比增长（%）
液压润滑设备	40 630.23	17.33	32 698.74	20.18	19.52	-1.91
锅炉及配件	21 909.72	-3.22	18 693.19	-2.92	14.68	-0.26
设备总成套及总包	2 461.22	-12.95	1 875.50	4.55	23.80	-12.75

〔供稿单位：四川川润股份有限公司〕

沈阳隆基电磁科技股份有限公司

一、基本情况

沈阳隆基电磁科技股份有限公司（简称沈阳隆基）创建于1993年，以推动资源的高效利用为己任，坚持自主创新，凭借雄厚的技术研发实力，可靠的产品品质，严谨的全生命周期服务迅速崛起。多年来，沈阳隆基始终以“可靠、增值、便利”的核心企业文化为引领，致力于为中华民族贡献一个世界级品牌。

自1993年成立以来，沈阳隆基始终保持着稳健的增长态势，已经发展为中国规模最大的磁性装备供应商，业务遍布中国、美国、澳大利亚、西班牙、巴西和印度等全球30多个国家和地区，销售额连续多年稳居同行业第一。

沈阳隆基一直在创新中求发展，建立了以国家级技术中心为核心的技术开发体系，不断开发出高附加值、高技术含量的新产品，主要产品有磁选机、高梯度磁选机、除铁器、电磁铁、有色金属分选机等。2008年沈阳隆基荣获“国家高新技术企业”认定，2010年荣获“中国驰名商标”称号，同时还是国家标准、行业标准的起草单位，中国重型机械工业协会常务理事单位、中国重型机械工业协会洗选分会副理事长单位。

二、生产发展

沈阳隆基把握行业发展机遇，持续加强投入、推进品质和品牌全面提升。通过技术创新、产品创新、管理创新，

提升工艺技术水平、管理水平，并有序推进战略化布局，最大化激活企业潜在生产力，提高公司的综合竞争力和盈利能力，成功实现了公司的稳健发展。2018 年完成工业总产值 37 400 万元，工业增加值 8 200 万元；实现总产量 2 780 台；固定资产投资 14 675 万元。

同时，公司各款产品销量均有小幅度增长，磁选机、除铁器、磁力起重设备等产品市场占有率持续稳固，其中，除铁器市场占有率稳居国内行业第一，磁选机、高梯度磁选机、电磁铁、有色金属分选机等主导产品已成为知名品牌。2018 年主要产品产量、产值完成情况见表 1。2018 年主要经济指标完成情况见表 2。

表 1　2018 年主要产品产量、产值完成情况

产品名称	产量（台）	产值（万元）	同比增长（%）
磁选机	380	13 340	81
除铁器	1 750	8 500	44
磁力起重设备	300	1 030	135
非铁分选提纯设备	90	2 130	69
其他磁力设备	260	2 270	70

表 2　2018 年主要经济指标完成情况

指标名称	完成情况
工业总产值当年价（万元）	37 400
同比增长（%）	48
工业增加值（万元）	8 200
产品销售收入（万元）	35 130
产品销售税金及附加（万元）	675
年末固定资产原价（万元）	14 675
年末固定资产净值（万元）	7 987
流动资产合计（万元）	47 876
流动资产平均余额（万元）	44 976
流动负债合计（万元）	12 179
流动负债平均余额（万元）	11 867
利润总额（万元）	4 330
所有者权益（万元）	46 765
全员劳动生产率（万元 / 人）	56.75

三、市场经营及销售

2018 年，面对错综复杂的经济及市场形势，沈阳隆基对外部竞争环境变化、内部经营管理进行了深刻的分析和总结，加大了在“市场开拓、降本增效、研发创新、管理提升”等方面的工作力度，以产业高端化、产品智能化、业务国际化及服务型制造的发展模式，加快市场渠道、生产制造、全生命周期服务等核心能力的提升与再造，实现高质量增长。

针对海外市场，2018 年公司推进深度营销，不断提升核心国家的市场占有率，对重点市场进行深度聚焦，对重点产品在发展方案、营销策略、服务支持能力等方面进行深耕细作，使海外核心市场占有率进一步提升。沈阳隆基积极响应国家提出的“一带一路”倡议，快速推进在沿线国家的布局与项目突破，在原有海外业务的基础上，构建和夯实覆盖“一带一路”沿线国家的营销网络并提供优秀的产品、服务、培训支持，不断提升品牌影响力。2018 年主要产品出口量及出口交货值见表 3。

表 3　2018 年主要产品出口量及出口交货值

产品名称	出口量（台）	出口交货值（万元）
磁选机	29	9 475
除铁器	17	104
磁力起重设备	1	7
非铁分选提纯设备	7	533
其他磁力设备	15	262

四、科技成果及新产品

沈阳隆基以创新驱动发展，着力提高自主创新能力和新技术集成整合能力，围绕知识产权、技术创新两大领域，持续提升其系统性、有效性和带动性。

公司不断完善、优化知识产权管理体系，从案源挖掘、提案管理、专利申请管理流程、知识产权管理机制等方面着手改进，实现了高质量专利组合布局。建立了专利月评估机制，以高价值专利创造作为主攻方向，准确定位，精准发力，提升企业整体竞争力。2018 年公司持续提升专利质量与含金量，主动淘汰专利 67 项，目前累计拥有有效专利 296 项。

公司紧紧围绕国家战略和客户需要，全面落实创新引领战略，聚焦产品智能化技术和关键核心技术，注重研发资源的投入及研发队伍的建设，一方面努力聚焦高端领域，开拓大型化、智能化、专业化等方面的领先技术，另一方面在细分市场有研究、有重点突破、有领先“独占”技术。2018 年，通过研发人员的不断突破、攻坚克难，取得了一系列崭新技术成果，经权威机构评定，有色矿精选机项目、勾形单晶电磁场项目达到国际领先水平，真空卸矿装置项目、催化剂危废回收装置项目达到国内领先水平。2018 年企业新产品新技术开发项目见表 4。

表 4　2018 年企业新产品新技术开发项目

序号	项目名称	完成时间	主要性能参数及技术内容	成果水平评价	负责单位参与单位
1	立式转环感应式湿法强磁选机改进	2018.12.28	适用于赤铁矿、假象赤铁矿、褐铁矿、钒钛磁铁矿、锰矿、黑钨矿等弱磁性矿物的湿法富集及石英、长石、高岭土、萤石、硅线石等非磁性矿物的除杂铁提纯	国际领先	沈阳隆基电磁科技股份有限公司
2	全自动磁悬浮精选机改进	2018.12.14	在大幅度提高精矿品位的同时使尾矿品位最低，具有自动化程度高、可靠性高、处理量大、节能节水等优点	国际领先	沈阳隆基电磁科技股份有限公司

五、产品质量

沈阳隆基秉承“以质量求生存、以质量树品牌、以质量图发展”的质量方针，坚持以客户需求为导向，基于ISO9001、ISO14001、OHSAS18001“三合一”体系，在导入、推广、实践全面质量管理的过程中，逐步形成了以质量为中心，全员参与、全过程管控的质量管理模式。2018 年，公司持续保持和完善质量管理体系，通过狠抓关键细节，破瓶颈、强攻坚，全面夯实了产品质量，品牌影响力逐步提升，并带动上游产业链质量水平持续提高，推动了行业的质量进步。

六、对外合作

沈阳隆基始终高度重视与大专院校和科研院所的产学研合作，把提升创新能力当作企业核心竞争力的突破口，促进技术创新所需各种生产要素的有效组合，让公司在产品创新中体现出强大优势。2018 年公司与东北大学资源与土木工程学院共建“产学研联合实践基地”，在加快高校科研成果转化为生产力的同时，也促进公司的技术提升，增强公司创新能力和核心竞争力。产学研的深度融合，破解了企业“引进来”动力不足的问题，为公司的人才培养、人才储备提供了重要载体。

七、发展战略

公司将以高质量发展为主线，以技术创新和国际化战略为重点，在强化基础、创新驱动、市场运营、智能化布局几大方面培育发展新优势，加快成长为中高端、世界级的磁性装备制造品牌。

巩固提升产品核心竞争力。全面强化新技术的开发研制和整合应用，将产品优势转化为市场竞争优势，以先进可靠的产品、全价值链的服务和整体解决方案全方位满足客户的超值和多样化需求，建立企业在全球市场的竞争优势。

强化技术创新主引擎，坚决突破关键核心技术。坚持、强化自主创新，聚焦原创性核心技术实现突破。强化产学研创新体系建设，加大与高校、研究机构的交流与合作，攻克核心技术及产业化难题，掌握技术话语权。

全面提升国际化布局，不断扩大全球市场份额。深入推进全球运营管理，聚焦重点区域市场，加快海外市场渠道、产品方案、服务支持等核心能力提升与再造；聚焦海外重点产品及区域市场适应性产品改进，强化对全球创新资源的整合利用，突破并占据更多海外高端市场份额。

加快产品智能化布局实施，打造智慧化产品体系。以新一代信息技术应用推动信息化和工业化高层次的深度结合，抓住机遇、增强动力，运用“互联网＋制造”的新模式，助推磁性装备制造行业的创新发展。

〔供稿单位：沈阳隆基电磁科技股份有限公司〕

山东华特磁电科技股份有限公司

一、企业发展情况

山东华特磁电科技股份有限公司（简称山东华特）成立于 1993 年，2007 年 10 月设立股份制公司，完善了法人治理结构，建立了一套科学规范的管理体制和财务体制。2010 年增发 1 300 万股，筹集资金 5 200 万元，使企业步入了高速发展的快车道。2014 年 12 月，公司在全国成功挂牌新三板。

公司占地面积 27 hm^2，注册资金 6 475 万元，现有员工 500 余人，其中，博士 4 人、硕士 6 人，研究员、高级工程师、教授 27 人，聘请院士顾问 4 人。总资产 5.1 亿元，2018 年实现销售收入 2.34 亿元，上缴税金 1 642 万元。

山东华特是磁电与低温超导磁体应用技术创新战略联盟理事长单位，设有中国机械工业超导磁体工程技术研究中心、山东省磁电工程技术研究中心、山东省省级企业技术中心、山东省磁力应用技术重点实验室、山东省“一企一技术”研发中心、冶金矿山磁电装备工程技术研究中心、综合院士工作站、国家博士后科研工作站。先后承担国家“十二五”科技支撑计划 3 项。开发并通过省级鉴定的新产品 40 余项，共获省部级科技进步奖和专利奖 15 项。拥有专利 171 项，其中，发明专利 18 项，5 项发明专利通过 PCT 途径在 50 多个国家申请或被授权国际专利。主持和参与制定国家和行业标准 17 项。

1. 生产经营

2018 年山东华特主要经济指标完成情况见表 1。2018 年山东华特主要产品产量完成情况见表 2。

表 1　2018 年山东华特主要经济指标完成情况

序号	指标名称	完成情况	序号	指标名称	完成情况
1	工业总产值当年价（万元）	26 774.36	6	流动资产合计（万元）	26 893.26
	比上年增长（%）	25．00		流动资产平均余额（万元）	33 094.11
2	工业增加值（万元）	7 687.30	7	流动负债合计（万元）	15 001.1
3	产品销售收入（万元）	23 408.28		流动负债平均余额（万元）	13 488.09
4	产品销售税金及附加（万元）	1 641.93	8	利润总额（万元）	2 942.63
5	年末固定资产原价（万元）	16 904.04	9	所有者权益（万元）	35 664.25
	年末固定资产净值（万元）	11 037.36			

表 2　2018 年山东华特主要产品产量完成情况

序号	产品名称	产量（台 / 套）	同比增长（%）	序号	产品名称	产量（台 / 套）	同比增长（%）
1	除铁器	825	14	3	有色设备	61	11
2	磁选机	306	53	4	立环高梯度磁选机	73	-8

2. 市场营销及销售

2018 年山东华特产品销售及出口情况见表 3。

表 3　2018 年山东华特产品销售及出口情况

序号	产品名称	销售量及收入		出口	
		销量（台 / 套）	销售收入（万元）	数量（台 / 套）	金额（万元）
1	除铁器	624	4 684	88	522
2	磁选机	292	6 764	39	1551
3	有色设备	14	160	4	65
4	立环高梯度磁选机	136	7 733	22	6 033

3. 科技成果及新产品

2018 年山东华特重大科技成果及获省市以上奖项见表 4。

表 4　2018 年山东华特重大科技成果及获省市以上奖项

序号	项目名称	完成时间	主要技术性能参数、技术内容及技术水平	获奖情况	负责单位参与单位
1	提精降渣磁选机	2015 年	JCTN1240 型磁选机，机器总重量 16 000kg，圆筒尺寸 1 200mm×4 000mm，根据矿石性质确定筒体表面最大磁感应强度 100 ～ 600 mT，电机功率为 22kW，噪声≤ 75dB（A） ①与传统选矿设备相比，提精降渣磁选机可提高精矿品位 2 ～ 15 个百分点；②吨矿耗水量为 1 ～ $2m^3$，耗水量少；③自适应能力强，选矿工艺指标稳定 该产品核心技术属国内外首创，主要技术性能达到国际领先水平	获潍坊市专利一等奖、山东省科技进步奖二等奖、山东省节能奖、中国专利优秀奖	山东华特磁电科技股份有限公司

（续）

序号	项目名称	完成时间	主要技术性能参数、技术内容及技术水平	获奖情况	负责单位 参与单位
2	双PWM交直交电磁搅拌器	2018年10月	主要技术内容：①提高功率因数，实现绿色电能变换。采用双PWM变换器后，整个电磁搅拌装置相对电网而言，等效为一个电阻性负载，功率因数接近1，而现有的交－交电磁搅拌装置，功率因数仅在0.4左右；②降低网侧电流谐波含量，实现网侧电流正弦化。传统交－直－交结构的电磁搅拌器，其网侧电流中含有大量谐波，其THD值大于10%。而采用双PWM变换器的电磁搅拌装置，其THD值将小于5%；③直流电压可控。在不更换网侧进线变压器的前提下，实现直流母线电压的连续可调，大大提高了设备带负载能力和安全性；④有效降低电能损耗。采用双PWM变换器的电磁搅拌器，能够实现能量的双向流动，可将负载中的能量回馈电网，实现系统整体节能，与传统电磁搅拌器相比，有望节能10%左右；⑤降低设备体积，提高负载容量。由于采用双PWM变换器的协调控制策略，使得在采用较小直流电容的条件下，可获得稳定的直流母线电压，相对于直流电容解耦控制方式，可将直流电容容量减小50%以上。有效地降低设备体积。此外，采用双PWM变换器的电磁搅拌装置，由于其具有更高的功率因数，因而，可用于更大容量的熔铝炉的电磁搅拌中。 整体性能指标达到国际先进水平，其电源控制技术居国际领先水平	山东省优秀新产品二等奖	山东华特磁电科技股份有限公司

4．产品质量及标准工作

2018年主要产品经山东省产品质量检测中心检测，全部合格。2018年参与制定的国家标准GB/T 33546—2017《电磁搅拌器通用技术条件》于2018年2月实施；参与制定的行业标准JB/T 13118—2017《铝熔铸用交流电磁搅拌器》、JB/T 13119—2017《铝熔铸用永磁搅拌器》、JB/T 13120—2017《铝熔铸用直流电磁搅拌器》于2018年1月实施。

5．技术改造

2018年山东华特完成固定资产总投资608.88万元，其中，基本建设投资306.66万元，技术更新改造投资302.22万元。

6．对外合作情况

2018年与中科院电工研究所电磁信息检测和成像技术研究部就“高场强肢体成像系统及关键技术研发”项目进行了合作签约，共同开发国内外最先进的3.0T及以上超导磁共振成像技术。项目研发成功后，将解决我国医疗影像分子成像系统核心部件和关键技术依赖进口的局面，打破国际技术垄断，提升我国精准医疗、可移动医疗、互联网远程医疗的装备水平，助推国内医学影像研究领域的快速发展，对提升山东省医疗卫生事业水平和实现磁电产业升级具有重要意义。同时，将带动当地机电一体化、集成电路、嵌入式软件等传统和新兴行业的快速发展，替代进口，实现出口创汇，推动企业新旧动能转换和产业结构转型升级。该项目获批2018年西部经济隆起带和省扶贫开发重点区域引进急需紧缺人才项目。

二、企业发展存在的主要问题

受国内外经济环境影响，行业产能过剩，主要产品价格下滑，致使市场营销困难，经济效益呈现了负增长。

面对当前国内矿业持续不景气，磁选设备竞争加剧，传统产品销量大幅下滑的形势，山东华特大力加强科技创新，及时对传统产品进行升级换代，研发出具有自主知识产权的提精降渣磁选机、立环高梯度磁选机等新产品，这些产品已成为企业新的经济增长点，为企业增添了生机活力。

〔撰稿人：山东华特磁电科技股份有限公司赵文普　审稿人：山东华特磁电科技股份有限公司刘风亮〕

安徽盛运重工机械有限责任公司

安徽盛运重工机械有限责任公司（简称盛运重工）自成立以来，专注于矿山物料输送系统工程、机电工程项目的投资、技术咨询、设计、运营管理及项目工程总承包；各类输送设备、环保设备、智能环卫设备的研发、生产、销售、安装及集市政环境卫生设施的投资建设、运营服务和再生资源利用于一体的环境工程项目总承包；钢结构工程、市政工程的设计、制造、安装、工程劳务及其工程项目总承包；电气成套设备的研发、设计、制造、销售、安装服务。以打造重型智能环保节能输送设备的研发、设计、制造为目标，以环保设备（二噁英、脱硝、脱硫设备）、智能环卫设备的研发、生产、销售、安装及市政环境卫生设施投资建设、运营服务于一体的环境工程项目总承包为发展方向。2018年盛运重工加大对技术研发经费的投入与人才引进，加强技术创新，不断提升企业的自主核心技术研发及产业化开发能力，取得了丰硕的科研成果，获得了多项专利，并将具有自主知识产权的科研成果应用于产品开发，积极探索科研和专利成果产业化的新模式，呈现了良好的发展势头。

一、生产发展情况

2018 年盛运重工实现工业总产值 250 710 万元，销售总额 245 928 万元，工业增加值 73 588 万元。2018 年主要产品完成情况见表 1。

表 1　2018 年主要产品完成情况

序号	产品名称	总产量（t）	销售总额（万元）	工业增加值（万元）	工业总产值（万元）
1	带式输送机	102 560	106 186	31 856	112 648
2	托辊部件	11 036	8 653	2 596	5 302
3	埋刮板输送机	3 056	2 931	879	3 250
4	斗式提升机	5 689	6 121	1 714	2 560
5	板式输送机	1 361	1 697	441	2 056
6	螺旋输送机	5 602	5 467	1 640	4 503
7	管状带式输送机	29 600	30 712	9 214	29 356
8	链式输送机	2 250	2 057	617	1 653
9	环境污染防治专用设备	86 950	82 103	24 631	89 382

二、技术创新

2018 年公司的研发经费投入占产品销售收入的 3.8%，其中，输送机产品的研发经费投入占总投入的 25%。公司根据自身的技术优势和产业优势，结合市场需求，确定重点研发方向。在输送机产业领域，加强信息化集成技术的研发；在产品制造领域，加强智能制造和低成本制造技术相结合的产品研发；在输送设备智能控制与环境治理领域，加强智能化节能技术的研发。2018 年，盛运重工实施各类科研开发项目 50 项，其中，荣获安徽省高新技术产品 2 项、新产品 3 项，安徽省机械工业科学技术奖二等奖 1 项。申报 24 项专利，其中，获授权发明专利 6 项，实用新型专利 12 项。安徽省科技攻关项目“基于 SolidWorks 二次开发的输送机设计系统”、环保专项项目“大型喷涂车间废气治理”顺利通过验收。

三、产品质量及标准工作

2018 年盛运重工顺利通过了国家安标中心年度监督审查，78 台（套）带式输送机通过煤矿安全认证延续认证申请；顺利通过了 ISO9001 ：2015（质量）、ISO14001 ：2015（环境）的认证审核；同时积极推进美国标准焊接工艺评定工作，组织工艺技术部按 AWSD1.1 要求编制焊接工艺（待试板制作、委外测试）；培训了两名具备 ASTM 要求的、具有 UT、MT 认证的人员。

四、重大科技成果

2018 年盛运重工自主研发的“水泥窑尾烟气湿法脱硫超低排放系统”被安徽省经信委认定为首台（套）重大技术装备。

2018 年与安徽工业大学共同研发的“垃圾焚烧发电厂烟气二噁英减排”项目，顺利通过国家权威检测机构检测。芜湖海螺水泥 4×5 000t/d 熟料生产线窑尾烟气石灰石 - 石膏湿法脱硫改造工程设备和宣城海螺水泥 2×5 000t/d 熟料生产线窑尾烟气石灰石 - 石膏湿法脱硫改造工程设备的顺利运行，填补了安徽省水泥行业烟气脱硫技术空白。2018 年企业重大科技成果及获得的省市以上科技（进步）奖见表 2。

表 2　2018 年企业重大科技成果及获得的省市以上科技（进步）奖

序号	项目名称	完成时间	主要性能参数及技术内容	成果水平
1	散状物料输送智能装备与系统	2016.12	该产品采用变频驱动系统，增加远程维护诊断单元，应用优良的控制系统，可提高生产效率，降低运行成本，解决输送机运行成本高、输送过程粉尘污染大的问题	安徽省工业科学技术奖二等奖
2	SYKL 系列高温烟雾除尘器	2017.12	①除尘效率达 99.99%，能除去 0.4μm 以上尘粒，出口粉尘浓度在 5 ～ 10 mg/m^3 以下； ②内壳采用不同耐高温材料，可实现 250 ～ 650℃，瞬时 850℃的要求； ③设备整体结构简单，无运动部件和易破损原件，具有高可靠性，维护简单； ④可应用于化工、冶金、材料、焚烧、能源等整个工业炉窑气体净化和余能利用领域，是一种共性核心技术	安徽省新产品（皖经信新字〔2018〕826 号）

（续）

序号	项目名称	完成时间	主要性能参数及技术内容	成果水平
3	SY—TYQS 调压清扫带式输送机	2017.12	该产品在改进原有带式输送机基础上研发的自动调压清扫输送机，通过优化排列、划分清扫器的清扫头，使划分后的单位清扫头的宽度较小，解决了现有清扫装置清扫效率低、甚至清扫不干净的情况，通过设置压力传感器和控制系统，来优化控制各个清扫头与输送带之间的压力	安徽省新产品（皖经信新字〔2018〕827 号）
4	SY—ZNZL 张力调节带式输送机	2017.12	①采用一种传送带摩擦力动态控制系统及其控制方法，通过设置摩擦力动态控制系统，解决由于传送带张紧力不足或负载过大导致传送带摩擦力不足而打滑的问题，使得传送带能够完成输送任务，提高传送效率； ②通过输送机智能运行系统时刻监控接力式运输线的运行，将监控人员从枯燥的监控工作中解放出来，降低企业的生产成本； ③采用一种可调节输送机，通过在输送机上设置伸缩杆和拖轮，解决现有输送机不能伸缩和伸缩后输送带张力变化的问题	安徽省新产品（皖经信新字〔2018〕828 号）
5	带式输送机（SY.DTL 型、SY.TD75 型、SY.DT Ⅱ（A）型、SY.DSJ 型、SY.DJ（A）型、SY.DG 圆管式）		SY.DTL 型、SY.TD75 型、SY.DTII（A）型：采用重型自动防跑偏装置，可以提高调心架的承载能力，转动灵活、调偏灵敏度高。尾部滚筒增设滚筒清扫装置，保证尾部滚筒表面清洁，避免物料落入滚筒和胶带之间造成夹料而损坏胶带。在输送机的起伏处设自动调节压带装置，可以随弧段张力的不同自动调节压力，使输送带平稳过渡，保证输送机在折弯处正常运行； SY.DSJ 型：储带仓设置自动调节装置，可适应多层储带，在高度范围内实现多级调整。中部在与机尾、张紧装置连接处设置先进的自动调节装置，使胶带平稳过渡。三联托辊与纵梁联接件采用拨爪式，方便拆卸托辊，调节胶带跑偏； SY.DJ（A）型：输送机下托辊采用下体式复式挡边下托辊，有效控制胶带跑偏和胶带挡边的磨损，提高胶带的使用寿命和输送机的运行效率 垂直大倾角采用覆盖带的形式有效保证了物料在运行过程中不撒料。 SY.DG 型：采用先进的圆带装置，很好地使胶带在展平的状态下过渡成圆。中部设置夹持装置，防止胶带胀管	高新技术产品（庆科高〔2018〕177 号）
6	托辊（SY.DTL 型）		①增加一道密封结构，增强托辊的防水力学性能； ②改变原外挡圈和内挡圈的结构，有效增强托辊的防水机械性能； ③改变密封部件的材质，减轻托辊的重量，降低托辊的转动惯量； ④托辊轴端采用双挡圈，降低托辊的轴向位移	高新技术产品（庆科高〔2018〕177 号）

〔供稿单位：安徽安徽盛运重工机械有限责任公司〕

南昌矿山机械有限公司

一、企业简介

南昌矿山机械有限公司（简称南昌矿机）成立于 1970 年，坐落于江西省南昌市，其前身为南昌矿山机械厂，是国内技术领先，江西省唯一一家能自主研发、生产、销售及提供破碎筛分成套系统解决方案的高新技术企业。

南昌矿机已通过 ISO9001 认证、CE 认证和环境管理体系认证，入选江西省省级工程技术中心、江西省矿物加工工程装备技术研究中心，是科技部创新基金项目承担单位。公司现有员工 460 多人，其中，技术研发人员 60 人（其中，高级工程师 15 人，工程师 20 人）。为了满足公司发展对人才的需求，公司每年投入 100 多万元用于员工培训，并且逐年引进高校毕业生，充实到研发、销售及管理等重要岗位。公司已经在中南大学和江西理工大学设立“南矿奖学金”，并与江西理工大学共建“就业实习基地”，加强校企合作，为企业的飞速发展做好人才储备。

南昌矿机现有厂房面积 16 000m^2，组织成立了破磨、洗选、成套系统、液压、移动破碎站及后市场开发设计小组，专门从事破磨、筛分、成套系统、耐磨件等技术的开发和研究，为破磨、筛分、成套系统制造提供了强有力的技术支持，产品向机、电、液职能化方向发展。

2018 年，公司以技术创新为主线，全面实施企业再创业工程；以市场需求为导向，全面完善产品结构和营销策略；以企业流程再造为手段，加强企业内外部资源的重新整合和配置，提高企业核心资产竞争能力。分阶段调整并逐步过渡，实现了企业在创新中发展、在发展中创新的良性循环。

二、生产发展

南昌矿机拥有下料、金属结构、金属加工、总装及热处理等车间，以及配套的胶带运输机、筛网及电控等生产车间。公司设备齐全，加工能力强，拥有埋弧焊机、等离子切割机、液压折弯机、数显镗床、数控立式车床、数控卧式车床以及液压研磨机、退火调质炉等，建立了自己的实验室。

南昌矿机这些年来在技术研发、新产品开发方面投入了大量人力、物力，取得了很好的经济效益和社会效益。2016—2018 年，共投入研发资金 3 041.34 万元，开发新产品 21 个，新产品订单超过 8 000 万元。公司生产的产品已由过去的筛分给料设备发展为旋回破碎机、颚式破碎机、圆锥破碎机、反击破碎机、立轴冲击破及履带、轮胎移动破碎站、工程成套设备等，公司正从单一的矿山机械设备提供商转型为包括矿山处理耐磨件、矿山机械成套设备及矿山处理总承包的全产业链运营商。

三、市场及销售

南昌矿机积极响应“一带一路”倡议，实施“走出去”战略，抢占海外市场。2017 年破碎机等产品远销非洲加纳、中钢设备有限公司南非分公司、海德堡水泥等公司，实现销售收入 234 万美元。2018 年公司加大海外市场的投放力度，破碎机等产品出口到南非、海德堡水泥、恩迪矿业公司等，总计 317 万美元。在保持和稳定国内市场的同时，公司已成为巴西淡水河谷公司、南非安格鲁阿山帝黄金公司、智利国家铜业公司等国际知名大公司的战略合作伙伴，并在美国凤凰城、南非约翰内斯堡以及马来西亚吉隆坡等国家和地区设立海外销售子（合资）公司，产品销售辐射到南美、北美、非洲以及东南亚市场，努力打造成为国际知名企业。2017—2018 年主要产品销量见表 1。

表 1　2017—2018 年主要产品销量

产品名称	2017 年销量（台）	2018 年销量（台）
给料机械	119	79
矿物破碎机械	119	141
矿物粉磨机械	0	1
矿物筛分、洗选设备	232	412
合计	470	633

四、科技成果及新产品

南昌矿机的振动筛是江西省名牌产品。YKR/ZKR 系列振动筛和破碎机，是公司引进吸收德国技术开发的具有国内领先技术的拳头产品。该系列产品多次荣获省、部科技进步奖。YKR/ZKR 系列振动筛自开发至今，已为水利、煤炭、冶金、交通、化工等行业提供了 1 000 余台（套），产品遍布全国各地。

2018 年共申请专利 35 项，1 项发明专利已公布，编制行业标准 2 项，起草行业标准 2 项。

2018 年公司投入近 1 300 万元科技研发费用，投入取得了多项创新成果。惯性圆锥破 DC1100 与俄罗斯公司合作完成主机设计，2MOS3675 已进行现场试验，其他多项设计也已制定基本方案。

五、产学研合作和对外合作交流

南昌矿机与南昌矿山机械研究所开展了广泛的产学研合作。另外，与江西理工大学长期合作，设置了南矿奖学金，建立了就业实习基地；与中南大学合作，设置了南矿奖学金，为南昌矿机人才储备奠定了基础。为克服立轴式破碎机制砂相关问题，2018 年，南矿技术中心与俄罗斯 QS-Technologies 公司合作共同开发出新型圆锥破碎机。

〔供稿单位：南昌矿山机械有限公司〕

济南重工集团有限公司

济南重工集团有限公司（简称济南重工）始建于 1949 年，是国家原 20 家重型机械厂之一。占地面积 41 万 m^2，现有职工 1 200 余人，总资产 30 亿元。公司下设铆焊、机械加工等专业生产厂，拥有各种国内先进的大型生产设备 300 多台，加工制造能力雄厚。自 20 世纪 80 年代以来，共计生产运行各类筒式磨机 1 900 余台（套），广泛应用于有色、钢铁、电力、烟气脱硫、水泥等行业。

主要产品包括：电力设备、矿山设备、脱硫设备、冶金设备、水泥设备、隧道掘进设备等。主导产品磨机，分为钢球磨煤机、球磨机和脱硫磨三大类。其中，钢球磨煤机是火力发电站煤粉制备系统的主体设备，球磨机广泛用于各种矿石的研磨，脱硫磨主要用于电厂烟气脱硫工程。公司年产各类磨机 100 余台（套），在国内市场占有率稳居首位，荣获“中国名牌”产品称号。产品遍布全国并出口到俄罗斯、中亚、南亚、非洲、拉美和澳大利亚等国家和地区。MG 型钢球磨煤机见图 1。

图 1　MG 型钢球磨煤机

脱硫设备 FGDM 系列湿式石灰石球磨机是济南重工自主研制开发的一种新型环保设备，是火力发电厂烟气脱硫剂——石灰石浆液制备系统的主体设备，同时也适用于冶金、化工、铝业等行业的原料生产。该产品具有结构紧凑、安装维修方便、运转平稳等优点，广泛应用于粉碎各种硬度的石灰石或其他可磨性物料，其行业标准由济南重工起草制定。FGDM 系列湿式石灰石球磨机见图 2。

图 2　FGDM 系列湿式石灰石球磨机

济南重工生产的双进双出磨煤机专门用于电厂煤粉磨制，是一种直燃式磨煤机（又称 BBD 型磨煤机）。主要配套于大型火力发电厂的锅炉，用于 100MW、200MW、300MW 及 600MW 机组，也可用于化工、建材和磷矿等行业作为制粉的设备。现有 3854、4060、4360、4760、4772 等规格，可提供 52 ～ 105t/h 煤粉产出能力。MGS 系列双进双出磨煤机见图 3。

图 3　MGS 系列双进双出磨煤机

在冶金设备方面，济南重工设计生产的热轧无缝钢管生产线的主要设备包括穿孔机、轧管机、定径机、矫直机及精整设备等。适用于生产直径 70 ～ 426mm，壁厚 5 ～ 50mm 的无缝钢管，可生产的主要产品品种有：石油套管管体、石油套管接箍料、管线管、液压支架管、高压锅炉管、低中压锅炉管、气瓶管、流体管、结构管等。所产钢管具有质量优、几何精度高、机械性能好、品种适应性强、生产的钢种范围广、小批量生产灵活、投资小、建设速度快、年产量高等优点，目前已成为广大客户的首选。直径 273mm 无缝钢管生产线见图 4。

图 4　直径 273mm 无缝钢管生产线

在矿山领域，济南重工生产的球磨机广泛用于铝土矿、铁矿、金矿、铜矿及铜渣、铅锌多金属矿、稀土矿、石灰石矿等各类矿石原料的粉磨。

在氧化铝行业，济南重工生产的球磨机产品产量高、能耗低、运行可靠，年开机率可达 90% 以上。球磨机服务的氧化铝行业总年产能达到 2 200 万 t，在国内外同行业处于领先地位。2010 年，公司设计制造了氧化铝行业第一台 MQY4585 球磨机，并成功用于魏桥铝业 200 万 t/a 项目。

自 2008 年济南市穿黄工程论证实施起，济南重工抓住省内以及国内轨道交通建设快速发展的时机，建立了盾构机专业化研发生产基地，研发了国内领先的盾构机产品。

2016 年 5 月，下线了山东省首台大直径地铁隧道盾构机，并成功应用于济南轨道交通 1 号线和 3 号线。1 号线王府庄站至大杨庄站，区间长达 2km，地层高富水，且为灰岩、卵石、黏土交替出现的复杂的地层，对盾构机要求非常高。同时，1 号线连续下穿京沪高铁、普铁、高速公路，实现了不足 1mm 地面沉降的“零沉降”隧道施工壮举。 3 号线孟家庄站至龙奥站区间为全断面石灰岩地层，对盾构机设备的可靠性和寿命又是更大的挑战。济南重工生产的“开拓号”系列盾构机顺利完成掘进任务，全程无故障。针对济南市泉域岩溶地质特点而量身定做的盾构机，不仅功能强大，技术先进，而且还在线搭载了山东大学研制的超前地质预报，可对前方几十米距离的地质、尤其是水文情况进行准确预报。

针对各类复杂地质条件设计的土压平衡盾构机，集光、机、电、液、传感和信息技术于一体，具有开挖切削土体、输送土碴、拼装隧道衬砌、测量导向纠偏等功能，居于国内领先水平。土压平衡盾构机见图 5。

图 5　土压平衡盾构机

目前，济南重工制造的盾构机不仅在济南轨道交通项目上表现优秀，现已成功应用于北京、福州、广州、深圳、杭州等地，使济南重工在全国地铁盾构设备领域处于前三地位。

目前，济南重工正联合济南轨道集团、山东大学攻关研制智能掘进、越江海超大直径盾构、快速降解泡沫材料、渣土循环利用四个方向，力争在全国开创地铁盾构机无人化的智能掘进，实现超大直径盾构济南制造，实现城市轨道交通隧道的全绿色工程建设。

济南重工是山东省高新技术企业、山东省制造业信息化示范企业，是电力部认定和推荐的钢球磨煤机生产制造厂，是国家指定的矿山设备定点生产厂。多年来，济南重工为我国的电力、矿山冶金、建材、环保、轨道交通等领域提供了大量的优质产品。公司技术中心是国家认定的企业技术中心和山东省环保脱硫装备工程技术研究中心，建有博士后科研工作站、院士工作站，现有各类工程技术人员 200 多人。公司于 2000 年通过了 ISO9001 质量管理体系认证，并于 2007 年获得 CE 认证和多家船级社认证。目前，公司拥有专利 545 项，其中，发明专利 27 项；制定国家和行业标准 27 个。公司商标为中国驰名商标，生产的济重牌磨煤机被评为中国名牌产品。

公司先后荣获中国工业经济先锋全国示范单位、山东省自主创新先进单位、山东专利明星企业、济南市技术创新先进企业、济南市技术改造先进企业、济南市知识产权工作先进单位等荣誉称号。

近年来，公司一直致力于矿山球磨机高效节能新技术的研发和应用。先后主持或参与起草了 GB/T25708 球磨机与棒磨机、25 709 自磨机与半自磨机，钢球磨煤机、双进双出磨煤机、脱硫石灰石球磨机、水煤浆磨机、磨机轴瓦和轴承等 30 多项国家或行业标准。公司研发的超长寿命高效双金属衬板技术、零泄露湿式磨机进料口密封技术、机械自脱式慢速盘车技术，成功引领行业的应用和发展。

目前，公司研发的磨机永磁变频直驱技术已完成样机试制，即将进入样机测试和工业应用阶段，预计可提高传动效率 10%、提高研磨效率 10%，配合研磨介质优化，可提高综合效率 25% 以上。

〔供稿单位：济南重工集团有限公司〕

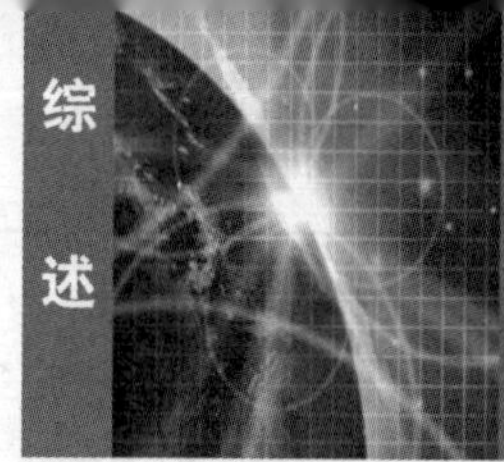

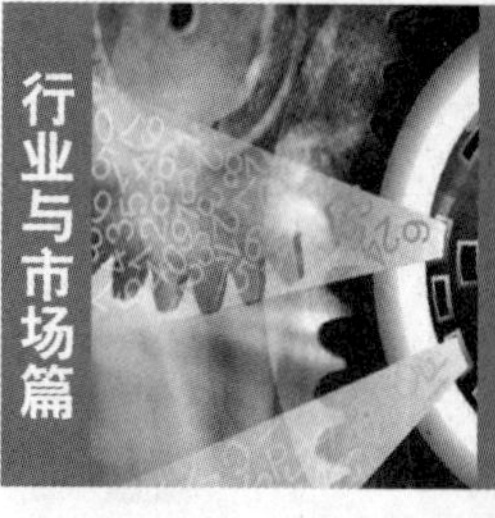

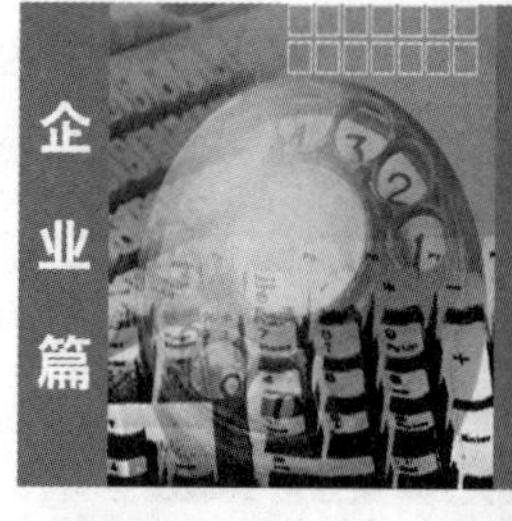

统计资料

客观反映2018年重型机械行业主要经济指标及产品进出口情况

Objectively reflect major economic indicators and import and export of products from the heavy machinery industry in 2018

统计资料

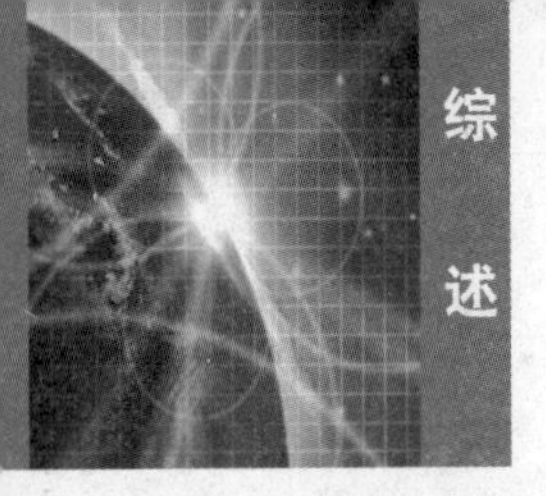

2018 年重型机械行业主要经济指标

行业分类	企业数（家）	主营业务收入（亿元）			主营业务成本（亿元）			亏损面（%）	
		2018 年	2017 年	同比增长（%）	2018 年	2017 年	同比增长（%）	2018 年	2017 年
全国机械工业	**88 220**	**213 780.52**	**201 582.31**	**6.05**	**179 278.64**	**168 584.36**	**6.34**	**15.30**	**14.14**
重型机械行业	**4 418**	**8 968.62**	**8 033.51**	**11.64**	**7 488.98**	**6 696.19**	**11.84**	**15.84**	**16.79**
物料搬运机械	2 344	5 444.38	4 959.80	9.77	4 517.72	4 095.95	10.30	17.92	15.00
轻小型起重设备制造	219	249.51	234.02	6.62	213.11	200.03	6.54	16.89	17.35
生产专用起重机制造	618	1 292.27	1 176.34	9.86	1 095.67	1 017.09	7.73	18.12	19.74
生产专用车辆制造	152	543.96	482.09	12.83	467.86	411.36	13.73	19.08	17.11
连续搬运设备制造	300	385.70	334.58	15.28	319.42	278.50	14.69	16.33	14.33
电梯、自动扶梯及升降机制造	751	2 414.19	2 249.13	7.34	1 956.74	1 789.47	9.35	19.44	17.31
客运索道制造	8	34.77	26.10	33.22	27.76	21.02	32.06	12.50	12.50
机械式停车设备制造	38	37.52	35.18	6.65	29.87	27.58	8.30	31.58	18.42
窄轨机车车辆制造	22	37.40	35.61	5.03	34.05	30.47	11.75	13.64	4.55
其他物料搬运设备制造	105	198.39	164.75	20.42	165.90	136.72	21.34	12.38	20.00
矿山机械制造	1 628	2 414.15	2 206.39	9.42	2 024.61	1 863.56	8.64	13.02	15.05
隧道施工专用机械制造	35	157.37	131.21	19.94	129.41	107.41	20.48	11.43	8.57
其他非金属加工专用设备制造	96	93.30	90.79	2.76	77.93	76.30	2.14	14.58	15.63
冶金专用设备制造	446	1 110.09	867.32	27.99	946.64	736.67	28.50	15.25	20.18

行业分类	销售费用（亿元）			管理费用（亿元）			财务费用（亿元）		
	2018 年	2017 年	同比增长（%）	2018 年	2017 年	同比增长（%）	2018 年	2017 年	同比增长（%）
全国机械工业	**6 741.77**	**6 274.13**	**7.45**	**12 541.13**	**11 469.40**	**9.34**	**1527.25**	**1600.76**	**-4.59**
重型机械行业	**316.66**	**289.00**	**9.57**	**589.06**	**548.48**	**7.40**	**92.26**	**100.69**	**-8.37**
物料搬运机械	206.86	191.59	7.97	365.88	345.45	5.91	37.71	38.83	-2.88
轻小型起重设备制造	6.99	6.71	4.17	17.17	16.48	4.19	1.86	1.99	-6.53
生产专用起重机制造	32.27	27.22	18.55	74.55	67.65	10.20	29.61	24.93	18.77
生产专用车辆制造	19.07	18.98	0.47	29.53	26.59	11.06	1.06	0.94	12.77
连续搬运设备制造	15.10	15.14	-0.26	26.79	23.90	12.09	3.16	3.06	3.27
电梯、自动扶梯及升降机制造	114.09	106.39	7.24	180.74	177.92	1.58	-2.17	2.83	-176.68
客运索道制造	1.19	0.83	43.37	2.57	2.16	18.98	0.18	0.07	157.14
机械式停车设备制造	2.94	2.65	10.94	3.07	3.07	0.00	0.64	0.57	12.28

（续）

行业分类	销售费用（亿元）			管理费用（亿元）			财务费用（亿元）		
	2018年	2017年	同比增长（%）	2018年	2017年	同比增长（%）	2018年	2017年	同比增长（%）
窄轨机车车辆制造	0.65	0.77	-15.58	1.52	1.43	6.29	0.08	0.17	-52.94
其他物料搬运设备制造	7.36	6.51	13.06	13.71	11.29	21.43	0.97	1.92	-49.48
矿山机械制造	81.64	72.45	12.68	147.91	134.57	9.91	39.86	44.18	-9.78
隧道施工专用机械制造	4.10	3.83	7.05	10.14	9.16	10.70	1.71	1.69	1.18
其他非金属加工专用设备制造	3.10	2.56	21.09	6.09	5.80	5.00	0.61	0.66	-7.58
冶金专用设备制造	28.15	24.96	12.78	75.28	68.44	9.99	14.72	17.68	-16.74

行业分类	利润总额（亿元）			资产总计（亿元）			流动资产合计（亿元）		
	2018年	2017年	同比增长（%）	2018年	2017年	同比增长（%）	2018年	2017年	同比增长（%）
全国机械工业	**14 492.81**	**14 184.04**	**2.18**	**234 194.35**	**218 478.63**	**7.19**	**145694.46**	**136674.03**	**6.60**
重型机械行业	**477.88**	**433.11**	**10.34**	**12 291.10**	**11 402.57**	**7.79**	**8103.59**	**7438.87**	**8.94**
物料搬运机械	319.57	323.03	-1.07	6 600.20	6 188.13	6.66	4433.18	4123.88	7.51
轻小型起重设备制造	12.21	10.54	15.84	217.86	214.88	1.39	141.47	142.58	-0.78
生产专用起重机制造	60.39	41.90	44.13	2 229.12	2 016.82	10.53	1345.93	1166.56	15.38
生产专用车辆制造	30.51	28.66	6.45	392.93	381.68	2.95	252.27	250.28	0.80
连续搬运设备制造	21.40	16.76	27.68	446.58	425.60	4.93	295.61	263.32	12.26
电梯、自动扶梯及升降机制造	161.16	192.42	-16.25	2 622.14	2 519.17	4.09	1930.97	1866.60	3.45
客运索道制造	3.21	2.35	36.60	39.61	36.79	7.67	27.13	26.49	2.42
机械式停车设备制造	1.01	1.68	-39.88	67.84	56.71	19.63	36.74	33.27	10.43
窄轨机车车辆制造	0.97	2.87	-66.20	30.99	27.36	13.27	22.55	18.69	20.65
其他物料搬运设备制造	11.34	8.57	32.32	227.06	211.47	7.37	148.01	143.00	3.50
矿山机械制造	114.91	88.37	30.03	3 614.96	3 440.59	5.07	2262.97	2116.57	6.92
隧道施工专用机械制造	11.89	12.00	-0.92	224.79	192.16	16.98	169.54	148.19	14.41
其他非金属加工专用设备制造	5.48	5.28	3.79	101.28	105.49	-3.99	62.96	64.40	-2.24
冶金专用设备制造	43.40	21.72	99.82	2 075.94	1 773.87	17.03	1407.44	1198.92	17.39

行业分类	应收账款（亿元）			存货（亿元）			其中：产成品（亿元）		
	2018年	2017年	同比增长（%）	2018年	2017年	同比增长（%）	2018年	2017年	同比增长（%）
全国机械工业	**47 782.08**	**44 624.66**	**7.08**	**29 677.72**	**27 378.65**	**8.40**	**11254.10**	**10623.11**	**5.94**
重型机械行业	**2 591.59**	**2 278.36**	**13.75**	**2 151.78**	**1 926.80**	**11.68**	**644.01**	**586.78**	**9.75**
物料搬运机械	1 458.35	1 214.44	20.08	1 150.77	1 040.13	10.64	356.56	328.51	8.54
轻小型起重设备制造	52.66	47.56	10.72	38.26	41.26	-7.27	10.28	11.51	-10.69

（续）

行业分类	应收账款（亿元）			存货（亿元）			其中：产成品（亿元）		
	2018年	2017年	同比增长（%）	2018年	2017年	同比增长（%）	2018年	2017年	同比增长（%）
生产专用起重机制造	418.42	294.97	41.85	451.78	396.63	13.90	74.49	72.56	2.66
生产专用车辆制造	68.18	59.87	13.88	70.80	67.62	4.70	29.57	26.45	11.80
连续搬运设备制造	111.64	93.55	19.34	80.89	67.83	19.25	28.16	24.44	15.22
电梯、自动扶梯及升降机制造	649.29	565.76	14.76	348.18	343.41	1.39	168.86	157.19	7.42
客运索道制造	13.53	13.13	3.05	6.75	7.61	-11.30	4.18	4.06	2.96
机械式停车设备制造	11.98	11.51	4.08	12.20	10.15	20.20	2.95	2.79	5.73
窄轨机车车辆制造	9.92	6.54	51.68	6.39	6.15	3.90	4.15	3.67	13.08
其他物料搬运设备制造	48.44	47.52	1.94	43.05	34.80	23.71	6.43	6.86	-6.27
矿山机械制造	748.48	724.75	3.27	696.09	625.09	11.36	210.74	188.04	12.07
隧道施工专用机械制造	53.31	53.49	-0.34	75.61	49.99	51.25	24.13	15.37	56.99
其他非金属加工专用设备制造	20.98	20.54	2.14	16.86	14.68	14.85	3.36	3.61	-6.93
冶金专用设备制造	384.76	339.16	13.44	304.93	261.58	16.57	76.70	70.25	9.18

行业分类	负债总计（亿元）			出口交货值（亿元）		
	2018年	2017年	同比增长（%）	2018年	2017年	同比增长（%）
全国机械工业	**131 673.71**	**122 372.79**	**7.60**	**21 317.65**	**19 729.63**	**8.05**
重型机械行业	**7 328.64**	**6 751.30**	**8.55**	**723.88**	**682.36**	**6.08**
物料搬运机械	3 854.76	3 499.17	10.16	613.83	576.29	6.51
轻小型起重设备制造	126.30	124.20	1.69	61.01	57.12	6.81
生产专用起重机制造	1 396.51	1 192.68	17.09	147.03	162.25	-9.38
生产专用车辆制造	190.06	181.08	4.96	100.94	89.45	12.85
连续搬运设备制造	234.88	197.39	18.99	23.81	18.35	29.75
电梯、自动扶梯及升降机制造	1 501.28	1 445.50	3.86	204.36	180.26	13.37
客运索道制造	22.13	21.01	5.33	0.11	0.07	57.14
机械式停车设备制造	28.38	27.14	4.57	1.59	1.22	30.33
窄轨机车车辆制造	16.48	13.76	19.77	0.07	0.06	16.67
其他物料搬运设备制造	115.86	105.47	9.85	51.85	45.91	12.94
矿山机械制造	2 110.83	2 043.99	3.27	72.45	75.32	-3.81
隧道施工专用机械制造	170.55	133.85	27.42	12.13	14.95	-18.86
其他非金属加工专用设备制造	52.33	57.09	-8.34	10.93	6.65	64.36
冶金专用设备制造	1 363.05	1 208.12	12.82	37.59	30.75	22.24

〔撰稿人：中国重型机械工业协会严祥文　　审稿人：中国重型机械工业协会李镜〕

2018 年重型机械行业综合经济指标

行业分类	资产负债率（%）		流动资产周转率（次）		成本费用利润率（%）	
	2018 年	2017 年	2018 年	2017 年	2018 年	2017 年
全国机械工业	56.22	56.01	1.53	1.57	7.24	7.55
重型机械行业	59.63	59.21	1.12	1.08	5.63	5.67
物料搬运机械						
轻小型起重设备制造	57.97	57.80	1.60	1.49	5.11	4.68
生产专用起重机制造	62.65	59.14	0.82	0.83	4.90	3.69
生产专用车辆制造	48.37	47.44	2.11	1.92	5.89	6.26
连续搬运设备制造	52.59	46.38	1.38	1.40	5.87	5.23
电梯、自动扶梯及升降机制造	57.25	57.38	1.31	1.27	7.16	9.27
客运索道制造	55.86	57.10	1.24	1.04	10.12	9.76
机械式停车设备制造	41.83	47.86	1.28	1.36	2.76	4.95
窄轨机车车辆制造	53.19	50.31	1.89	1.94	2.68	8.73
其他物料搬运设备制造	51.03	49.88	1.42	1.33	6.03	5.48
矿山机械制造	58.39	59.41	1.11	1.06	5.01	4.18
隧道施工专用机械制造	75.87	69.66	1.14	1.17	8.18	9.83
其他非金属加工专用设备制造	51.67	54.12	1.55	1.60	6.24	6.19
冶金专用设备制造	65.66	68.11	0.83	0.75	4.08	2.56

行业分类	利润率（%）		总资产利润率（%）		资本保值增值率（%）
	2018 年	2017 年	2018 年	2017 年	2018 年
全国机械工业	6.78	7.04	6.44	6.86	106.67
重型机械行业	5.33	5.39	3.87	3.75	106.69
物料搬运机械					
轻小型起重设备制造	4.90	4.50	4.97	4.36	100.97
生产专用起重机制造	4.67	3.56	2.33	1.76	101.03
生产专用车辆制造	5.61	5.95	7.73	7.54	101.14
连续搬运设备制造	5.55	5.01	5.02	4.39	92.77
电梯、自动扶梯及升降机制造	6.68	8.56	6.40	7.95	104.39
客运索道制造	9.23	9.01	8.15	6.64	110.78
机械式停车设备制造	2.68	4.77	1.93	3.88	133.49
窄轨机车车辆制造	2.60	8.05	3.45	10.83	106.70
其他物料搬运设备制造	5.72	5.20	5.21	4.36	104.91
矿山机械制造	4.76	4.01	3.24	2.57	107.70
隧道施工专用机械制造	7.56	9.14	6.23	7.64	93.03
其他非金属加工专用设备制造	5.87	5.81	5.56	5.56	101.14
冶金专用设备制造	3.91	2.50	2.18	1.24	126.01

〔撰稿人：中国重型机械工业协会严祥文　　审稿人：中国重型机械工业协会李镜〕

2018年重型机械行业主要产品进出口额统计

产品名称	出口金额（亿美元）			进口金额（亿美元）			进出口总额（亿美元）			进出口顺差（亿美元）		
	2018年	2017年	同比增长（%）	2018年	2017年	同比增长（%）	2018年	2017年	同比增长（%）	2018年	2017年	同比增长（%）
重型机械行业	**199.22**	**174.35**	**14.27**	**50.78**	**44.24**	**14.79**	**250.00**	**218.58**	**14.37**	**148.44**	**130.11**	**14.09**
一、冶金矿山机械	**31.88**	**27.92**	**14.18**	**7.87**	**5.80**	**35.59**	**39.75**	**33.72**	**17.87**	**24.01**	**22.12**	**8.57**
（一）冶金设备	**16.26**	**13.54**	**20.12**	**4.27**	**3.68**	**15.78**	**20.52**	**17.22**	**19.19**	**11.99**	**9.85**	**21.74**
1. 金属冶炼设备	0.29	0.57	-48.93	0.06	0.10	-40.14	0.35	0.66	-47.65	0.23	0.47	-50.76
2. 连续铸钢设备	0.30	0.36	-17.49	0.07	0.02	238.64	0.37	0.38	-3.82	0.23	0.34	-32.80
3. 金属轧制设备	3.86	3.68	4.75	1.24	1.29	-3.57	5.10	4.97	2.59	2.61	2.39	9.25
4. 冶金设备零件	11.82	8.93	32.35	2.89	2.28	27.16	14.71	11.20	31.30	8.92	6.65	34.13
（二）矿山机械	**15.62**	**14.38**	**8.60**	**3.61**	**2.12**	**70.01**	**19.23**	**16.51**	**16.49**	**12.02**	**12.26**	**-2.01**
1. 采掘、凿岩设备及钻机	5.12	4.27	19.77	1.13	0.48	136.70	6.25	4.75	31.51	3.99	3.79	5.07
2. 破碎、粉磨设备	6.11	6.45	-5.19	1.56	0.89	74.17	7.67	7.34	4.47	4.56	5.55	-17.95
3. 筛分、洗选设备	3.60	3.03	18.63	0.86	0.72	20.72	4.46	3.75	19.03	2.73	2.32	17.99
4. 矿山提升设备	0.06	0.06	-1.19	0.01	0.01	-42.18	0.07	0.07	-7.83	0.05	0.05	8.63
5. 矿山机械零件	0.73	0.57	28.53	0.05	0.02	120.07	0.78	0.59	31.91	0.69	0.55	24.87
二、物料搬运（起重运输）机械	**167.34**	**146.43**	**14.28**	**42.91**	**38.43**	**11.64**	**210.25**	**184.86**	**13.73**	**124.43**	**107.99**	**15.22**
（一）轻小型起重设备	**23.98**	**21.38**	**12.17**	**3.87**	**4.11**	**-5.84**	**27.85**	**25.49**	**9.26**	**20.10**	**17.26**	**16.46**
1. 电动葫芦	1.59	1.54	3.39	0.55	0.52	5.72	2.15	2.06	3.98	1.04	1.02	2.19
2. 滑车及手动葫芦	1.66	1.53	8.05	0.16	0.15	3.21	1.82	1.69	7.60	1.50	1.38	8.59
3. 卷扬机及绞盘	5.87	5.27	11.45	2.50	2.80	-10.62	8.38	8.07	3.79	3.37	2.47	36.50
4. 千斤顶	8.13	7.07	15.11	0.26	0.31	-17.26	8.39	7.38	13.75	7.88	6.76	16.60
5. 车辆举升机	4.92	4.34	13.50	0.09	0.09	-7.38	5.01	4.43	13.06	4.83	4.24	13.97
6. 轻小型起重设备零件	1.80	1.63	10.37	0.31	0.23	36.07	2.11	1.86	13.54	1.49	1.40	6.15
（二）起重机合计	**39.70**	**36.24**	**9.57**	**2.58**	**1.59**	**61.55**	**42.28**	**37.83**	**11.77**	**37.13**	**34.64**	**7.18**
1. 桥式起重机	2.84	2.02	40.93	0.20	0.21	-6.70	3.04	2.23	36.39	2.65	1.81	46.52
2. 门式起重机	5.25	6.62	-20.68	0.08	0.04	129.65	5.33	6.65	-19.87	5.17	6.58	-21.50
3. 装卸桥及其他桥架类起重机	13.88	13.55	2.41	0.02	0.07	-68.08	13.90	13.62	2.07	13.86	13.49	2.77

（续）

产品名称	出口金额（亿美元）			进口金额（亿美元）			进出口总额（亿美元）			进出口顺差（亿美元）		
	2018年	2017年	同比增长（%）	2018年	2017年	同比增长（%）	2018年	2017年	同比增长（%）	2018年	2017年	同比增长（%）
4. 塔式起重机	3.21	3.28	-2.12	0.01	0.01	-22.06	3.22	3.29	-2.19	3.20	3.27	-2.04
5. 门座起重机	2.68	1.38	93.74	1.25	0.54	129.89	3.93	1.93	103.94	1.43	0.84	70.30
6. 流动式起重机	9.48	7.70	23.11	0.38	0.20	91.50	9.86	7.90	24.83	9.09	7.50	21.29
7. 未列名起重机	0.61	0.44	38.84	0.42	0.32	31.40	1.04	0.76	35.71	0.19	0.12	58.61
8. 起重机零件	1.75	1.24	40.82	0.21	0.20	3.73	1.96	1.45	35.63	1.54	1.04	48.03
（三）工业车辆	**38.29**	**30.44**	**25.79**	**4.44**	**3.97**	**11.71**	**42.72**	**34.41**	**24.16**	**33.85**	**26.47**	**27.90**
1. 电动车辆（叉车）	8.70	6.83	27.44	1.61	1.35	19.30	10.31	8.18	26.10	7.09	5.48	29.45
2. 内燃叉车	15.80	12.53	26.13	0.53	0.67	-21.78	16.33	13.20	23.69	15.28	11.86	28.85
3. 短距离牵引车	0.48	0.37	27.45	0.19	0.14	37.31	0.66	0.51	30.09	0.29	0.24	21.81
4. 固定平台搬运车	0.37	0.25	45.02	0.05	0.05	-6.58	0.42	0.31	35.86	0.32	0.20	59.22
5. 手动起升搬运车辆	3.78	3.26	16.08	0.21	0.10	109.95	3.99	3.36	18.86	3.57	3.16	13.12
6. 工业车辆零件	9.16	7.20	27.24	1.85	1.66	11.73	11.01	8.85	24.33	7.30	5.54	31.89
（四）电梯、自动梯及升降机	**31.46**	**29.26**	**7.50**	**2.66**	**2.94**	**-9.56**	**34.11**	**32.20**	**5.95**	**28.80**	**26.32**	**9.41**
1. 载客电梯	14.28	13.13	8.77	1.04	1.40	-25.56	15.33	14.53	5.46	13.24	11.73	12.87
2. 其他升降机及倒卸式起重机	0.98	0.98	-0.36	0.32	0.47	-31.99	1.30	1.46	-10.66	0.66	0.51	29.18
3. 自动梯及自动人行道	6.03	6.31	-4.48	0.01	0.02	-51.81	6.04	6.33	-4.62	6.02	6.29	-4.33
4. 电梯、自动梯及升降机零件	10.16	8.83	15.05	1.28	1.04	22.97	11.44	9.87	15.89	8.88	7.79	13.99
（五）连续搬运设备	**16.79**	**15.49**	**8.36**	**12.25**	**11.53**	**6.17**	**29.03**	**27.02**	**7.42**	**4.54**	**3.96**	**14.73**
1. 输送机械（输送机及提升机）	15.45	12.94	19.44	11.32	10.64	6.38	26.77	23.57	13.54	4.13	2.30	79.92
2. 装卸机械	1.33	2.55	-47.75	0.93	0.90	3.71	2.26	3.45	-34.39	0.41	1.66	-75.56
（六）其他物料搬运设备	**17.13**	**13.62**	**25.71**	**17.12**	**14.28**	**19.87**	**34.25**	**27.90**	**22.72**	**0.01**	**-0.66**	**-100.96**
1. 立体仓库设备	0.29	0.03	938.88	1.34	0.44	207.42	1.63	0.46	251.81	-1.05	-0.41	156.90
2. 机械停车设备	0.52	0.35	48.08	0.02	0.03	-8.89	0.54	0.38	43.96	0.49	0.32	52.89
3. 机场专用搬运设备	0.56	0.54	3.44	0.02	0.02	12.03	0.57	0.55	3.69	0.54	0.52	3.19
4. 矿车推进机、转车台、货车倾卸机	0.14	0.09	50.28	0.00	0.01	-99.07	0.14	0.11	32.88	0.14	0.08	72.96
5. 搬运机器人	0.80	0.35	127.19	2.26	2.50	-9.44	3.07	2.85	7.50	-1.46	-2.15	-31.95
6. 未列名提升、搬运、装卸机械	7.75	6.03	28.47	11.82	10.42	13.44	19.56	16.45	18.95	-4.07	-4.39	-7.23
7. 税号84.28所列其他机械零件	7.87	6.58	19.58	3.92	3.37	16.27	11.79	9.96	18.46	3.95	3.21	23.06

注：因四舍五入，表中合计数有微小出入。

〔撰稿人：中国重型机械工业协会严祥文　审稿人：中国重型机械工业协会李镜〕

2018 年重型机械行业主要产品进出口数量

产品名称	数量单位	出口数量	出口金额（万美元）	进口数量	进口金额（万美元）	进出口总额（万美元）	进出口顺差（万美元）
重型机械行业			**1 992 200**		**507 777**	**2 499 977**	**1 484 422**
一、冶金矿山机械			**318 810**		**78 703**	**397 513**	**240 107**
占重型机械行业的比重（%）			16 .00		15 .50	15.90	16.18
（一） 冶金设备			**162 586**		**42 651**	**205 237**	**119 935**
占冶金矿山机械的比重（%）			51.00		54.19	51.63	49.95
1. 金属冶炼设备	**台**	**980**	**2 897**	**23**	**583**	**3 481**	**2 314**
（1）炼焦炉	台	14	68	0	0	68	68
（2）转炉	台	534	1 423	13	316	1 739	1 108
（3）炉外精炼设备	台	432	1 406	10	268	1 673	1 138
2. 连续铸钢设备	**台**	**772**	**2 972**	**2**	**688**	**3 660**	**2 284**
（1）方坯连铸机	台	339	878	1	95	973	783
（2）板坯连铸机	台	74	1 224	0	0	1 224	1 224
（3）其他钢坯连铸机	台	359	870	1	593	1 463	277
3. 金属轧制设备	**台**	**19 342**	**38 555**	**472**	**12 447**	**51 002**	**26 109**
（1）板材轧机	台	4 246	11 490	31	1 570	13 060	9 920
（2）管轧机	台	1 211	5 205	9	76	5 281	5 128
（3）型材轧机	台	377	1 725	0	0	1 725	1 725
（4）线材轧机	台	622	3 962	11	911	4 873	3 050
（5）其他金属轧机	台	8 349	7 982	68	4 745	12 727	3 238
（6）拉拔机	台	4 537	8 191	353	5 145	13 336	3 046
4. 冶金设备零件			**118 162**		**28 933**	**147 095**	**89 229**
（1）金属冶炼设备零件			33 209		4 812	38 021	28 397
（2）连铸机零件	kg	28 436	16 563	408	2 357	18 920	14 207
（3）金属轧制设备零件			68 390		21 764	90 154	46 626
（二） 矿山机械			**156 224**		**36 052**	**192 277**	**120 172**
占冶金矿山机械的比重（%）			49.00		45.81	95.00	3.00
1. 采掘、凿岩设备及钻机	**台**	**70 020**	**51 165**	**463**	**11 292**	**62 457**	**39 873**
（1）采煤、凿岩机及隧道掘进机	台	36 854	40 872	408	10 074	50 946	30 799
（2）矿用电铲	台	32	5 768	0	0	5 768	5 768
（3）采矿钻机	台	255	1 085	15	204	1 290	881

（续）

产品名称	数量单位	出口数量	出口金额（万美元）	进口数量	进口金额（万美元）	进出口总额（万美元）	进出口顺差（万美元）
（4）工程钻机	台	32 879	3 440	40	1 014	4 454	2 425
2. 破碎、粉磨设备	**台**	**64 698**	**61 130**	**1 296**	**15 564**	**76 694**	**45 566**
（1）齿辊式破碎设备	台	11 173	5 725	95	1 936	7 661	3 789
（2）球磨式粉磨设备	台	16 583	13 226	114	971	14 198	12 255
（3）其他破碎或粉磨设备	台	36 942	42 179	1 087	12 656	54 835	29 523
3. 筛分、洗选设备	**台**	**92 967**	**35 991**	**1 947**	**8 647**	**44 638**	**27 345**
4. 矿山提升设备	**台**	**3 384**	**601**	**58**	**68**	**669**	**533**
（1）电动矿山提升设备	台	1 605	578	56	31	608	547
（2）非电动矿山提升设备	台	1 779	23	2	37	61	-14
5. 矿用电铲用零件	**kg**	**19 552**	**7 337**	**485**	**482**	**7 819**	**6 855**
二、物料搬运（起重运输）机械			**1 673 390**		**429 074**	**2 102 464**	**1 244 315**
占重机行业的比重（%）			84.00		84.50	84.10	83.82
（一）轻小型起重设备			**239 784**		**38 735**	**278 519**	**201 048**
占物料搬运机械的比重（%）			14 .38		9.03	13.24	16.16
1. 电动葫芦	**台**	**1 004 349**	**15 941**	**21 430**	**5 526**	**21 467**	**10 416**
2. 滑车及手动葫芦	**台**	**4 521 095**	**16 555**	**22 841**	**1 599**	**18 154**	**14 956**
3. 卷扬机及绞盘	**台**	**7 205 293**	**58 719**	**61 569**	**25 038**	**83 757**	**33 681**
（1）电动卷扬机及绞盘	台	1 978 732	46 665	25 391	20 910	67 575	25 754
（2）非电动卷扬机及绞盘	台	5 226 561	12 054	36 178	4 128	16 182	7 926
4. 千斤顶	**台**	**45 040 551**	**81 344**	**194 007**	**2 565**	**83 909**	**78 779**
（1）车库中使用的固定千斤顶系统	台	13 555	913	40	36	949	877
（2）其他液压千斤顶	台	23 530 045	54 717	36 988	1 510	56 227	53 207
（3）其他千斤顶	台	21 496 951	25 714	156 979	1 020	26 733	24 694
5. 车辆举升机	**台**	**2 896 154**	**49 213**	**2 060**	**879**	**50 093**	**48 334**
（1）液压举升机	台	698 094	43 122	1 590	758	43 879	42 364
（2）其他举升机	台	2 198 060	6 092	470	122	6 214	5 970
6. 税号 8425 轻小型起重设备零件	**kg**	**62 359**	**18 011**	**1 961**	**3 128**	**21 139**	**14 883**
（二）起重机			**397 046**		**25 754**	**422 800**	**371 292**
占物料搬运机械的比重（%）			23.73		6.08	20.11	29.84
1. 桥式起重机	**台**	**4 537**	**28 439**	**386**	**1 980**	**30 420**	**26 459**
（1）通用桥式起重机	台	3 680	24 517	308	1 488	26 005	23 028
（2）其他桥式起重机	台	857	3 923	78	492	4 415	3 431
2. 门式起重机	**台**	**1 265**	**52 503**	**23**	**820**	**53 323**	**51 682**
3. 装卸桥及其他桥架类起重机	**台**	**3 102**	**138 797**	**96**	**214**	**139 011**	**138 582**
（1）装卸桥	台	351	134 046	37	74	134 120	133 972
（2）其他桥架类起重机	台	2 751	4 751	59	140	4 891	4 610

（续）

产品名称	数量单位	出口数量	出口金额（万美元）	进口数量	进口金额（万美元）	进出口总额（万美元）	进出口顺差（万美元）
4. 塔式起重机	**台**	**2 259**	**32 104**	**27**	**96**	**32 199**	**32 008**
5. 门座起重机	**台**	**835**	**26 806**	**122**	**12 513**	**39 319**	**14 293**
6. 流动式起重机	**台**	**5 494**	**94 753**	**680**	**3 813**	**98 566**	**90 940**
（1）轮式起重机	台	3 608	64 307	35	464	64 772	63 843
（2）履带式起重机	台	1 123	28 355	29	2 332	30 687	26 023
（3）其他流动式起重机	台	138	431	1	3	434	427
（4）公路车辆的随车起重机	台	625	1 660	615	1 013	2 673	647
7. 未列名起重机	**台**	**8 688**	**6 133**	**713**	**4 217**	**10 350**	**1 915**
8. 税号 8426 戽斗、铲斗等	**kg/ 个**	**75 050**	**17 512**	**2 852**	**2 100**	**19 611**	**15 412**
（三） 工业车辆	**台**		**382 887**		**44 362**	**427 249**	**338 524**
占物料搬运机械的比重（%）			22.88		10.34	20.32	27.21
1. 电动车辆（叉车）	**台**	**182 513**	**87 035**	**13 418**	**16 098**	**103 133**	**70 937**
（1）乘驾式高起升堆垛叉车	台	1 566	817	565	1 589	2 406	-772
（2）其他电动车辆（叉车）	台	180 947	86 218	12 853	14 509	100 727	71 709
2. 内燃叉车	**台**	**103 081**	**158 020**	**846**	**5 263**	**163 283**	**152 757**
（1）集装箱叉车	台	366	5 158	8	127	5 284	5 031
（2）其他内燃叉车	台	102 715	152 862	838	5 136	157 998	147 726
3. 短距离牵引车	**辆**	**2 970**	**4 767**	**1 253**	**1 871**	**6 639**	**2 896**
（1）电动牵引车	辆	1 544	998	1 140	1 418	2 416	-419
（2）其他机动牵引车	辆	1 426	3 769	113	454	4 222	3 315
4. 固定平台搬运车	**辆**	**35 279**	**3 676**	**181**	**511**	**4 187**	**3 165**
（1） 电动固定平台搬运车	辆	18 815	2 580	86	106	2 686	2 474
（2）其他固定平台搬运车	辆	16 464	1 096	95	405	1 502	691
5. 手动起升搬运车辆	**台**	**1 836 349**	**37 831**	**2 585**	**2 089**	**39 920**	**35 742**
6. 工业车辆零件	**kg**	**665 717**	**91 557**	**20 767**	**18 530**	**110 087**	**73 027**
（1） 品目 8427 所列机械用传动部件	kg/ 个	2 802	1 426	3 181	2 143	3 569	-718
（2） 品目 8427 所列机械的其他零件	kg	658 417	88 850	17 031	15 499	104 348	73 351
（3） 税号 8709 搬运车牵引车零件	kg	4 499	1 282	554	888	2 170	393
（四） 电梯、自动梯及升降机	**台**		**314 561**		**26 566**	**341 127**	**287 995**
占物料搬运机械的比重（%）			18.80		6.19	16.23	23.14
1. 载客电梯	**台**	**64 604**	**142 842**	**2 489**	**10 433**	**153 275**	**132 409**
2. 其他升降机及倒卸式起重机	**台**	**7 391**	**9 788**	**1 015**	**3 226**	**13 014**	**6 562**
3. 自动梯及自动人行道	**台**	**19 611**	**60 312**	**7**	**94**	**60 406**	**60 218**
4. 电梯、自动梯及升降机零件	**kg**	**522 681**	**101 619**	**10 896**	**12 813**	**114 431**	**88 806**
（五）连续搬运设备	**台**	**323 670**	**167 852**	**47 844**	**122 459**	**290 310**	**45 393**
占物料搬运机械的比重（%）			10.03		28.54	13.81	3.65

（续）

产品名称	数量单位	出口数量	出口金额（万美元）	进口数量	进口金额（万美元）	进出口总额（万美元）	进出口顺差（万美元）
1. 输送机械（输送机及提升机）	**台**	**318 155**	**154 504**	**46 983**	**113 165**	**267 669**	**41 339**
（1）气力输送机	台	14 385	3 726	3 585	6 997	10 723	-3 271
（2）地下专用的输送机	台	96	1 122	112	1 594	2 716	-472
（3）斗式提升输送机	台	16 496	9 931	5 470	6 022	15 953	3 909
（4）带式输送机	台	150 678	59 157	16 380	23 486	82 643	35 671
（5）链式输送机	台	20 188	21 660	3 040	17 424	39 084	4 236
（6）辊式输送机	台	40 608	15 563	4 465	26 801	42 364	-11 238
（7）其他输送机及提升机	台	75 704	43 345	13 931	30 842	74 187	12 503
（8）架空索道	台	3 910	414	2 128	730	1 144	-317
2. 装卸机械	**台**	**5 515**	**13 348**	**861**	**9 294**	**22 641**	**4 054**
（1）装船机	台	19	1 169	0	0	1 169	1 169
（2）卸船机	台	12	656	2	744	1 400	-88
（3）堆取料机械	台	1 593	10 046	223	3 067	13 113	6 979
（4）其他装卸机械	台	3 891	1 477	636	5 483	6 959	-4 006
（六）其他物料搬运设备			**171 261**		**171 198**	**342 458**	**63**
占物料搬运机械的比重（%）			10.23		39.90	16.29	0.01
1. 立体仓库设备	**台**	**17 671**	**2 920**	**830**	**13 375**	**16 295**	**-10 455**
（1）自动化立体仓储设备	台	17 574	2 080	496	10 384	12 463	-8 304
（2）有轨巷道堆跺机	台	97	841	334	2 991	3 832	-2 150
2. 机械停车设备	**台**	**19 004**	**5 157**	**50**	**247**	**5 405**	**4 910**
3. 机场专用搬运设备	**台**	**323**	**5 573**	**3**	**176**	**5 749**	**5 397**
（1）机场用旅客登机桥	台	185	4 835	1	9	4 843	4 826
（2）其他旅客登机（船）桥	台	138	738	2	167	906	571
4. 矿车推进机、转车台、货车倾卸装置	**台**	**448**	**1 423**	**3**	**1**	**1 424**	**1 422**
5. 搬运机器人	**台**	**9 338**	**8 033**	**35 052**	**22 632**	**30 666**	**-14 599**
6. 未列名提升、搬运、装卸机械	**台**	**3 057 661**	**77 478**	**254 985**	**118 167**	**195 645**	**-40 688**
7. 税号 84.28 所列其他机械零件	**kg**	**228 478**	**78 708**	**11 864**	**39 232**	**117 940**	**39 477**

注：因四舍五入，合计数会有微小出入。

〔撰稿人：中国重型机械工业协会严祥文　　审稿人：中国重型机械工业协会李镜〕

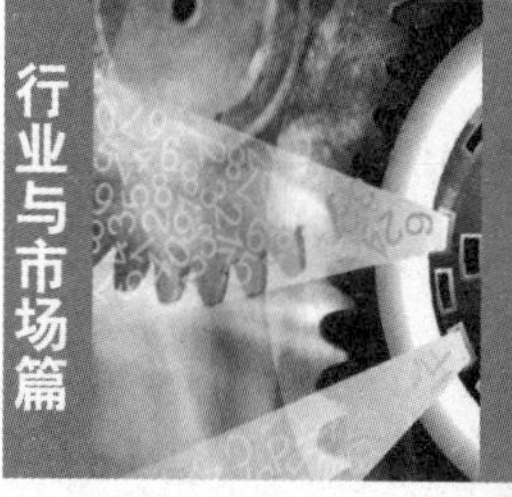

介绍重型机械行业标准化及质量工作情况

Introduce progress of industry-wide standardization and quality work for the heavy machinery industry

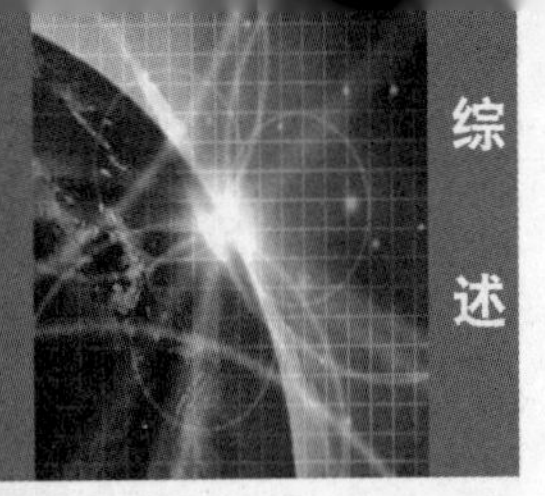

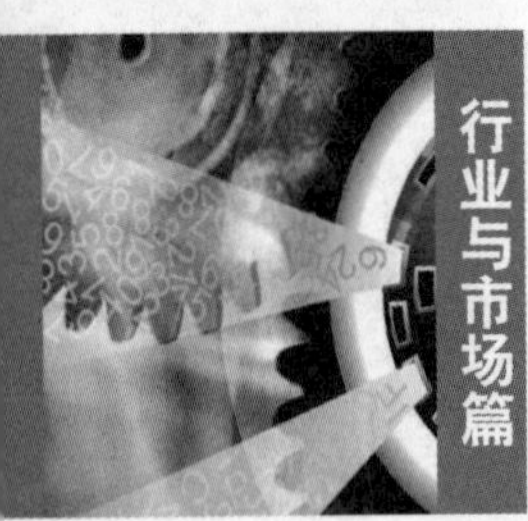

标准与质量

我国冶金设备行业标准化工作情况

截至2018年年底，全国冶金设备标准化技术委员会（SAC/TC409，简称冶金标委会）归口管理的国家标准18项，行业标准455项，正在执行的国家标准计划5项、行业标准计划44项。

2018年，由工业和信息化部批准立项、冶金标委会归口管理的行业标准25项（见表1）。冶金标委会报批的国家标准13项（见表2），报批的行业标准8项（见表3），审查的国家标准5项、行业标准5项（见表4）。国家标委会批准发布，由SAC/TC409归口管理的国家标准2项（见表5），工业和信息化部批准发布，由SAC/TC409归口管理的行业标准44项（见表6）。SAC/TC409完成了系列国家标准《润滑系统》的审查工作，现已进入报批阶段。

表1　SAC/TC409归口管理的25项行业标准

序号	计划编号	标准名称	标准级别	制／修订
1	2018-0717T-JB	宽厚板粗轧立辊轧机	行业标准	制订
2	2018-0718T-JB	热轧H型钢机组　二辊粗轧机　通用技术条件	行业标准	制订
3	2018-0719T-JB	热轧H型钢机组　三机架串联精轧机　通用技术条件	行业标准	制订
4	2018-0720T-JB	重型机械压力机自动控制系统	行业标准	制订
5	2018-0721T-JB	重型热模锻压力机自动控制系统	行业标准	制订
6	2018-1002T-JB	常压固定床煤气发生炉	行业标准	JB/T 7327—2007
7	2018-1003T-JB	超级电容器供电式钢卷运输车	行业标准	制订
8	2018-1004T-JB	单齿辊破碎机	行业标准	制订
9	2018-1005T-JB	钢丝、棉线编织胶管总成　技术条件	行业标准	修订
10	2018-1006T-JB	高炉移盖机	行业标准	制订
11	2018-1007T-JB	剪切销安全联轴器	行业标准	制订
12	2018-1008T-JB	炉卷轧机机组　轧制设备　通用技术条件	行业标准	制订
13	2018-1009T-JB	热连轧机组　钢卷检查线　通用技术条件	行业标准	制订
14	2018-1010T-JB	热连轧机组　托盘式钢卷运输线　通用技术条件	行业标准	制订
15	2018-1011T-JB	热轧带钢四辊平整机　技术条件	行业标准	制订
16	2018-1012T-JB	锥密封45°钢丝编织胶管总成	行业标准	修订
17	2018-1013T-JB	锥密封45°棉线编织胶管总成	行业标准	修订
18	2018-1014T-JB	锥密封90°钢丝编织胶管总成	行业标准	修订
19	2018-1015T-JB	锥密封90°棉线编织胶管总成	行业标准	修订
20	2018-1016T-JB	锥密封　钢丝编织胶管总成	行业标准	修订
21	2018-1017T-JB	锥密封　棉线编织胶管总成	行业标准	修订
22	2018-1018T-JB	锥密封双90°钢丝编织胶管总成	行业标准	修订
23	2018-1019T-JB	锥密封双90°棉线编织胶管总成	行业标准	修订
24	2018-0715T-JB	金属环件胀形机	行业标准	制订
25	2018-0716T-JB	金属静液挤压机	行业标准	制订

表 2　SAC/TC409 报批的 13 项国家标准

序号	标准计划号	标准名称	标准级别	制 / 修订
1	20171146-T-469	重型机械通用技术条件　第 1 部分：产品检验	国家标准	制订
2	20171145-T-469	重型机械通用技术条件　第 2 部分 火焰切割件	国家标准	制订
3	20171144-T-469	重型机械通用技术条件　第 3 部分：焊接件	国家标准	制订
4	20171143-T-469	重型机械通用技术条件　第 4 部分：铸铁件	国家标准	制订
5	20171142-T-469	重型机械通用技术条件　第 5 部分：有色金属铸件	国家标准	制订
6	20171141-T-469	重型机械通用技术条件　第 9 部分：切削加工件	国家标准	制订
7	20171138-T-469	重型机械通用技术条件　第 10 部分：装配	国家标准	制订
8	20171147-T-469	重型机械通用技术条件　第 11 部分：配管	国家标准	制订
9	20171148-T-469	重型机械通用技术条件　第 12 部分：涂装	国家标准	制订
10	20171151-T-469	重型机械通用技术条件　第 13 部分：包装	国家标准	制订
11	20171137-T-469	重型机械通用技术条件　第 14 部分：铸钢件无损探伤	国家标准	制订
12	20171140-T-469	重型机械通用技术条件　第 15 部分：锻钢件无损探伤	国家标准	制订
13	20171139-T-469	重型机械通用技术条件　第 16 部分：液压系统	国家标准	制订

表 3　SAC/TC409 报批的 8 项行业标准

序号	标准计划号	标准名称	标准级别	制 / 修订
1	2010-1729T-JB	冶金设备　气动盘式制动器　第 1 部分：常开型	行业标准	修订
2	2010-1728T-JB	冶金设备　气动盘式制动器　第 2 部分：常闭型	行业标准	修订
3	2010-1730T-JB	冶金设备　气动盘式制动器　第 3 部分：水冷却型	行业标准	修订
4	2016-0576T-JB	钨钼板冷轧机　通用技术条件	行业标准	制订
5	2016-0577T-JB	钨钼板热轧机　通用技术条件	行业标准	制订
6	2011-2142T-JB	宽厚板轧机主传动液压安全联轴器	行业标准	制订
7	2011-2158T-JB	热连轧粗轧机主传动液压安全联轴器	行业标准	制订
8	2011-2171T-JB	热连轧精轧机主传动液压安全联轴器	行业标准	制订

表 4　SAC/TC409 审查的 10 项标准

序号	标准计划号	标准名称	标准级别	制 / 修订
1	20070490-Q-604	连铸机安全技术条件	国家标准	制订
2	2016-0578T-JB	有色金属连铸机用内导式液压缸	行业标准	制订
3	2018-1004T-JB	单齿辊破碎机	行业标准	制订
4	2018-1002T-JB	常压固定床煤气发生炉	行业标准	制订
5	20171152-T-469	润滑系统　术语和图形符号	国家标准	制订
6	20171150-T-469	润滑系统　检验规范	国家标准	制订
7	20171149-T-469	润滑系统　能效评定方法	国家标准	制订
8	2018-1006T-JB	高炉移盖机	行业标准	制订
9	20078180-T-604	带材涂覆机	国家标准	制订
10		带式烧结机	行业标准	修订

表 5　SAC/TC409 归口管理的 2 项国家标准

序号	标准号	标准名称	标准级别	制订 / 修订
1	GB/T 35981—2018	冶金设备　焊接吊耳　技术规范	国家标准	制订
2	GB/T 35976—2018	板带精整与表面处理装备　安全技术条件	国家标准	制订

表 6　SAC/TC409 归口管理的 44 项行业标准

序号	标准计划号	标准名称	标准级别	制 / 修订
1	2011-2137T-JB	宽厚板粗轧机　第 1 部分：性能参数	行业标准	制订
2	2011-2138T-JB	宽厚板粗轧机　第 2 部分：通用技术条件	行业标准	制订
3	2011-2143T-JB	宽厚板轧制设备　术语	行业标准	制订
4	2011-2144T-JB	宽厚板轧制设备　验收规范	行业标准	制订
5	2011-2145T-JB	冷连轧机组　验收规范	行业标准	制订
6	2011-2146T-JB	冷连轧机组　主轧机　第 1 部分：性能参数	行业标准	制订
7	2011-2147T-JB	冷连轧机组　主轧机　第 2 部分：通用技术条件	行业标准	制订
8	2011-2167T-JB	热连轧机组　验收规范	行业标准	制订
9	2011-2169T-JB	热连轧精轧机　第 1 部分：性能参数	行业标准	制订
10	2011-2170T-JB	热连轧精轧机　第 2 部分：通用技术条件	行业标准	制订
11	2015-1196T-JB	棒材轧制生产线　冷剪	行业标准	制订
12	2015-1199T-JB	数控刮削滚光机床	行业标准	制订
13	2011-0196T-JB	拉丝机	行业标准	修订
14	2011-0207T-JB	液压锥套	行业标准	修订
15	2011-0203T-JB	水系统　零部件	行业标准	修订
16	2011-0192T-JB	弧形方坯连铸机结晶器铜管	行业标准	修订
17	2011-2148T-JB	立辊轧机主传动鼓形齿主联轴器	行业标准	制订
18	2010-1725T-JB	热连轧精轧机组重载鼓形齿式接轴	行业标准	制订
19	2011-0188T-JB	电动润滑泵装置型式、参数与尺寸（20MPa）	行业标准	修订
20	2011-0187T-JB	单线干油泵及装置型式、参数与尺寸	行业标准	修订
21	2015-1198T-JB	热轧无缝钢管生产线　自动化系统　通用设计规范	行业标准	制订
22	2016-0795T-JB	起重运输轨道用固定装置	行业标准	修订
23	2015-1195T-JB	板坯连铸机用堆焊辊　通用技术条件	行业标准	制订
24	2015-1197T-JB	冷轧带钢处理线用大直径淬火辊　通用技术条件	行业标准	制订
25	2011-2139T-JB	宽厚板精轧机　第 1 部分：性能参数	行业标准	制订
26	2011-2140T-JB	宽厚板精轧机　第 2 部分：通用技术条件	行业标准	制订
27	2011-2141T-JB	宽厚板热矫直机　技术条件	行业标准	制订
28	2011-2159T-JB	热连轧粗轧立辊轧机　第 1 部分：性能参数	行业标准	制订
29	2011-2160T-JB	热连轧粗轧立辊轧机　第 2 部分：通用技术条件	行业标准	制订
30	2011-2161T-JB	热连轧地下卷取机　技术条件	行业标准	制订
31	2011-2162T-JB	热连轧二辊粗轧机　第 1 部分：性能参数	行业标准	制订
32	2011-2163T-JB	热连轧二辊粗轧机　第 2 部分：通用技术条件	行业标准	制订
33	2011-2165T-JB	热连轧机精轧机组主传动减速机	行业标准	制订
34	2011-2166T-JB	热连轧机卷取机主传动减速机	行业标准	制订

（续）

序号	标准计划号	标准名称	标准级别	制 / 修订
35	2011-2172T-JB	热连轧四辊粗轧机　第 1 部分：性能参数	行业标准	制订
36	2011-2173T-JB	热连轧四辊粗轧机　第 2 部分：通用技术条件	行业标准	制订
37	2011-2174T-JB	热轧用矫直机齿轮箱	行业标准	制订
38	2013-1517T-JB	气动摩擦片浮动式离合器	行业标准	制订
39	2013-1518T-JB	气动摩擦片浮动式制动器	行业标准	制订
40	2013-1516T-JB	重型闭式单动机械压力机	行业标准	制订
41	2012-1869T-JB	冷连轧机组　快速换辊机　通用技术要求	行业标准	制订
42	2012-1871T-JB	冷连轧机组　双卷筒转盘式卷取机　通用技术要求	行业标准	制订
43	2013-1519T-JB	单动闭式多连杆四点伺服机械压力机　精度	行业标准	制订
44	2011-2168T-JB	热连轧机组粗轧机压下减速机	行业标准	制订

冶金标委会完成了由国家标委会和工信部安排的专业标准化体系建设工作，开展了调研、分析、研究、讨论，征求意见以及标委会专家审查确定等工作，编制了科学、有效、全面和完整的冶金设备专业领域标准化体系结构，目前已按要求上报 SAC/TC409。加强装备创新项目的标准预研工作，起动了《轧辊超声表面波检测方法》《永磁调速器　通用技术要求》专项研究工作。2018 年组织报批了冶金专业领域核心系列标准《重型机械通用技术条件》的制（修）订工作，并陆续发布，英文版本正在编制之中。

〔撰稿人：中国重型机械研究院股份公司夏娟　审稿人：中国重型机械研究院股份公司吴量〕

我国矿山机械行业标准化工作

全国矿山机械标准化技术委员会（SAC/TC88，简称全国矿机标委会）是全国性矿山机械（固体矿物的开采与选别加工处理设备）行业标准化工作的技术组织，负责全国矿山机械行业标准化工作的技术归口管理，并与相应的国际标准化组织建立联系和开展交流活动。全国矿机标委会下设电气设备、液压传动与控制设备、石料矿山开采设备等三个分委会和筒式磨机工作组，共有 50 多名分委会委员和技术专家。

全国矿机标委会 2018 年组织完成了多项标准制（修）订、《装备制造业标准化体系战略研究（重型机械领域）》编制、成立 SAC/TC88/SC3 石料矿山开采设备分技术委员会、3 项国家标准外文版翻译、参与国际标准化活动、加强行业技术服务等重点工作，继续保持了稳步发展的良好态势，取得了丰硕成果。截至 2018 年年底，全国矿机标委会归口管理的现行有效标准共 400 项，其中，国家标准 85 项，机械行业标准 315 项；在研外文版国家标准计划项目 3 项，在研行业标准计划项目 70 项。

一、标准制（修）工作完成情况

为落实《“十三五”标准化发展规划》和《矿山机械专业领域“十三五”技术标准体系建设方案》，适时将矿山机械最新科研成果和先进技术转化为标准，2018 年全国矿机标委会秘书处按照国标委《2018 年国家标准立项指南》的要求，组织完成《破碎筛分系统运行状态智能监测技术规范》等 9 项国家标准计划项目（包括 1 项强制性国家标准）、4 项国家标准外文版计划项目和两批共 41 项机械行业标准计划项目的申报。2018 年，3 项矿山机械行业国家标准外文版列入国家标准制（修）订计划；其他国家标准项目完成答辩，行业标准计划项目待工信部立项公示。全国矿机标委会完成审查和报批国家标准计划项目 4 项；完成 34 项机械行业标准项目审查工作。2018 年，国标委批准发布了 SAC/TC88 归口管理的 GB/T 36231.1—2018《矿山机械　图形符号　第 1 部分：矿物开采设备》等 3 项国家标准，以及工信部批准发布 SAC/TC88 归口管理的 JB/T 13429—2018《地下服务车》等 30 项机械行业标准。

为落实2018年国家标准和行业标准制（修）订项目计划，协调解决标准起草工作中的有关问题，全国矿机标委会于2018年4月在陕西省汉中市召开了矿山机械行业2018年度国家标准和行业标准起草协调工作会议，逐项对2018年度标准计划项目进行了协调落实，明确了标准项目的负责起草单位、参加起草单位及标准主要技术内容和总体要求、分工和进度安排，为2018年标准项目计划的正常实施和顺利完成奠定了基础。

2018年8月，全国矿机标委会在河南省洛阳市组织召开矿山机械标准技术审查会，完成对《球磨粉磨系统 矿物原料易磨性试验方法》等18项标准项目的技术审查。2018年11月，在江苏省徐州市召开的全国矿机标委会五届五次年会上，完成《破碎设备再制造技术导则》等20项标准项目的审查。2018年全国矿机标委会组织完成审查的标准计划项目见表1。

表1　SAC/TC88 2018年完成审查的标准计划项目

序号	标准项目名称	标准级别	制（修）订	代替标准
1	露天矿用无轨运矿车　安全要求	国家标准	制订	
2	球磨粉磨系统　矿物原料易磨性试验方法	国家标准	制订	
3	破碎设备再制造技术导则	国家标准	制订	
4	潜孔冲击器和潜孔钻头	国家标准	修订	GB/T 13344—2010
5	矿用湿式除尘风机	行业标准	制订	
6	矿井提升设备钢丝绳张力在线智能监控装置技术条件	行业标准	制订	
7	矿用履带牵引连续换带机	行业标准	制订	
8	矿用皮带机缓冲床	行业标准	制订	
9	井下现场混装乳化炸药车	行业标准	修订	JB/T 10881—2008
10	天然石开采叉装车	行业标准	修订	JB/T 11296—2012
11	水煤浆用剪切泵	行业标准	制订	
12	弧形底充气搅拌式浮选机	行业标准	制订	
13	大型强迫同步圆振动筛	行业标准	修订	JB/T 10729—2007
14	YKR 型圆振动筛	行业标准	修订	JB/T 6388—2004
15	螺旋洗砂机	行业标准	修订	JB/T 10461—2004
16	矿用组合式选粉机	行业标准	制订	
17	动轴式多缸液压圆锥破碎机	行业标准	制订	
18	强力多缸液压圆锥破碎机	行业标准	制订	
19	煤用重型环锤式破碎机	行业标准	修订	JB/T 11110—2010
20	四辊破碎机	行业标准	修订	JB/T 11116—2010
21	矿用履带式钻扩卸压成套装备	行业标准	制订	
22	掘进巷道修复机	行业标准	制订	
23	矿用框架式气动行车	行业标准	制订	
24	矿用自进式中空注浆锚杆	行业标准	制订	
25	矿用自移机尾	行业标准	制订	
26	调车绞车	行业标准	修订	JB/T 3767—2006

（续）

序号	标准项目名称	标准级别	制（修）订	代替标准
27	环辊式微粉磨	行业标准	制订	
28	圆锥破碎机　铸造轧臼壁和破碎壁　技术条件	行业标准	制订	
29	颚式破碎机　铸造颚板　技术条件	行业标准	制订	
30	分体横梁式旋回破碎机	行业标准	制订	
31	复摆细碎颚式破碎机	行业标准	修订	JB/T 3279—2005
32	单出口碗式磨煤机	行业标准	修订	JB/T 10993—2010
33	煤泥干扰床分选机	行业标准	制订	
34	X 射线荧光分选机	行业标准	制订	
35	双轴自同步椭圆振动筛	行业标准	制订	
36	振动筛用聚氨酯筛网　技术条件	行业标准	制订	
37	双锥底搅拌槽	行业标准	制订	
38	矿用高分子过滤板	行业标准	制订	

根据国家标准委对国家标准复审工作的要求，2018年全国矿机标委会对在复审范围内的GB/T 25517.1—2010《矿山机械　安全标志　第1部分：通则》和GB/T 25517.2—2010《矿山机械　安全标志　第2部分：危险图示符号》两项国家标准，在广泛征求意见的基础上，对两项标准的技术水平、使用情况、市场适应性等进行了认真分析研究，得出了复审结论。同时对矿山机械专业领域多项重点标准的实施情况进行跟踪分析和研究，各项标准实施情况良好，对促进我国矿山机械行业健康有序发展起到了重要作用。

二、《装备制造业标准化体系战略研究》（重型机械领域）的编制

“中国标准2035”是原国家质检总局、国家标委会提出的一个具有前瞻性、战略性的重大研究项目，旨在为制订我国实施标准化战略的纲领性文件提供支撑。装备制造业标准化体系战略研究是“中国标准2035”标准化体系战略研究的重要组织部分，共涉及18个领域，重型机械领域是18个领域之一。根据国家标委会的统一部署，全国矿机标委会牵头编制完成了《支撑高质量发展标准化体系战略研究》（重型机械领域）装备制造业专项研究报告。该研究报告涉及矿山机械、冶金机械、起重机械、连续搬运机械、工业车辆、物流仓储设备和大型铸锻件机械等专业领域，分析了重型矿山机械行业的发展状况，研究了标准化需求，提出了到2025年和2035年各专业领域行业标准化工作的重点领域、重点任务和重点项目。

三、全国矿机标委会石料矿山开采设备分技术委员会（SAC/TC88/SC3）成立

根据国标委办综合〔2017〕213号“关于成立全国矿山机械标准化技术委员会石料矿山开采设备分技术委员会”的批复，全国矿机标委会协助福建省质监局和秘书处承担单位组织召开了石料矿山开采设备分技术委员会（SAC/TC88/SC3）成立大会，会上审议了分技术委员会《章程》、《秘书处工作细则》和《标准体系表》等文件，并对下一步工作进行了部署。全国矿机标委会石料矿山开采设备分技术委员会设主任委员1名，副主任委员2名，共由27名委员组成，主要负责天然石矿山开采设备领域国家标准的修订工作，秘书处承担单位为福建省华隆机械有限公司。

四、国家标准外文版翻译工作

根据国标委综合〔2018〕52号文下达的3项矿山机械行业国家标准外文版项目计划，全国矿机标委会秘书处组织完成GB/T 20961—2018《单绳缠绕式矿井提升机》、GB/T 25709—2010《自磨机和半自磨机》和GB/T 25708—2010《球磨机和棒磨机》3项国家标准的初步翻译，计划于2019年上半年组织完成审查和报批工作。

五、参与国际标准化活动

2018年全国矿机标委会秘书处参加了在上海市召开的ISO/TC 82（矿业）技术委员会的年会及相关工作组会议；参与3项国际标准制订，其中《采矿和土方机械－岩石钻机—第1部分：术语》ISO 18758-1：2018和《采矿和土方机械－岩石钻机—第2部分：安全要求》ISO 18758-2：2018两项国际标准已正式批准发布。ISO/TC 127/WG 14制订的《采矿—地下移动式机械—机械安全》国际标准经工作组会议讨论后，将其由国际标准草案（DIS）阶段上升到最终国际标准草案（FDIS）阶段，处于批准发布阶段。2017年伊朗提出的标准项目ISO/NP 22932《采矿—

术语》，共分为11个部分，《采矿—术语—第1部分：规划和测量》和《采矿—术语—第2部分：地质特征》两项标准处于委员会草案（CD）阶段。2018年先进的自动采矿系统分委会（ISO/TC 82/SC 8）拟制订关于无人运矿车方面的标准；美国也提出一个新的项目：驾驶室——空气质量控制系统，全国矿机标委会将积极跟进并参与这些新的工作项目。

总体上，我国标准参与国际化的程度还很低，需要经过建立渠道、听会、发言建议、参与制订和主导工作等过程，才能最终实现国际化，达到促进我国产品出口的目的。

六、行业技术服务工作

全国矿机标委会秘书处组织编辑《矿山机械标准化》和《标准出版快讯》等内部刊物，同时与相关行业组织共同举办研讨会和培训班，广泛宣传国家标准化相关政策。社会各界通过内部刊物、标委会门户网站、标委会微信群以及标委会微信公众号，全面快速了解标委会的工作动态、国家的标准化政策、行业技术发展等多方面信息，企业可以快速查阅、购买所需的标准资料。

在矿山机械标准化工作过程中，还存在一些问题，主要有：一是标准立项前期论证工作需进一步加强，需加大对国家标准化政策的研究力度和项目协调工作的力度，争取更多的国家标准项目，同时努力避免与其他行业标准交叉；二是进一步加强标委会的内部管理，提高工作效率，力保完成年度标准制(修)订工作任务，努力提高标准水平；三是进一步提高参与国际标准化活动能力，包括秘书处的协调组织能力与其所在单位的支持配合，行业单位的参与能力，高水平的专家队伍建设等多方面。

行业标准化工作只有与市场经济紧密结合，与企业发展需求紧密结合，才能充满活力，具有大的发展。多年以来，全国矿机标委会十分重视依靠企业的力量促进行业标准化工作的开展，通过公开征集标准项目，吸引了大量关心标准化工作的单位和个人加入到矿山机械行业标准化工作中，使企业真正成为标准化工作的主体，调动了企业参与标准化工作的积极性，同时也使标准密切结合了工作实际，实用性更强。

〔撰稿人：洛阳矿山机械工程设计研究院有限责任公司杨现利　审稿人：洛阳矿山机械工程设计研究院有限责任公司邹声勇〕

市场监管总局关于2018年全国特种设备安全状况的通告（摘录）

〔2019年 第10号〕

一、特种设备基本情况

（一）特种设备登记数量情况

截至2018年年底，全国特种设备总量达1 394.35万台。其中：锅炉40.39万台、压力容器394.6万台、电梯627.83万台、起重机械234.79万台、客运索道1 036条、大型游乐设施2.51万台（套）、场（厂）内机动车辆94.12万台。另有：气瓶1.5亿只、压力管道47.82万km。2018年特种设备数量分类比例如图1所示。

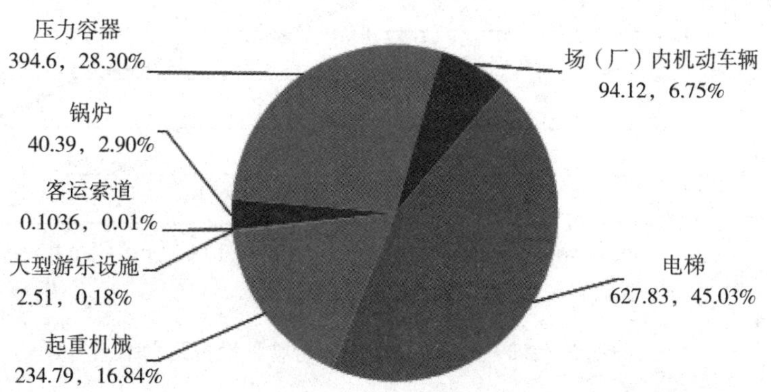

图1　2018年特种设备数量分类比例

（二）特种设备生产和作业人员情况

截至2018年年底，全国共有特种设备生产（含设计、制造、安装、改造、修理、气体充装）单位76 925家，持有许可证79 175张，其中：设计单位3 761家，制造单位17 603家，安装改造修理单位28 832家，移动式压力容器及气瓶充装单位27 372家。特种设备作业人员持证1 216.67万张。2018年特种设备生产单位数量分类比例如图2所示。

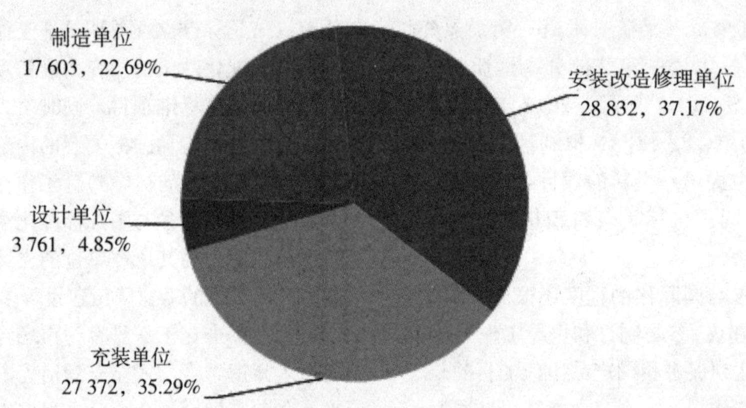

图 2　2018 年特种设备生产单位数量分类比例

（三）特种设备安全监察和检验检测情况

截至 2018 年年底，全国共设置特种设备安全监察机构 3 700 个，其中，国家级 1 个、省级 32 个、市级 482 个、县级 2 367 个、区县派出机构 818 个。全国特种设备安全监察人员共计 67 591 人。

截至 2018 年年底，全国共有特种设备综合性检验机构 472 个，其中，系统内检验机构 282 个，行业检验机构和企业自检机构 190 个。另有：型式试验机构 42 个，无损检测机构 531 个，气瓶检验机构 2 027 个，安全阀校验机构 614 个，房屋建筑工地和市政工程工地起重机械检验机构 294 个。

2018 年，全国各级特种设备安全监管部门开展特种设备执法监督检查 188.88 万人次，发出安全监察指令书 14.38 万份。特种设备检验机构对 110.22 万台特种设备及部件的制造过程进行了监督检验，发现并督促企业处理质量安全问题 2.38 万个；对 164.58 万台特种设备的安装、改造、修理过程进行了监督检验，发现并督促企业处理质量安全问题 41.94 万个。对 791.33 万台在用特种设备进行了定期检验，发现并督促使用单位处理质量安全问题 171.08 万个，其中承压类设备问题 15.83 万个，机电类设备问题 155.25 万个。

二、特种设备安全状况

（一）事故总体情况

2018 年，全国共发生特种设备事故和相关事故 219 起，死亡 224 人，受伤 68 人，与 2017 年相比，事故起数减少 19 起、降幅为 7.98%，死亡人数减少 27 人、降幅为 10.76%，受伤人数减少 77 人、降幅为 53.10%。万台特种设备死亡率为 0.22，同比下降 26.67%。全年未发生重特大事故，特种设备安全形势总体平稳。2009—2018 年全国万台特种设备死亡率如图 3 所示。

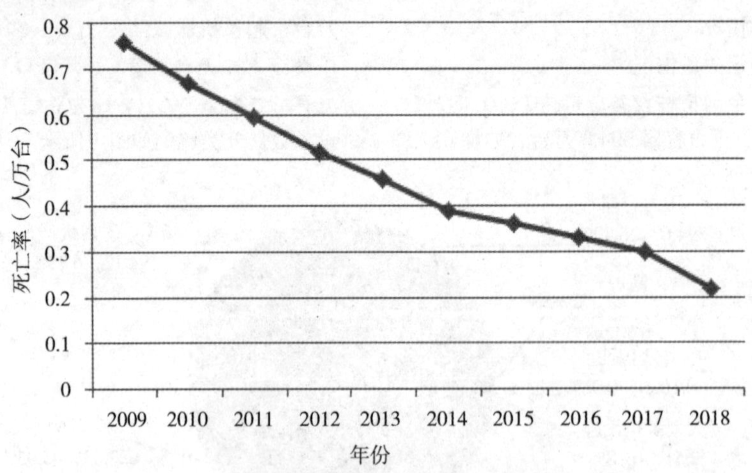

图 3　2009—2018 年全国万台特种设备死亡率

（二）事故特点

按设备类别划分，锅炉事故 8 起，压力容器事故 9 起，气瓶事故 6 起，压力管道事故 1 起，电梯事故 31 起，起重机械事故 100 起，场（厂）内机动车辆事故 59 起，大型游乐设施事故 5 起。其中，电梯、起重机械和场（厂）内机动车辆事故起数和死亡人数所占比重较大，事故起数分别占 14.16%、45.66%、26.94%，死亡人数分别占 9.82%、51.79%、24.11%。

按发生环节划分，发生在使用环节 174 起，占 79.45%；维修检修环节 25 起，占 11.42%；安装拆卸环节 16 起，占 7.31%；充装运输环节 3 起，占 1.37%；制造环节 1 起，占 0.46%。

按涉事行业划分，发生在制造业58起，占26.48%；发生在建设工地和建筑业52起，占23.74%；发生在社会及公共服务业30起，占13.70%；发生在冶金石化业31起，占14.16%；发生在交通运输与物流业16起，占7.31%；其他行业和领域32起，占14.61%。

按损坏形式划分，承压类设备（锅炉、压力容器、气瓶、压力管道）事故的主要特征是爆炸、泄漏着火等；机电类设备〔起重机械、电梯、大型游乐设施、场（厂）内专用机动车辆〕事故的主要特征是倒塌、坠落、撞击和剪切等。

（三）事故原因

根据已经调查结案并上报的事故调查报告，事故原因主要包括：

（1）锅炉事故。违章作业或操作不当3起，无证操作1起，使用非法设备1起，设备缺陷和安全附件失效1起，其他次生原因2起。

（2）压力容器事故。违章作业或操作不当4起，设备缺陷和安全附件失效2起，其他次生原因3起。

（3）气瓶事故。违章作业或操作不当3起，设备缺陷和安全附件失效1起，非法经营1起，其他次生原因1起。

（4）压力管道事故。设备缺陷和安全附件失效1起。

（5）电梯事故。违章作业或操作不当21起，设备缺陷和安全部件失效或保护装置失灵等原因3起，应急救援（自救）不当3起，安全管理、维护保养不到位4起。

（6）起重机械事故。违章作业或操作不当18起，设备缺陷和安全部件失效或保护装置失灵等原因2起，安全管理、维护保养不到位2起，其他次生原因9起。

（7）场（厂）内专用机动车辆事故。违章作业或操作不当23起，设备缺陷1起，其他次生原因6起。

（8）大型游乐设施事故。违章操作或操作不当2起，无证操作1起，其他次生原因2起。

三、2018年特种设备安全监察与节能主要工作情况

（一）坚持标本兼治强化风险防控和隐患治理，有效防范和坚决遏制重特大事故发生

在治标方面，以电站锅炉范围内管道、大型游乐设施乘客束缚装置、客运架空索道和危险化学品相关特种设备等为重点，开展了针对性隐患排查治理。特别是各地市场监督管理部门积极落实2018年6月总局安全监管工作电视电话会议精神，迅速行动，在较短时间内圆满完成既定工作任务；在治本方面，落实国务院安委会要求，深入研究和推进特种设备双重预防工作机制。开展全国特种设备安全形势分析，系统梳理监察、检验中发现的风险和隐患，通过风险分析提出针对性解决措施。

（二）坚定不移深化“放管服”改革，全面提升发展活力和动力

特种设备行政许可改革取得新进展，完成《特种设备行政许可目录》及优化准入服务措施的制定，抓紧修订配套许可规则，加强鉴定评审机构管理，推动落实鉴定评审和人员考试财政经费保障；贯彻落实国务院办公厅文件精神，批复在北京、上海、南京、安徽、苏州等地开展电梯检验检测和按需维保改革试点，在宁波、杭州推动电梯“保险＋服务”“电梯养老保险”等保险新模式试点。

（三）扎实推进法规体系建设，进一步夯实安全监管基层基础

开展各类安全技术规范的制修订工作，从根本上提升设备本质安全水平。积极推进锅炉节能环保工作，与国家发展改革委、生态环境部联合发布《关于加强锅炉节能环保工作的通知》，强化主体责任，明确部门任务分工，减少基层履职风险。积极开展对地市局长、基层安全监察骨干的培训工作，有效提升基层人员的专业化水平，推动安全监管工作进一步规范化、标准化。

（四）顺利完成机构改革平稳过渡

贯彻落实党中央、国务院有关要求，切实把握好改革发展稳定的关系，做到思想不乱、工作不断、队伍不散、干劲不减，确保了机构改革平稳过渡，工作高效运转，特种设备工作得到加强。

四、2019年特种设备安全监察与节能监管工作重点

（一）强化风险防控，牢守安全底线

（1）构建双重预防机制。持续推进双重预防工作机制研究，发布隐患排查治理分级标准和指导性文件，启动安全风险分级管控方法标准的制定工作。各地结合本区域实际，编制双重预防工作细则，指导特种设备使用单位开展双重预防体系建设，推动落实企业主体责任。

（2）开展风险识别分析。定期对全国特种设备安全状况进行分析，重点开展锅炉P91管道材料使用、起重机械等安全风险分析。各地要针对特种设备多发事故进行案例分析，开展本区域范围内特种设备风险识别工作，通过风险警示、采取针对性措施等手段，督促企业落实主体责任，预防事故发生。

（3）开展针对性隐患排查治理。按计划继续推进大型游乐设施乘客束缚装置、客运架空索道、锅炉范围内管道及危险化学品相关特种设备等专项整治工作。

（4）加强事中事后监管。强化生产单位监督抽查，对有投诉举报和涉嫌存在质量问题的企业进行重点检查，并通过“双随机、一公开”的方式实现监督检查全覆盖，进一步提高证后监督抽查比例。开展特种设备综合检验机构、无损检测机构工作质量的专项监督抽查。

（二）健全责任体系，提升监管效能

（5）进一步完善监管责任体系。在党委政府统一领导下，推动落实地方党委政府的领导责任、属地管理责任和相关部门的行业监管责任，构建各部门齐抓共管、全社会共同参与的综合治理格局。科学合理地界定监管事权，理顺各层级监管职责，强化上下联动，加强与信用、执法等系统内部单位之间的互动融合，形成监管系统合力。

（6）切实夯实企业主体责任。综合运用市场化机制、信息化手段，强化监管执法，严厉查处企业违法违规行为，加大信息公开力度，推动部门联合惩戒，倒逼企业落实主体责任。

(7) 充分发挥技术支撑和社会组织作用。发挥检验机构技术把关作用，为特种设备安全监管提供技术支撑。发挥社会组织和广大民众对特种设备安全监督的作用，发动全社会力量积极参与特种设备安全监管工作，提高全社会的安全意识。

(8) 促进节能环保质量提升。落实《关于加强锅炉节能环保工作的通知》工作要求，做好锅炉相关环保监管工作，促进锅炉节能环保水平提升。开展热交换器能效测试工作试点。

(三) 深化安全监管改革，创新工作机制

(9) 推动行政许可改革措施落地。修订完善与行政许可改革相配套的安全技术规范，推动行政许可改革措施落地。进一步加大对鉴定评审人员的培训力度，强化鉴定评审机构管理，督促提升鉴定评审质量。各地要根据新的许可目录及时调整许可审批系统，调整配备鉴定评审资源，尽快对本部门负责实施的特种设备许可事项准入服务措施进行优化，向社会公布后实施，并在做好许可改革的同时，强化事中事后监管。

(10) 提高检验效能和供给水平。科学定位电梯检验、检测属性，优化配置电梯检验资源。加快修订检验机构核准规则，合理调整检验项目和核准条件，开展检验机构资格核准，提升检验供给水平。

(11) 全面推进电梯责任保险。联合银保监会、协调保险行业协会提出发展电梯责任保险的具体措施和保险示范条款。各地要通过政策激励、示范、宣传等措施提高电梯责任保险覆盖率，在推动“按需维保”改革中激励电梯责任保险发展，力争电梯责任保险覆盖率提高到30%以上。各省要选择1～2个城市作为试点，推动电梯“保险+服务”“电梯养老保险”等保险新模式应用。

(四) 夯实工作基础，强化基层能力建设

(12) 完善特种设备法规体系。推动修订《特种设备安全监察条例》，研究《电梯安全条例》，启动《特种设备目录》修订，加快《特种设备现场监督检查规则》《特种设备事故报告和调查处理规定》等规章制修订，完善《特种设备检验机构核准规则》等安全技术规范。研究确定场(厂)内专用机动车辆“三区”具体监管边界，探索场(厂)内专用机动车辆监管新模式。推动落实三部门关于锅炉节能环保工作通知要求，构建锅炉安全节能环保三位一体的工作格局。

(13) 发挥科技平台作用。以特种设备科技协作平台为基础，结合国家“十三五”科研规划和项目，加强科技攻关，解决重大技术难题。组织推动X80钢级天然气管道焊接工艺和检测标准研究。

(14) 加强信息化建设。继续推进电梯质量安全追溯平台、移动式压力容器和气瓶追溯体系建设，推动完善全国统一LPG气瓶及瓶阀产品质量安全信息查询平台建设。开展特种设备安全监管综合系统和锅炉能效监管系统建设，进一步完善综合统计、事故信息统计及分析功能。

(15) 推动基层能力提升。组织举办市地分管局长培训班、基层安全监察骨干培训班。完成承压类特种设备培训教材、机电类特种设备培训教材和安全监察人员考试题库的编写工作。在总局特种设备局子网站开设“基层培训”专栏，通过培训材料、视频等公开课提升基层特种设备安全监察人员监察能力。组织建设APP平台，丰富基层特种设备安全监察人员培训渠道。各地要坚持多措并举，加快队伍融合，加大对基层教育培训力度，提升队伍专业化能力。

(16) 规范基层履职要求。结合统一执法要求，研究B类特种设备安全监察人员改革工作。配合相关部门研究尽职免责相关文件，鼓励基层干部履职尽责、担当作为。

(五) 深化全面从严治党

(17) 坚持把党的政治建设摆在首要位置，牢固树立“四个意识”，坚定“四个自信”，坚决做到“两个维护”。要持之以恒正风肃纪，深入贯彻落实中央八项规定精神，坚决纠正“四风”特别是形式主义、官僚主义。要继续弘扬“四特”精神，持续深化作风建设。要坚定不移推进党风廉政建设和反腐败斗争，使广大特设干部队伍进一步强化廉洁自律意识，提高拒腐防变能力。

特此通告。

市场监管总局

2019年4月2日

〔来源：市场监管总局官网〕

(此文件公开发布，本文为摘录件)

改革开放四十年 我国重型机械行业硕果累累

重型机械行业是机械行业的重要组成部分，为能源、原材料、交通运输等工业部门和国防工业提供技术装备并为重大技术装备提供大型铸锻件。重型机械工业涉及国家经济安全，在国民经济建设中占有重要地位，是国力的体现。

重型机械行业有五个分行业，即冶金机械制造业、重型锻压机械制造业、矿山机械制造业、起重运输机械制造业和大型铸锻件制造业。经过改革开放四十年的发展，重型机械行业通过引进、吸收国外先进技术，合作生产，创新发展，重大装备研制水平取得巨大进步，特别是近十年来创造了多项世界第一，为国民经济的发展提供了有力的支撑。1978—2017 年重型机械行业主营业务收入见图 1。

图 1 1978—2017 年重型机械行业主营业务收入

一、引进、吸收国外先进技术，重大装备制造水平得到提高

1978 年沈阳重型机器厂从德国引进“风扇磨”的制造技术合同，这是全国第一个技术引进合同，以此为开端，重型机械工业先后从 9 个国家引进了 100 余项先进技术。

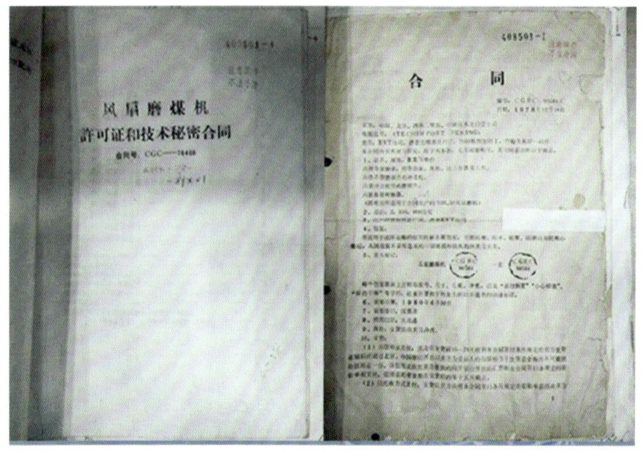
风扇磨煤机

許可证和技术秘密合同

合　同

中国第二重型机械集团引进和消化吸收了联邦德国奥姆科公司和日本小松制造所的模锻类和板料冲压类设备的制造技术，先后为汽车工业提供了以 12500t 汽车曲轴、前梁生产线为代表的锻压设备。

由国务院组织的重大技术装备科技攻关，以联合设计、合作生产形式，紧跟国际先进产品的制造水平，行业企业完成了宝钢二期工程 2050mm 带钢热连轧机和 1900mm 板坯连铸机等一系列成套设备的研制，促进了国内制造能力的成长。

宝山露天煤矿斗轮连续开采成套设备，由德国曼塔克拉夫总包，中国重型机械总公司分包，沈阳重型机器厂、大连重型机器厂和沈阳矿山机器厂等合作制造，于 1996 年建成，技术水平达到了 20 世纪 90 年代初国际先进水平。

秦皇岛码头三期工程成套设备，由大连重型机器厂与美国德拉夫公司联合设计、合作制造，于1989年投产使用。

太原重型机械集团有限公司为三峡工程自行研制设计的1200/125t桥式起重机是世界单钩起重量最大、跨度最大、扬程最高的起重机。

中国第一重型机械集团公司和鞍山钢铁集团有限公司自主设计和制造的1780mm五机架冷连轧机组荣获2007年国家科技进步奖一等奖。

二、创新发展，重大技术装备研制水平取得重大突破

“十一五”末，重型机械行业企业在新产品与重大技术装备开发方面取得了可喜业绩。基本形成了年产600万吨级钢铁联合企业用常规流程的成套设备；年产2000万吨级露天矿、60～70吨级以下金属矿；年产500万吨级井下煤矿、年处理300万～400万吨级选煤厂、单系列年处理能力300万吨级选矿厂和日产4000～10000吨级熟料干法工艺水泥厂成套装备的生产能力；可装备15万～30万辆轿车零件锻造生产线和冲压生产线。

国内技术总成，2004年由中国第二重型机械集团制造完成的宝钢5m特厚板轧机。（左图）

中国第二重型机械集团为三峡水电站生产的70万kW水力发电机用的水轮机转子不锈钢叶片浇铸成功，为三峡右岸水力发电厂的12台机组国产化打下了良好的基础。

中国第一重型机械集团公司研制的 2000 吨级神华煤液化容器，成为当时世界最大的用煤直接生产汽油的反应器。

2009 年，中信重工机械股份有限公司自主设计制造、拥有自主知识产权的 ϕ7.93m×13.6m 溢流型球磨机交付使用。该磨机的研制成功标志着我国企业完全有能力自行研发、设计、制造大型矿山核心装备，在国际市场上拥有了议价主动权，使国内外知名矿业企业对中国制造有了更强的信心。

中国第一重型机械集团公司实现了百万千瓦核反应堆压力容器的批量制造。

这一时期，我国重型机械产品的国际市场竞争力明显增强。到 2008 年全行业主要产品进出口均实现了顺差，并保持了逐年增长的趋势。1983—2017 年重型机械行业主要产品进出口情况见图 2。

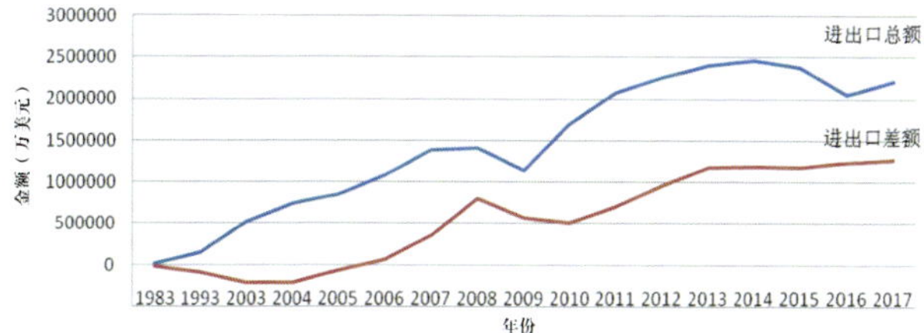

图 2 1983—2017 年重型机械行业主要产品进出口情况

三、进入发展新时期，重大技术装备研制再立新功

进入新时期的重型机械行业，科技创新发展取得了前所未有的进步，创造了多项世界之最。2010 年以来，先后荣获国家发明和科技奖励项目 8 项；获得国家教育部科技进步奖项 1 项；获中国冶金工业科技进步奖 1 项；获全国交通行业科技创新成果奖 1 项；获中国核能行业协会科技进步奖 1 项。大国重器纷纷刻上“重机造”。

大连华锐重工集团股份有限公司研制出曼恩系列 7G80ME-C9.2 曲轴，是世界全冲程最长和单支重量最大的曲轴。（上图）

中国第二重型机械集团自主设计、制造、安装的当今世界最大的 800MN 模锻压力机，为国产大飞机提供了上百种大型模锻件。（右图）

大连华锐重工集团股份有限公司专门为 FAST 研制配套的馈源索驱动系统，为全球最大的“天眼”装上了“肌肉和神经”，使其更灵活自如地观测太空。

北京起重运输研究院有限公司研制的高速大运量脱挂索道，将用于2022年北京冬季奥运会。

太原重工股份有限公司研制的世界最大的wk–75矿用挖掘机。

中国第二重型机械集团研制的世界行程最高的三峡升船机螺母柱。

2017年12月世界一流水平的洋山港全自动化集装箱码头问世。该码头采用的岸桥、轨道起重机和AGV，均由上海振华重工（集团）股份有限公司自主研发制造。国家主席习近平在2018年新年致辞中赞扬了该工程项目。

中国第一重型机械集团公司研制的华龙一号核反应堆压力容器。

中国第二重型机械集团研制的CAP1400核电半速转轴。

卫华集团起重装备在长征七号卫星发射吊装现场。

中信重工机械股份有限公司首创并自主研发的，绿色、环保、节能水泥厂、热电厂低温余热发电系统。

改革开放40年

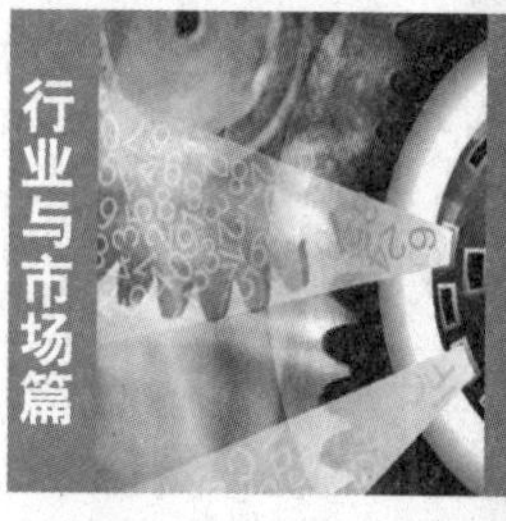

记载改革开放 40 年来，我国重型机械行业取得的重大成就以及杰出产品。记录了锻压机械和大型铸锻件行业 40 年的发展历程

Record the major achievements and outstanding products of China's heavy machinery industry in the past 40 years of reform and opening up. Records 40 years of development history of forging machinery and large castings and forgings industry.

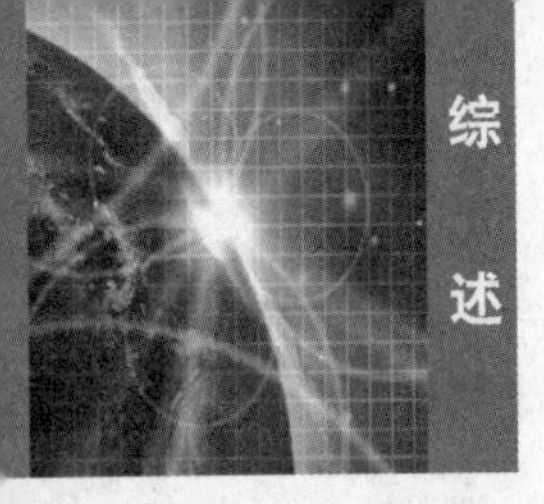

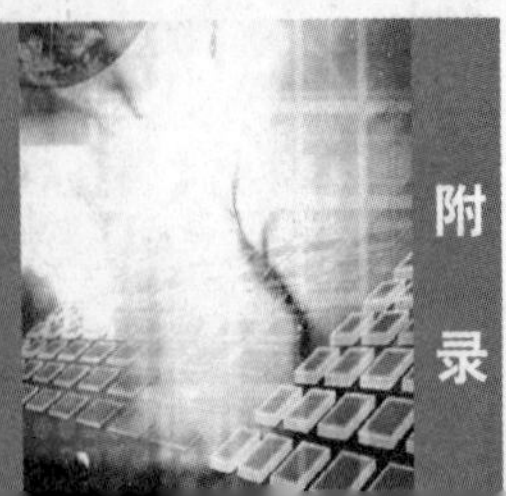

改革开放40年

改革开放 40 年——重型机械行业杰出产品

大型矿用磨机

生产单位：中信重工机械股份有限公司

一、产品介绍

（1）首创了带高压止推回路系统、纯静压双工字油腔摇杆式斜面自压紧轴承，发明了多滑履轴承支承结构，解决了超大负荷（3 000t）支承难题，实现了重载回转设备滑动轴承安全可靠运行。轴承润滑站创新性地采用液氮蓄能应急系统，确保装备的安全运行。

（2）开发了大型磨机双电机自纠偏同步传动技术及多元状态监控系统，解决了特大功率多机驱动和全面监控难题，实现了重大装备双齿轮驱动和智能控制。创新的配套部件，提高了大型磨机的作业率，确保在超大进出料流量情况下进出料顺畅。

（3）建立了粉磨实验系统和选型数据库，首创了基于矿石特性的磨矿工艺参数计算模型，解决了磨矿工艺流程准确选型难题。

（4）发明了大型磨机多段筒体、分片端盖、多瓣齿圈组合体制造工艺，实现了超大、超重复杂构件制造和装配成套技术集成。

（5）首次对大型磨机及其基础进行一体化模态及瞬态响应分析，避免磨机大型化后，在受力极为复杂的状态下，与基础系统发生共振的可能性，提高了设备运行的可靠性。采用离散元法，对研磨介质的运动轨迹进行数值分析，解决了介质对衬板造成的直接冲击问题，优化了衬板结构，提高了衬板寿命。

中信重工机械股份有限公司研发的具有自主知识产权的“大型矿用磨机”系列产品，解决了大型磨矿工艺流程及选型，大型装备结构、制造等难题，是我国重大技术装备领域的重要成果。该系列大型磨机经国家矿山机械质量监督检验中心检测，各项指标符合国家标准。经专家鉴定：“效率高、能耗低、系统运行稳定、操作维护方便、可靠性高等，其社会效益和经济效益显著……综合性能达到国际领先水平”。中国黄金日产 4.3 万 t 项目用户评价：设备降低钢材消耗 25%，磨矿效率提高 20% 以上。

系列产品获发明专利 12 项，实用新型专利 18 项，软件著作权 2 项，制定国家标准 7 项，发表论文 30 多篇，获省部级成果 6 项。

二、项目收益

中信重工机械股份有限公司制造的大型矿用磨机彻底打破了国外的技术垄断，具有最佳性价比和市场竞争力，目前国内市场占有率在 85% 以上，已出口 30 多个国家，使公司跻身国际市场最具竞争力的 3 大供应商之列。近 3 年累计新增销售收入 47.6 亿元，创汇 2.27 亿美元，产生了显著的经济和社会效益，对资源利用和装备制造业的技术进步有重大的示范和推动作用，是重型装备由中国制造迈向中国创造的成功典范。

矿山复杂地形长距离大运力带式输送系统

生产单位：力博重工科技股份有限公司

一、产品介绍

带式输送是煤炭、金属与非金属等矿山物料运输的主要方式，年运输量达 90 亿 t，约占我国国民经济物流总量的 40%。传统带式输送系统难以适应大型矿山长距离、复杂地形条件下物料输送的要求，多采用接力运输方式，设备占用量大、转载次数多、污染大；在大坡度大弯度地形条件下，甚至采用车辆运输方式，增加了运输距离和道路建设投资，生态环境破坏严重，安全问题频出，不能满足国家发展大型现代化矿山的战略需求。该产品通过产学研联合自主创新，突破了制约矿山长距离、大运力带式输送系统起动制动、中间传送和安全保障等共性关键技术难题，实现了大型带式输送系统的国产化。主要技术创新如下：

（1）研发了大型带式输送系统柔性起动、自适应制动技术，起制动力矩精确可控，解决了长距离、大运力输送时起动、制动冲击大、多电动机驱动功率平衡性差等问题，实现了起制动过程的自动化、智能化控制。

（2）研发了大型带式输送系统可控中间传送技术，解决了长距离、大倾角、大弯度输送时物料滚滑、撒料、跑偏和叠带等问题，实现了沿线分布式控制，增强了带式输送系统对矿山复杂地形地貌的适应能力。

（3）研发了长距离大运力带式输送系统安全保障技术，解决了输送带反弹控制和断带抓捕保护的难题，实现了输送系统的实时自动巡检和恶性事故的超前预警，为大型带式输送系统的重载高速运行提供了安全保障。

该产品的研制成功实现了我国矿山长距离大运力带式输送系统的跨越式发展，引领了我国带式输送行业的技术进步，支撑了国家“十一五”重点建设千万吨矿井—斜沟煤矿、国家“西电东送”重点工程—华能集团龙开口水电站的建设。在神华集团、中煤能源集团、中建材集团、山东能源集团、印度国家煤炭公司等企业得到推广应用。

此系列产品获授权国家发明专利 26 项、实用新型专利 2 项、软件著作权 2 项；获国家重点新产品 2 个。经专家鉴定认为该产品在柔性起动、空间转弯和沿线可控制动等方面达到国际领先水平。

二、应用案例

应用于国家“十一五”重点建设千万吨矿井——斜沟煤矿、国家“西电东送”重点工程——华能集团龙开口水电站的建设，在神华集团、中煤能源集团、中建材集团、山东能源集团和印度国家煤炭公司等企业推广应用。

三、产品图片

巨型重载锻造操作机

生产单位：中国第一重型机械股份公司

一、产品介绍

大型锻件是重大装备制造业的核心基础部件，是国际上的紧缺产品。巨型重载锻造操作机是大型锻件制造的基础装备，与巨型自由锻造压力机配套使用。我国重机企业拥有十余台万吨级自由锻造压力机。但锻件生产采用传统的桥式起重机翻转和人工操作，技术手段落后，导致锻造精度差、材料利用率低、锻造火次多、能耗高、生产效率低。为提升效率和材料利用率、降低生产能耗，发达国家采用机器人技术开发锻造操作机，我国目前不具备操作机自主开发能力，只能从外国进口，单台设备耗资 1 亿元人民币左右。由于需要根据配套的锻造压力机特性进行专门设计，进口的 3 台操作机技术难以转化成自主设计技术，制约了我国锻造行业的技术改造升级。

为改变这种不利局面、彻底掌握巨型重载锻造操作机的核心技术，国家“973”计划和“863”计划立项支持了该产品研制，通过开展巨型重载锻造操作机的基础科学问题和设计方法研究，形成了我国锻造操作机的独立研发与制造能力，主要成果包括：提出了巨型重载锻造操作机的构型创新与机构设计方法，形成整机机构自主设计技术体系，建立了锻造操作机构型库，拥有了锻造操作机自主知识产权，为巨型重载锻造操作机的创新设计和性能优化提供了理论方法；提出了巨型重载锻造操作机超大复杂结构件、液压驱动系统和电控系统集成设计核心关键技术；建立了虚拟装配与性能仿真设计技术模型。

该项目获得 8 项授权发明专利，研制出我国首台具有自主知识产权的 4 000kN·m 锻造操作机，2011 年一次热试成功并投入生产，专家鉴定该产品的核心技术已达到国际领先水平、主要技术指标已达到国际先进水平。该操作机投产以来，大幅提高了大锻件的制造质量、生产效率，很好保护了自然资源、大幅减少了锻件制造对生态环境的影响，对国内重型机械行业具有明的显示范作用，累积新增销售额 151 316 万元，为我国培养了一支能从事巨型重载锻造操作机研发的人才队伍，提高了操作机系列产品的自主创新研发能力，结束了国外垄断局面，为我国大型锻件高效高精度制造提供了高端装备，被科技部列为我国“十一五”重大科技成就。

二、产品图片

0.12 ～ 0.20mm 优质超薄热镀锌带钢连续生产线

生产单位：中国重型机械研究院股份公司

一、产品介绍

近年，随着家用电器、室内装饰、包装、户外广告、电子和建筑业的大力发展，0.12 ～ 0.20mm 的优质超薄热镀锌带钢的需求逐年增加。然而，国内大型钢铁企业不生产这种产品，国内所需产品主要依靠进口。2010 年，山东舜鑫达新型建材有限公司决定依托中国重型机械研究院股份公司开发这种生产线。

该项目解决的技术难题和创新点主要有：

（1）开发了 0.12 ～ 0.20mm 优质超薄热镀锌带钢连续生产线工艺。实现了优质超薄热镀锌带钢的连续稳定生产。

（2）开发了水平活套张力闭环控制和卷扬钢丝绳预拉伸技术，成功将退火炉前张力波动控制在 ±0.25kN。

（3）发明了两侧压力差小于 3kN 的超薄热镀锌带钢生产线专用光整机和超薄热镀锌带钢热稳定技术，提高了产品的质量。

（4）发明了立式活套传动链保护技术，降低了立式活套传动链因疲劳断裂而造成重大事故的风险。

（5）开发了水平退火炉前单辊纠偏技术，解决了带钢容易在炉前跑偏，导致生产线停机的难题。

2015 年 10 月底，该生产线共生产 0.12 ～ 0.20mm 优质超薄热镀锌带钢超过 25 万 t，产品销往韩国、日本及东南亚地区，为用户新增产值达 8 亿元。

该生产线申请发明专利 4 项，获授权发明专利 2 项、实用新型专利 14 项，制定行业标准 2 项，发表相关论文 7 篇。

该生产线为国内首条 0.12 ～ 0.20mm 优质超薄热镀锌带钢连续生产线，它的投产结束了我国优质超薄热镀锌带钢需要进口的局面。

该项目总结出了这类生产线的工艺参数、在线设备制造和安装要求、机组的控制精度和工艺参数等关键技术，使超薄带钢热镀锌技术有了新的突破，为技术的发展和进步提供了一定的经验，同时也使我国超薄带钢热镀锌技术及装备具有了较强的国际竞争力。

二、应用案例

该项新技术已推广至山东汇金、辽宁银恒、伊朗七钻、山东恒基和攀华集团等相关项目中，为这些用户新增产值近 40 亿元，为研发单位增加销售收入近 3 亿元。

三、产品图片

LG720 冷轧管机组成套设备

生产单位：太原重工股份有限公司

一、产品介绍

LG720 冷轧管机组是我国自主设计和制造的世界最大规格冷轧管机组，是以用户和市场调研为基础，以冷轧钢管设计理论、现代设计方法、高精度控制技术、先进制造技术为依托而成功研发制造的。

其创造性及先进性如下：①开发了大口径冷轧管机组的孔型曲线，满足了轧制需要，填补了世界空白；②开发了高动态响应、励磁时间短的大功率伺服电动机控制方法，使整个机组高效、灵活，操作简单；③采用工艺润滑系统与稀油润滑系统各自独立的润滑冷却方式，大大提高了各类减速机的使用寿命，同时实现了轧制时对钢管内外壁的润滑与冷却，保证了产品质量。

LG720 冷轧管机组主要由上料装置、送进回转装置、主轧机装置、主传动装置、出料装置以及液压系统、工艺润滑系统、稀油润滑系统、电控系统组成。用来生产直径为 406 ～ 720 mm、壁厚为 18 ～ 65mm、长度为 5 ～ 12m 的精密无缝钢管。代表钢种有：奥氏体不锈钢（代表钢号：06Cr19Ni10、10Cr18Ni9Ti），双相不锈钢（代表钢号：SAF2205、S31803），高温合金钢（代表钢号：800、825）等。

钢管外径精度：极限偏差 ±0.8mm，钢管壁厚精度：极限偏差 ±7%，机组最大产能：30 000 t/a。

二、应用案例

江苏武进不锈钢管厂。

三、产品图片

MG1100/2860-WD 大功率大采高电牵引采煤机

生产单位：太重煤机有限公司

一、产品介绍

该产品由太重煤机有限公司与山西潞安环保能源开发股份有限公司合作，结合王庄煤矿中硬特厚煤层地质构造特点，就大功率大采高采煤机关键技术、特厚煤层一次采全高综采新工艺进行攻关研究。

主要特点：

（1）目前世界在用最大的大功率大采高采煤机 MG1100/2860-WD，匹配了采煤机关键参数、优化了采煤机整机结构，提高了整机稳定性。

（2）首次在采煤机截割部研发了四星－五星双行星减速机构，满足了大采高采煤机截割部的大扭矩输出，并对摇臂壳体结构进行轻量化设计和铸造工艺性研究，提高了摇臂的刚度和稳定性。

（3）研发出大容量 640kV·A 机载牵引变频驱动系统、环绕水冷式大功率牵引变压器箱、大节距 172mm 牵引机构，大幅提高了大采高采煤机的牵引能力，提高了牵引系统的可靠性。

（4）开发基于 CAN 总线的 DSP 与 32 位专用控制器冗余分布式模块化控制系统，实现了电气系统的快速响应、精确控制和自诊断，提高了控制系统的稳定性和适应性。

主要性能指标：实现了一次采全高 7.2m，装机功率达 2 860kW，截割功率 1 100kW，最大牵引力达 1 780kN，最大牵引速度达 30m/min，生产能力 4 500t/h 以上，能够满足年产 1 000 万 t 综采工作面的需要，整体水平达到国际先进水平。

该产品的研制取得了 8 项关键核心技术，22 项具有自主知识产权的专利技术，其中，发明专利 8 项，实用新型专利 14 项；发表论文 12 篇。该产品的研发应用，有利于煤矿企业合理开采利用煤炭资源，实现高效集约化生产，提高煤矿经济效益；促进了煤机装备的技术进步，为我国类似煤层条件的高效开采提供了示范作用。

大采高采煤机目前运行正常、平稳可靠、整机结构合理、可靠性高，能够与煤矿井下大型刮板输送机、大采高液压支架相互协调完成一次采全高厚煤层工作面的落、装、运、支、控一体化作业。

二、应用案例

通过成功示范，产品已经推广应用于山西西山晋兴能源有限责任公司斜沟煤矿、山西华晋吉宁煤业公司，拓展了煤机市场，并直接带动太重煤机有限公司系列采煤机的整体技术水平提高。

三、产品图片

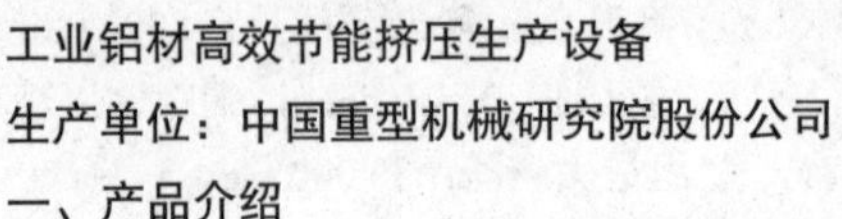

工业铝材高效节能挤压生产设备

生产单位：中国重型机械研究院股份公司

一、产品介绍

我国是世界第一大铝材生产国，我国的工业铝材生产属于粗放型，生产能耗高、效率低、成品率低、产品竞争力和附加值低于国际水平，亟待转变经济发展方式。在全球范围内，铝型材高效节能挤压生产已成为发展趋势。本产品研制是在国家、部委和企业的多重支持下开展的。

产品研发取得的成果：

（1）首次建立了挤压成形能耗计算理论模型并实现了挤压节能效果的量化计算。

（2）通过工业铝型材高效节能挤压装备集成设计技术和固定非挤压时间的缩减技术，实现了大型铝型材挤压机的高速化和高效化运行，缩短固定非挤压时间约60%。

（3）实现了挤压机维护、检修的高效化，显著提高了挤压机的维护、检修效率，节约了成本。

（4）首次实现了大型铝型材挤压机摆动式液压剪切功能，解决了摆动式液压剪切时的系列技术难题。

（5）实现了基于速度分段控制的等温挤压工艺等。

研发的高效节能系列化挤压机装备技术，为机械装备、液压控制、电气控制和工艺等多个方面提供了技术支撑，获授权发明专利7项，完成行业标准1项，建成了金属挤压／模锻设备与工艺创新能力平台和陕西省大型工业铝型材挤压装备技术研究中心，形成了陕西省重点科技创新团队，获得了求是杰出青年、科技部中青年科技创新领军人才、创新人才培养基地和获陕西省专利奖和优秀学术论文奖等荣誉。推广应用的120MN铝型材挤压装备成为工信部认定的国产首台（套）重大技术装备。该技术成果的应用降低了工业铝型材的生产成本，提高了生产效率和成品率，解决了工业铝型材挤压生产能耗高、效率低和成品率低的难题，生产能耗降低约15%，固定非挤压时间减少约60%；成品率提高5%，闷车处理时间减少约70%等。

二、应用案例

该技术成果成功应用于山东兖矿轻合金有限公司、中铝萨帕特种工业铝型材有限公司和缅甸铝加工厂等的挤压装备上，为中国重型机械研究院股份公司创造销售收入超过4亿元，产生利润超过7 000万元。为生产企业创造直接经济收入超过20亿元，利润超过3.5亿元。

三、产品图片

500m口径球面射电望远镜（FAST）用柔性六索并联系统

生产单位：大连华锐重工集团股份有限公司

一、产品介绍

大连华锐重工集团股份有限公司和中国科学院国家天文台针对大型单口径射电望远镜馈源支撑装置超重、观测天顶角小等问题，采用多学科融合方法，系统仿真和试验，研发出世界最大的500m口径球面射电望远镜用柔性六索并联系统。该系统作为FAST的三大创新之一，将近万吨的馈源平台的重量降到了几十吨，实现了馈源舱在望远镜焦面位置的精确控制，是大型射电望远镜建造技术的重大突破，减少了对射电望远镜无线电波的遮挡，大大提高了望远镜的天顶角和天区扫描范围，使射电信号接收能力得到大幅度提升，助推FAST作为“中国天眼”在未来一段时间保持世界领先，将对国内外天文观测事业发展起到很大的推动作用。

该系统具有运动范围宽，倾角调整灵活、自由度高、安全性好等特点，其主要创新点如下：

（1）提出了六索并联柔性驱动方式，相对于国际上现有的系统，有效地减轻了馈源舱运动和支撑系统的重量，提高了系统运行的灵活性和可靠性，实现了馈源舱大范围、高精度的探测。

（2）建立了六索并联机构控制模型，采用高精度成组全站仪解算位姿反馈策略、六索并联模型控制算法和多参数动态补偿混联控制方法，开发了基本高速网络的全闭环伺服驱动控制系统，实现了空间位置和空间姿态的精确控制。

（3）采用分区域动静态屏蔽技术，解决了大功率牵引系统设备屏蔽防护难题，实现了固定设备、运动设备和进出屏蔽室电缆的有效电磁隔离和屏蔽。

该系统已获授权发明专利6项，授权实用新型专利1项。

该系统产值3 837万元，与传统刚性支撑方式相比，可节约投资约1.5亿元。FAST投入运行后，我国天文研究人员在国内就可完成多种天文探测任务，节约大量时间和经费，社会效益显著。

该系统在物料输送、柔索牵引空中摄像系统、飞机风洞试验、海底打捞、石油油井灭火和系留气球等领域有着极其广阔的应用前景。

二、应用案例

应用于500m口径球面射电望远镜。

三、产品图片

宽厚板定制化轧制生产线工艺及成套设备

生产单位：太原重工股份有限公司

一、产品介绍

钢铁尤其是板带产能过剩，主要体现在粗钢和普碳钢，而高强度、超高强度与复合板材等高端高附加值宽厚板尚需大量地依赖进口，关键设备依赖国外技术。

在国家“973”“863”等重大科技支撑下，太原重工股份有限公司研究开发了适合于多品种、高附加值宽厚板生产的集约化定制化生产工艺，以及轧机、矫直机和剪切机这三大主体设备的全新设计方案，实现了设备模型的多样化，并对全线工艺与设备进行集成，所解决的关键技术及创新点如下：

（1）开发出集约型定制化工艺总体布置方案，对设备生产能力和生产节奏进行了优化。

（2）给出了大型宽厚板轧机复合压下螺纹副、自适应轴承座、油膜轴承的设计方法，进行了整机结构及其自动化轧制厚度控制系统模型的开发。

（3）针对矫直辊刚度不足与板形问题，创造出宽厚板矫直新理论，并进行了机电液整机成套设计。

（4）开发了强力、大跨距的液压缸驱动复合连杆机构实现钢板滚动剪切的新方法，给出了PR-8R-PRⅡ级杆组剪切机构的构型设计及优化方法，建立了电液位置伺服系统状态空间模型，开发出液压宽厚板双边剪切机成套设备。

（5）集成上述技术成果，实现了4 300mm宽厚板轧制线的集成创新。

该成果所涉及的单项技术、单台设备与整体生产线都达到甚至超过了国内外先进水平，从整条线的集约化定制化轧制线布局、主体设备模型多样化、轧机关键部件与结构优化、矫直理论、新型矫直机压下、新型滚动剪切原理与轻量化设备开发等方面，与国内外同类技术相比具有明显的特色与优势。

二、应用案例

成果应用于马钢绍兴基地4 300mm宽厚板生产线全部工艺与主体设备的创新设计与制造中，实现了集成创新。已实现产值54.6亿元，产品通过了国际船级社和军工质量体系认证。其单项技术开发与系统集成对我国高端材料制备发挥了重要的示范作用。

三、产品图片

3E级超大型岸桥

生产单位：上海振华重工（集团）股份有限公司

一、产品介绍

3E级超大型岸桥是满足Triple E级船舶作业的关键设备。该产品以超大型、高效、环保为目标，是适合装卸Triple E船的世界最大岸桥，各项性能参数均达到国际先进水平。

该产品的研发依托的是荷兰鹿特丹ECT、马来西亚PTP、上海港洋山码头等项目，经过3年技术攻关，攻克4大关键技术，成功研制出3E级超大型岸桥。与常规岸桥相比，3E级岸桥的起升高度、前伸距、生产率等都有大幅提高。其创新成果如下：

（1）整机岸桥的轻量化设计。在前伸距及起升高度等主参数满足18 000箱船装卸要求的前提下，研究钢结构形式、截面、板厚及细节处理。控制整机重量但又满足刚度要求，减小岸桥大型化对码头承载的影响。此设计获得2项专利。

（2）创新吊具防扭转技术。起升高度增加使起升绳在作业时受风力或惯性力影响下的偏摆量相应加大，操作人员操作效率受到影响。该产品从机、电两方面共同研究可靠有效的防摇抗扭措施，提高了起重机的实际装卸效率。此设计获得专利1项。

（3）创新电子防摇、船型扫描、Automatic Zoom和远程操作技术总成。为有效辅助和解决驾驶人在超高起升控制操作时的实际困难，研发出监控辅助系统，通过控制摄像头的变焦，确保起升高度变化不影响吊具及上架在显示器上的图像，从而大大减轻岸桥高度增加对驾驶人对箱操作的影响。此项技术获得专利1项。

（4）创新岸桥声功率测量技术和计算方法。全方位研究并解决岸桥大型化后引发的问题，结合产品实际情况，研究适合岸桥的声功率测量方法。分别采用时域、频域噪声识别方法和麦克风阵列的声源定位方法，确定主导岸桥的主噪声源。

自主研发的关键技术获授权实用新型专利4项，外观设计专利1项，发表论文5篇。

3E级超大型岸桥是满足Triple E级船舶作业不可或缺的关键设备。项目的成功研制和应用，使我们掌握了超大型岸桥的设计与制造核心技术，形成了自主知识产权，同时推动岸桥产业向大型化、全自动化、环保发展，引领岸桥市场新方向。

二、应用案例

该成果已通过中国交通建设股份有限公司科技研发项目验收，科技成果已实现产业化，国内外已有众多用户订购3E级超大型岸桥，包括：上海港洋山码头、宁波港梅山码头、青岛前湾联合码头、荷兰鹿特丹ECT、马来西亚PTP、西班牙ALR、墨西哥LZR、英国伦敦GATEWAY、阿联酋迪拜港、韩国釜山等。近3年共计销售317台，实现销售额177.30亿元，获得利润265 954万元，创汇218 373万美元，新增税收7 956万元。

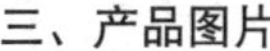

三、产品图片

〔供稿单位：中国重型机械工业协会〕

锻压机械行业40年

锻压机械是最主要的成形设备，其应用范围涉及国民经济、国防工业和社会生活的各个领域，是国民经济中重要的工业基础装备。尤其是航空、航天、兵器、船舶、核工业等使用的大型锻件及其所需的重型锻压设备，是国家科技水平和综合实力的象征。改革开放的40年，也是锻压装备飞速发展的40年。

二重（德阳）重型装备有限公司（以下简称二重装备），其前身是始建于1958年的中国第二重型机械集团公司，1971年建成投产，是我国最大的重大技术装备研制基地之一。1993年8月18日，经国务院批准，中国第二重型机械集团正式宣告成立，同时第二重型机器厂更名为中国第二重型机械集团公司（以下简称二重集团），列入全国第一批57家试点大型企业集团之一。2013年7月18日，经国务院批准，二重集团与中国机械工业集团有限公司实施联合重组，重组后的新集团沿用“中国机械工业集团有限公司”名称。中国机械工业集团有限公司打造了集“科、工、贸”为一体的高端装备集成服务商——国机重型装备集团股份有限公司（以下简称国机重装）。2018年2月5日，二重装备成立，它承继了原二重集团上市公司的主要业务及资产、资质、体系和人员等全部资源，是国机重装的全资子公司。改革开放40年来，锻压设备是二重装备的主要产品。长期以来，二重装备积极面对市场自主开发了自由锻造液压机、模锻液压机（包括多向模锻液压机）、环形件锻造机、无砧座对击锤、高能螺旋压力机、卧式挤压机、压筋机、冷等静压力机、注塑机、卷板机、多层热压力机、橡皮囊液压机等设备，设备技术水平均达到国内领先水平。20世纪80年代初引进德国EUMUCO公司技术，开始研发和设计制造热模锻生产线设备，拥有KP型、MP型热模锻压力机，平锻机、棒料剪、辊锻机、精整液压矫直机、闭式双点压力机、曲轴扭拧机等热模锻产品及其辅机共7个系列71个品种及相关机械手的制造技术。二重装备自主设计制造了以160MN自由锻造水压机、60MN/80MN快速自由锻造油压机、45MN/50MN快速自由锻造油压机为代表的自由锻造液压机，以世界上最大的800MN大型模锻油压机、100MN多向模锻水压机、200MN多向等温模锻油压机为代表的模锻液压机。二重装备还生产了以125MN楔式热模锻压力机为主的由五台机组组成前梁曲轴自动锻造生产线、新型40MN热模锻压力机、世界最大的168MN热模锻压力机、80MN卧式挤压机及大型卷板机、770MN橡皮囊液压成形机、采用湿式离合制动器的新型EMY40MN热模锻压力机和新型EMY31.5MN热模锻压力机等设备。160MN自由锻造水压机获得2009年四川省科技进步奖一等奖。1988年，EMY31.5MN热模锻压力机获得国家质量奖“金龙旗”，460mm辊锻机获部优称号。1996年，EMY25MN热模锻压力机被机械工业部评定为优等品。二重装备能够向用户提供生产线设备、工艺、模座模具及辅助设备，具备生产线连线能力，提供“交钥匙”工程。产品销往全国乃至世界各地，覆盖汽车、航天、石油化工、矿山等诸多领域。与中国第一汽车集团公司、洛阳第一拖拉机股份有限公司、湖北淮川汽车科技有限责任公司、德国蒂森克虏伯公司、瑞典巴勒特公司等国内外知名企业有着长期的合作。

800MN大型模锻压机的成功研制，打破了国外对我国在此类重大装备上的封锁，填补了国内外750MN以上大型模锻压机的空白。其在制造过程中实现了铸造、锻造、焊接等多项极限制造技术的突破，整机技术居国际领先水平，使我国的“自主制造保障平台和自主创新研发平台”更加完备，为我国国防工业打破对进口的依赖，实现自主研发、自主保障奠定了坚实的基础。800MN模锻压机项目共取得授权专利42项，软件著作权2项，发表论文120余篇，显著促进行业科技进步，提高市场竞争优势。项目成果成功应用于国产大飞机航空工业重点装备，并实现批量供应。2013年投产以来已实现产值16亿元。800MN大型模锻压机研制获得2014年四川省科技进步奖一等奖，2018年中国工业大奖表彰奖。2018年5月28日在中国科学院第十九次院士大会、中国工程院第十四次院士大会上的讲话中，习近平主席专门提到了：“……龙门五轴机床、8万吨模锻压力机等装备填补多项国内空白……”中央电视台《辉煌中国》《大国重器》等栏目对800MN大型模锻压机均有专题报道。

北方重工集团有限公司由沈阳重型机械集团有限公司（以下简称沈阳重型）和沈阳矿山机械集团有限公司于2007年合并重组成立，2018年实施重组，2019年4月30日，顺利完成司法重组，成为辽宁方大集团实业有限公司旗下的一家大型跨国重型机械制造公司。其前身沈阳重型具有六十余年的重型锻压设备生产历史，成功研发制造了新中国第一台自由锻压水压机、第一台水轮机转轮、第一台轮箍轧机。沈阳重型多年来一直致力于各类重型锻压机械的开发和研制，先后研发出8MN、10MN、12.5MN、16MN、20MN、25MN、40MN、50MN、60MN、120MN油压快锻机组及50MN、63MN、80MN热模锻压力机以及5t、10t、16t模锻锤等重型锻压机械。1953年，修复安装了日本战后赔偿的30MN自由锻水压机。后来在苏联援建的几个企业中安装了8～60MN自由锻水压机约8台，包括第一重型机械厂从捷克引进的60MN自由锻水压机1台。这一阶段，累计制造约20台各类型压机。20世纪60年代，为马鞍山钢铁厂研制成功车轮和轮箍生产线，在线形成30MN及80MN的模锻液压机设备。同时期，成功研发制造125MN卧式挤压机，使我国成为世界上第三个拥有万吨挤压机的国家。此后又研制成功了30MN及80MN的模锻液压机。改革开放以来，生产制造各类型锻压机械约30台，服务于国内各大厂家并出口至罗马尼亚。2005年，同清华大学联合研制国内第一台用于航空发动机涡轮盘模锻的350MN液压机。此液压机是世界上最大规格的单缸模锻液压机，填补了国内及世界在该领域的空白。2006年，同燕山大学合作，联合开发出25MN双柱上传动快锻液压机，并在此基础上，于同年自主开发出12.5MN快锻液压机，实现了在该领域技术开发上的重大突破。近10年，主要完成了72MN锻造水压机、DCG200全液压锻造操作机、60MN锻造压机生产线、2 000t DRC热模锻压力机、3 150t和4 000t DRF热模锻压力机、70MN叶片模锻液压机等产品开发。DCG200全液压锻造操作机是国内首台具有7自由度巨型重载机器人（是世界最大的多自由度巨型重载机器人），集机、电、液、测等技术于一体化的高科技锻压装备。2012年经中国机械工业联合会组织鉴定，整机性能达到同类产品国际先进水平，控制精度国际领先，实现了国产大型锻造操作机零的突破，填补了国内空白，可完全替代进口产品，使我国大型锻压装备的研制水平跻身世界前列。北方重工集团有限公司依托沈阳铸造研究所国家能源局2015年能源自主创新和能源装备专项项目，研制出国内首台大型高品质叶片热成型液压机（70MN叶片模压液压机），实现了大型模压叶片的国产化，打破了国外技术长期垄断的局面。

太原重型机械集团有限公司（以下简称太重集团）的锻压机械产品主要为大中型挤压机、锻造压机、冲压机等，其产品在国内享有很高的知名度并且远销美国、加拿大、印度、越南、巴基斯坦、科威特、缅甸等多个国家和地区，服务于国内外数十家大中型铝型材企业、重型锻造企业、钢铁企业等。太重集团的产品门类多，品种全，主业突出、优势明显，建厂60多年来，累计为国家重点建设项目提供了1 000余种、2万多台（套）装备产品，创造了450多项国内外首台(套)产品，被誉为"国民经济的开路先锋"。80MN车轮成型液压机获1978年国家科学大会奖，实现了我国火车轮模锻成型的国产化。150MN橡皮囊压机属国内首次采用新技术、新结构的压机，1979年获山西省科技进步奖一等奖，1985年，16.3MN轻合金挤压机获山西省科技进步奖二等奖。1986年，25MN金刚石液压机获山西省科技进步奖一等奖，40MN板冲压机获山西省优秀产品一等奖，机械工业部科技进步奖二等奖。63m对击锤及其配套的热切边压机获机械工业部科技进步奖二等奖，被称之为国内当时独一无二的"大力士"，技术性能接近国外同类产品先进水平，为我国大型航空模锻设备填补了一项空白。1988年，5～15MN SMC成形液压机系列产品获机械工业部科技进步奖二等奖，是山西省重大技术攻关项目、机械工业部新产品开发项目。1990年，E4B-4000MF机械压力机和1 830mm开卷落料堆垛自动生产线获国家科技进步奖二等奖，机电部科技进步奖一等奖，太原市科技进步奖一等奖。该机是我国发展汽车工业必需的先进装备之一，具有当代国际先进水平。1997年，25MN/17MN大型双动厚板成形液压机成套设备，是我国第一台采取冷压成形的大型油压机，填补了我国锻压机械行业的一项空白，属当代国际先进水平，使我国设计制造大型液压成套设备跨上了一个新台阶。1998年，75MN铝挤压生产线，获山西省科技进步奖二等奖，是当时世界少见的油压传动全自动大型挤压机。2013年，225MN单动卧式铝挤压机的开发研制，填补了国内外160MN以上油泵直接传动挤压机的空白，实现了超大型挤压机的国产化。2014年，研制的新型75MN短行程铝挤压机，在国内首次采用国内短行程挤压技术，获中国机械工业科学技术奖二等奖。2015年，110MN卧式双动短行程铝挤压机的研制，获山西省科技进步奖二等奖，在国内首次采用了电液伺服液压定针挤压技术，实现了万吨级的双动挤压机的国产化，双柱式快速自由锻造液压机系列与全液压轨道式锻造操作机系列，获中国机械工业科学技术奖一等奖，在国内开创了双柱快速锻造液压机，通过6年的时间完成了系列化研制。2016年，235MN单动铝挤压机的研制，是在225MN研发的基础上，通过采用新的管材挤压工艺、扁筒挤压机工艺又一次突破了油泵直接传动挤压机规格，填补了国际空白。

中国第一重型机械集团有限公司(原第一重型机械厂，简称中国一重)，1993年更名为中国第一重型机械集团公司，成为国家首批57家试点企业集团之一；1999年成为中央直接管理的涉及国家安全和国民经济命脉的39家国有重要骨干企业之一；2003年由国务院国资委管理；2008年创立中国第一重型机械股份公司，2010年在上海证交所A股上市；2017年完成公司制改革。改革开放初期，自主设计并开发了锻压机械新产品，如齐齐哈尔车辆厂40MN/45MN厚板冲压水压机；500t垂直分模平锻机，2t模锻锤两项产品被评为"部优"产品。1987年，与华中工学院共同承担的"12.5MN自由锻造水压机微机控制系统研究"项目通过成果鉴定。1988年，与日本小松制作所合作为柳州汽车厂研制出E4S600-MB机械压力机。1990年，机电部机电〔1990〕1920号文公布中国一重研制的E4S600-MB四点单动机械压力机荣获1990年部级优质产品称号。中国一重被中国有色金属加工工业协会评为行业技术进步先进企业。1991年，"E4S600-MB、E1S1250-MB机械压力机"获国家优质产品银质奖。1994年。与德国万家顿合作为一汽大众研制出VK500压力机及落料线、U200钢卷剪切线各一套，与德国DMS和法国SH合作为本溪钢铁公司研制出1 700mm热镀锌开卷机组。并且在1988—1995年期间，用引进的日本小松压力机制造技术为国内各汽车制造厂研制出6～40MN各种机械压力机80余台。这一时期中国一重加大了科研工作力度，基本完成了20MN多向模锻液压机的工业试验，为锦西化工机械厂研制的40MN/50MN双动冲压油压机是自主开发设计产品。1996年，中国一重研制的20MN多向模锻液压机通过国家验收，其中2项技术达到世界先进水平。1997年，中国一重生产的25MN/25MN立卧电极挤压机等4项产品获得"1996年度国家级新产品证书"。"E4D800+500-MBC机械压力机"获黑龙江省科技进步奖三等奖。这一时期设计开发的产品有吉林碳素厂 25MN/25MN 立卧电极挤压机，江铃 E2S4000-MB 机械压力机，哈电 E2S1600 磁轭冲片压力机。1999 年，“江铃 E2S4000-MB 机械压力机”获国家新产品奖、中国机械工业科技进步奖三等奖、黑龙江省优秀新产品二等奖；“E4D1000+600-MB 机械压力机”获黑龙江省科技进步奖三等奖；“E2S1600-MB 磁轭冲片压力机”获黑龙江省机械工业科技进步奖一等奖。2000 年，“E2S1600-MB 磁轭冲片压力机”获国家新产品奖。2001 年，“庆铃 E2S5000-MB 机械压力机”获国家新产品奖、黑龙江省科技进步奖三等奖。2002 年初，中国一重开始自主研制 150MN 水压机，是针对国内大型锻件制造瓶颈而研制的世界最大级别的巨型水压机，150MN 水压机的建造，使我国自由锻造能力达到世界顶级水平。2004 年，“L4S2000-MBC 多连杆机械压力机”获黑龙江省科技进步奖二等奖、黑龙江省优秀新产品奖。这一时期设计开发的产品有 40MN 和 50MN 冲压汽车大梁机械压力机，63MN 热模锻压力机，L4S2000-MBC 多连杆机械压力机，80MN/100MN 多功能油压机等。2005 年，“80MN/100MN 多功能油压机”获中国机械工业科技进步奖二等奖；“63MN 热模锻压力机”获黑龙江省科技进步奖二等奖。2007 年，“150MN 自由锻造水压机”获黑龙江省科技进步奖特等奖、中央企业青年创新金奖。2008 年，“150MN 锻造水压机”获中国科学技术进步奖一等奖；“L4S2400-MB 多连杆机械压力机”获黑龙江省科技进步奖三等奖。2009 年，大型铝型材挤压机初步进入市场。这一阶段与德国 SMS MELL 合作为中国一重研制出 630t • m 重型锻造操作机，为 150MN 水压机配套装置。自主开发设计的产品有德国蒂森克虏伯 50MN 环坯锻造压机。2014 年，“56MN 串联式机械压力机汽车覆盖件冲压生产线”获黑龙江省科技进步奖三等奖。2015 年，《150MN 锻造液压机》专著获中国机械工业科技进步奖三等奖；大型伺服闭式四点压力机等项目通过了国家验收。这一期间自主开发设计了 25MN 伺服机械压力机、淄博 40MN 旋转碳素电极挤压机、西南铝 100MN 油压机等。2016 年，完成了大型伺服闭式四点压力机科技成果鉴定；“25MN 大型伺服闭式四点压力机研制”获中国机械工业科技进步奖二等奖。这一期间自主开发设计了东日集团 40MN/37MN 立卧电极挤压机，内蒙古旭峰 35MN/30MN 电极挤压机。

〔撰稿人：中国重型机械工业协会重型锻压机械分会徐源琳、李韦萤、杜俊雷　审稿人：中国重型机械工业协会锻压机械分会漆小虎〕

大型铸锻件行业 40 年

我国大型锻件行业起步较晚，经历了苏联援建、自主研发、技术引进、消化提高和自主创新等过程。改革开放以来，特别是在“十一五”“十二五”期间，由于下游行业的蓬勃发展，对大型锻件的需求井喷式增加，出现了供不应求的局面。在需求规模和利润的刺激下，大型锻件行业的投资达到了空前规模和制造能力得到了巨大提升，到目前，其制造的设备数量、等级和生产规模都达到了世界第一，主要生产企业配备了 80 ～ 100t 电弧炉、100 ～ 160t 钢包精炼炉、100 ～ 650t 真空铸锭室。全行业共有 100MN 以上自由锻液压机 24 台，并配备了相应的操作机。企业根据各自产品定位新上了相应的热处理和机械加工设备，工艺流程已经定型。我国具备了一次性提供 900t 钢水、700t 钢锭、500t 铸件和 400t 锻件的极限制造能力。

1. 炼钢和铸锭技术方面

开发出长寿命钢包炉衬镁碳砖、浇钢包用铝碳质整体塞棒、孔内镶嵌氧化锆质环复合浇口砖，解决了长时间多包联合冶炼、大吨位钢水连续长时间浇注和浇注终点浇口及时关闭防止浮渣进入钢锭模等问题。冶炼时间可安全连续达到 18 h 以上，浇口扩径与传统浇口相比由原来的平均 5mm 减小到小于 2mm。

掌握大型钢锭的凝固缺陷(特别是缩孔、疏松、缩裂等)计算模拟技术，并针对易产生偏析和高纯净要求的典型合金钢锭，解剖分析了水电主轴用钢锭、大型加氢容器用钢锭、450t EBR21（6Cr2Mn2MoV）特大型支承辊钢锭水冒口、25Cr2Ni4MoV 核电半速发电机转子用 560t 钢锭冒口和锻件心部，30Cr2Ni4MoV 核电半速汽轮机低压转子用 615t 钢锭等，与计算模拟结果进行验证，基本掌握了其凝固特性。

设计出系列特大型钢锭。为了减少凝固偏析、缩孔、疏松、缩裂等缺陷，实现顺序凝固，将钢锭高度和直径之比（即 H/D）设计为 1 ～ 1.3，并开发出各精炼炉化学成分和温度梯度控制多包合浇的反偏析技术。

在钢液纯净化方面，依靠选择低杂质元素废钢解决对砷、锡、锑、铜、铅等有害元素控制技术；在电弧炉冶炼时采取较高碱度熔炼渣，在强氧化气氛和大渣量控制下去除钢水中的磷，对要求严的钢种，粗炼钢水中的磷控制在 0.002% 以下。在钢包精炼时，钢中硫控制在 0.002% 以下。

2. 大型锻件锻造技术方面

在设备方面，大型钢锭的锻造由操作机和锻造翻钢机共同作业完成，使锻造效率和锻件尺寸控制精度大幅提高。为适应大型锻件的锻造，主要企业都新上了大型压机和操作机：如中国第二重型机械集团公司（以下简称中国二重）的 160MN 压机配有 750 t·m 操作机；上海重型机器厂有限公司（以下简称上重）的 165 MN 压机配有 650 t·m 操作机；中国第一重型机械集团公司（以下简称中国一重）的 150MN 压机配有 630 t·m 操作机；中信重工机械股份有限公司（以下简称中信重工）的 180 MN 压机配有 750 t·m 操作机。同时在钢锭加热方面蓄热炉得到了广泛应用，加热能耗降低 30% 以上。

针对锻件大型化、形状复杂化、材料均质化等特点，在缺陷控制和组织控制方面进行了大量工艺研究，并取得显著进步。具体是围绕大型锻件锻造共性技术，开展了数值模拟、物理模拟和材料试验研究工作。针对典型大锻件进行了有限元分析计算，对特大型钢锭在主变形阶段内部的应力状态、变形速度、变形程度、变形温度及变形均匀性进行了大量分析；针对容易出现粗晶、混晶的钢种，如 304、304LN、25Cr2Ni4MoV、COST E、COST FB2 等进行加热和锻造变形过程中晶粒长大和动态再结晶行为及规律研究，建立了动态再结晶动力学模型及晶粒尺寸变化模型。特别是考虑了变形动态再结晶后，由于锻件温度较高，引起晶粒再次长大和再次加热晶粒长大的行为；研究了热变形及变形后由于温度降低引起冷却过程中材料的静态再结晶行为，建立静态再结晶动力学模型及晶粒尺寸变化模型，在此基础上形成了大型锻件锻造过程中组织演变与控制技术，将材料热变形组织演化的微观行为与宏观工艺参数的控制相结合，并实现了对相关产品微观组织的趋势性分析预报。在锻造最终 1 ～ 2 火次，考虑利用材料再结晶原理，设计适当的变形量并防止温度过高返温等，以达到细化晶粒的目的。

针对钢锭中疏松、残余缩孔和缩裂等缺陷的锻透压实和愈合条件进行了深入研究。在工艺研究方面重点考虑了特大截面锻件内部疏松、缩孔、缩裂等缺陷的锻透压实技术；经过变形分散大型钢锭凝固偏析，并防止使偏析进一步聚集，尽量使各方向变形均匀，以减少材料的各项异性。对形状复杂的锻件，模拟设计出大型自由锻压机仿形锻造方案。通过深入研究掌握了特大截面锻件的高效压实、结构复杂件仿形锻造及模锻成形、饼形体外模限制下压应力成形、钢锭中凝固偏析分散、聚集与变形方式的关系，材料的韧性与高温扩散温度、时间的关系等。同时对大型锻件加热曲线进行优化，以改善锻件加热时心部与表面的温度差异，防止热应力过大而导致大型钢锭开裂。

3. 大型锻件的热处理技术方面

在设备方面，针对大型锻件尺寸和重量的增大，为满足性能均匀化和强韧性同时提高的要求，主要企业都新上了配套的大型热处理炉、ϕ9 000 ～ 14 000mm 大型机械搅拌强冷水槽以及 ϕ5 000mm×20 000mm 强喷水装置。

挖掘提升大型部件材料的强韧性，在材料微观组织优化与淬火冷却速度的关系等方面进行了深入研究，形成了比较一致的认识。要提高材料的强韧性，主要通过细化晶粒（包括奥氏体晶粒）和得到优良的淬火组织来实现。但随着锻件增大，实施变得愈加困难。细化晶粒主要通过锻造变形再结晶和锻后热处理正火或退火来实现。微观组织优化主要通过淬火时加快冷速来实现。围绕这一目标进行了大量材料试验和有限元模拟计算，如为了得到细小的再结晶奥氏体晶粒，合理设计了终变形温度和变形量。为了防止变形再结晶后锻件心部温度过高导致晶粒再次长大，对相关锻件采取了锻后快速降温的方法。

在锻后热处理方面，结合锻件去氢处理与晶粒细化，加强了锻件心部相变控制，防止心部相变不完全而出现组织粗大和氢致裂纹，使粗晶、混晶发生率大为降低。

在淬火方面对喷水和浸水淬火工件的冷却速度及工件与淬火介质的热交换、介质流场等方面进行了大量测试和模拟计算，提出淬火过程中破除工件表面气膜是进一步提高冷却的关键，并深入研究了组织与冷却速度的关系，新建的大流量加机械强化搅拌大型浸水淬火水槽和井式强喷淬火系统就是按这一思路实现了对大型锻件的快速冷却。由于工件尺寸大，形状复杂，并且淬火时要求更快的冷速，增加了淬火应力和开裂的风险。通过研究，基本解决了在大型齿轮轴、核电封头、火电转子、支承辊等淬火应力控制难和开裂风险大的大型部件淬火过程中应力控制和防止开裂的技术难题。

4. 大型铸锻件标准体系

自 2010 年全国大型铸锻件标准化技术委员会成立以来，加快了我国大型锻件标准的自主化建设，形成了较完整的标准体系，内容涵盖基础通用标准、大型铸锻件产品标准、工艺和制造方法标准和检验方法标准等。目前已发布国家标准和行业标准 80 余项，有些标准技术要求已达到了世界先进水平，满足了重大技术装备关键部件的需要。

5. 典型大型锻件的研制进展

（1）火电锻件。典型的火电锻件主要有汽轮机高中压转子、低压转子、发电机转子、发电机护环等。以前我国汽轮机和发电机的设计和材料标准引用的是苏联体系，后来引进了美国西屋公司 300MW 机组制造技术，使我国火电设备上了一个新台阶。经消化吸收，完成了自主化，并进一步研发出 600MW 机组，汽轮机高中压转子材料为 30Cr1Mo1V，低压转子材料为 30Cr2Ni4MoV，发电机转子材料为 25Cr2Ni4MoV，大型护环材料为 Mn18Cr18N 钢，一直沿用至今，但对材料的要求不断提高。

火电关键锻件由于服役条件苛刻，对材料中的缺陷和非金属夹杂物、强韧性及性能均匀性要求历来比其他锻件严格。转子锻件用钢锭要经过电炉粗炼 + 钢包炉精炼 + 真空铸锭工序制造。对于 30Cr2Ni4MoV 和 25Cr2Ni4MoV 材料，为了减少钢中的夹杂物，特别是 Al_2O_3 夹杂，提高疲劳寿命，需要将钢中的 Si、Al 含量分别控制在 0.1% 和 0.01% 以下，开发了真空碳脱氧（VCD）精炼方法，目前该技术已成熟，各类夹杂物评级很少超过 0.5 级。近年来，对高温持久和蠕变要求的重视，开发出了低硅高中压转子 30Cr1Mo1V 钢，将 Si 含量降到 0.1% 以下，而如何解决探伤质量问题成为国内厂家面临的主要问题。最初转子合格率仅为 60% 左右，主要是转子本体超声探伤不合格，缺陷大多出现在中心位置。随后在研究中掌握了钢包炉直浇、浇注水口吹氩、径向镦粗锻造等技术后，合格率提升到 90% ～ 95%，但要进一步提升还需要进行研究。300 ～ 600 MW Mn18Cr18N 护环国内产品已成熟，1 000MW 机组护环已通过鉴定，其工艺路线为电炉粗炼 + 钢包炉精炼 + 铸（锻）造电极 + 电渣重熔 + 锻造 + 机加工 + 固溶处理 + 冷扩强化 + 消除应力 + 机械加工。通过研制，已掌握了精炼、锻造微观组织（晶粒度）控制、冷变形强化等关键技术，解决了锻造裂纹、粗晶、混晶、断面收缩率低等问题，并且已具备批量制造的能力。

随着火电机组的清洁高效化，自从引进 1 000 MW 超超临界机组后，转子材料发生了较大变化，制造难度大幅提高。高中压转子材料为 COST E，低压转子为超纯净 30Cr2Ni4MoV。由于国内在材料研制方面滞后，有相当长一段时间转子全部依靠进口。后来由中国二重牵头，联合中国一重、上重、北京科技大学、燕山大学共同攻关，掌握了超纯净钢的冶炼、COST E 低偏析锭型、COST E 晶粒细化和均匀化、COST E 转子淬火组织和应力控制等关键技术，研制出了全套转子锻件，实现了批量供货。近年来国内已研制出 620℃超超临界机组，高中压转子材料为 COST FB2，材料比 600℃高中压转子材料的强化元素更多，成分更复杂，制造难度更大，全部进口。中国二重为了实现 COST FB2 转子国产化，引进了 125 t 电渣重熔炉，目前已进入热调试阶段，有望在 2019 年实现该产品国产化。

2017 年，中国一重采用数值模拟仿真分析方法并结合物理模拟实验开展了系列镍基合金锻件的制造工艺研究，完成超超临界镍基合金转子 5 吨级锻件的制造。

（2）燃气轮机关键锻件的研究进展。重型燃气轮机集新技术、新材料、新工艺于一身，其设计制造被称为制造业“皇冠上的明珠”。上海汽轮机有限公司、哈尔滨汽轮机厂有限责任公司、东方汽轮机有限公司三家公司分别引进了西门子、GE、三菱燃气轮机制造技术，随后上海电气燃气轮机公司与安塞尔多公司进行了合作，但关键部件制造技术一直拒绝向中国转让，全部依靠进口。压气机转子体锻件材料为 30Cr1Mo1V、30Cr2Ni4MoV、超纯净 30Cr2Ni4MoV；透平轮盘采用超纯净 30Cr2Ni4MoV、COST E 材料，超声检测要求非常严格，不允许存在 1.0 mm 当量直径的缺陷，强度比 COST E 转子提高了 100MPa，残余应力要求 ±15 MPa，韧性和 FATT 要求更加严格。中国二重在研制方面进行了探索，取得了一定进展，向哈尔滨汽轮机厂有限责任公司提供了两套 F 级压气机转子合格锻件，材料为 30Cr1Mo1V 和 30Cr2Ni4MoV。向东方汽轮机有限公司提供了四套 G50 压气机和一套透平轮盘锻件，材料分别为超纯净 30Cr2Ni4MoV 和 GH4169，产品全部合格。与上海汽轮机厂有限公司联合研制出了 F 级 COST E 透平轮盘样件。

我国燃气轮机研制起步晚，其关键部件要形成自主化材料体系任重道远。目前，在国家“两机”专项支持下，技术攻关正在加速，需要研究掌握转子体用合金钢的最佳成分配比、合金钢的纯净化冶炼和低偏析控制、转子体锻件锻造缺陷控制、晶粒细化及强度均匀化热处理、锻件表面应力控制、小当量缺陷检测等关键技术。

（3）大型支承辊研制发展。我国是钢铁需求和制造大国。支承辊是轧机的关键受力件，其使用寿命直接决定着钢材的轧制质量和轧制效率。我国第一代支承辊材料基本以 9Cr2Mo、60CrMnMo 为主，第二代以 70Cr3NiMo 和 70Cr3Mo、60CrNiMnMo 为主，发展到现在形成了较完整的支承辊材料系列。各类轧机用支承辊材料见表 1。

表 1　各类轧机用支承辊材料

应用设备	支承辊用材料	推荐硬度（HSD）
先进冷热连轧机	50Cr5MoVN、50Cr5MoV、45Cr5NiMoV	65 ～ 73
一般冷热连轧机	50Cr5MoV、50Cr4MoV、45Cr5NiMoV、45Cr4NiMoV	63 ～ 68
2 500 ～ 4 000mm 中厚板轧机	45Cr3MoV	50 ～ 63
4 200 ～ 5 500mm 宽厚板轧机	55Cr2Mn2MoV	45 ～ 55

新系列材料的耐磨性、抗氧化性和抗疲劳性比第一代和第二代材料明显提高。大型支承辊要解决的主要问题是：尽量减少钢中 H 含量、减少工作层夹杂物、防止冒口端过大的碳钼偏析、防止锻件粗大和网状碳化物、切断组

织遗传、防止严重粗晶和混晶、保证淬硬层深度和硬度均匀性、减少残余应力。为了精确控制支承辊工作层硬度和淬硬层深度，主要生产企业新建了先进的差温炉，火焰加热差温炉可将辊身硬度波动值控制在 3HSD 之内，感应加热差温炉可控制在 2HSD 之内，辊身的淬硬层深度可达到 100mm。代表性企业建有特大型差温炉，可实现 2 500mm 中厚板轧机至 5 500mm 宽厚板轧机用特大支承辊的表面淬火，取得了很好效果。

（4）大型化工容器锻件研制进展。中国的石油化工和煤化工迎来了高速发展期，反应器作为核心设备不断高参化、大型化和厚壁化。代表企业已制造出世界最大的 260 万 t/a 沸腾床渣油锻焊加氢反应器。该设备重 2 400 t，长 70 m，外径 5.4 m，设备的大型化已接近制造设备和技术水平的极限。金陵、杨子石化 200 万 t/a 渣油加氢反应器内径为 5 400 mm，壁厚为 340 mm；惠州石化双超反应器内径为 5 515 mm，壁厚为 345 mm，过渡段厚度超过了 400 mm，单个筒体所用钢锭达到 380 ～ 450 t，超出了热处理的极限，为制造带来很大困难。

2.25Cr-1Mo 钢已不能满足对淬透性的要求，现在普遍采用 2.25Cr-1Mo-0.25V 钢，要求最大热处理时间 $PWHT_{max}$ 从 26 h 增加到 34 h，T×T/2 取样，-30℃ $KV_2 \geqslant 54$ J（三个平均），454℃ $R_m \geqslant 460$ MPa。为了达到这一要求主要生产企业建立了大流量 ϕ9 000 ～ 14 000mm 大型水槽。设置有机械强力搅拌，以满足 T×T/2 位置淬火冷速要求。加入多种微合金化学元素（如 Ti、Al、B 等）以细化晶粒和提高强度，对钢种有害气体元素 H、O、N 和有害杂质元素作了严格控制。为了提高材料利用率，中国二重和中国一重采用卧式轧环机，可节约 10% ～ 15% 金属材料。目前主要企业已完全掌握了双超反应器锻件制造技术，成功实现稳定批量生产，满足了我国大型化工装备大型化的要求。

（5）核电大型锻件的研制进展。第三代核电设计为安全运行 60 年，为了达到这一目的，对容器类设备从结构上进行了优化，减少了焊缝。一些部件采用一体化设计，如压力容器上封头＋上法兰、下法兰 + 接管段筒体、下封头 + 过渡段、蒸发器上管嘴封头 + 上过渡段、水室封头 + 下过渡段等设计成了一体。一体化设计形状复杂，尺寸增大，壁厚增加，如二代加管板交货重量为 44 t，而 AP1000 为 104 t；性能提高，如二代加 R_m 为 600 ～ 700 MPa、-20℃ $KV_2 \geqslant 40$ J（单个最小值≥ 28 J）、$RT_{NDT} \leqslant -12$℃，而 AP1000 R_m 为 620 ～ 795 MPa，-21℃ $KV_2 \geqslant 48$ J（单个最小值≥ 41 J），$RT_{NDT} \leqslant -21$℃（甚至 -23.3℃）。

针对第三代核电，进行了系统研究：①经大量实测和模拟验证掌握了大型钢锭的凝固模拟、锻透压实及缺陷愈合模拟、复杂件金属热成形模拟、淬火冷却介质流场模拟、锻件内温度场应力场模拟及相变预报等技术；②掌握了关键材料的相变机理、组织控制技术，开发出了大吨位超纯净钢冶炼、大型钢锭顺序凝固、偏析控制工艺；③掌握了大截面锻件锻透压实，均匀变形分散减轻偏析工艺；④掌握了分区热处理，强冷淬火及应力控制工艺；⑤掌握了异形件的仿形锻造、带多管嘴封头胎膜成形旋转锻造工艺；⑥掌握了 A508-3 钢厚壁件（泵壳锻件）亚温淬火技术；⑦掌握了主管道大型奥氏体超低碳控氮不锈钢锻件晶粒长大、动态再结晶、静态再结晶、高温塑性、裂纹扩展敏感性等特性，掌握了组织控制、热裂控制、热锻成形、冷弯成形等全套制造工艺；⑧已研制出核电常规岛半速发电机转子、汽轮机整锻和焊接转子锻件、核岛压力容器、蒸发器、稳压器、堆内构件、主管道、主冷却剂泵壳等全套锻件，实现了在该领域的重大技术突破。

目前，已形成稳定批量供货能力，满足了我国核电发展的需要。

（6）国内环形锻件进展。当前，无缝环形锻件制造一般采用自由锻造成型和轧环两种方式生产，轧环与自由锻相比，以其节能、节材、高效、优质的特点广泛应用于机械、汽车、石油化工、航空航天、能源装备等各个领域。据不完全统计，当前全世界已拥有轧环机 500 余台，轧环生产线 100 余条。

我国于 20 世纪 50 年代开始应用轧环技术生产轴承环，1959 年在上海建立了锤 - 压力机 - 扩孔机的轴承环热轧生产线。当时应用的扩孔机为立式辗环机，仅有径向轧制功能，主要用于生产直径 2m 以下的小型环锻件。直径 2m 以上（含 2m）的大型环锻件轧制采用径 - 轴向轧环机生产，因设备增加了轴向轧制功能，使得轧制过程更加稳定，环锻件两端面成型更加平整。

1984 年，洛阳矿山机器厂从德国引进了轧制直径达 5m、高度 900mm、轧制重量 10t 的径 - 轴向轧环机，是当时国内最大的轧环设备。2008 年西南铝业（集团）有限公司用 5m 轧环机为长征 5 号制造出国内第一个直径 5m 的铝合金环形锻件。

21 世纪初，在国家新能源政策驱动下，风力发电行业迅猛发展，风力发电塔架连接法兰市场需求井喷式增长，山东、山西、江苏等地法兰制造企业陆续装备了多台国产大型径 - 轴向轧环机。2006 年，伊莱特能源装备股份有限公司（原山东伊莱特重工股份有限公司）建成 5m、7m 轧环生产线各一条；2011 年，随着海上风电兴起，风电法兰大型化趋势明显，伊莱特能源装备为适应市场需求，建成 8m 轧环生产线 2 条，并迅速成长为国内最大的环形锻件制造厂家。国产大兆瓦风机首台（套）样机法兰 90% 由伊莱特提供。2015 年为国际风电巨头丹麦 VESTAS 制造第一台 8MW 风机法兰，法兰直径为 7m；2018 年为美国 GE 公司提供 12MW 风机法兰，法兰直径 8.5m，是当前世界上最大功率风机的连接法兰。

2014年，天津市特钢精锻有限公司从德国引进10m轧环机一台；2015年浙江天马轴承集团有限公司安装12m国产轧环机一台，是当时国内最大的轧环设备。2016年西南铝业（集团）有限公司研制出首个直径10m的铝合金环锻件。

2016年，伊莱特能源装备股份有限公司，从德国引进一台轧制直径达16m的轧环机，该轧环机径向轧制力2 500t，轴向轧制力1 250t，可生产直径2.5～16m，高度60mm～3m，重200t的大型环件及筒体，是目前世界最大的径-轴向轧制设备，该设备于2018年5月全线投产，并于2019年3月生产出国际上第一个直径15.8m、单重150t的奥氏体不锈钢环形锻件。

6. 重大的事件或转折点

20世纪70年代是大型铸锻件行业以技术进步为中心的整顿、发展时期。在1978年，全行业大型电站铸钢件和自由锻件创历史最好水平，还于1979年向罗马尼亚提供热轧辊160根，实现了我国大型锻件出口零的突破。

1978年以来，需求量多由部委组织的年度铸锻件分配订货会议产生，1979年停止了一年一次的集中分配方法，要求各厂自揽任务，这是从计划经济向市场经济转变的开端。

1979年，由于行业的规模已经形成，《大型铸锻件》杂志正式创刊，该刊已成为国内同行业中较重要的专业技术刊物。

1979年，中国二重首次研制成功60万kW火力发电机转子轴，这根轴首次采用新材料26Cr2Ni4MoV。

1980年，中国一重和中国二重首先恢复性整顿验收合格，迅速将全行业的验收整顿推向了高潮。1982年，整个行业进行了建设性整顿。

1980年初建成了当时最大的200吨级电渣重熔炉，并于1980年4月进行了第一次试生产，重熔出第一支ϕ2 800mm重89t的转子钢锭，以后又生产出30万kW核电站用的127t电渣锭。

1981年，中国二重采用多炉合浇并经真空处理的方法生产出国内最大的260t合金钢锭，锻制成龙羊峡水电站32万kW水电大轴。

1983年，中国二重引进了日本制钢所150t精炼炉工艺技术，由中日双方合作设计，中国二重制造、安装和调试。

改革开放后，沈阳重型机械集团有限责任公司建设了呋喃树脂砂铸钢件生产线，中国二重、上重从日本制钢所引进了电站铸锻件和锻钢轧辊等21项铸锻件专用制造技术，并进行了技术改造、科研攻关，使我国大型铸锻件技术水平上了一个新台阶。中国二重采用了外冷铁、保温冒口、发热剂覆盖、铬铁矿砂造型以及工频感应加热淬火等新工艺、新技术，并成功运用于以下典型产品：4 000t热模锻压力机机架、ϕ1 250mm热轧辊、ϕ500mm×1 700mm冷轧工作辊等。中国一重30万kW、20万kW汽轮发电机无磁性护环产品被评为“部优”产品。

1984—1999年是大型铸锻件行业发展最快、变化最大的一个时期，当时具有的生产能力为：最大钢锭可达到400t（中国二重），最大的电渣重熔铸锭可达到200t（上重），最大的铸锻钢可达到400t（中国二重），最大的锻钢件可达到200t（中国二重）。当时，我国的大型优质合金钢锭最大为260t（中国二重），空心钢锭最大为65t（中国一重），优质合金钢锻件最大为150t（中国二重），不锈钢锻件最大为35t（中国二重），不锈钢铸件为48t（中国二重）。大型铸锻件行业为国内外提供了600MW及以下的亚临界火电机组、ϕ8m及以下混流式水电机组、300MW及以下核电机组的成套大型铸锻件，1 000吨级以下热壁石油加氢反应器、20万t/a氨合成塔容器、120MN及以下水压机、420mm特厚板轧机、3 300mm中厚板轧机、15万t远洋货轮等大型成台（套）设备的大型铸锻件。中国一重完成了我国首台年产140万t加氢裂化装置关键设备——锻焊结构千吨级热壁加氢反应器的制造，还完成了300MW核反应堆压力容器、蒸发器、主泵等大型锻件的制造。重大项目“核电大型铸锻件攻关”中，中国一重承担的“秦山一期600MW稳压器锻件的研制”通过验收。

1985年，“330”（葛洲坝水电站项目代号）叶片材料及性能改进和大型铸件顺序凝固科研项目通过技术鉴定。

1986年，中国二重热加工改造重点项目——150t钢包精炼炉热调试成功。3 300mm轧机毛重为315t的机架用490t钢水一次浇注成功，首创全国浇注最大铸钢件的记录。100t·m无砧座对击捶试锻高级合金钢涡轮盘成功。中国一重为齐鲁石化公司生产的锻焊结构热壁加氢反应器（单台重量220t），成为国内首台达到国外先进技术水平的热壁加氢反应器。

1987年，按美国西屋标准生产的60万kW汽轮发电机低压转子238t大钢锭首次浇注成功。国内最大铸钢件3300轧机机架第二件（毛重315t）浇注成功。

1988年，一重生产出齐鲁石化公司锻焊结构热壁加氢反应器（单重220t），这是国内首台达到国外先进技术水平的热壁加氢反应器。

1989年，北京重型电机厂的船用锻件和铸钢件通过中国船级社、英国劳埃德船级社、挪威船级社的认可。中国一重、中国二重和上重的船用铸锻件生产也取得了中外船级社的认可。国内目前最大的不锈钢钢锭——59t的1Cr18Ni9Ti锻造钢锭在中国二重浇注成功，钢液实际成分达到了SUS321的世界先进水平，用于300MW核电压力容器的制造。成功冶炼出具有国内先进水平的新型护环材料Mn18Cr18N。首次浇注成功单件毛重6.3t的最大铸铜件。

中国一重为抚顺石油三厂独立制造了我国第一台完全国产化的大型锻焊结构热壁加氢反应器（单台重量398t）。

进入20世纪90年代，大型铸锻件制造的整体水平有了提高，研制出的300MW和600MW引进型火电机组的全套铸锻件，使电站铸锻件生产摆脱了长期依赖进口的被动局面；研制出大型加氢反应器锻件和20万t/a合成氨的锻件结构的合成塔外壳等多数重点产品。

1991年，开发生产的ϕ400mm高压釜填补了我国的空白。

1995年取得压水堆核电产品核承压设备制造资格许可证。

1996年开始研究开发3Cr-1Mo-1/4V钢及其制造技术，历时两年通过了国家级鉴定，并经国家压力容器标准化技术委员会的批准，成功地应用于新疆克拉玛依石油化工厂30万t/a润滑油加氢装置加氢处理反应器中，从而使我国成为在国际上继日本之后第二个掌握该钢种的国家。

1997年中国二重、中国一重获得美国机械工程师协会颁发的ASMEU和U2钢印及授权证书。中国二重成功地浇注了两件单重达345t，当时全国最大的铸钢件——济钢3500轧机机架。

1998年，中国一重制造出960t、780t两台加氢反应器，填补了我国工业的空白，标志着中国一重已成为当时世界上3个具备生产千吨级加氢反应器的公司之一。

2001年，由中国二重自行研制的首片三峡大型水轮机叶片浇注成功。

2002年年初，中国一重开始自主研制15 000t水压机。

2004年，由中国一重研制的硬质合金STS单管钻深孔高速切削工艺技术取得成功，这项工艺在国内同行业中尚属首创。中信重工“平改电”项目全面投产。总重154t，国内首套大型燃气轮机缸体在中国二重浇铸完成。中国二重承制当时国内最大的神头（高加）SA350LF2CL2钢特大型管板，属ASME钢印产品，尺寸轮廓达ϕ2 030mm×783mm，多项指标属国内首次研制。中国二重为中国航天科技集团公司生产的高压液氢容器成功完成液压、气压试验，顺利交付客户使用。

2005年，热工具钢新型材料YW-50锻钢热轧工作辊在中国一重研制成功并上机使用，填补了国内高合金材料锻钢工作辊的技术空白。国内首支采用2 1/4CrMoV材料的60MW高低压复合转子在中国二重出产。

2006年5月，单重2 040t锻焊结构的2 1/4Cr-1Mo-1/4V钢煤液化反应器制造完成交付使用。

2007年，世界上最大的16 000吨级水压机在中国二重进行第一次热负荷试车获得成功。中国一重150吨级空心钢锭制造技术已经成熟。

2008年，中国二重成功锻制出钢锭重340t的特大型支承辊，该支承辊直径2 200mm，辊身长4 200mm，总长度9 780mm，是当时国内最大的支承辊。中国二重成功生产出首支1 000MW发电机转子，填补了我国百万千瓦级超超临界发电机转子生产的空白。中信重工自主设计制造、国内直径最大的齿圈铸件，直径近11m，重达70余吨。

2009年，二代加核电锻件实现了批量生产，第三代AP1000核电锻件研制取得了突破性进展，大型先进压水堆重大专项完成了阶段性任务，部分锻件制造水平达到世界领先。中国一重“2.25Cr-1Mo-0.25V材料开发及加氢反应器研制”获中国机械工业科学技术奖一等奖。上重自主设计、自行制造，并拥有完全自主知识产权的世界上最大的450t电渣重熔炉投产，可生产最大直径为3.6m、高度为6m的电渣锭，等效于600吨级真空浇注钢锭。中国二重成功生产出国内首支1 100MW核电半速发电机转子。

2010年，中国一重投巨资对富拉尔基大型铸锻钢制造系统进行全面综合升级改造，钢水生产能力由改造前的年产25万t增加到50万t。中信重工“新重机”工程竣工投产，构建了一个以18 500t自由锻造油压机为核心的高端重型装备制造工艺体系。国内首台完全自主化的百万千瓦级核反应堆压力容器研制成功并交付用户。太重大型铸锻件国产化基地奠基。

2011年，世界首台筒节成型机在中国一重研制成功并投入生产。中国二重生产制造的首批（3组）三峡升船机齿条通过验收，标志着三峡齿条研制成功。当时世界最大的抽水蓄能叶片——东芝叶片在中国二重浇注成功，叶片平均壁厚仅110mm，宽5.5m，高约3m，翘曲落差达1.6m。世界首件第三代核电AP1000主管道热锻B弯管在中国二重制造成功。

2012年，世界最大的715t特大钢锭在中国一重试制成功，并应用于世界最大的百万千瓦核电整锻低压转子锻件的制造。河北宏润核装备科技股份有限公司的世界首台5万t垂直挤压机投产。大型铸锻件数值模拟国家工程实验室成立。

2013年，经国务院批准中国二重与中国机械工业集团有限公司（国机集团）实施联合重组，中国二重整体产权无偿划入国机集团，作为重组后新集团的全资子企业，重组后的新集团沿用“中国机械工业集团有限公司”名称。由中国二重自主设计、制造、安装的8万t大型模锻压机是目前世界上工作能力最强、技术先进的模锻装备，总高42m，总重约2.2万t，其中单件重量在75t以上的零件有68件，其外形尺寸、整体重量和最大单件重量均为世界之首。用于制造CAP1400核电转轴的650 t真空钢锭在中国二重炼钢车间成功完成冶炼与浇注。

2014年，中国一重700℃超超临界镍合金转子完成吨级试验件性能评价。世界首套620℃ 1 000MW超超临界汽轮机中压内缸铸件在中国二重研制成功。

2015年，国内首台80t低频单电极气保电渣重熔炉在中信重工正式投用。国内首支国核示范项目1号机组发电机核心部件CAP1400型压水堆核电机组的核电转轴在中国二重制造成功。

2016年大连华锐重工集团股份有限公司对其全资子公司大连华锐重工铸钢有限公司实施整体吸收合并，合并完成后，铸钢公司独立法人资质注销。中国二重研制的首批国际民航用大型起落架锻件成功交付。

2017年，中信重工形成完备的锻造体系，拥有了包括1 600t水压机、3 150t水压机、5 000t专用模锻压机、5 000t自由锻油压机、18 500t自由锻油压机，以及φ5m数控轧环机等在内的梯级锻造压机集群。

2018年，中国一重、中国二重成功制造出世界最大、总长超过70m、外径5.4m、重量达2 400t的260万t/a沸腾床渣油锻焊加氢反应器。国内首台超大型1 900kJ双作用式全液压海上打桩锤，在太重天津滨海重装基地成功完成了打桩试验，填补了我国在超大型液压打桩锤技术领域的空白。二重装备承制的白鹤滩水电站世界最大百万千瓦水电机组首套上冠、下环顺利通过东电用户及三峡业主验收，实现按期交付。

党和国家领导人高度重视重型装备和大型铸锻件行业，多位党和国家领导人在不同时期视察重型机械企业。1990年2月23日，时任中共中央总书记、中央军委主席江泽民视察中国一重。2017年6月22日，中共中央总书记、国家主席、中央军委主席习近平来到太重，深入轨道交通、盾构机车间考察。2018年9月26日，中共中央总书记、国家主席、中央军委主席习近平视察中国一重时指出："制造业特别是装备制造业高质量发展是我国高质量发展的重中之重，是一个现代化大国不可缺少的。"2004年8月6日，时任国务院总理温家宝视察二重，深入重机分厂、水压机车间考察。2015年9月23日，国务院总理李克强到中信重工考察"双创"工作。

〔撰稿人：中国重型机械工业协会大型铸锻件分会董涛、徐文金、杜敏　审稿人：中国重型机械工业协会大型铸锻件分会蒋新亮〕

附录

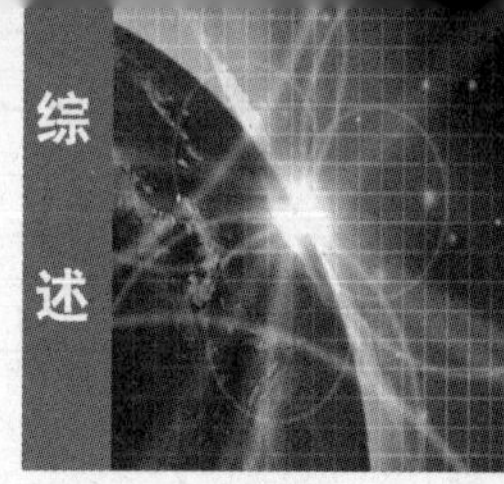

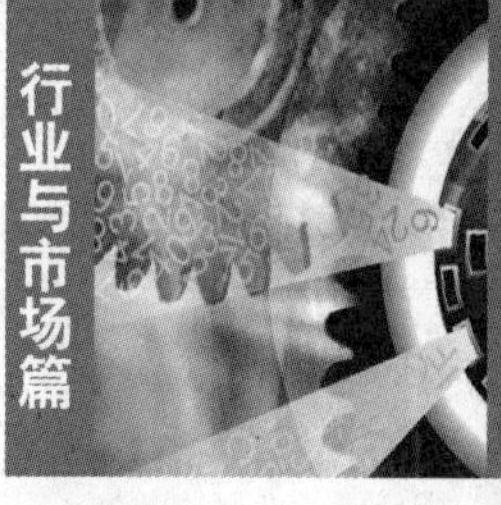

中国重型机械工业协会第七届组织机构，理事会、监事会名单，分会会员名录

Publicize organization structure of China Heavy Machinery Industry Association (CHMIA), name list of its council and board of supervisors, and list of members in its branches

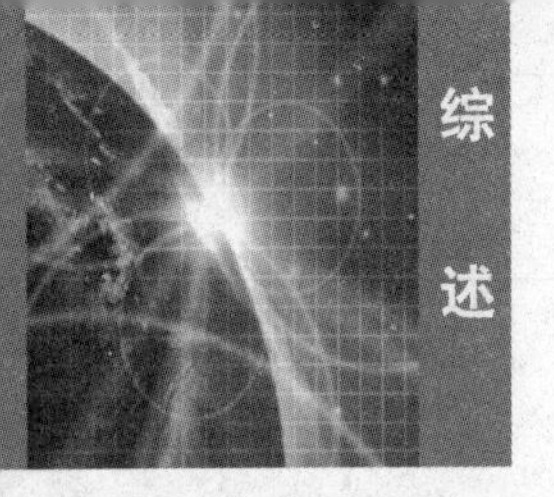

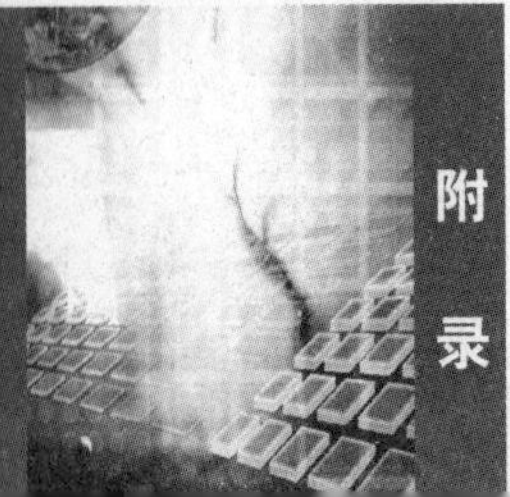

附录

中国重型机械工业协会组织机构

〔供稿人：中国重型机械工业协会张艳君〕

中国重型机械工业协会 第七届理事会正副理事长、正副秘书长

序号	姓名	单位名称	单位职务或职称
理事长			
1	刘鹤群	北方重工集团有限公司	董事长
副理事长			
1	李　镜	中国重型机械工业协会	常务副理事长
2	孙　敏	中国一重集团有限公司	副总裁、党委常委
3	王　平	中国第二重型机械集团公司	总经理
4	陆文俊	国机重型装备集团股份有限公司	董事长
5	王创民	太原重型机械集团有限公司	董事长；党委书记
6	田长军	大连华锐重工集团股份有限公司	总裁
7	俞章法	中信重工机械股份有限公司	董事长、党委书记
8	严云福	上海振华重工（集团）股份有限公司	总工程师
9	肖　平	中国重型机械有限公司	董事长
10	张安频	上海重型机器厂有限公司	执行董事兼总经理
11	韩红安	卫华集团有限公司	董事长
12	张江安	中国重型机械研究院股份公司	董事长
13	唐　超	北京起重运输机械设计研究院有限公司	董事长、总经理
14	程　波	洛阳矿山机械工程设计研究院有限责任公司	院　长
15	陆鹏程	中钢设备有限公司	董事长
16	王清和	华电重工股份有限公司	副总经理
17	崔培军	河南省矿山起重机有限公司	党委书记
18	彭　勇	云南冶金昆明重工有限公司	董事长
19	黄乐亭	天地科技股份有限公司	副总经理
20	王继生	中国重型机械工业协会	秘书长
秘书长、副秘书长			
1	王继生	中国重型机械工业协会	秘书长
2	张维新	中国重型机械工业协会	副秘书长
3	张艳君	中国重型机械工业协会	副秘书长

〔供稿人：中国重型机械工业协会张艳君〕

中国重型机械工业协会
第七届理事会常务理事、理事

序号	姓名	单位名称	单位职务或职称
常务理事			
1	刘宏民	燕山大学	校长
2	徐格宁	太原科技大学	国家特色／工程教育认证专业负责人；国家机械实验教学示范中心主任
3	祝　伟	常熟通润汽车零部件股份有限公司	副总经理、经济师
4	华　良	上海起重运输机械厂有限公司	总经理
5	黄珑琳	凯澄起重机械有限公司	总经理
6	张满苍	北京首钢机电有限公司	总经理
7	孙善金	山东山矿机械有限公司	董事长
8	郭映宏	四川矿山机器（集团）有限责任公司	总经理
9	廖纯德	衡阳运输机械有限公司	董事长
10	肖建平	株洲天桥起重机股份有限公司	董事长
11	徐新民	山起重型机械股份公司	董事长、总经理
12	李　静	芜湖起重运输机器股份有限公司	董事长
13	刘木南	三一海洋重工有限公司	院长
14	宋太俊	河南长垣起重工业园区管理委员会	管委会主任
15	明艳华	中国重型机械工业协会停车设备工作委员会	理事长
16	周水妹	杭州西子智能停车股份有限公司	总经理
17	汪　诚	北京中冶设备研究设计总院有限公司	董事长
18	贺石中	广州机械科学研究院有限公司	总经理助理
19	李　平	上海科大重工集团有限公司	董事长
20	龚欣荣	四川省自贡运输机械集团股份有限公司	总经理、总工
21	郭章先	豫飞重工集团有限公司	党委书记、董事长兼总裁
22	辜宁生	江苏三马起重机械制造有限公司	总裁
23	段京丽	焦作金箍制动器股份有限公司	董事长、总经理
24	杨永柱	鞍山重型矿山机器股份有限公司	董事长
25	苗体魁	河南圣起机械集团有限公司	董事长
26	黄海珊	广州起重机械有限公司	董事长
27	张志华	郑州新大方重工科技有限公司	董事长
28	张明荣	泰星减速机股份有限公司	董事长
29	殷爱国	江苏泰隆减速机股份有限公司	总经理
30	郑才刚	宁波东力股份有限公司	副总经理
31	张文忠	浙江双鸟机械有限公司	董事长

（续）

序号	姓名	单位名称	单位职务或职称
32	翁耀根	无锡华东重型机械股份有限公司	董事长
33	许　强	中机第一设计研究院有限公司	总工程师
34	聂仲毅	中钢集团西安重机有限公司	董事长、总经理、党委书记
35	孟凡波	焦作科瑞森重装股份有限公司	副总经理
36	罗永忠	四川川润股份有限公司	董事长
37	张承臣	沈阳隆基电磁科技股份有限公司	董事长
38	王兆连	山东华特磁电科技股份有限公司	董事长
39	汪碧远	SEW-传动设备（天津）有限公司	总经理助理
40	刘文军	北京约基工业股份有限公司	总工程师
41	韩红静	北京斯诺堡轴承有限公司	总经理
42	郭继保	太原通泽重工有限公司	总工程师
43	唐　波	上海重型装备制造行业协会	副会长、秘书长
44	汪　玉	安徽盛运重工机械有限责任公司	董事长
45	王红华	浙江冠林机械有限公司	董事长
46	喻连生	江西工埠机械有限责任公司	董事长
47	黄庆学	太原理工大学	校长
48	龚友良	南昌矿山机械有限公司	总经理
理事			
1	张　勇	中国煤炭机械工业协会	理事长
2	王建梅	重型机械教育部工程研究中心	常务副主任
3	葛文亮	江苏象王集团股份有限公司	副总经理
4	肖富凯	中冶京诚（湘潭）矿山装备有限公司	副总经理
5	杨方祥	重庆起重机厂有限责任公司	党委书记、执行董事
6	宁凡辉	济南重工股份有限公司	董事长
7	宋伟刚	东北大学机械工程与自动化学院	教授
8	朱真才	中国矿业大学科学技术研究院	常务副院长
9	孙　波	湖北宜都机电集团有限责任公司	董事长
10	罗向阳	湖南长重机器股份有限公司	董事长
11	秦春林	南宁广发重工集团有限公司	董事长
12	李亚慧	哈尔滨重型机器有限责任公司	总经理
13	段春红	唐山市矿山机械厂	总经理
14	胡善宏	淮北矿山机器制造有限公司	董事长
15	杨　斌	南昌凯马有限公司	总经理
16	秦英奕	江西起重机械总厂	总经理
17	陈永忠	广西百色矿山机械厂有限公司	董事长
18	马卫国	新疆通用机械有限公司	总经理
19	钱立华	铜陵天奇蓝天机械设备有限公司	总经理

（续）

序号	姓名	单位名称	单位职务或职称
20	宋彦东	郑起重工有限公司	董事长
21	任会江	河南省新乡市矿山起重机有限公司	董事长
22	胡鹏辉	河南重工起重机集团有限公司	总经理
23	韩永章	河南宝起华东起重机有限公司	总经理
24	韩宜增	河南豫中起重集团有限公司	董事长
25	阮曙峰	浙江众擎起重机械制造有限公司	董事长
26	李子木	宁夏天地奔牛银起设备有限公司	总经理
27	张佳林	辽宁恒泰重机有限公司	董事长
28	王孙同	浙江东海减速机有限公司	总经理
29	孙文田	鞍钢重型机械有限责任公司	总经理
30	吴　潇	柳州起重机器有限公司	董事长
31	詹玉巍	天水长城控制电器有限责任公司	总经理助理
32	陶　楠	长春发电设备总厂	厂　长
33	梁　旭	洛阳起重机厂有限公司	常务副总经理
34	卢梦龙	上海电力环保设备总厂有限公司	党委书纪、副总经理
35	张树辉	光明起重集团有限公司	总经理
36	项建忠	浙江通力重型齿轮股份有限公司	董事长
37	徐正兴	江阴齿轮箱制造有限公司	副总
38	施　凡	湖州双力自动化科技装备有限公司	总经理
39	徐　敏	无锡新大力电机有限公司	董事长
40	杜　勇	武汉电力设备厂	副总经理
41	朱天合	河南焦矿机器有限公司	总经理
42	吴建一	湖北银轮起重机械股份有限公司	总经理
43	李　坤	天津重钢机械装备股份有限公司	董事长兼总经理
44	李祥啟	大洋泊车股份有限公司	董事长
45	陆永生	山东莱钢泰达车库有限公司	部门经理
46	江　鹏	湖北鄂重重型机械有限公司	董事长
47	张彦五	上海嘉庆轴承制造有限公司	董事长
48	李伟敏	河南省东风起重机械有限公司	董事长
49	何国胜	八达机电有限公司	董事长
50	张瑞庆	无锡宏达重工股份有限公司	董事长
51	操文章	安徽攀登重工股份有限公司	董事长、总经理
52	丁加新	吉林省佳信通用机械股份有限公司	董事长
53	许彦科	山西新富升机器制造有限公司	总工程师
54	纪振昌	河北同力滑车有限公司	总经理
55	姚雨轩	佳力机械股份有限公司	市场总监
56	王东升	北京中冶华润科技发展有限公司	董事长
57	刘新代	河南天隆输送装备有限公司	副董事长

（续）

序号	姓名	单位名称	单位职务或职称
58	曹明生	江西华伍制动器股份有限公司	总经理
59	单激文	盐城市大丰区重型装备产业园管理委员会	主任
60	冀慎珠	新泰市羊流起重机械协会	常务副会长
61	崔天雄	济南永固重型机械制造有限公司	副总经理
62	李　涛	四平维克斯换热设备有限公司	总经理
63	万名炎	湖北咸宁三合机电股份有限公司	董事长
64	陈敏兆	浙江合建重工科技股份有限公司	董事长
65	付小邗	浙江矿山机械有限公司	董事长
66	胡建明	浙江双金机械集团股份有限公司	董事长
67	李海通	河南奔宇电机科技有限公司	总经理
68	韩景轩	河南华北起重吊钩有限公司	董事长
69	高　海	安徽铜冠机械股份有限公司	副总经理
70	金红萍	法兰泰克重工股份有限公司	董事长
71	刘存德	《重型机械》编辑部	主编
72	于伟涛	《矿山机械》杂志社	主编
73	马　超	《起重运输机械》编辑部	主编
74	沈国劬	《大型铸锻件》杂志	主编
75	林善灿	宝山钢铁股份有限公司	副部长
76	承　勇	常州市华立液压润滑设备有限公司	总经理
77	李传林	中钢集团衡阳机械有限公司	总经理
78	时文泊	河南太行振动机械股份有限公司	董事长
79	陈清波	科尼起重机设备（上海）有限公司	中国区总监
80	陈　浩	德马格起重机械（上海）有限公司	总经理
81	龙宏欣	纽科伦（新乡）起重机有限公司	董事长
82	苏光耀	浙江五一机械有限公司	董事长
83	金　鸣	常熟中材装备重型机械有限公司	总经理
84	薛文峰	韶关市韶瑞重工有限公司	总经理
85	刁明霞	淄博大力矿山机械有限公司	董事长
86	王宏玉	沈阳新松机器人自动化股份有限公司	副总裁
87	尹军琪	北京伍强科技有限公司	总经理
88	朱剑君	宁波市凹凸重工有限公司	董事长
89	杨小军	宁夏天地西北煤机有限公司	总经理、高级工程师
90	汪东华	江苏省特种设备安全监督检验研究院	院长
91	金　斌	湘电重型装备有限公司	副总经理
92	陈利华	浙江浙矿重工股份有限公司	董事长
93	杨　钢	镇江磁电设备有限责任公司	董事长
94	魏德洲	东北大学资源与土木工程学院	院长
95	王思民	河南威猛振动设备股份有限公司	总经理

（续）

序号	姓名	单位名称	单位职务或职称
96	黄小伟	奥力通起重机（北京）有限公司	董事长
97	叶宏洪	广东永通起重机械实业有限公司	董事长
98	罗清华	江西特种电机股份有限公司	常务副总经理
99	田　振	辽宁国远科技有限公司	董事长
100	张树文	山东德鲁克起重机有限公司	总经理
101	韩秉文	长春一汽四环随车工具有限公司	董事长
102	王　斌	湖北博尔德科技股份有限公司	董事长
103	徐建人	绍兴华运输送设备有限公司	总经理
104	李继东	沈阳泰丰胶带制造有限公司	总经理助理
105	张　斌	广东中兴液力传动有限公司	董事长
106	王东成	东莞大马输送设备有限公司	办公室主任
107	赵红平	湖南鸿韵传送科技发展有限公司	总经理
108	肖阳东	四川东林矿山运输机械有限公司	总经理
109	周冬青	湖北三六重工有限公司	董事长
110	张　标	启东润滑设备有限公司	总经理
111	张　超	启东市南方润滑液压设备有限公司	总经理
112	郇正彪	泰尔重工股份有限公司	总裁
113	陈德木	杭州杰牌传动科技有限公司	董事长、总经理
114	任汉友	江苏省金象传动设备股份有限公司	董事长
115	肖北平	荆州市巨鲸传动机械有限公司	董事长
116	高铁英	浙江恒星科技控股集团有限公司	集团副总经理
117	禹兴胜	洛阳中重铸锻有限责任公司	总经理
118	张　军	深圳怡丰自动化科技有限公司	副总经理
119	苗庆华	河南中继威尔停车系统股份有限公司	总经理
120	马景山	北京航天汇信科技有限公司	副总经理
121	洪伟泉	浙江子华停车设备科技股份有限公司	董事长
122	王牧轩	唐山通宝停车设备有限公司	总经理
123	侯玉鹏	山东天辰智能停车设备有限公司	总经理
124	蒋玲华	上海赐宝停车设备制造有限公司	总经理
125	杨晓代	昆明昆船物流信息产业有限公司	副总经理
126	谭延斌	沈阳飞机工业集团物流装备有限公司	总经理
127	岳秀江	北京机械工业自动化研究所	副总经理
128	付龙根	上海沪南千斤顶厂	厂长
129	王世光	中航工程集成设备有限公司	董事长
130	何安瑞	北京科技大学工程技术研究院	院长
131	梁新文	山西省平遥减速器有限责任公司	董事长
132	张俊国	中信机电制造公司	总经理
133	徐国忠	江苏国茂减速机股份有限公司	董事长

（续）

序号	姓名	单位名称	单位职务或职称
134	苏建涛	北京中科凯思科技有限公司	董事长
135	吉　伟	苏州吉人高新材料股份有限公司	董事长
1	赵　兵	中国机械工业集团有限公司	原总裁助理、教授级高工
2	须　雷	德马格起重机械（上海）有限公司	总监；教授级高级工程师
3	王　鹰	太原科技大学	原副校长
4	李国杰	苏州大学应用技术学院	工学院副院长

〔供稿人：中国重型机械工业协会张艳君〕

中国重型机械工业协会第七届理事会常务监事长、监事

序号	姓名	单位名称	职务
监事长			
1	王顺亭	国家起重运输机械质量监督检验中心	中心主任
监事			
2	王国强	吉林大学机械科学与工程学院	党委书记
3	王玉敏	中国建材机械工业协会	常务副会长
4	孙　超	哈尔滨国海星轮传动有限公司法定代表人	原总经理

〔供稿人：中国重型机械工业协会张艳君〕

中国重型机械工业协会会员名录

矿山机械

单位名称	联系地址	邮编	电话	传真
中信重工机械股份有限公司	河南省洛阳市涧西区建设路 206 号	471039	0379-64088001	0379-64214680
鞍山重型矿山机器股份有限公司	辽宁省鞍山市鞍千路 294 号	114042	0412-6215364	0412-6216900
大连光阳轴承制造有限公司	辽宁省瓦房店市北共济街北段 17 号	116300	0411-85518888	
北京金煤创业科技股份有限公司	北京市石景山区古城西街 19 号古城基地 D 座南楼 2 层	100043	010-88909291	
长沙正忠科技发展有限公司	湖南省长沙市雨花区环保科技园职教城路 32 号	410006	0731-85350116	
徐州徐工矿山机械有限公司	江苏省徐州市经济技术开发区高新路 39 号	221004	0516-83111663	
山东硕园工业机械设备有限公司	山东省淄博市沂源县城沂河东路北侧	256100	0533-3438899	

（续）

单位名称	联系地址	邮编	电话	传真
云南凯瑞特重工科技有限公司	云南省昆明市彩云北路星都国际总部37栋	651701	0871-65936037	
河北省邢台县长江矿山机械制造厂	河北省邢台市桥东区白塔市场	054000	0319-3221853	
湘潭市恒欣实业公司	湖南省韶山市永泉科技园	411300	0731-55672100	
济南重工股份有限公司	山东省济南市东郊机场路	250109	0531-86139298	0531-88287286
吉林大学机械科学与工程学院	吉林省长春市人民大街5988号	130025	0431-85094404	0431-85095288
太原科技大学交通与物流学院	山西省太原市万柏林区窊流路66号	030024	0351-6998056	0351-6863369
淄博大力矿山机械有限公司	山东省淄博市周村区恒通路887号	255300	0533-6181501	0533-6181392
山东泰山天盾矿山机械有限公司	山东省新泰市开发区新兴路	271200	0538-7069810-8603	0538-7069332
湘电重型装备股份有限公司	湖南省湘潭市岳塘区下摄司街302号	411100	0731-58595647	0731-58595267
四川矿山机器(集团)有限责任公司	四川省江油市建设北路888号	621701	0816-3696018	0816-3698888
浙江双金机械集团有限公司	浙江省杭州市余杭区瓶窑镇	311115	0571-28057991	0571-28057991
浙江浙矿重工股份有限公司	浙江省湖州市长兴县和平镇工业园区	313103	0572-6955888	0572-6959977
洛阳矿山机械工程设计研究院有限责任公司	河南省洛阳市涧西区建设路206号	471039	0379-64087719	0379-64221800
哈尔滨国海星轮传动有限公司	黑龙江省哈尔滨市哈平路工业区烟台三路8号	150060	0451-86522278	0451-86530858
安徽盛运重工机械有限责任公司	安徽省桐城市同安路265号	231400	0556-6213999	0556-6205280
洛阳大华重工科技有限公司	河南省洛阳市洛龙区关林路280号	471023	0379-65520221	0379-65511602
河南黎明重工科技股份有限公司	河南省郑州市高新区科学大道169号	450001	0371-67988906	0371-67988906
科威瑞（广东）矿机装备有限公司	广东省韶关市高新开发区莞韶双创（装备）中心	512026	0751-8721999	0751-8721999
贵阳高原矿山机械有限公司	贵州省贵阳市花溪区航天路路尾	550025	0851-83636103	0851-83636113
重庆泰丰矿山机器有限公司	重庆市九龙坡区石坪桥横街66号	400051	023-68822731	023-68822731
郑州鸿源重型机械有限公司	河南省郑州市郑上路石砦	450100	0371-64629998	0371-64602334
洛阳百克特摩擦材料有限公司	河南省洛阳市高新开发区孙辛辅路4号	471003	0379-65112136	0379-64183328
中实洛阳工程塑料有限公司	河南省洛阳市涧西区建设路206号	471039	0379-64088063	0379-64214823
太原重型机械集团有限公司	山西省太原市万柏林区玉河街53号	030024	0351-6365768	0351-6361133
湘煤立达矿山装备股份有限公司	湖南省株洲市新华东路699号	412003	0731-22493253	0731-28780421
浙江武精机器制造有限公司	浙江省金华市武义县青年路108号	321200	0579-87641326	0579-87647558
广东省韶铸企业集团	广东省韶关市浈江区十里亭镇	512031	0751-8832578	0751-8853784
湖州恒通机械设备有限公司	浙江省湖州市吴兴区埭溪镇工业开发区（104国道路8号）	313000	0572-2367341	0572-2367343
鹤壁市豫兴煤机有限公司	河南省鹤壁市山城区豫兴工业园	458007	0392-2560169	0392-2566177
鹤壁市万丰矿山机械制造有限公司	河南省鹤壁市山城区石林乡东石林村	458000	0392-2566777	0392-2560777
鹤壁市四达矿山设备有限公司	河南省鹤壁市山城区汤鹤路中段	458000	0392-2560391	0392-2560800
鹤壁市通达矿山设备有限公司	河南省鹤壁市山城区汤鹤路中段山城工业区	458000	0392-2560354	0392-2568096
鹤壁市星光矿山机械制造有限公司	河南省鹤壁市山城区石林乡东石林村	458000	0392-2563669	0392-2566433
鹤壁市双信矿山机械有限公司	河南省鹤壁市山城区汤鹤路中段路北	458000	0392-2560366	0392-2568366
太重煤机有限公司	山西省太原市经济技术开发区电子街25号	030009	0351-3040108	0351-3041942
重庆四丰矿山建筑机械有限公司	重庆市大渡口区八桥镇互助工业园	400084	023-68953208	023-68953258
河南太行振动机械股份有限公司	河南省新乡市经济开发区西区中央大道北段66号	453731	0373-5590168	0373-5586881
郑州一帆机械设备有限公司	河南省郑州市荥阳市开发区郑源路中段	450100	0371-64606406	0371-64606468
山东升金矿山机械有限公司	山东省新泰市新安路53号	271200	13805487285	0538-2200111

（续）

单位名称	联系地址	邮编	电话	传真
宁夏天地西北煤机有限公司	宁夏回族自治区石嘴山市大武口工业园区长安路1号	753001	0952-2175328	0952-2175329
山东东平开元机械制造有限公司	山东省泰安市东平县工业园区	271500	0538-2821052	0538-6356808
浙江镇南精工机械有限公司	浙江省诸暨市店口镇解放路259号	311835	0575-87655388	0575-87655618
南昌矿山机械研究所	江西省南昌市下罗枫林东大街168号	330001	0791-83806998	0791-83805987
南昌矿山机械有限公司	江西省南昌市湾里区盘龙路23号	330004	0791-83798611	0791-83761006
山东华特磁电科技股份有限公司	山东省潍坊市临朐县经济技术开发区华特路6999号	262600	0536-3158808	0536-3158801
山东山矿机械有限公司	山东省济宁市济安桥北路11号	272014	0537-2226931	0537-2228529
沈阳隆基电磁科技股份有限公司	辽宁省抚顺市经济开发区文华路6号	113122	024-56605765	024-56605768
浙江东海减速机有限公司	浙江省温州市平阳经济开发区（鳌江镇）	325401	0577-63675933	0577-63635393
石家庄油漆厂	河北省石家庄市中山西路433号	050000	0311-85233768	0311-83013681
鸡西永益煤矿机械制造有限公司	黑龙江省鸡西市鸡冠区南星街47号	158100	0467-2725068	0467-2725068
大连骅洋液力偶合器有限公司	辽宁省大连市甘井子区营城子街道对门沟村	116036	0411-84444529	0411-84444509
遵化市禹铭矿山机械厂	河北省遵化市黎河桥路西	064200	0315-6883926	0315-6603658
河北宣化工程机械股份有限公司	河北省张家口市宣化区东升路21号	075105	0313-3186001	0313-3186026
洛阳百力克矿山机械有限公司	河南省洛阳市洛新工业园双湘路12号	471822	0379-65190660	0379-67312866
江苏三羊开泰煤矿电机制造有限公司	江苏省丹阳市开发区胡桥乡大贡村	212313	0511-86981555	0511-86967626
青岛胶六橡特胶带有限公司	山东省青岛市市北区市场二路36号	266011	0532-82825527	
南昌凯马有限公司	江西省南昌市国家经济技术开发区丁香路凯马机电工业园	330101	0791-83951398	0791-83951350
山西电机制造有限公司	山西省太原市并州南路68号	030012	0351-7081088	
广州机械科学研究院	广东省广州市黄埔区茅岗路828号	510700	020-32389630	
芜湖众发中运机械有限公司	安徽省芜湖市鸠江经济开发区二期永昌路67号	241100	0553-5716423	
湖南山拓机械制造有限公司	湖南省岳阳市华容县工业园	414200	0730-4108893	
中实洛阳重型机械有限公司	河南省洛阳市涧西区建设路206号	471039	0379-64088063	
四川川润液压润滑设备有限公司	四川省成都市郫都区现代工业港北区港北六路85号	611743	028-61836518	
上海辛格林纳新时达电机有限公司	上海市嘉定区思义路1560号	201801	021-69896275	021-69926011
江苏太兴隆减速机有限公司	江苏省泰兴市城区科技工业园	225400	0523-87996888	0523-87996999
河南省荥阳市矿山机械制造厂	河南省郑州市荥阳市荥密路三里庄	450100	0371-64696896	
荆州市康海传动机械制造有限公司	湖北省荆州市沙市区锣场工业园二号路20号	434000	0716-8377491	0716-8377493
中国矿业大学科学技术研究院	江苏省徐州市三环南路	221116	0516-83590758	0516-83590289
重庆忠惠机械有限责任公司	重庆市九龙坡区西彭镇长安村	401326	13808300938	023-65805411
安徽铜冠机械股份有限公司	安徽省铜陵市经济技术开发区翠湖三路西段998号	244061	0562-5864504	0562-5861106
四川俊江机械有限公司	四川省内江市隆昌县三道桥工业园区	642150	0832-3950899	0832-3965222
浙江双飞无油轴承股份有限公司	浙江省嘉兴市嘉善县干窑工业区宏伟北路18号	314115	0573-84519568	
臣槃（上海）橡胶工业技术有限公司	上海市金山区吕巷镇溪南路86号	214107	021-61841222	021-61842333
唐山拓新电器有限公司	河北省唐山市高新区西昌路（创业中心）	063000	13932554266	0315-3851766
遵化市一超盛方重型机械厂	河北省遵化市苏家洼镇苏家洼村	064200	13931583670	
郑州中意矿山机械有限公司	河南省郑州市荥阳市荥密路三里庄	450100	13838055736	0371-64793555
鄂州市恒基矿山机械制造有限公司	湖北省鄂州市经济开发区	436001	13677117578	0711-3619268
洛阳力为机械科技有限公司	河南省洛阳市西工区洛阳工业园区经十路16号	471041	0379-62189698	0379-62189698
山西新富升机器制造有限公司	山西省太原市经济技术开发区十四号线68号	030013	0351-3075217	0351-2664710

（续）

单位名称	联系地址	邮编	电话	传真
天津市立鑫晟精细铸造有限公司	天津市静海区良王庄乡良二村	301601	022-68122819	022-68122819
德力西（杭州）变频器有限公司	浙江省杭州市西湖区转塘街道科技经济区块8号	310023	0571-85362042	0571-85225972
沈阳市永达有色铸造厂	辽宁省沈阳市皇姑区鸭绿江北街168号	110033	024-86671086	024-86671086
江阴齿轮箱制造有限公司	江苏省江阴市山观工业园澄山路601号	214437	0510-86993113	0510-86993519
卫华集团有限公司	河南省新乡市长垣县卫华大道西段	453400	0373-8888761	0373-8888761
中冶京诚（湘潭）矿山装备有限公司	湖南省湘潭市九华江南大道8号	411200	0731-58276200	0731-58276200
新乡市通用电机有限公司	河南省新乡市小店工业区经九路纬六路西南	453000	13937303339	0373-3686333
矿山机械杂志社	河南省洛阳市涧西区建设路206号	471039	0379-64087786	0379-64087868
全国矿山机械标准化技术委员会	河南省洛阳市涧西区建设路206号	471039	0379-64087746	0379-64087746
国家矿山机械质量监督检测中心	河南省洛阳市涧西区建设路206号	471039	0379-64087842	0379-64215427
浙江矿山机械有限公司	浙江省义乌市义亭镇矿机一路96号	322005	0579-85817891	0579-85815387
义乌黑白矿山机械有限公司	浙江省义乌市上溪镇四通西路36号	322000	0579-85861866	0579-85866118
河南蒲瑞精密机械有限公司	河南省新乡市长垣县巨人大道南段路西	453000	0373-8621889	0373-8621889
泰星减速机股份有限公司	江苏省泰兴市姚王镇泰姚北路10号	225402	0523-87635681	
广州华宝矿山设备有限公司	广东省广州市天河区广汕路凤凰软件园首层B2区	510520	020-87026100	020-87026465
定襄县佳敏机械锻造有限公司	山西省忻州市定襄县九龙湾工业区	035400	0350-6090909	0350-6090911
河南红星矿山机器有限公司	河南省郑州市高新技术产业开发区檀香路8号	450100	0371-86670277	
山西平遥减速器有限责任公司	山西省晋中市平遥县科技工业区	031100	0354-5650091	
湖州电动滚筒有限公司	浙江省湖州市经济技术开发区西风路888号	313000	0572-2059480	
河南省华宏重型机械制造有限公司	河南省新乡市凤泉区宝山中路	453011	13598717955	
洛阳诚创耐磨材料有限公司	河南省洛阳市涧西区先进制造业集聚区三西路	471003	0379-64721868	

破碎粉磨设备

单位名称	联系地址	邮编	电话	传真
四川矿山机器(集团)有限责任公司	四川省江油市建设北路888号	621701	0816-3696025	0816-3698888
河北金马矿山机械集团公司	河北省遵化市东新庄镇	064209	0315-6999117	0315-6999117
河南省群英机械制造有限责任公司	河南省焦作市解放路397号	454002	0391-3906898	0391-3933430
上海嘉庆轴承制造有限公司	上海市闸北区民德路158号铭德国际广场1802室	200071	021-56559515	021-56639899
江苏鹏胜重工股份有限公司	江苏省淮安市盱眙经济开发区玉兰大道	211700	0517-88293993	0517-88293883
松滋市金津矿山机械有限责任公司	湖北省松滋市城东工业园永兴路3号	434200	0716-6210381	0716-6222339
广西壮族自治区桂林矿山机械厂	广西壮族自治区桂林市灵川县桂矿路1号	541200	0773-6825032	0773-6812096
哈尔滨国海星轮传动有限公司	黑龙江省哈尔滨市哈平路工业园烟台三路8号	150060	0451-86530858	0451-86523288
广西南宁金宇破碎设备有限责任公司	广西壮族自治区南宁市秀安路15号	530001	0771-3130687	0771-3123361
山东大通机械科技有限公司	山东省淄博市博山区东良庄北首	255200	0533-4200699	0533-4200699
洛阳矿山机械工程设计研究院有限责任公司	河南省洛阳市涧西区建设路206号	471039	0379-64087722	0379-64221800
山东山矿机械有限公司	山东省济宁市济安桥北路11号	272041	0537-2225292	0537-2228529
上海龙阳机械厂	上海市浦东新区龙东支路98号	201201	021-68915989-835	021-58970007
湖北枝江峡江矿山机械有限责任公司	湖北省宜昌市白洋镇沿江街1号	443208	0717-4400029	0717-4402299
成都大宏立机器制造有限公司	四川省成都市大邑县工业大道128号	611330	028-88201030	028-88201030

（续）

单位名称	联系地址	邮编	电话	传真
溧阳中材重型机器有限公司	江苏省溧阳市天目湖工业园区滨河路 11 号	213332	0519-80895001	0519-80895018
河北万矿机械厂	河北省张家口市西山产业集聚区（万全县）矿机路 6 号	076250	0313-4881100	0313-4811166
上海山美重型矿山机械有限公司	上海市奉贤区青村镇奉村路 258 号	201414	021-57566188	021-57566188
山东黑山路桥机械科技有限公司	山东省淄博市博山区八陡镇黑山前 165 号	255203	0533-4518240	0533-4518147
北京斯诺堡轴承有限公司	北京市西城区广安门外三义东里 20 号	100055	010-63427566	010-63479753
海门市重型矿山机械厂	江苏省海门市三厂镇厂洪路 28 号	226121	0513-82602392	0513-82608081
北京锋必达矿山机械有限公司	北京市门头沟区中门寺街 69 号	102300	010-61890942	010-61891117
北方重工集团有限公司矿山冶金设备分公司	辽宁省沈阳市经济技术开发区开发大路 16 号	110860	024-25802282	024-25802858
上海恒源冶金设备有限公司	上海市浦东新区老芦公路 938 号	201304	021-58975926	021-58975926
遵化市宏宇矿山机械有限公司	河北省遵化市西留村乡学汉坨村	064200	0315-6601688	0315-6603666
昆山多灵重型设备科技有限公司	江苏省昆山市锦溪镇锦荣路 550 号	471700	0512-54083495	0512-83639697
山东益杰重工机械有限公司	山东省淄博市博山区博莱高速路口	255200	0533-4658626	0533-4658727
包头市冶金矿山机械制造有限公司	内蒙古自治区包头市铝业产业园区长征路 2 号	014040	0472-4111538	0472-4172310
遵化新保益达重型机械制造有限公司	河北省遵化市黎河桥西行 4km 路南	064200	0315-6989111	0315-6989222
成都市双流金石机械制造有限公司	四川省成都市双流区金桥镇永和村三组	610200	028-85851618	028-85851618
山东华力电机集团股份有限公司	山东省荣成市明珠路 89 号	264300	0631-7551153	0631-7553744
中南大学机电工程学院	湖南省长沙市岳麓山南路 105 号	454002	0731-88877025	0731-88851136
荆州市巨鲸传动机械有限公司	湖北省荆州市经济技术开发区东方大道 58 号	434000	0716-8303999	0716-8303886
河南焦矿机器有限公司	河南省焦作市焦东中路 28 号	454002	0391-3976001	0391-3929939
河北省邯郸市邯山冶金机械备件厂	河北省邯郸市马庄收费站东 200m	056001	0310-5503398	0310-5276955
山东华特磁电科技股份有限公司	山东省潍坊市临朐县经济技术开发区华特路 6999 号	262600	0536-3158808	0536-3158801
启东市南方润滑液压设备有限公司	江苏省启东市惠萍镇工业园区	226255	0513-83792888	0513-83795028
浙江镇南精工机械有限公司	浙江省诸暨市店口镇解放路 259 号	311835	0575-87655388	0575-87655618
朝阳华亿重工机械制造有限责任公司	辽宁省朝阳市中山大街一段 35 号	122000	0421-3724900	0421-3724900
章丘市东风水泥机械有限公司	山东省济南市章丘区相公庄镇四村	250203	0531-83831130	0531-83821626
洛阳市豫跃矿业设备有限公司	河南省洛阳市涧西区建设路 133 号	471039	0379-64250589	0379-64250589
定襄县佳敏机械锻造有限公司	山西省忻州市定襄县九龙湾工业区	035400	0350-3329586	0350-6090911
宁波市实立矿山机械制造有限公司	浙江省宁波市象山县石浦镇兴港路 100 号	315731	0574-65912665	0574-65912665
邯郸四达电机股份有限公司	河北省邯郸市中华北大街 680 号	056004	0310-3178286	0310-3178506
南昌矿山机械有限公司	江西省南昌市湾里区盘龙路 23 号	330004	0791-83782882	0791-83961006
陕西蒲城秦星建设机械有限公司	陕西省渭南市蒲城县苏坊镇东大街	715514	0913-7325552	0913-7325552
唐山鑫虎重型矿山机械有限公司	河北省遵化市团瓢庄乡山里各庄村	064209	0315-6986988	0315-6986868
遵化市宏盛大诚矿山机械厂	河北省遵化市黎河桥西 1km	064200	0315-6601589	0315-6601489
遵化市大明矿山机械有限公司	河北省遵化市团瓢庄乡兴隆店村	064200	0315-6991888	0315-6991788
山东省东平县开元机械制造有限公司	山东省泰安市东平县工业园	271500	0538-6356808	0538-6356808
吉林大学（吉林大学南岭校区）	吉林省长春市人民大街 5988 号	130025	0431-85095288	0431-85095288
山东睿能机械有限公司	山东省济南市蓝翔路 15 号 -6 区 -2 号	250023	0531-85980518	0531-85980518
固安百滤得机械制造有限公司	河北省廊坊市固安县温泉园区	065501	0316-6228358	0316-6228358
淄博市博山万雷机械设备厂	山东省淄博市博山区颜北路 192 路	255200	0533-4231525	0533-4235111

（续）

单位名称	联系地址	邮编	电话	传真
巢湖诺信建材机械设备有限公司	安徽省巢湖市烔炀工业区	238072	0511-88515783	0511-88512652
浙江矿山机械有限公司	浙江省义乌市义亭镇矿机一路96号	322005	0579-85815385	0579-85815387
国茂减速机集团有限公司	江苏省常州市武进高新技术产业开发区西湖路111号	213164	0519-86568898	0519-86581901
天津赛瑞机器设备有限公司齿轮制造分公司	天津市东丽区滨海重机工业园重工路3号	300350	022-24362086	022-24355100
山西东皇风电法兰制造有限公司	山西省忻州市定襄县崔家庄工业园	035400	021-66092407	021-66093403
广东磊蒙重型机械制造有限公司	广东省韶关市浈江区产业转移工业园	512000	0751-6528888	
山东九昌重工科技有限公司	山东省潍坊市临朐县东城工业区朐阳路368号	262600	0536-3157532	0536-3157006
济南永固重型机械制造有限公司	山东省济南市堤口路177号	250203	0531-85994678	0531-85994678
上海创申重型装备制造有限公司	上海市奉贤区塘外工业园地8号	201411	021-53011861-8001	021-53011873
杭州山虎机械有限公司	浙江省杭州市余杭区仁和镇	311107	0571-86391375	0571-86390372
浙江双金机械集团股份有限公司	浙江省杭州市余杭区瓶窑镇南山村	311115	0571-88537288	0571-88503532
臣桀（上海）橡胶工业技术有限公司	上海市金山区吕巷镇溪南路86号	214107	021-88733929	021-88733929
常熟中材装备重型机械有限公司	江苏省常熟市北三环276号	215500	0512-52858639	0512-52850414
新乡市鼎力矿山设备有限公司	河南省卫辉市唐庄镇工业园区	453100	0373-4222222	0373-4222222
山东金宝山机械有限公司	山东省临沂市金宝山路1号	276000	0539-8529300	0539-8529099
哈尔滨和泰电力设备有限公司	黑龙江省哈尔滨市南岗区长江路380号	150090	0451-82314958	0451-82314178
沈阳远大科技电工有限公司	辽宁省沈阳市经济技术开发区十六号街6号	110027	024-25273535	024-25273535
新乡市通用电机有限公司	河南省新乡市国家经济技术开发区丰收路	453000	0373-3686333	0373-3686333
天津市立鑫晟精细铸造有限公司	天津市静海区良王庄乡良二村	301601	022-68120451	022-68120451
江阴兴澄特种钢铁有限公司	江苏省江阴市滨江东路297号	214400	0510-86191400	0510-86191400
莒州集团有限公司	山东省日照市莒县浮来工业园	276511	0633-7882278	0633-6269678
长沙矿冶研究院有限责任公司	湖南省长沙市麓山南路966号	410012	13808462653	0731-88657306
沈阳罕王精密轴承有限公司	辽宁省沈阳市经济技术开发区沈西三东路9号	110027	024-25991863	024-25991863
上海电气上重碾磨特装设备有限公司	上海市闵行区江川路1880号	200245	021-54721753	021-54721753
瓦房店金峰轴承制造有限公司	辽宁省瓦房店市西安北街28号	116300	0411-85658333	0411-85658333
韶关市韶瑞重工有限公司	广东省韶关市武江区西郊六公里武江科技工业园	512000	0751-8136871	0751-8136871
福建宏大特钢有限公司	福建省福鼎市太姥山镇文渡工业区文渡路1号	355200	0593-7276488	0593-7276488
山东邦德重工科技有限公司	山东省淄博市博山经济开发区工业园	255200	0533-4526666	0533-4526666
无锡江溪弹簧制造有限公司	江苏省无锡市新吴区鸿山街道鸿祥路67号	214000	0510-88550199	0510-88550199
广州市光泽齿轮机械有限公司	广东省广州市荔湾区海龙街道东联路40号	510378	020-81419878	020-81419733
广州市孟维矿山机械设备有限公司	广东省广州市天河区龙洞广汕一路685号	510000	020-37360100	020-37360100
哈尔滨贵友科技开发有限公司	黑龙江省哈尔滨市呼兰区双井镇勤劳村	510378	0451-55234800	0451-55234700
武汉正通传动技术有限公司	湖北省武汉市黄陂区横店街正通大道99号	430301	027-61768899	027-61768899
云南冶金昆明重工有限公司	云南省昆明市五华区龙泉路871号	650203	0871-66085302	0871-66085303

洗选设备

单位名称	联系地址	邮编	电话	传真
北方重工集团有限公司矿业装备分公司	辽宁省沈阳市经济技术开发区开发大路16号	110860	024-25802477	024-25197493
海安县万力振动机械有限公司	江苏省南通市海安县江海西路168号	226600	13706277726	0513-88814780

（续）

单位名称	联系地址	邮编	电话	传真
北京矿冶研究总院机械研究所	北京市丰台区南四环西路 188 号总部基地 18 区 23 号楼	100044	13701325849	010-68336186
煤炭科学研究总院唐山设计研究院	河北省唐山市新华西道 21 号	063012	13703348985	0315-2829275
上海盾牌矿筛有限公司	上海市闸北区天目中路 383 号海文大楼 1503 室	200070	18930850700	021-23010291
唐山汇力科技有限公司	河北省唐山市路南区唐古街 3 号	063001	13503152229	0315-2876709
河南威猛振动设备股份有限公司	河南省新乡市新乡县工业路 1 号	453700	13837359259	0373-5590098
江阴齿轮箱制造有限公司	江苏省江阴市山观工业园澄山路 601 号	214437	13656165722	0510-86993196
上海山美重型矿山机械有限公司	上海市奉贤区青村镇奉村路 258 号	453731	13700863691	021-58200089
钟祥市新宇机电制造有限公司	湖北省钟祥市经济开发区西环二路 8 号	431900	13707264888	0724-4223279
沈阳鸿翔复合弹性设备有限公司	辽宁省沈阳市大东区大什字街 80-1 号	110014	13604904882	024-88472546
中信重工机械股份有限公司矿山机器厂	河南省洛阳市涧西区建设路 206 号	471039	15690660259	0379-64088626
上海嘉庆轴承制造有限公司	上海市闸北区民德路 158 号铭德国际广场 1802 室	200071	13564241799	021-56559515
河南太行振动机械股份有限公司	河南省新乡市经济开发区西区中央大道北段 66 号	453731	13803738509	0373-5586811
辽源通工机械有限公司	吉林省辽源市工业开发区向阳工业园福兴路 1 号	136200	13604375653	0437-3170955
郑州一帆机械设备有限公司	河南省荥阳市开发区郑源路中段	450131	13849040105	0371-88380880
河南师大振动机械有限公司	河南省新乡市建设东路 46 号	543007	13603737789	0373-3326999
江苏保龙机电制造有限公司	江苏省溧阳市昆仑开发区昆仑北路 75 号	213300	13906143181	0519-87301886
泰州市白塔橡胶厂	江苏省泰州市姜堰区民营经济产业中心	225500	13705268229	0523-88286079
柳州中特高压电器有限公司	广西壮族自治区柳州市柳东路 222 号	545006	13707726048	0772-2615882
河南省群英机械制造有限责任公司	河南省焦作市解放路 397 号	454002	13782713789	0391-3911397
辽阳市望水橡胶制品厂	辽宁省辽阳市振兴路下王家 256 号	111004	13704196882	0419-3306825
沈阳隆基电磁科技股份有限公司	辽宁省抚顺市抚顺经济开发区文华路 6 号	113122	13904930842	024-56605768
扬州市金马矿机配件有限公司	江苏省扬州市江都区通江路 43 号	225200	13705250833	0514-86893833
淮北市协力重型机器有限责任公司	安徽省淮北市濉溪经济开发区工业园金桂西路 2 号	235000	13905612169	0561-4080808
淮北市一环矿山机械有限公司	安徽省淮北市南黎路西段	235000	13909615455	0561-3015222
淮北科源矿山机器有限公司	安徽省淮北市杜集经济开发区滂汪工业园	235037	13905610939	0561-3038516
北京有色冶金设计研究总院选矿室	北京市海淀区复兴路戊 12 号	100038	13641233600	010-63963662
沈阳永翔科技有限公司	辽宁省沈阳市和平区十三纬路 39 号	110002	13804077264	024-22722669
镇江市鸿兴磁选设备有限公司	江苏省镇江市润州区润兴路 33 号	212002	13705283961	0511-85287677
松滋市金津矿山机械有限责任公司	湖北省松滋市城东工业园永兴路 3 号	434200	13972364370	0716-5951166
抚顺沃尔普机电设备有限公司	辽宁省抚顺市望花区铁岭街 12-1 号	113001	13904934942	024-56380540
辽宁志远筛子王制造有限公司	辽宁省鞍山市达到湾工业园区 C05-6 号	114044	13204233336	0412-5210599
山东华特磁电科技股份有限公司	山东省潍坊市临朐县经济技术开发区华特路 6999 号	262600	13791661888	0536-3158801
江苏磁谷科技股份有限公司	江苏省镇江市丁卯开发区南纬四路 10 号	212009	13906104105	0511-88893966
淮北中芬矿山机器有限公司	安徽省淮北市杜集区孙谢庄工业园腾飞路 1 号	235000	13905610503	0561-3091224
河南省平原矿山机械有限公司	河南省新乡市黄河大道 289 号	453700	13803802825	0373-5071699
河北金马矿山机械集团公司	河北省遵化市新东庄镇	064209	13933336380	0315-6998918
唐山陆凯科技有限公司	河北省唐山市高新技术产业园区火炬路 208 号	063020	18733371027	0315-3859960
扬州市亚业筛网厂	江苏省扬州市江都区城南工业园刘桥路	225200	13905258171	0514-86545138
柳州市远健磁力设备制造有限责任公司	广西壮族自治区柳州市柳江县新兴工业园兴福路 12 号	545112	13807722327	0772-3269178
中煤国际工程集团南京设计研究院	江苏省南京市浦口区浦东路 20 号	210031	025-85046362	025-85046441

（续）

单位名称	联系地址	邮编	电话	传真
河南省金特振动机械有限公司	河南省新乡市经济开发区太行北路西段	453731	13803734948	0373-5597320
江苏科行环境工程技术有限公司	江苏省盐城市新洋经济区新洋路9号	224003	13705103032	0515-88566200
鞍山重型矿山机器股份有限公司	辽宁省鞍山市鞍千路294号	114051	13904120312	0412-5239900
黑旋风工程机械开发有限公司	湖北省宜昌市大连路8号	443005	13607200788	0717-6467192
浙江镇南精工机械有限公司	浙江省诸暨市店口镇解放路259号	311835	13395758888	0575-87655618
淄博九州润滑科技有限公司	山东省淄博市高新区万杰路108号1208室	255086	13355281819	0533-3588387
太重煤机有限公司	山西省太原市经济技术开发区电子街25号	030032	18935128282	0351-3035236
江苏金基特钢有限公司	江苏省句容市宝华镇和平村汤龙公路旁	212415	13705183558	025-85818226
济南中燃科技发展有限公司	山东省济南市高新区开拓路1251号	250101	0531-81212379	0531-81212387
赣州金环磁选设备有限公司	江西省赣州市章贡区沙河工业园	325000	13970765025	0797-8325798
威海市润泽矿山洗选设备有限公司	山东省威海市环翠区桥头镇临港科技创业园	264212	13863138508	0631-5800797
新乡市高科机械设备有限公司	河南省新乡市新乡县小冀镇21号桥西800m路北	453731	13903734412	0373-5593617
山东科力华电磁设备有限公司	山东省潍坊市临朐县城南工业园	262600	13953602126	0536-3181099
淮北矿山机器制造有限公司	安徽省淮北市濉溪经济开发区工业园白杨路15号	235005	13965876158	0561-6063318
岳阳科德科技有限责任公司	湖南省岳阳市经济开发区188号科德工业园	414000	13332509188	0730-8729288
辽宁翔宇压滤机有限公司	辽宁省沈阳市于洪区太湖街1-3-1号	110141	024-25835556	024-25300270
东阳市天力磁电有限公司	浙江省东阳市经济开发区八华南路18号	322100	13605727760	0579-86816587
上海恒源冶金设备有限公司	上海市浦东新区东胜路1001号	201201	13701688151	021-58975926
凤城市矿冶齿轮有限责任公司	辽宁省凤城市边门镇边门街	118119	13941542271	0415-8072666
西安船舶工程研究院有限公司	陕西省西安市雁塔区团结南路35号航海科技园3层	710077	15991797102	029-88891530
沈阳博众重型机械制造有限公司	辽宁省沈阳市皇姑区三台子经济开发区方溪湖村	110034	13909838049	024-89340303
四川高德特科技有限公司	四川省攀枝花市仁和区攀枝花大道南段234号	617000	13508236601	0812-2512388
昆明华扬机械制造有限公司	云南省昆明市晋宁区晋宁工业园区上蒜基地	620215	13312589333	0871-67822912
淮北市金牛源矿山机器有限公司	安徽省淮北市濉溪乾隆湖工业园	235100	13966112959	0561-7518061
东北大学资源与土木工程学院	辽宁省沈阳市和平区文化路265号信箱	110006	15904051956	024-23890448
烟台龙腾机械设备有限公司	山东省招远市初山东路99号	265400	13853511669	0535-8113099
扬州宝飞优斯特振动器制造有限公司	江苏省扬州市宝应县安宜创业园22幢	225800	13901440380	0514-88279611
朝阳市宏晟机械制造有限公司	辽宁省北票市下府经济开发区	122113	13841306326	024-58345885
沈阳斯瑞重型机械制造有限公司	辽宁省沈阳市辽中区满都户镇满东村	110000	13504043811	024-87901804
河南省荥阳市矿山机械制造厂	河南省荥阳市荥密路三里庄	450100	15890055500	0371-64696720
天津市立鑫晟精细铸造有限公司	天津市静海区良王庄乡良二村	301600	13920890723	022-68122819
中国矿业大学化工学院	江苏省徐州市大学路1号	022116	0516-83985486	0516-83591056
福州大学紫金矿业学院	福建省福州市福州地区大学新区学园路2号	350108	15806038882	0591-22865213
沈阳永达有色铸造厂	辽宁省沈阳市皇姑区鸭绿江北街168号	110033	024-86671638	024-86673763
沈阳有色金属研究院	辽宁省沈阳市经济技术开发区七号路7甲6号	110141	024-25813463	024-25375511
镇江电磁设备厂有限责任公司	江苏省镇江市丹徒区新城谷阳大道东延99号	212004	13805282608	0511-85622591
韶关市韶瑞重工有限公司	广东省韶关市武江区西郊六公里武江科技工业园	512029	18948839999	0751-8136871
无锡久申诺科技有限公司	江苏省无锡市锡山区羊尖镇工业园区	214107	0510-88733929	0510-88733929
兴东不锈钢制件厂	福建省晋江市西园街道仕头社区	362200	13505975666	0595-85602756
河北亚恒橡胶科技有限公司	河北省衡水市深州大屯乡张屯工业区	053800	13785836738	

（续）

单位名称	联系地址	邮编	电话	传真
南昌矿山机械有限公司	江西省南昌市湾里区盘龙路 23 号	330004	13807085540	0791-83761006

物料搬运机械

单位名称	联系地址	邮编	电话	传真
华电重工股份有限公司	北京市丰台区汽车博物馆东路 6 号华电产业园 B 座 10 层	100070	010-63919213	010-63919230
衡阳运输机械有限公司	湖南省衡阳市珠晖区狮山路 1 号	421002	0734-3172006	0734-3172066
双鸟集团有限公司	浙江省嵊州市黄泽镇工业功能区玉龙路 16 号	312455	0575-83503801	0575-83503801
中煤西安设计工程有限责任公司	陕西省西安市雁塔路北段 66 号	710054	029-87858161	029-87855534
中煤科工集团沈阳设计研究院有限公司	辽宁省沈阳市沈河区先农坛路 12 号	110015	024-24156292	024-24156292
中冶南方武汉钢铁设计院有限公司	湖北省武汉市青山区红钢城 15 街坊	430080	027-51319084	027-86805606
中国电力工程顾问集团西北电力设计院	陕西省西安市高新区团结南路 22 号	710075	13572422558	
中国电力工程顾问集团西南电力设计院	四川省成都市东风路 18 号	610016	028-81724493	028-81724242
中交一航局安装工程有限公司	天津市经济技术开发区滨海金融街广场东 20 号 E3ABC 座 5 层	300457	022-66283176	022-66282879
上海工业自动化仪表研究院	上海市徐汇区漕宝路 193 号	200233	021-64368180-346	021-64845510
交通运输部水运科学研究院港口工艺与装备技术研究中心	北京市海淀区西土城路 8 号	100088	010-62079013	010-62046559
北京起重运输机械设计研究院有限公司	北京市东城区雍和宫大街 52 号	100007	010-64031452	010-64052584
河北港口集团有限公司信息与技术中心	河北省秦皇岛市海滨路 35 号	066002	0335-3097232	0335-3097232
同济大学机械与能源工程学院	上海市杨浦区四平路 1239 号	200092	021-69589750	
北京科技大学国家板带生产先进装备工程技术研究中心	北京市海淀区学院路 30 号	100083	010-62332598-6405	010-62334255
上海海事大学物流工程学院	上海市浦东新区临港新城海港大道 1550 号	201306	021-38282600	
吉林大学机械科学与工程学院	吉林省长春市人民大街 5988 号	130025	0431-85094404	0431-85095288
东北大学机械工程与自动化学院	辽宁省沈阳市和平区文化路 3 号信箱 11 号	110819	13940324923	
太原科技大学机械工程学院	山西省太原市万柏林区窊流路 66 号	030024	0351-6998032	0351-6998032
上海理工大学机械工程学院	上海市杨浦区军工路 516 号	200093	021-55270456	021-55270456
《起重运输机械》杂志社	北京市东城区雍和宫大街 52 号	100007	010-64031987	010-64031987
广州起重机械有限公司	广东省广州市广园中路 283 号	510405	020-86798728	020-86796828
大连华锐重工集团股份有限公司	辽宁省大连市西岗区八一路 169 号	116013	0411-86852736	0411-86852013
浙江东海减速机有限公司	浙江省温州市平阳经济开发区鹤巢路（鳌江镇）	325401	0577-63631862	0577-63635393
四川省自贡运输机械集团股份有限公司	四川省自贡市高新工业园区富川路 3 号	643000	0813-8233607	0813-8233588
力博重工科技股份有限公司	山东省泰安市宁阳经济开发区	271411	0538-2133862	0538-6962086
河南恒达机电设备有限公司	河南省新乡市长垣县魏庄工业园区纬十路与巨人大道交叉口向东 150m 路南	453424	0373-2156199	0373-2156189
宁夏天地西北煤机有限公司	宁夏回族自治区石嘴山市大武口工业园区长安路 1 号	753001	0952-2175329	0952-2175357
上海科大重工集团有限公司	上海市青浦区青浦工业园华青路 815 号	201707	021-69211568	021-69210321
杭州华新机电工程有限公司	浙江省杭州市西湖科技园区西园路 2 号	310030	0571-89905122	0571-89905117
山东山矿机械有限公司	山东省济宁市济安桥北路 11 号	272041	0537-2783813	0537-2228529
焦作市科瑞森机械制造有限公司	河南省焦作市山阳区神州路 2878 号	454000	0391-3683685	0391-3683672
SEW- 传动设备（天津）有限公司	天津市经济技术开发区第七大街 46 号	300457	13901352871	

（续）

单位名称	联系地址	邮编	电话	传真
太原重型机械集团有限公司	山西省太原市万柏林区玉河街53号	030024	0351-6361327	0351-6361133
上海贯博起重设备有限公司	上海市浦东新区周浦镇3736号2幢2层	201318	021-50880140	
江苏兴洲工矿设备有限公司	江苏省泰州市高港区许庄科技创业园许南	225323	0523-86161162	0523-86112111
江阴齿轮箱制造有限公司	江苏省江阴市山观工业园澄山路601号	214437	0510-86993519	0510-86993519
宁波探索机械制造有限公司	浙江省宁波市象山县丹城镇白鹤路206号	315700	0574-65782295	0574-65751946
哈尔滨和泰电力设备有限公司	黑龙江省哈尔滨市南岗区长江路380号	150090	0451-82279918	0451-82314178
唐山德伯特机械有限公司	河北省唐山市缸窑路2号	063027	0315-8090500	0315-3203438
中国大唐集团科技工程有限公司	北京市海淀区紫竹院路120号	100097	13817696152	
上海博强机械制造工程有限公司	上海市普陀区交通路4621弄4号1401室	200331	021-52926332	021-52956605
江苏鼎阳机电科技实业有限公司	江苏省南京市山西路68号颐和商厦10层A-D座	210009	025-83696880	025-83696871
常州市潞城常东塑料五金厂	江苏省常州市武进区潞城街道李家塘村	213025	0519-88402188	0519-88400668
上海振华重工（集团）股份有限公司	上海市浦东新区东方路3261号	200125	021-31191929	021-31191955
湖州电动滚筒有限公司	浙江省湖州市经济技术开发区西凤路888号	313000	0572-2111325	0572-2174376
中国能源建设集团山西电力设备厂	山西省太原市北营南路30号	030031	0351-7662041	0351-7662246
武汉新华源电力设备有限公司	湖北省武汉市武昌区中北路148号东沙大厦A座8层	430077	027-87260868	027-87260858
宁波华臣输送设备制造有限公司	浙江省宁波市象山县经济开发区滨海工业园金商路20号	315712	13906601166	0574-65803687
吴江市麒麟起重机械有限公司	江苏省苏州市吴江区铜罗镇人民街20号	215237	0512-63881241	0512-63881774
江西华伍制动器股份有限公司	江西省丰城市高新技术产业园区火炬大道26号	331100	0795-6242073	0795-6241080
启东金利润滑设备有限公司	江苏省启东市中央大道东首	226200	0513-83655222	0513-83655222
无锡市安能滑触电器有限公司	江苏省无锡市锡山区东北塘镇农坝工业园	214191	0510-83776272	0510-83776126
哈尔滨国海星轮传动有限公司	黑龙江省哈尔滨市哈平路工业园烟台三路8号	150060	0451-86530858	0451-86530858
天津三岛输送机械有限公司	天津市塘沽区新北路创新创业园21-B号401室	300451	022-25213279	022-25213279
中国重型机械有限公司	北京市丰台区汉威国际广场2区8号楼	100070	010-68211861	010-68217772
沈阳皆爱喜输送设备有限责任公司	辽宁省沈阳市经济技术开发区五号路19号	110141	024-25370291-8032	024-25370290
卫华集团有限公司	河南省新乡市长垣县卫华大道西段	453400	0373-8887646	0373-8887665
三一港口机械有限公司	广东省珠海市金湾区三一科技大厦	519090	0756-7266931	0756-84031999-1162
株洲天桥起重机股份有限公司	湖南省株洲市石峰区新民路266号	412004	0731-22337000-8001	0731-22337798

桥式起重机

单位名称	通讯地址	邮编	电话	传真
北京起重运输机械设计研究院有限公司	北京市东城区雍和宫大街52号	100007	010-64032298	010-84037436
象王重工股份有限公司	江苏省盐城市建湖县经济开发区明珠东路1号	224700	0515-86317221	0515-86317221
中国有色（沈阳）冶金机械有限公司	辽宁省沈阳市经济技术开发区细河十北街26号	110027	024-31228033	024-31228088
上海嘉庆轴承制造有限公司	上海市静安区普善路239弄19号101室	200070	021-56559515	021-56559517
河南省力源重型起重机有限公司	河南省新乡市长垣县魏庄工业园区 纬七路15号	453424	0373-8710919	0373-8710919
江苏锦友减速机制造有限公司	江苏省泰兴市城东工业园戴王路1号	225400	0523-87692335	0523-87694775
上海宝松重型机械工程有限公司	上海市宝山区盘古路732号	201900	021-56698880	021-56690455
无锡大力起重机械有限公司	江苏省无锡市华清路148号	214124	0510-85628988	0510-85627005

（续）

单位名称	联系地址	邮编	电话	传真
山东益杰重工机械有限公司	山东省淄博市博山区博莱高速路口	255213	0533-4658626	0533-4658727
江西飞达电气设备有限公司	江西省宜春市经济技术开发区宜工大道	336000	0795-2192198	0795-3245060
山东泰峰起重设备制造有限公司	山东省新泰市羊流工业区	271208	0538-7442272	0538-7442858
山东德鲁克起重机有限公司	山东省新泰市开发区新区	271208	0538-7442429	0538-7442118
宁夏天地奔牛银起设备有限公司	宁夏回族自治区银川市西夏区金波南街 160 号	750021	0951-5615026	0951-3067126
山东泰山起重机械有限公司	山东省新泰市羊流工业区	271208	0538-7442312	0538-7442366
江苏格雷特起重机械有限公司	江苏省南通市通州区平潮镇沿江工业园蛟龙路 18 号	226361	0513-86725777	0513-86725777
山东柳杭减速机有限公司	山东省淄博市博山区水河路中段	255200	0533-4266859	0533-4182198
淄博市博山起重机器厂	山东省淄博市博山区白塔镇小庄村 17 号	255202	0533-4680509	0533-4680509
南京特种电机厂有限公司	江苏省南京市六合区雄州东路 289 号	211500	025-57512565	025-57512565
湖北鄂南起重运输机械有限公司	湖北省赤壁市经济开发区发展大道 159 号	437300	0715-5250777	0715-5250326
江苏宏达起重电机有限公司	江苏省无锡市惠山区前州镇开发区惠和路 3 号	214181	0510-83396666	0510-83396666
山东华通机械有限公司	山东省新泰市羊流工业区	271208	0538-7442393	0538-7442003
山东开元重型机械有限公司	山东省新泰市羊流工业区	271208	0538-7443936	0538-7443936
上海海希工业通讯股份有限公司	上海市松江区新桥镇莘砖公路 518 号 15 幢	201612	021-54902525	021-54902626
法兰泰克重工股份有限公司	江苏省苏州市吴江区汾湖高新技术产业开发区汾越路 288 号	215211	0512-82072999	0512-82072999
无锡市安特防爆机电制造有限公司	江苏省无锡市惠山区长安街道长东工业园	214177	0510-83620477	0510-83622120
赤壁市蒲圻起重运输机械有限责任公司	湖北省赤壁市经济开发区凤凰山路	437300	0715-5250377	0715-5250489
重庆金象起重设备制造有限公司	重庆市江津区德感工业园 18 号	402284	023-87063693	023-87063693
焦作市长控液压制动器有限公司	河南省焦作市修武县集聚产业区	454950	0391-7260558	0391-7260558
湖北省咸宁三合机电制造有限责任公司	湖北省咸宁市咸安区同心路 138 号	437000	0715-8322725	0715-8322725
无锡市安能滑触电器有限公司	江苏省无锡市锡山区东北塘镇农坝工业园	214191	0510-83776272	0510-83776272
河南华豫起重集团有限公司	河南省新乡市长垣县起重工业园区华豫大道	453400	0373-8717666	0373-8717555
四平市海格起重机器制造有限公司	吉林省四平市红嘴经济技术开发区兴红路 1515 号	136000	0434-5016806	0434-5016816
武汉正通传动技术有限公司	湖北省武汉市黄陂区横店街正通大道 99 号	430301	027-61879999	027-61768899
上海共久电气有限公司	上海市松江区石湖荡镇育新路 88 号	201617	021-57841571	021-57841775
武汉钢铁重工集团冶金重工有限公司	湖北省武汉市青山区厂前街青王路 10 号	430083	027-86303703	027-86865751
上海美绿起重设备有限公司	上海市崇明区港沿镇富强路 807 号	202158	021-59465126	021-66208650
南通力威机械有限公司	江苏省如皋市如城镇东部工业园区兴源大道 6 号	226522	0513-87268999	0513-87268999
江苏省泰宇减速机有限公司	江苏省泰兴市姚王镇石桥村工业园	225402	0523-87540099	0523-87540099
天津重钢机械装备股份有限公司	天津市滨海新区塘沽厦门路 139 号	300459	022-25211535	022-25211535
天府重工有限公司	山东省烟台市福山区上庄路 81 号	265500	0535-6331648	0535-6331648
诸暨劼力起重吊索具有限公司	浙江省诸暨市人民中路 75 号	311800	0575-88791616	0575-88791616
浙江赛诺起重机械有限公司	浙江省杭州市拱墅区工业园区康惠路 1 号	310015	0535-6331468	0535-6331468
象山万邦电器有限公司	浙江省宁波市象山县产业区城东工业园望海路 5 号	315700	0574-65626626	0574-65626626
新乡市志远起重配件厂	河南省新乡市长垣县起重工业园区	453400	0373-8615167	0373-8615167
河南新起腾升起重设备有限公司	河南省新乡市延津县榆东产业聚集区	453000	0373-7722088	0373-7722088
重庆起重机厂有限责任公司	重庆市九龙坡区中梁山街道人和场	400052	023-65269394	023-65258916
绍兴起重机总厂	浙江省绍兴市越城区袍江新区洋江东路 38 号	312000	0575-88265977	0575-88265977

（续）

单位名称	联系地址	邮编	电话	传真
江阴市起重运输机械有限公司	江苏省江阴市申港街道申新路 33 号	214443	0510-86621524	0510-86621524
成都三江起重机制造有限公司	四川省成都市金堂县三中园区钢城路西段	610400	028-84934393	028-84934393
江西华伍制动器股份有限公司	江西省丰城市高新技术产业园区火炬大道 26 号	331100	0795-6203200	0795-6203200
郑州市华中路桥设备有限公司	河南省郑州市上街区洛宁路 88 号	450041	0371-68117266	0371-68117258
唐山沧达电缆有限公司	河北省唐山市路南区复兴路 54 号	063011	0315-2863232	0315-2866206
长沙起重机厂有限公司	湖南省长沙市韶山南路 123 号	410004	0731-85590525	0731-85011565
江苏金长城减速机有限公司	江苏省泰兴市经济开发区城东工业园	225400	0523-87700018	0523-87552788
四川成启起重机制造有限公司	四川省什邡市经济开发区北区海淀路	610083	028-82572910	028-82572910
湖北创新电气有限公司	湖北省宜昌市伍家岗临江坪科技园	443000	022-84893995（天津办事处）	022-6572412（天津办事处）
洛阳起重机厂	河南省洛阳市老城区唐宫东路 10 号	471009	0379-63415918	0379-63415999
无锡文鼎线缆有限公司	江苏省宜兴市官林镇工业集中区张来路	214251	0510-87206210	0510-87209409
银川银重（集团）起重机有限公司	宁夏回族自治区银川市金凤区贺兰山中路 533 号	750011	0951-3073729	0951-3072981
伟肯（中国）电气传动有限公司	北京市朝阳区光华路甲 8 号和乔大厦 A 座 528 室	100026	010-51280006	010-51280006
宁波市鄞州中久电子有限公司	浙江省宁波市鄞州区横溪镇上畈 58 号	315000	0574-88136553	0574-88239555
宜昌市微特电子设备有限责任公司	湖北省宜昌市发展大道 28 号	443005	0717-6922999	0717-6906018
无锡宏达特种电机厂	江苏省无锡市惠山区前州镇工业区兴州路 23 号	214181	0510-83393888	0510-83393188
南京高锐特起重机械有限公司	江苏省南京市六合区东沟镇前街	211514	025-68902298	025-68902298
云南昆钢重型装备制造集团有限公司	云南省安宁市昆钢物流园区	650302	0871-8602490	0871-8602490
上海君睿起重设备安装工程有限公司	上海市闸北区永和路 398 号 315 室	200072	021-56652336	021-56652336
河南省恒远起重机械集团有限公司	河南省新乡市长垣县起重工业园区巨人大道 6 号	453400	0373-8622265	0373-8726666
常州市常欣电子衡器有限公司	江苏省常州市中凉亭夏雷路 68 号	213001	0519-86643942	0519-86640473
岳阳科德科技有限责任公司	湖南省岳阳市经济开发区 188 号科德工业园	414000	0730-8729888	0730-8729288
浙江三港起重电器有限公司	浙江省台州市三门县滨海新城永盛路 8 号	317100	0576-83351555	0576-83351555
南京神天起重机械设备有限公司	江苏省南京市江宁区禄口街道石埝社区	211156	025-87191633	025-87191633
宜昌三思科技有限公司	湖北省宜昌市高新区大连路 33 号清华科技园	443000	0717-6341110	0717-6342020
无锡市西塘宏达机电有限公司	江苏省无锡市惠山区前洲镇西塘村	214181	0510-83396588	0510-83396588
上海乐派特机电科技有限公司	上海市普陀区中山北路 2130 号万千大厦 23 层	200063	021-52911319	021-32010097
新起起重机有限公司	河南省新乡市长垣县魏庄工业园区	453424	0373-8672222	0373-8672222
意凯希通信设备（北京）有限公司	北京市朝阳区望京阜通东大街 6 号方恒国际中心 C 座 902 室	100102	010-84674921	010-84674931
索肯和平（上海）电气有限公司	上海市宝山区沪太路 8017 号	201908	021-36659997	021-36659997
上海辛格林纳新时达电机有限公司	上海市嘉定区思义路 1560 号	201801	021-69926036	021-69926011
杭州起重机械有限公司	浙江省杭州市余杭区勾运路 19 号	311112	0571-88747563	0571-88747388
宁波新大通电机有限公司	浙江省宁波市象山县产业区城东工业园万隆路 587 号	315706	0574-65626009	0574-65626009
象山亿佳电器有限公司	浙江省宁波市象山县滨海工业园金开路 80 号	315712	0574-65626626	0574-65803535
湖北神力起重机械有限公司	湖北省赤壁市经济开发区起重机工业园发展大道 93 号	437300	0715-5251589	0715-5251589
湖北重工蒲圻机械有限公司	湖北省赤壁市经济开发区赤马港工业园 11 号路	437300	0715-5362978	0715-5362978
江苏上上电缆集团有限公司	江苏省溧阳市上上路 68 号	213300	0519-87308866	0519-87308866
山东天源重型起重机械有限公司	山东省新泰市羊流工业园	271208	0538-7443456	0538-7443456
河南省龙祥电力电缆有限公司	河南省新乡市长垣县人民路西段路南	453400	0373-8881932	0373-8881932

（续）

单位名称	联系地址	邮编	电话	传真
武汉金地球起重设备有限责任公司	湖北省武汉市中南路 14 号世纪广场 802 室	430071	027-85981426	027-85981426
上海辽清缓实业有限公司	上海市宝山区爱辉路 27 弄 4 号 102	200431	021-66207428	021-66207428
广东日丰电缆股份有限公司	广东省中山市西区广丰工业园	528401	0760-88166388	0760-88166388
黑龙江富锦富华起重机有限公司	黑龙江省富锦市富福路西段	156101	0454-2347124	0454-2349210
丹东万达电缆卷筒有限公司	辽宁省丹东市元宝区八道街 165 号	118000	0415-3128544	0415-3131002
河南江河重工集团有限公司	河南省郑州市嵩山北路 83 号	450000	0371-55173989	0371-55173989
鞍山市起重机械有限公司	辽宁省鞍山市立山区羊草庄工业园区强工路 369 号	114031	0412-6612568	0412-6600118
开原市起重机总厂	辽宁省开原市工业区铁西北街 86 号	112300	024-73715036	024-73715036
开原星都起重设备有限公司	辽宁省开原市工业区北区北环路 4 号	112000	024-73115556	024-73115559
山东益统重工机械有限公司	山东省新泰市羊流工业园	271208	0538-7446888	0538-7446777
山东鲁新起重设备有限公司	山东省新泰市羊流工业园	271208	0538-7442439	0538-7442439
深圳市英威腾电气股份有限公司	广东省深圳市南山区龙井路高发科技园 4 号楼英威腾大厦	518055	0755-86312603	0755-86312603
石家庄铁道大学 国防交通研究所	河北省石家庄市北二环东路 17 号	050043	0311-87935570	0311-87935570
西安宝德自动化股份有限公司	陕西省西安市高新区草堂科技产业基地秦岭大道西 4 号	710034	029-88323387-8231	029-88323336
柳州起重机器有限公司	广西壮族自治区柳州市阳和工业新区雒容工业园 2 号	545616	0772-3117615	0772-3117615
浙江麒龙起重机械有限公司	浙江省绍兴市兰亭镇工业园区	312043	0575-84608897	0575-84608897
浙江天正电气股份有限公司	上海市浦东新区康桥东路 388 号	201319	021-31167247	021-31198729
上海佩纳沙士吉打机械有限公司	上海市青浦区朱家角镇沪清平公路 6098 号	201713	021-59232408	021-33864157
江阴市三叶机械有限公司	江苏省江阴市申港街道申港路 259 号	214443	0510-86629737	0510-86682877
乐清市东方胶塑电器开关有限公司	浙江省乐清市柳市镇苏吕村苏太路 418 号	325604	0577-62790993	0577-62790784
德马科起重机械有限公司	河南省新乡市长垣县起重工业园区纬四路 1 号	453400	0373-8614789	0373-8614455
浙江协成起重机械有限公司	浙江省嘉兴市嘉善县惠民街道成功路 101 号	314100	4008041010-810	0573-84648605
北起院装备制造（北京）有限公司	北京市通州区永乐经济开发区	101115	010-80513958	010-80513958
承德市开发区盛方电子有限公司	河北省承德市高新区科技大厦附楼 8 层	067000	0314-2067073	0314-2067073
上海宏欣电线电缆有限公司	上海市浦东新区新场镇祝桥一灶 240 号	201314	021-68158306	021-68158268
大连重工·起重集团有限公司	辽宁省大连市西岗区八一路 169 号	116013	0411-86852166	0411-86852222
德马格起重机械（上海）有限公司	上海市闵行区沪闵路 6088 号 18 层	201199	021-37182205	021-57464558
北京北起新创起重设备有限公司	北京市大兴区西红门嘉悦广场 5 号楼 907 室	102609	010-63518521	010-83511775
北京和欣运达科技有限公司	北京市昌平区回龙观镇定福黄庄宾宾集团和欣控制楼 2 层	102208	010-62719109-8009	010-62718559
辽宁三洋重工起重机装备有限公司	辽宁省开原市解放路 578 号	112300	024-73609128	024-73357999
上海龙合电子商务有限公司	上海市浦东新区秀浦路 2500 弄 13 号	201319	021-68133305	021-68067644
深圳市益尔智控技术有限公司	广东省深圳市南山区公园南路蛇口联合工业村 G 栋南山区电子商务创新服务基地 B602-1 室	518067	0755-26433905	0755-26641880
安徽多杰电气有限公司	安徽省黄山市歙县经济技术开发区潭石路 6 号	245200	0559-6913999	0559-6833333
斯泰尔起重设备（上海）有限公司	上海市普陀区绥德路 128 号	200331	021-66083737-13	021-66083015
浙江箭环电气开关有限公司	浙江省义乌市稠城街道城中北路 37-1 号	322000	0579-85555715	0579-85555726
无锡市安全滑触线有限公司	江苏省无锡市滨湖区雪浪街道南泉赵祖浜路北	214128	0510-85062656	0510-85418311
泉州市恒力起重机制造有限公司	福建省泉州市鲤城区江南高新技术园区紫山路 30 号	362000	0595-28829999	0595-28896889

（续）

单位名称	联系地址	邮编	电话	传真
河南豫飞重工集团有限公司	河南省新乡市新飞大道北段81号	453002	0373-3321000	0373-3321906
东莞市台冠起重机械设备有限公司	广东省东莞市大朗镇杨涌金朗南路229号	523770	0769-83019666-881	0769-83019666
河南蒲瑞精密机械有限公司	河南省新乡市长垣县巨人大道南段路西	453400	0373-8619999	0373-8625688
湖北圣河金起重设备有限公司	湖北省襄阳市樊城区柿铺杨湖	441000	0710-3113198	0710-3113178
江阴市金达传动机械有限公司	江苏省江阴市云亭街道那巷路9号	214400	0510-86022317	0510-86022092
凯道起重设备（上海）有限公司	上海市徐汇区中山西路1800号兆丰环球大厦11J室	200235	021-54488935	021-54488937
石家庄五龙制动器股份有限公司	河北省石家庄市桥西区新石中路375号金石大厦C座501室	050091	0311-83805606	0311-83826381
武汉港迪电气传动技术有限公司	湖北省武汉市东湖新技术开发区理工大科技园理工园路6号	430223	010-84340251	010-84340251
义乌恒邦建筑智能科技有限公司	浙江省义乌市雪峰西路968号（义乌科技创业园）8幢6层	322000	0579-85232071	0579-85232073
浙江众磊起重设备制造有限公司	浙江省诸暨市江龙工业开发区	311800	0575-87398028	0575-87398028
定襄县佳敏机械锻造有限公司	山西省忻州市定襄县九龙湾工业区	035400	0350-6090911	0350-6090911
辽宁清原第一缓冲器制造有限公司	辽宁省抚顺市146信箱	113103	024-54077398	024-53020828
江阴市正盛机械制造有限公司	江苏省江阴市申港街道于门工业园68号	214443	0510-86688868	0510-86623128
浙江欧迈特减速机械有限公司	浙江省温州市平阳县宋桥镇工业园	325409	0577-63770881	0577-63775678
天津市百业机械制造有限公司	天津市东丽区民族路2号	300300	022-84893995	022-84893985
河南省盛华起重机有限公司	河南省新乡市长垣县起重工业园区	453400	0373-8712503	0373-8710509
江西省宜春市建达安全装置设备有限公司	江西省宜春市明月南路267号	336000	0795-7040312	0795-7040312
江西冠华重工机械有限公司	江西省宜春市经济技术开发区	336000	0795-3248111 3241888	0795-3241288
河南省新科起重机有限公司	河南省新乡市长垣县起重工业园区纬七路	453400	0373-8622113	0373-8622900
无锡市新宏达电机有限公司	江苏省无锡市惠山区玉祁民主新桥	214183	0510-80226838	0510-80226978
江苏沃得起重机有限公司	江苏省镇江市丹徒区勤政南路	212143	0511-85935166	0511-85935226
河南振强起重机械有限公司	河南省新乡市长垣县恼里镇碱场工业区	453400	0373-8639293	0373-8639288
云南冶金昆明重工有限公司	云南省昆明市五华区龙泉路871号	650203	0871-66085085	0871-66085285
江阴市兴科起重机械有限公司	江苏省江阴市申港街道东徐路9号	214443	0510-86621891	0510-86621891
河南省宏业起重设备有限公司	河南省新乡市长垣县长恼工业区	453423	0373-8639350	0373-8639059
咸宁起重机械有限公司	湖北省咸宁市巨宁大道56号	437000	0715-8343666	0715-8312668
常州达卡重工机械制造有限公司	江苏省常州市新北区薛冶路20号	213000	0519-85135677	0519-85135627
河北金马矿山机械集团公司	河北省遵化市东新庄镇	064209	0315-6999117	0315-6999117
河南省中威金属制品有限公司	河南省新乡市长垣县长城大道199号	543400	0373-8885868	0373-8885868
云南劲力重型机器有限公司	云南省安宁市昆钢物流园区	650238	0871-68712750	0871-67122749
淄博九州润滑科技有限公司	山东省淄博市高新区万杰路121号	255086	0533-4548567	0533-4546336
河南省盛达起重机械有限公司	河南省新乡市长垣县长恼工业区	453423	0373-8731356	0373-8731355
河南省远征起重机械有限公司	河南省新乡市长垣县魏庄工业园区南	453400	0373-8611999	0373-8611997
江苏泰隆减速机股份有限公司	江苏省泰兴市大庆东路88号	225400	0523-87668088	0523-87665426
上海神安起重运输机械制造有限公司	上海市青浦区西岑镇莲西路4398号	201721	0391-59294306	0391-59295355
新乡市广增起重设备有限公司	河南省新乡市长垣县长恼工业区	453423	0373-8639183	0373-8639488

（续）

单位名称	联系地址	邮编	电话	传真
浙江凯岛起重机械有限公司	浙江省台州市椒江区启航路998号	318014	0576-88165522	0576-88165522
浙江浩全电器科技有限公司	浙江省乐清市柳市镇苏吕村苏太路418号	325604	0577-62790993	0577-62790993
北京辰极国泰科技有限公司	北京市海淀区学院路30号	100083	010-62330876	010-62330876
江苏金泰新减速机有限公司	江苏省泰兴市高新区文昌东路	225400	0523-87830888	0523-87839888
江阴帕沃特起重机械有限公司	江苏省江阴市城东街道金石路228号	214432	0510-86299187	0510-86299187
山东贝特起重机有限公司	山东省青州市高柳镇天桥宋	262500	0536-3289186	0536-3289186
阿尔法起重机有限公司	河南省新乡市长垣县国贸中心B座18层	453400	0373-8992558	0373-8927810
常州基腾电气有限公司	江苏省常州市钟楼区飞龙西路76号	213000	0519-86764962	0519-86764962
湖北银轮起重机械股份有限公司	湖北省赤壁市河北大道170号	437300	0715-5337928	0715-5337966
播驰工业通讯设备（上海）有限公司	上海市松江区赵家泾路389号	201106	021-67629680	21-67629680
河南省大方重型机器有限公司	河南省新乡市长垣县上脑工业园	453400	0373-2157000	0373-2157000
山东龙辉起重机械有限公司	山东省新泰市羊流工业园	271208	0538-7442599	0538-7442599
上海技景自动化科技有限公司	上海市松江区车墩镇泖亭路188弄29号	201611	021-5855148	021-50761002
浦江召日电气有限公司	浙江省金华市浦江县黄宅镇岳塘村	322204	0579-84300200	0579-84300200
诺德（中国）传动设备有限公司	江苏省苏州市工业园长阳街510号	215000	0512-87170666	0512-87170666
焦作工业制动器制造有限公司	河南省焦作市太行西路（煤校北侧）	454001	0391-2312585	0391-3414996
辽宁恒泰重机有限公司	辽宁省本溪市明山区文化路14号	117022	0414-4845903	0414-4829202
郑起重工有限公司	河南省郑州市高新区化工路158号	450066	0371-67848168	0371-67848299
新乡市中原起重电器厂有限公司	河南省新乡市长垣县东关工业区工业路	453400	0373-8810889	0373-8812882
河南省东风起重机械有限公司	河南省新乡市长垣县起重工业园区纬二路1号	453400	0373-2156668	0373-2156886
卫华集团有限公司	河南省新乡市长垣县卫华大道西段	453400	0373-8887699	0373-8887646
广东永通起重机械股份有限公司	广东省佛山市顺德区陈村镇潭村工业区三路	528313	0757-23329912	0757-23833832
河南重工集团起重机科技有限公司	河南省新乡市长垣县魏庄工业园区6号	453424	0373-8927999	0373-8927999
河南宝起华东起重机有限公司	河南省新乡市长垣县起重工业园区巨人大道	453400	0373-8619880	0373-8619880
江西起重机械总厂	江西省樟树市共和东路82号	331200	0795-7364266	0795-7364566
浙江众擎起重机械制造有限公司	浙江省诸暨市城西工业区千禧路1号	311800	0575-87385688	0575-87387610
无锡新大力电机有限公司	江苏省无锡市惠山区惠畅路19号	214177	0510-83761037	0510-83621022
丹东振安建工机械有限公司	辽宁省丹东市振安区果园路30号	118001	0415-4188608	0415-4188606
江苏三马起重机械制造有限公司	江苏省靖江市开发区城南园区江防西路3号	214500	0523-84866933	0523-56778610
新乡市起重设备厂有限责任公司	河南省新乡市经济开发区新长北线北侧经11路东2门	453003	0373-3054082	0373-3058094
河南圣起机械集团有限公司	河南省新乡市长垣县魏庄工业园区1号	453424	0373-8710562	0373-8711808
太原重工股份有限公司	山西省太原市万柏林区玉河街53号	030024	0351-6362824	0351-6362554
河南豫中起重集团有限公司	河南省新乡市长垣县城南工业区	453424	0373-8791368	0373-8791898
新乡市中原起重机械厂有限公司	河南省新乡市长垣县东关工业区工业路	453400	0373-8814682	0373-8810258
新疆通用机械有限公司	新疆维吾尔自治区乌鲁木齐市米东区九沟北路2446号	830019	0991-6868164	0991-6868363
河南省新乡市矿山起重机有限公司	河南省新乡市长垣县长恼工业区	453423	0373-8732008	0373-8732014
浙江通力重型齿轮股份有限公司	浙江省瑞安市林垟工业区通力大道	325207	0577-65599838	0577-65598888
上海豪力起重机械有限公司	上海市浦东新区凌白公路1128号	201201	021-58971138	021-58971159
浙江合建重工科技有限公司	浙江省温州市平阳县鳌江镇墨城临港工业小区4号路	325401	0577-58126288	0577-63191160
宁波市凹凸重工有限公司	浙江省宁波市鄞州区机场路3998号	315176	0574-88008778	0574-88008779

（续）

单位名称	联系地址	邮编	电话	传真
焦作金箍制动器股份有限公司	河南省焦作市博爱县发展大道 1688 号	454450	0391-2931288	0391-2924446
宁波东力传动设备股份有限公司	浙江省宁波市江北工业区银海路 1 号	315033	0574-87587777	0574-88388889
河南省矿山起重机有限公司	河南省新乡市长垣县长恼工业区矿山路与纬三路交汇处	453400	0373-8735555	0373-8735555
河南华北起重吊钩有限公司	河南省新乡市长垣县魏庄工业园区	453424	0373-8791377	0373-8710503
奔宇电机集团有限公司	河南省新乡市长垣县起重工业园区纬二路西段	453400	0373-8622311	0373-8622313
郑州凯澄起重设备有限公司	河南省新郑市双湖经济开发区磨河桥南	451191	0371-62579688	0371-62575699
甘肃省定西起重机厂有限责任公司	甘肃省定西市安定区焦家坡新村 3 号	730050	0932-8216532	0932-8221013
泰星减速机股份有限公司	江苏省泰兴市姚王镇泰姚北路 10 号	225402	0523-87635681	0523-87635683
江西江特电机有限公司	江西省宜春市环城南路 581 号	336000	0795-3285285	0795-3263554
大连辽南起重机器有限公司	辽宁省大连市旅顺口区营顺路 102 号	116050	0411-86233046	0411-86236371
新乡市起重机厂有限公司	河南省新乡市南环路东 1 号	453003	0373-5795338	0373-5797669
辽宁国远科技有限公司	辽宁省鞍山市千山区通海大道 427 号	114041	0412-5644999	0412-5644777
奥力通起重机（北京）有限公司	北京市通州区张家湾镇枣林庄南口	101103	010-61509090-809	010-61509780
上海起重运输机械厂有限公司	上海市嘉定区昌吉路 28 号	201805	021-65564735	021-56639864
江苏太兴隆减速机有限公司	江苏省泰兴市城区科技工业园	225400	0523-87996666	0523-87996999
河南恒达机电设备有限公司	河南省新乡市长垣县魏庄工业园区纬十路与巨人大道交叉口向东 150m 路南	453424	0373-2156768	0373-2156189
江西工埠机械有限责任公司	江西省樟树市药都北大道 223 号	331200	0795-7776606	0795-7776268
无锡市宏泰电机股份有限公司	江苏省无锡市惠山区前洲镇工业园区万寿路 17 号	214181	0510-83392288	0510-83395888
浙江东海减速机有限公司	浙江省温州市平阳经济开发区鸽巢路（鳌江镇）	325401	0577-58111903	0577-63679809
科尼起重机设备（上海）有限公司	上海市普陀区祁连山南路 2891 弄 100 号 D 栋	200331	021-26061051	021-26061182
深圳市汇川技术股份有限公司	广东省深圳市宝安区新安街道留仙二路鸿威工业区 E 栋	518101	0755-29799595	0755-29799579
四川合能起重设备有限公司	四川省成都市金堂县淮口工业园现代大道 999 号	610400	028-84901618	028-84903300
辽宁铭鹏防爆起重机有限公司	辽宁省铁岭市清河区工业园区	112003	024-2131180	024-2131180
常州常矿起重机械有限公司	江苏省常州市武进高新技术开发区凤鸣路 18-2 号	213119	0519-88609206	0519-88609203
株洲天桥起重机股份有限公司	湖南省株洲市石峰区新民路 266 号	412001	0731-28432961	0731-28435573
常州市潞城常东塑料五金厂	江苏省常州市武进区潞城街道李家塘村	213025	0519-88402188	0519-88400668
山东省生建重工有限责任公司	山东省淄博市淄川区昆仑镇昆仑路 1 号	255129	0533-5787381	0533-5780070
西安标准起重机械有限公司	陕西省西安市西郊红光路 72 号	710077	029-84241163	029-84497216
大连起重矿山机械有限公司	辽宁省大连市甘井子区营日路 10 号	116036	0411-86704818	0411-86704184
上海伯瑞制动器有限公司	上海市奉贤区奉城镇东街 108 号	201411	021-57522358	021-57522350
上海雄风起重设备厂有限公司	上海市松江区佘北公路 2199 号	201602	021-57796242	021-57792656
常州市海之杰港口起重机设备有限公司	江苏省常州市新北区罗溪镇汤庄叶汤公路	213133	0519-83205268	0519-83205568
天津津起起重设备有限公司	天津市津南区葛沽镇	300352	022-28682369	022-28682369
扬戈科技股份有限公司	浙江省台州市三门县滨海新城滨港路 16 号	317100	0576-83337758	0576-83373755
浙江立新起重开关厂	浙江省乐清市柳市镇西仁宕工业区柳黄路 1658 号	325604	0577-62718111	0577-62718999
山起重型机械股份公司	山东省青州市昭德北路 2198 号	262515	0536-3203038	0536-3203037
河南省中原奥起实业有限公司	河南省新乡市长垣县文明路 402 号	453400	0373-8810848	0373-8813875
常州市武进起重电器有限公司	江苏省常州市武进区横林镇崔桥村横北路 169 号	213103	0519-88501043	0519-88501298
河南省飞马起重机械有限公司	河南省新乡市长垣县魏庄工业园区纬五东路	453400	0373-8712222	0373-8711976

（续）

单位名称	联系地址	邮编	电话	传真
江阴真良机械有限公司	江苏省江阴市利港镇	214444	0510-86636637	
昌乐县东田聚氨酯厂	山东省潍坊市昌乐县红河镇	262413	0536-69732555	0536-69732555
天水长城控制电器厂起重电气设备厂	甘肃省天水市秦州区南廓路 11 号	741018	0938-8383411	0938-8383411
新乡克瑞重型机械科技股份有限公司	河南省新乡市长垣县华垣路西段	453400	0373-8887988	0373-8887999
山东烟起起重设备有限公司	山东省烟台市福山区金风路 50 号	265500	0535-6362473	0535-6367663
焦作市长江制动器有限公司	河南省焦作市武陟县大司马工业区 888 号	454981	0391-7517888	0391-7515658
焦作市制动器开发有限公司	河南省焦作市武陟县工业园区工业南路 202 号	454950	0391-7268818	0391-7268019
广州起重机械有限公司	广东省广州市广园中路 283 号	510405	020-86798891	020-86796828
南京开关厂有限公司	江苏省南京市江宁滨江开发区秀玉路 2 号	210078	025-68729100	025-68729106
泰兴市华东减速机制造有限公司	江苏省泰兴市鑫泰路 318 号	225400	0523-87694282	0523-87694337
无锡市宏泰电机股份有限公司	江苏省无锡市惠山区前州镇工业园区万寿路 17 号	214181	0510-83392288	0510-83395888
新乡市鹏升起重设备有限公司	河南省新乡市长垣县魏庄工业园区	453424	0373-8719619	0373-8719398
施耐德电气（中国）投资有限公司	上海市普陀区云岭东路 89 号长风国际大厦 8 层	200062	021-62848800	021-62848800
江苏太兴隆减速机有限公司	江苏省泰兴市城区科技工业园	225400	0523-87996888	0523-87996999
江苏泰宏减速机有限公司	江苏省泰兴市姚王镇大庆东路 999 号	225400	0523-87548779	0523-87540655
无锡石油化工起重机有限公司	江苏省无锡市惠山区长安街道张村路 9 号	214178	0510-83592637	0510-83591226
中国长江航运集团电机厂	湖北省武汉市江夏区藏龙岛科技园九凤街 5 号	430205	027-81977307	027-87801309
焦作市虹桥重工科技发展股份有限公司	河南省焦作市武陟县云台大道东侧 2 号	454981	0391-7541888	0391-7541666

起重葫芦

单位名称	联系地址	邮编	电话	传真
江苏三马起重机械制造有限公司	江苏省靖江市开发区城南园区江防西路 3 号	214500	0523-84866933	0523-84866284
慈溪起升机械设备有限公司	浙江省慈溪市崇寿镇绿色食品工业园绿园二路 123 号	315326	0574-63297580	0574-63419928
慈溪市慈春机械有限公司	浙江省慈溪市坎墩街道坎中村郑家甲北路	315303	0574-63273105	0574-63273105
慈溪市启力机械有限公司	浙江省慈溪市坎墩街道坎墩西路 428 号	315303	0574-56337822	0574-56338380
慈溪市动力机械配件厂	浙江省慈溪市坎墩街道长白路 9 号	315303	0574-63273010	0574-63273010
慈溪市通发汽车配件有限公司	浙江省慈溪市坎墩街道沈家甲北路 96 号	315303	0574-63287578	0574-63275628
慈溪市兴迪机械配件有限公司	浙江省慈溪市坎墩道镇中路	315303	0574-63288032	0574-63288297
慈溪市庵东镇建兴机械配件厂	浙江省慈溪市庵东镇元祥村	315327	0574-63475790	0574-63475790
慈溪市海锐机械配件厂	浙江省慈溪市坎墩街道坎中村坎中路 118 号	315303	0574-63282081	0574-63289281
常州深兰工程材料有限公司	江苏省常州市新北区河海东路 108 号国宾一号 7 丙 101	213004	0519-89890325	0519-89890326
慈溪益通机械有限公司	浙江省慈溪市坎墩街道坎中村严家路 1 号	315303	0574-63273202	0574-63273223
上海雄风起重设备厂有限公司	上海市松江区佘北公路 2199 号	201602	021-57796432	021-57796450
慈溪市航林机械配件厂	浙江省慈溪市坎墩街道九甲弄	315303	0574-63289316	0574-56337602
广东日丰电缆股份有限公司	广东省中山市西区广丰工业园	528401	0760-88166388-888	0760-88166383
上海鑫斌机械有限公司	上海市嘉定区安亭镇漳翔路 1189 号	201814	021-59508789	021-59505086
宁波吉业机电有限公司	浙江省慈溪市古塘街道天和家园 5 号楼 501 室	315300	0574-63887357	0574-63887357
鞍山起重控制设备有限公司	辽宁省鞍山市千山区通海大道 427 号	114041	0412-5644676	0412-5644676
咸宁三宁机电有限公司	湖北省咸宁市长江产业园（旗鼓大道 12 号）	437000	0715-7200919	0715-8200937

（续）

单位名称	联系地址	邮编	电话	传真
南通合兴铁链股份有限公司	江苏省南通市如东县新店镇工业集中区	226432	0513-84399999	0513-84386666
上海精浦机电有限公司	上海市普陀区新村路666号5号楼3层	200331	021-36320991	021-36320990
临安华龙摩擦材料有限公司	浙江省临安市龙岗镇龙岗街130号	311322	0571-63631188	0571-63631988
无锡文鼎线缆有限公司	江苏省宜兴市官林镇工业集中区张来路	214251	0510-87211101	0510-87206210
江西起重机械总厂	江西省樟树市共和东路82号	331200	0795-7364266	0795-7364566
上海冠威工具有限公司	上海市宝山区共康路726号	200443	021-56405418	021-56405418
江西省宜春市建达安全装置设备有限公司	江西省宜春市明月南路267号	336000	0795-7040312	0795-7040312
江苏欧玛机械有限公司	江苏省常熟市碧溪新区迎宾路19-1号	215513	0512-52639735	0512-52296322
重庆维大力起重设备有限公司	重庆市渝北区黄山大道中段77号	401121	023-88505800	023-88505859
郑州市泰德尔电机厂	河南省郑州市郑上路李克寨	450100	0371-64951411	0371-64951411
华德起重机（天津）有限公司	天津市武清区京滨工业园泰元道5号	301712	022-22199090	022-29467189
河北神力索具集团有限公司	河北省保定市清苑区东吕工业区	071100	0312-8156666	0312-8153333
江西工埠机械有限责任公司	江西省樟树市药都北大道223号	331200	0795-7776368	0795-7776268
上海宏欣电线电缆有限公司	上海市浦东新区新场镇荷花路19号	201316	021-68158066	021-68158268
浙江东海减速机有限公司	浙江省温州市平阳经济开发区鸽巢路（鳌江镇）	325401	0577-63631862	0577-63679809
新乡市起重设备厂有限责任公司	河南省新乡市经济开发区新长北线北侧经11路东2门	453003	0373-3838082	0373-3058094
无锡市瑞特起重机械有限公司	江苏省无锡市锡山区东港镇	214199	0510-88352279	0510-88763811
重庆美和机电有限公司	重庆市大渡口区建桥工业园C区建园路	401325	023-61556906	023-61556907
清苑伟业起重机械制造有限公司	河北省保定市清苑区东吕工业园	071100	0312-8106333	0312-8106222
河南省兴垣电子商务有限公司	河南省新乡市长垣县南蒲起重汇展厅	453400	0373-8712560	0373-8712115
铜陵市神雕机械制造有限公司	安徽省铜陵市经济技术开发区泰山大道南段618号	244061	0562-5886768	0562-5886758
河北辰力吊索具制造有限公司	河北省保定市清苑区发展东街33号	071100	0312-8036111	0312-8152928
文盛钢绳（昆山）有限公司	江苏市昆山市周市镇金茂路699号5#厂房	201210	0512-50118457	
湖北华博三六电机有限公司	湖北省咸宁市咸安区凤凰工业园	437000	0715-8341384	0715-8341028
临清天德轴承有限公司	山东省临清市烟店经济开发区许张寨工业园110号	252665	0635-2855109	0635-2103777
浙江维大茵特起重设备有限公司	浙江省杭州市下沙经济技术开发区八号坝栋梁路87号	314423	0571-88035681	0571-86925638
湖北银轮起重机械股份有限公司	湖北省赤壁市河北大道170号	437300	0715-5337938	0715-5337966
丹东市起重机械有限公司	辽宁省丹东市大孤山经济区嵩山街7号	118013	0415-6681188	0415-6681166
池州市华安起重机械有限公司	安徽省池州市高新区白浦路	247000	0566-3381969	0566-3381919
温州朗菲电气科技有限公司	浙江省乐清市柳市镇方斗岩工业区	325600	0577-62867767	0577-62867767
慈溪市洲际齿轮厂	浙江省慈溪市坎墩街道严家河路47号	315303	0574-63280945	0574-63276818
湖北恒欣传动设备有限公司	湖北省咸宁市长江产业园（旗鼓大道12号）	437000	0715-8200935	0715-8200935
东莞市台冠起重机械设备有限公司	广东省东莞市大朗镇杨涌金朗南路229号	523790	0769-83019666	0769-83019669
南通瑞金制链科技有限公司	江苏省南通市如东县丰利镇枫发工业区	226408	0513-84582588	0513-84581688
中煤张家口煤矿机械有限责任公司	河北省张家口市产业集聚区煤机路1号	076250	0313-2056561	0313-2032388
无锡市欧力特起重设备有限公司	江苏省无锡市东港镇五一园区	214199	0510-88350326	0510-88353672
八达机电有限公司	浙江省瑞安市经济开发区毓蒙路8号	325200	0577-65156662	0577-65159998
南阳起重机械厂有限公司	河南省南阳市龙升工业园	473008	0377-63381700	0377-63380410
洛阳汉鼎起重机械有限公司	河南省洛阳市老城区唐宫东路256号	471000	0379-63415988	0379-63415999

（续）

单位名称	联系地址	邮编	电话	传真
象王重工股份有限公司	江苏省盐城市建湖县经济开发区明珠东路 1 号	224700	0515-82068988	0515-86312253
《起重运输机械》杂志社	北京市东城区雍和宫大街 52 号	100007	010-64031987	010-64031987
凯澄起重机械有限公司	江苏省江阴市澄江东路 18 号	214429	0510-86199688	0510-86196633
德马格起重机械（上海）有限公司	上海市闵行区沪闵路 6088 号 18 层	201199	021-34702800	021-34702854
科尼起重机设备（上海）有限公司	上海市普陀区祁连山南路 2891 弄 4 号楼 1~3 层	200331	021-26061051	021-26061069
诺威起重设备(苏州)有限公司	江苏省苏州市吴江经济开发区庞金路 1288 号	215211	0512-63120889	0512-63120886
甘肃省定西起重机厂有限责任公司	甘肃省定西市安定区焦家坡新村 3 号	743000	0932-8212961	0932-8227125
西安起重机械总厂	陕西省西安市莲湖区红光路 72 号	710077	029-84253907	029-84236974
江阴市鼎力起重机械有限公司	江苏省江阴市金山路 303 号	214437	0510-86996868	0510-86996666
上海浦东明昌起重机械制造有限公司	上海市浦东新区川沙镇鹿达路 39 号	201202	021-58590038	021-58590038
广东超宇起重设备有限公司	广东省梅州市梅江区城北镇新田村福瑞岗厂区内	514089	0753-2382068	0753-2382063
聊城五环机械有限公司	山东省聊城市经济开发区嫩江路 55 号	252000	0635-8880688	0635-8880699
山东聊城科顺机械有限公司	山东省聊城市东昌府区凤凰工业园	252000	0635-8578888	0635-8579988
纽科伦（新乡）起重机有限公司	河南省新乡市长垣县起重工业园区	453424	0373-8622060	0373-8622060
重庆凯荣机械有限责任公司	重庆市九龙坡区九龙工业园区华龙大道 9 号	400052	023-68466283	023-68466282
杭州电机有限公司	浙江省杭州市西湖区文三路上宁巷 1 号	310012	0571-88833358	0571-88077935
河南省飞马起重机械有限公司	河南省新乡市长垣县魏庄工业区区纬五东路	453400	0373-8712222	0373-8712368
北京北起科瑞起重设备制造有限公司	北京市通州区食品工业园 16 号	102628	010-60214567	
浙江手牌起重葫芦有限公司	浙江省嵊州市黄泽镇工业功能区腾龙路 9 号	312455	0575-83260828	0575-83261266
慈溪捷豹起重机械有限公司	浙江省慈溪市庵东镇沿江路 288 号	315327	0574-63932588	0574-63932599
慈溪市勤丰机械有限公司	浙江省慈溪市庵东镇七二三大街 11 弄 3 号	315300	0574-63477188	0574-63479188
南京宝龙起重机械有限公司	江苏省南京市鼓楼区热河路 50 号	210031	025-58802630	025-58806417
常州市常欣电子衡器有限公司	江苏省常州市中凉亭夏雷路 68 号	213001	0519-86643943	0519-86640473
河南恒达机电设备有限公司	河南省新乡市长垣县魏庄工业园区纬十路与巨人大道交叉口向东 150m 路南	453424	0373-2156199-8008	0373-2156189
北京起重运输机械设计研究院有限公司	北京市东城区雍和宫大街 52 号	100007	010-84037438	010-64079406
南京特种电机厂有限公司	江苏省南京市六合区雄州东路 289 号	211500	025-57512568	025-57107279
南京起重电机总厂	江苏省南京市江宁区东山科宁路 268 号	211100	025-51191919	025-52282652
南京开关厂有限公司	江苏省南京市江宁区滨江开发区绣玉路 2 号	211178	025-86106608	025-86106515
杭州浙起机械有限公司	浙江省杭州市富阳区东洲工业园区 7 号路 9 号	311401	0571-87191600-808	0571-87191609
重庆市飞鹰起重设备有限责任公司	重庆市九龙坡区中梁山起重新村 1 号	400052	023-61771787	023-65263714
江苏佳力起重机械制造有限公司	江苏省淮安市盱眙工业园区工六路	211700	0517-88299039	0517-88298123
湖北三六重工有限公司	湖北省咸宁市巨宁大道 36 号	437000	0715-8343111	0715-8312668
南京禄口起重机械有限公司	江苏省南京市江宁区禄口街道燕湖路	211113	025-52771222	025-52775660
北京双泰气动设备有限公司	北京市通州区张家湾镇枣林庄工业大院	101113	010-61569832	010-61505340
常熟海鸥起重机械有限公司	江苏省常熟市碧溪镇留下村	215512	0512-52631785	0512-52637785
天津起重设备有限公司	天津市滨海新区经济开发区西区中南一街 29 号	300462	022-65382330	022-65382332
四川莱斯特机械制造有限公司	四川省眉山市丹棱县关帝路 69 号	620200	028-37263360	028-37263222
南京神天起重机械设备有限公司	江苏省南京市江宁区禄口街道石埝社区	211156	025-87191633	025-87191633
上海万铂起重机械有限公司	上海市嘉定区丰功路 628 号	201801	021-59158828	021-69151468

（续）

单位名称	联系地址	邮编	电话	传真
浙江凯勋机电有限公司	浙江省瑞安市林垟工业区八达路35号	325207	0577-65592888	0577-65590198
上海劲雕起重设备厂有限公司	上海市嘉定区金园六路396号	201812	021-56651383	021-56650541
宁波市凹凸重工有限公司	浙江省宁波市鄞州区机场路3998号	315176	0574-88008778	0574-88008779
柯迈（杭州）起重机械有限公司	上海市浦东新区张江高科技园区毕升路289弄6号501室	201204	021-38820620	021-38820619
高博（天津）起重设备有限公司	天津市滨海新区经济技术开发区第十三大街58号	300457	022-59822285	022-59822286
星都起重设备（辽宁）有限公司	辽宁省沈阳市沈北新区佳阳路18号	110164	024-88087557	024-88087007
吴江市麒麟起重机械有限公司	江苏省苏州市吴江区铜锣镇人民街20号	215237	0512-63881419	0512-63881774
北京起重工具厂	北京市朝阳区王四营桥南200m	100026	010-65976750	010-65067014
四川合能起重设备有限公司	四川省成都市金堂县淮口工业园现代大道999号	610400	028-84903622	028-84903300
慈溪市金鑫机械有限公司	浙江省慈溪市庵东镇工业园区南侧	315327	0574-63471402	0574-63475858
赤壁市蒲圻起重运输机械有限责任公司	湖北省赤壁市经济开发区凤凰山路	437300	0715-5250338	0715-5250823
江阴市兴科起重机械有限公司	江苏省江阴市申港街道东徐路9号	214443	0510-86685317	0510-86621770
无锡市永昌起重机械厂	江苏省无锡市锡山区东港镇	214199	0510-88761399	0510-88760121
安徽九华机械股份有限公司	安徽省池州市经济技术开发区金科路19号	247000	0566-2220981	0566-2417707
山东省聊城市隆达实业有限公司	山东省聊城市经济开发区东城工业园九洲路7号	252000	0635-6976982	0635-8346011
常州市沪力起重机械有限公司	江苏省常州市青龙镇纺织工业园	213017	0519-85509090	0519-85503356
广州广鸽起重设备有限公司	广东省广州市荔湾区芳村白鹤洞罗冲岗1号之十三	510380	020-81502431	020-81515587
浙江双鸟机械有限公司	浙江省嵊州市黄泽镇工业功能区玉龙路16号	312455	0575-83503888	0575-83503888
保定怀鸽起重机械制造有限公司	河北省保定市清苑区东吕怀鸽工业园	071100	0312-8498889	0312-8498890
清苑县川岛起重机械制造有限公司	河北省保定市清苑区东吕村	071100	0312-8151230	0312-8152011
杭州恒力机械厂	浙江省杭州市余杭区瓶窑镇凤都工业园区羊城路8号	311115	0571-88533080	0571-88533038
天津永恒泰科技有限公司	天津市西青区经济开发区津淄公路天祥工业园祥瑞路7号	300385	022-23789800	022-23786763
南京江陵机电制造有限责任公司	江苏省南京市江宁区上坊镇魏村	211103	025-52703728	025-52705288
合康变频科技（武汉）有限公司	湖北省武汉市东湖高新开发区佛祖岭三路6号	430205	027-81650223	027-81650200
扬戈科技股份有限公司	浙江省台州市三门县滨海新城滨港路16号	317100	0576-83337758	0576-83373755
杭州四达机械电子有限公司	浙江省杭州市余杭区瓶窑镇凤都工业园区	311115	0571-88531361	0571-88531629
常州市武进起重电器有限公司	江苏省常州市武进区横林镇崔桥村横北路169号	213103	0519-88503118	0519-88501298
江苏宇泰电器有限公司	江苏省泰兴市分界工业一区	225416	0523-87261026	0523-87265388
浙江冠林机械有限公司	浙江省湖州市安吉县天子湖园区五福路7号	313310	0572-5091151	0572-5098786
杭州勤裕昌机械设备制造有限公司	浙江省杭州市余杭区瓶窑镇凤都工业园区	311115	0571-88545633	0571-88545611
泰安金龙起重配件有限公司	山东省泰安市泰山区省庄镇东羊楼工业区	271039	0538-6512088	0538-6551728
乐清市东方胶塑电器开关有限公司	浙江省乐清市柳市镇苏吕村苏太路418号	325604	0577-62790993	0577-62790780
浙江中富电气有限公司	浙江省乐清市经济开发区纬十一路259号	325600	0577-62998000	0577-62998111
江西飞达电气设备有限公司	江西省宜春市经济技术开发区宜工大道	336000	0795-3245168	0795-3245060
浙江立新起重开关厂	浙江省乐清市柳市镇西仁宕工业区柳黄路1658号	325604	0577-62711333	0577-62718999
衡水贝瑞起重机械有限公司	河北省衡水市和平西路肖屯新区60号	053000	0318-2328038	0318-2328038
慈溪市锦华机械实业有限公司	浙江省慈溪市古塘街道新潮塘村368号	315303	0574-63272222	0574-63272727
慈溪市平浪实业有限公司	浙江省慈溪市古塘街道新潮塘村	315300	0574-63286888	0574-63286888
慈溪市华表五金厂	浙江省慈溪市庵东镇北路515号	315327	0574-63474222	0574-63471848

（续）

单位名称	联系地址	邮编	电话	传真
浙江五一机械有限公司	浙江省衢州市衢江区百灵南路 888 号	324022	0570-2295151	0570-2295051
慈溪市腾达滚子有限公司	浙江省慈溪市庵东镇工业园区纬三西路	315327	0574-63472021	0574-63472822
慈溪市通发机械有限公司	浙江省慈溪市坎墩工业开发区 A 区	315303	0574-63288185	0574-63282993
浙江省慈溪市精驰齿轮有限公司	浙江省慈溪市坎墩街道坎中路 75 号	315303	0574-63289280	0574-63288255
慈溪市威宁机械有限公司	浙江省慈溪市坎墩街道五房弄 11 号	315303	0574-63273238	0574-63273237
慈溪市庵东镇勤丰机械厂	浙江省慈溪市庵东镇宏兴路 449 弄 6 号	315327	0574-63471095	0574-63476158
慈溪市神州机电实业有限公司	浙江省慈溪市坎墩街道兴安路 250 号	315303	0574-63286681	0574-63288238
慈溪市朝阳机械有限公司	浙江省慈溪市庵东镇北路 34 号	315327	0574-63471257	0574-63472257
慈溪市庵东镇红光滚柱厂	浙江省慈溪市庵东镇七二三大街	315327	13906745562	0574-63472963
慈溪市文祥机械实业有限公司	浙江省慈溪市坎墩街道坎中路 1 号	315303	0574-63283758	0574-63283488
慈溪市金祥机械配件有限公司	浙江省慈溪市坎墩街道坎墩大道 606 号	315303	0574-63288363	0574-63288011

传动部件

单位名称	联系地址	邮编	电话	传真
焦作金箍制动器股份有限公司	河南省焦作市博爱县发展大道 1688 号	454450	0391-2086231	0391-2080000
云南冶金昆明重工有限公司	云南省昆明市五华区龙泉路 871 号	650203	0871-65150091	0871-65150151
宁波名泰天力机械制造有限公司	浙江省宁波市象山县丹城镇西丹路 18 号	315700	0574-65723430	0574-65723165
青岛星轮实业有限责任公司	山东省青岛市城阳区流亭建材工业园春雨西路 8 号	266108	0532-84909022	0532-84909003
焦作市虹发制动器有限公司	河南省焦作市武陟县虹桥工业区	454981	0391-7541838	0391-7542897
天水长城控制电器有限责任公司制动器分公司	甘肃省天水市秦州区南廓路 11 号	741018	0938-8371588	0938-8371588
宁波华阳起重电器有限公司	浙江省宁波市象山县大徐新凉亭工业园	315706	0574-65625818	0574-65765355
衡水昕龙制动绝缘材料有限公司	河北省衡水市人民西路电厂西侧	053000	0318-2157566	0318-2124019
贵阳天龙摩擦材料有限公司	贵州省贵阳市宝山北路 372 号贵州报业大厦 16 层	550001	0851-86612735	0851-86612763
焦作市长江制动器有限公司	河南省焦作市武陟县大司马工业区 888 号	454981	0391-7515618	0391-7515658
潍坊利达起重电器有限公司	山东省潍坊市经济开发区民主西街 2088 号	261021	0536-8321809	0536-8321809
大连华锐重工集团股份有限公司通用减速机厂	辽宁省大连市甘井子区新水泥路 78 号	116035	13504082136	0411-86426190-801
长沙三占惯性制动有限公司	湖南省长沙市高新技术开发区桐梓坡西路 229 号	410205	0731-88912607	0731-88912691
湖南博云汽车制动材料有限公司	湖南省长沙市高新开发区麓松路 500 号	410205	0731-88122568	0731-88115258
江西华伍制动器股份有限公司	江西省丰城市高新技术产业园区火炬大道 26 号	331100	0795-6203200	0795-6241080
上海伯瑞制动器有限公司	上海市奉贤区奉城镇东街 108 号	201411	021-57522358	021-57522350
晋城江淮工贸有限公司	山西省晋城市凤台东街 2755 号	048026	0356-2191906	0356-2190689
石家庄三元机电有限公司	河北省石家庄市桥西区西二环与新石北路交口西行 100m 拉斐小镇写字楼 14 层	050000	0311-86814291	0311-86814291
焦作市江河制动器有限公司	河南省焦作市虹桥工业区	454981	0391-7541060	0391-7541132
焦作市虹起制动器有限公司	河南省焦作市武陟县虹桥工业区	454981	0391-7541080	0391-7541088
焦作市液压制动器股份有限公司	河南省焦作市武陟县大虹桥乡彭庄村	454981	0391-7545666	0391-7541058
石家庄五龙制动器股份有限公司	河北省石家庄市桥西区新石中路 375 号金石大厦 C 座 501 室	050091	0311-83806381	0311-83826381
北京起重运输机械设计研究院有限公司	北京市东城区雍和宫大街 52 号	100007	010-64053039	010-64052584

（续）

单位名称	联系地址	邮编	电话	传真
石家庄纽伦制动技术有限公司	河北省石家庄市新石路375号C座501室	050091	0311-83806381	0311-83826381
象山万邦电器有限公司	浙江省宁波市象山县产业区城东工业园望海路5号	315706	0574-65626628	
焦作市制动器开发有限公司	河南省焦作市武陟县工业园区工业南路202号	454950	0391-7230550	0391-7268019
焦作市制动器有限公司	河南省焦作市武陟县工业园朝阳三路999号	454950	0391-7202100	0391-7202555
焦作市虹桥制动器股份有限公司	河南省焦作市武陟县云台大道东侧2号	454981	0391-7541828	0391-7541666
河南省焦作市宏升实业有限公司	河南省焦作市武陟县前牛工业区	454950	0391-7618960	0391-7619888
宁夏天地奔牛实业集团有限公司	宁夏回族自治区银川市上海西路475号	750011	0951-3073858	0951-3067126
西安环力传动机械股份有限公司	陕西省西安市经济技术开发区凤城十一路91号	710018	029-86171905	029-85251911
唐冶减速机制造有限公司	河北省唐山市路北区缸窑路4号	063027	0315-3202616	0315-3202214
包头市起重机械有限公司	内蒙古自治区包头市东河区西脑乡135号	014040	0472-4874100	0472-4862406
太原重工股份有限公司齿轮传动分公司	山西省太原市万柏林区玉河街53号	030024	0351-6366732	0351-6366732
内蒙古兴华机械制造厂	内蒙古自治区呼和浩特市玉泉区昭君路小黑河村	010070	0471-5686313	
石家庄科一重工有限公司	河北省石家庄市和平西路595号	050071	0311-87796242	0311-87756244
山西新富生机器制造有限公司	山西省太原市经济技术开发区十四号线68号	030013	0351-3074892	0351-3074892
山西平遥减速机厂	山西省晋中市平遥县古城南路138号	031100	0354-5622828	
沈阳金龟减速机厂有限公司	辽宁省沈阳市辽中区商业街15号	110200	024-87880508	024-87881361
青岛减速机厂	山东省胶州市铺集镇铺集二村	266326	0532-87737569	0532-86250253—0075
龙口市减速机机械有限公司	山东省龙口市黄城区西市场1号	265701	0535-8519156	0535-8517471
重庆减速机有限责任公司	重庆市璧山区牛角湾	402760	023-41432059	023-41436677
衡阳起重运输机械有限公司	湖南省衡阳市珠晖区狮山路1号	421005	0734-3172069	0734-8290779
宁波誉力冶金矿山机械有限公司	浙江省宁波市鄞州区鄞州镇经济工业园	315151	0574-88431146	0574-88432207
太原科技大学	山西省太原市万柏林区瓦流路66号	030024	0351-6963399	0351-6998027
浙江东海减速机有限公司	浙江省温州市平阳经济开发区鸽巢路（鳌江镇）	325401	0577-63631862	0577-63635393
江西华伍制动器股份有限公司	江西省丰城市高新技术产业园区火炬大道26号	331100	0795-6203200	0795-6241080
嘉兴嘉冶机械制造有限公司	浙江省嘉兴市角里街112号	314000	0573-82820184	0573-82818650
广州劲草减速机机械有限公司	广东省广州市白云区爱国11路1-1号	510450	020-86601532	020-86601532
荆州市巨鲸传动机械有限公司	湖北省荆州市经济技术开发区东方大道58号	434000	0716-8303888	0716-8303905

千斤顶

单位名称	联系地址	邮编	电话	传真
江苏通润集团常熟市千斤顶厂	江苏省常熟市联丰路58-1号	215500	0512-52820788	0512-52822288
承德胜利千斤顶有限公司	河北省承德市承德县孟家院街6号	067411	0314-3056478	0314-3056478
上海宝山千斤顶总厂有限公司	上海市宝山区江杨南路1085号	200434	021-56881711	021-56881711
承德润韩千斤顶有限公司	河北省承德市西大街142号	067000	0314-21185487	0314-21185589
安徽黄山密封件厂	安徽省黄山市屯溪区黎阳街261号	245000	0559-21114736	0559-21114736
安徽黄山市鑫佳橡塑有限责任公司	安徽省黄山市屯溪区新潭东源口8号	245000	18726859856	
抚顺市南山城螺旋千斤顶厂	辽宁省抚顺市清原满族自治县南山城镇中街	113308	024-53555035	024-53555605
杭州临安市橡胶有限公司	浙江省临安市昌化工业园区1号	311321	0572-63668866	0572-63668866
嘉兴市大通机械厂	浙江省嘉兴市南湖区余新镇	314009	0573-83166238	0573-83165918

（续）

单位名称	联系地址	邮编	电话	传真
海盐忠鑫五金机械厂	浙江省嘉兴市海盐县西塘桥街道大宁村	314300	13706835781	
绵阳市金象机械有限公司	四川省绵阳市涪城区塘汛镇群丰东街 154 号	621000	0816-2212022	0816-2213008
北京起重运输机械设计研究院有限公司	北京市东城区雍和宫大街 52 号	100007	010-64032277	010-64052584
上海沪南千斤顶厂	上海市南汇区六灶镇东首	201322	021-58162999	021-58162126
上海金星机械实业有限公司	上海市奉贤区庄行镇丁宁路 28 号	201415	021-57469550	021-57469550
重庆千斤顶厂	重庆市北碚区静宁路 44 号	400700	13509417295	023-68206405
奉化南方机械制造有限公司	浙江省宁波市奉化区尚田镇	315511	13105588888	0574-56377770
杭州三星机械有限公司	浙江省杭州市丁桥镇	310021	0571-88111937	0571-88111040
上海江南千斤顶厂	上海市奉贤区庄行镇邬桥社区安东路 25 号	201402	13801704932	021-57401566
长春一汽技术中心	吉林省长春市创业大街 35 号	130011	13596499516	
杭州天恒机械有限公司	浙江省临安市板桥乡下板桥 113 号	311301	13868098080	0571-63780362
海盐金鑫机械有限公司	浙江省嘉兴市海盐县西塘桥镇曙光村	314305	0573-86819668	0573-86819668
嘉兴大隆机械有限公司	浙江省嘉兴市海盐县经济开发区杭州湾大桥新区西场路 58 号	314305	0573-86811151	0573-86811151
一汽四环随车工具总厂	吉林省长春市吉林大路 3473 号	130031	0431-84842054	0431-84842054
山西太谷县永星铸造有限公司	山西省晋中市太谷县太古胡村镇墩坊村	030800	13903446563	
上海鑫栋钢球轴承有限公司	上海市浦东新区航头镇航业路 8 号	201319	021-58116922	
承德相一机械有限公司	河北省承德市平泉县红山嘴开发区	067500	13663142639	
嘉兴力托机械有限公司	浙江省平湖市曹桥街道景兴一路 158 号	314305	13957328571	
南德认证检测（中国）有限公司上海分公司	上海市闸北区恒通路 88 号	200070	13918815583	
海盐亿达电子科技有限公司	浙江省嘉兴市海盐县武原镇盐北路 211 号	314305	13666772017	
海盐海顶机械有限公司	浙江省嘉兴市海盐县元通街道真北路 586 号	314317	13906834159	0573-86813838
嘉兴市舜天机械有限公司	浙江省嘉兴市南湖区余新镇真北路 21 号	314008	13806737856	
富阳通力机械有限公司	浙江省杭州市富阳区鹿山工业园同辉路 8 号	311407	13968141718	
嘉兴金腾机械实业有限公司	浙江省嘉兴市海盐县西塘桥中乐路 6 号	314305	0573-86811167	0573-86811167
上海宝山液压工具有限公司	上海市宝山区宝杨路 3055 号	201901	021-56801448	021-56801448
上海沪南千斤顶厂	上海市南汇区六灶镇东首	201322	021-5816299	021-5816299
山东临沂启阳工具有限公司	山东省临沂市河东区双桥街东段	276000	0539-8082188	0539-8082929
嘉兴市正发机械厂	浙江省嘉兴市南胡区凤桥镇	314008	18368339238	0573-3131171
上海千斤顶厂	上海市虹口区周家嘴路 500 号	200080	021-65455036	021-65415171

物流与仓储机械

单位名称	联系地址	邮编	电话	传真
中国机械工程学会	北京市海淀区首体南路 9 号主语国际 4 号楼 11 层	100048	010-68799005	010-68799050
天海欧康科技信息（厦门）有限公司	福建省厦门市火炬高新区软件园创新大厦 A 区	361005	0592-2521388	0592-2521399
山西东杰智能物流装备股份有限公司	山西省太原市新兰路 51 号	030008	0351-3633818	0351-3633521
北京博途物流设备有限公司	北京市朝阳区南新园西路 6 号香榭舍公寓 2B1 室	100122		010-61552161
浙江德马科技股份有限公司	上海市徐汇区虹漕路 461 号 56 栋软件大厦 7 层 A 座	313023	021-64856600	021-54260092
北京科技大学	北京市海淀区学院路 30 号	100083	010-62332914	010-62329145

（续）

单位名称	联系地址	邮编	电话	传真
浙江刚玉智能科技有限公司	浙江省杭州市上城区婺江路 217 号近江时代大厦 B 座 12 层	310016	0571-88223938	0571-89988561
中邮科技有限责任公司	北京市海淀区西三旗建材城西路 65 号	100096	010-82913059	010-82915761
北京康拓红外技术股份有限公司	北京市海淀区中关村环保科技示范园地锦路 7 号院 2 号楼 4 层	100190	010-62549641 62579141	010-62573969
江苏六维物流设备实业有限公司	江苏省南京市建邺奥林大街 118 号紫金西城 1 幢 905 室	210019	025-86106520	025-86100397
天奇自动化工程股份有限公司	江苏省无锡市惠山区洛社镇洛藕路 288 号	214187	0510-83311041	0510-83313751
北京机械工业自动化研究所	北京市西城区德胜门外校场口 1 号	100011	010-62032255	010-62050838
江苏前程工业包装有限公司	江苏省无锡市梅村新泰工业园锡鸿路 18 号	214112	0510-88551666-8035	0510-88551919
上海天睿物流咨询有限公司	上海市徐汇区虹漕南路 718 号 1 号楼 9B 室	200233	021-54190656	021-54198876
北京邮电大学自动化学院物流工程系	北京市海淀区西土城路 10 号	100876	010-62283296	010-62283296
同济大学机械与能源工程学院	上海市嘉定区曹安公路 4800 号	201804	021-69589736	021-69589485
河北滦宝装备制造有限公司	河北省承德市双滦区双塔山镇	067101	0317-4320186	0317-4044797
南京音飞货架制造有限公司	江苏省南京市江宁经济技术开发区殷华街 470 号	211102	025-52726325	025-52726328
武汉理工大学物流工程学院	湖北省武汉市和平大道 1178 号	430063	027-86533992	027-86533992
全国物流仓储设备标准化技术委员会	北京市东城区雍和宫大街 52 号	100007	010-64035247	010-64035403
国家起重运输机械质量监督检验测试中心	北京市东城区雍和宫大街 52 号	100007	010-64004968	010-64052252
三维通信股份有限公司	浙江省杭州市滨江区火炬大道 581 号	310053	0571-88866999	0571-88923311
上海精星仓储设备工程有限公司	上海市松江区车墩镇泖亭路 398 号	201611	021-37620999	021-37837356
浙江德能物流装备科技有限公司	浙江省湖州市八里店镇湖织大道三一重工园区西侧	313000	0572-2282001	0572-2282210
黄石邦柯科技股份有限公司	湖北省黄石市杭州西路 194 号	435000	0714-3090018-8311	0714-6352817
南京华德仓储设备制造有限公司	江苏省南京市江宁科学园侯焦路 111 号	211122	025-52641198	025-52643200
机科发展科技股份有限公司	北京市海淀区首体南路 2 号	100044	010-88301025	010-68343180
苏州市普成机械有限公司	江苏省苏州市吴中区天鹅荡路 2555 号	215103	0512-65466477	0512-65466577
无锡中鼎物流设备有限公司	江苏省无锡市蠡园开发区鸿桥路 801 号（无锡现代工业设计大厦 12B）	214000	0510-81175555-8007	0510-83318379
湖北三丰智能输送机装备股份公司	湖北省黄石市黄金山工业新区金山大道 398 号	435000	0714-6359320	0714-6359320
上海睿丰自动化系统有限公司	上海市普陀区中江路 889 号曹杨商务大厦 1303 室	200333	021-61170109-203	021-61170109-201
SEW-传动设备（天津）有限公司	天津市滨海新区经济技术开发区第七大街 46 号	300457	022-25322612	022-25323273
劳易测电子贸易（深圳）有限公司	广东省深圳市南山区桃园路 1 号西海明珠大厦 F501-510 室	518059	0755-86264909-811	0755-86294901
昆明昆船物流信息产业有限公司	云南省昆明市人民中路 6 号昆船大厦	650051	0871-63172565	0871-63173570
永恒力叉车（上海）有限公司	上海市普陀区绥德路 2 弄 12 号	200331	021-26020371	021-26020301
湖州锐格物流科技有限公司	浙江省湖州市南太湖高新区环渚路 518 号	313000	0572-2582598	0572-2293680
沈阳沈飞电子科技发展有限公司	辽宁省沈阳市皇姑区松山路 11 号	110034	024-86500156	024-86545727
哈尔滨龙航仓储设备制造有限公司	黑龙江省哈尔滨市南岗区民建路 18 号	150080	0451-82467705	0451-86655026
湖州双力自动化科技装备有限公司	浙江省湖州市经济技术开发区西凤路 888 号	313000	0572-2053013	0572-2031173
湖州众友物流技术装备有限公司	浙江省湖州市长兴县李家巷工业集中区华锦路	313100	0572-6600801	0572-6600801
杭州厚达自动化系统有限公司	浙江省杭州市天目山西路 58 号	310023	0571-89301096	0571-89301105

（续）

单位名称	联系地址	邮编	电话	传真
吉林省佳信通用机械股份有限公司	吉林省集安市工业园区创业路3号	134200	0435-6222011	0435-6222532
浙江管工智能机械设备有限公司	浙江省湖州市南太湖高新技术产业园区工业路1号科创园3幢1层1号	313000	0572-2673290	0572-2673290
魏德米勒电联接（上海）有限公司	上海市静安区裕通路100号宝矿洲际商务中心25层	200070	021-22195132	021-22195060
北京伍强科技有限公司	北京市海淀区上地三街9号嘉华大厦C608室	100086	010-82783336	010-82782140
苏州希倍优辊轮有限公司	江苏省苏州市工业园区唯亭镇水东港路20号怡邻工业坊B区6号	215121	0512-65078973	0512-65078643
普天物流技术有限公司	北京市海淀区中关村北二街6号普天大厦1001层	100080	010-62418007	010-62418000
青岛科捷物流科技有限公司	上海市闵行区瓶安路1358号3号楼3层	201100	021-60759888-818	021-61157115
苏州怡丰自动化装备有限公司	江苏省苏州市吴中区河东工业园尹中南路888号	215124	0512-65978988	0512-66981179
希望森兰科技股份有限公司	四川省成都市双流区西南航空港经济开发区空港二路1599号	610207	028-85960127	028-85962488
中国中元国际工程有限公司	北京市海淀区西三环北路5号	100089	010-68732798	010-68478686
沈阳飞机工业集团物流装备有限公司	辽宁省沈阳市皇姑区松山路11号	110034	024-86598228 86598225	024-86598218
沈阳新松机器人自动化有限公司	辽宁省沈阳市浑南区金辉街16号	110168	024-31699677	024-31699275
北京起重运输机械设计研究院有限公司	北京市东城区雍和宫大街52号	100007	010-64033773	010-64002961

输送机、给料机

单位名称	联系地址	邮编	电话	传真
芜湖起重运输机器股份有限公司	安徽省芜湖市三山经济开发区官河路5号	241001	0553-3916777	0553-5852711
诸暨链条总厂	浙江省诸暨市牌头镇五一路1号	311825	0575-87051296	0575-87056868
芜湖市爱德运输机械有限公司	安徽省芜湖市高新技术开发区纬十路	241001	0553-5682728	
浙江恒丰泰减速机制造有限公司	浙江省温州市瓯海区梅屿工业区2～5号	325016	0577-86113799	0577-86111989
仪征市橡胶制品有限公司	江苏省仪征市陈集镇江淮街37号	211400	0514-83870019	0514-83873977
天津减速机股份有限公司	天津市河东区程林庄路8号	300160	022-24328922	022-24326558
石家庄科一重工有限公司减速机分公司	河北省石家庄市和平西路595号	050071	0311-87731909	0311-87772060
邯郸市红星机械制造有限公司	河北省邯郸市峰峰矿区太行东路25号	056200	0310-5167699	0310-5167188
大连理工大学	辽宁省大连市甘井子区凌工路2号	116024	0411-84708409	0411-84707507
鹤壁链条有限责任公司	河南省鹤壁市红旗街150号	458000	0329-2912392	0329-2891112
焦作市新链条输送设备制造有限公司	河南省焦作市解放西路中段54号	454191	0391-2947975	0391-2947487
北京起重运输机械设计研究院有限公司	北京市东城区雍和宫大街52号	100007	010-64033564	010-64047537
昆明市输送机械有限公司	云南省昆明市五华区人民西路684号	650106	0871-68184910	0871-68184910
福州提升机厂	福建省福州市仓山公园路5号	050007	0591-83471735	0591-83441278
荆州市巨鲸传动机械有限公司	湖北省荆州市经济技术开发区东方大道58号	434000	0716-8303900	0716-8303809
宜昌三峡输送机械制造总公司	湖北省宜昌市西陵区窑湾乡东山村	443000	0717-6445067	0717-6445067
启东天地机械制造有限公司	江苏省启东市和平南路105号	226200	0513-83312668	0513-83312649
巢湖市工矿配件有限公司	安徽省巢湖市中旱工业区	238074	0565-8531058	0565-8531246
江苏双菱链传动有限公司	江苏省常州市武进区湟里镇卜东路1号	213151	0519-83341135	0519-83341270
扬州市精固链传动机械有限公司	江苏省扬州市朴席工业规划区	211426	0514-83617988	0514-83615003
通化市起重运输机械制造有限责任公司	吉林省通化市保安路2369号	134099	0435-3652137	0435-3617752

（续）

单位名称	联系地址	邮编	电话	传真
宏兴机械制造有限公司	黑龙江省鹤岗市红旗路69号	154101	0468-3342098	0468-3342098
太原科技大学华科学院	山西省太原市万柏林区瓦流路66号	030024	0351-6998039	0351-6998005
沈阳市通用电器研究所	辽宁省沈阳市沈河区乐郊路35甲4号	110011	024-24804947	024-24804947
江阴华东机械有限公司	江苏省江阴市杨官路8号	214429	0510-86195578	0510-86190678
江苏泰兴隆减速机有限公司	江苏省泰兴市城区科技工业园	225400	0523-87996888	0523-87996999
国茂减速机集团有限公司	江苏省常州市武进高新技术产业开发区西湖路111号	213161	0519-86581901	0519-86578002
朝阳东大运输机械有限公司	辽宁省朝阳市中山大街二段38号	122000	0421-3853370	0421-3853370
长沙起重运输机械厂	湖南省长沙市临乡县华夏工业园新康路9号	410005	0731-85555999	0731-85010292
黄山市轴承有限责任公司	安徽省黄山市黟县马道路9号	242700	0559-5522179	0559-5522926
黄山市健力输送机械有限公司	安徽省黄山市黟县马道路	242700	0559-5527927	0559-5527927
常州东吴链传动制造有限公司	江苏省常州市武进区遥观镇东开发区洪庄路	213102	0519-88700518	0519-88700526
滁州市宏伟橡胶制品有限公司	安徽省滁州市南谯区担子理想创业园北区1号	239000	0550-3023152	0550-2133810
广西百色矿山机械厂有限公司	广西壮族自治区百色市右江区（六塘）工业园区	533000	0776-2770823	0776-2770488
湖南中特液力传动机械有限公司	湖南省益阳市泉交河镇万利工业园	413000	0737-4743608	0737-6181199
安徽省无为神力运输机器制造有限公司	安徽省芜湖市无为县赫店镇苏塘村	238366	0565-6285091	0565-6285008
安徽省无为煤矿机械制造有限公司	安徽省芜湖市无为县赫店工业区	238300	0565-6200038	0565-6202198
上虞华运输送设备有限公司	浙江省绍兴市上虞区驿亭镇五夫工业园区	312353	0575-82415928	0575-82415626
杭州临安输送机械链条厂	浙江省临安市青山工业园区	311300	0571-63783450	0571-63783450
湖州电动滚筒有限公司	浙江省湖州市经济技术开发区西凤路888号	313000	0572-2022263	0572-2022202
芜湖市通达成套输送设备有限公司	安徽省芜湖市清水工业园区	241060	0553-8294780	0553-8292361
芜湖中南轴承实业有限公司	安徽省芜湖市五一广场南侧	241002	0553-4110362	0553-4110363
南京起重电器厂	江苏省南京市江宁区淳化七里岗12号	211123	025-52262925	025-52252014
焦作市华武制动器厂	河南省焦作市虹桥工业区	454981	0391-7543668	0391-7543168
湖北博尔德科技股份有限公司	湖北省宜昌市珍珠路69号盈嘉酒店23层	443300	0717-8868868	0717-8868877
盐城康威特橡塑有限公司	江苏省盐城市大丰区大桥镇潘街39号	224000	0515-83384848	0515-83382398
上海交华液力机械有限公司	上海市崇明区绿华镇新建路575号	202151	021-59353159	021-59351202
天津重钢机械装备股份有限公司	天津市滨海新区塘沽厦门路139号	300459	022-25214993	022-25211535
安徽盛运重工机械股份有限公司	安徽省桐城市同安路265号	231400	0556-6206966	0556-6205280
湖北天宜机械股份有限公司	湖北省宜都市陆城十里铺工业园区	443000	0717-4823199	0717-4828111
中德（扬州）输送工程技术有限公司	江苏省扬州市开发区鸿扬路66号	225009	0514-85881696	0514-85881690
哈尔滨和泰电力设备有限公司	黑龙江省哈尔滨市南岗区长江路380号	150090	0451-82314958	0451-82314178
临安格林输送机械有限公司	浙江省临安市青山街道雅观村	311307	0571-63773958	0571-63771566
山东中一橡胶有限公司	山东省东营市大王经济开发区	257355	0546-6890999	0546-6890988
海安县万力振动机械有限公司	江苏省南通市海安县江海西路168号	226600	0513-88898572	0513-88814780
上海科大重工集团有限公司	上海市青浦区青浦工业园华青路815号	201707	021-69213885	021-69211138
盐城市羽佳有色金属制品有限公司	江苏省盐城市建湖县汇文东路576号	224700	0515-86200056	0515-86203388
北京华伍创新科技有限责任公司	北京市东城区建国门南大街7号万豪酒店	100005	010-59117400	010-59117413
四川省自贡运输机械集团股份有限公司	四川省自贡市高新工业园区富川路3号	643000	0813-8236964	0813-8233608

（续）

单位名称	联系地址	邮编	电话	传真
甘肃二通机械制造有限公司	甘肃省兰州市安宁区安宁中路148号	730070	0931-7752255	0931-5786512
江阴齿轮箱制造有限公司	江苏省江阴市山观工业园澄山路601号	214437	0510-86993222	0510-86993196

带式输送机

单位名称	联系地址	邮编	电话	传真
北方重工集团有限公司	辽宁省沈阳市经济技术开发区开发大路16号	110141	024-25802099	024-24835186
北京约基工业股份有限公司	北京市通州区中关村科技园通州园光机电一体化产业基地嘉创路10号C4座	101111	010-57601117	010-57601100
上海嘉庆轴承制造有限公司	上海市闸北区民德路158号铭德国际广场1802室	200071	021-56559515	021-56639899
上海起重运输机械厂有限公司	上海市嘉定区昌吉路28号	201805	021-59921261	021-56639864
上海富运运输机械有限公司	上海市虹口区保定路437号	200082	021-65590898	021-65418294
江西省萍乡市永固冶金矿山机械有限公司	江西省萍乡市高坑镇铁桥背	337042	0799-6378096	0799-6378096
江西铜业集团（贵溪）冶金机械厂	江西省贵溪市国道1号江铜技校院内	335421	0701-3338669	0701-3331861
南京梅山工程技术新产业开发有限公司	江苏省南京市雨花台区梅山街道中兴路	210039	025-86707834	025-86707834
南京三户机械制造有限公司	江苏省南京市沿江工业开发区新华路148号	210048	025-57791473	025-57058515
南京夏元机械设备制造有限公司	江苏省南京市六合区冶山镇迎山村299号	211523	025-57570017	025-57570570
南京飞达机械有限公司	江苏省南京市沿江工业开发区中山科技园汇鑫路16号	210048	025-58399016	025-58395616
无锡迪达钢管有限公司	江苏省无锡市锡山区羊尖镇龙凤巷工业区	214101	0510-88738228	0510-88738218
吉林省佳信通用机械股份有限公司	吉林省集安市工业园区创业路3号	134200	0435-6225696	0435-6225918
无锡宝通带业股份有限公司	江苏省无锡市新吴区张公路19号	214112	0510-88155778	0510-88157553
江阴市特种运输机械有限公司	江苏省江阴市云亭工业园区松文头路8号	214422	0510-86010318	0510-88615981
江苏牧羊集团输送设备分公司	江苏省扬州市邗江工业园牧羊路1号	225127	0514-87848801	0514-87848802
国茂减速机集团有限公司	江苏省常州市武进高新技术产业开发区西湖路111号	213161	0519-86588878	0519-86583315
江苏环宇起重运输机械有限责任公司	江苏省扬州市宝应县运西工业园区	225825	0514-88356868	0514-88351351
徐州光环皮带机托辊有限公司	江苏省徐州市解放南路矿大南都国际公寓4号楼002室	221004	0516-83876198	0516-83876098
江苏上齿集团有限公司	江苏省溧阳市溪缘路6号	213333	0519-83101153	0519-88301184
响水县寇龙轴承座制造有限公司	江苏省盐城市响水县张集工业园区	224600	0515-86616568	0515-86616586
江苏山鑫重工有限公司	江苏省靖江市生祠镇江平路21号	214531	0523-81386620	0523-81389188
常州市传动输送机械有限公司	江苏省常州市武进高新技术产业开发区龙惠路27号	213166	0519-86485188	0519-86480737
宁夏天地西北煤机有限公司	宁夏回族自治区石嘴山市大武口工业园区长安路1号	753001	0952-2175329	0952-2175357
台州千里马汽车零部件制造有限公司	浙江省临海市沿江工业区	317022	0576-85695777	0576-85695600
江阴华峰特种运输机械有限公司	江苏省江阴市临港新城璜土工业园区蓝湫路13号	214440	0510-86273273	0510-86272216
江苏泰隆减速机股份有限公司	江苏省泰兴市大庆东路88号	225400	0523-87762233	0523-87668163
广西百色矿山机械厂有限公司	广西壮族自治区百色市右江区（六塘）工业园区	533000	0776-2770802	0776-2770802
长沙第三机床厂	湖南省长沙市岳麓区含浦科教园工业职业技术学院	410208	0731-82946288	0731-82946290
昆明运输机械有限公司	云南省昆明市五华区人民西路684号	650106	0871-68184208	0871-68184910
武汉武钢北湖机械制造有限公司	湖北省武汉市青山区武钢北湖农场39号	430085	027-86469165	027-86469165
武汉泛达机电有限公司	湖北省武汉市青山区前龚家岭	430083	027-86465086	027-86465872
武汉洪源机械制造有限公司	湖北省武汉市洪山区狮子山街南湖汽校7011工厂	430064	027-88035450	027-88035450

（续）

单位名称	联系地址	邮编	电话	传真
武汉丰凡科技开发有限责任公司	湖北省武汉市青山区冶金大道12号	430080	027-86879863	027-86866860
力博重工科技股份有限公司	山东省泰安市宁阳经济开发区	271044	0538-2133993	0538-6962086
福州鑫广盛机电有限公司	福建省福州市五一南路186号和平大厦	350009	0591-83284295	0591-83284295
江门市振达机械制造有限公司	广东省江门市江海区外海东升路187号1座	529000	0750-3065012	0750-3869690
广州液力传动设备有限公司	广东省广州市花都区炭步镇茶塘工业区	510820	020-86735308	020-86735228
中联重科物料输送设备有限公司	湖南省长沙市芙蓉中路三段613号	410007	0731-88998380	0731-88998333
许昌煤机制造有限公司	河南省许昌市五一路17号	461000	0374-3328666	0374-3314613
河南鹤壁市起重运输机械厂	河南省鹤壁市长风路北段	458020	0392-2897342	0392-2897342
郑州同力重型机械有限公司	河南省郑州市高新区瑞达路华夏村18号	450001	0371-63657050	0371-63657050
焦作市正洁机械制造有限公司	河南省焦作市高新区中纬路	454003	0391-8865566	0391-8865511
焦作市中和通用机械有限责任公司	河南省焦作市焦西矿西200m铁路北	454000	0391-2933380	0391-2916939
鑫恒重工机械有限公司	河南省焦作市解放东路827号	454003	0391-3955009	0391-3958123
东北大学机械工程学院	辽宁省沈阳市和平区文化路3号巷11号	110819	024-83670898	024-83679731
焦作市虹发制动器有限公司	河南省焦作市武陟县虹桥工业区	454981	0391-7541838	0391-7542897
焦作金箍制动器股份有限公司	河南省焦作市博爱县发展大道1688号	454450	0391-2086210	0391-2086210
洛阳豫新工程技术有限公司	河南省洛阳市文新科技开发区	471000	13526902740	0379-64122126
新乡中新环保输送设备有限责任公司	河南省新乡市辖区4281信箱	453000	0373-2682193	0373-5466125
长治市潞安合力机械有限责任公司	山西省长治市城区南环东街138号	046000	0355-3137324	0355-3137324
原平凯世达机械制造有限公司	山西省原平市大牛店镇中神山村	034100	0350-8352588	0350-8352580
原平市宝丰机械制造有限公司	山西省原平市城西大运路	034100	0350-8273788	0350-8373360
原平市丰峰起重运输机械有限公司	山西省原平市永康南路42号	034100	0350-8234366	0350-8277010
原平市宇峰起重运输机械有限公司	山西省原平市原五路南（东营）	034100	0350-8341112	0350-8341115
原平市兴胜机械制造有限公司	山西省原平市东原南路538号	034100	0350-8258123	0350-8258123
大连液力机械有限公司	辽宁省大连市甘井子区营城子工业园营辉路5号	116036	0411-85993888	0411-86642765
原平维达机械制造有限公司	山西省原平市城南大运路西东泥河	034100	0350-8256588	0350-8586588
长治市潞安飞虹煤机有限公司	山西省长治市郊区老顶山镇南垂村	046011	0355-2131119	0355-2130560
焦作宏德重型机器制造有限公司	河南省焦作市太行街北侧61号	454000	0391-2858229	0391-3519129
焦作三岛输送机械有限公司	河南省焦作市高新区神州路东段	454003	0391-3683692	0391-3683690
义马永兴矿山机械设备修造有限公司	河南省义马市毛沟开发区	472300	0398-5637130	0398-5637112
山东淄博电动滚筒厂有限公司	山东省淄博市博山岭西	255213	0533-4140168	0533-4140088
天津中外建输送机械有限公司	天津市津南区双港工业园发港路27号	300350	022-88822043	022-88822043
天津市电动滚筒厂	天津市东丽区津塘公路7号桥	300300	022-24991119	022-24995599
泰州市运达电动滚筒制造有限公司	江苏省泰州市东花园路11号(钢厂大院内)	225300	0523-86231268	0523-86214599
福伊特驱动技术系统(上海)有限公司北京销售分公司	北京市朝阳区曙光西里甲5号凤凰置地广场F座1801室	100028	010-56653388	010-56653333
SEW-传动设备（天津）有限公司	天津市滨海新区经济技术开发区第七大街46号	300457	022-25322612	022-25348795
南宁市劲源电机有限责任公司	广西壮族自治区南宁市北湖南路30号	530001	0771-3323116	0771-3323116
桐乡市梧桐东方齿轮厂	浙江省桐乡市梧桐街道文华路519号	314500	0573-88119699	0573-88112774
阜阳轴承有限公司	安徽省阜阳市阜埠路58号	236023	0558-2323393	0558-2323368
山西凤凰胶带有限公司	山西省长治市太行西街168号	046011	0355-2085924	0355-2085924

（续）

单位名称	联系地址	邮编	电话	传真
中交第三航务工程勘察设计院有限公司	上海市徐汇区肇嘉浜路 831 号	200032	021-64381730 -3226	021-64335958
安徽芜湖市宝丰输送机械有限公司	安徽省芜湖市无为县无城工业园	238300	0553-6316855	0553-6316728
孚乐率传输设备制造（上海）有限公司	上海市松江区新润路 388 号 17 幢	201612	021-33528388	021-33528058
山东华城中德传动设备有限公司	山东省淄博市博山经济开发区	255200	0533-4662478	0533-4661009
通化建新科技有限公司	吉林省通化市二道江路 2326 号	134001	0435-3656911	0435-3942661
安徽省巢湖运输机械制造有限公司	安徽省芜湖市无为县无城无开路 9 号	238300	0565-6311696	0565-6311616
包头市万里机械有限责任公司	内蒙古自治区包头市东河区南二里半	014040	0472-4604508	0472-4604234
湖南鸿韵传送科技发展有限公司	湖南省长沙市雨花区人民中路 568 号融圣国际公寓 3 栋 1703 室	421001	0731-89787996	0731-89787559
比塞洛斯（淮南）机械有限公司	安徽省淮南市经济技术开发区	232008	0554-3609708	0554-3660921
山东祥通橡塑集团有限公司	山东省济宁市高新区凯旋路 1 号 (祥通工业园)	272073	0537-2078989	0537-2935111
萧爱矿业设备（天津）有限公司	天津市西青区赛达汇亚工业园 13A 区	300385	022-23889075	022-23889071
瑞安市康泰机械制造有限公司	浙江省瑞安市塘下镇海安凤山村凤凰西路 6 号	325205	0577-65272511	0577-65273956
浙江宝科机械有限公司	浙江省台州市天台县洪畴镇洪三工业园区	317200	0576-83018858	0576-83018898
沧州国峰精密钢管有限公司	河北省沧州市南皮县冯家口开发区（南冯路西）	061504	0317-8781199	0317-8783155
山西晋煤集团金鼎公司皮带机分公司	山西省晋城市城区北石店镇	048006	0356-3667597	0356-3667597
北京雨润华科技开发有限公司	北京市东城区草园胡同 76 号聚才大厦 A-308 室	100007	010-84001165	010-64063037
铜陵百瑞豪科技股份有限公司	安徽省铜陵市经济开发区石桥路 288 号	244000	0562-5859007	0562-5859009
青岛华夏橡胶工业有限公司	山东省即墨市通济区城马路 146 号	266228	0532-82519338	0532-82519876
自贡市倍特逆止器制造有限公司	四川省成都市新都区工业园东区创业路 189 号	616500	028-83939059	028-83939059
唐山东亚重工装备集团有限公司	河北省唐山市玉田县玉泰工业区	064100	0315-5053344	0315-6136126
广州飞旋橡胶有限公司	广东省广州市花都区赤坭镇橡胶路 3 号	510828	020-86748413	020-86748418
河北鲁梅卡机械制造股份有限公司	河北省沧州市盐山县正港工业园 18 号	061300	0317-6193011	0317-6193922
四川自贡红光输送机械制造有限公司	四川省自贡市火车站东侧（原高阀总厂）大楼内	643000	0813-2701219	0813-2701219
衡水金太阳输送机械工程有限公司	河北省衡水市桃城区北方工业基地橡塑路 6 号	053020	0318-2257600	0318-2892988
霍州煤电集团辛置多种经营公司	山西省霍州市辛置矿区	031412	0357-5632096	0357-5633132
湖南中特液力传动机械有限公司	湖南省益阳市泉交河镇万利工业园	413043	0737-6181876	0737-6181199
重庆市九龙橡胶制品制造有限公司	重庆市长寿区经济技术开发区齐心大道 46 号	401221	023-85330687	023-85330695
山东横滨橡胶工业制品有限公司	山东省潍坊市临朐县辛寨镇	262610	0536-3440237	0536-3342597
唐山重型装备集团有限责任公司	河北省唐山市路北区缸窑路 4 号	063027	0315-3100968	0315-3100968
西安重装韩城煤矿机械有限公司	陕西省韩城市新城区苏山路	715401	0913-5265031	0913-5290676
阳煤集团奥伦胶带公司	山西省阳泉市开发区大连东路 99 号	045000	0353-7088466	0353-7088466
山东胶六橡特胶带有限公司	山东省高密市胶河疏港物流园区胶平路 1 号	261503	0536-82825527	0536-83809013
浙江龙圣华橡胶有限公司	浙江省台州市天台县洪畴镇洪三工业园区	317200	0576-83013082	0576-83013099
江阴华东机械有限公司	江苏省江阴市杨宦路 8 号	214400	13961617793	0510-86190678
艾克玛（惠州）输送设备有限公司	广东省惠州市惠阳区新圩镇红卫村	516225	0752-6516777	0752-6516777
江苏泰来减速机有限公司	江苏省泰兴市江平南路 588 号	225400	0523-87565988	0523-87566000
江苏鼎阳机电科技实业有限公司	江苏省南京市栖霞区紫东路 2 号紫东创意园区 A2 栋	210046	025-83696880	025-83696880
福建龙净环保股份有限公司	福建省龙岩市新罗区陵园路 81 号	364000	0597-2886020	0597-2988512

（续）

单位名称	联系地址	邮编	电话	传真
阳泉煤业集团华越机械有限公司	山西省阳泉市矿区桃南中路 112 号	045008	0353-7024666	0353-7024666
北京起重运输机械设计研究院有限公司	北京市东城区雍和宫大街 52 号	100007	010-64032598	010-64032570
唐山开元自动焊接装备有限公司	河北省唐山市高新区火炬路 189 号	063000	0315-3855257	0315-3859644
湖州恒通机械设备有限公司	浙江省湖州市吴兴区埭溪镇工业开发区（104 国道路 8 号）	031300	0572-3827830	0572-3827036
日照港机工程有限公司	山东省日照市黄海一路 126 号	276826	0633-8380632	0633-8380167
苏州大力神起重运输机械制造有限公司	江苏省苏州市吴江区汾湖镇芦墟梗田路 183 号	215211	0512-63263288	0512-63263166
山东泰丰钢业有限公司	山东省新泰市经济技术开发区	271200	0538-7059589	0538-7059915
献县通利达机械设备制造有限公司	河北省沧州市献县南河头乡抛庄工业区	062250	0317-6010168	0317-6010160
山东省莱州市金桥实业总公司	山东省莱州市虎头崖镇后桥工业园	261415	0535-2329191	0535-2329134
大连长盛海华输送设备制造有限公司	辽宁省大连市金州区亮甲店镇石城村	116104	0411-87275188	0411-87275757
山西东昌实业有限公司	山西省原平市 108 国道薛孤站	034100	0350-8552158	0350-8552158
开封铁塔橡胶（集团）有限公司	河南省开封市金明区汴西新区周天路 109 号	475000	0371-23978341	0371-23978341
江苏凯博传动设备有限公司	江苏省常州市武进国家高新区南夏墅	213166	0519-86483908	0519-86487355
华电重工股份有限公司	北京市丰台区汽车博物馆东路 6 号华电产业园 B 座 7 层	100077	010-51966621	010-68710552
南通世邦机器有限公司	江苏省启东市海滨工业园区北海路 78 号	226200	0513-68958325	0513-68958325
东莞大马输送设备有限公司	广东省东莞市企石镇莫屋村远鑫工业园区五街 1 号	523502	0769-82216389	0769-82216029
安徽华运机械有限公司	安徽省桐城市经济开发区	231400	0556-6219679	0556-6567629
河北奋进矿山机械有限公司	河北省衡水市枣强县崔庄工业区	053100	0318-8435636	0318-8438910
沈阳皆爱喜输送设备有限责任公司	辽宁省沈阳市经济技术开发区五号路 19 号	110141	024-25370292	024-25370293
山东能源重装集团巨力装备有限公司	山东省新泰市东都镇	271400	0538-7861103	0538-7861103
天津博宇钢管有限公司	天津市静海区大邱庄镇太平村工业园区	301606	022-68558955	022-68558977
希望森兰科技股份有限公司	四川省成都市双流区西南航空港经济开发区空港二路 1599 号	610207	028-85964751	028-85962488
南京世嘉机械制造有限公司	江苏省南京市江宁区横溪街道陶吴工业集中区	210000	025-86700058	025-86738226
泰星减速机股份有限公司	江苏省泰兴市姚王镇泰姚北路 10 号	225402	0523-87086618	0523-87096617
芜湖起重运输机器股份有限公司	安徽省芜湖市三山经济开发区官河路 5 号	241080	0553-5859945	0553-5852711
中发电气（铜陵）海德精密工业有限公司	安徽省铜陵市经济技术开发区西湖一路中发产业园区内	244000	0562-2627644	0562-2627501
徐州光环钢管（集团）有限公司	江苏省徐州市经济技术开发区三环东路 19 号	221004	0516-87779220	0516-87779220
江阴齿轮箱制造有限公司	江苏省江阴市山观工业园澄山路 601 号	214437	0510-86991225	0510-86993196
安徽盛运环保（集团）股份有限公司	安徽省桐城市经济开发区东环路 1 号	231400	0556-6191666	0556-6205898
安徽攀登重工股份有限公司	安徽省桐城市南岛日华广场	231400	0556-6131226	0556-6127222
江阴市鹏锦机械制造有限公司	江苏省江阴市南闸观山东盟科技园 10 号	214405	13706168197	0510-86271878
安徽马钢输送设备制造有限公司	安徽省马鞍山市经济技术开发区阳湖路 499 号	243000	0555-2109765	0555-2109765
山东山矿机械有限公司	山东省济宁市济安桥北路 11 号	272041	0537-2783800	0537-2228529
浙江双箭橡胶股份有限公司	浙江省桐乡市洲泉镇工业园区	314513	0573-88533806	0573-88531385
东莞市奥能实业有限公司	广东省东莞市望牛墩镇洲涡工业区	523206	0769-88560099	0769-88563508
东莞市隆泰实业有限公司	广东省东莞市石碣镇民丰路 421 号	523291	0769-86347218	0769-86623390
湖州电动滚筒有限公司	浙江省湖州市经济技术开发区西凤路 888 号	313000	0572-2022263	0572-2111316
桐乡机械厂有限公司	浙江省桐乡市崇福镇锦绣路 1082 号	314511	0573-88381709	0573-88381709

（续）

单位名称	联系地址	邮编	电话	传真
宝鸡杭叉工程机械有限责任公司	陕西省宝鸡市金台区十里铺纺西村111号	721004	0917-3454663	0917-3415180
太原向明机械制造有限公司	山西省太原市高新技术开发区中心街晨雨大厦6层	030006	0351-2533227	0351-2533227
河南天隆输送装备有限公司	河南省新乡市高新技术开发区新一街	453000	18790518089	0373-7763882
中平能化集团机械制造有限公司	河南省平顶山市卫东区矿工路东段11号院	467021	18637559196	0375-2743018
国家起重运输机械质量监督检验中心	北京市东城区雍和宫大街52号	100007	010-64004968	010-64052252
衡阳运输机械有限公司	湖南省衡阳市珠晖区狮山路1号	421002	0734-3172006	0734-3172066
沈阳泰丰胶带制造有限公司	辽宁省新民市大河沟村88号	110000	024-24363002	024-24363002
四川东林矿山运输机械有限公司	四川省内江市市中区工业集中发展区乐贤大道398号	641005	0832-2190099	0832-2112500
四川自贡起重输送机械制造有限公司	四川省自贡市高新工业园区金川路33号	643000	0813-2703285	0813-2703183
广东中兴液力传动有限公司	广东省云浮市郁南县都城镇河堤路45号	527100	0766-7592180	0766-7596216
国家安全生产北京矿用起重运输设备检测检验中心	北京市东城区雍和宫大街52号	100007	010-64065522	010-64032570
佳信通用机械泰州有限公司	江苏省泰州市海陵工业园区泰安路46号	225300	0523-86650182	0523-86558037
本溪市运输机械配件厂	辽宁省本溪市平山区生源街7号	117021	0414-2372156	0414-2372594
本溪华隆清扫器制造有限公司	辽宁省本溪市明山区大峪	117022	024-44592675	024-44592676
鞍钢附企炼铁建筑安装工程公司	辽宁省鞍山市铁东区团结街38号甲	114002	0412-6318878	0412-6318878
鞍钢附属企业公司烧结安装公司	辽宁省鞍山市鞍钢南门内100m	114021	0412-6724579	0412-6728698
四川省自贡运输机械集团股份有限公司	四川省自贡市高新工业园区富川路3号	643000	0813-8233678	0813-8233588
鞍钢矿建建设工业公司	辽宁省鞍山市立山区鞍千路143号	114031	13050038165	0412-6961145
沈阳市煤机配件厂	辽宁省沈阳市于洪区长江北街58号	110034	024-86808449	024-86808506
沈阳市通用电器研究所	辽宁省沈阳市沈河区乐郊路35甲4号	110011	024-24804947	024-62465178
沈阳万捷重工机械有限公司	辽宁省沈阳市经济技术开发区8号路8甲6号	110127	024-23814646	024-23814545
沈阳德蒙福特电力设备制造有限公司	辽宁省沈阳市沈北新区沈北路160甲	110146	024-88260201	024-88260069
沈阳沈起技术工程有限责任公司	辽宁省沈阳市于洪区造化镇永强工业园206-600号	110034	024-86000177	024-86000155
沈阳制动电磁铁厂（有限公司）	辽宁省沈阳市铁西区路官一街31号	110023	024-25369240	024-25295198
沈阳市三原电器研究所	辽宁省沈阳市大东区珠林路71号	110042	024-88738001	024-88738002
辽宁起重机械有限公司	辽宁省沈阳市和平区十三纬路格林大厦2302室	110000	024-62669688	024-23253200
朝阳宏达机械有限公司	辽宁省朝阳市龙城区工业园区文化路5段108号	122005	0421-3931700	0421-3931590
上海科大重工集团有限公司	上海市青浦区青浦工业园华青路815号	201707	021-69213885	021-69211138
大连营城液力偶合器厂	辽宁省大连市甘井子区营城子工业园区	116036	0411-86690271	0411-86690273
大连骅洋液力偶合器有限公司	辽宁省大连市甘井子区营城子街道对门沟村	116036	0411-84444529	0411-84444509
黑龙江鹤岗斯达机电公司	黑龙江省鹤岗市南山区跃进路87号	154103	0468-3731415	0468-3382480
青岛银龙特种胶带有限公司	山东省胶州市胶东纺织工业园	266317	0532-88268130	0532-88268288
青岛港（集团）公司机械维修中心	山东省青岛市黄岛区黄河东路114号	266500	0532-82988639	0532-82988190
山东省生建重工有限责任公司	山东省淄博市淄川区昆仑镇昆仑路1号	255129	18053324001	0533-7910977
山东益杰重工机械有限公司	山东省淄博市博山区博莱高速路口	255200	0533-4658626	0533-4658727
北京新兴超越离合器有限公司	北京市昌平区沙河镇踩河新村南500m	102206	010-80712591	010-80712591
天津减速机股份有限公司	天津市河东区程林庄路8号	300160	022-24419736	022-24326558
河北港口集团港口机械有限公司	河北省秦皇岛市海港区开滦路5号	066000	0335-3093143	0335-3094743
太原科技大学机械工程学院	山西省太原市万柏林区瓦流路66号	030024	0351-6998032	0351-6998032

（续）

单位名称	联系地址	邮编	电话	传真
唐山市协力胶带输送设备公司	河北省唐山市路南工业园区北小街 2 号	063000	0315-2867507	0315-3187508
保定华月胶带有限公司	河北省保定市博野县橡胶工业区	071300	0312-8349877	0312-8349877
玉田县金利冷拔钢有限责任公司	河北省唐山市玉田县东关	064100	0315-5052666	0315-6114075
包头钢建新科机械设备制造有限公司	内蒙古自治区包头市昆都仑区包钢厂区北门外三角地	010070	0472-2186528	0472-2188139
呼和浩特市强力煤矿机械有限责任公司	内蒙古自治区呼和浩特市金山开发区福康路（金山管委会西侧 500m）	010070	0471-3620069	0471-3620715
天津宝来工贸有限公司	天津市静海区大邱庄	301606	022-68588001	022-68587681
天津成科传动机电技术股份有限公司	天津市西青区华苑产业区（环外）海泰发展一路 6 号	300384	022-83711199	022-83711200
山东华特磁电科技股份有限公司	山东省潍坊市临朐县经济技术开发区华特路 6999 号	262600	0536-3158808	
内蒙古神华皮带机有限公司	内蒙古自治区鄂尔多斯市伊金霍洛旗	017209	0477-8284692	0477-8284692
兖矿集团大陆机械有限公司	山东省济宁市兖州区经济技术开发区	272109	0537-3472966	0537-3472482
焦作市科瑞森机械制造有限公司	河南省焦作市高新区神州路 2878 号	454000	0391-3663601	0391-3683672
海汇集团有限公司	山东省日照市莒县工业园	276500	0633-6269999	0633-6269678
安徽扬帆机电设备制造有限公司	安徽省桐城市西环线西南工业园	231404	0556-6138888	0556-6127788
安徽永生机械股份有限公司	安徽省桐城市龙眠街道同安北路 245 号	231400	0556-6968699	0556-6968699
凯盛重工有限公司	安徽省淮南市谢家集区蔡新路	232058	0554-5727529	0554-5717376
铜陵飞特运输机械厂	安徽省铜陵市西湖经济开发区	244000	0562-6865379	0562-6866021
滁州市宏伟橡胶制品有限公司	安徽省滁州市南谯区担子理想创业园北区 1 号	239000	0550-3023965	0550-3034157
安徽省无为神力运输机器制造有限公司	安徽省芜湖市无为县赫店镇苏塘村	238366	0565-6285091	0565-6285008
安徽省无为煤矿机械制造有限公司	安徽省芜湖市无为县赫店工业区	238367	0553-6600038	0553-6602198
芜湖市爱德运输机械有限公司	安徽省芜湖市高薪技术开发区珩琅山路 8 号	241002	0553-5682700	0553-5687666
黄山市轴承有限责任公司	安徽省黄山市黟县马道路 9 号	245500	0559-5522179	0559-5522926
铜陵天奇蓝天机械设备有限公司	安徽省铜陵市经济技术开发区翠湖三路 1355 号	244061	0562-2686168	0562-2686167
绍兴华运输送设备有限公司	浙江省绍兴市上虞区驿亭镇五夫工业园区驿五东路 55 号	312353	0575-82415818	0575-82415626
宁波甬港起重运输设备有限公司	浙江省宁波市鄞州区潘火街道王家弄村	315105	0574-88235492	0574-88546211
象山光明输送机有限公司	浙江省宁波市象山县石浦镇光明路	315731	0574-65983991	0574-65977491
宁波华臣输送设备制造有限公司	浙江省宁波市象山县经济开发区滨海工业园金商路 20 号	315712	0574-65803687	0574-65803687
杭州雄鹰机械有限公司	浙江省杭州市萧山区南阳街道南兴路	311227	0571-82188686	0571-82180111
浙江宇龙机械有限公司	浙江省瑞安市塘下镇鲍四工业区	325204	0577-65205101	0577-65211889
浙江通力重型齿轮股份有限公司	浙江省瑞安市林垟工业区通力大道	325207	0577-65592000	0577-86559888
浙江鑫隆机械制造有限公司	浙江省瑞安市塘下镇前进工业区	325205	0577-65275038	0577-65279868
湖州新天翔橡胶厂	浙江省湖州市杨家埠镇九九桥北	313000	0572-2351969	0572-2361386
上海一钢南翔传动设备厂	上海市嘉定区于湾路 469 号	201808	021-59123997	021-59129910

散料装卸机械与搬运车辆

单位名称	联系地址	邮编	电话	传真
大连重工·起重集团有限公司	辽宁省大连市西岗区八一路 169 号	116013	0411-86852166	0411-86852222
上海电力环保设备总厂有限公司	上海市宝山区山链路 358 号	200444	021-56650088	021-56657888
丹东振安建工机械有限公司	辽宁省丹东市振安区果园路 30 号	118003	0415-4188609	0415-4188606
武汉电力设备厂	湖北省武汉市武昌区白沙洲特 1 号	430064	027-68888403	027-88113825

（续）

单位名称	联系地址	邮编	电话	传真
岳阳强力电磁设备有限公司	湖南省岳阳市京珠连线 5km 处	414000	0730-8799598	0730-8799009
江阴市万事达液压机械有限公司	江苏省江阴市周庄镇周西工业园区高僧桥	214423	0510-86221271	0510-86903068
浙江特种电机股份有限公司	浙江省嵊州市经济开发区加佳路 18 号	312400	0575-83000258	0575-83000566
上海公茂起重设备有限公司	上海市浦东新区云台路 145 号 2803 室	200126	021-50871759	021-50871665
常熟市亿安电动平车有限公司	江苏省常熟市董浜镇徐市徐吴公路 2 幢	215535	0512-52496081	0512-52496082
浙江双鸟机械有限公司	浙江省嵊州市黄泽镇工业功能区玉龙路 16 号	312455	0575-83503888	0575-83503801
上海特国斯传动设备有限公司	上海市闸北区曲阜西路 268 号恒安大厦 1302 室	200122	021-63812226	021-63810571
哈尔滨重型机器有限责任公司	黑龙江省哈尔滨市经济技术开发区镜泊路 10 号	150060	0451-87091585	0451-87091617
哈尔滨龙鑫重型机械有限公司	黑龙江省哈尔滨市香坊区珠江路 29 号 807 室	150040	13503618096	0451-55195730
大连长盛海华输送设备制造有限公司	辽宁省大连市金州区亮甲店镇石城村	116104	0411-87275136	0411-87275757
大连通达矿冶机械有限公司	辽宁省大连市普湾新区三十里堡街道	116103	0411-87362498	0411-87350008
大连重工机电动力有限公司	辽宁省大连市沙河口区河川街 21 号	116021	0411-39757578	0411-39757528
常熟市凯龙电动平车有限公司	江苏省常熟市梅李镇珍南路 18 号	215514	0512-52664298	0512-52262798
无锡巨力电动平车有限公司	江苏省无锡市新吴区新光工业园 5 号地块	214028	0510-82255086	0510-85210217
哈尔滨国海星轮传动有限公司	黑龙江省哈尔滨市哈平路工业区烟台三路 8 号	150000	0451-86530858	0451-86523288
秦皇岛秦冶重工有限公司	河北省秦皇岛市经济技术开发区鄱阳湖路 2 号	066318	0335-8358085	0335-8586258
湖北三六重工有限公司	湖北省咸宁市巨宁大道 36 号	437000	0715-8343111	0715-8312668
哈尔滨和泰电力设备有限公司	黑龙江省哈尔滨市南岗区长江路 380 号	150090	0451-82314958	0451-82314178
湖南长重机器股份有限公司	湖南省长沙市开福区湘江北路一段 12 号	410201	0731-85318081	0731-85318081
大连天重散装机械设备有限公司	辽宁省大连市沙河口区会展路 33 号环球金融中心 7A	116023	0411-62631977	0411-62631978
南京三埃工控有限公司	江苏省南京市江宁经济开发区胜利路 12 号	211100	025-52078957	025-52124028
泰富重装集团有限公司	湖南省湘潭市九华经济技术开发区奔驰路 6 号	430107	0731-52837017	0731-52837255
湖南省映宏新材料股份有限公司	湖南省娄底市新化经济开发区向红工业园	417600	0738-3537338	0738-3537909
康稳移动供电设备(上海)有限公司	上海市浦东新区世纪大道 1500 号东方大厦 925 室	200122	021-68407060	021-68407060
上海振华重工港机通用装备有限公司	上海市浦东新区东方路 3261 号	200125	021-31195630	021-31195918
北京起重运输机械设计研究院有限公司	北京市东城区雍和宫大街 52 号	100007	010-64023392	010-64052252
华电重工股份有限公司上海分公司	上海市浦东新区国展路 839 号华电大厦 15 层	200122	021-60126207	021-60126207
北方重工装备（沈阳）有限公司散料装备事业部	辽宁省沈阳市经济技术开发区开发大路 16 号	110027	13609820458	024-25802527
常熟市电动平车厂	江苏省常熟市梅李镇聚沙路 5 号	215511	0512-52661892	0512-52661886
中国电建集团长春发电设备有限公司	吉林省长春市经济技术开发区世纪大街 3388 号	130033	0431-81966709	0431-85868500

润滑液压设备

单位名称	联系地址	邮编	电话	传真
太原矿山机器润滑液压设备有限公司	山西省太原市经济技术开发区电子街 25 号	030032	0351-3045918	0351-3045918
燕山大学	河北省秦皇岛市海港区河北大街西段 438 号	066004	0335-8051166	0335-8074498
上海润滑设备厂有限公司	上海市奉贤区平港路 655 号	201413	021-65430543	021-65431871
黄山工业泵制造有限公司	安徽省黄山市屯溪区九龙工业园区九龙大道 5 号	245021	0559-2553898	0559-2568248
北方重工集团有限公司设计研究院	辽宁省沈阳市经济技术开发区开发大路 16 号	110141	024-25802407	024-25802416
辽宁省机械研究院有限公司	辽宁省沈阳市皇姑区北陵大街 56 号	110032	024-86890291	024-86890291

（续）

单位名称	联系地址	邮编	电话	传真
中冶京诚工程技术有限公司技术研究院	北京市大兴区北京经济技术开发区建安街7号	100176	010-67835821	010-67835154
中色科技股份有限公司装备所	河南省洛阳市西苑路1号	471039	0379-64872373	0379-64872352
二重集团重型机械设计研究院	四川省德阳市珠江路1号	618013	0838-2342292	0838-2204416
北京冶金设备研究设计总院	北京市朝阳区安定门外胜古庄2号	100029	010-64428432	010-64418694
北京科技大学	北京市海淀区学院路30号	100083	010-62332916	010-62332916
中国重型机械研究院股份公司	陕西省西安市辛家庙	710032	029-86322543	029-86322431
大连华锐重工集团股份有限公司液压装备厂	辽宁省大连市甘井子区新水泥路78-7号	116035	0411-86426269	0411-86427852
宁波盛发液压有限公司	浙江省宁波市鄞州区高桥镇宋家漕村	315175	0574-88449050	0574-88055152
江苏澳瑞思液压润滑设备有限公司	江苏省启东市城北工业园经济开发区杨沙路2号	226200	0513-83637418	0513-83637448
沈阳市北方润滑设备制造有限公司	辽宁省沈阳市沈河区文化东路99号	110015	024-24824187	024-24206028
淄博九洲润滑科技有限公司	山东省淄博市博山区北博山	255207	0533-4548567	0533-4546336
温州中合润滑设备制造有限公司	浙江省温州市双屿街道屿头工业区3号-2	325007	0577-88781219	0577-88781270
温州市龙湾润滑液压设备厂	浙江省温州市飞鹏巷6号(新14号)	325000	0577-88290271	0577-88295568
温州市三丰润滑设备制造有限公司	浙江省温州市双屿街道嵇师新街11号	325007	0577-88763177	0577-88766885
沈阳市大金润滑设备厂	辽宁省沈阳市沈河区沈洲路185-2号	110014	024-22907338	024-22940938
上海澳瑞特润滑设备有限公司	上海市虹口区丰镇路788号	200434	021-65288155	021-65288155
四川川润液压润滑设备有限公司	四川省成都市郫都区现代工业港北区港北六路85号	611743	028-61836200	028-61777787
启东安升润液设备有限公司	江苏省启东市久隆新巷工业集中区118号	226222	0513-83852668	0513-83852108
苏州宝宇液压设备制造有限公司	江苏省太仓市浏河镇听海路106号	215431	0512-53601818	0512-53601155
沈阳市北方润华冷却设备有限公司	辽宁省沈阳市东陵区泉园二路15-4号	110015	024-86670917	024-86670451
启东中冶润滑设备有限公司	江苏省启东市台角工业园区跃龙路16号	226200	0513-83250190	0513-83250310
四平市隆百洲机电科技有限公司	吉林省四平市铁东区山门镇	136002	0434-3301333	0434-3301598
启东丰汇润滑设备有限公司	江苏省启东市南苑西路999号	226200	0513-83113685	0513-83349800
沈阳三丰液压润滑设备有限公司	辽宁省沈阳市于洪区平罗镇陆家村	110147	024-89286088	024-89286893
江苏恒泰自动化润滑设备有限公司	江苏省启东市南苑工业园区恒丰路28号	226200	0513-80286900	0513-83307018
北京中冶华润科技发展有限公司	北京市丰台区南四环西路188号三区21号楼	100070	010-63964536	010-63964534
美润思（北京）科技有限公司	河北省秦皇岛市北戴河区海宁路225号	066102	0335-4289066	0335-4289066
常州市华立液压润滑设备有限公司	江苏省常州市武进区郑陆镇三河口	213115	0519-88675056	0519-88675343
浙江镇南精工机械有限公司	浙江省诸暨市店口镇解放路259号	311835	0575-87655388	0575-87655618
陕西中润液压设备有限公司	陕西省西安市经济技术开发区泾渭工业园泾高南路中段22号	710201	029-86963180	029-86963166
吉林四平维克斯换热设备有限公司	吉林省四平市铁东区南一经街5665号	136001	0434-3335589	0434-3335515
淄博市博山润丰油泵厂	山东省淄博市博山区博山镇博沂路	255207	0533-4544888	0533-4548198
南通博南润滑液压设备有限公司	江苏省启东市开发区精工路7号（一区）	226200	0513-83122033	0513-83228811
泰州市远望换热设备有限公司	江苏省泰州市姜堰市娄庄镇	225300	0523-88691628	0523-88696288
重庆安特瑞润滑设备有限公司	重庆市万州区经济技术开发区化工园内	404130	023-58325121	023-58325121
启东润滑设备有限公司	江苏省启东市和平中路306号	226200	0513-83356668	0513-83312646
太原科技大学机电工程学院	山西省太原市万柏林区窊流路66号	030024	0351-6963399	0351-6963399
一重集团大连设计研究院有限公司	辽宁省大连市经济技术开发区东北大街96号	116600	0411-39243635	0411-39243366
南通市南方润滑液压设备有限公司	江苏省启东市开发区纬二路236～238号	226200	0513-83110190	0513-83110290

（续）

单位名称	联系地址	邮编	电话	传真
启东市南方润滑液压设备有限公司	江苏省启东市惠萍镇工业园区	226255	0513-83792888	0513-83795028

重型基础件

单位名称	联系地址	邮编	电话	传真
中国重型机械研究院股份公司	陕西省西安市未央区东元路 209 号	710032	029-86322583	029-86322583
浙江长城减速机有限公司	浙江省温州市鹿城区轻工产业园区戍浦江路 28 号	325019	0577-88628620	0577-88628622
浙江东海减速机有限公司	浙江省温州市平阳经济开发区鸽巢路（鳌江镇）	325401	13906669365	0577-63635393
意宁液压股份有限公司	浙江省宁波市北仑区坝头西路 288 号	315806	0574-86115072	0574-86115070
昆山荣星动力传动有限公司	江苏省昆山市高新区中华园西路 1869 号	215347	0512-57781849	0512-57797398
中信重工机械股份有限公司	河南省洛阳市涧西区建设路 206 号	471039	0379-64088608	0379-64211297
大连重工·起重集团公司减速机厂	辽宁省大连市甘井子区新水泥路 78-11 号	116035	0411-86426178	0411-86426041
天津市万新减速机有限公司	天津市东丽区经济开发区一经路 31 号	300300	022-24830967	022-24374550
重庆齿轮箱有限责任公司	重庆市江津区东方红厂区	402263	023-47211757	023-47211161
燕山大学机械工程学院	河北省秦皇岛市海港区河北大街西段 438 号	066004	13081889632	
西安理工大学	陕西省西安市金花南路	710048	029-82319700	029-83230026
宁波东力传动设备股份有限公司	浙江省宁波市江北工业区银海路 1 号	315000	0574-88398990	0574-88398840
江阴齿轮箱制造有限公司	江苏省江阴市山观工业园澄山路 601 号	214437	0510-86993103	0510-86993196
安徽省湖滨机械厂	安徽省巢湖市居巢区巢湖北路 369 号	238013	0565-2393587	0565-2317765
上海茂德企业集团	上海市南汇区南汇工业园区沪南公路 9408 号茂德工业园	201300	021-68016659	021-68016458
南京高精齿轮集团有限公司	江苏省南京市江宁科学园莱茵达路 299 号	211100	025-52172828	025-52172700
哈尔滨国海星轮传动有限公司	黑龙江省哈尔滨市哈平路工业区烟台三路 8 号	150060	0451-86530788	0451-86530858
内蒙古兴华机械制造厂	内蒙古自治区呼和浩特市玉泉区昭君路小黑河村	010070	0471-2397262	0471-5686313
二重集团(德阳)精衡传动设备公司	四川省德阳市珠江西路 460 号	618000	0838-2341179	0838-2341179
北方重工集团有限公司传动设备分公司	辽宁省沈阳市经济技术开发区开发大路 16 号	110142	024-85834628	024-85834325
太原重工股份有限公司技术中心	山西省太原市万柏林区玉河街 53 号	030024	13513638123	
上海尔华杰机电装备制造有限公司	上海市宝山区宝安公路 1785 号	201907	021-66028006	021-56022054
浙江通力重型齿轮股份有限公司	浙江省瑞安市林垟工业区通力大道	325207	0577-65590088	0577-65598888
江苏上齿集团有限公司	江苏省溧阳市天目湖工业园溪缘路 6 号	213333	0519-88301181	0519-88301197
宁波中意液压马达有限公司	浙江省宁波市镇海经济开发区中意路 88 号	315200	0574-86264491	0574-86378310
石家庄科一重工有限公司	河北省石家庄市和平西路 595 号	050071	0311-87796242	0311-87783772
德阳立达基础件有限公司	四川省德阳市庐山南路 3 段 32 号	618000	0838-2903951	0838-2903848
山东省德州市金宇机械有限公司	山东省德州市德城区胡滨北路 888 号	253015	0534-2745001	0534-2745033
冀州市联轴器厂	河北省冀州市刘杨工业区	053200	0318-8693695	0318-8691484
乐清重型机械配件厂	浙江省乐清市城关镇宁康西路 157 号	325600	0577-62522038	0577-61527608
宁波市实立矿山机械制造有限公司	浙江省宁波市象山县石铺镇兴港路 100 号	315731	0574-65982886	0574-65982886
宁波市东钱湖旅游度假区华实传动机械厂	浙江省宁波市东钱湖工业园区莫高公路 58 号	315121	0574-88370903	0574-88373598
乐清市联轴器厂	浙江省乐清市柳市镇翔金垟村	325604	0577-62722326	0577-62728326
安徽泰尔重工股份有限公司	安徽省马鞍山市经济技术开发区红旗南路 18 号	243000	0555-2229329	0555-2229287
乐清虹桥万向轴有限公司	浙江省乐清市虹桥镇西工业区 E2-1	325608	0577-62311811	0577-62322180

（续）

单位名称	联系地址	邮编	电话	传真
常州市二传机械有限公司	江苏省常州市武进区漕桥镇运村	213175	0519-86131020	0519-86133108
陕西博特齿轮集团有限公司	陕西省咸阳市西咸新区泾河新城泾阳县工业密集区	713702	029-36386088	029-36386092
盐城华兴液压机械有限公司	江苏省盐城市建湖县近湖镇严桥村	224700	13921851333	
中钢西重传动机械公司	陕西省西安市汉城北路99号	710077	029-88461974	029-84619371
西安环力传动机械股份有限公司	陕西省西安市经济技术开发区凤城十一路91号	710018	029-86171905	029-85251460
乐清机械厂有限公司	浙江省乐清市城西路55号	325600	0577-62522885	0577-62522885
上海合纵重工机械有限公司	上海市金山区金山工业区金流路879号	201506	021-67276715	021-67277700
扬中市金星联轴器制造有限公司	江苏省扬中市新坝科技园区	212212	0511-88433602	0511-88436976
陕西秦川机械发展股份有限公司	陕西省宝鸡市姜谭路22号	721009	0917-3670640	0917-3393841
荆州市巨鲸传动机械有限公司	湖北省荆州市高新技术开发区东方大道58号	434000	0716-8303805	0716-8303886
青海华鼎齿轮箱有限公司	青海省西宁市南川东路75号	810021	0971-4310385	0971-4310004
山东博山减速机厂	山东省淄博市博山区水河路中段	255200	0533-4264888	0533-4184888
镇江通宇传动机械有限公司	江苏省镇江市矿机路5号	212003	0511-84421221	0511-84422078
江苏新瑞戴维布朗齿轮系统有限公司	江苏省常州市武进高新技术产业开发区西太湖大道1号	213149	0519-83163480	0519-86361355
江苏东方万向重型机械有限公司	江苏省镇江市辛丰镇	212141	0511-83321074	0511-83322338
太原科技大学机械学院	山西省太原市万柏林区莁流路66号	030024	0351-2503969	
西安帆力机电技术有限公司	陕西省西安市碑林区曹家巷44号	710000	029-82497223	
西安航盛机械制造有限公司	陕西省咸阳市泾阳县永乐镇	713702	029-36395066	
西安润风风电设备有限公司	陕西省西安市未央区徐家湾街道渭滨街55号	710021	029-89616159	
陕西旭日机电设备有限公司	陕西省西安市新城区西五路物资大厦76号	710004	029-87384188	
恒星科技控股集团有限公司	浙江省杭州市萧山经济技术开发区鸿达路66号	311215	0571-22892908	0571-82605888
宁波镇海减变速机有限公司	浙江省宁波市镇海经济开发区青青路168号	315200	0574-86300305	0574-86302358
泰星减速机股份有限公司	江苏省泰兴市姚王镇泰姚北路10号	225402	0523-87541669	0523-87635683
山西平遥减速器有限责任公司	山西省晋中市平遥县科技工业区	031100	0354-5650091	0354-5650268

油膜轴承

单位名称	联系地址	邮编	电话	传真
太原重工油膜轴承分公司	山西省太原市万柏林区玉河街53号	030024	0351-6367118	0351-6360514
首秦金属材料有限公司轧钢部	河北省秦皇岛市海港区杜庄乡	066326	0335-6086238	0335-6089252
南钢股份有限公司宽厚板厂	江苏省南京市六合区大厂	210035	025-57074699	025-57072545
首钢京唐钢铁公司热轧部	河北省唐山市曹妃甸工业区	100043	0315-88292051	0315-8871641
安钢股份有限公司第二炼轧厂	河南省安阳市殷都区梅园庄	455004	0372-3120928	0372-3120909
武汉钢铁集团公司热轧总厂	湖北省武汉市青山区厂前街	430083	027-86891525	027-86891525
攀枝花钢铁集团公司热连轧厂	四川省攀枝花市市东区向阳村街道	617062	0812-3393260	0812-3396573
太钢热连轧厂	山西省太原市尖草坪区尖草坪2号	030003	0351-3014802	0351-3016105
包钢钢联股份有限公司	内蒙古自治区包头市河西工业区	014010	0472-2181236	0472-2181236
宝钢集团宝钢分公司设备部	上海市宝山区富锦路800弄路5号	201900	021-26646629	021-26648830
宝钢热轧厂	上海市宝山区宝钢纬三路	200941	021-26645174	021-26649677
宝钢湛江钢铁有限公司	上海市宝山区富锦路	201900	021-56780055	021-26648046
鞍钢第二冷轧厂	辽宁省鞍山市铁东区鞍千路298甲	114021	0412-6752596	0412-6751512

（续）

单位名称	联系地址	邮编	电话	传真
上海大学机自学院	上海市闸北区延长路 149 号	200072	021-82669152	021-56331937
铁岭五星油膜橡胶研究所	辽宁省铁岭市辽海北路 15 号	112000	024-74564226	024-74501500
太原科技大学机械工程学院	山西省太原市万柏林区窊流路 66 号	030024	0351-6998313	0351-6963332
鞍钢中板厂	辽宁省鞍山市鞍钢厂区北部	114021	0412-6762355	0412-6761293
沙钢集团有限公司	江苏省张家港市锦丰镇	215625	13951139955	0512-58550681
唐山中厚板有限公司	河北省唐山市乐亭县玉滩镇	063610	0315-4959566	0315-4959336
唐山港陆钢铁有限公司	河北省遵化市镇海东街 198 号	064200	0315-6075518	0315-6075518
唐山不锈钢有限公司热轧厂	河北省唐山市古冶区唐家庄	063105	0315-3765888	0315-3768802
唐山钢铁集团公司第一轧钢厂	河北省唐山市滨河路 9 号	063013	0315-3707227	0315-3707227
本钢板材采购中心	辽宁省本溪市平山区 6 号	117000	0414-7839809	0414-2842074
安钢股份有限公司第二轧钢厂	河南省安阳市殷都区梅园庄	455004	0372-3123012	0372-3123613
武汉钢铁集团公司冷轧厂	湖北省武汉市青山区厂前街	430083	027-86894638	027-86891470
涟源钢铁集团公司热轧板厂	湖南省娄底市轧钢东路	417009	0738-8663655	0738-8663726
攀枝花钢铁集团公司冷轧厂	四川省攀枝花市东区向阳村街道	617062	0812-3380118	0812-3380137
首钢迁钢股份有限公司	河北省迁安市扬店子镇滨河村	064404	0315-7703962	0315-7703011
宁波钢铁有限公司热轧厂	浙江省宁波市北仑区霞浦临港二路 168 号	315800	0574-86859108	0574-86859126
南京钢铁有限公司中板厂	江苏省南京市六合区卸甲店	210035	025-57074699	025-57072545
宝钢不锈钢分公司热轧厂	上海市宝山区长江路 735 号	200431	021-26033369	021-26034661
广西柳钢热轧板带厂	广西壮族自治区柳州市北雀路 117 号	545002	0772-2596358	0772-2596355
新余钢铁有限责任公司	江西省新余市新钢冶金路	338001	0790-6293328	0790-6294999
鞍钢设备资材采购中心	辽宁省鞍山市南中华路 396 号	114021	0412-6734511	0412-6753575
五矿营口中板有限责任公司设备部	辽宁省营口市老边区	115005	0417-3256655	0417-3256063
吉林通化钢铁股份公司热轧厂	吉林省通化市二道江区	134003	13304422311	0435-3775652
舞阳钢铁有限责任公司一轧厂	河南省舞钢市湖滨大道西段	462400	13937566928	0395-8112802
邯郸钢铁有限责任公司中板厂	河北省邯郸市复兴路 232 号	056015	0310-6075426	0310-4959971
河钢承钢板带事业部	河北省承德市双滦区滦河镇	067002	0314-4079789	0314-4314947
马钢股份有限公司第四钢轧总厂	安徽省马鞍山市三台路	243051	13805551364	0555-2890805
江阴兴澄特种钢铁有限公司钢板厂	江苏省江阴市滨江东路 297 号	214429	13961672702	0510-86190970
河北敬业集团中厚板厂	河北省石家庄市平山县南甸镇	050400	13230135485	0310-82878888
冀南钢铁有限公司	河北省武安市上团城乡	056300	0310-5179100	0310-5179100
沧州中铁装备制造材料有限公司轧钢厂	河北省沧州市渤海新区	061113	0317-5761614	0317-5761614
太钢不锈钢股份有限公司	山西省太原市尖草坪区解放北路 113 号	030003	0351-3011010	0351-3134170
山西百一机械制造有限公司	山西省太原市尖草坪区尖草坪 2 号	030003	0351-3016342	0351-3016803
优必胜（大连）轴承制造有限公司	辽宁省瓦房店市北三家瓦窝工业园	116300	0411-85508388	0411-85545658
广州机械科学研究院密封研究所	广东省广州市黄埔区茅岗路 828 号	510700	020-32388050	020-32389624
中国石化润滑油公司北京研发中心	北京市海淀区安宁庄西路 6 号	100085	010-62949743	010-62949751
中国一重集团大连设计研究院	辽宁省大连市经济技术开发区	116600	0411-39243245	0411-39243388
上海重型机器厂有限公司	上海市闵行区江川路 1388 号	200245	021-64632262	021-54722933
中钢设备公司机电部	北京市朝阳区芳园街 1 号	100016	010-62688018	010-62688098
宝钢八钢热轧厂	新疆维吾尔自治区乌鲁木齐市头屯河区新钢路	830022	0991-3886408	0991-3886458

（续）

单位名称	联系地址	邮编	电话	传真
燕山钢铁公司 1780 热轧厂	河北省迁安市迁安火车站旁	063000	18903380259	0315-5359666
燕山钢铁公司 1580 热轧厂	河北省迁安市迁安火车站旁	063000	18931537633	0315-5359666
太原理工大学	山西省太原市迎泽西大街 73 号	030024	0351-6010290	0351-6220233
安丰钢铁公司 1780 热轧厂	河北省秦皇岛市昌黎县靖安镇	063000	18031658999	0315-2092111
北海诚德金属压延有限公司	广西壮族自治区北海市铁山港区 4 号路与 7 号路交汇处	536082	0779-8527463	0779-8527464
莱芜钢铁集团银山板带厂	山东省莱芜市钢城区	271100	13156347978	0634-6921887
舞阳钢铁有限责任公司二轧厂	河南省舞钢市湖滨大道西段	462400	13837510808	0395-8112802
南阳汉冶特钢有限公司轧钢厂	河南省南阳市西峡县回车镇	473000	18695968869	0377-69693555
太原嘉明科技有限公司	山西省晋中市榆次区工业园区中央大道	030600	13934156424	0354-3966970
瓦房店轴承股份有限公司	辽宁省瓦房店市北共济街	116300	0351-2390981	0351-6827588
济钢中厚板厂	山东省济南市工业北路 21 号	250101	0531-88847758	0531-88847461
太原重工油膜轴承分公司	山西省太原市万柏林区玉河街 53 号	030024	0351-6367206	0351-6367206
鞍钢热连轧厂	辽宁省鞍山市鞍钢厂区北部	114021	0412-6751589	0412-6752915
本钢集团有限公司热连轧厂	辽宁省本溪市平山区轧钢路	117021	18041406000	024-7825049

停车设备

单位名称	联系地址	邮编	电话	传真
中国重型机械工业协会停车设备工作委员会	北京市西城区月坛南街 26 号院 1 号楼 2002 室	100825	010-68584668	010-68584667
大洋泊车股份有限公司	山东省潍坊市潍城区拥军路 3777 号	261041	4008080536	0536-8662694
石家庄舒玛停车设备有限公司	河北省石家庄市正定县南牛村	050800	0311-88257270	0311-88257270
石家庄宝地停车机械有限公司	河北省石家庄市平山县西柏坡工业园区南区 199 号	050400	0311-89115889	0311-89115885
河北高西宅智能车库工程有限公司	河北省衡水市经济开发区北区新区七路以南滏阳三路以东	053000	15350810900	0318-2331070
河北约基输送机械制造有限公司	河北省廊坊市大厂回族自治县潮白河工业区福喜路 1200 号	065300	0316-8961984	0316-8961799
唐山宝乐智能科技有限公司	河北省唐山市滦县装备制造产业园区	063706	13903256868	0315-7410188
河北京驿车屋科技有限责任公司	河北省廊坊市大厂回族自治县潮白河经济开发区	100053	13810695916	0316-63578681
河北建帮立体停车设备有限公司	河北省石家庄市新华区中华北大街 27 号鑫明商务中心 404 室	050000	0311-89937699	0311-89937696
衡水奇佳停车设备有限公司	河北省衡水市工业新区北区新区七路以南、滏阳三路以东	053000	0318-2331062	0318-2331062
沧州瑞泰保源泊车设备有限公司	河北省沧州市南皮县乌马营镇工业区正港路南侧	061500	0317-8619558	0317-8619558
河南宏丰停车设备制造有限公司	河南省新乡市经济开发区环城北路	453700	0373-5635559	0373-5636844
山东天辰智能停车股份有限公司	山东省德州市（禹城）国家高新技术产业开发区振兴大道西侧	251200	15020008578	0534-7289960
洛阳龙辇居停车设备有限公司	河南省洛阳市孟津县小浪底镇小浪底街	471100	15038559988	0379-63086309
河南中州起重集团有限公司	河南省新乡市长垣县魏庄工业园区	453400	0373-8611564	0373-8611564
南阳市海鑫智能科技有限公司	河南省南阳市生态工业园区纬十路	473000	18937719988	0377-60876999
河南省中原奥起实业有限公司	河南省新乡市长垣县文明路 402 号	453400	0373-8615105	0373-8813875
河南华士机械设备科技有限公司	河南省郑州市金水区金水路 297 号	450000	15936373333	0371-86135600
河南省健泰实业有限公司	河南省商丘市民权县产业集聚区兴业路	476800	13702601164	
哈尔滨龙士达钢结构彩板有限公司	黑龙江省哈尔滨市道里区群力开发区洪湖络 7 号	150078	0451-84373223	

（续）

单位名称	联系地址	邮编	电话	传真
武汉沃强智能装备有限公司	湖北省武汉市武昌区白鹭街水果湖公共停车场	430050	027-68870658	027-68870658
中国电建集团武汉重工装备有限公司	湖北省武汉市武昌区白沙洲特 1 号	430064	027-68888714	027-68888714
湖北中筑邦建筑工程有限公司	湖北省武汉市汉阳区瑞地自由度 3 层	430050	18872230393	
上海赐宝停车设备制造有限公司	上海市黄浦区打浦路 1 号金玉兰广场 906 室	200023	021-53960436	021-53960435
湖北新世纪环保设备制造有限公司	湖北省武汉市光谷大道 62 号光谷总部国际 1 号楼 1105 室	430073	027-86397698	027-86550036
湖北华鸿智能化立体停车设备有限公司	湖北省黄石市黄石大道 658 号	435001	0714-8669999	0714-8380222
湖北勇创智能泊车设备有限公司	湖北省十堰市普林工业园 31 号	442000	0719-8880005	
湖北天弓智能设备有限公司	湖北省黄冈市红安县经济开发区高新技术产业园	438400	0713-5289666	0713-5319280
湖北省齐星汽车车身股份有限公司	湖北省随州市经济技术开发区十里铺村	441300	13886865569	0722-3587089
创拓建设有限公司	湖北省十堰市茅箭区北京北路 82 号 6 幢 28 层	442000	0719-8897787	0719-8897787
湖南泰安智能立体车库设备有限公司	湖南省郴州市苏仙区良田工业园	423026	0735-2763358	0735-2763316
湖南宇恒立体停车立体停车设备有限公司	湖南省湘潭市九华示范区银盖南路	411100	15874862390	0731-52650708
湖南铭泰智能停车科技有限公司	湖南省长沙市高新开发区林语路 158 号研发楼 6 层	410205	0731-89930399	0731-89930399
湖南涟钢建设有限公司	湖南省娄底市涟钢北大桥	417009	0738-8660031	0738-8660031
北京鑫华源机械制造有限责任公司	北京市门头沟区门头沟路 47 号	102300	010-61814331-32251	010-61815100
吉林省利源机械制造有限公司	吉林省长春市绿园区西新镇开元村 4 队	130013	18910290024	0431-87089509
辽源市鑫锐机械制造有限公司	吉林省辽源市经济技术开发区友谊工业园区甲六路	136200	18243716619	0437-5017555
四平市金立方停车设备有限公司	吉林省四平市铁西区红嘴经济技术开发区新材街 111 号	136000	0434-2206666	0434-3252266
苏州江南嘉捷电梯股份有限公司	江苏省苏州市工业园区唯新路 28 号	215122	0512-62746790-3048	0512-62741517
江苏冠宇机械设备制造有限公司	江苏省溧阳市中关村科技产业园吴潭渡路 9 号	213300	0519-87033616	0519-87036130
江苏省宏展机械有限公司	江苏省盐城市大丰区经济开发区申丰路（七灶河桥北 200m）	224100	18651528888	0515-83532158
昆山华恒焊接股份有限公司	江苏省昆山市巴城镇博士路 1588 号	215300	0512-81866666	0512-87880400
江苏瑞科停车系统科技有限公司	江苏省常州市金坛区儒林镇府前路 68 号 218 室	213225	18752748303	0514-85869366
昆山翔固机械有限公司	江苏省昆山市周市镇长兴路 219 号	215314	0512-83663988	0512-83663788
江苏精诚电工有限公司	江苏省南京市溧水区和凤镇工业集中区	211218	025-57466288	025-57466222
明椿电气机械股份有限公司	上海市松江区石湖荡镇长塔公路 565 号 3 号楼	201617	021-59177921	021-59177920
南京力霸智能停车设备制造有限公司	江苏省南京市江宁滨江开发区绣玉路 1 号	211178	025-83340638	025-58707353
江苏金三角钢结构有限公司	江苏省淮安市淮安区工业新区吴鞠通路 46 号	223200	13905230159	0517-85201112
江苏谦益实业有限公司	江苏省盐城市建湖县高新产业园唐桥路 66 号	224700	0515-86235868	0515-86390680
布兰汀机电工程南通有限公司	江苏省南通市海安县大公科技产业园海古路 2 号	226623	18862701581	0513-88698611
江苏恒瑞科智能车库有限公司	江苏省盐城市建军东路 856 号	224001	15189215299	0515-88298358
扬州鑫昊重型机械有限公司	江苏省扬州市江都区宜陵镇工业集中区	225253	0514-86835888	0514-86836555
国信机器人无锡股份有限公司	江苏省无锡市惠山区经济开发区堰新路 311 号 3 号楼 509 室	214000	0510-88150159	0510-88150159
淮安市魔方泊车自动车库有限公司	江苏省淮安市经济开发区白果路 10 号	223005	0517-89888296	0517-89888296
宏达博能自动化设备（江苏）有限公司	江苏省盐城市经济开发区湘江路 12 号	224007	18118685999	0515-80500999
江苏升辉装备集团股份有限公司	江苏省南通市海安县白甸镇府前路 33 号	226682	18012285805	0513-88408655
北京起重运输机械设计研究院有限公司	北京市东城区雍和宫大街 52 号	100007	010-64032277	010-64052584

（续）

单位名称	联系地址	邮编	电话	传真
苏州鑫丰恒富科技有限公司	江苏省苏州市高新区锦峰路8号5号楼4层	215163	0513-66806798	0513-66806798
江苏一元泊车设备科技有限公司	江苏省无锡市锡山区羊尖镇机械装备产业园A区园丰路36号	214107	0510-88733355	0510-88733355
江苏神通重工集团	江苏省张家港市金港镇长江东路73号	215635	0512-58758888	0512-58758888
江西龙腾工程机械有限公司	江西省宜春市经济技术开发区C1-7号	336000	0795-2197596	0795-2197598
江西中升智能停车设备有限公司	江西省南昌市进贤县工业开发区迎宾大道（新320国道）南侧	331700	0791-86272779	0791-86272779
大连华锐重工集团股份有限公司钢构设备制造厂	辽宁省大连市甘井子区中华东路3号	116031	0411-86855206	0411-86855208
大连誉兴智能设备有限公司	辽宁省大连市保税区亮甲店工业区B-01-3亮源路5号	116600	0411-87300643	0411-87150505
大连辽南起重机器有限公司	辽宁省大连市旅顺口区营顺路102号	116050	0411-86233046	0411-86236371
沈阳华德机械工程安装有限公司	辽宁省沈阳市大东区联合路176号	110044	024-88093011	
营口天兴机械制造有限公司	辽宁省营口市沿海产业基地新联大街东1号	115003	0417-3443311	
杭州友佳精密机械有限公司	浙江省杭州市萧山经济技术开发区市心北路120号	311215	13817071008	0571-82832353
盘锦智人科技有限公司	辽宁省盘锦市大洼临港经济区榆树镇梧桐苑小区对面	124000	18742389666	0427-8620999
鞍山千钢机械制造有限公司	辽宁省鞍山市铁西区鞍刘路460号	114000	13942272350	0412-8435858
沈阳建伟智能立体停车系统有限公司	辽宁省沈阳市沈河区西滨河路62号滨湖俪园大厦18B2	110014	024-22906641	024-22906641
宁夏鑫华源智能立体停车设备制造有限公司	宁夏回族自治区银川市金凤区正源南街534号天乐苑大厦3层	750002	0951-5113155	0951-5055260
青岛昊悦机械有限公司	山东省青岛市李沧区遵义路3号	266043	0532-84829888	0532-84816885
烟台华安智能停车设备制造有限公司	山东省烟台市开发区华山路7号	265304	13002741420	0535-6393888
青岛车的家车库有限公司	山东省青岛市城阳区玉皇岭工业园	266107	13605427666	0532-66736769
德州科博智能仓储物流设备限公司	山东省德州市经济开发区高速东路（凯元热电西北侧）	253000	13905342560	0534-2722667
山东华亿钢机股份有限公司	山东省曲阜市王庄主体功能区华亿路1号	273100	13021781586	0537-4653666
山东天宇结构工程有限公司	山东省曲阜市经济开发区（东区）发展大道西首路北	273100	0537-4483999	0537-4438558
江苏启良停车设备有限公司	江苏省江阴市锡澄路886号	214405	0510-80667788	0510-80667733
山东恒运自动化泊车设备股份有限公司	山东省淄博市张店区华光路玉龙大厦B座2017号	256406	0533-8789397	0533-8788878
山东克瑞斯立体车库有限公司	山东省泰安市岱岳区石膏工业园	271000	13805484085	0538-8160795
山东瑞莱堡立体停车设备有限公司	山东省菏泽市定陶经济开发区北外环北侧、京九铁路东侧	274100	18953018166	0530-7396177
山起重型机械股份公司	山东省青州市昭德北路2198号	262500	0536-3295377	0536-3203037
山东博创智能停车设备有限公司	山东省淄博市临淄区经七路18号	255400	4006652313	0533-7217210
济南可瑞思数控科技有限公司	山东省济南市科院路19号院内自动化所	250012	0531-67897136	0531-67897136
青州市莱保彩钢立体车库有限公司	山东省青州市309国道立交桥东路北	262500	0536-3528619	0536-3528619
凯尔菱电（山东）电梯有限公司	山东省济宁市汶上县城区南二环以南	272500	0537-7193999	0537-7193999
太原市大强伟业机械制造有限公司	山西省太原市晋源区姚村镇南峪村村南	030025	13835128887	0351-6932222
山西森尔科技有限公司	山西省太原市小店区农科南路76号	030031	13834201239	0351-7128772
江苏金冠停车产业股份有限公司	江苏省南通市港闸区兴盛路6号	226003	0513-81552626	0513-81552626
山西德奥电梯股份有限公司	山西省忻州市五台县豆村镇开发区工业园区德奥大道	035502	0350-8754360	0350-8754360
陕西吉亨自动化科技有限公司	陕西省咸阳市渭城区周陵镇西兰路北段苏家寨村咸阳空压机厂院内	712000	029-89238089	029-89238318
陕西仓堡工程科技有限公司	陕西省咸阳市人民东路鼎城花园1号楼601室	712000	18691981553	029-33215560
陕西双力智能机械发展有限公司	陕西省宝鸡市陈仓区科技工业园西虢大道1号	721400	0917-6213488	0917-6213488

（续）

单位名称	联系地址	邮编	电话	传真
陕西上通泊车设备有限公司	陕西省宝鸡市扶风县机械加工园立体车库	722200	13335376602	0917-5231502
陕西天驹静态交通科技有限公司	陕西省西安市雁塔区雁翔路 99 号	710054	13335383718	
西安航天动力机械厂	陕西省西安市灞桥区田王街特字一号 14 号	710025	029-83605360	029-83602276
上海人本旭川自动化机械有限公司	上海市闵行区顾戴路 3009 号 902 室	201101	021-54152892	021-54152892
上海爱登堡电梯股份有限公司	上海市闵行区浦星公路 1601 号	201114	021-54331601	021-64970181
上海沈中停车设备有限公司	上海市浦东新区浦建路 729 号 804 室	200127	021-61460158	021-61460108
广东三浦车库股份有限公司	广东省广州市海珠区新港西路 1 号银华大厦 20 层	510260	020-34112922	020-34061599
上海泊鼎停车设备有限公司	上海市宝山区湄星路 1933 号	201906	021-66788790	021-66787981
上海萨逸检测设备制造股份有限公司	上海市嘉定区外冈镇恒冠路 120 号	201816	13321819329	021-39537132
上海新泊乐停车设备有限公司	上海市长宁区仙霞路 137 号盛高国际大厦 2F201 室	200131	13916589247	021-33550173
上海腾库智能科技有限公司	上海市闵行区恒西路 189 号 507 室	201114	15000128187	021-34786970
上海轼泊停车场管理有限公司	上海市浦东新区张杨路 188 号汤臣商务中心 B 座 1401 室	200122	18616743561	
上海彭浦机器厂有限公司	上海市浦东新区沧海路 288 号	201306	021-38584602	021-38584770
上海赛迪停车设备有限公司	上海市浦东新区沪南路 2419 弄 30 号复地万科活力城 B 座 902 室	200120	021-61106032	021-61106033
上海畅悦自动化机械有限公司	上海市普陀区武宁路 423 号 18 号楼 405 室	200063	021-33608902	021-33608902
上海上汽安悦充电充电科技有限公司	上海市虹口区中山北一路 121 号 A8 幢（上汽安悦大楼）	200083	021-36606022	021-36606022
成都东风停车设备制造有限公司	四川省成都市新都区工业园东区高东路	610500	13908047636	028-83939176
中国重型机械工业协会停车设备工作委员会	北京市西城区月坛南街 26 号院 1 号楼 2002 室	100825	010-68584668	010-68584667
上海万强自动化设备有限公司	上海市金山区张堰镇松金公路 2502 号	201514	021-57210128	021-57213723
四川五新智能设备有限公司	四川省成都市双流区西南航空工业港空港二路二段 1399 号	610200	15828158212	028-85744258
四川志泰立体车库有限公司	四川省成都市锦江区东大街东方广场 A 座 2210 室	620000	13696084999	028-84442325
四川金牛智能机械有限公司	四川省自贡市沿滩工业集中区	643030	13990076857	0813-3808020
四川金石东方新材料设备股份有限公司	四川省成都市双流区九江街道万家社区 3 组 203	610000	18710143336	
天津鑫基机械停车设备有限公司	天津市东丽区幺六桥乡三合庄北赤海路 6499 号	300402	022-60409228	022-60409228
天津通广集团专用设备有限公司	天津市河北区新大路 185 号	300140	022-26237315	022-26270462
天津市中环富士智能设备有限公司	天津市西青区李七庄街天祥工业区祥遵路 10 号	300385	13602190505	022-23962205
天津赛瑞机器设备有限公司	天津市东丽区滨海重机工业园重工路 3 号	300301	022-24943116	022-24355100
天津知时捷科技发展有限公司	天津市东丽区华明高新技术产业区华兴路 10 号 2 号院	300300	15692259126	022-60126488
新疆神洲汇和重工有限公司	新疆维吾尔自治区昌吉市三工镇八钢工业园	831113	13899991032	0994-2717667
上海浦东新区远东立体停车装备有限公司	上海市浦东新区东川公路 7447 号	201201	021-68903740	021-68901921
昆明松骋汽修设备有限公司	云南省昆明市关雨路东聚小车汽配城 B 区 11 幢	650214	13187443209	0871-67369448
云南名家智能设备股份有限公司	云南省昆明市经开区顺通大道世纪浩鸿商业广场 3 幢 11 层	650217	13518765786	0871-68135189
云南中建博能工程技术有限公司	云南省曲靖市经济技术开发区西城工业园区	655011	0874-3925688	0874-3925688
宁波邦达智能停车设备股份有限公司	浙江省宁波市国家高新区剑兰路 1369 号	315013	13906611118	0574-88411233
宁波祥云停车设备有限公司	浙江省余姚市泗门镇光明北路	315470	13757488877	0574-62165172
森赫电梯股份有限公司	浙江省湖州市练市工业园区森赫大道 1 号	313013	0572-2923378	0572-2923397
浙江越宫钢结构有限公司	浙江省绍兴市袍中南路 166 号	312017	13777339769	0575-89103789

（续）

单位名称	联系地址	邮编	电话	传真
浙江双金机械集团股份有限公司	浙江省杭州市余杭区瓶窑镇南山村	311115	0571-88566829	0571-88560827
浙江巨人控股有限公司	浙江省湖州市南浔镇胜利路698号	313009	0572-3912111	0572-3912112
浙江天马停车设备有限公司	浙江省杭州市石祥路208号	311215	18858297778	0571-86479153
北京天宏恩机电科技有限公司	北京市海淀区复兴路12号	100038	010-63963040	010-63962898
浙江正立钢结构有限公司	浙江省温州市火车站广场瓯江大厦主楼1607室	325014	0577-86788201	0577-86788061
浙江嘉联电梯有限公司	浙江省海宁市硖川路399号	314400	13968101431	0573-87251685
浙江诺力车库设备制造有限公司	浙江省湖州市长兴县太湖街道长城路358号	313100	13757257771	0572-6210097
绍兴市中立钢业建筑工程有限公司	浙江省绍兴市越城区袍江新区袍渎路15号-3	312000	13819583778	0575-88331447
杭州专用汽车有限公司	浙江省杭州市经济技术开发区M20-15-1地块	310018	13606557439	0571-86721839
浙江先锋机械股份有限公司	浙江省桐乡市梧桐街道石门路10号	314500	0573-88108133	0573-88103866
重庆桥瑞工程机械制造有限公司	重庆市九龙坡区巴国公馆6号楼13-7室	400039	023-68193631	023-68193301
重庆钢铁集团三峰工业有限公司	重庆市长寿区晏家工业园区D区	401221	13608313471	023-40713306
重庆伊士顿电梯有限责任公司	重庆市南岸区茶园新区	401336	023-62489680	023-62489679
重庆大江本大工程机械有限责任公司	重庆市巴南区鱼洞镇大江工业园	401321	13908388120	023-66456629
敬稳（北京）机电设备有限公司	北京市东城区建外大街19号国际大厦B座202室	100004	010-85261141	010-85261145
重庆复融科技有限公司	重庆市长寿区经济技术开发区齐心大道19号	401221	023-40767569	023-40767569
上海亚敕机电科技有限公司	上海市青浦区金泽镇沪青平公路9188号	201718	021-59266855	021-69232222-601
浙江康明斯机械有限公司	浙江省温岭市新河镇中厢工业园	317502	0576-86578602	0576-86578336
昆山达嘉传动设备有限公司	江苏省昆山市周市镇横长泾路515号	215300	0512-57938806	0512-57938801
江西特种电机股份有限公司	江西省宜春市环城南路581号	336000	13879533689	0795-3512060
上海东元德高电机有限公司	上海市长宁区中山西路1279弄6号3层321室	200051	021-51168255	021-32098761
上海至宝电机制造有限公司	上海市嘉定区黄渡镇曹联路19号	201804	13391020398	021-69597848
南京特种电机厂有限公司	江苏省南京市六合区雄州东路289号	211500	025-57512569	025-57107279
苏州乔力以机械设备有限公司	江苏省苏州市相城区太平街道聚金路11号	215100	13405048618	0512-65719022
广东星光传动股份有限公司	广东省佛山市三水区白坭镇汇金工业城10号	528100	13172378877	0757-66639837
广州广日智能停车设备有限公司	广东省广州市番禺区石楼镇国贸大道南636号之一	511447	13560178302	020-39965877
万鑫精工（湖南）有限公司	湖南省长沙市宁乡县金州新区金沙东路158号	410600	13809275632	0731-87074866
苏州金有冠电机有限公司	江苏省昆山市张浦镇垌坵路88号B栋3层-凤冠工业园	215321	0512-82190808	0512-82177558
厦门东炜庭电机工业有限公司	福建省厦门市同安区五显镇西洋路79号	361100	0592-7016977	0592-7016977
大连日牵电机有限公司	辽宁省大连市甘井子区营城子街道前牧村	116036	0411-86742167	0411-86742167
山东汉隆液压机械有限公司	山东省济南市历城区工业北路161-1号	250100	0531-83130517	0531-68820518
南京英沃斯汶智控集团有限公司	江苏省南京市六合区八百金牛工业集中区一区	210000	025-83750297	025-83750297
杭州海康机器人技术有限公司	浙江省杭州市丹枫路399号2号楼B楼304室	310052	0571-86611880	0571-88805843
欧姆龙自动化（中国）有限公司	上海市浦东新区银城中路200号中银大厦2211室	200431	021-50372222	021-50373300
北京第一机床电器厂有限公司	北京市海淀区知春路114号华源写字楼	100086	13601286747	010-61233595
上海兰宝传感科技股份有限公司	上海市奉贤区金汇工业园区金碧路228号	201404	021-57486188	021-57486188
上海天地岛川停车设备制造有限公司	上海市虹口区东宝兴路157号	200080	021-63563092	021-63243035
上海佐逸电器有限公司	上海市徐汇区天钥桥路567号森本大厦3楼	201206	021-61126791	
上海宝舟电器有限公司	上海市普陀区西康路1068号A幢15层	200060	021-62274842	021-62661382

（续）

单位名称	联系地址	邮编	电话	传真
中山市希福特曼电子科技有限公司	广东省中山市东区利和国际公馆 1 座 3106 室	528403	0760-89818710	0760-89818710
汉立威尔（东莞）电子科技有限公司	广东省东莞市道滘镇南丫村南丫组南阁东三路	523170	0769-82255016	0769-82255016
深圳市汇川技术股份有限公司	广东省深圳市宝安区新安街道留仙二路鸿威工业园 E 栋	518101	0755-29619876	0755-29799579
北京亚博瑞思科技开发有限责任公司	北京市海淀区祁家豁子甲 2 号健德商务楼 107A 室	100000	010-82076094	010-62740309
施瑞克（北京）电气自动化技术有限公司	北京市石景山区八大处高科技园 1906 室	100041	15901102719	010-62568906
杭州赛翔科技有限公司	浙江省杭州市西湖区文三路 408 号综合楼 218 室	310012	0571-89738802	0571-87357542
北京京溪友联科技有限公司	北京市海淀区阜石路甲 69 号 10-423 室	100043	13511075086	010-56531337
河南翰森智能科技有限公司	河南省郑州市高新区莲花街 100 号 6 号楼	450000	0371-61738377	0371-61738377
杭州福瑞科技有限公司	浙江省杭州市塘苗路 18 号华星现代产业园 B 座 5F	310013	0571-85023846	0571-85123228
中船重工海为郑州高科技有限公司	河南省郑州市高新区金梭路 29 号	450000	18537121918	0371-67132366
北京昌立达科技有限公司	北京市房山区拱辰街道天星街 1 号院 4-615 室	102488	010-60388376	
郑州纬达自动化科技有限公司	河南省郑州市二七区京广路与长江路交叉口仁恒上元小区	450000	0371-63302468	0371-60972076
中瑞丸达机电科技（北京）有限公司	北京市顺义区顺平路 580 号航城广场 G 座 402 室	101309	010-89477167	010-89477167
杭州神光电器有限公司	浙江省杭州市萧山区新湾街道三新村	311228	0571-57182941	0571-57182944
北京蓝卡科技股份有限公司	北京市海淀区上地西路 8 号院上地科技大厦 4 号楼 801 室	100085	010-58859090-851	010-58859191
无锡市三爱电器有限公司	江苏省无锡市苏锡路 553 号	214121	0510-85072580	0510-85072581
无锡市明达电器有限公司	江苏省无锡市滨湖经济技术开发区立业路 7 号	214124	0510-85629938	0510-85627663
射阳县达金电气有限公司	江苏省盐城市射阳县经济开发区西区北环西路 66 号	224300	0515-82391680	0515-82391080
合肥汉德贝尔属具科技有限公司	安徽省合肥市肥东县经济开发区金阳北路 16 号	230011	0551-64328418	0551-64328665
深圳市伟创自动化设备有限公司	广东省深圳市福田区上梅林卓悦汇 A 座南区 701 室	518000	0755-82445970	0755-82439670
瑞安市科达电子电器制造有限公司	浙江省瑞安市沿江西路 163 号	325200	0577-65675177	0577-65675177
罗巴鲁（上海）商贸有限公司	上海市嘉定区马陆镇丰功路 393 号	201801	021-69156584	021-69152081
山东神宇机械制造有限公司	山东省东营市广饶县广明路	257300	18766476793	0543-7793898
莱芜市耀辉金属制品有限公司	山东省莱芜市钢城区颜庄镇颜庄创业园	271107	13906342436	0634-6464969
浙江澳琪同济停车配件制造有限公司	浙江省湖州市长兴县吕山工业集中区 38 号	310004	0572-6219899	0572-6219388
宣城市华菱精工科技股份有限公司	安徽省宣城市郎溪县梅渚镇郎梅路	242115	0563-7793336	0563-7793336
上海正盟精密传动有限公司	上海市浦东新区老港工业园区良欣路 265 号	201302	021-60273626-888	021-60273620
杭州东华链条集团有限公司	浙江省杭州市余杭经济开发区昌达路 1 号	311101	0571-85042765	0571-85040765
诸暨链条总厂	浙江省诸暨市牌头镇五一路 1 号	311525	0575-87051296	0575-87056868
浙江神牛机械制造有限公司	浙江省诸暨市丰南路 8 号	311800	0575-89096982	0575-87185255
镭蒙机电股份有限公司	浙江省诸暨市城西工业区千禧路 8-1 号	311800	0575-87380088	0575-87399282
浙江恒久机械集团有限公司	浙江省诸暨市迎宾路 8 号	311800	0575-87389767	0575-87214388
浙江力璇链传动有限公司	浙江省金华市武义县黄龙工业园区二路 9 号	321200	0579-87988090	0579-87698070
北京双马飞腾传动机械设备有限公司	北京市大兴区旧宫工业区北西区甲 5 号	100076	13910992566	010-59751579
杭州东毅链传动有限公司	浙江省杭州市萧山区衙前镇新林周工业园	311200	0571-82921882	0571-82921882
青岛征和工业股份有限公司	山东省平度市香港路 112 号	266700	18053223933	0532-83305918
常州明瑞链传动有限公司	江苏省常州市新北区春江镇百丈创业东路 20 号	213034	13606124818	0519-85860171

（续）

单位名称	联系地址	邮编	电话	传真
桂盟链条（太仓）有限公司	江苏省太仓市陆渡镇郑和中路 165 号	215412	0512-82783067	0512-53453112
杭州东腾实业有限公司	浙江省杭州市萧山区靖江镇靖东村	311200	0571-82973496	0571-82978729
杭州盾牌链条有限公司	浙江省杭州市余杭经济开发区宏达路 10 号	311000	0571-85140164	0571-85140164
浙江川益机械有限公司	浙江省嵊州市三界镇振兴北路 245 号	312452	0575-83831189	0575-83083988
车立方（北京）新能源科技有限公司	北京市海淀区昆明湖南路甲 72 号院 3 号楼西厅	100097	13311566888	010-88462779-8866
淮安市东方油尼龙有限公司	江苏省淮安市淮安区博里镇工业集中区	223200	15950355233	0517-85681234
丹东振安建工机械有限公司	辽宁省丹东市振安区果园路 30 号	118003	0415-4188608	0415-4188606
杭州台创实业有限公司	浙江省杭州市余杭区瓶窑镇窑北村	311115	0571-86771291	0571-86778253
潍坊奥腾冷弯机械有限公司	山东省潍坊市坊子区北海路翠坊街交叉口西 700m 路北	261200	13355368018	0536-7658855
金城集团进出口有限公司	江苏省南京市龙蟠中路 216 号金城大厦 26 层	210002	025-51815963	025-51815379
厦门正黎明冶金机械有限公司	福建省厦门市同安区圳南二路 187 号	361000	13806005679	0592-6385810
济南燎原数控机械有限公司	山东省济南市高新区舜华东路 666 号 A 座 5 层	250012	13969197379	0531-55585077
山东法因数控机械股份有限公司	山东省济南市高新区天辰大街 389 号	250101	0531-88875517	
济南光先数控机械有限公司	山东省济南市吴家堡龙腾工业园 18 号	250118	13305317659	0531-85986889
济南天辰铝机股份有限公司	山东省济南市高新区天辰路 1571 号	250101	18660196303	0531-88882995
杭州西子智能停车股份有限公司	浙江省杭州市余杭经济技术开发区宏达路 181 号	311199	0571-88136666	0571-88139678
江苏普腾停车设备有限公司	江苏省南通市经济技术开发区通盛南路 32-9 号	226017	0513-80770518	0513-80770077
山东拓维数控设备有限公司	山东省济南市槐荫区小李庄工业园南首	250000	0531-85981057	0531-85985911
潍坊银河泊车设备有限公司	山东省潍坊市潍城区乐埠山工业园银河街 8 号	261055	15953686228	0536-5603509
国家建筑城建机械质量监督检验中心	湖南省长沙市银盆南路 361 号	410013	0731-88923872	0731-88910912
天津滨新科技贸易发展有限公司	天津市河北区胜利路与新开路交口北斗花园 8-2804 室	300000	022-24388662	022-24127208
河北睿众机械停车设备销售有限公司	河北省石家庄市裕华区翟营南大街 43 号金马国际大厦 A2 座 7 层	050800	13831108727	
山西华博科技有限公司	山西省太原市长治路 249 号 523 室	030006	0351-7024989	0351-7024987
深圳市快易停立体车库销售有限公司	广东省深圳市南山区粤海街道高新南一道创维大厦 A 座 901 室	518057	0755-86959387	0755-86959386
都市（北京）智能停车设备集团股份有限公司	北京市怀柔区迎宾中路 1 号 508 室	101400	010-69685415	010-69685415
安恒国际停车设备科技有限公司	北京市丰台区富丰路 2 号星火科技大厦 1612 室	100070	010-83618636	010-83618636
西安怡丰停车设备有限公司	陕西省西安市高新区科技六路中段数字空间 20802 室	710065	029-87429909	029-87429909
江苏中泰停车产业有限公司	江苏省南京市建邺区云龙山路 88 号烽火科技大厦 B 座 11 层	210019	025-86658965	025-86658965
北京东合南泊车科技有限公司	北京市西城区马连道路中基大厦 7 层	100055	010-63260560	010-63260560
深圳市易停车库科技有限公司	广东省深圳市龙岗区中心城黄阁北路天安数码城 2 栋 B 座 403B 室	518172	15818737980	0755-88609800
西安博铭智能科技有限公司	陕西省西安市高新区锦业一路 56 号研祥城市广场 B 座 2127 室	710065	18192380999	029-81108061
云鼎智慧城（北京）科技有限公司	北京市大兴区经济技术开发区科创十三街锋创科技园 9 号楼四层	100176	010-67862306	
平安国际融资租赁有限公司	上海市浦东新区世纪大道 8 号上海国金中心办公楼二期 18 层	200120	13602628750	021-50338427
安吉仓储（上海）有限公司	上海市青浦区徐泾涞港路 181 号国展中心办公楼 B 栋 520 室	201702	021-31653992	021-31653992

（续）

单位名称	联系地址	邮编	电话	传真
北京中安国机停车设备检测有限公司	北京市大兴区经济技术开发区地盛南街甲 1 号 2 号楼 4 层	100176	010-67899779	010-67899779
北京京能千方智慧城市科技有限公司	北京市丰台区丽泽路 5 号金泰地产大厦 11 层	100173	18810308105	
南京海轩企业管理咨询有限公司	江苏省南京市建邺区万达广场西地 E 座 1503 室	210017	025-87716968	025-87716878
南京一招人力资源有限公司	江苏省南京市鼓楼区中央路 417 号先锋广场 1033、1034 室	210012	4008841004	025-66639971
青岛齐星车库有限公司	山东省胶州市九龙工业园新东路 17 号	266300	0532-58651778	0532-58651778
日立产机系统（中国）有限公司	上海市卢湾区茂名南路 205 号瑞金大厦 1207 室	200020	021-54892378-2002	021-33565070
苏州东力机电工业有限公司	北京市朝阳区朝外大街乙 12 号昆泰国际公寓 2204 室	100020	010-58790418	010-58790065
苏州仲益电机设备有限公司	江苏省苏州市相城区太平街道聚金路 28 号	215000	0512-66830093	0512-66830315
河南省盛茂永代机械制造有限责任公司	河南省郑州市惠济区绿源路与丰硕街交叉口北	450000	13838009289	0371-63770651
杭州永利百合实业有限公司	浙江省杭州市萧山区义桥工业园区	311256	13758137728	0571-82409363
安徽马钢智能立体停车设备有限公司	安徽省马鞍山市经济技术开发区红旗南路 19 号	243071	0555-2960018	0555-2960021
安徽乐库智能停车设备有限公司	安徽省合肥市肥东县经济开发区金阳北路 16 号	231600	0551-62533979	0551-62533977
山东莱钢泰达车库有限公司	山东省莱芜市钢城区泰达工业园	271129	0634-5879939	0634-5879911
深圳中集天达空港设备有限公司	广东省深圳市宝安区福永福园二路 9 号	518103	4006007756	0755-26685815
湖南地生工业设备有限公司	湖南省长沙市雨花区芙蓉中路三段 489 号鑫融国际 25 层	410000	17775810190	0731-85781519
江苏润邦智能停车设备有限公司	江苏省南京市浦口区星甸工业园	211803	025-58465657	025-58265566
陕西隆翔停车设备集团有限公司	陕西省西安市高新区锦业路 38 号粤汉国际 D 座 18 层	710077	029-88865536	029-88865382
上海剑峰停车设备工程有限公司	上海市黄浦区南京东路 61 号新黄浦金融大厦 607 室	200002	021-63392097	021-63391924
杭州大中泊奥科技有限公司	浙江省杭州市萧山经济技术开发区桥南区高新五路 58 号	311231	0571-22867610	0571-82695083
苏州联发电机有限公司	江苏省苏州市相城经济开发区富元路 402 号	215131	0512-65793566	0512-65793569
苏州环球 科技股份有限公司	江苏省苏州市吴中区胥口镇石中路 188 号	215156	0512-65333805	0512-66235388-0
上海山电电机有限公司	上海市普陀区祁连山南路 2888 弄 B 座 507 室	200331	021-62841028	021-52841755
青岛茂源停车设备制造有限公司	山东省青岛市黄岛区临港路 1319 号	266400	18366262658	0532-83196318
深圳怡丰自动化科技有限公司	广东省深圳龙岗区龙城大道龙西路口龙岗高科技园	518116	0755-84879829	0755-84879397
上海禾通涌源停车设备有限公司	上海市闵行区莲花路 1555 号 318 室	200233	13020217116	021-33677096
安徽华星智能停车设备有限公司	安徽省合肥市循环经济示范园天工路 1 号	231602	0551-67758520	0551-67601802
浙江东海减速机有限公司	浙江省温州市平阳县鳌江镇鸽巢路（鳌江镇）	200070	021-63812226	021-63810571
无锡许继富通达车库装备有限公司	江苏省无锡市滨湖区梁青路 58 号华邸国际大厦 B 座 6 层	214062	0510-85881881-208、203	0510-85868947
山西东杰智能物流装备股份有限公司	山西省太原市新兰路 51 号	030008	13935163396	0351-3633521
天马华源停车设备(北京)有限公司	北京市大兴区经济技术开发区科创二街 3 号	100176	010-87952557	010-87952559
江苏聚力智能机械股份有限公司	江苏省苏州市吴江区汾湖高新技术产业开发区新黎路 300 号	215211	0512-82880000	0512-82855666
山东九路泊车设备股份有限公司	山东省聊城市高唐县人和街道办事处卢田楼村北段	252800	13801184460	0635-3673899
安徽鸿路钢结构(集团)股份有限公司	安徽省合肥市双凤工业区鸿路大厦	231131	0551-6391971	0551-6391793
安徽凯旋智能停车设备有限公司	安徽省合肥市高新区黄山路 601 号科技创新公共服务中心 104 室	230088	0551-63475498	0551-63475418
河南中继威尔停车系统股份有限公司	河南省许昌市城乡一体化示范区魏武大道与尚德路交汇处东南角	461000	0374-3219098	

（续）

单位名称	联系地址	邮编	电话	传真
合肥巍华智能停车设备有限公司	安徽省合肥市肥东经济开发区公园路12号	231600	0551-67266669	0551-67799556
安徽鸿杰威尔停车设备有限公司	安徽省六安市裕安区平桥工业园	237000	13625711830	0564-3351677
宿州方圆安全设备有限公司	安徽省宿州市经济开发区金海六路西外环一路南	234000	13655577233	0557-3318065
中国电子科技集团公司第三十八研究所	安徽省合肥市高新区香樟大道199号	230088	0551-65391748	0551-65391748
安徽双骏智能科技有限公司	安徽省合肥市包河区青年电子商务产业园二期8号楼3层301室	230051	0551-66165515	0551-66165515
安徽朗停停车科技有限公司	安徽省合肥市庐阳区汲桥路52号	231110	0551-66688963	0551-66688963
北京大兆新元停车设备有限公司	北京市海淀区北小马厂6号华天大厦12层13-16室	100038	010-51916680	010-63319786
北京宏地车港科技有限公司	河北省石家庄市建设北大街228号东海国际19层B2区	050000	0311-86692826	0311-68022622
北京博锐奥盛科技发展有限公司	北京市大兴区经济技术开发区地盛北街1号院40号楼701室	100176	010-67886088	
北京安祥通机电设备有限公司	北京市通州区台湖镇府东苑34栋01号	101111	010-81507019	010-81507019
北京航天汇信科技有限公司	北京市大兴区经济技术开发区中和街20号	100176	010-67886600	010-67874871
北京首钢机电有限公司	北京市石景山区老山西里甲8号	100049	010-88297133	010-88297135
北京首钢城运控股有限公司	北京市石景山区石景山路首钢厂东门内	100043	010-88292668	
北京东星立达立体停车设备有限公司	北京市通州区西集工业区	101106	13901257287	010-61557469
北京韩建河山科技有限公司	北京市房山区韩村河镇	102423	15699829360	010-80389041
北京康拓红外技术股份有限公司	北京市海淀区中关村环保科技示范园地锦路7号院2号楼4层	100095	13466778367	010-82493674
北京四季快安科技有限公司	北京市海淀区恩济花园13号楼2层210室	100036	010-88112178	010-88112178
福建敏捷机械有限公司	福建省南安市官桥镇洪邦工业区	362341	13505013675	0595-86881520
厦门炜城智能停车科技有限公司	福建省厦门市湖里区五缘湾海富中心B座17层C区	362342	0592-5795913	0592-5793912
厦门市华尔曼泊车设备有限公司	福建省厦门市湖里区安岭路1001号	361015	0592-8808989	0592-2612566
福建金三洋控股有限公司	福建省福州市鼓楼区西江滨大道66号融侨锦江B区	350000	15280083002	0591-83300344
浙江子华停车设备科技股份有限公司	浙江省绍兴市柯桥区滨海工业区思源路782号	312073	0575-81199858	0575-81199877
福建省闽亿钢构铁塔有限公司	福建省南安市康美镇团结工业园	363233	0595-26532999	0595-26532999
厦门市鑫创达科技有限公司	福建省厦门市湖里区五缘湾宝拓大厦写字楼5层01单元	361000	0592-5552009	0592-5552009
兰州远达停车产业有限公司	甘肃省兰州市西固区西固西路35号	730060	0931-8585511	
兰州亚太澳泊智能设备有限公司	甘肃省兰州市城关区庆阳路75号中科银座21层	730030	0931-8622296	0931-8622296
佛山市南海高达建筑机械有限公司	广东省佛山市南海区平洲工业园胜利西路6号	528251	0757-86795321	0757-86778582
深圳市中科利亨车库设备有限公司	广东省深圳市宝安区西乡街道桃花源科技创新园主楼513室	518102	0755-29981555	0755-29981777
广东溢隆实业有限公司	广东省广州市越秀区东风东路天誉大厦东塔109室	510000	020-37615036	020-37885775
深圳精智机器有限公司	广东省深圳市南山区科技园科研路9号比克科技大厦11层B座	518057	0755-86017789	0755-86017528
深圳市金正方科技股份有限公司	广东省深圳市龙岗区南湾街道南岭村社区黄金北路7号厂房	518000	0755-28324399-8038	0755-25501937
韶关市磊信机械制造有限公司	广东省韶关市浈江区产业转移工业园狮塘路47号	512000	0751-8838236	0751-8838231
唐山通宝停车设备有限公司	河北省唐山市丰润区公园道162号	064000	18631576606	0315-3081781
广州建德机电有限公司	广东省广州市花都区新华街九塘1404号	510800	020-62321784	020-62321791
深圳市华智联科技有限公司	广东省深圳市龙华新区清湖新侨工业园第4栋3层	518000	4008939885	0755-29476689
中建钢构有限公司	广东省深圳市南山区高新园高新南一道富诚科技大厦6层	518000	18787025852	

（续）

单位名称	联系地址	邮编	电话	传真
广东明和智能设备有限公司	广东省广州市南沙区东涌镇石排村市南公路南侧	511455	020-29855018	020-29855018
广州福倍至机械设备有限公司	广东省广州市白云区增槎路富力半岛花园 A22-203 房	510080	020-81780988	020-81780988
广西景和停车设备有限责任公司	广西壮族自治区南宁市民族大道 115-1 号现代国际 905-908 室	530028	0771-5595654	0771-5596031
桂林市中天机械有限公司	广西壮族自治区桂林市雁山区柘木镇奇峰创业园	541001	13317737778	0773-2561698
南宁市宏涛机械设备有限责任公司	广西壮族自治区南宁市五一中路南五里 10 号	530022	0771-4855196	0771-4848255
贵州高矿重工（长顺）有限公司	贵州省黔南布依族苗族自治州长顺县威远工业园区	550704	13885819500	0854-6644666
贵州海悦科技立体停车设备有限公司	贵州省毕节市黔西县经济开发区甘棠工业园	557500	0857-4669000	0857-4668000

大型铸锻件

单位名称	联系地址	邮编	电话	传真
二重集团（德阳）重型装备股份有限公司	四川省德阳市珠江西路 460 号	618013	0838-2341181	0838-2201998
天津市天重江天重工有限公司	天津市北辰区西堤头镇津榆公路 609 号	300408	022-86885999	022-86885999
中车资阳机车有限公司	四川省资阳市雁江区晨风路 6 号	641301	028-26282650	028-26653416
中钢集团邢台机械轧辊有限公司	河北省邢台市新兴西大街 1 号	054025	0319-2022061	0319-2022061
北京科技大学材料科学与工程学院	北京市海淀区学院路 30 号主楼 201 室	100083	010-62332572	010-62397463
清华大学材料学院	北京市海淀区双清路 30 号	100084	010-62789922	010-62773637
燕山大学	河北省秦皇岛市海港区河北大街西段 438 号	066004	0335-8074036	0335-8387472
东方汽轮机有限公司	四川省德阳市高新技术产业园金沙江西路 666 号	618000	0838-2687289	0838-2687253
上海电气电站设备有限公司上海汽轮机厂	上海市闵行区江川路 333 号	200240	021-64358331-2100	021-64355046
哈尔滨汽轮机厂有限责任公司	黑龙江省哈尔滨市香坊区三大动力路 345 号	150046	0451-82953194	0451-82681364
石钢京诚装备技术有限公司	辽宁省营口市老边区柳树镇	115004	0417-3257899	0417-3257777
中国第一重型机械股份公司	黑龙江省齐齐哈尔市富拉尔基区厂前路 9 号	161042	0452-6810488	0452-6810111
沈阳铸锻工业有限公司锻造分公司	辽宁省沈阳市经济技术开发区沈辽西路 188 号	110142	024-25336760	024-25336788
烟台台海马努尔核电设备股份有限公司	山东省烟台市莱山经济开发区恒源路 6 号	264003	0535-3725658	0535-3725699
二重集团（德阳）重型装备股份有限公司铸锻公司	四川省德阳市珠江西路 460 号	618013	0838-2341631	0838-2201742
天津重型装备工程研究有限公司	天津市滨河新区经济技术开发区宏达街 21 号 B 座 11 层	300457	022-58808555	022-58808000
中国第一重型机械股份公司铸锻钢事业部	黑龙江省齐齐哈尔市富拉尔基区厂前路 9 号	161042	0452-6811237	0452-6810030
内蒙古北方重工业集团有限公司	内蒙古自治区包头市青山区兵工路	014030	13947285732	0472-3335641
大连华锐重工集团股份有限公司	辽宁省大连市甘井子区新水泥路 78 号	116035	0411-86427062	0411-86428210
武汉重工铸锻有限责任公司技术中心	湖北省武汉市青山区武东路 1 号	430084	027-68861955	027-68861955
云南冶金昆明重工有限公司锻造分公司	云南省昆明市五华区龙泉路 871 号	650203	13700685245	0871-66085054
沈阳铸造研究所	辽宁省沈阳市铁西区云峰南街 17 号	110025	13332430936	024-25851306
上海电气上重铸锻有限公司	上海市闵行区江川路 1800 号	200245	021-34098018	021-54721132
中国第二重型机械集团德阳万航模锻有限责任公司	四川省德阳市珠江西路 460 号	618013	0838-2342304	0838-2201552
太原重工股份有限公司	山西省太原市万柏林区玉河街 53 号	030024	0351-6366750	0351-6366750
大连理工大学材料学院	辽宁省大连市高新园区凌工路 2 号	116024	0411-84706183	0411-84709284

（续）

单位名称	联系地址	邮编	电话	传真
上海电气上重铸锻有限公司大锻所	上海市闵行区江川路 1800 号	200245	021-34098189	021-34098188
鞍钢重型机械有限责任公司锻造厂	辽宁省鞍山市立山区灵山红旗路 28 号	114042	0412-6762398	0412-6763038
中冶陕压重工设备有限公司铸锻厂	陕西省渭南市富平县庄里镇北新街 19 号	711711	0913-8622622	0913-8622708
中山市广重铸轧钢有限公司	广东省中山市黄圃镇鲤鱼嘴工业开发区	528429	0760-23213333	0760-23212227
无锡宏达重工股份有限公司	江苏省无锡市滨湖区南泉镇壬港村	214128	0510-85952557	0510-85953536
重庆焱炼重型机械设备有限公司	重庆市江津区德感工业园	400084	023-47840718	023-47840718
天津天重车轴制造有限公司	天津市北辰区天穆镇马庄村	300400	022-26626168	022-26341806
洛阳中重铸锻有限责任公司	河南省洛阳市涧西区建设路 206 号	471039	0379-64088816	0379-64088394
上海申模计算机系统集成有限公司	上海市徐汇区华山路 1954 号	200030	021-62813430-8026	021-62946388
德阳万鑫电站产品开发有限公司	四川省广汉市高坪镇龙潭村八社	618306	0838-5603545	0838-5603545
中国长江动力集团有限公司	湖北省武汉市东湖新技术开发区佛祖岭一路 6 号	430074	027-59704989	027-59704989
太原重工股份有限公司锻造分公司	山西省太原市万柏林区玉河街 53 号	030024	0351-6365304	0351-6365304
武汉迈特炉业科技有限公司	湖北省武汉市东湖高新区光谷大道 303 号光谷芯中心 2-1-503 号	430223	027-87806707	027-87677372
天津市中达电热设备有限公司	天津市西青区南河工业园	300382	022-23811661	022-23811991
中国联合工程公司工业装备分公司	浙江省杭州市石桥路 338 号	310022	0571-88155018	0571-88155018
中航卓越锻造（无锡）有限公司	江苏省无锡市玉祁工业集中区祁北路 8 号	214183	0510-83896535	0510-83896512
内蒙古北方重工业集团有限公司特钢事业部	内蒙古自治区包头市青山区兵工路	014030	13500627867	0472-3335641
德阳天元重工股份有限公司	四川省德阳市庐山南路 3 段 20 号	618000	0838-2902987	0838-2904108
太原科技大学材料科学与工程学院	山西省太原市万柏林区窊流路 66 号	030024	0351-2161129	0351-6963369
山东伊莱特重工股份有限公司技术研发中心	山东省济南市章丘区济王路 9001 号	250217	0531-83800663	0531-83809527
德阳市产品质量监督检验所	四川省德阳市荷花巷 99 号	618000	0838-2300169	0838-2206507
鞍钢重型机械有限责任公司	辽宁省鞍山市立山区建国东路 40 甲	114042	0412-6613453	0412-6613453
中原特钢股份有限公司	河南省济源市第 9 号信箱	454685	0391-6099019	0391-6099019
内蒙古北方重工业集团有限公司	内蒙古自治区包头市青山区兵工路	014033	0472-3384491	0472-3335641
中国中元国际工程有限公司工业工程设计所	北京市海淀区西三环北路 5 号	100089	010-68732019	010-68715543

重型锻压机械

单位名称	联系地址	邮编	电话	传真
中国第二重型机械集团公司	四川省德阳市珠江西路 460 号	618000	0838-2341181	0838-2341181
清华大学机械系	北京市海淀区双清路 30 号	100084	010-62782448	010-62788675
德阳立达基础件有限公司	四川省德阳市庐山南路 3 段 32 号	618099	13981099142	
中国重型机械研究院有限公司	陕西省西安市未央区东元路 209 号	710032	029-86322430	029-86322430
太原重型机械集团有限公司	山西省太原市万柏林区玉河街 53 号	030024	0351-6361327	0351-6361327
上海重型机器厂有限公司	上海市闵行区江川路 1800 号	200245	021-34098005	021-34098005
北方重工集团有限公司	辽宁省沈阳市经济技术开发区开发大路 16 号	110141	024-25802222	024-25802222
中国第一重型机械集团公司	黑龙江省齐齐哈尔市富拉尔基区厂前路 9 号	161042	0452-6810123	0452-6810111
西安交通大学	陕西省西安市咸宁路 28 号	710049	029-82668607	029-82665204

（续）

单位名称	联系地址	邮编	电话	传真
重庆大学	重庆市沙坪坝区沙正街 174 号	040044	023-6511493	023-6511493
燕山大学	河北省秦皇岛市海港区河北大街西段 438 号	066004	0335-8052253	0335-8074783

冶金压延机械

单位名称	联系地址	邮编	电话	传真
中国第一重型机械集团公司	黑龙江省齐齐哈尔市富拉尔基区厂前路 9 号	161042	0452-6810186	0452-6810111
天津天重重型机器有限公司	天津市北辰区高峰路	300400	022-26341079	022-26340718
燕山大学机械学院	河北省秦皇岛市海港区河北大街 169 号	066044	0335-8057040	0335-8050148
浙江省宁波凯特机械有限公司	浙江省宁波市宁海县越龙街道西郊路 55 号	315600	0574-65210558	0574-65562620
包头市冶金矿山机械制造有限公司	内蒙古自治区包头市铝业产业园区长征路 2 号	014040	0472-4111538	0472-4172310
云南冶金昆明重工有限公司拉丝设备分公司	云南省昆明市茨坝路 31 号	650203	0871-65150091-2241	0871-65150151
一重集团大连设计研究院有限公司冷轧部	辽宁省大连市经济技术开发区东北大街 96 号	116600	0411-39243366	0411-39243133
中冶京诚工程技术有限公司	北京市大兴区经济技术开发区建安街 7 号	100176	010-83587839	010-83587998
北京科技大学机械工程学院	北京市海淀区学院路 30 号	100083	010-62334723	010-62329145
北京有色冶金设计研究院	北京市海淀区复兴路 12 号	100038	010-63936451	010-63936618
邢台冶金机械轧辊厂	河北省邢台市新兴西大街 1 号	054025	0319-2116090	0319-2022061
中国重型机械研究院股份公司	陕西省西安市未央区东元路 209 号	710032	029-86322669	029-86713965
哈尔滨环保制氢设备工业公司	黑龙江省哈尔滨市南岗区哈西大街 107 号	150080	0451-86662954	0451-86662954
沈阳冶金机械有限公司	辽宁省沈阳市经济技术开发区沈辽路 2 号	110141	024-25810645	024-25810645
太原重型机械集团有限公司	山西省太原市万柏林区玉河街 53 号	030024	0351-6362594-8018	0351-6365903
太原矿山机器集团有限公司	山西省太原市解放北路 75 号	030009	0351-3041086	0351-3041086
太原科技大学冶金机械学院	山西省太原市万柏林区瓦流路 66 号	030024	0351-6963332	0351-6963332
鞍山矿山机械股份有限公司	辽宁省鞍山市立山区励工街 5 号	114032	0412-6612676	0412-6612313
矿山机械工程设计研究院有限责任公司	河南省洛阳市涧西区建设路 206 号	471039	0379-64087777	0379-64087818
杭州拉丝机制造厂	浙江省杭州市桐庐县富春江镇子陵路 10 号	311504	0571-64653908	0571-64653411
西安忠义金属制品设备总厂	陕西省西安市未央宫乡小白杨路 20 号	710016	029-86312404	029-86312404
锡山大象机械制造有限公司	江苏省无锡市锡山区荡口镇人民路 63 号	214116	0510-88741471	0510-88741471
中国重型机械有限公司	北京市海淀区复兴路甲 23 号	100036	010-68221576	010-68296106
大连重工·起重集团有限公司设计研究院	辽宁省大连市西岗区八一路 169 号	116013	0411-86852288	0411-86852283
云南冶金昆明重工有限公司	云南省昆明市五华区龙泉路 871 号	650203	0871-66085233	0871-66085085
上海市机电设计研究院有限公司	上海市静安区北京西路 1287 号	200040	021-62479741	021-62479741
中国第二重型机械集团公司	四川省德阳市珠江路 1 号	618013	0838-2341817	0838-2201998
上海重型机器厂有限公司	上海市闵行区江川路 1800 号	200245	021-54721141-2110	021-54722933
北方重工集团有限公司	辽宁省沈阳市经济技术开发区开发大路 16 号	110025	024-25802406	024-25802416